Der Streik im mexikanischen Arbeitsrecht

Schriften zum Arbeitsrecht und Wirtschaftsrecht

Herausgegeben von Abbo Junker

Band 111

PETER LANG

Andreas Schöberle

Der Streik im mexikanischen Arbeitsrecht

PETER LANG

Bibliografische Information der Deutschen Nationalbibliothek
Die Deutsche Nationalbibliothek verzeichnet diese Publikation in der Deutschen Nationalbibliografie; detaillierte bibliografische Daten sind im Internet über http://dnb.d-nb.de abrufbar.

Zugl.: München, Univ., Diss., 2022

D 19
ISSN 1433-4666
ISBN 978-3-631-87696-1 (Print)
E-ISBN 978-3-631-87859-0 (E-PDF)
E-ISBN 978-3-631-87860-6 (EPUB)
DOI 10.3726/b19784

Peter Lang – Berlin · Bern · Bruxelles · New York ·
Oxford · Warszawa · Wien

Diese Publikation wurde begutachtet.

www.peterlang.com

Gliederung

Inhaltsverzeichnis

Abkürzungsverzeichnis

AAE	Acuerdo de Asociación Económica México-Japón *Handelsabkommen zwischen Mexiko und Japan*
ADAV	Allgemeiner Deutscher Arbeiterverein
APPO	Asamblea Popular del Pueblo de Oaxaca *Ziviler Zusammenschluss unterschiedlicher Gesellschaftsgruppen in Mexiko*
ASF	Auditoría Superior de la Federación *Bundesrechnungshof in Mexiko*
ASM	Alianza Sindical Mexicana *Dachverband von arbeitgebernahen (weißen oder gelben) Gewerkschaften*
ASPA	Asociación de Pilotos Aviadores de México *Gewerkschaft der mexikanischen Piloten*
ASSA	Asociación Sindical de Sobrecargos de Aviación *Gewerkschaft der Flugbegleiter und des Flughafenpersonals*
BAG	Bundesarbeitsgericht
BRD	Bundesrepublik Deutschland
BVerfG	Bundesverfassungsgericht
CDU	Christlich Demokratische Union Deutschlands
CEEY	Centro de Estudios Espinosa Yglesias *Privates Forschungsinstitut*
CEMEX	Cementos Mexicanos *Baustoffhersteller (weltweit tätiger Konzern)*
CEPAL	Comisión Económica para América Latina Y el Caribe *Wirtschaftskommission der lateinamerikanischen und karibischen Länder*
CFCRL	Centro Federal de Conciliación y Registro Laboral *Bundesbehörde für arbeitsrechtliche Güteverhandlungen und Registrierungen*
CFE	Comisión Federal de Electricidad *Staatliches Unternehmen zur Stromerzeugung und -versorgung*

CIOAC	Central Independiente de Obreros Agrícolas y Campesinos *Gewerkschaft der Landarbeiter*
CONEVAL	Consejo Nacional de Evaluación de la Política de Desarrollo Social *Nationales Institut zur Erforschung und Messung des Armutsniveaus*
CPEUM	Constitución Política De Los Estados Unidos Mexicanos *Verfassung des mexikanischen Bundesstaates*
CPTPP	Comprehensive and Progressive Agreement for Trans-Pacific Partnership *Transpazifisches Handelsabkommen zwischen zahlreichen pazifischen Ländern (unter anderem Mexiko, Kanada, Australien, Neuseeland)*
CROC	Confederación Revolucionaria de Obreros y Campesinos *Gewerkschaftsdachverband der Arbeiter und Landangestellten*
CROM	Confederación Regional Obrera Mexicana *Gewerkschaftsdachverband der mexikanischen Arbeiter*
CRS	Congressional Research Service *Forschungsabteilung des US-Kongresses*
CT	Congreso de Trabajo *Organisation zur Koordination koporativistischer Gewerkschaften*
CTM	Confederación de Trabajadores de México *Gewerkschaftsdachverband der mexikanischen Arbeitnehmer*
DIW	Deutsches Institut für Wirtschaftsforschung
EU	Europäische Union
FAT	Frente Auténtico del Trabajo *Unabhängige Gewerkschaft in Mexiko*
FESEBS	Federación de Sindicatos de Empresas de Bienes y Servicios *Unabhängiger Gewerkschaftsdachverband*
FNSI	Federación Nacional de Sindicatos Independientes *Nationaler Zusammenschluss unabhängiger Gewerkschaften*
FSINL	Federación de Sindicatos Independientes de Nuevo León *Zusammenschluss unabhängiger Gewerkschaften in Nuevo León*

FSTSE	Federación de Sindicatos de Trabajadores al Servicio del Estado *Nationaler Zusammenschluss der Angestellten im öffentlichen Dienst*
IFE	Instituto Federal Electoral *Bundeswahlbehörde*
ILO	International Labor Organisation
IMCO	Centro de Investigación en Política Pública *Politikwissenschaftliches Forschungsinstitut*
IMSS	Instituto Mexicano del Seguro Social *Mexikanische Sozialversicherungsbehörde (für Arbeitnehmer der Privatwirtschaft)*
INEGI	Instituto Nacional de Estadística y Geografía *Bundesstatistikamt*
ISSSTE	Instituto de Seguridad y Servicios Sociales de los Trabajadores del Estado *Mexikanische Sozialversicherungsbehörde (für Angestellte im öffentlichen Dienst)*
IWF	Internationaler Währungsfond
JCA	Junta de Conciliación y Arbitraje *Güte- und Schiedsstelle (in Landeszuständigkeit)*
JFCA	Junta Federal de Conciliación y Arbitraje *Güte- und Schiedsstelle (in Bundeszuständigkeit)*
LFT	Ley Federal Del Trabajo *Bundesarbeitsgesetz*
LFTSE	Ley Federal De Los Trabajadores Al Servicio Del Estado *Bundesarbeitsgesetz für Angestellte im öffentlichen Dienst*
MORENA	Movimiento Regeneración Nacional *Kommunistische Partei in Mexiko*
NAFTA	North American Free Trade Agreement *Handelsabkommen zwischen den USA, Mexiko und Kanada (bis zum Jahr 2020)*
OECD	Organization for Economic Co-Operation and Development
PAN	Partido Acción Nacional *Christdemokratische Partei in Mexiko*

PNR	Partido Nacional Revolucionario *Vorgängerpartei der PRI von 1929 bis 1938*
PRI	Partido Revolucionario Institucional *Sozialdemokratische Partei in Mexiko*
PRM	Partido de la Revolución Mexicana *Vorgängerpartei der PRI von 1938 bis 1946*
PEMEX	Petróleos Mexicanos *Mexikanisches Staatsunternehmen zur Öl- und Gasförderung und Verarbeitung*
SAT	Servicio de Administración Tributaria *Finanzamt des Bundes*
SCJN	Suprema Corte de Justicia de la Nación *Höchstes mexikanisches Gericht*
SEDENA	Secretaría de la Defensa Nacional *Verteidigungsministerium*
SEDESOL	Secretaría de Desarrollo Social *Ministerium für soziale Entwicklung*
SEMAR	Secretaría de Marina *Marineministerium*
SENER	Secretaría de Energía *Energieministerium*
SITIAVW	Sindicato Indipendiente de Trabajadores de Volkswagen de México *Gewerkschaft der Angestellten von Volkswagen in Mexiko*
SJF	Semanario Judicial de la Federación *Juristische Zeitschrift in Mexiko*
SJFG	Semanario Judicial de la Federación y su Gaceta *Juristische Zeitschrift in Mexiko*
SME	Sindicato Mexicano de Electricistas *Elektrikergewerkschaft*
SNE	Servicio Nacional de Empleo *Bundesagentur für Arbeit*

SNTMMSRM	Sindicato Nacional de Trabajadores Mineros Metalúrgicos Similares de la República Mexicana *Gewerkschaft der Minenarbeiter und für Arbeitnehmer der Metallverarbeitung der Bundesrepublik Mexiko*
SPD	Sozialdemokratische Partei Deutschlands
STPS	Secretaría del Trabajo y Previsión Social *Ministerium für Arbeit und Soziales*
STRM	Sindicato de Telefonistas de la República Mexicana *Gewerkschaft der Angestellten in der Telekommunikationsbranche*
STUNAM	Sindicato de Trabajadores de la Universidad Nacional Autónoma de México *Gewerkschaft der Angestellten der UNAM*
SUTERM	Sindicato Unico de Trabajadores Electricistas de la República Mexicana *Elektrikergewerkschaft der Bundesrepublik Mexiko*
TC	Tribunal Colegiado *Unterinstanzliches Gericht in Bundeszuständigkeit*
UNAM	Universidad Nacional Autónoma de México *Größte Universtität in Mexiko und eine der größten des amerikanischen Kontinentes (in Mexiko-Stadt)*
UNT	Unión Nacional de Trabajadores *Unabhängiger Gewerkschaftsdachverband*
USMCA	United States – Mexico – Canada Agreement *Handelsabkommen zwischen den USA, Mexiko und Kanada (Nachfolgeabkommen des NAFTA, seit dem Jahr 2020)*
WJP	World Justice Project *Unabhängige und interdisziplinäre Organisation zur Untersuchung der Rechtsstaatlichkeitsentwicklung in der Welt*

Im Übrigen wird verwiesen auf:
Kirchner, Abkürzungsverzeichnis der Rechtssprache, 9. Auflage 2018

§ 1 Einleitung

Mexiko übernahm mit seiner nachrevolutionären Verfassung von 1917 eine weltweite Führungsrolle, da es als erstes Land den Arbeitskampf sowie weitere soziale Rechte auf verfassungsrechtlicher Ebene garantierte. *Gustav Radbruch* sah Mexiko mit seiner sozialen Revolution als *„Herold einer neuen Weltordnung“*.[1] Allerdings verweist die mexikanische Literatur[2] für die Entwicklung und Anerkennung der sozialen Rechte auch auf die Bedeutung der Weimarer Verfassung von 1919. Beide Staaten dienten für andere Nationen wegen ihrer Vorreiterrolle als Beispiele hinsichtlich der verfassungsrechtlichen Anerkennung der sozialen Rechte.

Teile der mexikanischen Gewerkschaften sowie der Arbeitsrechtswissenschaft und linksorientierte Politiker verweisen bis in die Gegenwart mit Stolz auf die Errungenschaft der sozialen Rechte und präsentieren sich zuweilen in klassenkämpferischen Positionen. Das Streikrecht hat in diesem Diskurs eine hervorgehobene Bedeutung, da den Streiks eine maßgebliche Rolle bei der Erreichung der sozialen Rechte mit der Verfassung von 1917 zugemessen wird. Zahlreiche Autoren heben die Arbeitskämpfe zu Beginn bis Mitte des 20. Jahrhunderts besonders hervor und geben ihnen teilweise einen heroischen Charakter. Auch sind in den Streiks (sowie politischen Demonstrationen) der Gegenwart Bezugnahmen auf bedeutende Persönlichkeiten der mexikanischen Revolution in Parolen wie *„Zapata vive, la lucha sigue, Zapata vive vive, la lucha sigue sigue“*[3] keine Seltenheit. Selbst die nach deutschen Maßstäben gemäßigten linksorientierten gesellschaftlichen Gruppen können in ihrer Rhetorik teilweise als kommunistisch eingeordnet werden. Daher löste auch die Wahl des linksgerichteten Präsidenten *Andrés López Obrador* (2018) kein politisches Erdbeben aus, obwohl dieser der MORENA angehört, die eine kommunistische Programmatik vertritt.

Blickt man auf die offiziellen Statistiken der mexikanischen Regierungen, scheinen Arbeitskämpfe in der jüngeren Vergangenheit eine nur geringe Bedeutung in der mexikanischen Gesellschaft zu haben. So verzeichnete das Bundesministerium für Arbeit und Soziales STPS in den Jahren 2014 und 2015 keinen neuen Streik, 2016 zwei Streiks und 2017 nur einen Streik. Arbeitgebergeführte Arbeitskämpfe sind in Mexiko nicht ersichtlich. Der bis 2018 zuständige Minister für Arbeit und

---

1 *Lastra Lastra*, CPEUM – Comentada, S. 1273.

2 *Cueva, M. de la*, El Nuevo Derecho, Band I, S. 20 f.; *De Buen L.*, Derecho Del Trabajo, Band I, S. 180 f., 207 f.

3 Übersetzung des Verfassers: „Zapata lebt, der Kampf geht weiter, Zapata lebt lebt, der Kampf geht weiter weiter“; *Emiliano Zapata* war führender Protagonist der mexikanischen Revolution, der infolge von internen Konflikten mit anderen Revolutionären über die Tragweite und den Führungsanspruch in der Revolution 1919 ermordet wurde.

Soziales *Alfonso Navarrete Prida* unter der PRI[4]-Regierung des damaligen Präsident *Enrique Peña Nieto* (sexenio[5] von 2012 bis 2018) führte das nahezu vollständige Fehlen von Streiks allein auf einen funktionierenden sozialen Dialog zwischen den Sozialpartnern zurück.[6]

Unter Berücksichtigung der allgemein bekannten Faktoren der mexikanischen Gesellschaft wie der niedrigen Löhne und des hohen Korruptionsniveaus darf bezweifelt werden, ob die offiziellen Angaben zu der geringen Bedeutung von Arbeitskämpfen allein das Ergebnis sozialer Dialoge sind. Als Ursachen für eine geringe Ausübung des Arbeitskampfrechtes können aber auch das Fehlen entsprechender Rechte oder Mängel in der Rechtsdurchsetzung in Betracht kommen. Das Arbeitskampfrecht kann in einem nur geringen Umfang gewährleistet oder infolge eines mangelhaften Regelungssystems undurchsetzbar sein. Außerdem können faktische Umstände die Durchsetzung von Rechten in der Praxis selbst dann beeinträchtigen, wenn die Rechtsordnung das Arbeitskampfrecht umfassend gewährleistet.

Jedenfalls führen nur selten stattfindende Arbeitskämpfe sowie unter anderem das niedrige Lohnniveau dazu, dass Mexiko im weltweiten Vergleich ein beliebter Investitions- und Produktionsstandort für vor allem international tätige Unternehmen ist. Neben den US-amerikanischen Konzernen unterhalten auch zahlreiche deutsche Unternehmen Fabriken in Mexiko, in denen Arbeitnehmer zu niedrigen Lohnkosten arbeiten (zum Beispiel Mercedes, BMW, VW, Audi, Siemens, Thyssen-Krupp, Bosch, Würth). Daneben ist Mexiko einer der wichtigsten deutschen Handelspartner außerhalb der EU. Die mexikanische Wirtschaft und das Schicksal der Arbeitnehmer üben daher teilweise Einfluss auf die deutsche Wirtschaftskraft und deren Unternehmen aus. Das mexikanische Arbeitsrecht ist für zahlreiche deutsche Konzerne wegen der dortigen Produktionsstätten von gewichtigem Interesse.

Die vorliegende Arbeit untersucht den normativen Rahmen der Arbeitskämpfe im Hinblick auf seinen Gewährleistungsinhalt und seine Durchsetzbarkeit sowie die gesellschaftliche Bedeutung in der Praxis. Dabei können die Arbeitskämpfe sowohl durch den normativen Rahmen selbst als auch infolge faktischer Umstände beeinträchtigt sein. Insbesondere stellt sich die Frage, ob sie tatsächlich ein seltenes Ereignis darstellen oder die Regierungsstatistiken die wahre Sachlage nicht vollständig abbilden.

Aus den genannten Untersuchungsgegenständen ergibt sich zugleich eine Beschränkung auf Arbeitskämpfe in der Privatwirtschaft. Das Streikrecht der

---

4 Die Partei PRI entspricht in ihrer Programmatik in etwa der deutschen SPD.

5 Das „sexenio" ist die sechsjährige Amtszeit eines Präsidenten in Mexiko. Eine Wiederwahl des amtierenden Präsidenten ist nach Ablauf der Amtszeit verfassungsrechtlich verboten.

6 *Alzaga*, Huelgas, sindicatos y luchas sociales en la historia de México, S. 420; diese Statistik berücksichtigt allerdings keine über mehrere Jahre geführten Arbeitskämpfe, sondern nur im relevanten Jahr zusätzliche begonnene Streiks.

Staatsangestellten soll mangels Praxisrelevanz für die deutsche Wirtschaft unberücksichtigt bleiben, da Letztere nur von Arbeitskämpfen der Arbeiter und Arbeitnehmer[7] unmittelbar betroffen sind. Auch differenziert das mexikanische Arbeitsrecht erst seit einer Reform im Jahr 1960 zwischen der Privatwirtschaft und Staatsangestellten. Das nachrevolutionäre Arbeitskampfrecht nahm dagegen keine Differenzierung vor.[8]

---

7 Die Unterscheidung zwischen Arbeiter und Arbeitnehmer ist (auch) in der mexikanischen Rechtsordnung obsolet geworden. Die Formulierungen in den Gesetzen beziehen sich nur historisch bedingt vereinzelt noch auf Arbeiter statt einheitlich auf Arbeitnehmer, siehe hierzu *De Buen L.*, Derecho Del Trabajo, Band I, S. 466.

8 *Puig Hernández*, Teoría Y Práctica De La Huelga, S. 643; *García Ramírez/Uribe Vazquez*, Derechos De Los Servidores Públicos, S. 26; *Marquet Guerrero*, Fuentes Y Antecedentes, S. 277.

§ 2 Streiks in der mexikanischen Rechtspraxis

Eine Analyse des Streikrechts erfordert neben der Erörterung seines rechtlichen Rahmens vor allem auch eine Darstellung der Bedeutung des Arbeitskampfes innerhalb der Gesellschaft. Faktische Begleiterscheinungen sowie die Lebensumstände innerhalb einer Gesellschaft entscheiden über die Bedeutung des Arbeitskampfes in der Rechtswirklichkeit. Normative Rahmenbedingungen können in der Praxis irrelevant sein, sofern die Beteiligten erfolgreiche Mechanismen zu ihrer Umgehung schaffen. Schließlich ist die Existenz von gesetzlichen Garantien in der Praxis nur ein Aspekt bei der Beantwortung der Frage, ob ein Arbeitskampf durchgeführt werden kann. Neben einzelnen gesetzlichen Schranken des Arbeitskampfrechtes können daher insbesondere Gegebenheiten in der mexikanischen Gesellschaft in Betracht kommen, die eine Wahrnehmung des Arbeitskampfrechtes beeinträchtigen oder bedingen.

Möchte man die tatsächlichen Lebensumstände der mexikanischen Bevölkerung darstellen, bietet sich einleitend eine auszugsweise dargestellte Rede des Präsidentschaftskandidaten der PRI *Luis Donaldo Colosio Murrieta* vom 6. März 1994 an. Sowohl im Hinblick auf den Inhalt als auch auf die Folge bietet diese eine gesellschaftliche Zusammenfassung vor der näheren Analyse.

> Cambio con rumbo y responsabilidad (Auszug der Rede vom 6. März 1994 in Mexiko-Stadt):[9]
>
> „... *Ich sehe ein Mexiko der indigenen Kommunen, die nicht weiter auf die notwendige Gerechtigkeit, Würde und den Fortschritt warten können; ...*
>
> *Ich sehe ein Mexiko der Landwirte, die noch nicht die Antworten haben, die sie verdienen. Ich habe verarmte und überschuldete ländliche Gebiete gesehen, ...*
>
> *Ich sehe ein Mexiko der Arbeitnehmer, die weder die Arbeitsplätze noch Vergütung erhalten, die sie verlangen; ...*
>
> *Ich sehe ein Mexiko der Jugend, die jeden Tag mit der schwierigen Realität der Arbeitslosigkeit konfrontiert ist, die nicht immer in vollem Umfang die Möglichkeiten von Bildung oder sonstiger Vorbereitung hat. Jugendliche, die häufig in der Kriminalität und der Drogenabhängigkeit stranden; ...*
>
> *Ich sehe ein Mexiko der Frauen, die noch nicht mit den Möglichkeiten rechnen, die ihnen zustehen; ...*

---

9 Übersetzung des Verfassers; original: *Colosio Murrieta*, Cambio con rumbo y responsabilidad, S. 149 f.; die Rede ist auch als Video im Internet aufrufbar, zum Beispiel unter https://www.youtube.com/watch?v=NtpyBNUdMPo [7.9.2020].

Ich sehe ein Mexiko der Unternehmer, solchen der kleinen und mittelständischen Betriebe, die manchmal von der Bürokratie, dem Meer von Formalitäten und dem Mangel an Verschwiegenheit durch staatliche Behörden enttäuscht werden. ...

Ich sehe ein Mexiko der Berufstätigen und Akademiker, die nicht die Arbeitsplätze finden, die ihnen bei der Entwicklung ihrer Kompetenzen und Fähigkeiten helfen. Ein Mexiko der Lehrerinnen und Lehrer, der Akademiker, der Wissenschaftler, die um Anerkennung für ihr berufliches Leben, um eine höhere Vergütung und Verbesserung der Arbeitsbedingungen als Ertrag ihrer akademischen Früchte bitten; ...

Ich sehe ein Mexiko mit Hunger und Durst nach Gerechtigkeit. Ein Mexiko der verletzten Leute, verletzt wegen den Entstellungen des Rechts durch diejenigen, die dem Recht dienen sollten. Von geplagten Frauen und Männern infolge des Missbrauches staatlicher Behörden oder der Arroganz von Regierungsstellen.

Ich sehe von dem Fehlen von Sicherheit geplagte Bürger, die bessere Dienstleistungen und Regierungen verdienen, die solche erbringen ...

Ich sehe ein davon überzeugtes Mexiko, dass dies die Stunde der Antworten ist; ein Mexiko, das Lösungen anstrebt. Die Probleme, denen wir gegenüberstehen, können wir überwinden.

Ich nehme mir vor, eine Regierung anzuführen, die allen Mexikanern eine Antwort gibt. Der Wechsel des Kurses mit Verantwortung kann nicht länger warten. ..."

Am 23. März 1994, wenige Tage nach dieser Rede, erschoss ein Attentäter *Colosio* während eines Wahlkampfauftritts. Die Hintergründe dieser Tat sind bis in die Gegenwart unaufgeklärt geblieben. Einige Stimmen im öffentlichen Diskurs schreiben die „intellektuelle Urheberschaft" des Attentats der Regierung unter *Carlos Salinas de Gortari* (1988 bis 1994) zu, da sich *Colosio* offen gegen den Missbrauch durch staatliche Stellen und gegen die eigene Regierung stellte.[10] Insbesondere Präsident *Salinas*, aber auch zahlreiche weitere Minister, Beamte und Unternehmer hätten im Falle eines Wahlsieges von *Colosio* eine Strafverfolgung befürchten müssen.[11] Der Anschlag auf ihn hinterließ bis in die Gegenwart eine Wunde in der mexikanischen Gesellschaft. Er ist ein Beispiel für das Schicksal von Menschen, die sich gegen den staatlichen Gesetzesmissbrauch und für die Bevölkerung sowie Rechtsstaatlichkeit einsetzen. So ist Mexiko zum Beispiel auch für kritische Journalisten weltweit das tödlichste Land (offiziell zehn ermordete Journalisten im Jahr 2019). Gleichzeitig bleiben 99 % aller Gewaltverbrechen (auch) gegen Journalisten straflos.[12]

---

10 *Delgado de Cantú*, Historia de México, S. 554; https://www.elfinanciero.com.mx/nacional/senado-pide-desclasificar-expediente-del-caso-colosio [7.9.2020].

11 *Salinas* (wie auch anderen Politikern) wird neben Wahlmanipulationen 1988 und einer Zusammenarbeit mit Drogenkartellen Vetternwirtschaft und Korruption vorgeworfen; er privatisierte staatliche Unternehmen, deren neue Eigentümer auch Freunde und Familienangehörige sind; siehe https://www.sinembargo.mx/27-02-2019/3541993 [7.9.2020].

12 *Reporter ohne Grenzen*, Jahresbilanz der Pressefreiheit 2019, S. 6–23; nur Syrien hat so viele ermordete Journalisten wie Mexiko, ist allerdings ein Kriegsgebiet.

Über die Begleitumstände hinaus fasst diese Rede aber auch inhaltlich die Verhältnisse in der mexikanischen Gesellschaft insbesondere im Hinblick auf deren soziale und wirtschaftliche Probleme sowie die mangelhafte Rechtsstaatlichkeit zusammen. Wie die folgenden Ausführungen zeigen, sind die Aussagen *Colosios* aus dem Jahr 1994 auch in der Gegenwart noch aktuell.[13]

Maßgeblich für die Möglichkeit, ein Recht effektiv auszuüben, ist in der Praxis vor allem das Rechtsstaatlichkeitsniveau eines Landes. Neben der Existenz von umfassenden Regelungen mit bestimmten Mindestgarantien setzt ein funktionierender Rechtsstaat voraus, dass die Normen in der Rechtswirklichkeit durchsetzbar sind. Dabei erfüllt Mexiko nach einhelliger Auffassung im Hinblick auf das Bestehen verschriftlichter Rechte alle Standards eines Rechtsstaates. Neben der Verankerung entsprechender Garantien in der Verfassung (zum Beispiel Rechtsstaatlichkeit, Gewaltenteilung, Unabhängigkeit der Justiz, Grundrechte, Justizgewähranspruch) besteht auch ein umfassendes Arbeitsrecht (hierzu im Folgenden Kapitel § 3 bis 6). Der rechtsstaatliche normative Rahmen zeigt sich in Mexiko auch dadurch, dass die Menschenrechte ein Bestandteil der nationalen Verfassung sind und daher vor nationalen Gerichten eingeklagt werden können. Das Bestehen rechtsstaatlicher Gesetze ist in Mexiko gewährleistet und wird in der Regel nicht als Problem angesehen.[14]

Das Defizit des mexikanischen Rechtsstaates liegt vielmehr in der Durchsetzung des normativen Rahmens. Amnesty International kommentiert die Situation in Mexiko wie folgt: „ ... *there is a wide gap between legal principle and the reality of those who come into contact with the law* ...".[15] *Katharina Wagner* kommt zu dem Ergebnis, es bestehe eine markante Kluft zwischen einem relativ fortschrittlichen normativen Rahmen und dessen defizitärer Umsetzung. Das Rechtssystem sei daher janusköpfig.[16] Im Hinblick auf das Arbeitsrecht formuliert *José Alfonso Bouzas Ortiz*, dass Mexiko im lateinamerikanischen Kontext eine der fortschrittlichsten Arbeitsrechtsordnungen habe, gleichzeitig aber die schlimmste Arbeitsrealität bestehe. Insbesondere die *„Informalität vergewaltige täglich die Formalität"*,[17]

13 Die im Folgenden angeführten Statistiken können zwar teilweise keine exakten Zahlen nennen und stammen aus unterschiedlichen Kalenderjahren. Dies beruht auf einer fehlenden Informationslage für aktuellere Kalenderjahre und auf unterschiedlichen Berechnungsmethoden bei der Datenerhebung und den Währungskursen. Allerdings lassen die angeführten Statistiken auch ohne eine umfassende Exaktheit der Zahlen oder statistische Vergleichbarkeit Schlussfolgerungen für die Bedeutung des Arbeitskampfes in Mexiko zu.

14 *Muno*, Rechtsstaatlichkeit in Mexiko, S. 182; *Amnesty International*, Mexico: Laws without justice, S. 1; *Garzón Valdés*, Rechtsphilosophische Überlegungen über Verfassungsreformen in Lateinamerika, S. 110; *Horn*, Grundzüge und Probleme des mexikanischen Rechtssystems, S. 169 ff.; *Wagner*, Mexikos junge Demokratie in der Krise, S. 484.

15 *Amnesty International*, Mexico: Laws without justice, S. 1.

16 *Wagner*, Mexikos junge Demokratie in der Krise, S. 484.

17 *Bouzas Ortiz*, Relaciones laborales en México, S. 187.

sodass die Arbeitsgesetze aufgrund faktischer Gegebenheiten in der Regel nicht zur Anwendung kommen. Nach *Carlos Reynoso Castillo* haben in Ländern wie Mexiko sehr viele Normen des Arbeitsgesetzes einen lediglich symbolischen Charakter. Diskurse über die Auslegung von Normen sind in der Regel nur Theorieabhandlungen ohne praktische Auswirkungen.[18] Nach *Ernesto Garzón Valdés* setzt die mexikanische Rechtsordnung die historische Tradition in Lateinamerika fort, wonach eine erhebliche Diskrepanz zwischen Gesetzestext und Realität besteht.[19]

Neben dem Rechtsstaatlichkeitsniveau ist für die Arbeitnehmer im Zusammenhang mit dem Arbeitskampf auch von erheblicher Bedeutung, ob sie authentische Repräsentanten haben, die sie bei der Wahrnehmung ihrer (kollektiven) Interessen vertreten. Insbesondere Gewerkschaften, Politiker und Regierungen können Arbeitnehmer bei deren Interessendurchsetzung unterstützen, um vor allem angemessene Arbeitsbedingungen zu erzielen. Haben die Arbeitnehmer keine geeigneten oder authentischen Vertreter, sind sie häufig auf die eigenverantwortliche Durchsetzung ihrer Interessen angewiesen. In diesem Fall kann das Streikrecht eine hohe Bedeutung erlangen, da es als besonderes Selbsthilferecht in der Regel das wirkungsvollste Mittel der Arbeitnehmer zur eigeninitiativen Forderungsdurchsetzung darstellt.

Die auszugsweise dargestellte Rede von *Colosio* (siehe S. 31 f.) verdeutlicht die überragende Bedeutung der faktischen Gegebenheiten für die Ausübung eines Rechts in Mexiko. Sie bedingt eine Darstellung der gesellschaftlichen Umstände und der Bedeutung von Streiks vor der Analyse des Arbeitskampfrechts. Hierdurch kann im vorliegenden Fall die tatsächliche Bedeutung der theoretischen Ausführungen besser erklärt werden.

Die Ursachenforschung des nach den oben zitierten Autoren (siehe S. 33 f.) mangelhaften Rechtsstaatlichkeitsniveaus sowie die Authentizität und Effektivität der Arbeitnehmerrepräsentanten bestehen dabei aus unterschiedlichen, sich gegenseitig bedingenden Umständen.

A. Bedeutung von Arbeitnehmerinteressen

Zunächst stellt sich für die Darstellung des Streiks in der Rechtspraxis die Frage, welche Bedeutung die kollektiven Arbeitnehmerinteressen in der mexikanischen Gesellschaft haben. Die Arbeitnehmer sind umso mehr auf die eigeninitiative Durchsetzung ihrer Interessen angewiesen, je geringer eine Unterstützung durch ihre Repräsentanten auf politischer oder gewerkschaftlicher Ebene stattfindet. Dies hängt auch davon ab, in welchem Umfang Arbeitnehmerinteressen Bedeutung beigemessen werden.

---

18 *Reynoso Castillo*, Derecho del trabajo, S. 450.

19 *Garzón Valdés*, Rechtsphilosophische Überlegungen über Verfassungsreformen in Lateinamerika, S. 110; *Muno*, Rechtsstaatlichkeit in Mexiko, S. 182.

Darüber hinaus kann das Fehlen authentischer Arbeitnehmerrepräsentanten auch einen Einfluss auf die Rechtsdurchsetzung ausüben. Ist für die Arbeitsniederlegung die Mitwirkung einer Gewerkschaft erforderlich, die jedoch eine Unterstützung der Arbeitnehmer gegen deren Interessen versagt, kann dies die Effektivität des Streiks oder in Abhängigkeit von der gesetzlichen Ausgestaltung seine Rechtmäßigkeit verhindern. Wird auf politischer und staatlicher Ebene eine angemessene Interessenvertretung der Arbeitnehmer nicht hinreichend gewährleistet, kann dies die Rechtsdurchsetzung in der Justiz oder der Verwaltung durch eine (informelle) Einflussnahme seitens der Regierungen beeinträchtigen. Auch erlässt der mexikanische Staat die Arbeitsgesetze, die das Schutzniveau des Arbeitsrechts festlegen. Mängel in der Arbeitnehmervertretung können daher ein Grund sein, dass (unter anderem) das Streikrecht in der Praxis nicht durchsetzbar ist oder nicht umfassend gewährt wird.

I. Mexikanische Macht- und Wirtschaftspolitik

Dabei sind zunächst die mexikanischen Gesetzgeber und Regierungen als zuständige Institutionen für die Gewährleistung rechtsstaatlicher normativer Standards und arbeitnehmerschützender Arbeitsgesetze zu betrachten, deren Gewährleistung auch im Arbeitnehmerinteresse ist. Allerdings ist ein Großteil des Staatsapparates auf Bundes- und Landesebene (noch) der politischen Überzeugung, dass die freie Ausübung des Streikrechts ein Risiko für den sozialen Frieden des Landes bedeutet. In Bundesstaaten wie zum Beispiel Aguascalientes rühmten sich Gouverneure in der Vergangenheit damit, dass in ihrem Zuständigkeitsbereich seit Jahrzehnten kein Kollektivkonflikt geführt wurde und daher eine absolute Kontrolle über die Sicherheitslage und die Gewerkschaftsorganisationen besteht.[20] Auch *Alfonso Navarrete Prida,* der bis 2018 zuständige Minister für Arbeit und Soziales unter dem damaligen Präsident *Enrique Peña Nieto* (sexenio von 2012 bis 2018), trug das offiziellen Angaben zufolge nahezu vollständige Fehlen von Streiks mit Stolz vor.[21]

1. Staatskorporativismus und politische Überzeugung

Der Ursprung dieser politischen Ansicht liegt im mexikanischen Staatskorporativismus des 20. Jahrhunderts begründet. Zwar ist Mexiko gemäß seiner nachrevolutionären Verfassung von 1917 programmatisch ein demokratischer Bundesstaat, in dem alle sechs Jahre neue Präsidentschaftswahlen stattfinden müssen. Jedem Präsidenten steht nur eine Amtszeit ohne die Möglichkeit einer Wiederwahl zur

---

20 *Wittmütz,* Die „Contratos de Protección" im Gewerkschaftssystem Mexikos, S. 22.

21 *Alzaga,* Huelgas, sindicatos y luchas sociales en la historia de México, S. 420; offiziellen Angaben zufolge kam es in den Jahren zwischen 2014 und 2017 auf Bundeseben nur zu insgesamt drei Streiks; diese Regierungsstatistik berücksichtigt aber keine über mehrere Jahre geführte Arbeitskämpfe, sondern nur zusätzliche im relevanten Jahr begonnene Streiks.

Verfügung. Allerdings bestand im Mexiko des 20. Jahrhunderts ein hegemoniales Parteiensystem, das von der sozial-„demokratischen“ *Partido Revolucionario Institucional* („PRI“) angeführt wurde.[22]

Mexiko zeichnete sich durch die Koexistenz eines starken Staates mit auf die Präsidentschaft konzentrierten Kräften und einer schwachen, von einer Gruppe von Korporationen kooptierten Gesellschaft aus. Diese Gruppen wurden von offiziellen Organisationen (zum Beispiel Agrarliga) und von den Gewerkschaften des Landes, die dem PRI-Regime unterstanden, angeführt. Im Unterschied zu vielen lateinamerikanischen Militärdiktaturen handelte es sich in Mexiko um eine zivile Autokratie, die infolge der Korporationen über eine breite Verankerung in der Gesellschaft verfügte und eine kontrollierte Mobilisierung der Massen ermöglichte. Das Geflecht aus Staat und Gesellschaft hatte seinen Ursprung während der Regierung unter *Plutarco Elías Calles* (1924 bis 1928), wurde aber insbesondere unter *Lázaro Cárdenas* (1934 bis 1940) ausgebaut und verfestigt (beide waren Generäle in der Revolution zwischen 1910 und 1917, siehe hierzu S. 59 ff.). Erst mit der Wahl von *Vicente Fox* im Jahr 2000 endete das PRI-Regime offiziell. Er war der erste nachrevolutionäre Präsident, der nicht der PRI, sondern der christkonservativen *Partido Acción Nacional* („PAN“) angehörte.[23]

So kamen die PRI und deren Vorgängerorganisation, die sich vor allem aus der Wirtschafts- und Militärelite Mexikos zusammensetzte, bereits in dem auf die Revolution folgenden Jahrzehnt ab 1920 an die Macht und konnte diese durch den genannten Staatskorporativismus verfestigen. Insbesondere aus Gründen des eigenen Machterhalts hatte die PRI kein Interesse an einem unkontrollierten Arbeitskampf und an einer möglicherweise gegen sie selbst gerichteten Mobilisierung der Massen. Vielmehr lag das einzige Interesse der PRI darin, Oppositionelle zu kontrollieren und zu bekämpfen, insbesondere auch unter Zuhilfenahme von Gewerkschaften. Teilweise nutzte das PRI-Regime aber ebenfalls die korporatistischen Gewerkschaften und ließ unliebsame Arbeitgeber bestreiken (siehe zu den Gewerkschaften S. 62 ff.).[24] Daneben griff die PRI zur Etablierung insbesondere auf die folgenden Maßnahmen zurück:[25]

---

22 *Sarsfield*, Politische Korruption in Mexiko, S. 545 f.; der Name PRI existierte aber erst ab dem Jahr 1946, zuvor hieß die PRI mit ihrer Gründung im Jahr 1929 *Partido Nacional Revolucionario* („PNR“) und ab 1938 *Partido de la Revolución Mexicana* („PRM“).

23 *Sarsfield*, Politische Korruption in Mexiko, S. 545 f.; *Muno*, Rechtsstaatlichkeit in Mexiko, S. 176; *Schröter*, Klientelismus in der Politik Mexikos, S. 259 ff.

24 *Laute*, Die Gewerkschaften im mexikanischen Demokratisierungsprozess, S. 4; *Sarsfield*, Politische Korruption in Mexiko, S. 545 f.; *Muno*, Rechtsstaatlichkeit in Mexiko, S. 176; *Schröter*, Klientelismus in der Politik Mexikos, S. 259 ff.; *Hüstebeck*, Klientelpolitik als kulturübergreifendes Phänomen, S. 1.

25 *Sarsfield*, Politische Korruption in Mexiko, S. 545 f.; *Muno*, Rechtsstaatlichkeit in Mexiko, S. 176; *Schröter*, Klientelismus in der Politik Mexikos, S. 259 ff.; *Hüstebeck*, Klientelpolitik als kulturübergreifendes Phänomen, S. 1.

- Die PRI dominierte durch verschiedene Mechanismen Wahlen und gewann diese auf betrügerische Weise durch Manipulationen, insbesondere unter Mitwirkung der staatlich kontrollierten Gewerkschaften.
- Mit dem Ziel der Schwächung sich widersetzender Organisationen und Parteien trieb das Regime die Schaffung von Satellitenorganisationen voran, die seine Interessen vertraten und die konkurrierenden Organisationen stellvertretend für die PRI bekämpften.
- Die öffentliche Meinungsbildung – insbesondere die Presse – unterlag trotz der verfassungsrechtlich garantierten Presse- und Meinungsfreiheit einer staatlichen Zensur durch die PRI.
- Die PRI nutzte die Bundesgerichtsbarkeit durch Einflussnahme auf die Richter (diese wurden von der stets regierenden PRI ernannt) und durch Korruption insbesondere zur Inschachhaltung oppositioneller Parteien, sodass eine funktionierende Gewaltenteilung faktisch nicht existierte.
- Die PRI setzte das Militär, die Polizei und den Geheimdienst teilweise zur gewaltsamen Durchsetzung von politischen oder ökonomischen Interessen vor allem gegen Oppositionelle ein.
- Das PRI-Regime verwendete öffentliche Mittel unter Zuhilfenahme von Korruption oft und diskret dazu, um mit offiziellen Mechanismen, die es kontrollierte, klientelistische Verbindungen zu schaffen und neben der eigenen persönlichen Bereicherung vor allem einen Machterhalt zu erzielen. Öffentliche Ämter, Posten in der Wirtschaft oder Ressourcen wurden häufig an Günstlinge der nächsten hierarchischen Ebene vergeben. Hierdurch wurde die breite politische Maschinerie der machthabenden PRI gestärkt und schwache Oppositionskräfte wurden außer Gefecht gesetzt.

Die sieben Jahrzehnte des alten PRI-Regimes und seine vor allem auf Korruption gestützten Praktiken haben eine Kultur geschaffen, die das korrupte Verhalten und die Verwendung öffentlicher Mittel zur persönlichen Bereicherung teilweise als sozialadäquat betrachtet.[26] Gleichzeitig förderten die klientelistischen Praktiken und die damit in Zusammenhang stehende Korruption und Gewalt auch die Armut und Chancenungleichheit, da die Verwendung von öffentlichen Gütern für Partikularinteressen die sozioökonomische Ungleichheit der Menschen verschärft. Armut und Chancenungleichheit sind nicht nur die Ursachen für ein korruptes Klientelsystem, sondern zugleich auch dessen Folgen.[27] Nach *Ulrich Laute* ist die bemerkenswerte Langlebigkeit der politischen PRI-Machtstrukturen im lateinamerikanischen Kontext nur dadurch erklärbar, dass die Hegemonialstellung der PRI jahrzehntelang durch korporative Organisationsstrukturen abgesichert war, die

---

26 *Sarsfield*, Politische Korruption in Mexiko, S. 545 f.; *Muno*, Rechtsstaatlichkeit in Mexiko, S. 176; *Schröter*, Klientelismus in der Politik Mexikos, S. 259 ff.; *Hüstebeck*, Klientelpolitik als kulturübergreifendes Phänomen, S. 1.

27 *Wagner*, Mexikos junge Demokratie in der Krise, S. 487.

große Teile der Bevölkerung erfassten und diese für die „Staatspartei“ mobilisieren konnten.[28] Dies unterschied das mexikanische Herrschaftssystem maßgeblich von Militärdiktaturen insbesondere in Lateinamerika. Das kontrollierte Zulassen anderer Parteien und das Abhalten von Wahlen führten für Teile der Bevölkerung zu einem Gefühl der politischen Teilhabe. Faktisch handelte es sich aber um eine lediglich simulierte Demokratie. Dadurch differierte Mexiko von anderen sozialistischen Regimen mit nur einer offiziellen Staatspartei.[29]

Der Schriftsteller *Mario Vargas Llosa* verwendete für das mexikanische PRI-Regime daher auch die ironische Bezeichnung der *„perfekten Diktatur“*.[30]

Zwar ist das von der PRI geprägte Herrschaftssystem seit der Wahl des PAN-Politikers *Vicente Fox* im Jahr 2000 auf der Bundesebene beendet, nachdem in Mexiko in den vorherigen Jahrzehnten wie auch in anderen sozialistischen Ländern gesellschaftliche Umbrüche stattfanden. Die PRI stellte mit *Enrique Peña Nieto* lediglich im *sexenio* zwischen den Jahren 2012 bis 2018 nochmals einen Präsidenten.

Allerdings sind aus dem erst seit knapp zwanzig Jahren vergangenen Staatskorporativismus auch aktuell zahlreiche Nachwirkungen in der mexikanischen Gesellschaft erkennbar. Neben der teilweise noch als sozialadäquat empfundenen Korruption und Unterschlagung öffentlicher Gelder (siehe unten S. 78 ff.) besteht bisher insbesondere die weit verbreitete politische Ansicht einer notwendigen Kontrolle von Arbeitskämpfen. Das ungestörte Funktionieren des Staats- und Wirtschaftswesens wird überwiegend als vorrangig gegenüber einer freien (und gesetzeskonformen) Arbeitsniederlegung angesehen.[31]

2. *Neoliberalismus seit den 1980er-Jahren*

Ein weiterer wesentlicher Grund für die Nachrangigkeit von Arbeitnehmerinteressen liegt aber vor allem in der wirtschaftspolitischen Entwicklung des mexikanischen Staates seit Anfang der 1980er-Jahre.

Sie ist das Ergebnis eines Staatsbankrotts aufgrund der wirtschaftlichen Umstände nach der mexikanischen Revolution, die neben umfassenden rechtlichen Reformen zunächst auch zu einer Abkehr von dem zuvor bestehenden liberalen Kapitalismus führte. Da neben der mexikanischen Elite vor allem ausländische

---

28 *Laute*, Die Gewerkschaften im mexikanischen Demokratisierungsprozess, S. 1 f.

29 *Sarsfield*, Politische Korruption in Mexiko, S. 54; *Franke*, Parteien und politische Transformation in Mexiko, S. 176 f.

30 *Laute*, Die Gewerkschaften im mexikanischen Demokratisierungsprozess, S. 1.

31 *Wittmütz*, Die „Contratos de Protección“ im Gewerkschaftssystem Mexikos, S. 22; *Alzaga*, Huelgas, sindicatos y luchas sociales en la historia de México, S. 420; offiziellen Angaben zufolge kam es in den Jahren zwischen 2014 und 2017 auf Bundesebene nur zu insgesamt drei Streiks; diese Regierungsstatistik berücksichtigt aber keine über mehrere Jahre geführte Arbeitskämpfe, sondern nur zusätzliche im relevanten Jahr begonnene Streiks.

Investoren die mexikanischen Arbeitnehmer zu niedrigen Löhnen arbeiten ließen, implementierten die Nachfolger der Revolution ein binnenmarktorientiertes Entwicklungsmodell eines autoritären Sozialstaates, dessen wesentlicher Inhalt neben der Verstaatlichung von wichtigen Versorgungsunternehmen (vor allem Öl und Gas, Kommunikation, Transport, Zuckerindustrie, Düngemittel, Banken) eine Abschottung der nationalen Wirtschaft von ausländischen Märkten und Investitionen unter gleichzeitigem Protektionismus der inländischen Wirtschaft war. Auch schützt die Verfassung von 1917 die Rohstoffe Mexikos als unveräußerliches Eigentum der mexikanischen Bevölkerung. Diese nach innen orientierte Wirtschaftspolitik behielt der mexikanische Staat im Wesentlichen bis zu einer umfassenden neoliberalen Wirtschaftsreform vor allem durch Präsident *Salinas de Gortari* Ende der 1980er-Jahre bei. Vier Jahrzehnte lang führte dieses Wirtschaftssystem bis in die 1970er-Jahre zu einem stabilen Wachstum von teilweise über 6 % bei einer nur geringen Inflation. Auch wenn geopolitische Ereignisse wie der Ausfall der Industrieproduktion in den kriegsführenden Staaten während des Zweiten Weltkrieges die wirtschaftliche Entwicklung weg vom Agrarstaat hin zu einer Industrienation begünstigten, verfestigte sich der Begriff des mexikanischen Wunders (*milagro mexicano*).[32] In Mexiko werden diese vier Jahrzehnte des wachsenden Wohlstands auch als goldenes Zeitalter verklärt.

Allerdings mündete die protektionistische Wirtschaftspolitik ab Mitte der 1970er-Jahre vor allem wegen hoher staatlicher Investitionsprogramme, sinkender Ölpreise und eines drastischen Anstiegs der Kreditzinsen in eine erhebliche Staatsverschuldung und eine starken Wirtschaftskrise. Im Jahr 1982 erklärte Mexiko seine Zahlungsunfähigkeit. Die Krise in der Wirtschaft und im Staatshaushalt führte als Folge einer tiefen Rezession, steigender Arbeitslosigkeit, Zunahme des informellen Sektors und einer mehrmaligen Abwertung des Pesos zu einer rasant ansteigenden Armut in der Bevölkerung. Eine Reformierung des Wirtschaftssystems wurde damit unausweichlich.[33]

Den Paradigmenwechsel in der Wirtschaftspolitik vollzogen die Regierungen ab Mitte der 1980er-Jahre durch eine außenwirtschaftliche Öffnung des mexikanischen Marktes, Privatisierungen von Staatsunternehmen und Strukturanpassungsmaßnahmen. Die Nachfolgeregierungen setzten den Kurswechsel fort, richteten Teile Mexikos strategisch auf eine Exportwirtschaft im globalen Handelssystem aus und machten aus Mexiko einen Produktions- und Investitionsstandort für ausländische Unternehmen.[34] Aus geopolitischer und wirtschaftlicher Sicht sind insbesondere die unmittelbare Nachbarschaft zu den USA, die gute Infrastruktur im Norden und Zentrum des Landes sowie vor allem die billigen aber teilweise gut ausgebildeten

---

32 *Carmona*, El „Milagro Mexicano" Y Sus Caracteres Aparentes, S. 15 ff.; *Reichenbach*, Mexikos Wirtschaftspolitik im 21. Jahrhundert, S. 400 f.

33 *López Hernández*, Evolución de la economía mexicana, S. 18; *Reichenbach*, Mexikos Wirtschaftspolitik im 21. Jahrhundert, S. 401 f.

34 *Reichenbach*, Mexikos Wirtschaftspolitik im 21. Jahrhundert, S. 399 ff.

Arbeitskräfte ein Standortvorteil Mexikos im internationalen Vergleich mit anderen Schwellen- oder Entwicklungsländern.[35] Der Ausbau von globalen Handelspartnerschaften ist neben einer Diversifizierung der Wirtschaftssektoren und der Steigerung ausländischer Investitionen seit Anfang der 1990er-Jahre ein zentrales Ziel der mexikanischen Wirtschaftspolitik.[36] Derzeit bestehen zahlreiche (Frei-) Handelsabkommen zwischen Mexiko und anderen Ländern wie das USMCA mit den USA und Kanada (das Vorgängerabkommen war das von den USA gekündigte NAFTA von 1994), das AAE mit Japan oder das EU-Mexiko Abkommen.[37]

Die mexikanischen Regierungen forcierten daher ab den 1980er-Jahren, dass ausländische Unternehmen Mexiko als Produktionsstandort nutzen. Vor allem die mehrfache Abwertung und der erhebliche Kaufkraftverlust des mexikanischen Pesos sorgten dafür, dass die mexikanischen Arbeitnehmer im internationalen Vergleich billige Arbeitskräfte sind und sich hieraus ein wesentlicher Standortvorteil der mexikanischen Wirtschaft ergibt.[38] Unzählige ausländische Unternehmen entschieden sich für die Errichtung von Fabriken, um zu geringen Lohnkosten importierte Halbfertigprodukte (Autoteile, elektronische Geräte oder Textilien) in Mexiko weiterverarbeiten zu lassen und in der Regel zollfrei entweder in das Heimatland des Unternehmens oder direkt in die USA einzuführen. Neu war dieses Geschäftsmodell der Fabrikarbeiten zu Dumpinglöhnen ab Anfang der 1990er-Jahre jedoch nicht. Bereits auf Grundlage eines Industrialisierungsprogramms der 1960er-Jahre hatte Mexiko seine Wirtschaft ausnahmsweise für transnationale Unternehmen vor allem aus den USA (aber zum Beispiel auch für Volkswagen) geöffnet. Diese bauen seitdem in der Nähe zu den USA Fabriken (*Maquiladoras*), die importierte Halbfertigprodukte zu geringen Löhnen im mexikanischen Norden weiterverarbeiten lassen und zollfrei wieder in die USA einführen können. Die *Maquiladoras* werden daher als verlängerte Werkbank der US-Industrie bezeichnet.[39]

Die mexikanische Wirtschaftspolitik ist zur Stabilisierung und zum kontinuierlichen Wachstum des Staatshaushalts insbesondere seit den Wirtschaftsreformen in den 1980er-Jahren strategisch darauf ausgelegt, dass ausländische Unternehmen wegen des niedrigen Lohnniveaus Investitionen vornehmen, Fabriken bauen und mexikanische Arbeitnehmer zu geringen Lohnkosten anstellen. Die Arbeitnehmer haben daher in den bisherigen Regierungen keinen Fürsprecher, der sich für eine effektive Durchsetzung von Arbeitnehmerrechten und für ein wesentlich

---

35 *Blomeier/Beck/Tellez-Live*, Mexikanische Wirtschaft: Zwischen Ungewissheit und Zweifel, S. 1; https://www.gtai.de/gtai-de/trade/wirtschaftsumfeld/wirtschaftsstruktur/mexiko/wirtschaftss truktur-mexiko-9710 [9.6.2020].

36 *López Hernández*, Evolución de la economía mexicana, S. 18 f.

37 Zum Bearbeitungsende wurde das EU-Abkommen noch nicht ratifiziert, lag aber ausgefertigt vor; https://ec.europa.eu/commission/presscorner/detail/de/ip_20_756 [9.6.2020].

38 *Reyes*, Análisis Político – Los Salarios En México, S. 7 ff.

39 *Reichenbach*, Mexikos Wirtschaftspolitik im 21. Jahrhundert, S. 415.

höheres Lohnniveau einsetzen würde. So erteilten die Regierungen unter *Miguel de la Madrid* (1982 bis 1988) und *Carlos Salinas de Gortari* (1988 bis 1994) auffällig viele Konzessionen für Phantomgewerkschaften mit dem Ziel der Förderung eines simulierten Gewerkschaftswesens. Das Funktionieren des Schutzvertragssystems (siehe S. 91 ff.) erforderte neben der Beteiligung der Verwaltungsbehörden und Gewerkschaften vor allem eine Akzeptanz und Förderung seitens der Regierungen. Diese verfolgten mit dem Schutzvertragssystem finanzielle Vorteile, politische Stabilität und eine Steigerung der Attraktivität für ausländische Investoren (mit Abschluss des NAFTA von 1994 stieg die Zahl der Schutzverträge von zwischen 30 % und 50 % auf schätzungsweise 80 % und 90 % aller Tarifverträge). Hinsichtlich der *contratos de protección* ist festzustellen, dass die Regierungen auf Landes- und Bundesebene das Schutzvertragssystem insbesondere seit Beginn des Neokapitalismus nicht nur akzeptiert, sondern teilweise aktiv gefördert haben. Dies soll vor allem für die arbeitgeberfreundliche Regierung unter *Vincente Fox* (2000 bis 2006) gelten.[40]

Obwohl die mexikanische Bevölkerung im Jahr 2018 erstmals in der Geschichte mit *Andrés Manuel López Obrador* einen Präsidenten wählte, der dem politischen linken Rand zuzuordnen (MORENA) und auf die Verteidigung von Arbeitnehmerrechten ausgerichtet ist, kündigte der Präsident explizit an, die Privatwirtschaft bleibe im Falle seiner Wahl unangetastet. Für die Arbeitnehmer hat sich an der genannten Wirtschaftspolitik trotz des Wahlsiegs der Linken nichts verändert. Vielmehr sind die Arbeitnehmer zu einem Spielball der mexikanischen Wirtschaftspolitik und Unternehmen geworden und auf ihrem Rücken wird ein umfangreicher Wohlstand erzeugt. Dieser führt zu einer für ein Schwellenland starken Wirtschaftskraft, an dem die Arbeitnehmer aber kaum partizipieren (allerdings verbesserte sich das Sozialstaatsniveau durch den wirtschaftlichen Aufschwung, siehe S. 144 ff.).

Die nachfolgende Äußerung des Ex-Präsidenten *Vicente Fox* gegenüber US-Unternehmern ist bezeichnend für den Kurs der Regierungen: „*Die Mexikaner machen die Arbeiten, die nicht einmal die Schwarzen machen möchten.*“[41]

Bisher bestand daher bei den Regierungen, der weisungsgebundenen Verwaltung sowie dem Gesetzgeber kein besonderes Interesse an einem rechtlichen Rahmen zur umfassenden Gewährleistung oder Durchsetzung des Arbeitskampfrechts. Im Übrigen hat die Kontrolle des Streikwesens und der Gewerkschaften in Mexiko aufgrund des Staatskorporativismus im 20. Jahrhundert eine lange Tradition. Auch unter diesem Gesichtspunkt hatte der mexikanische Staat in der Vergangenheit kein Interesse an einem unkontrollierten Streikwesen, um oppositionelle Bewegungen gegen das PRI-Regime erkennen und zum eigenen Machterhalt bekämpfen zu können.

---

40 *Wittmütz*, Die „Contratos de Protección“ im Gewerkschaftssystem Mexikos, S. 20 f.; *Xelhuantzi*, Libertad de asociación sindical y los contratos de protección, S. 2.

41 *El País*, Del ingenio a la imprudencia.

3. *Verflechtung von Wirtschaft und Politik*

Eine arbeitnehmerschützende Politik ist aber auch wegen der tief verwurzelten Verflechtung zwischen der Wirtschaft und Politik häufig nicht das vorrangige Ziel der mexikanischen Exekutive und Legislative. Vielmehr profitieren diese teilweise selbst von der Verfolgung der Arbeitgeberinteressen. Ebenso können sie einem erheblichen Druck seitens nationaler Konzerne ausgesetzt sein.

In der mexikanischen Wirtschaft bestehen teilweise übermächtige Konzerne und Oligopole. Diese können durch ihre enorme Marktmacht einen erheblichen Druck auf die Wirtschaft und Politik ausüben und Arbeitnehmerrechte oder Reformen zu ihrem Vorteil blockieren. Zu den von der Unternehmenskonzentration betroffenen Sektoren gehören vor allem (aber nicht nur) die Festnetz- und Mobiltelefonie (América Móvil von *Carlos Slim* mit den Konzerngesellschaften Telmex und Telcel), das Fernsehen (Televisa von *Emilio Azcárraga* und TV Azteca von *Ricardo Salinas Pliego*), der Baustoffhersteller CEMEX oder der Bergbau (Grupo México von *Germán Larrea* und Industrias Peñoles von *Alberto Bailléres*). Schätzungen zufolge hatten einzelne Konzerne in der Vergangenheit[42] einen Marktanteil von 80 % und befinden sich aktuell in der Hand von wenigen vermögenden und einflussreichen Magnaten.[43]

Zahlreiche Wirtschaftsexperten sehen das Grundproblem der mexikanischen Wirtschaft daher auch in der Fähigkeit von Interessengruppen, eine Politik zum Wohle der Allgemeinheit zu verhindern, um eigene Partikularinteressen durchzusetzen oder zu bewahren. Dies schwächt die Handlungsfähigkeit des mexikanischen Staates, da dieser häufig zwischen Gesellschaft und faktischen Mächten, welche die Entwicklung des Landes bremsen, vermitteln und diesen Zugeständnisse abringen muss. Dies gilt insbesondere auch hinsichtlich des Einflusses der Magnaten auf die Regierungen.[44]

So mussten zum Beispiel im April und Mai 2020 die Arbeitnehmer von *Ricardo Salinas Pliego* trotz zahlreicher (tödlicher) Corona-Fälle in seinen Unternehmen die Arbeit in den Betrieben wie auch in einigen US-amerikanischen *Maquiladoras* entgegen der Anweisung der mexikanischen Regierung fortsetzen. Diese beschloss im April 2020 wegen der Covid-19-Pandemie, dass alle nicht systemrelevanten

---

42 Die Regierung unter *Peña Nieto* reformierte im Jahr 2013 das Wettbewerbsrecht im Telekommunikationssektor; unter anderem schuf sie eine Regulierungsbehörde, führte eine Obergrenze von 50 % Marktanteil ein und vergab zwei neue Fernsehsenderlizenzen. Nach einem OECD-Bericht trat bereits eine Verbesserung in der Wettbewerbssituation ein, wobei noch nicht von einem Beheben der oben genannten Marktmacht gesprochen werden könne, siehe *OECD*, Telecommunication and Broadcasting Review of Mexico 2017, S. 31 ff.

43 *Reichenbach*, Mexikos Wirtschaftspolitik im 21. Jahrhundert, S. 410 f., 418; *Mayer-Serra*, La economía política de un crecimiento mediocre, S. 195; *González Amador*, La concentración de mercados en México triplica la de otros paises, S. 33.

44 *Mayer-Serra*, La economía política de un crecimiento mediocre, S. 195.

Betriebe (zum Beispiel zur Produktion von Lebensmittel und Gesundheitsprodukten) zum Schutz der Arbeitnehmer vor einer Verbreitung des Corona-Virus geschlossen werden müssen. Einige Betriebe setzten entgegen der Anordnung der Regierung ihre Produktion dennoch fort, sodass es zu zahlreichen Corona-Todesfällen kam. Arbeitnehmern wurde für den Fall eines Fernbleibens von der Arbeit mit Entlassung gedroht.[45] Eine öffentliche Rüge seitens der Regierung unterblieb.[46] Vielmehr führte eine vom Arbeitsministerium erstellte Liste die Unternehmen von *Ricardo Salinas Pliego* gar nicht erst auf, obwohl in dem Dokument alle Unternehmen aufgelistet sein sollten, die gegen die Regierungsanweisungen verstießen.[47] Im Hinblick auf die Parteizugehörigkeit des mexikanischen Präsidenten als linksgerichteter Regierungschef, der programmatisch die Arbeitnehmerinteressen wahrnimmt (oder dies zumindest behauptet), ist dies ein für Deutschland in Anbetracht der zu diesem Zeitpunkt herrschenden Covid-19-Pandemie unvorstellbares Szenario.

Über die Macht der mexikanischen Magnate hinaus besteht aber auch ein über die Jahrhunderte verfestigter Klientelismus in der mexikanischen Politik.[48] Neben dem ökonomischen und medialen Einfluss haben mexikanische Konzerninhaber (aber auch mittelständische Unternehmer auf regionaler Ebene) häufig infolge verwandtschaftlicher oder freundschaftlicher Verknüpfungen persönlichen Einfluss auf Politiker. Dabei besteht eine hiermit im Zusammenhang stehende Tradition der Korruption, indem sich unter anderem hochrangige Regierungsmitglieder für die Interessen ihrer befreundeten Unternehmer einsetzen und sich hierfür vergüten oder den Wahlkampf finanzieren lassen.[49] Hierdurch profitieren nicht nur die Unternehmer von Regierungsentscheidungen, sondern auch die Regierenden selbst. Die Erzielung eines finanziellen in der Regel durch Korruption generierten Gewinns steht häufiger als die tatsächliche Verteidigung der Arbeitnehmerrechte oder die Reformierung von Arbeitsgesetzen im Vordergrund. Aber auch unter Berücksichtigung der Relevanz einzelner Sektoren für die Volkswirtschaft und Politiker wegen ihrer medialen Darstellung ergibt sich eine erhebliche Einflussmöglichkeit von Magnaten auf die mexikanische Politik.

Zwar sind offizielle Statistiken im Hinblick auf diese Art der informellen Verflechtung zwischen der Politik und der Wirtschaft naturgemäß nicht vorhanden,

---

45 *Weiss*, Fabriken in Mexiko ignorieren Corona-Auflagen auf US-Druck; *DW*, Betriebe in Mexiko ignorieren Corona-Auflagen; *Kitroeff*, Estados Unidos presiona a México.

46 *Forbes México*, Presión, miedo y hartazgo viven los empleados de Grupo Salinas ante el Covid-19; *Tourliere*, Muere por Covid-19 un empleado al servicion de Grupo Salinas.

47 *Infobae*, López Obrador excluyó a Grupo Salinas de las empresas que incumplieron medidas sanitarias, a pesar de múltiples reportes en su contra.

48 *Schröter*, Klientelismus in der Politik Mexikos, S. 259 ff.

49 *Reichenbach*, Mexikos Wirtschaftspolitik im 21. Jahrhundert, S. 418; *Muno*, Rechtsstaatlichkeit in Mexiko, S. 183 ff.; *Wagner*, Mexikos junge Demokratie in der Krise, S. 484, 488.

da es den Beteiligten gerade auf die Verschleierung solcher Vorgänge zur Aufrechterhaltung der „Geschäftsbeziehung" ankommt.[50] Auch ist das wahre Ausmaß der politischen Korruption nicht messbar, da in Mexiko nach Auswertungen unterschiedlicher Institutionen und zahlreicher Expertenmeinungen nahezu alle Straftaten (99 %) unentdeckt bleiben oder bei Kenntnis überwiegend nicht angezeigt oder verfolgt werden.[51]

Auch wenn der wahre Umfang der Korruption innerhalb der mexikanischen Politik und der daraus folgenden häufig an den Unternehmerinteressen orientierten Entscheidungen nicht bekannt ist, werden vor allem in den letzten Jahren vermehrt entsprechende Fälle publik. Exemplarisch sei auf die dargestellten Fälle La Estafa Maestra (S. 81), Casa Blanca (S. 80) und Odebrecht (S. 81) oder auf die wegen Korruption, Geldwäsche und Drogenhandel verhafteten Politiker (S. 83) hingewiesen. Mexikanische Regierungen vertreten häufig in Zusammenarbeit mit der Wirtschaft die eigenen Interessen, statt eine demokratische Repräsentation der Arbeitnehmer zu gewährleisten. Der Klientelismus mit der damit im Zusammenhang stehenden Korruption und die faktischen Mächte in der Wirtschaft führen zu einer primär am Wirtschaftsinteresse orientierten Handhabung des Arbeitsrechts.

Dies gilt auch für die bis in die Gegenwart existierenden Staatsunternehmen für Öl und Gas (PEMEX) und Elektrizität (CFE). Beide Unternehmen stammen noch aus der nachrevolutionären Zeit des binnenmarktorientierten Sozialstaats und haben ein Monopol inne. Insbesondere das staatliche Ölunternehmen PEMEX ist Teil eines nostalgischen Nationalmythos in der mexikanischen Bevölkerung und von hoher wirtschaftlicher und symbolischer Bedeutung. Zwar stehen hinter den Staatsunternehmen keine privaten Magnaten, die einen Einfluss auf die Entscheidungsträger ausüben könnten. Die Durchsetzung anderer Aspekte als reine ökonomischer Interessen wäre für Regierungen daher theoretisch um ein Vielfaches einfacher. Jedoch stehen auch in den Staatsunternehmen häufig ökonomische Aspekte und nicht die Ökologie oder die Arbeitnehmerinteressen im Vordergrund, da Politiker die Unternehmensgewinne in das Privatvermögen umleiten (siehe der Fall La Estafa Maestra auf S. 81). Ein größerer Unternehmensgewinn führt zu einem höheren finanziellen Vorteil bei Regierungsmitgliedern. Auch ist der Staatshaushalt in erheblicher Weise von den PEMEX-Einnahmen abhängig. Schätzungen zufolge generiert PEMEX bis zu 35 % der Staatseinnahmen. Mexiko ist der zehntgrößte Förderer von Erdöl weltweit und verfügt über die drittgrößten Ölreserven in Lateinamerika. Dabei ist PEMEX eines der weltweit am höchsten verschuldeten Unternehmen (über US $ 100 Milliarden). Dies beruht vor allem darauf, dass der mexikanische Staat die durch PEMEX generierten Öleinnahmen direkt in den Staatshaushalt fließen und den Konzern trotz steigender Ölpreise

50 *Wagner*, Mexikos junge Demokratie in der Krise, S. 488.
51 *Universidad de las Américas*, IGI-MEX 2018; *Muno*, Rechtsstaatlichkeit in Mexiko, S. 185.

Schulden aufnehmen ließ, was fehlendes Kapital für Investitionen zur Folge hatte.[52] Die Kapitalknappheit bei PEMEX sowie die Abhängigkeit des Staatshaushaltes von der Ölförderung bedingen, dass aus der Sicht der Regierungen notgedrungen die ökonomischen Interessen des PEMEX-Konzerns im Vordergrund stehen, um den Staatshaushalt aufrechterhalten zu können.

Arbeitnehmer haben daher in der Regel auf nationaler Ebene in der Exekutive oder Legislative keine Vertreter, die ihre Interessen authentisch vertreten (können). Vielmehr verhindern die Abhängigkeit und die Verflechtung der Politik mit der nationalen Wirtschaft ein arbeitnehmerschützendes Regierungsprogramm, welches über die bloße Armenfürsorge oder partielle Unterstützung einzelner Interessengruppen hinausgeht.

4. Abhängigkeit vom Außenhandel

Neben dem Einfluss der nationalen Unternehmer auf die Politik ist aber vor allem auch die Abhängigkeit der mexikanischen Wirtschaft vom Außenhandel ein maßgeblicher Faktor, der eine am Arbeitnehmerinteresse orientierte Wirtschaftspolitik häufig verhindert. Aus der neoliberalen Wirtschaftspolitik und der hiermit verbundenen Steigerung ausländischer Investitionen resultiert eine erhebliche Abhängigkeit der mexikanischen Wirtschaft und Politik von den Interessen ausländischer Staaten (und deren Unternehmen), insbesondere den USA. Diese Abhängigkeit führt dazu, dass die mexikanischen Regierungen zur Beibehaltung freundschaftlicher Wirtschafts- und Politikbeziehungen teilweise auch gezwungen sind, die Interessen der ausländischen Wirtschaft und Politik über diejenigen der mexikanischen Arbeitnehmer zu stellen.

Dies gilt jedenfalls unter der Prämisse der Fortführung des wirtschaftlichen Wachstums und der Stabilität des Staatshaushaltes. Selbst wenn sich eine mexikanische Regierung für einen Kurswechsel in der genannten Wirtschaftspolitik zugunsten einer arbeitnehmerschützenden Politik entscheiden würde, wäre dies jedenfalls in der Gegenwart mit dem Risiko einer Kapitalflucht ausländischer Unternehmen und einem starken Rückgang des Exportvolumens verbunden. Wegen der Abhängigkeit der mexikanischen Volkswirtschaft vom Außenhandel könnte dies eine tiefe Rezession und gegebenenfalls auch eine Staatsschuldenkrise zur Folge haben.

a. Mexiko als Exportnation

Mexiko entwickelte sich seit Ende der 1990er-Jahre zu einer Exportnation unter Beteiligung ausländischer Konzerne. Dies wird bereits daran deutlich, dass sich

52 *Reichenbach*, Mexikos Wirtschaftspolitik im 21. Jahrhundert, S. 407 f.; *SENER*, Prospectiva de Petróleo Crudo y Petrolíferos 2016–2030, S. 33 ff.; *PEMEX*, PEMEX in cifras, https://www.pemex.com/ri/herramientas/Documents/PEMEX_Factsheet_e.pdf [18.6.2020].

die Exporte in dem Zeitraum von 1990 bis 2017 um das 15-Fache steigerten (von US $ 26 Milliarden auf US $ 409 Milliarden). Der Anteil an Fabrikprodukten nahm sogar um das 26-Fache zu (von US $ 13 Milliarden auf US $ 364 Milliarden). Während der Exportanteil von Rohstoffen wie zum Beispiel Öl und Gas oder Agrarprodukten in den 1980er-Jahren noch bei 75 % lag, waren im Jahr 2017 vor allem die Fabrikprodukte mit einem Anteil von 90 % die dominierenden Exportgegenstände.[53] Diese wirtschaftliche Entwicklung hin zur Exportnation (unter Nutzung eines niedrigen Lohnniveaus, siehe S. 126 ff.) ist aber weniger auf den Bau von Fabriken durch mexikanische Unternehmen zurückzuführen. Vielmehr errichteten zahlreiche transnationale Konzerne in Mexiko Fabriken, um von den niedrigen Löhnen und der in der Regel laschen Durchsetzung des Arbeitsrechts zu profitieren. Auch wenn keine Statistiken der mexikanischen Regierung vorliegen, ist vor allem die Automobilindustrie exemplarisch für die Bedeutung Mexikos für ausländische Unternehmen:

- Mexiko ist der weltweit viertgrößte Hersteller von Kraftfahrzeugen, obwohl kein mexikanisches Automobilunternehmen existiert.
- Etwa 35 % aller mexikanischen Exporte sind Kraftfahrzeuge oder Kraftfahrzeugteile (jährlich US $ 125 Milliarden).[54]

In den letzten Jahrzehnten bauten die meisten der transnationalen Automobilkonzerne Fabriken in Mexiko, unter anderem Volkswagen (in Puebla, bereits seit 1964), Audi (in Puebla, seit 2016), Daimler (unter anderem in Santiago Tianguistenco seit 1991, Monterrey seit 1994, Saltillo seit 2009 und Aguascalientes als Joint-Venture mit Renault-Nissan bis 2021), BMW (in San Luis Potosí, seit 2019), General Motors (in Ramos Arizpe seit 1981, Silao seit 1994 und San Luis Potosí seit 2008), Ford (in Cuautitlán seit 1983 und Hermosillo seit 1986), Fiat Chrysler (in Toluca seit 1978 und Saltillo seit 1995), Toyota (in Tijuana seit 2004) oder Honda (in El Salto seit 1988 und Celaya seit 2011).[55] Außerhalb der Automobilbranche hinaus ergibt sich eine ähnliche Lage auch in anderen Bereichen. So sind 76 % aller Exporte dem Industriezweig des Maschinenbaus, der elektrischen Geräte, Bauteile und Metalle zuzuordnen (35 % davon Kraftfahrzeuge). Knapp 30 % der Exporte beziehen sich

---

53 *López Hernández*, Evolución de la economía mexicana, S. 21, 24.

54 Stand: 2017 und 2018, Quellen: *INEGI*, https://www.inegi.org.mx/temas/pibval/ [11.6.2020]; *López Hernández*, Evolución de la economía mexicana en el periódo 1990–2017 y opciones de política para el crecimiento, S. 24; https://www.trademap.org/Country_SelProduct_TS.aspx [11.6.2020].

55 Zum Beispiel *Reichenbach*, Mexikos Wirtschaftspolitik im 21. Jahrhundert, S. 411; https://www.stuttgarter-zeitung.de/inhalt.autoproduktion-in-mexiko-in-trippelschritten-zum-welt-betriebsrat-page1.e87ca008-7bb9-434b-8f79-9c12f9167b05.html, https://www.daimler.com/karriere/ueber-uns/standorte/standort-detailseite-5115.html und https://www.manager-magazin.de/fotostrecke/autoproduktion-welche-autohersteller-milliarden-in-mexiko-investieren-foto strecke-122 039.html [11.6.2020].

dabei auf elektronische Geräte und Bauteile, die nach dem genannten Muster in Mexiko vor allem für den US-amerikanischen Markt hergestellt werden.[56] Nach Angaben der mexikanischen Regierung ist die Produktion der elektronischen Geräte und Bauteile fast ausschließlich auf die zahlreichen ausländischen Konzerne zurückzuführen (zum Beispiel Ericsson, Intel, Kodak, LG, Motorola, Panasonic, Philips, Samsung, Siemens, Sony).[57] Berücksichtigt man die Sektoren der Kraftfahrzeuge sowie elektronischen Geräte und Bauteile, wird über die Hälfte aller Exporte (EUR 200 Milliarden) durch ausländische Konzerne generiert, die sich den Standortvorteil in Mexiko wegen der geografischen Nähe zu den USA, des niedrigen Lohnniveaus und der laschen Durchsetzung des Arbeitsrechts seitens der Behörden zunutze machen.

Der Außenhandel ist daher ein wichtiger Faktor für die Wirtschaftskraft des mexikanischen Staates. Wichtigster Handelspartner sind mit Abstand die USA, wohin 80 % aller Exporte gehen, gefolgt von Kanada (2,8 %) und Deutschland (1,7 %). Auch im Hinblick auf die Importe sind die USA mit 46,4 % wichtigster Handelspartner, gefolgt von China (17,6 %) und Japan (4,3 %).[58]

Da die mexikanischen Exporte überwiegend von transnationalen Konzernen generiert werden, sind für Mexiko vor allem die ausländischen Direktinvestitionen (*foreign direct investment* – FDI) von besonderer Relevanz.

Insgesamt liegt ein FDI-Bestand in Höhe von US $ 511 Milliarden vor, wobei alleine im Jahr 2018 zusätzliche ausländische Direktinvestitionen in Höhe von US $ 30 Milliarden vorgenommen wurden. Von besonderer Bedeutung ist an dieser Stelle, dass 44,3 % des FDI-Bestandes alleine aus den USA stammen, gefolgt von dem UK (6,0 %) und Deutschland (3,4 %). Mexiko gehört weltweit zu den Schwellenländern mit einem der höchsten Investitionszuflüsse und belegt in Lateinamerika hinter Brasilien den zweiten Platz. Im Vergleich zu den OECD-Ländern ist das Verhältnis des FDI-Bestandes zum nationalen BIP überdurchschnittlich hoch (43 %). Mexiko liegt unter den OECD-Ländern an 14. Stelle im Hinblick auf den FDI-Bestand (vor Staaten wie zum Beispiel Russland, Indien oder Italien).[59]

---

56 *López Hernández*, Evolución de la economía mexicana, S. 24; http://www.worldstopexports.com/mexicos-top-exports/ [11.6.2020].

57 *Secretaría de Economía*, Industria Electrónica, S. 17 f.

58 Stand: 2017 und 2018, Quelle: Statistisches Bundesamt, https://www.destatis.de/DE/Themen/Laender-Regionen/Internationales/Laenderprofile/mexiko.pdf?__blob=publicationFile [11.6.2020]; *Reichenbach*, Mexikos Wirtschaftspolitik im 21. Jahrhundert, S. 414.

59 Stand: 2018, Quelle: *OECD*, https://data.oecd.org/fdi/fdi-stocks.htm#indicator-chart [11.6.2020]; *Yalcin/Karl/Teti/Gerns*, Der UNCETAD World Investment Report 2016, S. 43 f.

b. Einfluss ausländischer Staaten und Konzerne

Berücksichtigt man die Bedeutung des Außenhandels und des FDI für die mexikanische Volkswirtschaft und die Tatsache, dass die USA bei den Exporten einen Anteil von 80 % haben sowie 44,3 % des FDI-Bestandes US-amerikanischen Ursprungs sind, ist die Feststellung eines erheblichen Einflusses insbesondere der US-amerikanischen Politik und von US-Unternehmen auf die mexikanische Wirtschaft und Politik unvermeidbar. Aber auch andere wichtige Handelspartner Mexikos wie vor allem Deutschland, China, Japan oder Kanada können wegen der Bedeutung des Außenhandels und des FDIs für die mexikanische Wirtschaftskraft einen gewichtigen Einfluss ausüben. Die mexikanische Politik unterliegt daher externen Machtfaktoren, die einen bestimmenden Einfluss auf die Wirtschafts- und Arbeitspolitik haben.

Dabei lassen sich in der mexikanischen Geschichte zahlreiche Beispiele für den bestimmenden Einfluss ausländischer Mächte, insbesondere durch die US-amerikanische Politik, finden. Auch wenn diese im Rahmen des vorliegenden Kapitels nicht abschließend aufgezählt werden können, zeigen die folgenden Sachverhalte der jüngsten Vergangenheit exemplarisch den US-amerikanischen Einfluss auf die mexikanische Politik und Rechtsdurchsetzung:

- Im April 2020 beschloss die mexikanische Regierung wegen der Covid-19-Pandemie, dass alle nicht systemrelevanten Betriebe zum Schutz der Arbeitnehmer vor einer Verbreitung des Corona Virus geschlossen werden müssen. Dies hätte allerdings zu erheblichen Unterbrechungen der Lieferketten in die USA geführt. Einige Betriebe setzten daher auf Druck von US-amerikanischen Unternehmen und einzelner US-Politiker entgegen der Anordnung der Regierung ihre Produktion trotz nachgewiesener Corona-Infektionen fort, sodass es zu zahlreichen Corona-Todesfällen kam. Arbeitnehmern wurde für den Fall eines Fernbleibens von der Arbeit mit Entlassungen gedroht.[60]

  Die Unternehmen und Regierungen ließen die Arbeitnehmer teilweise trotz Covid-19 arbeiten, damit vor allem die US-Wirtschaft einen geringeren Schaden hat.
- Der US-amerikanische Präsident *Donald Trump* drohte Mexiko Strafzölle für den Fall an, dass die illegale Migration an der US-Grenze nicht gestoppt werde. Daraufhin vereinbarten Mexiko und die USA im Juni 2019 ein Abkommen, wonach Mexiko zur Abwendung von Strafzöllen 15.000 Soldaten an der Nordgrenze zu den USA und 6.000 Soldaten an der Südgrenze zur Verhinderung von Grenzübertritten durch Migranten stationieren muss. Außerdem müssen die Asylsuchenden ihre Anträge bereits auf dem Staatsgebiet von Mexiko stellen und dürfen bis zur Entscheidung die US-Grenze nicht überqueren. Gegen dieses Abkommen

---

60 *Weiss*, Fabriken in Mexiko ignorieren Corona-Auflagen auf US-Druck; *DW*, Betriebe in Mexiko ignorieren Corona-Auflagen; *Kitroeff*, Estados Unidos presiona a México.

gab es wegen der fraglichen Vereinbarkeit mit internationalem Recht erhebliche politische Proteste (in Mexiko und den USA), da die Migranten bereits vor dem Grenzübertritt aufgehalten werden sollten und diese so mangels administrativer Erfassung keinen effektiven Asylantrag stellen konnten. Zwischenzeitlich erklärte ein US-Gericht diese Praxis für rechtswidrig (das Gericht ist allerdings nur für Entscheidungen mit Wirkung für Kalifornien und Arizona zuständig).[61]

Der folgende berühmte Satz des vor der mexikanischen Revolution regierenden Präsidenten *Porfirio Diaz* scheint auch in der Gegenwart aktuell zu sein: „*Armes Mexiko: So weit weg von Gott, so nah an den Vereinigten Staaten!*"

Zwar ist die gemeinsame Grenze mit den USA ein Wettbewerbsvorteil Mexikos im internationalen Vergleich und sorgt für ein hohes Investitionsvolumen ausländischer Unternehmen, insbesondere aus den USA selbst. Gleichzeitig besteht aber eine erhebliche Abhängigkeit der mexikanischen Volkswirtschaft und Politik vor allem von den USA, die ihre Interessen naturgemäß über diejenigen anderer Nationen stellt und wegen der erheblichen wirtschaftlichen und politischen Macht häufig auch durchsetzen kann. Ungeachtet der militärischen Überlegenheit der USA zeigte sich seit Anfang der 1990er-Jahre bereits mehrfach vor allem die wirtschaftliche Abhängigkeit Mexikos zu den ausländischen Märkten wie zu den USA. Liegt in der US-amerikanischen Volkswirtschaft eine Rezession (im Jahr 2001) oder eine Wirtschaftskrise (im Jahr 2009) und daher ein niedriges Wachstum vor, ist die mexikanische Wirtschaft um ein Vielfaches negativer betroffen. In entsprechenden Jahren gab es sogar einen Rückgang der Wirtschaftskraft mit einem negativen BIP, vor allem auch als Folge des Abzugs ausländischen Kapitals. Der Wachstumstrend des mexikanischen BIP entspricht in der Regel dem US-amerikanischen BIP, wobei sich die negativen Entwicklungen drastischer auf den Ersteren auswirken. Dies ist auch eine Folge des niedrigen Lohnniveaus in Mexiko und des daraus resultierenden schwachen Binnenmarktes, der einen Rückgang des Außenhandels nicht ausgleichen kann.[62]

So zeigte sich die Abhängigkeit der mexikanischen Wirtschaft von den ausländischen Investitionen bereits im Jahr 1994 und 1995. Nachdem der Präsidentschaftskandidat *Luis Donaldo Colosio* ermordet worden war und ein gegen die Regierung organisierter bewaffneter Aufstand in Chiapas stattfand, begannen ausländische Investoren aus Sorge über die politische Instabilität und wegen des fehlenden Vertrauens in die Kreditwürdigkeit des Staates massiv mit dem Abzug ihres Kapitals aus Mexiko. Dies hatte zur Folge, dass der Zentralbank die Kapitalreserven ausgingen (der Peso war zuvor an den US-Dollar gekoppelt gewesen) und sich der bestehende Kapitalmangel auf die Produktivität der Unternehmen auswirkte.

---

61 https://www.tagesschau.de/ausland/trump-asylpolitik-103.html und https://www.tagesschau.de/ausland/mexiko-usa-migration-105.html [22.9.2020].

62 *CRS*, U.S.-Mexico Economic Relations: Trends, Issues, and Implications, S. 11; *Reichenbach*, Mexikos Wirtschaftspolitik im 21. Jahrhundert, S. 414 f.

Die Staatsverschuldung und die Wirtschaftskrise konnten erst durch die erneute Abwertung des Pesos und durch ein Hilfspaket des IWF gebremst werden. Die von dem Schriftsteller *Octavio Paz* bezeichnete „Tequila-Krise" führte zu einer Inflation von über 50 % im Jahr 1995 und 25 % im Jahr 1996 und zu einem Minus des BIP von 6 % im Jahr 1995. Hiermit verbundene Folgen waren ein Anstieg der Arbeitslosigkeit, Armut und eine Beeinträchtigung der Grundversorgung in der Bevölkerung.[63]

Zwar versuchte die mexikanische Regierung insbesondere nach dem Wahlsieg *Donald Trumps* zum US-Präsidenten und dem damit verbundenen wachsenden Protektionismus der US-Wirtschaft die Abhängigkeit zur USA zu reduzieren. Neben dem neu ausgehandelten EU-Freihandelsabkommen vereinbarte Mexiko im Jahr 2018 auch das pazifische CPTPP-Handelsabkommen mit zehn weiteren Staaten (unter anderem Australien, Chile, Japan).[64] Durch eine Diversifizierung der Exportziele und Herkunftsländer des FDI könnte künftig die Abhängigkeit von den USA zurückgehen. Im Gegenzug haben andere Staaten wie zum Beispiel China oder Deutschland einen steigenden Einfluss auf Mexiko, sodass das Grundproblem der Abhängigkeit vom Außenhandel – wenn auch in geringerem Ausmaß als Folge der Diversifizierung – erhalten bleibt. Daher ist es unter Fortführung der bisherigen Wirtschaftspolitik konsequent, dass der linksgerichtete Präsident *López Obrador* zum Amtsantritt ankündigte, die Privatwirtschaft solle von Reformmaßnahmen im Kern unberührt bleiben, um Investoren zu beruhigen.[65]

Die Abhängigkeit des mexikanischen Staates und der Volkswirtschaft von ausländischen Staaten und Unternehmen kann aber auch positive Folgen für die Arbeitnehmer haben.[66] Die US-Regierung unter *Donald Trump* drohte mit der Kündigung des Freihandelsabkommens NAFTA, um das System des Lohndumpings und die systematische Vernachlässigung des Arbeitsrechts durch die mexikanischen Regierungen teilweise zu beenden (und so eine Rückkehr der US-amerikanischen

63 *López Hernández*, Evolución de la economía mexicana, S. 19, 21; *Joebges*, Transmissionsmechanismen von Währungskrisen, S. 134 ff.; *Reichenbach*, Mexikos Wirtschaftspolitik im 21. Jahrhundert, S. 402.

64 *CRS*, U.S.-Mexico Economic Relations: Trends, Issues, and Implications, S. 15.

65 *Maihold/Villamar*, Mexiko – ein neuer politischer Aufbruch, S. 3 f.

66 Neben den Vorteilen für die Arbeitnehmer in Mexiko ist zu berücksichtigen, dass die mexikanische Politik und Volkswirtschaft wegen der wirtschaftlichen Verflechtungen und der gemeinsamen Landesgrenze auch einen Einfluss auf die USA haben. Dies ergibt sich daraus, dass die US-amerikanische Industrie von der Aufrechterhaltung der Lieferketten mit den mexikanischen Betrieben abhängig ist. Außerdem ist Mexiko bei den Exporten der zweitwichtigste, bei den Importen der drittwichtigste Handelspartner der USA. Allerdings ist der mexikanische Einfluss auf die USA um ein Vielfaches geringer als deren Abhängigkeit zur USA (während der US-FDI in Mexiko im Jahr 2018 US $ 226 Milliarden betrug, lag der Mexiko-FDI in den USA bei US $ 30 Milliarden – bei einem über 20-fach größeren BIP des USA); *CRS*, U.S.-Mexico Economic Relations: Trends, Issues, and Implications, S. 2 ff. und https://data.oecd.org/fdi/inward-fdi-stocks-by-partner-country.htm#indicator-chart [15.6.2020].

Industrie in das Staatsgebiet der USA zu fördern). In der Folge wurde mit dem USMCA ein neues Freihandelsabkommen abgeschlossen. Dieses enthält zwar nur geringfügige Modifizierungen des vorherigen NAFTA-Abkommens, allerdings verpflichtete sich die mexikanische Regierung auf Druck der USA zu einer Förderung des Arbeitsrechts insbesondere zum Aufbau eines effektiven und authentischen Gewerkschaftswesens (siehe S. 76, 95 f.). Außerdem müssen Kraftfahrzeuge für ihre Zollfreiheit im Geltungsbereich des USMCA zu mindestens 40 % ihres Wertes von Arbeitnehmern hergestellt werden, die einen Stundenlohn von US $ 16 erhalten.[67]

Abzuwarten bleibt, ob das neue Freihandelsabkommen zu einer Verbesserung der Vergütung von Arbeitnehmern führt oder Unternehmen die Produktion alternativ in die USA (zurück) verlagern. Jedenfalls im Hinblick auf die Änderung der Arbeitsgesetze zur Abschaffung des Schutzvertragssystems (siehe S. 95 f.) hatte der US-amerikanische Einfluss auf die mexikanische Politik zugunsten der Arbeitnehmer einen großen Erfolg – auch wenn weniger das Arbeitnehmerinteresse als vielmehr die protektionistische Politik von *Donald Trump* der Grund für das neue Freihandelsabkommen ist. Auch ist abzuwarten, ob die geschaffenen Arbeitsgesetze wegen der übrigen gesellschaftlichen Probleme wie vor allem der Korruption zu einer tatsächlichen Verbesserung der durchschnittlichen Arbeitnehmersituation in Mexiko führen.

5. Zwischenergebnis

Die Arbeitnehmer haben in Mexiko in der Regel keine primär an der Durchsetzung von Arbeitnehmerinteressen interessierten, authentischen Vertreter in der Exekutive oder Legislative. Im Vordergrund steht häufig eine am Arbeitgeberinteresse ausgerichtete (Wirtschafts-)Politik. Die mexikanischen Regierungen, die ihnen untergeordnete und weisungsgebundene Verwaltung sowie der Gesetzgeber verfolgen bisher in Mexiko eine arbeitgeberfreundliche Wirtschaftspolitik, um neben einem Wachstum der mexikanischen Wirtschaftskraft auch eine Stabilisierung der Staatsfinanzen zu erreichen. Die Arbeitgeberinteressen stehen dabei in der Regel im Vordergrund. Die Wahrnehmung von Arbeitnehmerinteressen, insbesondere auch im Hinblick auf das Arbeitskampfrecht, war bisher nur in Ausnahmefällen von staatlicher Stelle gewünscht.

Teilweise besteht aber auch eine erhebliche Abhängigkeit der mexikanischen Regierungen von den nationalen Unternehmern sowie den ausländischen Staaten und Konzernen, insbesondere aus den USA, die sich das niedrige Lohnniveau und die lasche Durchsetzung der Arbeitnehmerrechte in Mexiko zunutze machen.

---

67 *CRS*, USMCA Trade Agreement, 30. Januar 2020, S. 1 ff.; *Hulverscheidt*, Der beste schlechte Vertrag aller Zeiten; *The Guardian*, US, Mexico and Canada sign revised trade deal to replace NAFTA; *Ríos*, Los trabajadores mexicanos son los ganadores del nuevo acuerdo comercial con los Estados Unidos.

Neben einem politischen Unwillen zur Durchsetzung von Arbeitnehmerrechten liegt daher auch eine partielle Unfähigkeit des Staates vor, sich gegenüber den externen Machtfaktoren zu behaupten.

II. Tradition der Nachrangigkeit von Arbeitnehmerinteressen

Die Vorrangigkeit der macht- und wirtschaftspolitischen Interessen des mexikanischen Staates und der Unternehmen gegenüber den Arbeitnehmerinteressen ist allerdings kein Phänomen des 20. Jahrhunderts. Sie ist in der mexikanischen Geschichte angelegt und kann als eine über Jahrhunderte bestehende „Tradition" bezeichnet werden.

Der Grund hierfür ist, dass die Geschichte Mexikos nicht nur von zahlreichen Kriegen, sondern vor allem auch vom Leid und Elend der mexikanischen Land- und Minenarbeiter gekennzeichnet ist. Diese lebten als Folge der spanischen Eroberung im Jahr 1521 in den folgenden Jahrhunderten in einem feudalen System, das auf die Ausbeutung der natürlichen Ressourcen und der menschlichen Arbeitskraft dieser Region ausgelegt war. Die *Campesinos* erhielten in der Regel Löhne, die das tägliche Überleben kaum sichern konnten. Auch arbeiteten sie häufig zu elenden Arbeitsbedingungen, waren der Willkür der Dienst- und Landesherren ausgesetzt und mussten ihre Interessen den politischen Macht- und Wirtschaftsinteressen der jeweils herrschenden Macht (zunächst dem spanischen Königshauses, später den eigenen Regierungen) unterordnen.

Die mexikanische Geschichte vor dem 20. Jahrhundert schuf die Grundlagen für die allenfalls nachrangige Bedeutung des Arbeitsrechts aus Sicht der mexikanischen Exekutive (Regierungen und Verwaltung) im Rahmen des Staatskorporativismus und der späteren neoliberalen Wirtschaftspolitik.

1. Kolonialzeit als Nueva España (1521 bis 1810)

Das vormexikanische Staatsgebilde war zwischen 1521 und 1810 eine Kolonie des spanischen Königreiches unter dem Namen *Nueva España.*[68] Deren Existenz war im Wesentlichen dazu bestimmt, dem spanischen Königreich die natürlichen Ressourcen unter Ausnutzung der indigenen Arbeitskraft vorteilhaft zukommen zu lassen. Die Eroberer setzten in den meisten Fällen die von ihnen unterjochten indigenen Völker als Arbeitskräfte ein und ließen sie in der Landwirtschaft und den Minen arbeiten. Die Rohstoffe Mexikos (zum Beispiel Gold, Silber, Zucker, Gewürze) dienten dem ausschließlichen Zweck der Bereicherung des spanischen Königreiches sowie der in der Kolonie Nueva España herrschenden Klasse. Zwar waren Sklaverei und Kinderarbeit nach den *Leyes de Indias España* verboten. Auch

---

68 Die vorkoloniale Geschichte Mexikos ist für die gegenwärtige Rechtslage irrelevant, da dieses der römischen/europäischen Rechtstradition folgt und das Arbeitsrecht keine vorkolonialen indigenen Einflüsse hat.

sah dieses Normenwerk eine „gerechte" Vergütung in Geld für die Arbeitsleistung vor. Das Kolonialsystem als solches war allerdings auf die Ausbeutung des besetzten Landes und insbesondere der indigenen Bevölkerung ausgerichtet. Diese musste unter Aufsicht einer kleinen elitären, in der Regel adeligen Klasse vor allem spanischer Abstammung und unter deren Nachfahren (sogenannte *Kreolen*) zum Nutzen des spanischen Königreichs, repräsentiert durch den Vizekönig in Nueva España und die sogenannten *Ordenanzas*, ihre Dienste verrichten.[69]

Die Land- und Minenarbeiter lebten hierbei in einem feudalen System, in welchem die von dem spanischen Königshaus eingesetzten Adeligen in ihren jeweiligen Gebieten die Grundherren waren und über das Schicksal der Land- und Minenarbeiter unter Aufsicht der spanischen Krone entschieden. Dabei zahlten die Adeligen nur selten die gesetzlich vorgeschriebenen „gerechten" Löhne, wodurch das tägliche Überleben der Arbeiter in der Regel kaum gesichert war. Außerdem waren sie erheblichen Gesundheitsgefahren bei der Arbeitsleistung und der Willkür ihrer Grundherren ausgesetzt. Insbesondere existierte ein System von Privatsanktionen, nach dem die Arbeiter bei Verstößen gegen Anweisungen des Grundherrn und seiner Aufseher sowohl eine Freiheits- und Geldstrafe als auch eine physische Züchtigung erleiden konnten.[70]

2. Unabhängigkeit des mexikanischen Staats (1810 bis 1824)

Mit der Unabhängigkeit von Spanien ab 1810 gingen politische, rechtliche und wirtschaftliche Reformen einher. Diese legten das Fundament eines unabhängigen und souveränen mexikanischen Staates und mündeten in die Verfassung vom 4. Oktober 1824. Mexiko war nunmehr gemäß seiner Verfassung ein demokratischer Bundesstaat mit einem liberalen Wirtschaftssystem. Die Gründung des Staates war von liberalen Strömungen getragen, die sich im Einklang mit der Unabhängigkeitsbewegung und den wirtschaftlichen Bedürfnissen des Landes befanden.[71]

Das Ende des kolonialen Wirtschaftssystems führte aufgrund der wirtschaftlichen Abhängigkeit Mexikos von Spanien allerdings zu einer erheblichen Schwächung der mexikanischen Wirtschaft. Diese konzentrierte sich bis zur Unabhängigkeit auf die Landwirtschaft und den Bergbau. Dabei war das spanische

---

69 Die Ordenanzas waren eine lokale Regierungsvertretung des spanischen Königreiches, die Recht sprach und durch Verordnungen auch selbst setzen konnte. In Abweichung zu anderen Kolonialsystemen überließ das spanische Königreich die Kontrolle nicht der jeweiligen Kolonialgesellschaft in dem betroffenen Gebiet, sondern behielt selbst die Oberhoheit über das Rechtswesen (und vor allem auch über die Preis- und Produktionsgestaltung); *Cueva, M. de la*, El Nuevo Derecho, Band I, S. 38 f.; *Bouzas Ortiz*, Derecho Colectivo Y Procesal Del Trabajo, S. 45 f.

70 *Cueva, M. de la*, El Nuevo Derecho, Band I, S. 38 f.; *Bouzas Ortiz*, Derecho Colectivo Y Procesal Del Trabajo, S. 45 f.

71 *Remolina*, El Articulo 123 Constitucional, S. 27; *Marichal*, Las Finanzas Y La Construcción De Las Nuevas Naciones Latinoamericanas, S. 399 ff.

Könighaus nahezu der alleinige „Importeur" der „mexikanischen" Rohstoffe, brach jedoch infolge der mexikanischen Unabhängigkeit als Einnahmequelle (zunächst) weg. Neben dem neu gegründeten mexikanischen Staat durchlebten auch die auf den Feldern tätigen *Campesinos* und die Minenarbeiter eine starke Wirtschaftskrise. Das neu konstituierte Land war daher zunächst gezwungen, neue Produktionsquellen, Fabriken und Industriezweige zur Stabilisierung der Wirtschaft und des Staatswesens im Ganzen zu schaffen sowie die wenigen bereits bestehenden Manufakturen wiederaufzubauen. Die Stärkung der Wirtschaftskraft hatte gegenüber vereinzelten Forderungen nach einem Arbeitsgesetz Priorität. So sollte durch das Fehlen eines Arbeitsgesetzes vor allem auch ein Anreiz für ausländische Investoren geschaffen werden, Kapital nach Mexiko zu bringen, die brachliegenden Felder und Minen zu bewirtschaften und Fabriken zu bauen. Die Verfassung von 1824 enthielt daher keine arbeitsrechtlichen Garantien. Auch verabschiedete die Gesetzgebung keine Arbeitsgesetze. Vielmehr galten lediglich die *Leyes de Indias España* aus der Kolonialzeit weiter.[72]

Ein weiteres Motiv für den fehlenden Willen zur Verabschiedung von Arbeitsgesetzen waren neben der vorherrschenden Freiheitsideologie und der Notwendigkeit eines Wirtschaftswachstums auch eigennützige Interessen der Politiker.[73] Die Machthaber der Unabhängigkeitsbewegung waren vorwiegend Kreolen, die seit mehreren Generationen in Mexiko lebten und nur 0,3 % der Bevölkerung darstellten. Die Wirtschaft und die Staatsämter befanden sich nach der Unabhängigkeit im Besitz dieser Elite, welche die überwiegend indigene, teilweise aber schwarze und weiße Bevölkerung ungewisser Abstammung (*Mestizen*) für sich auf den Feldern und in den Minen arbeiten ließ.[74] Bis zum Beginn des 20. Jahrhunderts existierten koloniale Hacienda-Strukturen, wobei sich 97 % des bebaubaren Landes im Besitz von nur 100 Großgrundbesitzern und deren Familien befand. Diese ließen die Landbevölkerung zu erbärmlichen Verhältnissen ihre Felder und Minen bestellen und entschieden dank ihrer Machtposition weiterhin willkürlich über deren Schicksal. Da die Landbevölkerung zu drei Viertel den Großteil der Bevölkerung darstellte und Mexiko ein Agrarstaat war, wirkte sich diese Struktur in besonderer Weise auf die sozialen Spannungen in der Bevölkerung aus.[75] Bei der Konstituierung des Staates bestand ein Widerspruch zu dem Interesse der elitären

---

72 *Marquet Guerrero*, Fuentes Y Antecedentes, S. 249 f.

73 In den von Spanien und Portugal eroberten Kolonialgebieten entstand bereits während der Kolonialzeit eine Geldaristokratie einer kleinen Gruppe europäischer Auswanderer, die sich über viele Generationen (teilweise bis in die Gegenwart) fortsetzte und einen der wesentlichen Unterschiede zu den englischen Kolonien an der Ostküste von Amerika darstellt; siehe zum Beispiel *Dippel*, Geschichte der USA, S. 14.

74 *Serrano Ortega/Vázquez*, El Nuevo Orden 1821–1848, S. 1 ff.; *Mollon*, Las Sociedades Indígenas Frente Al Nuevo Orden, S. 254.

75 *Horn*, Grundzüge und Probleme des mexikanischen Rechtssystems, S. 161; *Cueva, M. de la*, El Nuevo Derecho, Band I, S. 43.

Verfassungs- und Gesetzgeber, Arbeitsgesetze zu verabschieden, denn dies hätte eine Beschränkung ihrer „Freiheitsrechte“ bedeutet. Die Unabhängigkeit sorgte für die Arbeiter nur für eine Machtverschiebung weg vom spanischen Königreich hin zu der sich über Jahrhunderte herausgebildeten Elite. Die Hoffnungen der im Unabhängigkeitskrieg für die Elite kämpfenden (Land- und Minen-)Arbeiter auf eine Verbesserung der Lebensumstände wurden enttäuscht.[76]

3. Verfestigung der feudalen Strukturen im mexikanischen Staat (1824 bis 1910)

Das auf die Unabhängigkeit folgende Jahrhundert verfestigte die feudalen Strukturen und die Ausbeutung der in Armut lebenden Arbeiter. Zwar gab es einzelne Bestrebungen zur Einführung eines Arbeitsgesetzes. Insbesondere bei der Reform der Verfassung von 1857 diskutierte der Verfassungs- und Gesetzgeber über die Kodifizierung eines Arbeitsgesetzbuchs, verwarf diese Bestrebungen aber sodann. Immerhin nahm der Verfassungsgeber in Art. 5 der Verfassung von 1857 erstmals eine arbeitsrechtliche Garantie auf, wonach niemand zur Dienstleistung ohne eine angemessene Vergütung und ohne sein Einverständnis verpflichtet werden konnte. Auch wurden die bis dahin immer noch möglichen Privatstrafen der Arbeitgeber abgeschafft.[77] Allerdings war das 19. Jahrhundert in der mexikanischen Geschichte von politischen Krisen geprägt. Mexiko hatte neben innenpolitischen Unruhen[78] auch Kriege mit ausländischen Mächten zu durchleben,[79] die zu erheblichen finanziellen Engpässen des mexikanischen Staates führten. Die Kodifizierung eines Arbeitsgesetzes war daher zum wiederholten Mal eine in den Hintergrund tretende Forderung, der kein besonderes Gewicht zukam und die seitens der Regierung ausdrücklich versagt wurde. Die Priorität der Regierung lag in der Erhaltung des mexikanischen Staates, der Konsolidierung der Staatsfinanzen und der Wirtschaftskraft. Außerdem war die mexikanische Wirtschaft nach ihrem Zusammenbruch in der ersten Hälfte des 19. Jahrhunderts als Folge der Unabhängigkeitserklärung von Spanien noch unterentwickelt, sodass die Kodifizierung von Arbeitsgesetzen zum Schutz der Arbeiter auch aus diesem Grund keine hervorgehobene Bedeutung im Staatsgefüge hatte.[80]

---

76 *Serrano Ortega/Vázquez*, El Nuevo Orden 1821–1848, S. 1 ff.; *Mollon*, Las Sociedades Indígenas Frente Al Nuevo Orden, S. 254.

77 *Marquet Guerrero*, Fuentes Y Antecedentes, S. 254; *Cueva, M. de la*, El Nuevo Derecho, Band I, S. 41.

78 Bestrebungen der Zentralisierung des Bundesstaates von 1835 bis 1846/Bürgerkrieg (sog. Reformkrieg) von 1857 bis 1861/Diktatur unter *Porfirio Díaz* von 1877 bis 1911.

79 Mexiko-Amerika Krieg von 1846 bis 1848/Intervention durch Frankreich von 1864 bis 1867.

80 *Cueva, M. de la*, El Nuevo Derecho, Band I, S. 40 f.

Zwar führte der von Frankreich während der Okkupation Mexikos als Marionette eingesetzte Kaiser *Maximilian von Habsburg* (Regierungszeit von 1864 bis 1867) am 1. November 1865 aufgrund der sich langsam wandelnden Wirtschaftsstruktur weg von der Landwirtschaft und dem Bergbau hin zu den Fabriken erstmals ein Arbeitsgesetzbuch ein. Dieses enthielt unter anderem Bestimmungen zur Arbeits- und Ruhezeit, Urlaubszeit und Vergütung. Allerdings setzte die republikanische Opposition den Kaiser 1867 während des mexikanischen Bürgerkrieges ab und richtete ihn hin. Das Arbeitsgesetzbuch wurde aufgehoben, sodass wieder Art. 5 der Verfassung von 1857 mit seinen nur rudimentären arbeitsrechtlichen Garantien galt. Der Gesetzgeber ordnete die arbeitsrechtlichen Beziehungen mit der Kodifizierung des liberalen *Código Civil* (Zivilgesetzbuch) von 1870 fortan dem Zivilrecht zu, das auf dem französischen *Code Napoléon* aufbaut. Arbeitsrechtliche Schutzbestimmungen wurden nach den vorherrschenden liberalen Strömungen nicht getroffen. Auch unterstanden die Arbeitsrechtsbeziehungen der Zivilgerichtsbarkeit.[81]

Die Eingliederung der Arbeit gegen Vergütung in das Privatrecht verstärkte die Ausbeutung der Arbeiter durch die herrschende Elite Mexikos noch weiter. Der politische und ökonomische Liberalismus fand seinen Ausdruck darin, dass sich der Staat so wenig wie möglich in die „natürlichen" Kräfte des Marktes einmischte. Die Arbeitsbedingungen, vor allem die Vergütung der Arbeiter, sollten nach dieser liberalen Ideologie alleine auf der Grundlage von Angebot und Nachfrage zustande kommen. Der Liberalismus spiegelte sich im *Código Civil* insbesondere darin wider, dass dessen Regelungen für alle Bürger gleichermaßen Anwendung fanden, der Grundsatz der Willens- und Vertragsfreiheit galt und die Eigentums- und Unternehmerfreiheit gesetzlich garantiert waren. Arbeitsgesetze zum Schutz der Arbeiter standen zu dieser Ideologie im Widerspruch, da sie eine künstliche Barriere für eine freie Preisbildung dargestellt hätten, welche die natürlichen wirtschaftlichen Kräfte beeinträchtigen würde. Die Vertrags- und die Willensfreiheit der Arbeiter existierten aber wegen ihrer strukturellen Unterlegenheit nicht:[82]

- Die Arbeiter waren aufgrund ihres bereits in der Kolonialzeit angelegten Elends aus ökonomischen Gründen gezwungen, sich dem Willen der Arbeitgeber zu unterwerfen, vor allem, weil den Unternehmern ab der industriellen Revolution[83] durch den vermehrten Einsatz von Maschinen ein Überangebot an Arbeitern zur Verfügung stand.

---

81 *Marquet Guerrero*, Fuentes Y Antecedentes, S. 255.

82 *Cueva, M. de la*, El Nuevo Derecho, Band I, S. 6, 9; *González Blanco*, Derecho Del Trabajo, S. 51.

83 Die industrielle Revolution begann in Mexiko in den Jahren um 1870, nachdem sich die Wirtschaft ab der Mitte des 19. Jahrhunderts erholte und neben der bloßen Agrar- und Minenindustrie vermehrt auch Fabriken existierten.

- Die Arbeitgeber nutzten die Notlage der Arbeiter, zahlten meist nur einseitig vorgegebene Hungerlöhne und führten Arbeitstage von teilweise über vierzehn Arbeitsstunden sowie Kinderarbeit ein.
- Die Vertragsfreiheit regelte keinen Kündigungsschutz, wodurch das Damoklesschwert der Kündigung stets über den Arbeitern hing.

Dabei litten die Arbeiter aber nicht nur unter den schlechten Arbeitsbedingungen, sondern erhielten bei Gericht in der Regel auch keinen Rechtsschutz. Das Prozessrecht basierte wie das Privatrecht auf dem Gedanken der Liberalität mit den Folgen der Privatautonomie und der Gleichheit aller Menschen vor dem Gesetz und im Prozess, ohne die Ungleichheit des Lebens zum Beispiel zwischen Arbeiter und Arbeitgeber zu berücksichtigen. Hierdurch spiegelte sich die Ungleichheit im Leben im Prozess zulasten der Arbeiter wider.[84] Die Einordnung der Arbeitsverhältnisse in das liberale Privatrecht machte die Beweisführung im Prozess unmöglich, da die Beweislast häufig bei den Arbeitern lag (soweit diese Kläger waren), in der Regel aber nur die Arbeitgeber über die Beweise verfügten.[85] Da üblicherweise Anwaltszwang herrschte und Arbeiter sich keine Anwälte leisten konnten, war ihnen der Rechtsweg tatsächlich versperrt.[86] Des Weiteren wurden die Arbeitgeber von den ebenfalls zum Bürgertum gehörenden Richtern – auch korruptionsbedingt – häufig als glaubwürdiger eingestuft. Selbst wenn eine Klage gegen den Arbeitgeber möglich war, führten rechtliche und tatsächliche Hindernisse zum Fehlen eines effektiven Rechtsschutzes.[87] Ein Rechtsstaat war für die Arbeiter faktisch nicht existent. Sie unterlagen der Willkür ihrer Arbeitgeber und waren diesen insbesondere bei der Festsetzung der Arbeitsbedingungen schutzlos ausgeliefert. Die Arbeiter konnten die ihnen im *Código Civil* verbürgten – für sie wenig schutzwürdigen – Freiheitsrechte nicht effektiv durchsetzen.

4. Bildung von Arbeiterzusammenschlüssen

Eine Folge der Ausbeutung war, dass sich Arbeiter zur Wahrnehmung ihrer wirtschaftlichen und sozialen Interessen zusammenschlossen und ihre Interessen mit Streiks durchzusetzen versuchten. Zwar fanden die ersten Arbeiterzusammenschlüsse und Streiks bereits während der Kolonialzeit statt, jedoch führte vor allem aber die in Mexiko langsam einsetzende Industrialisierung Ende des 19. Jahrhunderts zu einer Zunahme der gewerkschaftlichen Zusammenschlüsse und Streiks. So bauten Unternehmen auch in Mexiko vermehrt Fabriken, vor allem in den Ballungszentren wie zum Beispiel Puebla oder Mexiko-Stadt, wobei die meisten

---

84 *Trueba Urbina*, Nuevo Derecho Procesal Del Trabajo, S. 49, 328.

85 *Cueva, M. de la*, El Nuevo Derecho, Band I, S. 10; *Bouzas Ortiz*, Derecho Colectivo Y Procesal Del Trabajo, S. 217 f.

86 *Cueva, M. de la*, El Nuevo Derecho, Band II, S. 529.

87 *Cueva, M. de la*, El Nuevo Derecho, Band I, S. 6, 9 f.; *De Buen L.*, Derecho Procesal Del Trabajo, S. 118; *González Blanco*, Derecho Del Trabajo, S. 51.

Arbeiter aber weiterhin in der Landwirtschaft und im Bergbau tätig waren. Neben einer langsam einsetzenden Landflucht führten die Fabriken vor allem zum Einsatz von Maschinen, welcher – ähnlich wie in Europa oder den USA – die elende Situation der Arbeiter in den Ballungszentren weiter verschärfte. Auch veränderte sich der ethnische Hintergrund der Bevölkerung, da neben der indigenen Bevölkerung und den Mestizen nunmehr auch vermehrt europäische Immigranten in Fabriken, auf den Feldern und in den Minen arbeiteten. Bildete die indigene Bevölkerungsgruppe zur Unabhängigkeit mit 60 % noch die größte Bevölkerungsgruppe, verlor sie bis zum Ende des 19. Jahrhunderts die Mehrheit, obwohl die indigene Population um eine Million Menschen wuchs.[88]

So hielt der am 16. September 1872 gegründete Arbeiterzusammenschluss *Gran Círculo de Orberos* Ende 1875 den ersten Arbeiterkongress mit dem Ziel ab, eine Verbesserung der Lebensbedingungen durch Kollektivverhandlungen mit den Arbeitgebern und einen Schutz vor der Ausbeutung des Kapitalismus durch eine politische Einflussnahme auf die Regierungen zu erreichen. Eine gewaltsame Revolution gegen die eigene Regierung wurde seitens des Arbeiterkongresses aber (noch) nicht als Ziel formuliert.[89]

Soweit sich die Arbeitgeber den Kollektivverhandlungen entzogen, versuchten die Arbeiter ihre Forderungen mit Streiks durchzusetzen. Eine historische Betrachtung der Streiks in Mexiko[90] zeigt, dass die Arbeiter in der Regel gegen Hungerlöhne, deren Nichtzahlung oder inhumane Arbeitszeiten streikten, soweit dies eine Vielzahl verschiedener Arbeiter betraf. Aufzeichnungen über Streiks zur Verfolgung von Individualinteressen sind dagegen in der mexikanischen Literatur nicht ersichtlich.[91] Mit Beginn der Industrialisierung fanden regelmäßig Streiks wie durch die Minenarbeiter in *Pachuca* (1874) oder die Fabrikarbeiter von *La Fama Montañesa* in *Tlalpan* (1877) statt. In den letzten vorrevolutionären Streiks von *Cananea* (1906) und *Río Blanco* (1907) streikten die Arbeiter zwar vordergründig gegen ihre Arbeitgeber, überwiegend aber aus politischen Motiven zur Erreichung eines Umsturzes der arbeitgeberfreundlichen Regierung. Als Reaktion darauf schlossen sich im ganzen Bundesstaat Unternehmen zusammen und sperrten die Arbeiter kollektiv aus. Hierdurch geriet ein Großteil der Arbeiterschaft in eine wirtschaftliche Notlage. Während ein Streik für die Unternehmer in der Regel nur einen finanziellen Verlust bedeutete, führte die Aussperrung der Arbeiter wegen der sehr niedrigen Löhne dazu, dass diese und ihre Familien in Ermangelung von Ersparnissen Hunger litten. Die Regierung entschied sich, die Arbeiterbewegungen blutig

88 *Horn*, Grundzüge und Probleme des mexikanischen Rechtssystems, S. 167.

89 *Remolina*, El Articulo 123 Constitucional, S. 100; *Tenopala*, La Huelga, S. 41.

90 Siehe die Aufzählung der wichtigen Streiks, die ausnahmslos auf die kollektive Interessenverfolgung gerichtet waren, in: *Martínez Y González*, Reflexiones Sobre La Huelga, S. 21 f.; *Tapia*, in: *Charis*, Fundamentos del Derecho Sindical, S. 71 f.; *Huirón*, Origines e Historia del Movimiento Obrero en México, S. 39.

91 *Trueba Urbina*, Nuevo Derecho del Trabajo, S. 368.

niederzuschlagen und dem Aufruf der Streikenden zu einer Schlichtung nicht zu folgen. Die Bilanz der beiden Streiks von 1906 und 1907 waren zahlreiche Tote und Verletzte, aber auch der Auftakt zur mexikanischen Revolution von 1910 bis 1917 (siehe im Folgenden unten).[92]

Anders als in vielen europäischen Ländern, in denen auf die Verbote von Streiks und Gewerkschaftsbildung eine Ära der staatlichen Toleranz vor der gesetzlichen Anerkennung folgte,[93] verbot der mexikanische Staat die Arbeiterbewegungen durchgehend und schlug sie teilweise gewaltsam nieder. Auch räumte er der Arbeiterschaft, die zu einem Großteil aus Land- und Minenarbeitern bestand und nach wie vor unter großer Armut und elenden Lebensverhältnissen litt, bis zum Beginn der Revolution im Jahr 1910 keine sozialen Rechte ein, was zu erheblichen sozialen Spannungen führte. So bestand auch keine gesetzliche Grundlage für die Streiks und Gewerkschaftsbildungen, sondern die Machtelite verfolgte die Arbeiterbewegungen durch den Straftatbestand des Art. 925 des *Código Penal* (Strafgesetzbuch) von 1871. Demnach war die Koalitionsbildung zur kollektiven Verhandlung der Arbeitsbedingungen mit Gefängnis (acht Tage bis drei Monate) oder einer Geldstrafe strafbewehrt. Auch wurde der Straftatbestand der „sozialen Auflösung" (Art. 145 *Código Penal* a. F.) auf einen Streik angewandt. Das Verbot von Gewerkschaften und kollektiven Absprachen war Folge der liberalen Ideologie, wonach sich die Arbeitsbedingungen nur auf der Grundlage von Angebot und Nachfrage ergeben sollten. Die Koalitionsbildung setzte diesen Mechanismus außer Kraft und „verletzte" die unternehmerische Freiheit. Zuletzt erließ die mexikanische (Übergangs-)Regierung am 1. August 1916 sogar noch ein Dekret, wonach der Streik mit der Todesstrafe sanktioniert werden sollte.[94]

5. Revolution und Neukonstituierung (1910 bis 1917)

Neben der Frage der im Elend lebenden Arbeiter existierten in der mexikanischen Gesellschaft weitere soziale Spannungsfelder, die zwischen den Jahren 1910 und 1917 zu einem Bürgerkrieg und einer Revolution führten. Im wissenschaftlichen Diskurs besteht Einigkeit, dass die mexikanische Revolution die erste des 20. Jahrhunderts ist – noch vor der russischen Revolution (1917).[95] Neben der oben erläuterten prekären Lage der Arbeiter führten insbesondere die folgenden Faktoren zur mexikanischen Revolution:

Die Entstehung der revolutionären Bewegung ist zunächst auf Spannungen innerhalb der Eliten zurückzuführen. Im Jahr 1877 wurde *Porfirio Díaz*

---

92 *Guerrero*, Manual De Derecho Del Trabajo, S. 368.

93 *Kittner*, Arbeitskampf, S. 234; *Schicker*, Die Gewerbeordnung für das Deutsche Reich, S. 925; *Huber*, Deutsche Verfassungsgeschichte, S. 1139 f.

94 *Cueva, M. de la*, El Nuevo Derecho, Band II, S. 9; *Marquet Guerrero*, Fuentes Y Antecedentes, S. 257, 261; *Martínez Y González*, Reflexiones Sobre La Huelga, S. 12.

95 *Horn*, Grundzüge und Probleme des mexikanischen Rechtssystems, S. 160 f.

mexikanischer Präsident, nachdem sich die Republikaner im Bürgerkrieg gegen Kaiser *Maximilian von Habsburg* und Frankreich durchgesetzt und unter *Benito Juárez* (1858 bis 1872) die Republik etabliert hatten. *Porfirio Díaz* machte aus der Demokratie jedoch faktisch eine Diktatur, unterdrückte seine Gegner und blieb bis 1911 (mit kurzen Unterbrechungen) mexikanischer Präsident. Die Unterdrückung der Opposition, insbesondere anderer mexikanischer Eliten, führte dazu, dass sich diese zusammenschlossen, um *Porfirio Díaz* abzusetzen. Aufgrund der sozialen Spannungen im Land standen der Opposition zahlreiche Gesellschaftsgruppen unterstützend zur Seite.[96]

Insbesondere die Landbevölkerung war der treibende Faktor der Revolution, die im Rahmen des Bürgerkriegs zahlreiche Schlachten für die Opposition austrug, insbesondere unter Führung von *Pancho Villa* oder *Emiliano Zapata*[97]. Da in Mexiko auch Anfang des 20. Jahrhunderts noch koloniale Hacienda-Strukturen bestanden, in denen sich 97 % des bebaubaren Landes im Besitz von nur 100 Großgrundbesitzern befand, die Landbevölkerung aber trotz der einsetzenden Industrialisierung immer noch den Großteil der Bevölkerung darstellte (drei Viertel) und Mexiko ein Agrarstaat war, wirkte sich diese Struktur in besonderer Weise auf die sozialen Spannungen in der Bevölkerung aus.[98] Schließlich ließen die Großgrundbesitzer die Landbevölkerung weiterhin zu erbärmlichen Verhältnissen ihre Felder und Minen bestellen und konnten wegen ihrer Machtposition willkürlich über deren Schicksal entscheiden. Die Arbeiterbewegungen hatten daher für die Landbevölkerung eine nur nachrangige Bedeutung in der Revolution.[99]

Aber auch für die sich in Mexiko mit Beginn der Industrialisierung langsam bildende Mittelschicht bestand keine Aufstiegschance in politisch oder wirtschaftlich hochrangige Ämter. Diese Positionen waren von der Elite besetzt, die sich über Jahrhunderte gebildet hatte und von der „gewöhnlichen" Bevölkerung abschottete. Daher stieg auch in der Mittelschicht die Unzufriedenheit über das bestehende System, da ihr Aufstiegschancen in der Politik und Wirtschaft durch die Elite verwehrt blieben.[100] Diese Gemengelage ebnete den Weg für die Revolution der Bevölkerung unter Führung der oppositionellen Machteliten gegen den liberalen Kapitalismus, die kolonialen Agrarstrukturen und vor das diktatorische System.

Zwar war die Aufnahme arbeitsrechtlicher Garantien zwischen den Repräsentanten der Arbeiter und den Eliten, die nach wie vor im konstituierenden Kongress

---

96 *Cueva, M. de la*, El Nuevo Derecho, Band I, S. 43; *Bouzas Ortiz*, Derecho Colectivo Y Procesal Del Trabajo, Band I, S. 217.

97 Siehe bereits Fn. 3.

98 *Horn*, Grundzüge und Probleme des mexikanischen Rechtssystems, S. 161; *Cueva, M. de la*, El Nuevo Derecho, Band I, S. 43.

99 *De Buen L.*, Derecho Del Trabajo, Band I, S. 321 f.; *Horn*, Grundzüge und Probleme des mexikanischen Rechtssystems, S. 161.

100 *Cueva, M. de la*, El Nuevo Derecho, Band I, S. 43; *Bouzas Ortiz*, Derecho Colectivo Y Procesal Del Trabajo, Band I, S. 217.

vertreten waren, bis im Jahr 1916 umstritten und vor allem gegenüber den proklamierten Agrarreformen nachrangig.[101] Insbesondere versuchte der mexikanische Staat bis zuletzt noch die Unterbindung von Streiks. So fand am 31. Juli 1916 ein Generalstreik statt, der die Regierung zur Verabschiedung von Arbeitsgesetzen bewegen sollte. Dieser führte allerdings zu einer politischen und wirtschaftlichen Instabilität des Landes und wurde seitens der Übergangsregierung unter Präsident *Venustiano Carranza* (1914 bis 1920) grausam und blutig unter Hinrichtung der Initiatoren niedergeschlagen.[102] Auch erließ *Venustiano Carranza* in der Folge am 1. August 1916 ein Dekret, wonach die Streikbeteiligung mit der Todesstrafe geahndet werden sollte.[103]

Letztlich war die Implementierung von arbeitsrechtlichen Garantien in die nachrevolutionären Gesetze aber nicht mehr aufzuhalten, insbesondere, um den neu gewonnenen, aber brüchigen sozialen Frieden zu erhalten. Die Implementierung von arbeitsrechtlichen Garantien in die gegenwärtig noch gültige Verfassung von 1917 ist daher primär als ein Zugeständnis der Regierung zur Sicherung der nationalen Einheit zu verstehen.[104] Vor allem sollte dadurch den extrem linksorientierten Gewerkschaften die Argumen-tationsbasis entzogen und eine Befriedung der Arbeiterschaft erreicht werden.[105] Am Ende der mexikanischen Revolution steht aber zumindest programmatisch (und im wissenschaftlichen Diskurs) unter anderem ein Sieg der Arbeiter über das ausbeuterische System und die Verfassung von 1917, deren Art. 123 bis in die Gegenwart die zentrale arbeitsrechtliche Norm darstellt (siehe S. 159, 191 ff.). Diese Konstituierung wird daher als die *„Erklärung der sozialen Rechte“* bezeichnet, da in der Verfassung von 1917 weltweit erstmals umfangreiche arbeitsrechtliche Garantien enthalten waren.[106] Die getroffenen Regelungen basieren auf einer sozialen Vereinbarung zwischen den Arbeitern und der Regierung nach Absetzung der Diktatur.[107]

Die verfassungsgebende Versammlung von Querétaro im Jahr 1917, unter anderem der Delegierte *Alfonso Cravioto*, feierte die Implementierung der sozialen Rechte in Art. 123 CPEUM: *„So wie Frankreich die hohe Ehre hatte, nach seiner Revolution in der ersten seiner Verfassungen die unsterblichen Rechte des Menschen feierlich zu verankern, so soll die mexikanische Revolution den Stolz haben, dass sie die erste ist, die in einer Verfassung die heiligen Rechte der Arbeiter verankert.“*[108]

---

101 *Tenopala*, La Huelga, S. 43; *De Buen L.*, Derecho Del Trabajo, Band I, S. 321 f.; *Horn*, Grundzüge und Probleme des mexikanischen Rechtssystems, S. 161.

102 *Tenopala*, La Huelga, S. 41.

103 *Cueva, M. de la*, El Nuevo Derecho, Band II, S. 9; *Marquet Guerrero*, Fuentes Y Antecedentes, S. 257, 261; *Martínez Y González*, Reflexiones Sobre La Huelga, S. 12.

104 *Manz*, Gewerkschaften in Mexiko – fern der Basis, nahe der Macht, S. 316; *Gutierrez Castro*, Breve recorrido histórico del sindicalismo mexicano, S. 21.

105 *Lauth*, Gewerkschaften in Mexiko, S. 64 f.

106 *Guerrero*, Manual De Derecho Del Trabajo, S. 368.

107 *Cueva, M. de la*, El Nuevo Derecho, Band I, S. 43; *Bouzas Ortiz*, Derecho Colectivo Y Procesal Del Trabajo, Band I, S. 217.

108 *Horn*, Grundzüge und Probleme des mexikanischen Rechtssystems, S. 162.

Auch *Gustav Radbruch* sah die Revolution in Mexiko mit dem Ergebnis des Art. 123 CPEUM als *„Herold einer neuen Weltordnung*".[109] Im arbeitsrechtlichen Diskurs verweisen zahlreiche mexikanische Wissenschaftler, Politiker und Gewerkschaftsfunktionäre mit Stolz auf die Errungenschaft der sozialen Rechte von 1917. Dies wird unter anderem daran deutlich, dass eine der Hauptstraßen in Mexiko-Stadt den Namen *Calle Artículo 123* trägt.

Allerdings ist trotz des mexikanischen Pathos im Zusammenhang mit der Implementierung der sozialen Rechte festzustellen, dass sich die Regierungen und Gesetzgeber in Mexiko nach dem Ende der Revolution weiterhin zum Großteil aus der alten Wirtschafts- und Machtelite des Landes zusammensetzten, die lediglich in Opposition zu dem vorherigen Präsidenten *Porfirio Díaz* standen. Deshalb hielt der Staat unverändert an einem grundsätzlich kapitalistischen Wirtschaftssystem fest und hatte nur nachrangig ein Interesse an der Verabschiedung von Arbeitsgesetzen und einer Rechtsdurchsetzung, um den sozialen Frieden zu erhalten.[110] Die in die Verfassung von 1917 aufgenommenen arbeitsrechtlichen Garantien bildeten die realen Arbeitsbeziehungen kaum ab, was dem Kurs der nachrevolutionären Regierungen entsprach.[111]

6. Zwischenergebnis

In der mexikanischen Geschichte stehen die Macht- und Wirtschaftsinteressen der jeweiligen Machthaber schon immer über den Interessen der Arbeiter an angemessenen Arbeitsbedingungen oder umfassenden Arbeitsgesetzen, die in der Rechtspraxis auch durchgesetzt werden können.

Die in Kapitel § 2 A I erläuterte, in der Regel gegen die Arbeitnehmerinteressen gerichtete Wirtschaftspolitik der Gegenwart ist in Mexiko kein neuzeitliches Phänomen, sondern wurde bereits in den vorherigen Jahrhunderten seit der spanischen Kolonialisierung angelegt. Sie zieht sich wie ein roter Faden durch die mexikanische Geschichte und führt häufig zu einer gegen Arbeitnehmerinteressen gerichteten Politik der Legislative und Exekutive.

III. Mexikanische Gewerkschaften

Die Arbeitnehmerinteressen können im Grundsatz vor allem auch seitens der in Mexiko bestehenden Gewerkschaften wahrgenommen und gegenüber Arbeitgebern oder staatlichen Stellen vertreten werden. Fraglich ist, ob die mexikanischen Gewerkschaften eine effektive und authentische Wahrnehmung von Arbeitnehmerinteressen gewährleisten oder diese ähnlich wie der Staat allenfalls

---

109 *Lastra Lastra*, CPEUM – Comentada, S. 1273.

110 *Cueva, M. de la*, El Nuevo Derecho, Band I, S. 43; *Bouzas Ortiz*, Derecho Colectivo Y Procesal Del Trabajo, Band I, S. 217.

111 *Manz*, Gewerkschaften in Mexiko – fern der Basis, nahe der Macht, S. 316; *Gutierrez Castro*, Breve recorrido histórico del sindicalismo mexicano, S. 21.

als nachrangig behandeln. Wie die historischen Ausführungen zeigen, haben die mexikanischen Gewerkschaften zumindest in der Vergangenheit zur Verankerung der sozialen Rechte in der gültigen Verfassung beigetragen (siehe oben S. 57 ff.).

Eine effektive Arbeitnehmervertretung durch die Gewerkschaften setzt insbesondere voraus, dass die Arbeitnehmer authentische Repräsentanten in den Gewerkschaften haben, die eine Wahrnehmung der Arbeitnehmerinteressen und keine eigennützigen, hiervon abweichenden Motive verfolgen. Außerdem dürfen keine vom Willen der Gewerkschaftsvertreter unabhängigen Umstände vorliegen, die eine authentische und effektive Arbeitnehmervertretung verhindern. Unter Berücksichtigung der in der Regel gegen die Arbeitnehmerinteressen gerichteten Wirtschaftspolitik könnte eine angemessene gewerkschaftliche Vertretung auch dann fehlen, wenn die mexikanische Exekutive oder Legislative einen erheblichen Einfluss auf die Gewerkschaften ausüben (können).

1. Gewerkschaftlicher Korporativismus

Blickt man auf das mexikanische Gewerkschaftswesen der Gegenwart, wird dieses von der Literatur als in der Regel gegen die Arbeitnehmerinteressen orientiert oder schwach und zersplittert beschrieben. Untersucht man das mexikanische Gewerkschaftswesen, ist es bisher vor allem im Zusammenhang mit dem genannten Staatskorporativismus des PRI-Regimes zu sehen (siehe S. 35 ff.). Der gewerkschaftliche Korporativismus ist trotz des offiziellen Endes des PRI-Regimes weiterhin existent und stellt ein zentrales Merkmal des Gewerkschaftssystems in Mexiko dar.

a. Geschichtliche Entwicklung

Das Gewerkschaftswesen war im Staatskorporativismus des 20. Jahrhunderts ein zentrales Instrument des PRI-Regimes zur Machterhaltung. Der mexikanische Staat übte stets einen erheblichen Einfluss auf die Gewerkschaften aus und sah in ihnen einen Teil seiner Politik. Ein authentisches Gewerkschaftswesen konnte sich hierdurch nicht entwickeln. In Mexiko etablierte sich ein bis in die Gegenwart andauerndes, überwiegend simuliertes Gewerkschaftswesen.

Zwar trugen unter anderem auch die Gewerkschaften dazu bei, dass am Ende der mexikanischen Revolution von 1910 bis 1917 arbeits- und sozialrechtliche Garantien in die Verfassung CPEUM von 1917 aufgenommen wurden. Vor allem die im Jahr 1912 gegründete *Casa del Obrero Mundial* arbeitete mit den Revolutionseinheiten zusammen und beteiligte sich an der Niederschlagung der alten Machtclique (siehe zur mexikanischen Geschichte S. 57 ff.). Dabei waren die *Casa del Obrero Mundial* sowie der überwiegende Teil der vorrevolutionären Gewerkschaftsszene stark von anarchistischem Gedankengut geprägt. Allerdings kam die nachrevolutionäre Führungselite aus der Wirtschaft und dem Militär, sodass die neu gebildete Regierung vor allem kein Interesse an der Existenz von anarcho-syndikalistischen Organisationen hatte. Die Aufnahme der sozialen Rechte sollte vielmehr die „nationale Einheit“ stabilisieren, indem sie den extrem linksorientierten Gewerkschaften die Basis entzog und eine Befriedung der Arbeiterschaft herbeiführte. Außerdem bekämpfte der Staat zunehmend kommunistische Gewerkschaften, was auch zu einem Auseinanderfallen der *Casa del Obrero Mundial* führte.[112]

In der Folgezeit unterstützten die mexikanischen (PRI-)Regierungen nur diejenigen Gewerkschaften mittels der jeweiligen Dachverbände, die die offiziellen Regierungspositionen vertraten und sich gegen oppositionelle Strömungen stellten. Dies geschah unter anderem durch die Vergabe politischer Posten und finanzieller Ressourcen an die regierungstreuen Gewerkschaftsfunktionäre. So stellte die im Jahr 1918 gegründete *Confederación Regional Obrera Mexicana* (nachfolgend „CROM") in den 1920er-Jahren mehrere Arbeits- und Wirtschaftsminister in der Bundesregierung. Da die CROM aber wegen ausufernder Korruption und vor allem infolge eines politischen Zerwürfnisses mit der Regierung am Ende der 1920er-Jahre durch die Abwanderung wichtiger Mitglieder zerfiel, forcierte die Regierung unter *Lázaro Cárdenas* (1934 bis 1940) die Integration der Gewerkschaften in die PRI. Außerdem bestanden sowohl seitens des militärischen Flügels als auch innerhalb kommunistischer Organisationen Bestrebungen zur Errichtung einer Diktatur, sodass eine Gegenbewegung der nationalen Einheit und ein Gefühl des gesamtgesellschaftlichen Zusammenschlusses innerhalb eines Großteils der Bevölkerung entstanden. In der Folge wurden der Bundesdachverband *Confederación de Trabajadores de México* (nachfolgend „CTM"), der sich im Jahr 1936 teilweise aus früheren CROM Mitgliedern gründete und deren dominante Rolle einnahm, als gesamte Organisation und damit auch jedes Mitglied der Gewerkschaften als *sector obrero* im Jahr 1938 in die PRI integriert.[113]

Mit der Integration der CTM in die PRI folgte eine Ära des sogenannten *charrismo*,[114] die von einer Unterordnung der Gewerkschaften unter den Staat, Gangstermethoden in der Kontrolle der Gewerkschaftsmitglieder oder ganzer Organisationen, permanenten Verletzungen von demokratischen Spielregeln und Gewerkschaftsrechten, Durchsetzung von Führungsinteressen mittels Repression und Korruption, Bereicherung der Gewerkschaftsführer und Übernahme politischer Ämter und paternalistischer Führung geprägt war. Die Gewerkschaftsführer unterbanden „zur Erhaltung des sozialen Friedens" insbesondere auch Streiks ihrer Mitglieder. So sicherten Großteile der Gewerkschaften mit der Unterzeichnung des *Pacto de Unidad de las Organizaciones Obreras* im Jahr 1942 und des *Pacto Obrero Industrial* im Jahr 1945 die Aussetzung von Streiks zu und gaben klassenkämpferische Positionen auf. In den folgenden Jahrzehnten fanden Arbeitnehmerstreiks

112 *Lauth*, Gewerkschaften in Mexiko, S. 64 f.
113 *Lauth*, Gewerkschaften in Mexiko, S. 65 f.
114 Dieser Begriff bezieht sich auf *Jesús Díaz de León*, alias *„el Charro"*, einen korrupten Gewerkschaftsführer, der wegen einer staatlichen Intervention 1948 in der Eisenbahnergewerkschaft in sein Amt erneut eingesetzt wurde, von welchem ihn die Gewerkschaftsbasis zuvor entbunden hatte.

nur selten statt.[115] Die Gewerkschaften waren durch die Integration institutionell und personell eng mit den (PRI-)Regierungen verflochten und bildeten so de facto einen Teil des Staatsapparats. So machten Gewerkschaftsfunktionäre in den 1970er-Jahren ungefähr ein Drittel der PRI-Fraktion im Kongress aus. Auch waren die Gewerkschaftsfunktionäre Entscheidungsträger in den korporatistischen Gremien und Institutionen wie zum Beispiel in den JCAs, Verwaltungsräten der Sozialversicherungsinstitute oder in der nationalen Kommission zur Festlegung der Mindestlöhne, wo sie eine Kontrolle über soziale Vergünstigungen ausüben konnten.[116]

Der gewerkschaftliche Korporativismus sicherte dem PRI-Regime den eigenen Machterhalt, da dieses Gewerkschaftsmodell ein Mittel zur Unterdrückung und Kontrolle von Arbeitnehmern war.[117] Insbesondere konnte das PRI-Regime die Arbeitnehmer zu Mobilisierungszwecken wie zu einem Wahlbetrug einsetzen und den „sozialen Frieden“ durch die Unterbindung von Streiks gewährleisten. So sorgten die Gewerkschaftsführer unter anderem für eine regierungsfreundliche Propaganda, eine parteitreue Wahl sowie eine systematische Kontrolle der Mitglieder und verfolgten Regierungs- und Gewerkschaftsgegner oder schlossen diese aus. Dies hatte infolge sogenannter Closed-Shop-Regelungen in Tarifverträgen in der Regel zugleich den Verlust des Arbeitsplatzes zur Folge, da die Gewerkschaft vom Arbeitgeber die Kündigung des Arbeitnehmers verlangen konnte, wenn dieser kein Gewerkschaftsmitglied (mehr) war. Erst mit einer Reform im Jahr 2012 wurde dieses Kündigungsrecht verboten, das Einstellungsverbot von Nichtmitgliedern der Gewerkschaft kann allerdings weiterhin vereinbart werden (siehe S. 233). Des Weiteren übernahmen die Gewerkschaftsführer zum Machterhalt die autoritäre Führung des PRI-Regimes, sodass demokratische Wahlen der Gewerkschaftsfunktionäre kaum existierten. Für das Innenleben der Gewerkschaften waren starre hierarchische Organisationsstrukturen, Korruption und Vetternwirtschaft prägend. Die Gewerkschaftsführer gingen nur selten aus freien und geheimen Wahlen hervor, sondern wurden durch Akklamation ernannt. Die Anerkennung als Gewerkschaftsführer erfolgte durch die Regierung sowie Arbeitgeber und nicht durch die Arbeitnehmer. Dies führte dazu, dass Gewerkschaftsführer teilweise über Jahrzehnte an der Gewerkschaftsspitze standen.[118]

Im Gegenzug genossen die integrierten Gewerkschaften sowie ihre Funktionäre neben der politischen und finanziellen Teilhabe an den staatlichen Ressourcen auch eine Protektion gegenüber anderen Gewerkschaften. Der Schutz erfolgte

115 *Lauth*, Gewerkschaften in Mexiko, S. 66; *Manz*, Gewerkschaften in Mexiko – fern der Basis, nahe der Macht S. 318.

116 *Laute*, Die Gewerkschaften im mexikanischen Demokratisierungsprozess, S. 1; *Manz*, Gewerkschaften in Mexiko – fern der Basis, nahe der Macht, S. 320.

117 *De Buen L.*, El Sistema Laboral En México, S. 131 f., 140 f.

118 *Aguilar García*, La representatividad en el sindicalismo mexicano, S. 65 f.; *Manz*, Gewerkschaften in Mexiko – fern der Basis, nahe der Macht, S. 320.

vor allem, indem die PRI gezielt nur die integrierten Gewerkschaften förderte. So erzielten in der Regel nur die regierungsnahen Gewerkschaften für die Arbeitnehmer Sozialleistungen oder bessere Arbeitsbedingungen, insbesondere in den Staatsunternehmen. Auch übertrug der Staat die Kontrolle von Sozialleistungen auf die offiziellen Gewerkschaften (zum Beispiel Lebensmittelgutscheine, Kredite, sozialer Wohnungsbau). Da der Staat eine Pressezensur ausübte, trug auch eine progressive Propaganda zugunsten der offiziellen Gewerkschaften dazu bei, dass sich keine unabhängigen Gewerkschaften etablieren konnten.[119]

Außerdem erfolgte die Protektion des Staates dadurch, dass er die Registrierung konkurrierender Gewerkschaften unmittelbar beeinträchtigte oder verhinderte. So wurde die Bildung des korporatistischen Gewerkschaftsmodells in den Jahren zwischen 1958 und 1970 teilweise auch von der gewaltsamen und brutalen Zerschlagung unabhängiger Gewerkschaftsinitiativen begleitet, wenn diese nicht die politischen Positionen der PRI vertraten. Insbesondere das staatliche Registrierungsverfahren von Gewerkschaften verhinderte die Bildung eines authentischen Gewerkschaftswesens. Da für die Gewerkschaftsarbeit wie zum Beispiel den Tarifvertragsschluss eine sogenannte *toma de nota* seitens der Regierung für das Registrierungsverfahren erforderlich war, erhielten diese in der Regel nur die integrierten oder regierungsfreundlichen Gewerkschaften. Die staatliche Zulassung entsprach faktisch einer Konzession, die oppositionelle Gewerkschaften trotz Erfüllung der gesetzlichen Voraussetzungen nur unter Schwierigkeiten erhielten. Der Nachweis einer Legitimität der Gewerkschaft durch die Repräsentation von Arbeitnehmern war nicht erforderlich (und häufig auch nicht gegeben). In den Regierungszeiten von *Miguel de la Madrid* (1982 bis 1988) und *Carlos Salinas de Gortari* (1988 bis 1994) wurde dieser *sindicalismo de simulación* durch den Staat mittels einer freizügigen Vergabe von gewerkschaftlichen Registrierungen an Personen ohne wirkliche Arbeitnehmerorganisation besonders gefördert.[120]

Der Staat schützte die integrierten Gewerkschaften aber nicht nur vor konkurrierenden unabhängigen Gewerkschaften durch die Unterbindung eines Wettbewerbs im Kampf um die Arbeitnehmer. Auch zwischen den offiziellen Gewerkschaften verhinderte er einen Wettbewerb zur Erhaltung der „nationalen Einheit". Als Folge eines Konfliktes zwischen den beiden mächtigsten integrierten Gewerkschaften – der CTM und der 1952 gegründeten *Confederación Revolucionaria de Obreros y Campesinos* (nachfolgend „CROC") – förderte das PRI-Regime im Jahr 1966 die Einrichtung des *Congreso del Trabajo* (nachfolgend „CT"), der in der Folgezeit über 90 % aller mexikanischen Gewerkschaften umfasste. Dieser bildet bis heute eine Plattform zur Koordinierung der Gewerkschaften durch einen Zusammenschluss verschiedener korporatistischer Dachverbände, hat aber keine Kompetenz, in die internen Belange der Mitgliedsorganisationen oder in Arbeitskämpfe einzugreifen. Der CT fungiert ausschließlich als politisches Sprachrohr der korporatistischen

---

119 *Lauth*, Gewerkschaften in Mexiko, S. 71.

120 *Manz*, Gewerkschaften in Mexiko – fern der Basis, nahe der Macht, S. 326.

Gewerkschaften. Die politische und ideologische Identität beruht auf der Mitgliedschaft bei der PRI, welcher der CT als Ganzes angehört.[121]

Mit der Bildung des CT war die Konsolidierung des korporatistischen Gewerkschaftswesens abgeschlossen und seine Dominanz gesichert. Durch die ideologische Gleichschaltung nahezu aller Gewerkschaften erreichten die PRI-Regierungen die Kontrolle der Gewerkschaftsbewegung und die angestrebte Disziplin der Arbeiter. Dies bedeutete das vorläufige Ende einer unabhängigen Gewerkschaftsbewegung.

An die Stelle der Gewerkschaften traten Ende der 1960er-Jahre Intellektuelle und Studenten, die zu Trägern des politischen und sozialen Protests wurden und soziale Missstände anprangerten. Bezeichnend ist, dass *Fidel Velázquez* (Vorstand der CTM von 1941 bis 1997) die Niederschlagung des Studentenprotests durch die Regierung im Oktober 1968 auf der *Plaza Tlatelolco* mit mehreren Hundert Toten in einer Rede guthieß.[122]

b. Korporativistische Gewerkschaften der Gegenwart

Mit Beginn der 1980er-Jahre führte der wirtschaftspolitische Kurswechsel hin zum Neoliberalismus unter den Regierungen von *Miguel de la Madrid* (1982–1988) und vor allem *Carlos Salinas de Gortari* (1988–1994) zu einem allmählichen Ende des gewerkschaftlichen Korporativismus. Den Gewerkschaften gelang es immer weniger, ihr Wohlverhalten gegen soziale Zugeständnisse seitens der Regierungen einzutauschen. Der Neoliberalismus und die Staatsschuldenkrise führten zu Opfern der Arbeitnehmerschaft, die aus Sicht der Regierungen keine weiteren staatlichen Vergünstigungen zuließen. Obwohl einzelne Gewerkschaften anfänglich eine widerständige Haltung gegen den neoliberalen Kurs der Regierung *Miguel de la Madrid* zeigten, gingen diese gegen Ende seiner Amtszeit vor allem wegen des eigenen Machterhalts in der Politik und Wirtschaft in eine defensive Akzeptanz über.[123]

Unter der Prämisse des Machterhalts waren die Gewerkschaftsführer nunmehr für das Bewahren des Arbeitsfriedens trotz sozialer Einbußen der Arbeitnehmer statt wie zuvor für die Ankündigung sozialer Wohltaten des paternalistischen Staates zuständig. Anders als in der Vergangenheit, in der Regierungen die Allianz mit sozialen Verbesserungen vergoldeten, folgte eine bis in die Gegenwart anhaltende „unproduktive Unterordnung“ der korporatistischen Gewerkschaften. Diese waren weder in der Lage, soziale Leistungen zu erwirken, noch fähig, auf Politiker wesentlich einzuwirken. Zur Verhinderung einer Degradierung der Sozialleistungen verzichteten sie auf einen Konflikt mit den Regierungen und Arbeitgebern

121 *Manz*, Gewerkschaften in Mexiko – fern der Basis, nahe der Macht, S. 321; *Lauth*, Gewerkschaften in Mexiko, S. 67.

122 *Tello Macías*, Estado y Desarrollo Económico: México 1920–2006, S. 372 ff.; *Manz*, Gewerkschaften in Mexiko – fern der Basis, nahe der Macht, S. 321; *Lauth*, Gewerkschaften in Mexiko, S. 67.

123 *García Villanueva/Wannöffel*, Die mexikanischen Gewerkschaften, S. 97.

und führten allenfalls einen leicht kritischen Diskurs. Auch schufen sie sich mit der Förderung des Schutzvertragssystems (siehe S. 91 ff.) ein neues Aufgabenfeld. Hierdurch konnte der „soziale Frieden" – das heißt die Reduzierung von offiziellen Streiks – den inoffiziellen Regierungsvorgaben zur Umsetzung des neoliberalen Wirtschaftskurses entsprechend gesichert werden.[124] Vor allem unter den Regierungen von *Miguel de la Madrid* und *Carlos Salinas de Gortari* fand eine freizügige Vergabe der für die Registrierungen erforderlichen *toma de nota* an Personen ohne Arbeitnehmerorganisation zur Förderung eines simulierten Gewerkschaftswesens statt.[125]

Bezeichnend ist daher, dass bis in die Gegenwart die große Mehrheit der Schutzverträge (siehe S. 91 ff.) von den (ehemals) korporatistischen Gewerkschaften des immer noch bestehenden Arbeiterkongresses CT, vor allem unter den Dachverbänden der CROC und CTM, abgeschlossen wird.[126] Neben dem eigenen Machterhalt der Gewerkschaftsfunktionäre in der Politik und Wirtschaft spielt dabei auch die persönliche Bereicherung eine maßgebliche Rolle. Arbeitnehmerinteressen werden seitens der korporatistischen Gewerkschaften trotz des gesetzlichen Auftrages nach dem LFT hingegen kaum vertreten.

Da zumindest bis zur Arbeitsrechtsreform im Jahr 2019 ein Vertretungsnachweis zur gewerkschaftlichen Repräsentation von Arbeitnehmern nicht erforderlich war, bestehen diese korporatistischen Gewerkschaften weiterhin. Der wichtigste Dachverband des CT ist bis in die Gegenwart die CTM, die mit etwa 750.000 Mitgliedern der größte und einzige Verband ist, der Arbeitnehmer in allen Wirtschaftssektoren vertritt. Der zweitgrößte Verband ist die FSTSE (*Federación de Sindicatos de Trabajadores al Servicio del Estado*) mit 700.000 Mitgliedern, gefolgt von der CROC (80.000 Mitglieder) und der CROM (30.000 Mitglieder). Neben den Dachverbänden bestehen auch einzelne Industriegewerkschaften, deren Mitgliederstärke Schätzungen zufolge bei etwas über 100.000 liegt. Hierbei handelt es sich um die Sektoren der Erdölindustrie (STPRM – *Sindicato de Trabajadores Petroleros de la República Mexicana*) und Eisenbahn (STFRM – *Sindicato de Trabajadores Ferrocarrilleros de la República Mexicana*). Zentrale Probleme des korporatistischen Gewerkschaftssystems wie vor allem eine fehlende demokratische Legitimation der Gewerkschaftsführung, Korruption, Vorteilsnahme, Verflechtung mit der Politik und Wirtschaft oder Repressionen unliebsamer Arbeitnehmer bestehen bis in die Gegenwart in den großen Dachverbänden des CT fort. Daher überrascht es nicht, dass der überwiegende Teil der Schutzverträge bisher von Gewerkschaften abgeschlossen wurde, die der CROC, CTM oder der CROM angehören.[127] Da der

124 *Manz*, Gewerkschaften in Mexiko – fern der Basis, nahe der Macht, S. 325.
125 *Manz*, Gewerkschaften in Mexiko – fern der Basis, nahe der Macht, S. 326.
126 *Wittmütz*, Die „Contratos de Protección" im Gewerkschaftssystem Mexikos, S. 11.
127 *Bouzas Ortiz*, Contratos colectivos de trabajo de protección, S. 208 ff.; *Manz*, Gewerkschaften in Mexiko – fern der Basis, nahe der Macht, S. 326; *Wittmütz*, Die „Contratos de Protección" im Gewerkschaftssystem Mexikos, S. 10 f.

Nachweis einer Arbeitnehmervertretungsmacht bisher nicht erforderlich war, sondern das Vorliegen der staatlichen Konzession (*toma de nota*) verbunden mit der zeitlichen Vorrangigkeit der Registrierung vor einer anderen Gewerkschaft ausreichte, konnten die Arbeitnehmer sich gegen diese (aufgezwungene) Repräsentation häufig nicht wehren. Gerade dies soll mit der Reform aus dem Jahr 2019 (siehe S. 76) aber künftig verhindert werden. Abzuwarten bleibt, ob die Implementierung der neuen Regelungen das korporatistische Gewerkschaftssystem in Zukunft verhindern kann.

2. Fragmentierung der Gewerkschaften

Das simulierte korporatistische Gewerkschaftssystem hinterließ bis in die Gegenwart desolate Verhältnisse im mexikanischen Gewerkschaftswesen. Dieses liegt nicht nur wegen den genannten Aspekten wie der Korruption und Verflechtung mit der Politik in Trümmern, sondern ist auch in erheblicher Weise zersplittert und teilweise weiterhin von den autoritären und undemokratischen Grundzügen der korporatistischen Phase gekennzeichnet.

Der rechtliche Rahmen zur Gewerkschaftsbildung begünstigte dabei die Zersplitterung des Gewerkschaftswesens als Folge des Korporativismus und verhindert häufig bis in die Gegenwart einen dem Arbeitnehmerinteresse dienenden gewerkschaftlichen Zusammenschluss. So kommen für die Gewerkschaftsbildung zahlreiche Organisationsformen in Betracht, Art. 360 LFT:

- Berufsgewerkschaften
- Betriebsgewerkschaften
- Industriegewerkschaften, die in mindestens zwei Betrieben eines Wirtschaftssektors vertreten sein müssen
- Nationale Industriegewerkschaften, die in mindestens zwei Bundesstaaten in einem Wirtschaftssektor vertreten sein müssen
- Gewerkschaften verschiedener Berufe, in denen Arbeitnehmer unterschiedlicher Berufe vereinigt sind (stellen eine Ausnahme dar und sind für Kleinbetriebe gedacht)

Diese gesetzlichen Basisorganisationen können sich zu regionalen Föderationen oder nationalen Konföderationen zusammenschließen. Betrachtet man die von der STPS veröffentlichte Statistik über die registrierten (und daher „offiziellen") Gewerkschaften, verdeutlicht dies die Zersplitterung des Gewerkschaftswesens. So waren im Jahr 2017 3.347 Gewerkschaftsorganisationen registriert, von denen 47 Konföderationen, 532 regionale Föderationen und 2.768 Einzelgewerkschaften waren. Diese erfassten 1,9 Millionen Arbeitnehmer. Allerdings waren 1.245 Einzelgewerkschaften nicht mit anderen Gewerkschaften in einer Föderation oder Konföderation verbunden. In den meisten Fällen handelte es sich um reine Betriebs- oder Berufsgewerkschaften.[128]

Dies setzt die Tradition des korporatistischen Gewerkschaftsmodells fort, in dem das PRI-Regime wie auch die Wirtschaft große strategische Industriegewerkschaften als potenzielle Machtzentren fürchteten und in Zusammenarbeit mit den Dachverbänden die Einheit kleinerer, leicht zu kontrollierender Einzelgewerkschaften förderten.[129]

Die Zersplitterung des Gewerkschaftswesens bezieht sich aber nicht nur auf deren Verbundlosigkeit. Vielmehr betrifft diese auch die Anzahl der gewerkschaftlichen Strömungen, da neben den korporatistischen Gewerkschaften (bisher) weitere Gewerkschaftsarten als Gegenbewegungen bestehen.

a. *Arbeitgeberfreundliche Gewerkschaften*

Von besonderer Bedeutung sind über die bisher genannten korporatistischen Gewerkschaften hinaus auch die von den Unternehmen kontrollierten „gelben" (im mexikanischen Sprachgebrauch „weißen") Gewerkschaften. Prägend für diese Gewerkschaftsart ist das Streben nach harmonischen Beziehungen zum Unternehmen, woraus sich in der Regel für die Gewerkschaften eine starke Bindung zu und Abhängigkeit von den Arbeitgebern sowie die begrenzte Möglichkeit einer effektiven Interessenvertretung der Arbeitnehmer ergeben.

So gab es bereits in der nachrevolutionären Zeit eine ablehnende Haltung der Unternehmer gegen die korporatistischen Gewerkschaften. Die Unternehmer betrachteten sie als Hilfsorgane der nationalen Regierungen, durch die auch sie unter Druck gesetzt werden konnten. Im Norden Mexikos spielte die regionale Unternehmerschaft aber eine aktivere, vom Staat unabhängigere Rolle bei der wirtschaftlichen Entwicklung der Region als in den übrigen Landesteilen. Im Jahr 1936 nutzten die Unternehmer in der Industrieregion um Monterrey dies und gründeten als Gegenbewegung zur CTM die FSINL (*Federación de Sindicatos Independientes de Nuevo León*), die später in FNSI (*Federación Nacional de Sindicatos Independientes*) umbenannt wurde. Zwar blieb das Gewerkschaftsmodell wegen des genannten PRI-Regimes zunächst eine regionale Besonderheit. Mit der Einleitung des Neoliberalismus und der Ablösung der PRI durch die arbeitgeberfreundliche PAN unter Präsident *Vicente Fox* (2000 bis 2006) erfuhr dieses arbeitgeberfreundliche Gewerkschaftswesen aber eine landesweite Renaissance. In diesen Jahren formierte sich die ASM (*Alianza Sindical Mexicana*), die sich aus den Resten der FNSI und abtrünnigen Organisationen der korporatistischen CROC zusammensetzt. Schätzungen zufolge repräsentiert die ASM etwas über eine Million Arbeitnehmer. Häufig

---

128 *STPS*, Boletín No. 1065/2017 vom 20. November 2017.

129 *Manz*, Gewerkschaften in Mexiko – fern der Basis, nahe der Macht, S. 316, 320.

setzten die Unternehmer die Funktionäre in der Gewerkschaft ohne Beteiligung der Arbeitnehmer direkt ein.[130]

Auch sind die „weißen" oder „gelben" Gewerkschaften in Mexiko häufig die Vertragspartner der Arbeitgeber für Schutzverträge. Diese Gewerkschaften vertreten keine Arbeitnehmerinteressen, sondern bestehen vor allem zum Schutz des Arbeitgebers gegen Zahlung einer finanziellen Entlohnung. Sie verfolgen gegenüber Arbeitgebern einen milden Kurs, erheben moderate Gewerkschaftsabgaben, unterbinden Streiks und leiten Listen mit unliebsamen Mitarbeitern an die Unternehmen weiter.[131]

b. Unabhängige und authentische Gewerkschaften

Neben den Strömungen der arbeitgeberfreundlichen und korporatistischen Gewerkschaften existieren aber auch unabhängige Gewerkschaften. Diese können zum Teil eine authentische Interessenvertretung gewährleisten.

So kam es bereits während des Staatskorporativismus in den Jahren zwischen 1970 und 1976 zu gewerkschaftlichen Mobilisierungen, die als *Insurgencia Obrera* bezeichnet werden. Sie waren keine homogene Bewegung, hatten aber als verbindendes Element die Rebellion gegen das korporatistische Gewerkschaftssystem gemein. Dies führte auch zur Bildung neuer gewerkschaftlicher Tendenzen wie vor allem der Demokratisierungstendenz der Elektrizitätsarbeitergewerkschaft SUTERM (*Sindicato Unico de Trabajadores Electricistas de la República Mexicana*) und der Telefonarbeitergewerkschaft STRM (*Sindicato de Telefonistas de la República Mexicana*). Allerdings nahm die Kraft der Mobilisierung als Folge fehlender gemeinsamer strategischer Orientierung und der noch bestehenden Allianz zwischen Staat und offiziellen Gewerkschaften wieder deutlich ab.[132]

Als Konsequenz der Staatsschuldenkrise und der neoliberalen Wirtschaftspolitik in den 1980er-Jahren, aber auch infolge der gesellschaftlichen Veränderungen seit den Studentenprotesten Ende der 1960er-Jahre wurde das offizielle Ende des korporativen Gewerkschaftssystems eingeleitet. Den korporatistischen Gewerkschaften gelang es immer weniger, ihr Wohlverhalten gegen soziale Zugeständnisse seitens der Regierungen einzutauschen. Als spätes Erbe der *insurgencia obrera* und als Folge der Brüche im korporatistischen Gewerkschaftsmodell ab den 1980er-Jahren konsolidierten sich vor allem Mitte der 1990er-Jahre authentische und teilweise demokratische Gewerkschaften in Abgrenzung zu den korporatistischen Gewerkschaften. Für diese sich aus der Bevormundung des Staates und der Kontrolle der korporatistischen Gewerkschaften befreienden Organisationen bürgerte sich aufgrund ihrer Unabhängigkeit vom CT der Begriff „unabhängige"

---

130 *Laute*, Die Gewerkschaften im mexikanischen Demokratisierungsprozess, S. 4; *Manz*, Gewerkschaften in Mexiko – fern der Basis, nahe der Macht, S. 328.

131 *Deppe*, RIW 2019, S. 501.

132 *Manz*, Gewerkschaften in Mexiko – fern der Basis, nahe der Macht, S. 324.

Gewerkschaftsbewegung (*sindicalismo indipendiente*) ein. Obwohl die unabhängigen Gewerkschaften in ihrer Zahl und Mitgliederstärke nicht umfangreich sind, ist ihre politische Orientierung sehr komplex und reicht von arbeitgeberfreundlich bis hin zu anarchosyndikalistisch und kommunistisch.

Im Grundsatz lassen sich die unabhängigen Gewerkschaften in demokratische und undemokratische Organisationen unterscheiden. Im ersten Fall werden die Gewerkschaftsfunktionäre über demokratische Verfahren bestimmt und im zweiten Fall werden den Mitgliedern die Repräsentanten – wie bei den korporatistischen Gewerkschaften – durch Machtcliquen aufoktroyiert. Die beiden wichtigsten voneinander und vom CT unabhängigen Dachverbände mit tendenziell demokratischen Strukturen sind gegenwärtig die UNT (*Unión Nacional de Trabajadores*) und die FSM (*Frente Sindical Mexicano*). Beide Dachverbände verzichteten freiwillig auf eine offizielle (deklaratorisch wirkende) Registrierung bei der STPS und stehen öffentlich in Opposition unter anderem zu dem Schutzvertragssystem oder dem neoliberalen Kurs:[133]

- Die UNT ging im Jahr 1997 aus der FESEBS (*Federación de Sindicatos de Empresas de Bienes y Servicios*) hervor, die sich im Jahr 1990 gründete und deren besonderer Verdienst vor allem die Wiedergewinnung der Kollektivverhandlungen als originäres gewerkschaftliches Handlungsfeld war. Die wichtigsten Mitgliedsgewerkschaften der UNT sind die Gewerkschaften der Telefonarbeiter (STRM), der Piloten (ASPA), des Kabinenpersonals der Fluggesellschaften (ASSA), der UNAM-Beschäftigten (STUNAM), der VW-Arbeitnehmer in Puebla (SITIAVW), sowie die Landarbeitergewerkschaft (CIOAC). Durch die UNT werden Schätzungen zufolge knapp 500.000 Arbeitnehmer vertreten, wobei die STRM mit 45.000 Mitgliedern die wichtigste Einzelgewerkschaft darstellt. Auch wenn die UNT zahlenmäßig schwach ist, gehört sie zu den einflussreichsten Gewerkschaftsorganisationen in Mexiko. Sie ist als öffentlicher Gesprächspartner für wirtschaftliche und soziale Reformen anerkannt und nimmt bei Arbeitsrechtsreformen eine aktive Rolle ein, teilweise sogar unter Ausarbeitung eigener Reformvorschläge.
- Der FSM sind 28 Einzelgewerkschaften angeschlossen, die zusammen 130.000 Arbeitnehmer vertreten. Wichtigstes Mitglied der FSM ist die SME (*Sindicato Mexicano de Electricistas*), die 20.000 Arbeitnehmer repräsentiert. Die SME ging aus dem im Jahr 2009 aufgelösten parastaatlichen Elektrizitätsunternehmen *Luz y Fuerza del Centro* hervor. In öffentlichen Stellungnahmen oder Aufrufen ist die SME für eine extrem kommunistische Rhetorik bekannt, wobei in der Regel keine konkreten Aktionen gegen die Arbeitgeber erfolgen. Der bisher einzige ernst zu nehmende Aufruf einer Gewerkschaft zu einem Unterstützungs- und Generalstreik in der nachrevolutionären mexikanischen Geschichte erfolgte im

133 *Manz*, Gewerkschaften in Mexiko – fern der Basis, nahe der Macht, S. 327.

Jahr 2010 durch die SME, wurde jedoch in der Folge – aus unaufgeklärten Gründen – nicht umgesetzt.[134]

Eine besondere Rolle innerhalb der unabhängigen Gewerkschaften spielt die autonom auftretende Bergbauarbeitergewerkschaft SNTMMSRM (*Sindicato Nacional de Trabajadores Mineros Metalúrgicos Similares de la República Mexicana*). Diese war ursprünglich ebenfalls im CT (und in der PRI) integriert, sagte sich aber nach einem Zerwürfnis über die Führung des Gewerkschaftsbundes von der CT sowie von der kollektiven Eingliederung in der PRI los und trat in der Folge als unabhängige Gewerkschaft auf. Sie zeichnet sich durch eine effektive Kollektivverhandlungsfähigkeit aus, wodurch sie häufig überdurchschnittliche Lohnabschlüsse für ihre Mitglieder erreicht. Allerdings sind die gewerkschaftliche Demokratie und Transparenz als Folge einer vertikalen, auf den Generalsekretär zugeschnittenen Führungsstruktur mangelhaft. Eine Mitbestimmung der Arbeitnehmer über den Kurs und die Geschehnisse in der Gewerkschaft besteht nicht (siehe S. 85 zu den Korruptionsvorwürfen gegen die Gewerkschaftsführer *Carlos Deschamps* und *Napoleón Urrutia*).[135]

Daneben existieren vereinzelt auch anarchosyndikalistische Gewerkschaften in Mexiko. Diese sogenannten „schwarzen" oder „roten" Gewerkschaften können zulasten des Arbeitgebers teilweise Schäden mit existenzvernichtendem Charakter herbeiführen.[136] Unter Berücksichtigung der hohen Anzahl an Schutzverträgen (siehe S. 91 ff.), der Profitmöglichkeiten und des Korruptionsniveaus ist die Arbeitnehmervertretung durch eine solche Gewerkschaft aber in der Regel nicht gleichbedeutend mit einem am Arbeitnehmerinteresse orientierten Handeln. Vielmehr nutzen auch Gewerkschaftsfunktionäre dieser Gewerkschaften ihr Schadenspotenzial dazu, die Arbeitgeber unter Androhung von exzessiven Streiks zum Abschluss von Schutzverträgen (gegen eine Bezahlung) zu erpressen. Teilweise geschieht dies in Kooperation mit gemäßigten Gewerkschaften, zu deren Gunsten die radikale Gewerkschaft gegen eine Abstandszahlung von der gewonnenen *titularidad* zurücktritt.[137]

3. *Fehlende Durchschlagskraft der Gewerkschaften*

Die bisher bestehende Unterschiedlichkeit der gewerkschaftlichen Strömungen führt in Verbindung mit dem Misstrauen der Arbeitnehmer und den Regelungen im Kampf um den Mitgliedergewinn (Wettrennen um die zeitlich vorrangige Registrierung wegen der Gewerkschaftsabgaben, siehe S. 75) dazu, dass in der Regel kein Zusammenhalt zwischen den Gewerkschaften besteht und die Durchsetzungsfähigkeit gegenüber den Arbeitgebern (und Regierungen) nur gering

---

134 *Tenopala*, La Huelga, S. 69, 100 f.
135 *Manz*, Gewerkschaften in Mexiko – fern der Basis, nahe der Macht, S. 328.
136 *Deppe*, RIW 2019, S. 501; *Cavazos Flores*, Síntesis De Derecho Laboral Comparado, S. 55.
137 *Deppe*, RIW 2019, S. 501.

ist. Die Gewerkschaften sind aufgrund des niedrigen Organisationsgrades und der bestehenden Konkurrenz in der Regel schwach und zerstritten, wodurch sie Arbeitnehmerinteressen nur unzureichend durchsetzen können.

a. Verhandlungsschwäche der Gewerkschaften

Für zahlreiche Arbeitnehmer sind die Gewerkschaften unter Berücksichtigung des Korporativismus im 20. Jahrhunderts und der anhaltenden Korruption (siehe S. 35 ff., 62 ff., 78 ff.) überwiegend nur ein Kontrollinstrument der Unternehmen und Politik, die nach ihrer Zielsetzung auf die Beeinträchtigung von Arbeitnehmerinteressen ausgerichtet sind. Die Gewerkschaften und deren Funktionäre genießen häufig nur ein geringes Ansehen in der Öffentlichkeit und sind allenfalls ein Relikt des patriotischen Diskurses über die Revolution und des mexikanischen Wirtschaftswunders in der Mitte des 20. Jahrhunderts.

Das geringe Vertrauen der Arbeitnehmer in die gewerkschaftliche Tätigkeit zeigt sich in der seit Jahren schwindenden Mitgliederzahl in den Gewerkschaften, die zu einem niedrigen gewerkschaftlichen Organisationsgrad der Arbeitnehmer führte. Zwar gibt es wegen der mangelhaften Transparenz keine exakten Angaben, übereinstimmenden Schätzungen zufolge hat der Organisationsgrad seit den 1980er-Jahren aber um zwei Drittel abgenommen. Das Ende des PRI-Regimes ist zugleich der Niedergang des Gewerkschaftswesens. Während der Organisationsgrad im Jahr 1988 noch bei knapp 30 % der erwerbstätigen Bevölkerung lag,[138] gehen verschiedene Schätzungen von einem gegenwärtigen Organisationsgrad von höchstens 12 % bei fünf Millionen Gewerkschaftsmitgliedern aus, wobei etwa die Hälfte der Arbeitnehmer im öffentlichen Sektor gewerkschaftlich organisiert ist. Berücksichtigt man, dass zahlreiche Arbeitnehmer bisher unter den Geltungsbereich eines Schutzvertrages fielen und so unwissentlich als Mitglied einer Gewerkschaft geführt werden können, müsste der effektive Organisationsgrad deutlich nach unten korrigiert werden. *Roberto Zepeda* spricht von einem reellen Organisationsgrad von 5 % bis 7 %.[139]

Das simulierte Gewerkschaftswesen des Korporativismus führte nicht nur zu einem Versagen der effektiven Arbeitnehmervertretung, sondern ebenfalls zu einem fehlenden Vertrauen der mexikanischen Arbeitnehmer in die Legitimität der Gewerkschaften. Auch wenn gegenwärtig bereits einige unabhängige demokratisch geführte Gewerkschaften bestehen, schließt sich die Mehrheit der Arbeitnehmer schon wegen der bloßen Besorgnis von Kontrolle und Missbrauch nicht in Gewerkschaften zusammen. Dies verhindert nicht nur eine gewerkschaftliche

---

138 *Lauth*, Gewerkschaften in Mexiko, S. 72.

139 *Zepeda*, Declive de la densidad sindical en México durante el periodo neoliberal, S. 87; *Manz*, Gewerkschaften in Mexiko – fern der Basis, nahe der Macht, S. 315, 327; *Germany Trade & Invest*, Lohn- und Lohnnebenkosten, S. 1; siehe https://www2.deloitte.com/mx/es/pages/dnoticias/articles/situacion-del-trabajo-en-Mexico.html [2.6.2020].

Vertretung und Unterstützung der Arbeitnehmer, sondern behindert teilweise auch die Wahrnehmung von Arbeitnehmerinteressen. So können grundsätzlich nur Gewerkschaften einen im Arbeitnehmerinteresse liegenden Streik initiieren (siehe S. 300 ff., 333 ff.). Da die Arbeitnehmer mehrheitlich keine Gewerkschaftsmitglieder sind, können sie nicht selbst über die Wahrnehmung des gesetzlichen Streikrechts entscheiden. Dies gilt zumindest dann, wenn kein Arbeitnehmer im Betrieb stellvertretend für die anderen Gewerkschaftsmitglied ist und das Streikrecht durch seine Mitgliedschaft bei der Gewerkschaft geltend macht.

Der in der Regel fehlende gewerkschaftliche Zusammenschluss von Arbeitnehmern führt aber vor allem dazu, dass die Arbeitnehmer den Arbeitgebern gegenüber unorganisiert auftreten und diesen mangels kollektiven Zusammenschlusses wegen der strukturellen Unterlegenheit häufig schutzlos ausgeliefert sind.

Aber auch dann, wenn ein kollektiver Zusammenschluss stattfindet, ist dieser wegen des geringen Organisationsgrades häufig nur schwach ausgeprägt. Eine starke Macht- und Verhandlungsposition gegenüber einem Arbeitgeber kommt daher in der Regel nicht zustande. Selbst wenn eine Gewerkschaft im Einzelfall die Arbeitnehmerinteressen authentisch durchsetzen möchte und keine eigennützigen Motive verfolgt, fehlt ihr häufig eine entsprechende Verhandlungsstärke gegenüber dem Arbeitgeber.

b. Konkurrenz zwischen den Gewerkschaften

Neben dem niedrigen Organisationsgrad führt auch die Konkurrenz der Gewerkschaften untereinander um die Mitgliedergewinnung dazu, dass sie zerstritten sind und keine Solidarität besteht. Im Mittelpunkt stand bisher allein die Gewerkschaftsabgabe der Arbeitnehmer, die wie der Sozialversicherungsbeitrag vom Arbeitgeber einzubehalten und an die zuständige Gewerkschaft abzuführen ist. Für ein Unternehmen zuständig war (bis 2019) die Gewerkschaft, die sich bei der für das Unternehmen zuständigen JCA zuerst registrieren ließ. Ein Vertretungsnachweis für die Legitimität der Arbeitnehmervertretung war nicht erforderlich. Auch entsprach es dem Gewohnheitsrecht, dass nur eine Gewerkschaft zuständig sein konnte.[140]

Die Gewerkschaften kämpften daher in der Regel nicht eine angemessene am Arbeitnehmerinteresse orientierte Vertretung, sondern nur um die zeitlich vor anderen Gewerkschaften liegende Registrierung oder – sofern eine andere Gewerkschaft ihnen zuvorkam – um deren Löschung. Dies führte zu einem Wettlauf um die zeitlich zuerst erfolgende Registrierung, der häufig mit Arbeitgeberverhandlungen über den Abschluss eines Schutzvertrages verbunden war. Als Folge dieses Wettkampfes um die Registrierung entsprach ein gewerkschaftsübergreifender Zusammenschluss zur Arbeitnehmervertretung in der Regel nicht den Gewerkschaftsinteressen, da hierdurch auf weitere Einnahmen zugunsten anderer

140 *Deppe*, RIW 2019, S. 501.

Gewerkschaften hätte verzichtet werden müssen. Die Arbeitnehmer des jeweiligen Betriebes mussten sich aufgrund der Closed-Shop-Regelungen der Gewerkschaft gegenüber beugen. So konnte die zuständige Gewerkschaft nicht nur vom Arbeitgeber verlangen, ausschließlich Mitglieder der eigenen Gewerkschaft anzustellen, sondern sie hatte auch das Recht, die Entlassung von Arbeitnehmern zu verlangen, die nicht Mitglieder der Gewerkschaft waren. Hierdurch stand den Gewerkschaften ein erhebliches Druckmittel zur Verfügung, durch das die Arbeitnehmerinteressen in den Hintergrund traten. Die Gewerkschaften konnten ohne Rücksicht auf die Arbeitnehmerinteressen Grabenkämpfe zur Erlangung der Zwangsabgaben führen. Dabei wurden die Arbeitnehmer zum Spielball der gewerkschaftlichen Registrierungskämpfe.

4. Reform: Legitimationsnachweis zur Arbeitnehmervertretung

Der Gesetzgeber implementierte mit einer Arbeitsrechtsreform im Jahr 2019 Regelungen in das Bundesarbeitsgesetz LFT, die künftig ein am Arbeitnehmerinteresse orientiertes Gewerkschaftshandeln gewährleisten könnten (siehe auch S. 95 ff. und 111 f.). Bisher reichte zur Begründung der Zuständigkeit einer Gewerkschaft für einen Betrieb die bloße Registrierung bei der zuständigen JCA aus, soweit nicht bereits eine andere Gewerkschaft registriert war. Auf den Willen der betroffenen Arbeitnehmer kam es grundsätzlich nicht an. Die Gewerkschaften konnten bisher ungeachtet der Arbeitnehmerinteressen tätig sein. Nunmehr müssen sie allerdings gemäß den geltenden gesetzlichen Regelungen sowohl bei ihrer Registrierung als auch beim Abschluss von Tarifverträgen den Nachweis einer Abstimmungsmehrheit der betroffenen Arbeitnehmer erbringen, was von der zentralen Registrierungsstelle CFCRL zu bescheinigen ist. Auch können die betroffenen Arbeitnehmer die zuständige Gewerkschaft grundsätzlich jederzeit abwählen und es ist mindestens alle vier Jahre eine erneute Abstimmung zur Bestätigung der Zuständigkeit (*titularidad*) abzuhalten. Da die Gewerkschaften zur Erlangung einer Abstimmungsmehrheit grundsätzlich die Arbeitnehmer von ihren Maßnahmen und Erfolgen überzeugen müssen, könnte künftig erreicht werden, dass diese tatsächlich die Arbeitnehmerinteressen vertreten und weniger als bisher eigennützige Interessen verfolgen. Dies hätte ein Ende der oben beschriebenen Zersplitterung der gewerkschaftlichen Strömungen und des beschriebenen Wettlaufs um die zeitlich vorrangige Registrierung zur Folge, zumindest soweit die Regelungen in der Praxis angewendet werden.[141]

Abzuwarten ist, ob die implementierten Vorschriften aufgrund der rechtsstaatsdefizitären Aspekte (siehe Kapitel § 2 B und C) künftig in der Rechtspraxis Anwendung finden. Für die Arbeitnehmer bleibt nur zu hoffen, dass die Gewerkschaften in den kommenden Jahren als Folge der Reform das Vertrauen

---

141 *Staulino-Rodriguez*, Amendment of Mexican Labor Law, S. 1 f; *Deppe*, RIW 2019, S. 502.

der Ersteren zurückgewinnen. Aufgrund der zahlreichen gewerkschaftlichen Missbräuche (siehe S. 62 ff. und 91 ff.) und der nur selten am Arbeitnehmerinteresse orientierten Handlungen liegen aber ein langer Weg und viel Überzeugungsarbeit vor den Gewerkschaften.

IV. Zwischenergebnis

Die Arbeitnehmer haben in der Regel keine primär an der Wahrnehmung von Arbeitnehmerinteressen orientierten, authentischen Vertreter in der Exekutive und Legislative sowie in den Gewerkschaften. Im Vordergrund steht häufig nur eine am Arbeitgeberinteresse ausgerichtete (Wirtschafts-)Politik. Eine angemessene kollektive Vertretung der Arbeitnehmer findet bisher nicht statt.

Die mexikanischen Gewerkschaften handeln häufig entweder gegen die Arbeitnehmerinteressen gerichtet oder können wegen ihrer Zersplitterung und Schwäche keine angemessene Arbeitnehmervertretung gewährleisten.

Dabei ergibt sich für das Gewerkschaftswesen kein einheitliches Bild. So besteht ein Flickenteppich aus verbundlosen Einzelgewerkschaften, die in der Regel nur auf Betriebsebene bestehen. Deren Entstehen wurde durch den Korporativismus und wegen der Schwächen im Hinblick auf eine fehlende Teilhabe der Arbeitnehmer in den übergeordneten (Kon-) Föderationen gefördert. Besonders deutlich wird die Fragmentierung durch unterschiedliche Strömungen von anarchosyndikalistischen bis arbeitgeberfreundlichen Prägungen, eine unzureichende demokratische Arbeitnehmerteilhabe und den erheblichen Einfluss der Arbeitgeber und der Politik auf die Gewerkschaften.

Auch ist der überwiegende Teil der Gewerkschaften zerstritten und verfolgt eigennützige Motive, statt Arbeitnehmerinteressen effektiv zu vertreten. Eine authentische gewerkschaftliche Vertretung wird den Arbeitnehmern nur selten zuteil. Diese sind häufig gezwungen, ihre Interessen gewerkschaftsunabhängig wahrzunehmen.

Insbesondere sind zahlreiche Gewerkschaftsfunktionäre aber auch in der Exekutive und Legislative anzutreffen und daher Bestandteil derjenigen staatlichen Mächte, die eine gegen die Arbeitnehmerinteressen gerichtete Politik betreiben.

Die mexikanischen Regierungen, die ihnen untergeordnete und weisungsgebundene Verwaltung sowie der Gesetzgeber verfolgen bisher in Mexiko eine arbeitgeberfreundliche Wirtschaftspolitik, um neben einem Wachstum der mexikanischen Wirtschaftskraft eine Stabilisierung der Staatsfinanzen zu erreichen. Die Arbeitgeberinteressen stehen dabei in der Regel im Vordergrund. Hierbei handelt es sich um eine in der mexikanischen Geschichte verfestigte Ausrichtung der Staatspolitik, die seit Jahrhunderten die Wirtschafts- und Machtinteressen der Machthaber über diejenigen der Arbeiter stellte. Die Wahrnehmung von Arbeitnehmerinteressen war bisher nur in Ausnahmefällen von staatlicher Stelle gewünscht.

Teilweise besteht aber auch eine erhebliche Abhängigkeit der mexikanischen Regierungen von den nationalen Unternehmern sowie den ausländischen Staaten und Konzernen, insbesondere aus den USA, die sich das niedrige Lohnniveau und die lasche Durchsetzung der Arbeitnehmerrechte in Mexiko zunutze machen. Neben einem politischen Unwillen zur Wahrnehmung von Arbeitnehmerinteressen liegt daher auch eine partielle Unfähigkeit des Staates vor, sich gegenüber den externen Machtfaktoren zu behaupten.

B. Korruption und Klientelismus

Zentrale Probleme in Mexiko sind das hohe Ausmaß an Korruption[142] sowie ein teilweise noch bestehender Klientelismus. Sie können neben einer authentischen Wahrnehmung von Arbeitnehmerinteressen durch die Politik und Gewerkschaften insbesondere auch die Rechtsdurchsetzung in der Praxis und damit die Rechtsstaatlichkeit insgesamt beeinträchtigen.

Die Bedeutung der Korruption in Mexiko ist mit einem Zitat von *Anthony DePalma* wie folgt zu beschreiben: „*Korruption ist nicht die Charakteristik des mexikanischen Systems ... Sie ist das System.*“[143]

I. Korruptionsniveau in Mexiko

Korruption ist ein Teil des täglichen Lebens in Mexiko und betrifft deshalb auch die Parteien eines Arbeitskampfes. Sie ist ein inhärentes und dauerhaftes Merkmal der Gesellschaft, durchdringt alle Macht- und Regierungsebenen und ist ein Teil der politischen Kultur des gesamten Landes ist.[144] Korruption wirkt sich vor allem in den staatlichen Stellen, in den Regierungsgewalten und daher in den Institutionen der Rechtsgarantie und der Rechtssicherheit sowie der Gesetzgebung und Rechtsanwendung aus. Gerade dies verhindert, dass unter anderem die Arbeitnehmer ihre Rechte effektiv ausüben können oder überhaupt eine Eindämmung der Korruption stattfindet. Da es den an der Korruption Beteiligten auf die Verschleierung dieser „Geschäftsbeziehungen“ ankommt und in Mexiko 99 % aller Straftaten (und daher auch die strafbare Korruption) unentdeckt bleiben,[145] kann das wahre Ausmaß nur abstrakt im Sinne der genannten Statistiken oder Umfragen erfasst werden.[146]

Zahlreiche Umfragen unter diversen Bevölkerungsgruppen in verschiedenen Jahren und mit unterschiedlich großen Stichproben kommen zu dem Ergebnis, dass Korruption die mexikanische Gesellschaft kennzeichnet. Gemäß den

---

142 Der hier verwendete Begriff der Korruption umfasst übergreifend alle Arten der ungerechtfertigten Bereicherung von Amtsträgern wie zum Beispiel Bestechung, Vorteilsannahme.

143 *DePalma*, How a Tortilla Empire Was Built on Favoritism.

144 *Sarsfield*, Politische Korruption in Mexiko, S. 539 f.; *Muno*, Rechtsstaatlichkeit in Mexiko, S. 183 ff.

145 *Muno*, Rechtsstaatlichkeit in Mexiko, S. 184 ff.; *Reporter ohne Grenzen*, Jahresbilanz der Pressefreiheit 2019, S. 6–23; *Universidad de las Américas Puebla*, IGI-MEX 2018.

146 *Wagner*, Mexikos junge Demokratie in der Krise, S. 488; *Universidad de las Américas Puebla*, IGI-MEX 2018; *Muno*, Rechtsstaatlichkeit in Mexiko, S. 185.

Untersuchungen von Transparency International ist Mexiko weltweit eines der korruptesten Länder (Platz 130 von 180) und liegt in der Tabelle daher noch hinter anderen ebenfalls für Korruption bekannten Ländern wie beispielsweise Brasilien, Kolumbien, Pakistan, Sierra Leone oder Costa Rica.[147]

So gaben zum Beispiel im Jahr 2019 in einer Studie der *IMCO* 34 % der befragten Mexikaner an, in den vergangenen zwölf Monaten Korruption im Zusammenhang mit behördlichen oder justiziellen Angelegenheiten erlebt zu haben.[148] In einer Studie von *Transparency International* äußerten 51 % aller befragten Mexikaner, in der Vergangenheit Bestechungsgelder für den Zugang zu öffentlichen Dienstleistungen (öffentliche Krankenhäuser, Schulen, Genehmigungen der Verwaltung, Justiz, Polizei) gezahlt zu haben. Mexiko hat unter allen lateinamerikanischen und karibischen Ländern den ersten Platz der korruptesten Länder inne und übertrifft andere Länder wie zum Beispiel Venezuela (38 %), Peru (39 %) oder Brasilien (11 %). Dabei gingen 60 % der Befragten von einem Anstieg der Korruption seit dem Jahr 2010 aus und hielten die Polizei für die korruptesten Amtsträger, gefolgt von den gewählten Politikern und Regierungen (50 %).[149]

Zwar hat der im Jahr 2018 neu gewählte Präsident *López Obrador* der Korruption (offiziell) den Kampf angesagt. Allerdings ist die Korruption weiterhin ein verbreitetes Phänomen in Mexiko, sodass Amnesty International Mexiko auch im Jahr 2019 zu den korruptesten Ländern der Welt zählte.[150]

II. Korruption in der Politik

So haben Arbeitnehmer auf politischer Ebene in der Legislative und Exekutive häufig Repräsentanten, die als Konsequenz von Korruption eigennützige Motive und die Interessen der Zahlenden (unter anderem Arbeitgeber) verfolgen, an der Wahrnehmung von Arbeitnehmerinteressen hingegen kaum Interesse zeigen. Politiker treten im Rahmen der Korruption sowohl als Empfänger als auch als Geber in Erscheinung. Darüber hinaus führt die Korruption dazu, dass die legislativen und exekutiven Mächte diese selbst als Übel der Arbeitnehmerinteressen nicht bekämpfen.

Die Politiker in der Legislative und Exekutive sind häufig Empfänger von Korruptionsleistungen. Gesetzesvorhaben oder Regierungsentscheidungen können daher insoweit beeinflusst werden, als die Politik vorrangig die Interessen des Meistbietenden – in der Regel der Unternehmen – behandelt. In diesen Fällen stehen vor allem die Erzielung eines materiellen oder immateriellen Vorteils der

147 *Transparency International*, CPI 2019 und CPI 2019 Statistical Significance.

148 Stand: 2019, Quelle: *IMCO*, https://imco.org.mx/barometro-de-la-corrupcion-de-america-latina-2019-via-transparencia-internacional/ [7.9.2020].

149 Stand: 2017, Quelle: *Transparency International*, Las Personas Y La Corrupción – América Latina Y El Caribe, S. 10 ff.; *Martínez*, 7 Datos De La Corrupción En México.

150 Siehe Fn. 147.

Politiker und der Schutz der Vorteilsgeber im Vordergrund, teilweise begünstigt von klientelistischen Beziehungen. Die Wahrnehmung von Arbeitnehmerinteressen und die verfassungskonforme Mandatsausübung seitens der gewählten Politiker ist nur von nachrangiger Bedeutung. In diesem Zusammenhang ist zum Beispiel auch das über Jahrzehnte existierende mexikanische Schutzvertragssystem zu sehen, das eine authentische gewerkschaftliche Vertretung der Arbeitnehmer oder das Streikrecht verhinderte (siehe ausführlich auf S. 91 ff.).[151]

Zwar ist der wahre Umfang der Korruption innerhalb der Gesetzgebung und der Regierungen (sowie der Justiz und Verwaltung; siehe folgender Abschnitt S. 85 ff.) – insbesondere aufgrund des geringen Interesses der Machtinhaber an einer Aufklärung der (kriminellen) Sachverhalte und der zur Verfügung stehenden Machtinstrumente – naturgemäß unbekannt.

Allerdings kann das Ausmaß der Korruption durch politische Entscheidungsträger im Hinblick auf die zum Beispiel jüngst publik gewordenen nachfolgend dargestellten Fälle „casa blanca", „Odebrecht", „La Estafa Maestra" oder die wegen Korruption verhafteten Regierungsvertreter (siehe S. 83) erahnt werden. Die Korruption kann als Erklärungsversuch für die enge Verflechtung zwischen der Wirtschaft und Politik sowie die daraus resultierenden sehr arbeitgeberfreundlichen Maßnahmen dienen (siehe die Darstellung auf S. 42 ff. deren Beispiele mangels Nachweises eines konkreten Korruptionsfalles nicht im Rahmen des Kapitels über die Korruption erwähnt werden sollen).

> <u>Der Fall „casa blanca":</u>
> Im November 2014 deckte eine Zeitung auf, dass die (Ex-)Ehefrau des Präsidenten *Enrique Peña Nieto* (2012 bis 2018) von dem Higa-Konzern eine Villa in einem Nobelviertel Mexiko-Stadts im Wert von US $ 7 Millionen zu deutlich vergünstigten Konditionen kaufte. In der Regierungszeit *Peña Nietos* als Gouverneur des Bundesstaates Mexiko vergab er an den Higa-Konzern öffentliche Bauaufträge, insbesondere den Bau einer Zugstrecke. Auch sein damaliger Finanzminister *Luis Videgaray* erhielt von dem Higa-Konzern ein Haus in *Malinalco*. Im Jahr 2016 entschuldigte sich *Peña Nieto* öffentlich für den „Fehler" und veranlasste die Rückabwicklung des „Kaufvertrages". Eine Strafverfolgung blieb für *Peña Nieto* und die anderen Beteiligten aus.[152]

Im Zusammenhang mit der Korruption ist auch die Unterschlagung von öffentlichen Geldern oder Gewinnen staatlicher Unternehmen durch Politiker zu sehen, die in Mexiko ebenfalls keine Seltenheit ist.[153] In diesen Fällen sind Politiker (neben anderen Amtsträgern) sowohl Empfänger von Korruptionsleistungen als auch Zahlende, da das Unterschlagen öffentlicher Gelder in der Regel das kollusive Zusammenwirken verschiedener Regierungs- und Verwaltungsebenen erfordert.

---

151 *Wittmütz*, Die „Contratos de Protección" im Gewerkschaftssystem Mexikos, S. 20 f.; *Xelhuantzi*, Libertad de asociación sindical y los contratos de protección, S. 2.
152 *Brühwiller*, Ein Festival der Korruption.
153 *Soria*, Estafa Maestra No Nació Con Robles.

Jedenfalls treten insbesondere im Falle der Unterschlagung von Gewinnen staatlicher Unternehmen die Arbeitnehmerinteressen hinter die Interessen der Politiker zurück, die häufig an der bloßen Maximierung des eigenen finanziellen Gewinns interessiert sind.

Der Fall „La Estafa Maestra":
Im September 2017 deckte eine Zeitung in Kooperation mit einer Bürgerrechtsbewegung auf, dass Mitglieder der Bundesregierung und zahlreiche hochrangige Staatsbeamte in den Jahren 2013 und 2014 über 128 Briefkastenfirmen Staatsgelder in Höhe von über EUR 350 Millionen veruntreut hatten. Diese waren vor allem für soziale Zwecke bestimmt, als solche deklariert und wurden vom Gewinn der Staatsunternehmen oder aus der Privatwirtschaft durch Zwischenschaltung staatlicher Einrichtungen (zum Beispiel Universitäten) an Briefkastenfirmen abgezweigt. Beteiligte sollen unter anderem die Exbundesministerin für soziale Entwicklung *María del Rosario Robles Berlanga*, die Direktoren des staatlichen Öl- und Gaskonzerns PEMEX (*Miguel Ángel Lozada Aguilar, Héctor Salvador Salgado Castro, Luis Galván Acros*) und die Staatsbank für öffentliche Dienstleistungen und Arbeiten unter *Alfredo de Mazo* gewesen sein. So wurde unter anderem auch gegen den Präsidentschaftskandidaten der PRI im Jahr 2018 *José Antonio Meade Kuribreña* Anzeige erstattet. Zwar gab es bisher keine strafrechtliche Verurteilung, allerdings befindet sich die frühere Bundesministerin *Rosario Robles Berlanga* zumindest in Untersuchungshaft. Als bekannt wurde, dass die genannten Direktoren der PEMEX auch Posten in der Regierung des neuen Präsidenten *López Obrador* bekleideten, mussten diese von ihren Regierungsämtern zurücktreten. Die Inhaber der Briefkastenfirmen – die tatsächlichen Zahlungsempfänger –blieben bislang unbekannt.[154]

Von besonderer Bedeutung ist die Korruption in Mexiko aber auch bei (illegalen) Wahlkampfspenden. So zahlen Private und Unternehmen in großem Ausmaß erhebliche Geldbeträge an Kandidaten, die im Gegenzug die Partikularinteressen der Zahlenden vertreten. Hierbei schafft in der Praxis auch die gesetzliche Beschränkung der Wahlkampfspenden keine Abhilfe, was im Wesentlichen auch eine Folge von Korruption und anderer illegaler Absprachen ist. In der jüngsten Vergangenheit erschütterte vor allem der nachfolgend dargestellte Fall die politische Landschaft (wie auch in anderen lateinamerikanischen Ländern).

Der Fall „Odebrecht":
Im Jahr 2016 gab der brasilianische Baukonzern Odebrecht zu, im Zeitraum von 2010 bis 2014 Bestechungsgelder in Höhe von über EUR 700 Millionen an Funktionäre in verschiedenen lateinamerikanischen Ländern gezahlt zu haben, um öffentliche Aufträge zu erlangen. Dies betraf auch mexikanische Funktionäre, die Zahlungen in Höhe von mindestens US $ 10,5 Millionen erhalten haben sollen. Mehrere Führungskräfte des Odebrecht-Konzerns sagten unter Eid aus, dass insbesondere ein enger Vertrauter

154 *Soria*, Estafa Maestra No Nació Con Robles; *Animal Político*, La Estafa Maestra.

> des Präsidenten *Enrique Peña Nieto* Zahlungen für die Verschaffung eines Bauauftrages bei PEMEX entgegennahm. Der Vertraute *Peña Nietos* wirkte auch bei dessen Präsidentschaftskampagne mit und wurde später zum Direktor von PEMEX ernannt. Während in den übrigen betroffenen lateinamerikanischen Ländern (außer Venezuela) noch Ermittlungsverfahren laufen oder bereits strafrechtliche Verurteilungen stattfanden, wurden die Ermittlungen vor allem im Hinblick auf eine etwaige illegale Wahlkampffinanzierung *Peña Nietos* (bisher) faktisch eingestellt. Ein Staatsanwalt wurde entlassen, als er Einsicht in die mit dem Wahlkampf verbundenen Bankkonten nehmen wollte. Nach Angaben der *New York Times* liegen umfangreiche Beweise vor, die eine Anklageerhebung gegen einzelne Funktionäre erlauben würden. Der politische Druck soll dies aber bisher verhindert haben.[155]

Soweit *Tjerk Brühwiller* bei den Wahlen im Jahr 2018 von einem *„Festival der Korruption"* spricht, ist dies aber nicht nur im Hinblick auf die Empfängerrolle der Politiker bezüglich (illegaler) Wahlkampfspenden zu sehen.[156] In Mexiko besteht eine „Tradition" von Wahlkampfbetrug, der neben zahlreichen anderen Mitteln auch durch Korruption begangen wird – vor allem seitens der von 1929 bis 2000 und von 2012 bis 2018 regierenden Partei PRI. So zahlen Parteien, Politiker oder „Wahlkampfspender" während eines Wahlkampfes Geld an die Vertreter bestimmter Interessengruppen wie vor allem an Gewerkschaftsvertreter oder Lokalpolitiker, die im Gegenzug teilweise auch unter Androhung oder Anwendung von Gewalt für eine entsprechende Stimmabgabe der Wähler der betroffenen Gruppe oder für das Verschwinden der abgegebenen Stimmen sorgen. Dies führt zu einem Demokratiedefizit, da ein Kandidat, der zum Beispiel Arbeitnehmerinteressen vertritt und nicht genügend finanzielle Mittel für eine Bestechung von Interessengruppen hat, in der Regel einem anderen Kandidaten gegenüber unterliegt. Die Gewerkschaften vertraten bisher nur selten Arbeitnehmerinteressen (siehe S. 62 ff., 91 ff.), sodass selbst die Bestechung von Gewerkschaftsvertretern zu keiner echten Repräsentation der Arbeitnehmer in der Politik führte. Zwar ist diese Art des Wahlbetruges zurückgegangen, was auch auf der Schaffung des Bundeswahlinstitutes – vormals IFE, nunmehr INE – beruht. Allerdings finden häufig weitere Reformen des Wahlsystems zur Eindämmung des Wahlkampfbetruges statt, zuletzt im Jahr 2014, sodass grundsätzlich vom weiterhin bestehenden Problem des Wahlkampfbetruges auszugehen ist.[157]

Über die Beeinträchtigung der Arbeitnehmerrechte und die Verhinderung von Reformen zur Verbesserung der Arbeitsbedingungen und demokratischer Wahlen hinaus verhindert das extreme Ausmaß der politischen Korruption aber vor allem auch, dass wesentliche Reformen zur Korruptionsbekämpfung im Rahmen

155 *Anliker*, Mexikos Regierung hat ein Korruptionsproblem; *New York Times*, Mexico Could Press Bribary Charges – It Just Hasn't.

156 *Brühwiller*, Ein Festival der Korruption.

157 *Lara Otaola / Saavedra Herrera*, Das Bundeswahlinstitut IFE, S. 250.

der Gesetzgebung angestoßen und Untersuchungen von Korruptionsfällen seitens der Regierungen unterstützt werden. Die Korruption verursacht nicht nur Defizite in den originären Aufgaben der Legislative und Exekutive, sondern verhindert gleichzeitig auch die Behebung der Korruption als Ursache des Defizits.[158]

Die politischen Akteure haben als häufige (Mit-)Täter des korrupten Systems in der Regel kein Interesse an einer Aufdeckung ihrer Taten und an dem Versiegen der (illegalen) Einnahmequellen. Auch die Aufdeckung von Korruptionsfällen anderer Politiker liegt teilweise nicht im Interesse des politischen Gegners, um die eigene Korruptionsbegehung zu verschleiern und keine Untersuchung der Gegenpartei als Racheaktion zu riskieren. Die Politik und die sich hieraus ergebenden gesetzgebenden Organe und Regierungen sind daher häufig nicht an der Verteidigung von Arbeitsrechten interessiert. Vielmehr steht in der Regel die Erzielung eines immateriellen oder materiellen Gewinns im Vordergrund, hinter den die tatsächlichen Wählerinteressen zurücktreten. Deshalb überrascht es auch nicht, dass zahlreiche Politiker in hochrangigen Ämtern regelmäßig (in der Regel von investigativen Journalisten oder politischen Feinden) der Korruption und Vetternwirtschaft überführt werden. Bekannte aus den genannten Gründen verhaftete[159] Politiker sind zum Beispiel

- *Genario García Luna* (unter anderem Staatssekretär für öffentliche Sicherheit unter Präsident *Felipe Calderón* von 2006 bis 2012),
- *Raúl Salinas de Gortari* (Bruder des Präsidenten *Carlos Salinas de Gortari*, dessen Verurteilung auch im Zusammenhang mit den Privatisierungen in der Regierungszeit von 1988 bis 1994 steht),
- *María del Rosario Robles Berlanga* (Bundesministerin für soziale Entwicklung unter Präsident *Enrique Peña Nieto* von 2012 bis 2018),
- *Javier Duarte de Ochoa* (Gouverneur in Veracruz von 2010 bis 2016),
- *Andrés Granier Melo* (Gouverneur in Tabasco von 2007 bis 2012),
- *Fidel Herrera Beltrán* (Gouverneur in Veracruz von 2004 bis 2010) und
- *Tomás Jesús Yarrington Ruvalcaba* (Gouverneur in Taumalipas von 1999 bis 2005).[160]

Wie schon bei zahlreichen früheren Präsidenten ist auch bei dem aktuellen Präsidenten *López Obrador* unklar, woher das Multi-Millionen-Vermögen seiner Familie stammt. Offiziellen Angaben zufolge ist er seit Jahren nur als Berufspolitiker mit einem für deutsche Verhältnisse durchschnittlichen Einkommen tätig und hat

158 *Wagner*, Mexikos junge Demokratie in der Krise, S. 488.

159 Da es im (ebenfalls korrupten) Rechtssystem keine Seltenheit ist, dass Verurteilungen nach Vollendung eines Teils der Haftstrafe nachträglich aufgehoben werden, wird an dieser Stelle allgemeiner von Verhaftung und nicht von Verurteilung gesprochen.

160 *Estevez*, Most Corrupt Mexicans; *Bajo Palabra*, Los 20 mexicanos más corruptos.

keine zusätzlichen Einkünfte.[161] Auch gehört der frühere Präsident *Carlos Salinas de Gortari*, der Ende der 1980er-Jahre die Privatisierung von Staatsunternehmen in der Regel zugunsten seiner Freunde vorantrieb, aus bislang ungeklärten Gründen zu den reichsten Personen in Mexiko.

III. Gewerkschaften

Auch können Arbeitnehmer korruptionsbedingt häufig nicht auf die Unterstützung durch eine Gewerkschaft hoffen. Zwar ist es die gesetzliche Aufgabe der Gewerkschaften, die Interessen der Arbeitnehmer wahrzunehmen, sie in arbeitsrechtlichen Angelegenheiten zu unterstützen und sich für eine Verbesserung der Arbeitsbedingungen einzusetzen. Allerdings führt vor allem die Korruption dazu, dass Arbeitnehmer häufig nicht angemessen von einer Gewerkschaft vertreten werden (siehe zum Gewerkschaftswesen im Ganzen bereits S. 62 ff.).

Zahlreiche Gewerkschaftsfunktionäre verfolgen nur die eigene Bereicherung anstelle einer Arbeitnehmervertretung. Dies zeigt vor allem das Schutzvertragssystem, das nur mit Bestechung von Gewerkschaftsfunktionären durch Arbeitgeber funktioniert. Gewerkschaften schließen bislang mit Arbeitgebern *contratos de protección* mit dem Ziel der Verhinderung einer authentischen gewerkschaftlichen Arbeitnehmervertretung und von Streiks ab (siehe ausführlich auf S. 91 ff.). Im Gegenzug erhalten sie eine (Bestechungs-) Zahlung vom Arbeitgeber. Berücksichtigt man die Anzahl von Schutzverträgen (ungefähr 90 % aller Tarifverträge), wird das Ausmaß der Korruption auch unter den Gewerkschaften erkennbar.[162]

Über das Schutzvertragssystem hinaus sind Gewerkschaftsfunktionäre auch in anderen Fällen Empfänger von Bestechungsgeldern. In arbeitsrechtlichen Konflikten „vergüten" Arbeitgeber Gewerkschaftsvertreter zur Vermeidung von Streitigkeiten, indem Letztere durch Sanktionen auf Arbeitnehmer einwirken oder Informationen weiterleiten. Streiks können verhindert werden, da grundsätzlich nur die Gewerkschaft einen Streik in gesetzeskonformer Weise einleiten kann (siehe S. 301 f., 333 ff.). Auch nutzten politische Parteien die Gewerkschaften in der Vergangenheit dazu, dass deren Funktionäre verbunden mit einer Vergütung in Wahlen für eine entsprechende Wahlabstimmung der Mitglieder für die „richtige" Partei sorgten. Im Zusammenhang mit der Korruption ist auch das Unterschlagen von Gewerkschaftsmitteln zu sehen, die ebenfalls mit Bestechungen verbunden sind.[163]

---

161 *Brühwiller*, Ein Festival der Korruption; *Berberana, Elena*, López Obrador – El presidente de los pobres.

162 *Bouzas Ortiz*, Contratos colectivos de trabajo de protección, S. 193–228; *Wittmütz*, Die „Contratos de Protección" im Gewerkschaftssystem Mexikos, S. 13 ff.; *Martínez y Gonzáles*, Reflexiones Sobre La Huelga, S. 92 f.

163 *Morris*, Corrupción y política en el México contemporáneo, S. 75; *Manz*, Gewerkschaften in Mexiko, S. 325 f.

So verdeutlichen regelmäßige Nachrichten aus der jüngsten Vergangenheit, dass die Gewerkschaftsführer die Gewerkschaften häufig nur als Mittel zur persönlichen Bereicherung ansehen. Zum Beispiel musste die Gewerkschaftsführerin der SNTE[164] *Elba Esther Gordillo Morales* wegen Unterschlagung von Mex $ 2 Milliarden (ungefähr EUR 100 Millionen), Korruption und der Bildung einer kriminellen Vereinigung seit Februar 2013 für mehrere Jahre eine Gefängnisstrafe verbüßen. Daneben sorgte sie dafür, dass die Mitglieder im Block die von ihr vorgegebene Partei wählten.[165]

Auch *Carlos Romero Antonio Deschamps* – bis Juni 2019 Gewerkschaftsführer des STPRM[166] – und *Napoleón Gómez Urrutia* – Gewerkschaftsführer des SNTM[167] – sind einer strafrechtlichen Untersuchung wegen Korruption und Unterschlagung von Gewerkschaftsmitteln im Umfang eines zwei- bis dreistelligen EUR-Millionen-Betrages ausgesetzt und treten wie auch *Elba Esther Gordillo Morales* regelmäßig in den Medien wegen ihres Reichtums in Erscheinung, der neben Yachten, Privatflugzeugen, sonderangefertigten Ferraris vor allem zahlreiche Luxusimmobilien umfasst. Alle drei unter Korruptionsverdacht stehenden Gewerkschaftsführer sind auch in der Politik aktiv tätig (bis 2006 alle in der PRI, *Gómez Urrutia* und *Gordillo Morales* wechselten danach die Partei) und hatten neben der Gewerkschaftsposition öffentliche Ämter inne (*Gómez Urrutia* ist aktuell Senator für die Partei MORENA von Präsident *López Obrador*).[168]

Diese drei Fälle zeigen exemplarisch neben der Verflechtung der Gewerkschaften mit der Politik (siehe S. 35 ff., 62 ff.) vor allem auch das Ausmaß von Korruption und Unterschlagung durch Gewerkschaftsführer. Dies ist ein wesentlicher Grund dafür, dass Arbeitnehmer in den seltensten Fällen eine authentische gewerkschaftliche Vertretung haben. Häufig steht die persönliche Bereicherung der Gewerkschaftsführer und nicht eine an den Arbeitnehmerinteressen orientierte kollektive Vertretung im Vordergrund.

IV. Justiz und Verwaltung

Besonders problematisch für die Arbeitnehmer – wie auch für die übrige Bevölkerung – ist jedoch die Korruption in der Justiz und Verwaltung.

---

164 *Sindicato Nacional de Trabajadores de la Educación*: Die SNTE ist die größte Gewerkschaft Lateinamerikas (1,8 Millionen Mitglieder) und vertritt Lehrer/-innen.

165 *Randall*, Powerful Leader of Mexican Teachers' Union Arrested.

166 *Sindicato de Trabajadores Petroleros de la República Mexicana*: Die STPRM ist die Gewerkschaft für Arbeiter in der Ölindustrie (das heißt für PEMEX-Arbeiter).

167 *Sindicato Nacional de Trabajadores Mineros, Metalúrgicos, Siderúrgicos y Similares de la República Mexicana*: Die SNTM ist die Gewerkschaft für Arbeiter im Bergbau und in der Metallverarbeitung.

168 *Pérez*, Moreno Deschamps; *Contrapeso*, Líderes Sindicales En México – Entre Exceso Y Corrupción.

Bürger haben im Alltag in der Regel nur Kontakt zu der Justiz, den Verwaltungsbehörden oder der Polizei und Staatsanwaltschaft. Diese entscheiden regelmäßig über die Rechtsanwendung in der Praxis und das Schutzniveau der rechtlichen Normen. Eine Korruption zum Nachteil der Bevölkerung im Rahmen der Justiz und Verwaltung wirkt sich im täglichen Leben daher zumindest unmittelbar um ein Vielfaches stärker als eine Korruption in den obersten staatlichen Stellen der Regierungen und Gesetzgebung aus.[169]

Daten aus verschiedenen Studien zeigen daher Abweichungen in der wahrgenommenen und erfahrenen Korruption. Während die wahrgenommene Korruption auf der Ebene der Bundesregierung und anderer höchster Regierungsstellen am stärksten ist, tritt die direkte Erfahrung von Befragten im Hinblick auf Korruptionshandlungen häufiger in den unteren staatlichen Institutionen und den kommunalen Behörden auf. Bestimmte öffentliche Dienstleistungen und kommunale Kompetenzen wie zum Beispiel die Genehmigung zum Straßenverkauf, das Einsammeln von Müll oder der Erhalt einer Baugenehmigung sind am häufigsten mit einer Bestechung verbunden. Zwar wird mehr Korruption in den höheren Regierungsrängen und der Bundesregierung wahrgenommen, jedoch weisen die unteren Ränge und Kommunen ein höheres Niveau direkter Korruptionserfahrung auf.[170]

Über die Bedeutung der Justiz und der Verwaltung im Alltag der Bevölkerung hinaus ist es daher besonders problematisch, dass verschiedenen Untersuchungen zufolge eine der korruptesten Institutionen neben der Polizei und den Gefängnissen vor allem die Justiz ist, der (künftig) die Arbeitsgerichtsbarkeit zugeordnet ist. So betreffen gemäß der *Nationalen Studie über Korruption und Gute Regierung* fünf von sechs öffentlichen Institutionen die Justiz und Polizei, wo die meiste erfahrene Korruption gemeldet wurde.[171]

Ein besonders hohes Korruptionsniveau existiert aber auch bei den bisher für Arbeitssachen zuständigen *Juntas de Conciliación y Arbitraje* (nachfolgend „JCA(s)").[172] In Mexiko bestehen (noch) keine der Justiz zugeordneten Arbeitsgerichte, sondern nur Schieds- und Gütestellen. Diese sind ohne Mitwirkung juristisch ausgebildete Richter paritätisch mit einem Arbeitgeber- und einem Arbeitnehmervertreter unter dem Vorsitz eines Staatsbeamten besetzt (siehe im Einzelnen S. 108 ff., 176 ff.).[173] Viele JCAs arbeiten mit arbeitgeberfreundlichen Gewerkschaften und Regierungen kollusiv zusammen, um zum Beispiel die

169 *Muno*, Rechtsstaatlichkeit in Mexiko, S. 181.

170 *Sarsfield*, Politische Korruption in Mexiko, S. 551; *Morris*, Political Corruption in Mexico, S. 195.

171 *Sarsfield*, Politische Korruption in Mexiko, S. 551; *Transparency International*, Las Personas Y La Corrupción – América Latina Y El Caribe, S. 10 ff.

172 *Bensusán/Alcalde*, La situación de justicia laboral en México, S. 11.

173 *Sánchez-Casteñada*, La Jurisdicción Laboral, S. 396.

Registrierung von Konkurrenzgewerkschaften zu verhindern, die Arbeitnehmerinteressen tatsächlich wahrnehmen wollen (siehe S. 91 ff.).[174]

Im Hinblick auf die Arbeitsrechtsdurchsetzung ist es für Arbeitgeber infolge des hohen Korruptionsniveaus einfach, gegen Zahlung eines Bestechungsgeldes die JCAs und die Arbeitsverwaltung davon zu „überzeugen", dem Arbeitnehmer könne kein Recht gewährt werden. Alternativ kann das Verfahren zumindest über einen sehr langen Zeitraum verzögert werden, sodass in zahlreichen Rechtsfällen eine Erledigung eintritt. Arbeitnehmer verfügen in der Regel über keine Möglichkeit der Verteidigung, da sie üblicherweise keine ausreichenden finanziellen Ressourcen haben, um eine höhere Bestechungszahlung als der Arbeitgeber zu leisten. Auch ist die Aufdeckung eines Korruptionsfalles nahezu unmöglich und im Falle einer Anzeige teilweise mit Repressionen verbunden.[175] Neben der Anwendung oder Androhung von Gewalt (siehe S. 97 ff.) kommen insbesondere Sanktionen arbeitsrechtlicher Natur gegen klagende Arbeitnehmer in Betracht, die zwar rechtswidrig sind, aber infolge der Korruption für den Arbeitgeber häufig sanktionslos bleiben.

Zwar sind nicht alle Richter oder Beamten in Mexiko korrupt. Vielmehr gibt es auch zahlreiche rechtstreue öffentliche Amtsträger, die keine Bestechungszahlungen annehmen. Allerdings besteht wegen des strukturellen Korruptionsproblems eine hohe Wahrscheinlichkeit, dass ein klagender Arbeitnehmer das Gerichtsverfahren aus Gründen der Korruption verliert – ungeachtet der potenziellen Gefahr von Gewaltanwendung. Dies führt dazu, dass das grundlegende Vertrauen der Arbeitnehmer wie auch der übrigen Bevölkerung in einen effektiven Rechtsschutz durch Gerichte oder die Verwaltung fehlt. Arbeitnehmer suchen häufig keinen Rechtsschutz gegen Maßnahmen des Arbeitgebers bei der Justiz oder den JCAs und der Verwaltung. Selbst wenn in einem Rechtsstreit objektiv keine Korruption oder Gewalt zu befürchten wäre, verzichten Arbeitnehmer auf den Rechtsschutz, da sie von Korruptionshandlungen oder dem Erleiden von Repressionen ausgehen. Zwar existieren diesbezüglich keine offiziellen Statistiken, allerdings ist anzunehmen, dass Arbeitnehmer in den meisten Fällen ihre Rechte gar nicht erst vor einem Gericht oder der Verwaltung geltend machen – jedenfalls, wenn man berücksichtigt, dass zum Beispiel nur 10 % aller Korruptionsfälle und 25 % aller Straftaten zur Anzeige gebracht werden.[176] Es darf bezweifelt werden, dass diese Quote im Arbeitsrecht höher ist. Ein funktionierender Rechtsstaat liegt für die Arbeitnehmer – wie auch für die übrige Bevölkerung – nicht vor.[177]

174 *Wittmütz*, Die „Contratos de Protección" im Gewerkschaftssystem Mexikos, S. 20.

175 *Transparency International*, Las Personas Y La Corrupción – América Latina Y El Caribe, S. 10 ff.; *Martínez*, 7 Datos De La Corrupción En México.

176 *Transparency International*, Las Personas Y La Corrupción – América Latina Y El Caribe, S. 10 ff.; *Martínez*, 7 Datos De La Corrupción En México.

177 *Muno*, Rechtsstaatlichkeit in Mexiko, S. 188; *Wagner*, Mexikos junge Demokratie in der Krise, S. 384 f.; *Deutsche Menschenrechtskoordination Mexiko*, Rechtsstaat Mexiko? – Internationale Tagung vom 30.11.–2.12.2012, S. 23 ff.

Außerdem führt die Korruption zu einer Beeinträchtigung der Tätigkeit derer, die in der Justiz oder Verwaltung an einer Aufklärung von Korruption interessiert sind. „Erfolgreiche" Korruption setzt wegen ihrer strafrechtlichen Relevanz eine Geheimhaltung des Vorgangs voraus. Die Beteiligten der Korruption sind bestrebt, Ermittlungen von Behörden (wie auch die Presse- und Meinungsfreiheit) durch Korruption oder durch Drohungen und Aggressionen auszuschalten, teilweise mit einer Komplizenschaft staatlicher Sicherheitsorgane.[178] Die Korruption führt häufig neben einem Versagen des effektiven Rechtsschutzes auch zu einer Verschleierung des Korruptionssachverhaltes. Besonders deutlich wird dies anhand der genannten Studie von *Transparency International*. So zeigen die Mexikaner nur 10 % der Korruptionsfälle an. Der Anzeigende ist in etwa einem Drittel der Fälle Repressionen ausgesetzt.[179] Arbeitnehmer sind auf sich selbst gestellt und können häufig nur versuchen, durch Korruption Recht zu bekommen.

V. Korruptionskultur und Klientelismus

Der Grund für das hohe Korruptionsniveau und seine Verfestigung in der mexikanischen Gesellschaft liegt zum einen in der Armut und dem niedrigen Lohnniveau, zum anderen aber in der mexikanischen Geschichte und Politik.

1. Armut und Chancenungleichheit

Die Korruption ist in unmittelbarem Zusammenhang mit der Armut und Chancenungleichheit zu sehen. Insbesondere fördert ein hohes Armutsniveau (siehe hierzu S. 126 ff.) neben der einigen Menschen nationenunabhängig innewohnenden Habgier die Korruption.[180]

Das im Durchschnitt niedrige Lohnniveau, das vor allem auch bei den einfachen Staatsbediensteten wie zum Beispiel bei der Polizei besteht, ist ein zentraler Faktor der Anfälligkeit für Korruption. So verdienten Polizisten im Jahr 2019 im Landesdurchschnitt monatlich ungefähr EUR 500, wobei der Monatsverdienst vor allem in den ärmeren Bundesstaaten nur zwischen EUR 239,41 und 411,38 betrug. Zusätzlich müssen Polizisten in manchen lokalen Gemeinden sogar ihre Unfall- und Krankenversicherung selbst bezahlen. Auch werden den Polizisten teilweise Uniformen oder Munition in Rechnung gestellt. Unter Berücksichtigung der Lebenshaltungskosten in Mexiko[181] greifen viele Polizisten auf extralegale Quellen

---

178 *Wagner*, Mexikos junge Demokratie in der Krise, S. 488.

179 Stand: 2017, Quelle: *Transparency International*, Las Personas Y La Corrupción – América Latina Y El Caribe, S. 10 ff.; *Martínez*, 7 Datos De La Corrupción En México.

180 *Wagner*, Mexikos junge Demokratie in der Krise, S. 487.

181 Berücksichtigt man die Kaufkraft des Pesos, der von der OECD für 2019 dahingehend errechnet wurde, dass US $ 1 in Mexiko die Kaufkraft von US $ 2,069 in den USA hatten, ist die niedrige Lohnhöhe auch unter Berücksichtigung der

zurück, um ein Leben in Armut zu vermeiden und ihren Kindern eine überdurchschnittliche Bildung mit besseren Zukunftschancen zu ermöglichen.[182] Eine ähnliche Sachlage ergibt sich auch bei anderen Angestellten im Staatsdienst, dies gilt zumindest, soweit diese auf den unteren und vor allem lokalen Behördenebenen arbeiten.

Armut, Chancenungleichheit und Habgier können allerdings nicht allein die Ursachen für die Korruption in Mexiko sein. Dies würde aber allenfalls ein ähnlich hohes Korruptionsniveau wie in Staaten mit einem vergleichbaren Lohnniveau und einer vergleichbaren Armutsquote erklären. Mexiko übertrifft jedoch verschiedenen Untersuchungen zufolge zahlreiche Staaten mit einem ähnlichen Armuts- und Lohnniveau und gilt als besonders korrupt (siehe S. 78 ff.). Über die Armut und Chancenungleichheit hinaus müssen daher weitere Umstände bestehen, die das Ausmaß der Korruption erklären können.

2. Sozialadäquanz

So existiert in Mexiko nach verschiedenen Untersuchungen eine besondere Korruptionskultur, die Teile der Bevölkerung als sozialadäquat empfinden. Daher besteht eine hohe Toleranz gegenüber der Korruption.

So gaben in Umfragen der Nationalen Studie über Korruption und Gute Regierung (in den Jahren 2001, 2003 und 2005) zwischen 52 % und 59 % der Befragten an, dass sie damit einverstanden wären, Beamten zu erlauben, einen Vorteil aus ihrer Stellung zu ziehen, wenn diese gute Arbeit leisten. Gleichzeitig bekundeten in einem Report des Latinobarómetro aus dem Jahr 2011 nur 19 % der Mexikaner, dass Bürger ihrer Erfahrung nach das Gesetz achten. Der lateinamerikanische Durchschnitt lag hingegen bei 31 %.[183]

Verschiedene Studien gehen davon aus, dass ein Drittel bis die Hälfte der mexikanischen Bevölkerung persönliche Erfahrungen mit Korruptionszahlungen gemacht haben. Übliche Praxis ist dabei die sogenannte *mordida*, ein kleiner Geldbetrag, der an Staatsangestellte gezahlt wird, um Problemen aus dem Weg zu gehen, zum Beispiel Strafzettel zu vermeiden oder eine zügige Verwaltungsentscheidung herbeizuführen. Dem Verfasser selbst ist zum Beispiel ein Fall bekannt, in dem die Geburtsurkunde nicht ausgehändigt wird, da diese sich weigert, die *mordida* zu zahlen. Häufig wird dieses Verhalten der Amtsträger von der Bevölkerung nicht als illegale Korruption wahrgenommen, sondern als eine Art Zusatzgebühr für das

---

Lebenshaltungskosten in Mexiko offensichtlich; siehe zur Kaufkraft: https://data.oecd.org/conversion/exchange-rates.htm und https://data.oecd.org/conversion/purchasing-power-parities-ppp.htm [12.8.2020].

182 *Notimex*, Cuánto ganan los policías en México; Die Wechselkurshöhe lag am 16. Juli 2021 bei EUR 1,00 zu Mex $ 23,43 (siehe auch Fn. 457).

183 *Sarsfield*, Politische Korruption in Mexiko, S. 551.

hoheitliche Handeln. Teilweise sprechen verschiedene Autoren diesbezüglich auch von einer institutionalisierten Korruption in Mexiko.[184]

Auch wenn die Korruption in Mexiko wie in Deutschland einen Straftatbestand darstellt, empfinden viele Mexikaner entsprechende Handlungen als sozialadäquat.

3. Historische Entstehung der institutionellen Korruption

Die in Mexiko bestehende Korruptionskultur ist historisch gewachsen und hat sich im 20. Jahrhundert als ein Element des Klientelsystems verfestigt. Die korrupten Polizeistrukturen datiert *Davis* zum Beispiel in den zeitlichen Kontext der Revolution zwischen den Jahren 1910 und 1917, da Veteranen der Revolution und Revolutionsgewinner den Polizeidienst sowie das Richteramt in erster Linie als finanzielle Entschädigung für den Krieg betrachteten. Auch in den folgenden Jahrzehnten der PRI-Herrschaft waren der Polizeidienst und vor allem höherrangige Richterämter eine Möglichkeit, zum Vorteil von Günstlingen Pfründe zu vergeben, und damit ein Element des Klientelsystems.[185] Dieser Mechanismus beschränkte sich nicht nur auf den Polizeidienst oder die Justiz, sondern umfasste große Teile verschiedener Bevölkerungsgruppen wie zum Beispiel Gewerkschaften.

Grund hierfür war das hegemoniale Parteiensystem unter der Führung der PRI während des 20. Jahrhunderts (siehe bereits S. 35 ff.). Zu dessen Etablierung und zum eigenen Machterhalt verwendete die PRI oft und diskret öffentliche Mittel unter Zuhilfenahme von Korruption dazu, um mit offiziellen Mechanismen, die es kontrollierte, klientelistische Verbindungen zu schaffen und neben einer eigenen persönlichen Bereicherung vor allem einen Machterhalt zu erzielen. Öffentliche Ämter, Posten in der Wirtschaft oder Ressourcen wurden häufig an Günstlinge der nächsten hierarchischen Ebene vergeben. Hierdurch wurde die politische Maschinerie der PRI gestärkt und schwache Oppositionskräfte wurden außer Gefecht gesetzt.[186]

Die sieben Jahrzehnte des alten PRI-Regimes und seine vor allem auf Korruption gestützten Praktiken haben eine Kultur geschaffen, in der das korrupte Verhalten und die Verwendung öffentlicher Mittel zur persönlichen Bereicherung teilweise als sozialadäquat betrachtet werden.[187] Gleichzeitig förderten die klientelistischen Praktiken sowie die damit im Zusammenhang stehende Korruption und Gewalt

---

184 *Uildriks*, Mexico's Unrule of Law, S. 148; *LAPOP*, Latin American Public Opinion Project, S. 1 ff.; *Muno*, Rechtsstaatlichkeit in Mexiko, S. 184.

185 *Davis*, Undermining the Rule of Law, S. 55–86; *Muno*, Rechtsstaatlichkeit in Mexiko, S. 184.

186 *Sarsfield*, Politische Korruption in Mexiko, S. 545 f.; *Muno*, Rechtsstaatlichkeit in Mexiko, S. 176; *Schröter*, Klientelismus in der Politik Mexikos, S. 259 ff.; *Hüstebeck*, Klientelpolitik als kulturübergreifendes Phänomen, S. 1.

187 *Sarsfield*, Politische Korruption in Mexiko, S. 545 f.; *Muno*, Rechtsstaatlichkeit in Mexiko, S. 176; *Schröter*, Klientelismus in der Politik Mexikos, S. 259 ff.; *Hüstebeck*, Klientelpolitik als kulturübergreifendes Phänomen, S. 1.

auch die Armut und Chancenungleichheit, da die Verwendung von öffentlichen Gütern für Partikularinteressen die sozioökonomische Ungleichheit der Menschen verschärft. Armut und Chancenungleichheit sind nicht nur die Ursachen für ein korruptes Klientelsystem, sondern im Hinblick auf eine gesteigerte Intensität zugleich dessen Folgen.[188]

Auch wenn das von der PRI geprägte Herrschaftssystem seit der Wahl des PAN-Politikers *Vicente Fox* im Jahr 2000 auf der Bundesebene beendet ist, gibt es auf Landesebene noch Bundesstaaten, in denen die PRI bis in die Gegenwart unangefochten regiert und das Klientelsystem auf regionaler Ebene fortführt, teilweise aber auch von den anderen Parteien übernommen wurde. Im Hinblick auf das Ausmaß der Korruption hatten die politische Transformation und der Rückgang des Klientelismus nach zahlreichen Studien (noch) keine Auswirkungen. Vielmehr belegen einzelne Untersuchungen, dass die Korruption seit dem Jahr 2000 zugenommen hat, was auch ein Indiz für eine höhere Aufmerksamkeit der Öffentlichkeit hinsichtlich dieses Phänomens sowie die Zunahme des mexikanischen Drogenkrieges und die damit im Zusammenhang stehende Macht der Kartelle (siehe S. 97 f.) sein kann.[189]

VI. Schutzvertragssystem als Ergebnis institutioneller Korruption

Im Arbeitskampfrecht zeigt sich die systematisch betriebene Korruption insbesondere in der Existenz eines Schutzvertragssystems, das in Mexiko seit mehreren Jahrzehnten besteht. Der Abschluss von sogenannten Schutzverträgen zwischen Arbeitgebern und Gewerkschaften verhindert bisher nahezu vollständig eine authentische gewerkschaftliche Arbeitnehmervertretung sowie das Streikrecht. Das Schutzvertragssystem ist in der Praxis das zentrale Merkmal des mexikanischen Arbeitskampfrechts und wird erst durch das hohe Korruptionsniveau ermöglicht.

1. Bedeutung der Schutzverträge

Bei Schutzverträgen handelt es sich um Tarifverträge, die zwischen dem Arbeitgeber und einer Gewerkschaft allein mit dem Ziel abgeschlossen werden, arbeitnehmerschützende Tarifverträge, Streiks und eine unabhängige arbeitnehmerorientierte Gewerkschaftsvertretung zu verhindern. Authentische Gewerkschafts- oder Arbeitnehmerinteressen finden bei diesen Tarifverträgen dagegen keine Berücksichtigung.[190]

---

188 *Wagner*, Mexikos junge Demokratie in der Krise, S. 487.

189 *Wagner*, Mexikos junge Demokratie in der Krise, S. 488; *Sarsfield*, Politische Korruption in Mexiko, S. 547 ff.; *Braig/Müller*, Das politische System Mexikos, S. 175 f., 194.

190 *Martínez y Gonzáles*, Reflexiones Sobre La Huelga, S. 92 f.

Der Arbeitgeber zahlt hierbei einer Gewerkschaft und der für die Registrierung des Tarifvertrages zuständigen JCA Geld, um den für ihn vorteilhaften Tarifvertrag registrieren zu können. In der Vergangenheit waren Schätzungen zufolge bis zu 90 % aller mexikanischen Tarifverträge reine Schutzverträge.[191] Der Preis für diese soll zwischen einigen Hundert EUR in Kleinbetrieben und einer Million EUR in Konzernen gelegen haben, die vom Arbeitgeber in der Regel bereits mit der Unternehmensgründung oder Betriebsaufnahme an die Gewerkschaft und JCA zu zahlen waren.[192]

Die hohe Bedeutung der Schutzverträge in der mexikanischen Arbeitsrechtspraxis führte dazu, dass sich hieraus ein weit verbreitetes (rechtswidriges) Geschäftsmodell entwickelt hat, das die in den Kapiteln § 3 bis 6 dargestellten Regelungen zum Arbeitskampf bisher effektiv verhindern konnte.

2. *Funktionsweise der Schutzverträge*

Da es sich bei dem Schutzvertragswesen um ein für die deutsche Rechtsordnung unbekanntes „Rechtsinstitut" handelt, stellt sich die Frage nach seiner Funktionsweise sowie den (bisher bestehenden) rechtlichen Rahmenbedingungen. Nur auf diese Weise kann die Bedeutung der Korruption auch im Arbeitskampfrecht näher dargestellt werden.

Die Herbeiführung von Schutzverträgen erfolgte in der Regel einvernehmlich zwischen dem Arbeitgeber und einer Gewerkschaft. In Einzelfällen erpressten Gewerkschaftsführer aber auch Arbeitgeber ohne Tarifvertrag mit der Androhung von Streiks, um einen Schutzvertrag zu erreichen und so einen finanziellen Gewinn zulasten der Arbeitnehmer zu erzielen.[193]

a. *Verfahren (bis zur Reform im Jahr 2019)*

Das System der Schutzverträge[194] funktioniert bisher in folgender Weise (beachte aber die Reform aus dem Jahr 2019; siehe S. 76, 95 f., 111 f.):[195]

---

191 Im Jahr 2006 waren bei der JFCA knapp 120.000 Tarifverträge hinterlegt, wovon ungefähr 108.000 als Schutzverträge bewertet wurden; *Bouzas Ortiz*, Evaluación de la Contratación Colectiva en el Distrito Federal, S. 84; *Wittmütz*, Die „Contratos de Protección" im Gewerkschaftssystem Mexikos, S. 6 f.; *De Buen L.*, El Sistema Laboral En México, S. 134.

192 *Wittmütz*, Die „Contratos de Protección" im Gewerkschaftssystem Mexikos, S. 19 f.

193 *Bouzas Ortiz*, Contratos colectivos de trabajo de protección, S. 202.

194 Siehe S. 264, 272 f. und 338 f. hinsichtlich der Wirkung eines Schutzvertrages für den Streik.

195 *Martínez y Gonzáles*, Reflexiones Sobre La Huelga, S. 92 f.; *Wittmütz*, Die „Contratos de Protección" im Gewerkschaftssystem Mexikos, S. 12 ff.; *Bouzas Ortiz*, Contratos colectivos de trabajo de protección, S. 193–228.

- Der Arbeitgeber schließt mit einer Gewerkschaft gegen Zahlung eines Geldbetrages einen Tarifvertrag ab, der in der Regel nur die Mindestarbeitsbedingungen insbesondere im Hinblick auf die Vergütung regelt, wobei mangels staatlicher Kontrolle der Tarifverträge zum Teil rechtswidrige oder arbeitnehmerunfreundliche Inhalte vereinbart werden.
- Die Parteien hinterlegen den Tarifvertrag bei der jeweils zuständigen lokalen JCA, um dessen Wirksamkeit und die Zuständigkeit (*titularidad*) der Gewerkschaft herbeizuführen.
- Die JCA prüft bei der Hinterlegung des Tarifvertrages nicht, ob die Gewerkschaft von der Mehrheit der Arbeitnehmer in einer Abstimmung gewählt wurde und daher für einen Tarifvertragsschluss zuständig ist, da gewohnheitsrechtlich bisher das Prioritätsprinzip gilt; für die Arbeitnehmer und den Betrieb ist diejenige Gewerkschaft zuständig, die sich bei der JCA zuerst mit dem Tarifvertrag registrieren lässt.
- Die fehlende Prüfung der Gewerkschaftszuständigkeit für einen Betrieb führt dazu, dass bei der Niederlassung eines Arbeitgebers bereits Schutzverträge abgeschlossen werden können, bevor Arbeitnehmer eingestellt werden oder der Betrieb aufgenommen wird.
- Die durch den Tarifvertrag manifestierte Zuständigkeit der Gewerkschaft konnte bisher gewohnheitsrechtlich nur mit einem einstimmigen Abstimmungsergebnis aller Arbeitnehmer beseitigt werden, was insbesondere durch Bestechung oder Gewaltandrohung verhindert wird.
- Außerdem kann die Gewerkschaft als Tarifpartei sowohl gegen die Abstimmung als auch gegen die Rechtmäßigkeit der Registrierung der Arbeitnehmergewerkschaft Rechtsbehelfe ergreifen, die zu langwierigen Verfahren führen und eine Arbeitnehmervertretung verzögern.

Da die JCAs von den Schutzverträgen finanziell im Wege einer illegalen „Verwaltungsgebühr" profitieren (und in der Regel arbeitgeberfreundlich sind), verhindern diese auch bei unbedeutenden formellen Fehlern die Registrierung von unliebsamen Gewerkschaften, die Anerkennung der *titularidad* oder sorgen für eine Verfahrensverzögerung. Ihren Aufgaben als Rechtsprechungs- und Verwaltungsbehörde kommen sie häufig nicht nach. Vielmehr verstehen es zahlreiche JCAs als ihr Hauptaufgabengebiet, Schutzverträge gegen Entgelt zu vertreiben und boten diese den Arbeitgebern teilweise auch aktiv an.[196] Da für die Herbeiführung der *titularidad* und der Registrierung eines Tarifvertrages mangels Vertretungsnachweises keine Mitwirkung der Arbeitnehmer erforderlich ist, wissen diese nichts von der Existenz eines „Tarifvertrages" oder einer „gewerkschaftlichen Vertretung". Außerdem bestanden bis zur Arbeitsrechtsreform im Jahr 2019 keine Transparenzvorschriften im Hinblick auf Tarifverträge oder Gewerkschaften. Eine

196 *Middlebrook/Quintero Ramiírez*, Las Juntas locales, S. 285 ff.; *Wittmütz*, Die „Contratos de Protección" im Gewerkschaftssystem Mexikos, S. 13, 19.

Kontrolle war nicht möglich, was durch die Trennung zwischen lokalen und nationalen Zuständigkeiten der JCAs und der sich hieraus ergebenden Unklarheit über die Zuständigkeit zur Auskunftserteilung noch verschärft wurde.[197]

b. Rechtsfolgen des Schutzvertrages

Besteht aber bereits ein (Schutz-)Tarifvertrag im Unternehmen oder Betrieb, kann ein anderer Tarifvertrag auch bei Unkenntnis der Arbeitnehmer über dessen Bestehen nicht abgeschlossen oder der bereits bestehende Tarifvertrag nicht ohne Mitwirkung der registrierten Gewerkschaft geändert werden (siehe S. 228 f., 238 f.). Die für die Arbeitnehmer nachteiligen Bedingungen in den Schutzverträgen blieben daher häufig über viele Jahre unverändert bestehen, ohne dass sich die Arbeitnehmer hiergegen auf gesetzliche Weise zur Wehr setzen konnten.[198] Für die Arbeitnehmer war die Durchführung des Prozesses zum Austausch der *titularidad* zugunsten einer echten Arbeitnehmergewerkschaft daher unerlässlich, da nur auf diese Weise ein interessengerechter Tarifvertrag abgeschlossen oder der bereits bestehende Tarifvertrag zu ihren Gunsten geändert werden konnte. Bis zur Übertragung der Zuständigkeit auf eine echte Arbeitnehmergewerkschaft mit der hierfür erforderlichen Registrierung waren die Existenz eines arbeitnehmerschützenden Tarifvertrages und eine angemessene gewerkschaftliche Vertretung unmöglich.

Außerdem kann nur diejenige Gewerkschaft in gesetzmäßiger Weise einen Streik einleiten, die als zuständige Gewerkschaft registriert ist. Auch kann wegen des Abschlusses eines Tarifvertrages nicht gestreikt werden, wenn ein solcher bereits für das Unternehmen besteht. Verweigert die zuständige Gewerkschaft einen Streik, können die Arbeitnehmer selbst nicht in zulässiger Weise streiken (siehe S. 301 f., 333 ff.). Die Gewerkschaft als Vertragspartner des Schutzvertrages sorgt aber infolge der Bezahlung dafür, dass ein Streik nicht stattfindet, und unterbindet Streikbestrebungen der Arbeitnehmer.

c. Auswirkungen in der Praxis

Bisher wurde das Streikrecht der Arbeitnehmer durch das Schutzvertragssystem *ad absurdum* geführt und kann nur in Ausnahmefällen in gesetzmäßiger Weise wahrgenommen werden. Im Ergebnis führte das Schutzvertragssystem dazu, dass viele Arbeitnehmerstreiks entgegen den gesetzlichen Regelungen stattfinden müssen, da die für den Streik zuständige Gewerkschaft vom Arbeitgeber im Rahmen des Schutzvertrages bezahlt wurde, damit kein Streik stattfindet. Auch fand bisher ein Wettrennen der Gewerkschaften um die zeitlich zuerst erfolgende Registereintragung für ein Unternehmen statt, da es wegen des bloßen Prioritätsprinzips bei

197 *Deppe*, RIW 2019, S. 501; *Wittmütz*, Die „Contratos de Protección" im Gewerkschaftssystem Mexikos, S. 21.

198 *Bouzas Ortiz*, Contratos colectivos de trabajo de protección, S. 203.

der Registrierung der Gewerkschaft nicht auf einen Berechtigungsnachweis der repräsentierten Arbeitnehmer ankam. Gewann eine Gewerkschaft das „Rennen" um ein Unternehmen, konnte als weiteres Geschäftsmodell erreicht werden, dass sich diese Gewerkschaft gegen eine „Abstandszahlung" freiwillig aus dem Unternehmen zugunsten einer anderen Gewerkschaft zurückzieht. Teilweise arbeiteten die Gewerkschaften diesbezüglich auch zusammen, um Arbeitgeberzahlungen zu veranlassen.[199] Bisher fand eine effektive Interessenvertretung der Arbeitnehmer durch die Gewerkschaften jedenfalls kaum statt.

Das (kollektive) Arbeitsrecht wurde zur veräußerlichen Ware der Gewerkschaften, die die Arbeitnehmerrechte in Kooperation mit den Arbeitgebern (und staatlichen Stellen) effizient verhinderten. Ein wirksamer Wettbewerb zwischen den Gewerkschaften wurde ebenfalls unterbunden, da die Arbeitnehmer die einmal erfolgte Registrierung kaum rückgängig machen konnten. Dies verletzte insbesondere auch die Koalitionsfreiheit der Arbeitnehmer, da es nicht in ihrer Hand lag, selbst zu entscheiden, welche Gewerkschaft sie im Betrieb vertreten solle. Auch schadete das System der Schutzverträge der Wirtschaft und den Unternehmen selbst, da in der Regel zunächst eine finanzielle „Investition" in die Gewerkschaften und staatliche Behörden erforderlich war, bevor ein Unternehmen seinen Betrieb aufnahm.

d. Reform im Jahr 2019

Der mexikanische Gesetzgeber erkannte aber zwischenzeitlich (an), dass das Schutzvertragssystem die kollektiven Rechte der Arbeitnehmer trotz bestehender Garantien faktisch verhinderte. Zumindest unter der Regierung von Präsident *Enrique Peña Nieto* (sexenio von 2012 bis 2018) setzte eine Abkehr von früherem Regierungshandeln ein, wobei die USA und die EU als ausländische Handelspartner für den Ausbau der Handelsbeziehungen entsprechende Reformen verlangten und die mexikanische Regierung unter Druck setzten.[200]

Daher trat im Jahr 2019 eine Arbeitsrechtsreform in Kraft. Deren Regelungen sind zwar bereits Bestandteil des Bundesarbeitsgesetzes LFT, werden aber in der Rechtspraxis bis zum Ablauf einer Übergangsphase im Jahr 2022 überwiegend noch nicht angewendet. Der Kern der Reform besteht neben der Abschaffung der JCAs (siehe S. 111 f.) vor allem in der Verhinderung von Schutzverträgen mit dem Ziel, die Arbeitnehmerrechte zu schützen. Der Gesetzgeber implementierte neue Regelungen im LFT, die den Abschluss von Schutzverträgen verhindern und ein Ausnutzen des vormaligen oben beschriebenen Verfahrensrechts unterbinden sollen (siehe hierzu die Darstellung der neuen Rechtslage auf S. 226 ff.):[201]

---

199 *Deppe*, RIW 2019, S. 501.

200 Siehe https://www.pwc.com/mx/es/reformalaboral2019.html [2.9.2020] und *Staulino-Rodriguez*, Amendment of Mexican Labor Law Is Finally Effective, S. 1.

201 *Staulino-Rodriguez*, Amendment of Mexican Labor Law, S. 1 f; *Deppe*, RIW 2019, S. 502.

- Sowohl für die Registrierung als zuständige Gewerkschaft (*titularidad*) als auch für diejenige eines Tarifvertrages ist nun jeweils der Nachweis einer Abstimmungsmehrheit der betroffenen Arbeitnehmer zu erbringen und durch die neu geschaffene zentrale Registrierungsstelle CFCRL zu bescheinigen.
- Die Arbeitnehmer können die zuständige Gewerkschaft grundsätzlich jederzeit abwählen und es ist mindestens alle vier Jahre eine erneute Abstimmung zur Bestätigung der *titularidad* abzuhalten.
- Alle Gewerkschaften und ihre (gesetzlichen Vertreter) müssen sich künftig bei der CFCRL registrieren lassen und umfangreiche Nachweise über die Existenz substanzieller Gewerkschaftsstrukturen, ausreichenden Personals und geeigneter Gewerkschaftsführer erbringen (Nachweis besonderer Qualifikationen als Gewerkschaftsfunktionär und eines polizeilichen Führungszeugnisses).
- Die Gewerkschaft kann ihre Stellung und damit auch die *titularidad* im Betrieb durch Austragung aus dem CFCRL-Register verlieren, wenn sie illegale Erpressungshandlungen gegen Arbeitgeber unternimmt oder von diesen Geld- oder Sachleistungen fordert.
- Die Transparenz und die Einsichtnahme in Tarifverträge werden ermöglicht, da neben der verpflichtenden Gewerkschaftsregistrierung auch alle Tarifverträge in einem zentralen Register zu hinterlegen sind und in diese bei der CFCRL Einsicht genommen werden kann.
- Die Kompetenzübertragung weg von der Vielzahl der lokalen und nationalen JCAs auf die CFCRL als zentrale Behörde stellt die Transparenz und Effektivität eines Einsichts- und Auskunftsrechts sicher.

Es kann davon ausgegangen werden, dass das System der Schutzverträge in der bisher bekannten Form nach Ablauf der Übergangsphase nicht mehr möglich sein wird, sofern die staatlichen Stellen die neuen Regelungen künftig in gesetzmäßiger Weise anwenden. Der Gesetzgeber behob die Verfahrensmängel, welche für die Schutzverträge eine unerlässliche Voraussetzung waren. Insbesondere werden die Arbeitnehmer nur noch von solchen Gewerkschaften repräsentiert, die in einer Abstimmung die Mehrheit der Arbeitnehmerstimmen erhalten oder in erneuten Abstimmungsverfahren beibehalten können, da für die Registrierung nunmehr der Berechtigungsnachweis erforderlich ist. Dies können die Arbeitnehmer mithilfe der neu eingeführten Transparenzregelungen kontrollieren. Neben einem Wettbewerb zwischen den Gewerkschaften könnte erreicht werden, dass diese zur Erlangung der Abstimmungsmehrheit tatsächlich mehr die Arbeitnehmerinteressen und weniger als bisher eigennützige Interessen vertreten.

Erste Statistiken zeigen bereits, dass die Reform im Jahr 2019 ihre Wirkung entfaltet. Während es in den sechs Regierungsjahren unter dem Präsidenten *Enrique Peña Nieto* kaum Streiks gab (siehe Kapitel § 1), verzeichneten die staatlichen Stellen in den Monaten nach Inkrafttreten der Reform im Jahr 2019 bereits 68 Streiks.[202]

---

202 *Deppe*, RIW 2019, S. 502.

Dies deutet darauf hin, dass die Arbeitnehmer eine effektivere gewerkschaftliche Vertretung als vor der Reform haben und Streiks nicht schon vorab verhindert werden. Gleichzeitig lässt diese Statistik auch erkennen, dass gesetzliche Streiks zumindest vor der Reform im Jahr 2019 aufgrund des Schutzvertragssystems kaum durchführbar waren.

VII. Zwischenergebnis

Die Korruption ist ein inhärentes und dauerhaftes Merkmal der mexikanischen Gesellschaft, sie durchdringt alle Macht- und Regierungsebenen und ist ein Teil der politischen Kultur des Landes.

Das sehr hohe Korruptionsniveau beeinträchtigt in erheblichem Maße die Durchsetzung der Arbeitsgesetze und die Wahrnehmung der Arbeitnehmerinteressen durch solche Institutionen, deren Aufgabe der Arbeitnehmerschutz ist. Für die Arbeitnehmer problematisch ist, dass vor allem in der Justiz, den Gewerkschaften und der Politik ein auch für Mexiko überdurchschnittlich hohes Ausmaß an Korruption besteht. Politiker der Legislative und Exekutive sind häufig nicht an der Erfüllung oder Verbesserung von Arbeitsgesetzen im Sinne der Arbeitnehmer interessiert. Vielmehr steht die Erzielung der eigenen Bereicherung im Vordergrund, hinter welcher die Arbeitnehmerinteressen zurücktreten. Dies gilt insbesondere auch für die Gewerkschaften.

Im Arbeitskampfrecht zeigt sich das hohe Korruptionsniveau vor allem in dem über Jahrzehnte bestehenden Schutzvertragssystem. So können die Arbeitgeber in Mexiko bisher durch den Abschluss eines (Schutz-)Tarifvertrages mit einer Gewerkschaft und unter Mitwirkung einer JCA vor allem durch Korruption verhindern, dass die Arbeitnehmer eine authentische gewerkschaftliche Vertretung haben, einen interessengerechten Tarifvertrag erreichen oder streiken können. Der Abschluss von Schutzverträgen findet bisher auf systematische Weise statt und verhindert die gesetzeskonforme Ausübung des Streikrechts durch die Arbeitnehmer. Zwar implementierte der mexikanische Gesetzgeber mit der Reform im Jahr 2019 neue Verfahrens- und Transparenzvorschriften, die nach Ablauf der Übergangsphase im Jahr 2022 das Schutzvertragssystem verhindern sollen. Es bleibt aber abzuwarten, ob die Beteiligten in Zukunft die gesetzlichen Regelungen in der Praxis anwenden oder diese unter anderem als Folge von Korruption außer Acht lassen werden.

Aufgrund des Korruptionsumfangs ist eine effektive und gesetzeskonforme Ausübung des Streikrechts jedenfalls bisher nur selten möglich.

C. Rechtsstaatsdefizit in Mexiko

In Mexiko besteht schon aus Gründen der Korruption ein erhebliches Rechtsstaatsdefizit, das im Rahmen des Arbeitskampfs eine Rechtsdurchsetzung zum Beispiel durch den Abschluss von Schutzverträgen verhindern kann (siehe oben Kapitel § 2 B). Allerdings kommen neben der Korruption und dem damit in Zusammenhang stehenden Klientelismus weitere Faktoren in Betracht, die eine Rechtsdurchsetzung im Arbeits(kampf)recht ebenso beeinträchtigen können.

I. Gewalt

In Mexiko besteht ein extrem hohes Gewalt- und Verbrechensniveau. Dieses führt in Verbindung mit der Korruption und dem sie fördernden Klientelismus zu einem überwiegenden Versagen des Rechtsstaates und einer damit verbundenen Beeinträchtigung des (kollektiven) Arbeitsrechts.

Die Gewalt hat für Arbeitnehmer Auswirkungen auf die Inanspruchnahme eines effektiven Rechtsschutzes und im Arbeitsverhältnis selbst. So hat schon die Androhung von arbeitsrechtlichen Sanktionen per se einen abschreckenden Charakter auf Arbeitnehmer und kann zu einer ausbleibenden Geltendmachung von Rechten führen. Die Androhung oder Anwendung von physischer und psychischer Gewalt zeigt noch einen vielfach höheren abschreckenden Effekt auf die Arbeitnehmer.

Für das Rechtsstaatlichkeitsniveau ist das Gewaltniveau in einem Land von besonderer Bedeutung, da neben den Arbeitnehmern vor allem auch die Staatsbediensteten, Richter oder sonstigen Angestellten des öffentlichen Dienstes als Folge der Androhung oder Anwendung von Gewalt davon abgehalten werden können, die Gesetze rechtmäßig anzuwenden. Ein hohes Gewaltniveau führt zu einer starken Beeinträchtigung des Rechtsstaats und zu einem Versagen des effektiven Rechtsschutzes auch im Hinblick auf das Arbeitskampfrecht. Das Streikrecht der Arbeitnehmer kann in diesem Fall nicht durchgesetzt werden.

1. Drogenkrieg

In Mexiko spielt die organisierte Kriminalität eine erhebliche Rolle. Insbesondere die großen Drogenkartelle haben eine nahezu allmächtige Position innerhalb der Gesellschaft und vor allem auch in den staatlichen Institutionen inne. In der mexikanischen Gesellschaft existiert häufig eine informelle Einflussnahme durch Drohungen oder Gewalt. Zwar sind statistische Erhebungen diesbezüglich nicht möglich, da in der Regel weder eine Anzeige noch eine strafrechtliche Verfolgung stattfindet. Allerdings ist unstreitig, dass es sich hierbei um ein über Einzelfälle hinausgehendes erhebliches soziales Problem der mexikanischen Gesellschaft handelt.[203]

Schätzungen von Experten einer mexikanischen Nationalkommission zufolge generiert der Drogenhandel jährlich über EUR 30 Milliarden in Mexiko – doppelt so viel wie die legale Pharmabranche. Es wird vermutet, dass zwischen 800.000 und 1 Million Mexikaner im Drogenhandel „arbeiten“. Der Umfang des Drogenhandels

---

203 *Wagner*, Mexikos junge Demokratie in der Krise, S. 436.

führte dazu, dass die Kartelle alle staatlichen Ebenen infiltrierten.[204] Dies wird dadurch sichtbar, dass die Presse in den vergangenen Jahren – unter Lebensgefahr – zunehmend eine Involvierung von Politikern in die organisierte Kriminalität aufgedeckt hat und in der Vergangenheit zum Beispiel zahlreiche Politiker strafrechtlich verurteilt wurden. Neben der Korruption hat sich die Gewalt als Partizipationsform im Staatswesen verfestigt, auf welche die Kartelle zurückgreifen, um ihren Einfluss auf die staatlichen Instanzen sicherzustellen. Die Gewalt durch die Kartelle (aber auch durch staatliche Stellen) ist so weit ausgeprägt, dass in Mexiko teilweise ein rechtsfreier Raum besteht.[205]

Besonders deutlich ist dies auch in dem von Präsident *Felipe Calderón* im Jahr 2006 erklärten Drogenkrieg geworden, der zu einer starken Zunahme der Gewalt führte. Schätzungen zufolge wurden seit dem Beginn des Drogenkrieges über 250.000 Menschen ermordet – die Dunkelziffer dürfte jedoch höher liegen. Die Mordrate stieg die letzten Jahre kontinuierlich an und erreichte im Jahr 2019 mit offiziell 35.588 Todesopfern und über 5.000 entführten Menschen einen neuen traurigen Rekord. Das Heidelberger Institut für Internationale Konfliktforschung bewertet die Kämpfe zwischen den Kartellen, teilweise auch gegen das Militär und unter Beteiligung paramilitärischer Gruppen und Bürgerwehren, als Krieg, der erhebliche Auswirkungen auf die gesamte Bevölkerung hat. Zwar erklärte der amtierende Präsident *Andrés Manuel López Obrador* im Januar 2019 das offizielle Ende des Drogenkrieges, ungeachtet dieser Ankündigung kämpft das Militär aber noch immer gegen die Kartelle. Dies führt zu einer weiteren Aufspaltung der Kartellstrukturen und dadurch zu lokalen Kartellkriegen um die Vorherrschaft in dem jeweiligen Gebiet. Der Drogenkrieg setzt sich faktisch fort und hat weiterhin gewalttätige Konflikte zur Folge.[206]

2. Gewaltausübung durch staatliche Stellen

In einigen Fällen geht die Gewalt aber auch von staatlichen Stellen entweder in Zusammenarbeit mit den Kartellen oder unter Ausnutzung des Drogenkrieges als Vorwand für eine interessengerichtete Politik aus.

Zwar existierten in Mexiko niemals solche massiven, systematischen Menschenrechtsverletzungen mit Zehntausenden Toten wie zum Beispiel während der Militärdiktaturen in Argentinien oder Guatemala. Allerdings gab es dennoch permanente, teils durch die Regierungen aktiv begangene, überwiegend aber passiv

---

204 *CNU*, México 2018–2024: Nueva Estrategia de Desarrollo; *González Amador*, Economía del narco genera '600' mil mdp cada año en México; die in der Fundstelle angegebenen Beträge in Mex $ wurden auf Grundlage des Wechselkurses in Fn. 457 berechnet.

205 *Wagner*, Mexikos junge Demokratie in der Krise, S. 484 f., 489.

206 *Heidelberger Institut für Internationale Konfliktforschung*, Konfliktbarometer 2019, S. 98, 111–114; *Domínguez*, México alcanza cifra récord en lucha contra el narco.

geduldete Missachtungen von Menschenrechten. Die politische Gewalt war in Mexiko stets präsent und ist kein Phänomen der Neuzeit im Zusammenhang mit dem Drogenkrieg. Vielmehr nutzte schon das alte PRI-Regime die Gewalt als Mittel zur Machterhaltung gegen Oppositionelle, Journalisten, unabhängige Gewerkschaften, Studenten sowie Bauern (und vor allem Indigene), wie zum Beispiel die gewaltsame Niederschlagung der Studentenproteste in Mexiko-Stadt von 1968 mit 400 Toten zeigt.[207]

In vielen Bundesstaaten liegen zahlreiche Berichte vor, wonach Regierungen unter Mithilfe der Polizei, Justiz und des Militärs Menschenrechtsverletzungen begehen, die zu einem gewissen Grad als systematisch angesehen werden können. Außergerichtliche Hinrichtungen, Folterungen, willkürliche Festnahmen oder das erzwungene Verschwinden von Personen finden durch Bundes- und Landesbehörden in erheblichem Umfang statt. In den Bundesstaaten Michoacán, Chiapas und Chihuahua nahm in den vergangenen Jahren das „Verschwindenlassen" von vor allem männlichen Jugendlichen häufig indigener Abstammung erheblich zu, was die Annahme einer intentionalen sozialen Säuberung nährte. Häufig legitimieren die Regierung oder die Justiz Festnahmen mit dem Drogenkrieg und stellen Jugendliche wahrheitswidrig als Kartellmitglieder dar. Die staatlichen Stellen haben in der Regel aber eine passive Rolle inne, indem sie die Gewaltausübung seitens der Kartelle, der paramilitärischen Einheiten oder Unternehmen – auch als Folge von Korruption – dulden.[208]

3. *Gewalt gegen Frauen*

Im Hinblick auf die Opfergruppen erleiden vor allem die Frauen Gewalt, da in Mexiko – wie teilweise auch in anderen lateinamerikanischen Ländern – die Kultur des Machismo fest in der Gesellschaft verankert ist.

Neben einer Diskriminierung in der Arbeitswelt führt der Machismo zu zahlreichen Feminiziden, Frauenhandel und sexueller Ausbeutung. Teilweise findet dies auch unter Beteiligung staatlicher Funktionäre statt. So liegen zahlreiche Berichte über die sexuelle Folter von Frauen seitens der Polizei vor.[209]

Im Jahr 2019 verzeichnete die mexikanische Regierung (offiziell) zum Beispiel insgesamt 1.006 Feminizide.[210]

In Mexiko ist daher wie teilweise auch in anderen lateinamerikanischen Staaten (zum Beispiel in Argentinien) gegenwärtig eine erhebliche Mobilisierung der Frauenbewegungen eingetreten, die politisch gegen Frauengewalt und Diskriminierung

---

207 *Muno*, Rechtsstaatlichkeit in Mexiko, S. 177.

208 *Wagner*, Mexikos junge Demokratie in der Krise, S. 376–379; *Human Rights Watch*, Mexico Events of 2019; *UN General Assembly – Human Rights Council*, Report of the Working Group on the Universal Periodic Review Mexico, S. 9 ff.

209 *Wagner*, Mexikos junge Demokratie in der Krise, S. 381.

210 *Meltis*, Cómo frenar la violencia contra mujeres en México.

demonstrieren. Ihren vorläufigen Höhepunkt erreichten die Proteste in Mexiko mit einer Demonstration der Frauen am 8. und 9. März 2020, an der sich landesweit mehrere Millionen Menschen beteiligten. Auch wurden die Frauen aufgerufen, an diesen Tagen die Arbeit (im Unternehmen oder zu Hause) einzustellen.

4. *Beeinträchtigung der Rechtsstaatlichkeit*

Das hohe Gewaltniveau beeinträchtigt in erheblicher Weise die Rechtsstaatlichkeit in Mexiko. Staatsangestellte wie unter anderem Richter oder Politiker arbeiten stets unter dem Damoklesschwert, im Falle einer den faktischen Mächten widersprechenden Entscheidung Opfer von Gewaltakten zu werden. Dies zeigt sich in den regelmäßig medial bekannt werdenden Attentaten auf Staatsbeamte und Richter sowie der Tatsache, dass zahlreiche Richter auf Bundesebene gepanzerte Kraftfahrzeuge, Bodyguards und weitere Schutzmaßnahmen (zum Beispiel ballistische Schutzwesten) zur Verfügung gestellt bekommen. Dennoch ermordeten Attentäter zum Beispiel im Juni 2020 den Bundesrichter *Uriel Villegas Ortiz* und verübten einen Mordversuch gegen den Sekretär für Bürgersicherheit in Mexiko-Stadt *Omar García Harfuch*.[211]

Zwar stehen solche Attentate häufig in Zusammenhang mit der Bekämpfung der organisierten Kriminalität, allerdings wirkt sich das hohe Gewaltniveau auch auf andere Rechtsgebiete wie zum Beispiel das Arbeitsrecht aus. Dies gilt insbesondere für Fälle, in denen eines der Drogenkartelle der wahre Arbeitgeber ist. Entscheidungen zugunsten von Arbeitnehmern stehen hier im Widerspruch zu Kartellinteressen, welche deren Mitglieder häufig mit Gewalt (und Korruption) durchsetzen. In Mexiko besteht eine hohe Wahrscheinlichkeit dafür, dass ein Kartellmitglied an einem Wirtschaftsunternehmen beteiligt ist, da die Drogenkartelle entweder selbst legale Wirtschaftsunternehmen als Mittel der Geldwäsche besitzen und ganze Wirtschaftszweige wie zum Beispiel den Avocado- und Limettenanbau oder die Lithiumgewinnung unterwandern oder durch Schutzgelderpressungen mittelbar am wirtschaftlichen Erfolg eines Unternehmens beteiligt sind.[212]

Aber auch solche Arbeitgeber (oder Gewerkschaften), die nicht im Zusammenhang mit einem Drogenkartell stehen, können wegen der häufigen Straflosigkeit bei Verbrechen und infolge des extremen Gewaltniveaus ihre eigenen Interessen mit Drohungen oder mit beauftragten Gewalttätern durchsetzen, ohne dafür eine Strafverfolgung befürchten zu müssen. Unter Berücksichtigung der Tatsache, dass in Mexiko 99 % aller Straftaten zu keiner strafrechtlichen Verurteilung führen[213]

---

211 *Ferri*, Asesinados en México un juez federal y su esposa; *Arellano*, Atentado contra Omar García Harfuch; siehe die Aufzählung ermordeter Bundesrichter seit dem Jahr 1987 in *Redacción Sipse*, Jueces mexicanos con la espada de Damokles.

212 *Viohl*, Avocado: Grünes Gold; *Busch/Ehringfeld*, Organisiertes Verbrechen in Lateinamerika stellt sich neu auf.

213 *Muno*, Rechtsstaatlichkeit in Mexiko, S. 184 ff.; *Reporter ohne Grenzen*, Jahresbilanz der Pressefreiheit 2019, S. 6–23; *Universidad de las Américas Puebla*, IGI-MEX 2018.

und ein extremes hohes Gewaltniveau besteht, das teilweise sogar von Hoheitsträgern ausgeht oder passiv geduldet wird, liegt der Schluss nahe, ein Menschenleben habe in Mexiko häufig keinen hohen Stellenwert, insbesondere auch im Hinblick auf Frauen oder Minderheiten. Daher überrascht es nicht, dass ein Mord in Mexiko Schätzungen zufolge mit der Bezahlung von ca. EUR 400 in Auftrag gegeben werden kann. Der weit überwiegende Teil dieser Morde bleibt sodann wegen der strukturell bestehenden Straflosigkeit für immer unaufgeklärt.[214]

Der Drogenkrieg mit jährlich über 30.000 Toten, mehr als 5.000 Vermissten sowie die Gewalt vor allem auch gegen Frauen und die häufige aktive oder passive Beteiligung staatlicher Institutionen an Gewaltverbrechen und Menschenrechtsverletzungen haben in Verbindung mit der Straflosigkeit bei 99 % aller Straftaten ein Klima der Angst geschaffen, das sich auf alle gesellschaftlichen Ebenen und daher auch in den staatlichen Institutionen auswirkt. Staatsangestellte und Politiker stehen in Anbetracht des Gewaltniveaus häufig vor der Wahl *Plata o Plomo* (Geld oder Blei). Entscheidungen von Amtsträgern, die im Widerspruch zu Partikularinteressen stehen, können für den Staatsbediensteten drastische Folgen bis hin zu seiner Ermordung haben.

Schon unter Berücksichtigung der Gewaltspirale und der erheblichen Korruption kann in Mexiko nicht von einem Rechtsstaat gesprochen werden. Dort gilt vielmehr ein *Rule of Men* statt ein *Rule of Law*.[215]

Ein Rechtsstaat besteht in Mexiko häufig nur in der Gesetzestheorie. In der Praxis wirkt in der Regel die normative Kraft des Faktischen, die von mächtigen Akteuren in der Wirtschaft, Politik und der organisierten Kriminalität vorgegeben wird. Die Mehrheit der Bevölkerung und insbesondere auch die Arbeitnehmer haben keine Garantie, dass staatliche Institutionen pflichtgemäß ihre Rechte durchsetzen.

5. *Gewalt in kollektiven Beziehungen*

Insbesondere in kollektiven Beziehungen kann im Rahmen von Streiks eine Gewaltausübung stattfinden. Dies betrifft (kriminelle) Handlungen, die von den Arbeitnehmern selbst ausgehen. Aber auch sie können bei der Wahrnehmung ihrer kollektiven Rechte der Gewalt seitens des Arbeitgebers, der Gewerkschaft oder durch staatliche Stellen ausgesetzt sein. Zwar werden solche Fälle nur selten bekannt, da Arbeitgeber, Gewerkschaften und der mexikanische Staat ein erhebliches Interesse an der Verheimlichung dieser Vorgänge haben. Dennoch werden vereinzelte Fälle von Gewalt gegen Arbeitnehmer publik, wobei vor allem die folgenden zwei Sachverhalte einen gewissen Bekanntheitsgrad in Mexiko (und in den USA) erreicht haben. So verdeutlicht der folgende Fall eine gewerkschaftliche

---

214 *Ríos*, Por qué matar es tan barato en México; der in der Fundstelle angegebene Preis wurde auf Grundlage des Wechselkurses in Fn. 457 berechnet.

215 *Muno*, Rechtsstaatlichkeit in Mexiko, S. 177.

Repression, durch die Arbeitnehmer bei der Wahrnehmung ihrer Rechte in der Praxis massivem Druck ausgesetzt sein können:[216]

> Die Gewerkschaft FAT (*Frente Auténtico Del Trabajo*) versuchte im Jahr 1997 mittels legaler Arbeitnehmerwahlen die Zuständigkeit für das Unternehmen ITAPSA Export Processing Plant zu gewinnen. Die Geschäftsführung der ITAPSA und die Gewerkschaft CTM hatten allerdings bereits vor der Firmengründung einen Schutzvertrag abgeschlossen. Die FAT beantragte in Erwartung einer Arbeitnehmermehrheit bei der zuständigen JCA Wahlen (siehe Kapitel § 6 zum Streikverfahren). Diese lehnte die Wahl mit der Begründung ab, dass die CTM keine Kenntnis von der Wahl habe, und suspendierte die Wahl kurzfristig. Diejenigen Arbeitnehmer, die dennoch zur Wahl kamen, wurden fotografiert und am nächsten Tag ohne Begründung entlassen. Zwar fand die Wahl einige Tage später dennoch statt, allerdings spielte sich folgendes Szenario ab: „... die Arbeiter mussten sich durch die Reihen von 150 eingekauften *golpeadores* (Schläger) zum Tisch mit der Wahlurne zwängen. Dort saßen Vertreter des Schiedsausschusses, der Firma, von CTM und FAT. Die Arbeiter hatten ihr Votum öffentlich auszusprechen, die ersten zwanzig entschieden sich für die CTM. Nach der ersten Stimme für die FAT war zu hören: „*Merkt Euch das Gesicht, er hat Familie ...*" – Benedicto Martínez, der anwesende FAT-Repräsentant forderte mehrfach, die Wahlen zu suspendieren, doch die JCA sah dafür keinen Grund."[217]

Dieser FAT-Fall zeigt das Gewaltpotenzial, dem die Arbeitnehmer bei der Wahrnehmung ihrer Rechte ausgesetzt sein können. So können die Arbeitgeber und Gewerkschaften oder Dritte anberaumte Streiks vor allem auch mit dem Mittel der Gewalt effektiv unterbinden, indem sie Schlägertrupps oder sogar Auftragsmörder zur Repression der Arbeitnehmer bezahlen. Aufgrund der geringen Verurteilungsquote bei Straftaten (1 %)[218] müssen die Aggressoren in der Regel keine strafrechtlichen Konsequenzen fürchten. So ist in der Mehrheit von Repressionen „nur" eine arbeitsrechtliche Maßregelung wahrscheinlich, da dies für den Arbeitgeber in der Regel eine einfache und sichere Möglichkeit ist, Arbeitnehmer von der Rechtsverfolgung abzuhalten. Arbeitnehmer können wegen des niedrigen Rechtsschutzniveaus zum Beispiel unabhängig von gesetzlichen Regelungen entlassen werden und der Arbeitgeber beschäftigt dann statt der Streikenden andere Arbeitnehmer. Aufgrund des niedrigen Lohnniveaus und der hohen Arbeitslosigkeit (siehe hierzu S. 126 ff.) findet ein Arbeitgeber schnell Ersatzkräfte, welche die Position der Streikenden einnehmen wollen. Die Arbeitslosigkeit sowie das niedrige Lohnniveau

216 Dieser Fall ist ausnahmsweise gut dokumentiert, da dieser sich im Kontext der Verhandlungen über das North American Agreement on Labor Cooperation unter Beteiligung der USA abspielte; *Wittmütz*, Die „Contratos de Protección" im Gewerkschaftssystem Mexikos, S. 17.

217 *Winter*, Verzicht auf soziale Trostpreise; *Wittmütz*, Die „Contratos de Protección" im Gewerkschaftssystem Mexikos, S. 17.

218 Siehe Fn. 224.

bedingen, dass Arbeitnehmer mangels eines Sparvermögens für das Überleben im Alltag auf eine Vergütung angewiesen sind (siehe S. 131 ff.), und verhindern deren Solidarität zum gemeinsamen „Streik" durch Verzicht auf Arbeit.

Allerdings kommen auch Fälle in Betracht, in denen die arbeitsrechtliche Maßregelung einen Streik nicht verhindern kann. Dies gilt insbesondere dann, wenn ein Streik bereits ein beträchtliches Ausmaß angenommen hat oder Interessen von Nichtarbeitgebern wie zum Beispiel Gewerkschaften oder Regierungen betrifft, denen keine arbeitsrechtlichen Maßregelungen zur Verfügung stehen. Zumindest in diesen Fällen kommen auch Gewalttaten oder deren Androhung gegenüber den Arbeitnehmern in Betracht. Dies geschieht teilweise sogar mithilfe des Staates und vereinzelt auch durch staatliche Institutionen selbst. Soweit die Interessen des mexikanischen Staates (und vor allem der Regierungsvertreter) betroffen sind, ist eine Ausübung staatlicher Gewalttaten nicht ausgeschlossen. Exemplarisch wird an dieser Stelle der berühmte, von *Wolfgang Muno* dargestellte Oaxaca-Konflikt dargestellt (auch wenn dieser Elemente eines politischen Streiks aufweist):[219]

> „Wie jedes Jahr seit 26 Jahren versammelten sich Lehrer des Bundesstaates Oaxaca im Mai 2006, um für bessere Löhne, bessere Ausstattungen und Arbeitsbedingungen zu streiken. Etwa 30.000 Menschen kampierten auf dem Zócalo, dem zentralen Platz der Hauptstadt Oaxaca de Juárez. Die Proteste waren ritualisiert, jedes Jahr, nach einer Zeit des Generalstreiks und der Proteste, gab der jeweilige Gouverneur kleine Verbesserungen bekannt und die Proteste lösten sich auf. Im Jahr 2006 wollte sich der PRI Gouverneur *Ulises Ruiz Ortiz* diesem Ritual entziehen, um sich in der Öffentlichkeit als Hardliner zu profilieren und verweigerte die Verhandlungen. Er drohte den Lehrern und forderte sie unmissverständlich auf, die Stadt zu räumen und an ihre Arbeitsplätze zurück zu kehren. Die Lehrer weigerten sich und *Ruiz* ordnete die Räumung an. Am 14. Juli stürmten rund 1.000 Staatspolizisten den Zócalo, mit Tränengas und Schlagstöcken, aber auch mit Schusswaffeneinsatz. Kurze Zeit später war der Platz zwar geräumt, aber die Lehrer sammelten sich einige Straßenzüge weiter und eroberten den Platz, mit Unterstützung der Bewohner der Stadt, zurück. Über mehrere Stunden hielten die Lehrer acht Personen, Polizisten und staatliche Funktionäre, als Geiseln. Nach Tumulten, die über 100 Verletzte gefordert und zu elf Festnahmen geführt hatten, zog sich die Polizei zurück. Zwei Tage nach dem missglückten Polizei-Einsatz gingen 500.000 Menschen in Oaxaca de Juárez als Solidaritätsbekundung für die Lehrergewerkschaft auf die Straße, bei einer Bevölkerung von fast 3,5 Millionen Menschen des Staates eine beeindruckende Zahl. Die Lehrer verbündeten sich mit verschiedenen zivilen und indigenen Gruppen, etwa 350 Organisationen gründeten am 20. Juni die APPO, die ‚*Asamblea Popular del Pueblo de Oaxaca*'. Hauptforderung war der Rücktritt *Ulises Ruiz*', dem Korruption, Unterschlagung[220] und Wahlbetrug

219 *Muno*, Rechtsstaatlichkeit in Mexiko, S. 187 f.

220 Der zitierte Autor meint hierbei wohl eine Untreue im Sinne des deutschen Strafrechts.

vorgeworfen wurde. Über mehrere Monate hinweg kam es zu massiven Protesten gegen *Ruiz*, mit bis zu 900.000 Demonstranten, fast einem Viertel der Bevölkerung des Staates. Immer wieder kam es auch zu Zusammenstößen mit Sicherheitskräften sowie mit paramilitärischen Gruppen, deren Nähe zum Gouverneur unstrittig war. Das Parlament von Oaxaca, in dem die PRI 23 von 42 Abgeordnete stellte, stand uneingeschränkt hinter *Ruiz*. Die mittlerweile durchgeführten Bundeswahlen[221] brachten Bewegung in die politische Landschaft. Eine Bundesintervention wäre der einzig verfassungsmäßige Weg gewesen, *Ruiz* abzusetzen. Der Senat hätte die Unregierbarkeit des Landes offiziell feststellen müssen, dann hätte (der Präsident Vicente) *Fox Ruiz* absetzen können. In der Geschichte Mexikos war aber diese Bundesintervention häufiger aus parteipolitischem Kalkül von der PRI missbraucht worden, daher wollte sich *Fox* zurückhalten. Auch im Senat debattierte man zwar und entsandte eine Beobachtermission, es kam aber zu keiner Entscheidung. Die prekäre Legitimation von *Felipe Calderón* gab *Ruiz* einen Trumpf, er drohte, *López Obrador* (Anmerkung: Gegenkandidat von *Calderón* in der wegen Wahlbetrugs umstrittenen Wahl von 2006) als legitimen Präsidenten anzuerkennen, sollte es zu einer Bundesintervention gegen ihn kommen. Wie bereits erwähnt, kam es schließlich zu einem informellen Bündnis zwischen PAN und PRI, *Calderón* sicherte *Ruiz* Unterstützung zu, *Ruiz* unterstützte dafür *Calderón*. Der scheidende Präsident *Fox* sandte am 29. Oktober 4.500 Männer der Bundespolizei. Die Straßenschlachten dauerten noch vier weitere Wochen an, bis alle Barrikaden entfernt und die Innenstadt endgültig geräumt war. Am 25. November kam es zu einem letzten Großeinsatz der Bundespolizei, die unter Einsatz massiver Gewalt die Innenstadt räumte. Danach übernahm wieder die Staatspolizei von *Ulises Ruiz* die Stadt. Die Bilanz laut einer unabhängigen Menschenrechtsorganisation, die im Januar 2007 einen Bericht erstellte: 23 Tote, mehr als 20 Verschwundene, Hunderte Verletzte, mehr als 200 Inhaftierte, wobei es vielfach zu Folter und Misshandlungen kam, sowie insgesamt ein Übermaß an Polizeigewalt generell. Die Generalstaatsanwältin von Oaxaca, *Lisbeth Caña Cadeza*, von *Ulises Ruiz* ernannt, zeigte nur wenig Interesse an einer Aufklärung der Vorwürfe. Sie sah die APPO als eine Form urbaner Guerilla, machte sie für Gewalt verantwortlich und legte ihnen alle Verbrechen, auch den Mord an einem US-amerikanischen Journalisten zur Zeit des Aufstandes, zur Last. Alle Anklagen gegen die Regierung und staatliche Organe wurden letztlich fallen gelassen."[222]

221 Im Jahr 2006 fanden Präsidentschaftswahlen in Mexiko statt, die *Felipe Calderón* gewann. Dieser stammte ebenfalls wie Präsident *Vicente Fox* von der arbeitgeberfreundlichen PAN. Allerdings sind die Wahlen aus dem Jahr 2006 bis heute höchst umstritten, da diese wohl lediglich aufgrund des Wahlbetrugs von der PAN gewonnen wurden. Da der (behauptete) Wahlbetrug der Öffentlichkeit bereits zum Zeitpunkt des Amtsantritts von *Felipe Calderón* bekannt wurde, kämpfte dieser von Beginn seiner Amtszeit an um die Anerkennung seiner Legitimität in der Bevölkerung und der übrigen Politik und benötigte jegliche zur Verfügung stehende politische Unterstützung wie zum Beispiel von *Ulises Ruiz*.

222 *Muno*, Rechtsstaatlichkeit in Mexiko, S. 187 f.

Der Oaxaca-Fall ist symptomatisch für einige der in Mexiko anhaltenden Missstände. Zum einen zeigt dieses Beispiel die potenzielle Gefahr von Gewalttaten gegen Arbeitnehmer, die eine Verbesserung von Arbeitsbedingungen durch Streiks erreichen wollen (auch wenn es sich im konkreten Fall um Lehrer im öffentlichen Dienst handelte). Zum anderen kommt das strukturelle Problem der Gesellschaft und des Staatswesens zum Vorschein: Korruption, Unterschlagung, Amtsmissbrauch und teilweise noch vorhandene Klientelstrukturen verbreiteten sich über das ganze Land. Solche Vergehen wurden im Rahmen des Kooperativismus nicht geahndet, sodass auch die Straflosigkeit, die bis in die Gegenwart mit einer Verurteilungsquote von nur 1 % andauert, ein wichtiges Element des Herrschaftssystems war.[223]

Oppositionelle und Streikende sind häufig Repressionen ausgesetzt, da sie die „öffentliche Ordnung stören". Willkürliche Verhaftungen, Folter und Verschwundene sind Gegenstand der täglichen Berichterstattung – vor allem auch im Zusammenhang mit Rechtsschutzsuchenden. Missliebige Journalisten werden unter Druck gesetzt, verprügelt oder verhaftet. Während des Oaxaca-Aufstandes wurden zum Beispiel zwei Journalisten ermordet (der US-Bürger *Bradley Will* und der Mexikaner *Raúl Marcial Pérez*).[224] Jedenfalls dann, wenn Interessen der Regierenden berührt sind (Gefahr eines Wahlverlustes oder ökonomische Gründe wie zum Beispiel die Beteiligung am Unternehmen, Handelsdruck einer ausländischen Nation, Interessenverflechtung wegen Wahlkampfspenden eines Unternehmens), besteht die Gefahr der Gewaltausübung durch staatliche Institutionen. Sie kommt zu dem allgegenwärtigen Damoklesschwert einer vom Arbeitgeber oder der Gewerkschaft veranlassten Gewalt durch Schlägertrupps oder Auftragsmörder, jedenfalls aber zu der Möglichkeit von arbeitsrechtlichen Maßregelungen hinzu.

Eine gesetzeskonforme Durchsetzung zum Beispiel des Streikrechts ist unter diesen Umständen ungeachtet der rechtlichen Ausgestaltung in der Regel nicht möglich. Dabei kann bereits die Repressionsgefahr Arbeitnehmer von der Wahrnehmung ihres Streikrechts abhalten, ohne dass im Einzelfall tatsächlich Gewalttaten oder sonstige Repressionen gegen sie verübt werden würden.

II. Fehlende Unabhängigkeit der Justiz und JCAs

Ein weiterer Faktor für eine mangelhafte Rechtsstaatlichkeit in einem Land ist das Fehlen von unabhängigen Gerichten.

Können Regierungen Einfluss auf Gerichte ausüben, kann sich die von ihnen vertretene arbeitgeberfreundliche Wirtschaftspolitik in der Justiz und den in Arbeitssachen bisher ausschließlich zuständigen Schieds- und Gütestellen fortsetzen. Die Folge sind am Arbeitgeberinteresse orientierte Entscheidungen der

223 *Muno*, Rechtsstaatlichkeit in Mexiko, S. 184 ff.; *Reporter ohne Grenzen*, Jahresbilanz der Pressefreiheit 2019, S. 6-23; *Universidad de las Américas Puebla*, IGI-MEX 2018.

224 *Muno*, Rechtsstaatlichkeit in Mexiko, S. 188.

Judikative, die eine im Arbeitnehmerinteresse stehende Rechtsdurchsetzung verhindern kann.

1. Richterliche Unabhängigkeit

Verschiedenen Untersuchungen zufolge besteht ein weiteres Problem des mexikanischen Rechtsstaates darin, dass die Judikative häufig nicht von der Exekutive unabhängig ist, sondern externen Einflüssen seitens der Politik und auch Unternehmen unterliegt.[225] Dies kann vor allem zulasten der Arbeitnehmer dazu führen, dass Richter nicht unabhängig, sondern nur interessengerichtet über das Arbeitsrecht entscheiden.

Auch wenn dies der verfassungsrechtlich verankerten richterlichen Unabhängigkeit widerspricht, ist die Funktion der Judikative dennoch trotz einer formal existierenden Rechtsstaatlichkeit im Hinblick auf die richterliche Unabhängigkeit teilweise eingeschränkt. Neben den faktischen Einflüssen durch Korruption und Gewalt (siehe S. 85 ff., 97 ff.) als zentrale Gründe für eine fehlende richterliche Unabhängigkeit kommt insbesondere ein teilweise noch bestehender Klientelismus seitens der politischen Akteure zum Tragen. Zwar übertrug der mexikanische Gesetzgeber die Verwaltungsaufgaben der Bundesjustiz in einer Justizreform im Jahr 1994 auf ein Selbstverwaltungsorgan, den Rat der Bundesrechtsprechung (*Consejo de la Judicatura Federal*). Dieses ist für die Ernennung und Beförderung von Richtern oder die Aufstellung von Haushaltsplänen an den Bundesgerichten zuständig. In Mexiko ist die Übertragung der Justizverwaltung auf das Justizministerium als Exekutivorgan – wie auch in vielen anderen Ländern Lateinamerikas oder in Frankreich, Spanien und Italien – rechtstechnisch nicht mit der richterlichen Unabhängigkeit vereinbar.[226]

Allerdings gilt dies grundsätzlich nicht für die Ernennung von Richtern auf lokalen Ebenen (*Juzgados de Distrito, Tribunales Colegiados, Unitarios de Circuito*), die den deutschen Amts- und Landesgerichten entsprechen. Hier liegt die Zuständigkeit für die Richterernennung in der Kompetenz der Bundesländer, die mehrheitlich ein Vorschlagsrecht des Gouverneurs mit einer anschließenden Abstimmung im Kongress vorsehen. Die Richter stehen aufgrund ihrer Ernennung in der Schuld der Regierenden, was eine Wahrscheinlichkeit für die Erbringung von Gefälligkeiten mit sich bringt. Diese führt zusammen mit der Korruption und der potenziellen Gewaltgefahr dazu, dass Richter nicht unabhängig über Sachverhalte entscheiden (können). Allerdings versuchen Teile der Politik, auf Landesebene eine Reform dieses Ernennungssystems zu erreichen.[227] In einer Untersuchung der UNAM über

---

225 Stand: 2015, Quelle: *Fix-Fierro/Suárez Ávila/Corzo Sosa*, Encuesta Nacional de Justicia – Entre un buen arreglo y un mal pleito, S. 98, 101, 141.

226 *Horn*, Grundzüge und Probleme des mexikanischen Rechtssystems, S. 158.

227 *Fix-Fierro/Suárez Ávila/Corzo Sosa*, Encuesta Nacional de Justicia – Entre un buen arreglo y un mal pleito, S. 144; *Patin*, El buen juez por ser independiente; *Gutiérrez*, Alfaro presenta reforma.

die Gerechtigkeit in Mexiko gaben 16,5 % der Befragten daher an, im Klientelismus neben der Ungleichbehandlung (29,5 %), der Ungerechtigkeit (42,9 %) und der Korruption (70,3 %) das Hauptproblem für die teilweise nicht funktionierende Justiz zu sehen. Insgesamt hielten 58 % der Befragten die Gerichte für überwiegend schlecht, nur 38,5 % sahen die Richter als unabhängig an.[228]

2. *Schieds- und Gütestellen*

Die fehlende richterliche Unabhängigkeit kommt vor allem in den bisher in Arbeitssachen ausschließlich zuständigen Schieds- und Gütestellen, den *Juntas de Conciliación y Arbitraje*, zum Tragen (siehe S. 176 ff. zum Verhältnis der JCAs gegenüber der Justiz).

a. Funktion der JCAs

Die JCAs haben bisher sowohl justizielle als auch exekutive Befugnisse, damit sie alle arbeitsrechtlichen Angelegenheiten in eigener Kompetenz wahrnehmen können. Sie sind ausschließlich für die Entscheidung über Rechts- und Regelungsstreitigkeiten zuständig. Auch erledigt die örtlich jeweils zuständige JCA Verwaltungsaufgaben wie zum Beispiel die Registrierungen von Gewerkschaften oder die Verwahrung der abgeschlossenen Tarifverträge, Art. 365, 390 LFT a. F. Legislative Aufgaben nehmen die JCAs nicht wahr. Sie sind allein dem Kongress des Bundesstaates vorbehalten, Art. 50 CPEUM.[229]

Die JCAs wurden in konkurrierender Zuständigkeit auf der Bundes- und Landesebene eingerichtet (die JCA in Bundeszuständigkeit nennt sich *Junta Federal de Conciliación y Arbitraje*, „JFCA"). Die JCAs sind paritätisch mit einem Arbeitgeber- und einem Arbeitnehmervertreter unter dem Vorsitz eines Staatsbeamten besetzt, Art. 123 A XX, XXXI CPEUM a. F. Eine juristische Ausbildung war für die Mitwirkung in einer JCA bis zur Reform im Jahr 2012 nicht erforderlich. Sie konnte ausschließlich mit Nichtjuristen besetzt werden. Seit 2012 muss der Staatsbeamte eine juristische Ausbildung vorweisen.[230]

Die wichtigsten Entscheidungsformen der JCAs sind der Schlichtungsspruch (*laudo*) und die Feststellung einer Parteivereinbarung bei einer gütlichen Einigung (*acuerdo*).[231] Gegen den Schlichtungsspruch besteht kein Rechtsmittel, da das Schiedssystem keinen Instanzenzug kennt.[232] Es existiert nur ein

---

228 Stand: 2015, Quelle: *Fix-Fierro/Suárez Ávila/Corzo Sosa*, Encuesta Nacional de Justicia – Entre un buen arreglo y un mal pleito, S. 98, 101, 141.

229 *De Buen L.*, Derecho Procesal del Trabajo, S. 153 f.

230 *Sánchez-Casteñada*, La Jurisdicción Laboral, S. 396.

231 *SCJN* (cuarta sala/quinta época), Amparo en revisión 3318/28, Santillán Miguel y coag., 20.1.1932, SJF, Apéndice de 1975, Teil V, S. 138; *Climént Beltrán, Juan B.*, Derecho Procesal Del Trabajo, S. 188.

232 *Sánchez-Casteñada*, La Jurisdicción Laboral, S. 396 ff.; *De Buen L.*, Derecho Procesal del Trabajo, S. 154.

Verfassungsrechtsbehelf (*Amparo*) bei einer Grundrechtsverletzung, Art. 107 V CPEUM, Art. 44 LA.[233]

Die Implementierung des Schieds- und Gütestellensystems statt einer der Justiz zugeordneten Arbeitsgerichtsbarkeit ist in Mexiko[234] im historischen Kontext der Revolution und der willkürlichen Behandlung der Arbeiter durch die Unternehmer in den Jahrhunderten zuvor, die sich auch in den Gerichtsprozessen fortsetzte, zu sehen (siehe oben S. 55 ff.). Der nachrevolutionäre Verfassungs- und Gesetzgeber stand unter dem Eindruck des justiziellen Versagens im 19. Jahrhundert, sodass statt der Richter mit juristischer Ausbildung nunmehr lediglich Laienrichter mit staatlicher Beteiligung in Arbeitssachen zuständig werden sollten. Die Beihilfe der Justiz bei der willkürlichen Behandlung der Arbeiter durch die Arbeitgeber vor allem im 19. Jahrhundert sollte nach der Revolution verhindert werden. Auch sollten durch das JCA-System Verständnis für die jeweilige Situation der anderen Partei (insbesondere für die Arbeiter) und Mechanismen zur gütlichen Einigung statt eines streitigen Verfahrens geschaffen werden, um eine Fortsetzung des Arbeitsverhältnisses trotz eines arbeitsrechtlichen Konfliktes zu ermöglichen. Darüber hinaus wurden besondere Verfahrensvorschriften insbesondere im Hinblick auf das Beweisverfahren implementiert, die das Machtgefälle im Arbeitsverhältnis berücksichtigen sollten.[235] *Alberto Trueba Urbina* vertrat sogar die Auffassung, dass sich die in der Verfassung von 1917 gewährten sozialen Rechte zum Schutz der Arbeiter nur mit einer Trennung des Arbeitsrechts von der Justiz erreichen lassen. Eine Eingliederung in die Justiz würde dagegen einen Rückschritt in die Vergangenheit bedeuten.[236]

b. *Kritik am Schieds- und Gütestellensystem*

Die gegenwärtige mexikanische Wissenschaft sowie zahlreiche andere Institutionen – wie unter anderem die ILO – sind jedoch der Meinung, das JCA-System sei zwar in der Theorie eine gute Idee, funktioniere aber in der Praxis nicht. Die JCAs können den Arbeitnehmern aus vielfachen Gründen keinen effektiven

---

233 *De Buen L.*, Derecho Procesal del Trabajo, S. 567, 590 ff.; *Climént Beltrán*, Derecho Procesal Del Trabajo, S. 181; *Trueba Urbina*, Nuevo Derecho Procesal Del Trabajo, S. 512; *Cavazos*, Síntesis De Derecho Laboral Comparado, S. 62.

234 Als Vorbild dienten die von *Napoléon Bonaparte* Anfang des 19. Jahrhunderts geschaffenen *Conseils de Prud hommes*; siehe *Alvírez Friscione*, La Justicia Laboral, S. 467. Auch andere Staaten führten vergleichbare Schieds- und Gütestellen statt einer von der Justiz ausgeübten Arbeitsgerichtsbarkeit ein, zum Beispiel Deutschland mit den Gewerbegerichten gemäß dem Gewerbegerichtsgesetz von 1890; siehe hierzu die kurze Darstellung von *Linsenmaier*, Geschichte der deutschen Arbeitsgerichtsbarkeit.

235 *De Buen L.*, Derecho Procesal del Trabajo, S. 114; *Cueva, M. de la*, El Nuevo Derecho, Band II, S. 529 f.; *Trueba Urbina*, Nuevo Derecho Procesal Del Trabajo, S. 329.

236 *Trueba Urbina*, Nuevo Derecho Procesal Del Trabajo, S. 329.

Rechtsschutz gewährleisten. Deshalb wird das mexikanische Schieds- und Gütestellensystem von zahlreichen Stimmen – bereits seit dem Jahr 1949 auch von der ILO – kritisiert:[237]

- Die auf eine gütliche Einigung unter Vermeidung einer streitigen Entscheidung angelegten Normen führen je nach zuständiger JCA teilweise zu einer Verfahrensdauer von bis zu vier Jahren.
- Das Fehlen einer Rechtsmittelinstanz und die Besetzung ohne gut ausgebildete Richter haben überwiegend eine mangelhafte und uneinheitliche, teilweise aber vor allem auch rechtswidrige Gesetzesanwendung der JCAs zur Folge.
- Insbesondere die lokalen JCAs in der Länderzuständigkeit von strukturell schwachen Bundesstaaten sind mit Personal und Arbeitsmitteln teilweise massiv unterausgestattet.

Der Hauptkritikpunkt an dem mexikanischen Schieds- und Gütestellensystem ist aber die fehlende Unabhängigkeit der Entscheidungsträger, die vor allem das Ergebnis der Besetzung mit einem Staatsbeamten und je einem Arbeitgeber- und Arbeitnehmervertreter ist. Die Gouverneure ernennen in den lokalen JCAs deren jeweiligen Präsidenten und legen das Budget für die JCAs fest (bei der JFCA in Bundeszuständigkeit entscheidet die Bundesregierung). Außerdem sind die Vorsitzenden der JCAs weisungsgebundene Staatsbeamte. Hierdurch können sich die Regierungen einen erheblichen Einfluss auf die Entscheidungen der JCAs sichern.[238]

So rühmten sich Gouverneure einzelner Bundesstaaten zum Beispiel auch damit, dass in ihrem Zuständigkeitsbereich seit Jahrzehnten kein Kollektivkonflikt bestand. Dies war vor allem das Ergebnis des politischen Einflusses auf die JCAs sowie des Duldens und Förderns des Schutzvertragssystems.[239] Letztlich sind auch die JCAs Beteiligte des Schutzvertragssystems, da ein (Schutz-)Tarifvertrag für seine Wirksamkeit registriert werden muss. Abweichend von der Reform aus dem Jahr 2019 sind hierfür bisher die lokalen und bundesweiten JCAs in geteilter Kompetenz zuständig. Da die mexikanischen Regierungen sowie die Arbeitgebervertreter in den JCAs bisher nur selten ein Interesse an der Wahrnehmung von Arbeitnehmerinteressen haben, auf diese jedoch einen erheblichen Einfluss ausüben, entscheiden die JCAs häufig interessengerichtet zugunsten der Arbeitgeber. Dabei profitieren die JCAs durch die Korruption von

---

237 Siehe zum Ganzen: *Sánchez-Casteñada*, La Jurisdicción Laboral, S. 396 ff.; *De Buen L.*, Derecho Procesal del Trabajo, S. 154; *Climént Beltrán*, Derecho Procesal Del Trabajo, S. 190 ff.; *García Sámano*, Derecho Procesal Del Trabajo, S. 29; *Deppe*, RIW 2017, S. 577; *Middlebrook/Quintero Ramiírez*, Las Juntas locales, S. 285 ff.; *STPS*, Boletín No. 181/2019 vom 6. Oktober 2019.

238 *Sánchez-Casteñada*, La Jurisdicción Laboral, S. 396 ff.; *De Buen L.*, Derecho Procesal del Trabajo, S. 154; *Middlebrook/Quintero Ramiírez*, Las Juntas locales, S. 285 ff.

239 *Bouzas Ortiz*, Reforma laboral, S. 97.

den Schutzverträgen und der Undurchsetzbarkeit von Arbeitnehmerrechten. Insbesondere die lokalen JCAs nehmen teilweise ausschließlich die Registrierung von Schutzverträgen als ihre originäre Aufgabe wahr. Daher entscheiden auch die Arbeitnehmervertreter der JCAs, bei denen es sich in der Regel um Gewerkschaftsfunktionäre handelt, gegen die Arbeitnehmer. Ihren Aufgaben als neutrale Rechtsprechungs- und Verwaltungsbehörde kommen sie häufig nicht nach.[240] Daher ist es den Arbeitnehmern in der Praxis nahezu unmöglich, ihre Rechte bei den JCAs durchzusetzen.[241] Dies gilt zumindest so lange, wie ein Arbeitnehmer keine Korruptionshandlungen vornimmt (wobei ein Arbeitgeber in der Regel mehr finanzielle Mittel hat).

3. *Reform: Abschaffung des JCA-Systems*

Der mexikanische Gesetzgeber hat das Schiedssystem mit einer am 2. Mai 2019 in Kraft getretenen Reform wegen des nahezu vollständigen Fehlens eines effektiven Arbeitsrechtsschutzes und der Rechtsunsicherheit in der Gesetzesanwendung für die Zukunft abgeschafft.

Er schuf mit der Reform bereits die rechtlichen Grundlagen für eine von der Justiz ausgeübte Arbeitsgerichtsbarkeit. Die maßgeblichen Rechtsquellen sind schon an die neue Rechtslage angepasst und übertragen den Arbeitsgerichten die ausschließlichen Rechtsprechungskompetenzen in den Rechts- und Regelungsstreitigkeiten. Neben der Implementierung von Verfahrens- und Transparenzvorschriften zur Vermeidung des Schutzvertragssystems ist die Einführung einer justiziellen Arbeitsgerichtsbarkeit der zentrale Gegenstand der aktuellen Arbeitsrechtsreform.

An die Stelle der bisher zuständigen JCAs treten nach der Übergangsphase im Jahr 2022 neu geschaffene Landesschlichtungsstellen und Arbeitsgerichte. Vor einem streitigen Verfahren am Arbeitsgericht muss eine Güteverhandlung bei einer Schlichtungsstelle durchgeführt werden. Erzielen die Parteien innerhalb von 45 Tagen keine Einigung, findet eine automatische Überleitung in das streitige Verfahren an das zuständige Arbeitsgericht statt. Hierdurch soll künftig eine kürzere Verfahrensdauer als bisher an den JCAs gewährleistet sein, die zur Erreichung einer einvernehmlichen Lösung teilweise exzessiv Güte- und Schlichtungsverhandlungen durchführten. Die Arbeitsgerichte sind mit einem Einzelrichter (statt wie die JCAs triparitätisch) besetzt. Auch beinhaltet die Arbeitsgerichtsbarkeit künftig einen Instanzenzug, womit die Einlegung eines Rechtsmittels möglich sein wird. Der Gesetzgeber erhofft sich von der Schaffung einer justiziellen Arbeitsgerichtsbarkeit die Herstellung von Rechtssicherheit durch die Etablierung einer

---

240 *Middlebrook/Quintero Ramiírez*, Las Juntas locales, S. 285 ff.; *Wittmütz*, Die „Contratos de Protección" im Gewerkschaftssystem Mexikos, S. 13, 20; *Bensusán/Alcalde*, La situación de justicia laboral en México, S. 11.

241 *Wittmütz*, Die „Contratos de Protección" im Gewerkschaftssystem Mexikos, S. 19; siehe auch S. 28 ff. und S. 372 unten.

einheitlichen Arbeitsrechtsprechung, ein beschleunigtes Verfahren sowie eine tatsächliche richterliche Unabhängigkeit in den Entscheidungen.[242]

Außerdem überträgt er die Verfahren zur Registrierung und Prüfung der Gewerkschaften sowie der Tarifverträge auf die zentrale Bundesstelle CFCRL. Die bisher dezentrale Registrierung von Gewerkschaften und Tarifverträgen wird im Sinne einer besseren Transparenz – und Kontrolle – durch Übertragung auf ein Bundeszentralregister gebündelt.[243]

Auch wenn die Gesetzestexte die mit der Reform von 2019 neu eingeführten Arbeitsgerichte anstelle der JCAs bereits als zuständige Spruchkörper nennen, bleiben die JCAs für eine Übergangsphase bis zur Einrichtung der Arbeitsgerichtsbarkeit im Jahr 2022 weitestgehend zuständig (zum Bearbeitungsende nahm die Arbeitsgerichtsbarkeit in acht Bundesstaaten ihre Arbeit auf; ab dem 1. Oktober 2021 soll mit der Implementierung der Arbeitsgerichte in dreizehn weiteren Bundesstaaten begonnen werden, danach bis Ende 2022 in den übrigen zehn Bundesstaaten und Mexiko-Stadt). Trotz der sich wandelnden Rechtslage ist daher im Folgenden von einer gegenwartsbezogenen, überwiegenden Zuständigkeit der JCAs auszugehen. Hingegen wurde die CFCRL bereits implementiert und nimmt die ihr übertragenen Aufgaben wahr.[244]

---

242 *Sánchez-Casteñada*, La Jurisdicción Laboral, S. 399; *Deppe*, RIW 2019, S. 501; *Larios Díaz/Díaz Mirón*, La nueva justicia laboral; *STPS*, Boletín No. 181/2019 vom 6. Oktober 2019.

243 *Sánchez-Casteñada*, La Jurisdicción Laboral, S. 399 f.; *Deppe*, RIW 2019, S. 501.

244 Zum Zeitpunkt der Beendigung dieser Abhandlung haben Arbeitsgerichte bereits vereinzelt ihre Tätigkeit aufgenommen, wohingegen aber in den meisten Bundesstaaten noch JCAs zuständig sind. Während zum Beispiel in Aguascalientes die Arbeitsgerichte ab dem 1. Oktober 2021 vollständigen implementiert sein werden, hat die Legislative in Sinaloa erst im Februar 2021 die rechtlichen Grundlagen in der Landesverfassung für die Implementierung einer Arbeitsgerichtsbarkeit geschaffen. Da bisher keine wesentlichen Entscheidungen von Arbeitsgerichten zum Streikrecht ersichtlich sind, sollen im Folgenden nicht stets Arbeitsgerichte und JCAs zusammen als zuständige Spruchkörper genannt werden. Die weitere Darstellung beschränkt sich auf die überwiegend in Mexiko noch zuständigen JCAs; siehe zum Beispiel: https://culturaempresarial.mx/aguascalientes-esta-listo-para-transitar-al-nuevo-modelo-laboral-a-partir-del-1-de-octubre/ [24.3.2021]; https://lineadirectaportal.com/sinaloa/2021/2/19/adios-la-junta-de-conciliacion-en-sinaloa-aprueban-diputados-reforma-de-justicia-laboral-392400.html [24.3.2021]; https://www.elfinanciero.com.mx/economia/reforma-laboral-arrancara-en-solo-7-estados-en-la-primera-etapa [24.3.2021]; zum dreistufigen Plan der mexikanischen Regierung für die Implementierung der Arbeitsgerichtsbarkeit siehe: www.reformalaboral.stps.gob.mx [16.07.2021] und *STPS*, Boletín No. 043/2021 vom 13. April 2021.

4. *Zwischenergebnis*

Die von der mexikanischen Exekutive in der Regel gegen die Arbeitnehmerinteressen gerichtete Politik setzt sich häufig in der Justiz und in den in Arbeitssachen bisher ausschließlich zuständigen Schieds- und Gütestellen fort.

Die Folge sind in vielen Fällen am Arbeitgeberinteresse orientierte Entscheidungen der Judikative. Deshalb kommt hier neben der Korruption und dem Klientelismus ein weiteres Problem des mexikanischen Rechtsstaates zum Tragen, da die Justiz und JCAs in der Regel nicht unabhängig von der Exekutive sind, sondern unter dem Einfluss der Politik (und Unternehmen) stehen.

Dies führt häufig zulasten der Arbeitnehmer dazu, dass Richter nicht unabhängig über das Arbeitsrecht entscheiden und daher keinen effektiven Rechtsschutz gewährleisten. Eine Rechtsdurchsetzung ist für die Arbeitnehmer daher auch aufgrund der Abhängigkeit der JCAs häufig ausgeschlossen.

III. Effizienz der Verwaltung und Justiz

Ein weiterer Aspekt für die Frage der Rechtsstaatlichkeit ist der Umfang vorhandener finanzieller und personeller Ressourcen in der (Arbeits-) Verwaltung und Justiz sowie deren Organisation. Insbesondere fehlendes Personal oder eine überlange Verfahrensdauer können dazu führen, dass Gesetze nicht angewandt werden. Dies kann auch negative Auswirkungen auf das Arbeitskampfrecht haben.

Vor allem die bisher in Arbeitssachen zuständigen JCAs sind überwiegend ineffizient und können den Arbeitnehmern keine zügigen Verfahren bieten. So sind die Normen darauf ausgelegt, eine gütliche Einigung herbeizuführen und eine streitige Entscheidung zu vermeiden. Dies führt zu mehrfachen Schriftsatzrunden und zahlreichen Güteterminen. Außerdem sind die lokalen JCAs in den strukturell ärmeren Regionen teilweise mit Personal und Arbeitsmitteln massiv unterausgestattet. Die bundesdurchschnittliche Verfahrensdauer an den JCAs liegt bei zwei Jahren (Dauer von der Einreichung des verfahrenseinleitenden Schriftsatzes bis zur Zustellung des Schiedsspruches).[245]

Dies hat erhebliche Auswirkungen auf die Betroffenen, da insbesondere die Arbeitnehmer häufig auf eine zügige Entscheidung angewiesen sind (zum Beispiel Abwendung von Gesundheitsgefahren bei Verstoß gegen Sicherheitsbestimmungen, Klarheit über die Wirksamkeit einer Kündigung, rechtzeitige Lohnzahlung). Auch beeinträchtigt die lange Verfahrensdauer in erheblicher Weise das Arbeitskampfrecht. Da die Beteiligten ein gerichtliches Verfahren vor der Arbeitsniederlegung durchführen und daher eine Entscheidung der JCA abwarten müssen (siehe ausführlich S. 295 ff.), entfällt der Grund für den Arbeitskampf häufig bereits

245 *Sánchez-Casteñada*, La Jurisdicción Laboral, S. 396 ff.; *De Buen L.*, Derecho Procesal del Trabajo, S. 154; *Climént Beltrán*, Derecho Procesal Del Trabajo, S. 190 ff.; *García Sámano*, Derecho Procesal Del Trabajo, S. 29; *Deppe*, RIW 2017, S. 577; *Middlebrook/ Quintero Ramiírez*, Las Juntas locales, S. 285 ff.

aufgrund des bloßen zeitlichen Ablaufs bis zur Entscheidung der JCAs. Die gesetzlichen Fristen für die einzelnen Verfahrensabschnitte bleiben in der Praxis unbeachtet und werden von den JCAs teilweise beliebig verlängert, wodurch an den JCAs eine willkürliche Verfahrensverzögerung stattfindet.[246]

Zwar liegt die Rechtsprechungskompetenz in arbeitsrechtlichen Angelegenheiten künftig bei der Justiz. Eine deutliche Besserung der durchschnittlichen Verfahrensdauer ist aber auch hier nicht zu erwarten. Genaue überregionale statistische Erhebungen über eine durchschnittliche Verfahrensdauer in der Justiz sind zwar nicht ersichtlich, allerdings kann die Verfahrensdauer je nach Ort und Prozessart in der ersten Instanz einzelnen Untersuchungen zufolge durchaus mehr als zwei Jahre betragen.[247] In der Praxis ist daher auch an den Gerichten häufig kein schneller Rechtsschutz zu erreichen. Neben der starken Korruption ist eine mangelhafte Ressourcenausstattung der Gerichte in der Landeszuständigkeit ursächlich für die überlange Verfahrensdauer. Da die meisten mexikanischen Gerichte wie in Deutschland örtliche Gerichte und keine Bundesgerichte sind, betrifft dies deren Mehrheit. *Beatriz Magaloni und Guillermo Zepeda* kommen in ihrer Untersuchung zur personellen Ausstattung von mexikanischen Gerichten, der Zahl abgeschlossener Fälle und durchgesetzter Haftbefehle sowie der Zahl der Verurteilungen zu dem Ergebnis, dass die Gerichte auf der Landesebene anders als die Bundesgerichte in großem Ausmaß vertrauliche Informationen preisgeben, in klientelistischen Beziehungen zur Politik stehen und eine hohe Arbeitsbelastung aufweisen, gleichzeitig aber personell und finanziell teilweise massiv unterausgestattet sind.[248]

Darüber hinaus besteht auch in der (Arbeits-)Verwaltung eine erhebliche Ineffizienz. Die Arbeitsbehörden decken der Schätzung von *Alfredo Sánchez-Casteñada* zufolge nur 1 % aller Unternehmen in Mexiko ab, sodass die Inspektoren die Arbeitgeber im Hinblick auf die Einhaltung der Arbeitszeit, Arbeitssicherheit und anderer Arbeitgeberpflichten nur sehr begrenzt kontrollieren. Neben einer personellen und finanziellen Unterausstattung sieht *Alfredo Sánchez-Casteñada* auch einen (korruptionsbedingten) politischen Unwillen zur Verbesserung der Verwaltungseffizienz als Ursache. Die personelle Aufstockung mit Inspektoren und der Ausbau der Infrastruktur in der Arbeitsverwaltung sind aber unerlässlich, um das Risiko von Arbeitsunfällen, Krankheiten und Arbeitskonflikten zu reduzieren und eine Gesetzesanwendung in den Unternehmen durch Kontrollen gewährleisten zu können.[249]

Die überlange Verfahrensdauer und die personelle Unterausstattung sowohl in der Arbeitsverwaltung als auch in der Justiz oder bei den JCAs führen zusammen mit der Korruption zu einem erheblichen Vollzugsdefizit der Gesetze.

---

246 *Martínez y Gonáles*, Reflexiones Sobre La Huelga, S. 55.

247 *Marín González*, Duración promedio y algunas estadísticas, S. 283.

248 *Magaloni/Zepeda*, Democratization, Judicial and Law Enforcement Institutions and the Rule of Law in Mexico, S. 208 f.; *Muno*, Rechtsstaatlichkeit in Mexiko, S. 183.

249 *Sánchez-Casteñada*, La Jurisdicción Laboral, S. 408.

Dies wird insbesondere bei der Aufklärung und Verurteilung von Straftaten deutlich. Mexiko hat mit 350 Polizisten pro 100.000 Einwohner mehr Polizisten als der von der UN ermittelte weltweite Länderdurchschnitt (300 pro 100.000 Einwohner).[250] Neben Abstimmungsschwierigkeiten zwischen den einzelnen Polizeibehörden – bei denen es sich um ein Konglomerat von Bundes-, Landes- und Kommunalpolizei mit über 2.000 verschiedenen Organisationseinheiten und häufig weniger als 100 Polizisten in einer Einheit bei der Lokalpolizei handelt – sind insbesondere die extrem schlechte Bezahlung und Ausbildung Ursachen dafür, dass die Polizei zahlreichen Experten zufolge als korrupt, ineffektiv und unmotiviert gilt. Berücksichtigt man die Verdienstmöglichkeiten der Polizei in einigen Gebieten mit monatlich EUR 300 und die Lebenshaltungskosten in Mexiko (siehe S. 126 f.), ist es zumindest nachvollziehbar, dass Polizisten in manchen Regionen auf extralegale Geldquellen zurückgreifen (müssen), um ein Leben in Armut zu vermeiden und ihren Kindern eine überdurchschnittliche Bildung mit potenziell besseren Zukunftschancen zu ermöglichen. Viele Polizisten sind auch selbst an Verbrechen wie unter anderem Folter, Misshandlungen, Vergewaltigungen bis hin zum Mord beteiligt. Der Gang zur Polizei wird von der Bevölkerung daher häufig vermieden.[251] Nach verschiedenen Untersuchungen und Umfragen werden nur 25 % aller Straftaten angezeigt. Richtet sich die Anzeige gegen ein Kartellmitglied, kann dies für den Anzeigenerstatter unter Umständen erhebliche Konsequenzen bis hin zu seiner Tötung haben. Von den 25 % angezeigten Straftaten untersuchen die Strafverfolgungsbehörden nur 4,6 % der Anzeigen, wobei es nur bei 1,1 % bis 1,2 % aller Straftaten zu einer Verurteilung kommt. Danach bleiben fast 99 % aller Straftaten in Mexiko ungeahndet, womit ein erschreckendes Ausmaß von Straflosigkeit (*impunidad*) besteht. Insbesondere die Polizei ist eher ein Problem des Rechtsstaates als dessen Verteidiger und Durchsetzer.[252] Ein Gesetzesvollzug findet im Strafrecht kaum statt. Zwar ist ein Rückschluss von der Verurteilungsquote bei Straftaten auf den Vollzug der Arbeitsgesetze aufgrund der Unterschiedlichkeit der Regelungsgegenstände nicht unmittelbar möglich. Allerdings lässt die Verurteilungsquote trotz fehlender Statistik zum Arbeitsrecht zumindest erahnen, dass auch bei dem Vollzug der Arbeitsgesetze erhebliche Defizite bestehen dürften, wenn sogar bei elementaren, für den sozialen Frieden zwingend erforderlichen Gesetzen selbst bei einer ausreichenden personellen Ausstattung kaum ein Gesetzesvollzug stattfindet.

---

250 *UN*, 12th United Nations Congress on Crime Prevention and Criminal Justice, A/CONF.213/3, S. 19; *Rosas*, México con suficientes policías de acuerdo con estándar de ONU.

251 Dies kann der Verfasser aufgrund persönlicher Erfahrungen bestätigen; siehe *Transparency International*, Las Personas Y La Corrupción – América Latina Y El Caribe, S. 10 ff.

252 *Muno*, Rechtsstaatlichkeit in Mexiko, S. 184 ff.; *Reporter ohne Grenzen*, Jahresbilanz der Pressefreiheit 2019, S. 6–23; *Universidad de las Américas Puebla*, IGI-MEX 2018.

So kommt *Mario de la Cueva* auch zu der Schlussfolgerung, vor allem die Korruption und die fehlende praktische Effizienz in der Rechtsanwendung führten dazu, dass die theoretischen Erklärungen und Prinzipien in den mexikanischen Arbeitsgesetzen, so wertvoll sie auch sein mögen, am Ende mangels praktischer Anwendung wertlos sind.[253]

Nach *Katharina Wagner* besteht in Mexiko in der Regel nur dann eine reelle Chance zur Rechtsdurchsetzung, wenn dem Antragsteller oder Kläger finanzielle Mittel oder Macht zur Verfügung stehen, um öffentliche Amtsträger oder Richter zu bestechen. Insbesondere hängt hiervon auch die Geschwindigkeit von rechtsförmlichen Verfahren ab.[254]

IV. Ungleichbehandlung von Bevölkerungsgruppen

In Mexiko finden Ungleichbehandlungen und Diskriminierungen verschiedener Bevölkerungsgruppen statt. Diese können sich auf Verfahren vor staatlichen Institutionen auswirken und die Rechtsdurchsetzung beeinträchtigen.

So besteht vor allem eine mittelbare Diskriminierung der armen Bevölkerungsteile. Insbesondere in den strukturell unterentwickelten Regionen, in denen noch geringere Bildungs- und Aufstiegschancen als in den Wirtschaftszonen existieren (siehe S. 126 ff., 141 f.), liegt häufig bei den dort lebenden Menschen eine Unkenntnis über die Rechte und Einklagbarkeit vor. Diese bildungsbedingte Unkenntnis ist zusammen mit der Armut das zentrale Hindernis für den effektiven Zugang zur Justiz. Zwar ist der freie und kostenlose Rechtsschutz in Mexiko verfassungsrechtlich garantiert, allerdings beschreiten arme Menschen den Rechtsweg bei nur geringen finanziellen Mitteln in der Regel faktisch nicht. So besteht die Besorgnis zusätzlicher finanzieller Belastungen. Auch ist Rechtsschutz sinnvollerweise mithilfe eines Rechtsanwalts zu verfolgen, der Kosten verursacht. Prozesskostenhilfe zur Erlangung von Rechtsschutz ist dem mexikanischen Recht unbekannt.[255]

Hiervon ist besonders die indigene Bevölkerungsgruppe betroffen. Sie weist in Mexiko die höchsten Armuts- und Verwundbarkeitsindexe auf und ist im Vergleich zur übrigen Bevölkerung überproportional in diesen Statistiken repräsentiert. Von den sechs Millionen Menschen, die eine indigene Sprache sprechen (zum Beispiel Maya, Huave, Mixe-zoque), leben 79,3 % unter Armutsbedingungen und überwiegend in strukturell schwachen ländlichen Gebieten. Die nicht indigene Bevölkerung befindet sich hingegen „nur" zu 40 % in ärmlichen Verhältnissen. Die Armut

253 *Cueva, M. de la*, El Nuevo Derecho, Band II, S. 293 f.
254 *Wagner*, Mexikos junge Demokratie in der Krise, S. 389.
255 *Botschaft der BRD*, Liste der Rechtsanwälte, S. 2; *Wagner*, Mexikos junge Demokratie in der Krise, S. 383 f.

als Problem für den Zugang zu effektivem Rechtsschutz benachteiligt die indigene Bevölkerung überproportional stärker als die übrige Bevölkerung.[256]

Die mexikanischen Institutionen sind teilweise aber auch von einer unmittelbaren Diskriminierung bestimmter Bevölkerungsgruppen geprägt. Dies gilt insbesondere für die Justiz, der künftig die Arbeitsgerichtsbarkeit unterstellt ist. Sie besteht überwiegend aus Männern nicht indigener Abstammung, die teilweise als Folge eines eigenen wohlhabenden familiären Hintergrundes und des zuweilen noch bestehenden Klientelismus (Richter-)Ämter erlangen. Aufgrund des in der mexikanischen Gesellschaft unter Männern bestehenden Machismo können dabei insbesondere auch Frauen eine nachteilige Behandlung in der Justiz erfahren. Diese wird weiter verstärkt, wenn bestimmte soziale oder ethnische Komponenten das Geschlecht überlagern. So sind vor allem indigene Menschen, Migranten und Menschen mit einer dunklen Hautfarbe häufig einer Diskriminierung seitens der Justiz – aber auch im Alltag – ausgesetzt. Nach *Katharina Wagner* ist der Zugang zur Justiz durch Rassismus charakterisiert, wodurch vor allem indigene Menschen und Frauen in einem wiederkehrenden Muster aufgrund ihrer Armut, Sprache und Herkunft diskriminiert werden.[257]

In einer repräsentativen Umfrage der INEGI gaben 23 % der befragten Mexikaner an, in den letzten fünf Jahren Opfer einer Diskriminierung geworden zu sein. Über 50 % der Befragten gaben ihr Erscheinungsbild (Hautfarbe, Gewicht, Größe) und 29,5 % der Frauen ihr Geschlecht als Grund für die Diskriminierung an. Besonders interessant ist die Tatsache, dass die prozentual höchsten Ungleichbehandlungen in den strukturell armen Gebieten stattfanden, in denen vor allem der indigene Bevölkerungsteil lebt.[258] Diese Daten bestätigen die in Mexiko bestehende häufige Ungleichbehandlung insbesondere von Frauen und indigenen Menschen in der Bevölkerung, die sich auch in der Justiz fortsetzt.

Die (un)mittelbare Diskriminierung bestimmter Bevölkerungsgruppen vertieft das defizitäre Rechtsstaatsniveau in Mexiko weiter, da über die Korruption und Gewalt hinaus auch diskriminierende Merkmale dazu führen können, dass zum Beispiel ein Arbeitnehmer keinen effektiven Rechtsschutz erlangen und seine Rechte nicht mithilfe staatlicher Institutionen durchsetzen kann. Dies gilt auch für das Arbeitskampfrecht.

V. Rechtsstaatlichkeitsindex und Vertrauen der Bevölkerung

Die genannten Faktoren der Korruption, Gewalt, Ineffizienz, Ungleichbehandlung und fehlenden richterlichen Unabhängigkeit führen dazu, dass Mexiko im

---

256 *Salgado/Aparicio*, Die Entwicklung der sozioökonomischen Bedingungen für die mexikanische Bevölkerung, S. 115 f.; *Wagner*, Mexikos junge Demokratie in der Krise, S. 389, 486.

257 *Wagner*, Mexikos junge Demokratie in der Krise, S. 389.

258 Stand: 2017, Quelle: *INEGI*, Comunicado De Prensa Núm. 346/18, S. 8.

weltweiten Vergleich verschiedenen Untersuchungen zum Rechtsstaatlichkeitsniveau zufolge schlecht abschneidet. Auch hat die Bevölkerung kein Vertrauen in den Rechtsstaat. Selbst wenn in einem Einzelfall keiner der den Rechtsstaat beeinträchtigenden Aspekte wie zum Beispiel Korruption oder Gewalt vorliegt, nehmen viele Menschen wegen des fehlenden Vertrauens in die Rechtsstaatlichkeit davon Abstand, effektiven Rechtsschutz zu suchen. Dies wirkt sich insbesondere auch auf die Wahrnehmung von Arbeitnehmerrechten – wie zum Beispiel das Streikrecht – aus.

1. Rechtsstaatsniveau

In einer Studie des WJP aus dem Jahr 2019 belegt Mexiko im Hinblick auf das Rechtsstaatlichkeitsniveau in einem Ländervergleich Platz 99 von 126. Mexiko liegt dabei hinter Ländern wie zum Beispiel Liberia, Kolumbien oder China (Deutschland: Platz 6). Unter den lateinamerikanischen Ländern befindet sich Mexiko auf Platz 26 von 30 und ist nur vor Ländern mit bürgerkriegsähnlichen Zuständen wie Venezuela zu finden. Untersucht wurden der in der Praxis bestehende effektive Rechtsschutz durch die Zivil- und Strafgerichte, die Gewaltenteilung, die Transparenz und das Grundrechtsniveau. Die Gerichtsbarkeiten sind mit den Plätzen 113 (Zivilgerichte) und 115 (Strafgerichte) noch schlechter als die Durchschnittsplatzierung und mit Abstand als die Schwachstellen des mexikanischen Rechtsstaates bewertet. Gegenüber einer Studie aus dem Jahr 2013 verschlechterte sich das Rechtsstaatsniveau in Mexiko sogar (Indexwert 2019: 0,45 von 1; 2013: 0,48).[259]

Auch frühere Untersuchungen anderer Institute wie zum Beispiel Freedom House zeigen, dass Mexiko bei einem Vergleich von Rechtsstaatwerten mit anderen Ländern schlecht abschneidet. Nach Freedom House verschlechterte sich das Rechtsstaatsniveau in Mexiko seit dem Jahr 2006 (dies kann auf den Beginn des Drogenkrieges zurückgeführt werden).[260] Der Traum des liberalen Präsidenten Mexikos (offiziell von 1858 bis 1872) und Volkshelden *Benito Juárez*, in seiner Heimat solle Rechtsstaatlichkeit herrschen und damit der Grundstein für ein prosperierendes Land gelegt werden,[261] ist in Anbetracht der genannten Studien und der dargestellten (gesamt)gesellschaftlichen Probleme immer noch weit von der Realität entfernt. Zwar setzen sich die zuletzt gewählten Präsidenten wie zum Beispiel *Enrique Peña Nieto* oder *Andrés Manuel López Obrador* die Stärkung des Rechtsstaates und die Korruptionsbekämpfung als offizielles Ziel. Neben vermehrten Transparenzvorschriften finden vor allem Umstrukturierungen in der Polizeiorganisation oder die Einführung einer Arbeitsgerichtsbarkeit statt. Bisher verhindern aber die faktischen Mächte wie vor allem die Drogenkartelle und die Wirtschaft

259 *WJP*, World Justice Project Rule of Law Index 2019, S. 6, 8, 18, 28 f., 105; *WJP*, World Justice Project Rule of Law Index 2013, S. 114.

260 *Freedom House*, Freedom in the World 2013, S. 15.

261 *Simpson, Lesley Byrd*, Many Mexikos, S. 270.

sowie die Lebensumstände der Mexikaner wie zum Beispiel die Armut und Chancenungleichheit (siehe hierzu S. 126 ff.), dass spürbare Verbesserungen eintreten und eine Steigerung des Rechtsstaatsniveaus stattfindet. Problematisch ist in diesem Zusammenhang, dass die Korruption nicht nur zu einer Beeinträchtigung des Rechtsschutzes führt, sondern auch etwaige Reformbestrebungen oder Gesetze zur Korruptionsbekämpfung und Stärkung des Rechtsstaates zunichte macht. Bemühungen auf der Ebene der Bundesregierungen müssen in der Praxis in unteren Behörden oder Gerichten umgesetzt werden, die aber als Folge der Korruption häufig selbst kein Interesse an einer Reformierung haben.[262] Ein funktionierender Polizeiapparat zur Kontrolle besteht ebenfalls nicht. Allerdings scheint die Herbeiführung einer Rechtsstaatlichkeit aufgrund der Reformbemühungen und der offiziellen Zielsetzungen der aktuellen Bundesregierungen in Mexiko zumindest näher als jemals zuvor in der mexikanischen Geschichte zu sein. *Sergio López-Ayllón* und *Héctor Fix-Fierro* urteilten daher über die Herbeiführung der Rechtsstaatlichkeit in Mexiko: „*Faraway, so close.*“[263] Das niedrige Rechtsstaatsniveau führt nach wie vor zu einer erheblichen Diskrepanz zwischen den Arbeitsgesetzen und der Realität, sodass bislang vor allem auch das Streikrecht einen rein symbolischen Charakter hat.[264]

2. Vertrauen der Bevölkerung

Aber auch dann, wenn in einem konkreten Fall objektiv keine die Rechtsstaatlichkeit beeinträchtigenden Faktoren (wie zum Beispiel Korruption) vorliegen würden, kann bereits das geringe Rechtsstaatsniveau per se zu einem Versagen eines effektiven Rechtsschutzes führen, insbesondere auch bei den Arbeitnehmern, da die Rechtsstaatskrise in Mexiko auch eine Vertrauenskrise der Bevölkerung zur Folge hat. So halten einer Umfrage des Latinobarómetro zufolge mehr als 70 % der Mexikaner die Polizei und die Justiz für wenig oder gar nicht vertrauenswürdig.[265] Dies stimmt auch mit der Untersuchung der UNAM über die Gerechtigkeit in Mexiko überein, in welcher die Befragten das Vertrauen in die Polizei und die Richter außerhalb des SCJN (wie im Übrigen auch das Vertrauen in die politischen Parteien, Politiker und Gewerkschaften) als unterdurchschnittlich schlecht bewerteten.[266]

---

262 *Wagner*, Mexikos junge Demokratie in der Krise, S. 488.

263 *López-Ayllón/Fix-Fierro*, “Faraway, So Close”: The Rule of Law and Legal Change in Mexico, S. 285; *Muno*, Rechtsstaatlichkeit in Mexiko, S. 188.

264 *Garzón Valdés*, Rechtsphilosophische Überlegungen über Verfassungsreformen in Lateinamerika, S. 182; *Wittmütz*, Die „Contratos de Protección“ im Gewerkschaftssystem Mexikos, S. 17.

265 Stand: 2018, Quelle: *Latinobarómetro*, Informe 2018, S. 50 f.; *Muno*, Rechtsstaatlichkeit in Mexiko, S. 182.

266 Stand: 2015, Quelle: *Fix-Fierro/Suárez Ávila/Corzo Sosa*, Encuesta Nacional de Justicia, S. 130.

Neben dem geringen Vertrauen in die Herstellung von Gerechtigkeit besteht bei den Rechtsschutzsuchenden auch Angst, Repressionen der faktisch überlegenen Partei ausgesetzt zu sein, da in Mexiko stets die Gefahr von außergerichtlichen Vergeltungsmaßnahmen besteht.[267] Unter Berücksichtigung der sehr niedrigen Verurteilungsquote in der Strafverfolgung ist die Furcht vor Sanktionsmaßnahmen nachvollziehbar. Die Sanktionen können ebenfalls subtiler Natur wie zum Beispiel arbeitsrechtliche Maßregelungen sein. Auch wenn im Hinblick auf arbeitsrechtliche Sanktionen keine statistischen Erhebungen existieren, zeigen zum Beispiel die offenen Verstöße von zahlreichen Unternehmen gegen die Covid-19-Regelung (Beschäftigungsverbote seitens der Bundesregierung) und die damit verbundenen Kündigungsdrohungen der Unternehmen für den Fall der Nichtarbeit, dass Arbeitnehmer zumindest seitens der staatlichen Stellen nur selten Rechtsschutz erhalten sowie den Drohungen, Repressionen und der Willkür der Arbeitgeber ausgeliefert sind.

Das geringe Vertrauen in den Rechtsstaat und das niedrige Rechtsstaatsniveau führen dazu, dass die Bevölkerung häufig keinen Versuch unternimmt, ihr Recht vor den staatlichen Institutionen durchzusetzen. Vielmehr greifen Rechtsschutzsuchende unmittelbar auf außerstaatliche Mittel zurück, was unter anderem zu zahlreichen (überwiegend ungesetzlichen) Streiks führt. So riefen zum Beispiel feministische Gruppen alle Frauen in Mexiko dazu auf, am 9. März 2020 die Arbeit und die Teilnahme am öffentlichen Leben einzustellen, um gegen die häufige Gewalt durch Männer und gegen Diskriminierungen insbesondere am Arbeitsplatz zu demonstrieren. Der Unternehmerverband Copamex schätzt, dass sich dem Generalstreik 22 Millionen Arbeitnehmerinnen anschlossen, die an diesem Tag nicht zur Arbeit erschienen. Allerdings waren die Streiks keine Folge eines gesetzlichen Verfahrens vor einer JCA und stellten daher auch keine Rechtfertigung zum Fernbleiben von der Arbeit dar. Insbesondere sind Generalstreiks auch nicht vom mexikanischen Streikrecht umfasst (siehe S. 287 f.). Die Streiks beruhten entweder auf einer Vereinbarung mit dem Arbeitgeber oder wurden von den Frauen infolge eines kollektiven Zusammenschlusses eigenmächtig durchgesetzt.[268] Aufgrund der breiten Solidarisierung innerhalb der Bevölkerung (teilweise auch von Unternehmen) und des damit verbundenen öffentlichen Drucks blieb den Arbeitgebern in der Regel aber keine andere Wahl, als das unentschuldigte Fernbleiben hinzunehmen oder ihr Einverständnis zu erklären. Dieser Vorgang zeigt exemplarisch den Arbeitskampf in Mexiko, der in der Regel außerhalb der Rechtsordnung stattfindet und von den Beteiligten im „rechtsfreien Raum“ ausgetragen wird.

---

267 *Transparency International*, Las Personas Y La Corrupción – América Latina Y El Caribe, S. 10 ff.; *Martínez, León A.*, 7 Datos De La Corrupción En México; *Wagner*, Mexikos junge Demokratie in der Krise, S. 383 f., 488.

268 *Montalvo*, Cómo participar en el paro nacional de mujeres sin repercuciones en el trabajo.

Außerdem bestehen in Mexiko neben solchen Streiks entgegen dem verfassungsrechtlichen Verbot in Art. 17 CPEUM zahlreiche Fälle der Selbstjustiz. Neben häufigen Lynchmorden hat dies unter anderem auch die Bildung paramilitärischer Gruppierungen zur Folge (zum Beispiel die *Autodefensa* in Michoacán unter *Dr. José Mireles*, die als Bürgerwehr gegen die Macht der Drogenkartelle kämpft und dabei auch Selbstjustiz verübt).[269]

D. Auswirkungen des Rechtsstaatsdefizits auf das Streikrecht

Rechtsstaatliche Verfahren sind in der Praxis häufig außer Kraft gesetzt. Trotz umfangreicher normativer Regelungen und Garantien existieren aus faktischen Gründen rechtsfreie Räume, in denen ein staatlicher Rechtsschutz nicht zu erreichen ist. Zusammenfassend ist daher festzustellen, dass in Mexiko auch im Arbeitsrecht in der Regel ausschließlich das Gesetz des Stärkeren gilt.

Die wesentlichen Gründe für das Rechtsstaatsdefizit sind der erhebliche Umfang von Korruption auf den staatlichen und gewerkschaftlichen Ebenen, die Gewalt, der Klientelismus, eine mangelhafte richterliche Unabhängigkeit, eine schlechte Verwaltungs- und Gerichtseffizienz und auch eine staatliche Ungleichbehandlung von verschiedenen Bevölkerungsgruppen. Diese Faktoren führen dazu, dass Mexiko im internationalen Vergleich eines der niedrigsten Rechtsstaatsniveaus aufweist und Gesetzesverstöße in den meisten Fällen ungeahndet bleiben, mithin eine Rechtsdurchsetzung nicht stattfindet.

Insbesondere Arbeitnehmer können gegen Maßnahmen der Arbeitgeber häufig keinen Rechtsschutz durch Behörden oder Gerichte erlangen. Vielmehr können sie Repressionen für den Fall eines Rechtsschutzversuches ausgesetzt sein, die von arbeitsrechtlichen Maßregelungen bis hin zu Gewalttaten reichen. Auch beeinträchtigen die genannten Faktoren das Arbeitnehmervertrauen in den Rechtsstaat. Das Erlangen eines Rechtsschutzes bei einer staatlichen Institution wird häufig gar nicht erst versucht, selbst wenn die beeinträchtigenden Faktoren im konkreten Einzelfall nicht eintreten.

Das defizitäre Rechtsstaatsniveau führt in Mexiko dazu, dass das Streikrecht in der Regel nicht in gesetzmäßiger Weise wahrgenommen werden kann. So führen vor allem die Korruption, aber auch der Klientelismus, Gewalt und Diskriminierungen dazu, dass in der Rechtswirklichkeit in der Regel die normative Kraft des Faktischen gilt, die von mächtigen Akteuren in der Wirtschaft, Politik und der organisierten Kriminalität vorgegeben wird. In Mexiko besteht ein *Rule of Men* statt eines rechtsstaatlichen *Rule of Law*.[270] Arbeitnehmer haben daher keine Garantie,

---

269 Siehe zum Beispiel *Infobae*, Justicia por propia mano.
270 *Muno*, Rechtsstaatlichkeit in Mexiko, S. 177.

dass staatliche Institutionen pflichtgemäß ihr verfassungsrechtlich garantiertes (Streik-)Recht durchsetzen.

Im Zusammenhang mit dem Streikrecht ist besonders problematisch, dass das gesetzliche Streiksystem die Durchführung eines formellen Streikverfahrens erfordert (siehe S. 331 ff.). Die Arbeitnehmer sind für eine gesetzmäßige Ausübung des Streikrechts darauf angewiesen, dass unabhängige Richter den Streik nach Prüfung der materiellen und formellen Voraussetzungen zulassen. Eine fehlende richterliche Unabhängigkeit kann Streiks im Rahmen des Zulassungsverfahrens bei einer nicht sachgerechten und interessengeleiteten Prüfung der Streikvoraussetzungen bereits vor seiner Ausübung vereiteln. Die rechtsstaatlichen Defizite zeigen sich in Mexiko gerade auch darin, dass eine richterliche Unabhängigkeit weder in der Justiz noch bei den JCAs unbeschränkt besteht. Vielmehr ist das Fehlen der richterlichen Unabhängigkeit neben der Korruption verschiedenen Untersuchungen zufolge eines der zentralen Probleme des mexikanischen Rechtsstaates.

Die erhebliche Machtposition der Arbeitgeber und Regierungen sowie deren häufig gemeinsames Interesse an der Verhinderung von Streiks zur Aufrechterhaltung des Betriebes und des sozialen Friedens führen dazu, dass sich eine fehlende richterliche Unabhängigkeit in der Regel zulasten der Arbeitnehmer auswirkt und ein Streikrecht sowie eine authentische Arbeitnehmervertretung vereitelt. Die Arbeitnehmer haben nicht die finanziellen Ressourcen und – auch durch das Fehlen authentischer Gewerkschaften bedingt – keine Machtposition, um wie Arbeitgeber oder Regierungen faktisch auf die Richter einzuwirken. So rühmten sich zum Beispiel Gouverneure einzelner Bundesstaaten damit, dass in ihrem Zuständigkeitsbereich seit Jahrzehnten kein Kollektivkonflikt geführt wurde und daher eine absolute Kontrolle über die Sicherheitslage und Gewerkschaften bestehe. Dies erreichten die Regierungen und Unternehmen vor allem mithilfe des politischen Einflusses auf die JCAs und der Korruption.[271]

Darüber hinaus beeinträchtigt aber auch die mangelhafte Effizienz der mexikanischen Justiz und JCAs das Streikrecht der Arbeitnehmer. Die bundesdurchschnittliche Verfahrensdauer von mindestens zwei Jahren in der Justiz und bei den JCAs führt dazu, dass der Streikgrund in der Regel bis zur tatsächlichen Entscheidung über die Rechtmäßigkeit des Streikes entfallen ist. Die gesetzlichen Fristen für die einzelnen Verfahrensabschnitte im gesetzlichen Streikverfahren (siehe S. 303 f.) bleiben in der Praxis häufig unbeachtet und werden von den JCAs teilweise beliebig verlängert.[272] Das Streikrecht als Druckmittel der Arbeitnehmer verliert durch das Hinauszögern des Streikbeginns erheblich an Durchschlagskraft gegenüber dem Arbeitgeber, da hierdurch in einigen Fallkonstellationen die Rechtfertigung für die Ausübung des Streikrechts durch Erledigung entfällt.[273] Der Arbeitgeber kann in diesem Fall die dem Streik zugrunde liegende Forderung nicht

271 *Bouzas Ortiz*, Reforma laboral, S. 97.
272 *Martínez Y Gonzáles*, Reflexiones Sobre La Huelga, S. 55.
273 *Guerrero*, Manual De Derecho Del Trabajo, S. 391.

mehr erfüllen. Aber auch wenn keine Erledigung eintritt, ist das Streikrecht beeinträchtigt, da der Arbeitgeber sich zumindest für einen erheblichen Zeitraum den Forderungen der Arbeitnehmer entziehen kann. Im Falle von kollektiven Gesetzes- oder Tarifvertragsverletzungen bedeutet dies eine weitere Verschärfung des Arbeitgeberverstoßes. Der Zeitablauf führt unter Umständen auch zu einem Verschwinden des kollektiven Zusammenhalts der Arbeitnehmer und daher zu einem Zusammenbruch der Streikbewegung.

Das niedrige Rechtsstaatsniveau in Mexiko hat daher auch eine erhebliche Beeinträchtigung des Streikrechts zur Folge. Zwar existieren diesbezüglich keine zitierfähigen Statistiken, die verlässlich das Ausmaß der Defizite belegen können. Allerdings kann die geringe offizielle Streiktätigkeit in Mexiko[274] als Indiz für die unter anderem rechtsstaatliche Beeinträchtigung des Streikrechts gewertet werden, die durch das defizitäre Gewerkschaftswesen weiter verstärkt wird. Die Arbeitnehmer riskieren entweder die Durchführung des gesetzlichen Streikverfahrens mangels Vertrauens in die staatlichen Autoritäten nicht oder werden von diesen mit ihren Begehren weit überwiegend zurückgewiesen, insbesondere bei dem Vorliegen eines anwendbaren Schutzvertrages. Auch zeigt sich der fehlende effektive Rechtsschutz der Arbeitnehmer bei der Wahrnehmung ihres Streikrechts in zahlreichen Fallkonstellationen wie zum Beispiel in den folgenden Sachverhalten:

- Die Existenz des Schutzvertragssystems zur Verhinderung einer authentischen gewerkschaftlichen Arbeitnehmervertretung und von Streiks beruhte vor allem auf einem kollusiven Zusammenwirken der JCAs, der Arbeitgeber und Gewerkschaften, das von den Regierungen auf Landes- und Bundesebene geduldet und teilweise sogar aktiv gefördert wurde. Da es sich um rechtswidrige Tarifverträge handelte und eine staatliche Mitwirkung zur Registrierung erforderlich war, bezahlten die Arbeitgeber und Gewerkschaften unter anderem die Mitglieder der JCAs für die „ordnungsgemäße" Registrierung der Schutzverträge. Die JCAs waren deutlich mehr an der Verhinderung des Streikrechts als an dessen Durchsetzung gegenüber dem Arbeitgeber beteiligt. So gaben die JCAs in einigen Bundesstaaten ihre Aufgabe der Arbeitnehmerverteidigung auf und privatisierten sich faktisch als rentable Geschäfte, die mehr ein Hindernis für die Vereinigungs- und Streikfreiheit sind, als sie diese gewährleisten. Einige JCAs sollen Berichten zufolge ausschließlich dem Verkauf von Schutzverträgen nachgekommen sein.[275]

  Zwar schuf der mexikanische Gesetzgeber mit der Reform im Jahr 2019 gesetzliche Mechanismen, die künftig das Schutzvertragssystem unterbinden sollen.

---

274 https://www.inegi.org.mx/sistemas/olap/consulta/general_ver4/MDXQueryDatos.asp?#Regreso&c=11080, https://www.inegi.org.mx/contenidos/saladeprensa/boletines/2019/EstSociodemo/RelLab2018.pdf und https://www.inegi.org.mx/contenidos/saladeprensa/boletines/2018/OtrTemEcon/EstLabJucionLocal2018_06.pdf [1.6.2020].

275 *Wittmütz*, Die „Contratos de Protección" im Gewerkschaftssystem Mexikos, S. 13, 20.

Allerdings bleibt wegen der häufig bestehenden Kluft zwischen dem Gesetzestext und der Rechtsanwendung abzuwarten, ob diese Reformen das Schutzvertragssystem künftig verhindern können.

- Des Weiteren zeigt sich der mangelnde effektive Rechtsschutz der Arbeitnehmer unter anderem auch im Hinblick auf das Streikrecht an der Weigerung zahlreicher JCAs, die Arbeitsgesetze rechtmäßig anzuwenden. Dies galt insbesondere auch für die
  - o systematische Registrierung der Schutzverträge,
  - o „flexible" Handhabung der gesetzlichen Fristen im Hinblick auf das durchzuführende Streikverfahren,
  - o „kreative" Anwendung der Registrierungsvorschriften zur Verhinderung der Eintragung von Gewerkschaften, welche in der Regel in Konkurrenz zu solchen Gewerkschaften stehen, die Zahlungen an die JCAs leisten oder an deren Auftreten vonseiten der Politik oder Arbeitgeber kein Interesse besteht,
  - o Nichtanwendung des Streikziels nach Art. 450 Abs. I LFT als Generalklausel durch das Vorschieben eines formellen Grundes bei der Antragsbegründung (siehe S. 278 ff., 331 f.) und
  - o rechtswidrige A-priori-Prüfung des streikeinleitenden Forderungsschreibens nach der materiellrechtlichen Zulässigkeit des Streiks (siehe S. 301 f., 331 f.).

  Als Folge der Reform im Jahr 2019 sind künftig zwar anstelle der JCAs die neu geschaffenen Arbeitsgerichte als Bestandteil der Justiz zuständig. Allerdings betreffen die historisch gewachsenen rechtsstaatlichen Defizite wie vor allem die Korruption und das teilweise Fehlen der richterlichen Unabhängigkeit ebenso die Justiz und nicht nur die JCAs. Daher kann keine sichere Prognose dahingehend erfolgen, ob die nunmehr zuständigen Arbeitsgerichte die Gesetze im Hinblick auf das Streikrecht unabhängiger anwenden werden. Möglicherweise kann aber eine gegenüber den JCAs gesteigerte Unabhängigkeit in den Entscheidungsinhalten erfolgen, da die Arbeitsgerichte nur mit einem Einzelrichter besetzt sind und die Arbeitgeber und arbeitgeberfreundlichen Gewerkschaften anders als bei den JCAs künftig keinen unmittelbaren Einfluss auf die arbeitsrechtlichen Entscheidungen haben. Auch besteht mit der Einführung der Arbeitsgerichtsbarkeit eine zweite Instanz zur Überprüfung der Entscheidungen. Soweit keine weiteren faktischen Einflüsse unter anderem durch Korruption, Klientelismus und Gewalt stattfinden, könnte ein gesteigerter effektiver Rechtsschutz zugunsten der Arbeitnehmer bestehen.

- Auch im Zusammenhang mit der Covid-19-Pandemie wurde deutlich, dass die Arbeitnehmer häufig keinen effektiven Rechtsschutz genießen. Die mexikanische Bundesregierung beschloss im April 2020 die Schließung aller nicht systemrelevanten Betriebe zur Eindämmung des Corona-Virus. Allerdings setzten zahlreiche Arbeitgeber die Arbeitnehmer unter Druck und forderten diese zur Fortsetzung der Arbeitsleistung trotz bereits eingetretener Todesfälle auf. Einige Arbeitgeber sprachen die Drohung einer Entlassung für den Fall eines

Fernbleibens vom Betrieb oder eines Streiks aus. In der Folge setzten zahlreiche Arbeitgeber den Betrieb entgegen der Anordnung der mexikanischen Bundesregierung fort (siehe S. 48). Die Arbeitnehmer mussten in diesen Fällen trotz der Rechtswidrigkeit der Arbeitgeberweisung arbeiten. Auch hätten sie im Falle eines Streikes zumindest das faktische Risiko von (Massen-)Entlassungen getragen, obwohl dies nicht den gesetzlichen Regelungen entspricht. Es sind keine Fälle bekannt, in denen sich ein Arbeitnehmer erfolgreich an einer der JCAs gegen eine solche Arbeitgeberweisung gewehrt hätte. Hingegen fanden flächendeckende Streiks der Arbeitnehmer statt (die mangels förmlicher Verfahren an einer JCA allerdings rechtswidrig waren).

Im Zusammenhang mit dem geringen Rechtsstaatlichkeitsniveau ist auch die latente Gefahr für die Arbeitnehmer zu sehen, Vergeltungsmaßnahmen durch den Arbeitgeber, die Gewerkschaft oder Dritte ausgesetzt zu sein. Die Repressionen können von arbeitsrechtlichen Maßregelungen bis hin zu Gewalttaten reichen, ohne dass die Arbeitnehmer sich mithilfe staatlicher Institutionen effektiv zur Wehr setzen können (der Staat kann im Einzelfall sogar Komplize oder Täter der Gewalttaten sein). Zwar existieren naturgemäß keine Statistiken hinsichtlich der Frage, in welchem Umfang Arbeitnehmer bei der Wahrnehmung ihrer Rechte Repressionen ausgesetzt sind. Allerdings steht zu vermuten, dass dies wie auch bei der Anzeige von Korruptionsfällen und Straftaten in erheblichem Umfang stattfindet, wonach Untersuchungen zufolge ein Drittel der Anzeigenden Repressionen ausgesetzt ist. Die offenen Verstöße zahlreicher Unternehmen gegen die Covid-19-Regelungen der mexikanischen Bundesregierung oder die genannten FAT- und Oaxaca-Fälle deuten ebenfalls darauf hin, dass die Arbeitnehmer von staatlichen Stellen nur selten einen Rechtsschutz erhalten und den Repressionen der Arbeitgeber zum Beispiel im Hinblick auf die Kündigungsdrohungen für den Fall der Wahrnehmung von Arbeitnehmerrechten ausgesetzt sind.

In der Praxis müssen die Arbeitnehmer daher häufig außerhalb des gesetzlichen Streikverfahrens ihre Forderungen mit Streiks in rechtswidriger Weise durchsetzen (siehe zum Beispiel oben zum Tag ohne Frauen oder den Arbeitnehmerstreiks gegen die Arbeitsanweisungen trotz Covid-19; S. 48, 100 f., 120). Ein rechtsstaatlicher, institutioneller Schutz der Arbeitnehmerrechte wie zum Beispiel durch das Streikrechts findet hingegen kaum statt, sondern wird von den staatlichen Ebenen häufig sogar selbst verletzt.

E. Streikbestrebungen der Arbeitnehmer

Aufgrund der erheblichen in Kapitel § 2 A-D beschriebenen rechtsstaatlichen Defizite sowie Mängel in der kollektiven Wahrnehmung von Interessen der Arbeitnehmer sind diese in der Praxis gezwungen, ihre Rechte unabhängig von staatlichen Stellen durchzusetzen und ihre Interessen eigeninitiativ wahrzunehmen. Dabei können sie sich grundsätzlich zusammenschließen und mit dem Streikmittel gemeinsam eine Interessenwahrnehmung oder Rechtsdurchsetzung versuchen.

Der Streik ist im Grundsatz ein legitimes Mittel der Arbeitnehmer zur Druckausübung auf die Arbeitgeber oder unter Umständen auch auf staatliche Stellen (siehe Kapitel § 3 bis 6 zum Streikrecht).

Allerdings könnte man unter Berücksichtigung der offiziell registrierten Streiks schwache Streikbestrebungen von Arbeitnehmern schlussfolgern. So wurden laut des Bundesstatistikamtes INEGI im Jahr 2017 bundesweit nur 17 Streiks und im Jahr 2018 32 Streiks durchgeführt.[276] Liegen schwache Streikbestrebungen von Arbeitnehmern vor, wirken sich die rechtsstaatlichen Defizite sowie die mangelhafte kollektive Arbeitnehmervertretung im Rahmen des Arbeitskampfes in der Rechtspraxis kaum aus.

Jedoch ist die Aussagekraft der genannten Statistik begrenzt. Dies liegt an dem System des Streikverfahrens, wonach nur verfahrenskonforme Streiks mit einem vorherigen Forderungsschreiben an der zuständigen JCA als Streik gelten (siehe hierzu S. 278 ff. und 295 ff.). Da die Arbeitnehmer aber häufig wegen der verfahrensrechtlichen Schranken des Gesetzgebers und der faktischen Schranken wie zum Beispiel des Schutzvertragsystems außerhalb des gesetzlichen Streikrechts die Arbeit niederlegen (siehe hierzu S. 48, 100 f., 120), erfasst die offizielle Regierungsstatistik diese (rechtswidrigen) Streiks nicht. Auch führt die INEGI nicht die betroffenen Arbeitnehmer und Betriebe auf.[277] Die tatsächlichen Streikbestrebungen von Arbeitnehmern können aus der Statistik daher nicht abgeleitet werden.

I. Vergütung und soziale Absicherung der Arbeitnehmer

Aus den genannten Gründen ist eine gesellschaftspolitische Analyse von Faktoren vorzunehmen, die verlässliche Anhaltspunkte für die Notwendigkeit der Arbeitnehmer zum Arbeitskampf bieten. Der Verweis auf Statistiken würde im Falle des mexikanischen Arbeitskampfes die Arbeitnehmerwirklichkeit nicht abbilden.

Ein zentraler Aspekt der mexikanischen Gesellschaft ist die ökonomische Situation des Staates und der Bevölkerung. Beide stehen in einer Abhängigkeit zueinander und haben einen wesentlichen Einfluss auf die weiteren Faktoren wie insbesondere auf die Kriminalität, das Staatswesen und das soziale Zusammenleben innerhalb der mexikanischen Gesellschaft.

Tendenziell gilt, dass eine strukturell arme Bevölkerung und nur gering bezahlte und ausgebildete Arbeitnehmer gegenüber den Arbeitgebern in einem größeren Ausmaß unterlegen sind als eine im Durchschnitt wohlhabende und gut

---

276 https://www.inegi.org.mx/sistemas/olap/consulta/general_ver4/MDXQueryDatos.asp?#Regreso&c=11080, https://www.inegi.org.mx/contenidos/saladeprensa/boletines/2019/EstSociodemo/RelLab2018.pdf und https://www.inegi.org.mx/contenidos/saladeprensa/boletines/2018/OtrTemEcon/EstLabJucionLocal2018_06.pdf [1.6.2020].

277 Leider veröffentlicht die Regierung nicht die Bedeutung der Streiks im Hinblick auf die betroffenen Arbeitnehmer und Streiktage sowie die Anzahl der rechtswidrigen Streiks.

ausgebildete Bevölkerung. Arbeitnehmern aus einer durchschnittlich ärmeren Bevölkerung fehlen häufiger finanzielle Mittel und mangels hinreichender Bildung zuweilen auch die erforderlichen Rechtskenntnisse, um ihre Interessen eigeninitiativ ohne einen kollektiven Zusammenschluss wahrzunehmen. Auch sind sie in einer gegenüber dem Arbeitgeber schwächeren Verhandlungsposition. Je schwächer der einzelne Arbeitnehmer ist, desto bedeutender ist aber der Streik als Selbsthilferecht. In diesem Fall können sich starke Streikbestrebungen der Arbeitnehmer ergeben, um zum Beispiel das Ansteigen des Lohnniveaus oder eine höhere soziale Sicherheit zu erreichen.

1. Verteilung des nationalen Wohlstandes

Die mexikanischen Arbeitnehmer bezogen im Jahr 2018 nach Angaben der OECD ein Monatsnettoeinkommen von US $ 1.377,75. Die Arbeitnehmer in allen OECD-Mitgliedstaaten erhielten ein Monatsnettoeinkommen in Höhe von US $ 3.108,50. Berücksichtigt man die Lebenshaltungskosten in Mexiko (US $ 1 hatte in Mexiko eine Kaufkraft von US $ 2,108 in den USA[278]), scheint die Arbeitnehmervergütung keinen Anlass zur Annahme einer strukturellen Armut zu geben. Allerdings ist der Wohlstand sehr ungleich verteilt. Mexiko ist bei einem Vergleich aller OECD-Staaten bezüglich der Einkommensverteilung eines der Schlusslichter. Auch die Weltbank und das deutsche Bundesministerium für wirtschaftliche Zusammenarbeit und Entwicklung erkennen extreme soziale Unterschiede in der mexikanischen Bevölkerung.[279] Der genannte, nur am BIP bemessene Durchschnittsverdienst der OECD spiegelt daher nicht die Realität eines Großteils der mexikanischen Arbeitnehmer wider.

So haben die Arbeitnehmer im Industriesektor gemäß INEGI ein Bruttomonatseinkommen von durchschnittlich US $ 542,16 (zum Beispiel Fabrikarbeiter in der Textil-, Automobil- oder Alkoholbranche). Im Dienstleistungssektor ergab sich ein durchschnittliches Bruttomonatseinkommen von US $ 1.027,20 (Arbeitnehmer in der Gesundheitsversorgung, Versicherungsangestellte).[280] Arbeitnehmer in der

---

278 Stand: 2018, Quelle: OECD, https://data.oecd.org/natincome/net-national-income.htm und https://data.oecd.org/conversion/exchange-rates.htm und https://data.oecd.org/con version/purchasing-power-parities-ppp.htm [2.6.2020]; US $ 1 hatte eine Kaufkraft von Mex $ 9,127, sodass sich bei einem Wechselkurs von Mex $ 19,244 für US $ 1 ein Äquivalent von 2,108 ergab; da die Angaben der OECD stets in US $ stattfinden, soll dies der Vermeidung von Ungenauigkeiten bei der Umrechnung in Euro im Folgenden beibehalten werden.

279 https://data.oecd.org/inequality/income-inequality.htm; https://www.bmz.de/de/laender_regionen/lateinamerika/mexiko/index.jsp#section-30530280 [2.6.2020].

280 Stand: 2019, Quelle: *INEGI*, https://www.inegi.org.mx/app/tabulados/default.html?nc=538 und https://www.inegi.org.mx/app/tabulados/default.html?nc=668 [2.6.2020]; die Rechnung basiert auf den in den Quellen angegebenen Stundenlöhnen im Jahr 2019 und geht von einer maximal zulässigen Tagesarbeitszeit von acht Stunden in sechs Arbeitstagen aus.

Landwirtschaft und dem Rohstoffabbau erhalten eine geringere Vergütung als die Fabrikarbeiter. Schätzungen zufolge beträgt der durchschnittliche Monatsverdienst in der Agrarwirtschaft US $ 311,79 brutto.[281] Der garantierte Mindestlohn führt ebenfalls zu keiner besseren Einkommenssituation (Stand 2021: EUR 6,02, in einzelnen Wirtschaftszonen EUR 9,09 je Arbeitstag).[282] Berücksichtigt man die genannten Lebenshaltungskosten trotz des niedrigen Lohnniveaus, ist festzustellen, dass 17,5 % der Mexikaner ein Einkommen unterhalb des Existenzminimums (fehlende finanzielle Ressourcen für Lebensmittel) beziehen und weitere 50,6 % von einem Einkommen leben müssen, das die weitere Grundversorgung nicht ausreichend abdeckt (zum Beispiel Ausgaben für Wohnen oder Gesundheitsversorgung).[283]

Daher leben mehr als 40 % der Bevölkerung in Armut und 8 % in extremer Armut. Kriterien für die Feststellung von Armut sind Mängel bei der Ernährung, Gesundheitsversorgung, Wohnqualität, das Fehlen einer sozialen Absicherung oder mangelhafter Zugang zu Bildungseinrichtungen (Armut bei Mangel an mindestens einer Grundversorgung, extreme Armut bei Mangel an mindestens drei Grundversorgungen).[284] Knapp die Hälfte der mexikanischen Bevölkerung muss um das tägliche Überleben kämpfen und ist zum Teil von den Grundversorgungen ausgeschlossen. Neben der knapp 50 % in Armut lebenden Bevölkerung sind weitere 27 % der Bevölkerung zu berücksichtigen, die zwar nicht in Armut lebt, aber aufgrund ihres Einkommens oder anderer sozialer Faktoren potenziell entsprechend gefährdet ist. Daher leben nur 23 % der Mexikaner nicht in Armut und sind diesbezüglich auch nicht gefährdet.[285]

Tatsächlich besteht eine extreme Kluft zwischen arm und reich in Mexiko. Während viele Mexikaner – wenn überhaupt – ein extrem niedriges Einkommen beziehen und es an einer Grundversorgung wie zum Beispiel mit Lebensmitteln mangelt, verteilen sich der Reichtum und die hieraus resultierenden Erträge auf eine Oberschicht mit einer herausragenden Elite. So hat Mexiko nach *Forbes* im Jahr 2020 insgesamt 22 Milliardäre in US $, zu denen unter anderem *Carlos Slim*

---

281 Die INEGI veröffentlicht hierzu leider keine Statistiken; siehe stattdessen: *Neuvoo*, Salario medio para Agricultura.

282 https://www.gob.mx/cms/uploads/attachment/file/602096/Tabla_de_salarios_m_nimos_vigente_a_partir_de_2021.pdf [16.7.2021]; siehe Fn. 457 zum Wechselkurs.

283 Das Existenzminimum bezieht sich nach CONEVAL auf die ausreichende Versorgung mit Lebensmitteln, wohingegen die Grundversorgung auch weitere Faktoren des Wohlbefindens wie zum Beispiel Ausgaben für Wohnen einschließt; siehe *López Hernández*, Evolución de la economía mexicana, S. 25.

284 *CONEVAL*, Multidimensional Measurement of poverty in Mexico, S. 4, 6; https://www.bmz.de/de/laenderregionen/lateinamerika/mexiko/index.jsp#section-30530280 [2.6.2020]; https://data.worldbank.org/country/mexico?view=chart [2.6.2020]; *López Hernández*, Evolución de la economía mexicana, S. 25.

285 *CONEVAL*, Multidimensional Measurement of poverty in Mexico, S. 6; *López Hernández*, Evolución de la economía mexicana, S. 18; *Esquivel Hernández*, Concentración del Poder Económico y Político, S. 32.

Helú, Ricardo Salinas Pliego, Germán Larrea und *Alberto Bailléres* gehören. Diese Milliardäre besitzen neben ausländischen Unternehmensbeteiligungen die wichtigsten mexikanischen Unternehmen wie zum Beispiel Telmex, Jumex, Grupo Bimbo, Grupo Sanborns, Grupo Elektra, Grupo México, Peñoles, Televisa oder El Palacio de Hierro.[286]

CEPAL zufolge teilen sich 10 % der Bevölkerung knapp 80 % des mexikanischen Vermögens (Unternehmen, Rohstoffe, Kapitalbeteiligungen), wobei ein Drittel dieses Reichtums auf nur 1 % der Bevölkerung entfällt.[287] Zum Vergleich: In Deutschland teilen sich die reichsten 10 % der Bevölkerung 56 % des Vermögens, der reichste Anteil von 1 % besitzt 18 % des Vermögens.[288] Ein breiter Mittelstand ist in Mexiko – anders als (noch) in Deutschland – nicht existent. Mexiko hat im Vergleich zu allen OECD-Mitgliedern den kleinsten Mittelstand. Hingegen verdienen mehr als doppelt so viele Menschen wie im OECD-Durchschnitt über 200 % des errechneten Mittelstandsgehalts.[289]

Die gegenwärtige Einkommenssituation der Arbeitnehmer und die Verteilung des Vermögens innerhalb der Bevölkerung sind daher mit der ökonomischen Lage vor der Revolution Anfang des 20. Jahrhunderts vergleichbar. Eine kleine Bevölkerungsgruppe teilt sich das nationale Vermögen, wohingegen die große Mehrheit der Bevölkerung wegen des niedrigen Lohnniveaus um eine bessere Bezahlung kämpft.

Eine Anhebung des Lohnniveaus ist im Hinblick auf die Lohnentwicklung zwischen 2006 und 2016 auch nicht ersichtlich. Vielmehr fielen die Reallöhne in diesem Zeitraum in Abhängigkeit von der jeweiligen Branche um durchschnittlich 14 %, obwohl die Volkswirtschaft im selben Zeitraum einen Anstieg verzeichnete (siehe unten zur Volkswirtschaft S. 140 ff.).[290]

2. *Prekäre Beschäftigungsverhältnisse*

Neben dem niedrigen Lohnniveau hat der mexikanische Arbeitsmarkt aber vor allem das strukturelle Problem, dass eine Vielzahl informeller Beschäftigungsverhältnisse und Soloselbständige existiert. Der hohe Anteil informeller Arbeitsverhältnisse ohne Vertrag und Absicherung in der Sozialversicherung wird als Merkmal des mexikanischen Arbeitsmarktes bezeichnet.[291]

---

286 *Forbes*, Los empresarios mexicanos más ricos.

287 *CEPAL*, Panorama Social de América Latina, S. 85.

288 *DIW*, Pressemitteilung vom 2. Oktober 2019.

289 *OECD*, Under Preasure – The Squeezed Middle Class, S. 1.

290 *López Hernández*, Evolución de la economía mexicana, S. 25 f.

291 *Germany Trade & Invest*, Lohn- und Lohnnebenkosten, S. 1, https://www.lateinamerikaverein.de/fileadmin/_migrated/news/MEX-Lohn-_und_Lohnnebenkosten-Mexiko.pdf [3.6.2020].

Schätzungen zufolge sind mehr als die Hälfte der offiziell gemeldeten mexikanischen Erwerbstätigen im Hinblick auf die gesetzliche Kranken- und Rentenversicherung nicht versichert (ungefähr 57 %). Zwar widerspricht dies der gesetzlichen Arbeitgeberpflicht zur Sozialversicherungspflicht von Arbeitnehmern und zur Zahlung eines Arbeitgeberbeitrages, welche bei Verstößen auch strafbewehrt ist. Allerdings ist dies eine Konsequenz davon, dass einzelnen Schätzungen zufolge bis zu 80 % der Arbeitnehmer entgegen einer Arbeitgeberpflicht zum Vertragsabschluss ohne einen abgeschlossenen (Arbeits-)Vertrag arbeiten.[292] Auch wenn einzelne Quellen von einem informellen Sektor in Höhe von „lediglich" 40 % oder die ILO von 60 % aller Arbeitnehmer ausgehen, ist das strukturelle Problem der Informalität von Arbeitsverhältnissen in Mexiko offenkundig.[293] Darüber hinaus waren im ersten Quartal 2020 knapp 15 Millionen Freelancer am mexikanischen Arbeitsmarkt tätig,[294] denen in der Regel ebenfalls nicht kraft Gesetzes der Schutz des Arbeits- oder Sozialversicherungsrechts zugute kommt. Diese müssen sich grundsätzlich selbst um einen Versicherungsschutz kümmern und genießen nicht den Vorteil der Arbeitgeberbeiträge zur Sozialversicherung.

Außerdem sind in der mexikanischen Wirtschaft über diese prekären Beschäftigungsverhältnisse hinaus auch zahlreiche informelle Soloselbständige tätig, deren statistische Erhebung aufgrund einer fehlenden Registrierung nicht möglich ist. Laut der INEGI sind über 19 Millionen Einwohner im Alter zwischen 15 und 59 Jahren im ersten Quartal 2020 wirtschaftlich nicht tätig und auch nicht als arbeitslos gemeldet gewesen.[295] Es darf bezweifelt werden, dass 19 Millionen Menschen im berufsfähigen Alter in einem Land mit einer überwiegend armen Bevölkerung keiner Beschäftigung nachgehen und auch nicht als arbeitslos gemeldet sind (und mangels Arbeitslosenversicherung kein Arbeitslosengeld erhalten, siehe unten). Vielmehr ist davon auszugehen, dass ein Großteil der nicht gemeldeten Menschen in Mexiko informell zum Beispiel als Straßenhändler arbeitet oder andere nicht gemeldete „Dienstleistungen" erbringt. So erlebte der Verfasser selbst, dass einige mexikanische Bekannte (zum Beispiel ein Bankangestellter, ein Versicherungsmakler und eine Privatschullehrerin) aufgrund ihres durch Covid-19 bedingten Arbeitsplatzverlustes vorübergehend als Straßenhändler arbeiteten, bis diese einen neuen Arbeitsplatz finden konnten.

---

292 *ASF*, Marco de referencia sobre la fiscalización superior, S. 131; *López Hernández*, Evolución de la economía mexicana, S. 25; *Lozano*, Mucho combate a la pobreza; *El Financiero*, Empresa no paga cuota patronal de Infonavit; http://www.imss.gob.mx/sites/all/statics/IMSS-TYS-0024.pdf [3.6.2020].

293 *ILO*, FORLAC – Notes on Formality, S. 1; *Deppe*, RIW 2019, S. 501.

294 https://www.inegi.org.mx/sistemas/olap/consulta/general_ver4/MDXQueryDatos_Colores.asp?proy=enoe_pe_ed15_tai [3.6.2020].

295 https://www.inegi.org.mx/sistemas/olap/consulta/general_ver4/MDXQueryDatos_Colores.asp?proy=enoe_pe_ed15_pnea [3.6.2020].

Neben einer angemessenen Entlohnung fehlt einem Großteil der Bevölkerung daher häufig auch eine soziale Absicherung, da viele Arbeitnehmer entweder als Folge eines fehlenden Arbeitsvertrages nicht sozialversichert sind (die Sozialversicherung knüpft in Mexiko an das Vorliegen eines schriftlichen Arbeitsvertrages an) oder wegen Arbeitslosigkeit teilweise dauerhaft in der informellen Soloselbständigkeit stranden. Die Arbeitnehmer sind daher schon aufgrund ihrer Beschäftigungssituation häufig gezwungen, eigeninitiativ eine bessere soziale und finanzielle Absicherung durchzusetzen (siehe unten S. 133 ff. bezüglich der Ausnahme des *seguro popular*).

Die fehlende soziale Absicherung verbunden mit dem niedrigen Lohnniveau führt aber auch dazu, dass die Arbeitnehmer im OECD-Durchschnitt die höchste Anzahl an Arbeitsstunden im Jahr leisten (müssen). Während die Arbeitnehmer in Mexiko 2.148 Stunden tätig sind, liegt der OECD-Durchschnitt bei 1.734 Stunden, in Deutschland hingegen bei nur 1.363 Stunden.[296] Häufig können die mexikanischen Arbeitnehmer nur auf diese Weise der Armut entfliehen und ein Mindestmaß an sozialer Absicherung erreichen.

3. *Soziale Vorsorge*

Auch wenn die offizielle Arbeitslosenzahl wegen des wirtschaftlichen Aufschwungs der vergangenen Jahre relativ niedrig ist, ist ein Großteil der Mexikaner entweder informell in prekären Beschäftigungsverhältnissen oder soloselbständig tätig. Ein Großteil der mexikanischen Bevölkerung verfügt über keine soziale Absicherung.

Aber selbst bei einer bestehenden Sozialversicherung zugunsten eines Arbeitnehmers und seiner Familie liegt kein umfassender Versicherungsschutz vor, da die gesetzliche Sozialversicherung Risiken nur rudimentär abdeckt. Arbeitnehmer müssen daher teilweise mit persönlichen finanziellen Mitteln ihre eigene soziale Vorsorge erreichen. Auch sind die Chancen für einen Aufstieg in eine höhere soziale Klasse insbesondere wegen des elitären, von Patronage geprägten und unterfinanzierten Bildungswesens häufig nur gering.

a. Arbeitslosigkeit

Mexiko hat im Vergleich zu anderen lateinamerikanischen Ländern traditionell eine (offiziell) niedrige Arbeitslosenquote.[297] So lag diese im ersten Quartal 2020 mit 3,5 % bei knapp 2 Millionen Arbeitslosen von 57 Millionen erwerbsfähigen Menschen (Einwohner: 126 Millionen). Mehr als die Hälfte der 55 Millionen Arbeitnehmer sind Fabrikarbeiter oder Handwerker (14 Millionen), im Groß- und

---

296 Stand: 2018, Quelle: *OECD*, https://data.oecd.org/emp/hours-worked.htm [4.6.2020].

297 *Bayón*, Konturen des informellen Sektors in Mexiko und Argentinien, S. 153 f.; vergleiche die Tabelle der *INEGI* auf https://www.inegi.org.mx/temas/empleo/ [3.6.2020].

Einzelhandel (10 Millionen) in der Land- und Forstwirtschaft, der Fischerei oder im Bergbau (6,5 Millionen) tätig.[298]

Die Jugendarbeitslosigkeit ist in Mexiko mit knapp 20 % aller zwischen 15- und 29-jährigen Erwerbsfähigen höher als in den anderen OECD-Staaten (diese lag im Jahr 2018 bei durchschnittlich 13 %).[299]

Für die insgesamt niedrige Arbeitslosenquote in Mexiko bestehen verschiedene Erklärungsansätze, welche über die interessengerichtete statistische Erhebung der mexikanischen Regierung hinausgehen. So hat Mexiko keine bundesweite Arbeitslosenversicherung. Nach dem Verlust des Arbeitsplatzes ist ein Arbeitnehmer in der Regel gezwungen, wegen der grundsätzlich ärmlichen Verhältnisse so schnell wie möglich einen (beliebigen) anderen Arbeitsplatz zu erhalten oder selbst eine Arbeit „zu erfinden". Nur so ist in der Regel das Überleben des Arbeitnehmers und seiner Familie gesichert, da infolge der grundsätzlich niedrigen Löhne der Aufbau eines Sparvermögens, das zur Überbrückung einer längeren Arbeitslosigkeit dienen könnte, unmöglich ist.[300] Der durchschnittliche mexikanische Arbeitnehmer kann es sich in der Regel aus ökonomischen Gründen nicht leisten, sich als arbeitslos zu melden und bis zum Erhalt einer neuen Arbeitsstelle abzuwarten. Der Arbeitslose meldet sich daher häufig gar nicht erst bei einer staatlichen Behörde und wird bis zum Erhalt eines neuen „echten" Arbeitsplatzes informell selbständig oder als informeller Angestellter tätig.

Darüber hinaus hat Mexiko keine bundesweite Arbeitslosenversicherung. Die mexikanische Sozialversicherung ist im Wesentlichen auf eine Kranken- und Pflegeversicherung sowie eine gesetzliche Pension beschränkt.[301]

Allenfalls vereinzelt werden finanzielle Unterstützungen auf kommunaler Ebene geleistet, deren Umfang allerdings sehr beschränkt ist (zum Beispiel wird in Mexiko-Stadt maximal für sechs Monate der Mindestlohn gezahlt). Bundesweit besteht nur die Möglichkeit, dass die Arbeitnehmer bei Eintritt von Arbeitslosigkeit alle fünf Jahre einmalig bei der Sozialversicherungsbehörde IMSS einen Antrag stellen, wonach das Rentenguthaben des Versicherten für maximal dreißig Tage ausgezahlt wird. Dies führt jedoch zur dauerhaften Reduzierung des

---

298 https://www.inegi.org.mx/sistemas/olap/consulta/general_ver4/MDXQueryDatos_Colores.as p?proy=enoe_pe_ed15_pt, https://www.inegi.org.mx/sistemas/olap/consulta/general_ver4/MDXQueryDatos_colores.asp?#Regreso&c=, https://www.inegi.org.mx/sistemas/olap/consulta/general_ver4/MDXQueryDatos_Colores.asp?proy=enoe_pe_pda und https://www.inegi.org.mx/temas/empleo/ [3.6.2020].

299 https://data.oecd.org/youthinac/youth-not-in-employment-education-or-training-neet.htm [4.6.2020].

300 *Bayón*, Konturen des informellen Sektors in Mexiko und Argentinien, S. 155 f.

301 Die Sozialversicherung umfasst daneben noch eine Unfallversicherung und Sonderleistungen wie zum Beispiel eine Art Bausparprämie. Wegen ihres geringen Umfangs führen die Sonderleistungen aber zu keiner wesentlich besseren Versorgung der Arbeitnehmer, sodass sich die folgenden Ausführungen auf die Renten- und Gesundheitsversorgung beschränken.

Rentenanspruches in der ausgezahlten Höhe und kann bei einer späteren Beschäftigung nicht mehr nachgezahlt werden. Daneben existieren im Wesentlichen nur Vermittlungsangebote durch die staatlichen Behörden SNE und SEDESOL. Diese können allerdings in der Regel lediglich Informationen, Schulungen und Gelegenheitsjobs anbieten.[302] Die Vermittlungsangebote sind in der Praxis häufig nicht ausreichend, da die Arbeitnehmer nach dem Verlust des Arbeitsplatzes gezwungen sind, wegen der im Durchschnitt ärmlichen Verhältnisse und des nahezu vollständigen Fehlens von Arbeitslosengeld so schnell wie möglich einen anderen Arbeitsplatz zu erhalten oder selbst eine Arbeit – zum Beispiel als fliegender Händler – „zu erfinden".[303]

Außerdem unterliegen die Begriffe der „Arbeit" und „Arbeitslosigkeit" in Mexiko im Vergleich zu anderen Ländern kulturell einem anderen Verständnis, sodass vom Arbeitnehmer geschaffene informelle Beschäftigungen (zum Beispiel Straßenhändler) in der Arbeitslosenstatistik teilweise als Erwerbstätigkeit und nicht als Arbeitslosigkeit Berücksichtigung finden.[304] Einige Länder (wie zum Beispiel Argentinien oder Deutschland) assoziieren die Arbeit primär mit bestimmten Rechten und Stabilität, bei deren Nichtvorliegen dann von Arbeitslosigkeit gesprochen wird. So wird in Argentinien der Begriff *changa*, der zeitlich begrenzte Arbeiten bezeichnet, für alles verwendet, was informelle Arbeiten darstellt, die in Mexiko aber statistisch nicht als Arbeitslosigkeit angesehen werden. Hingegen ist in Mexiko die Arbeit mehr mit der bloßen Generierung von Einkommen als mit Stabilität oder sozialem Schutz verbunden. Die mexikanische Gesellschaft ist historisch von Traditionen informeller Beschäftigungs-, Tausch- und Lebensformen geprägt. Die Arbeit auf eigene Rechnung oder die Fähigkeit, Wege zu erfinden, damit ein Einkommen für den Haushalt erwirtschaftet werden kann, sind traditionelle Formen von Arbeit. Insbesondere für die Armen ist die Versorgung der eigenen Familie mit den zum Überleben relevanten Ressourcen wichtiger als eine stabile Beschäftigung oder ein mit der Arbeit verbundener sozialer Status.[305]

b. Gesetzliche Sozialversicherung

Neben den 57 % der nicht gesetzlich Versicherten müssen aber in der Regel auch die regulär gesetzlich sozialversicherten Arbeitnehmer für eine eigenverantwortliche soziale Absicherung sorgen, da die mexikanische Sozialversicherung nur rudimentär Risiken absichert und für eine umfassende Risikovorsorge in der Regel unzureichend ist. Mexiko ist gemessen am BIP das Schlusslicht aller OECD-Staaten im

---

302 *ILO*, Employment Programs and Unemployment Benefits; https://www.empleo.gob.mx/SNE [4.6.2020]; https://socialprotection.org/connect/stakeholders/mexico-secretaria-de-desarrollo-social-sedesol-department-social-development [18.9.2020]; *Bayón*, Konturen des informellen Sektors in Mexiko und Argentinien, S. 155 f.

303 *Bayón*, Konturen des informellen Sektors in Mexiko und Argentinien, S. 155 f.

304 *Bayón*, Konturen des informellen Sektors in Mexiko und Argentinien, S. 155 f.

305 *Bayón*, Konturen des informellen Sektors in Mexiko und Argentinien, S. 155 f.

Hinblick auf die Ausgabenhöhe für die Sozialversicherung (Mexiko: 7,5 %, OECD Durchschnitt: 20,1 %).[306] Selbst bei Bestehen einer Sozialversicherung zugunsten eines Arbeitnehmers ist es für eine ausreichende Vorsorge ratsam, eigeninitiativ eine zusätzliche Absicherung für einen Risikofall zu schaffen.

Die Sozialversicherungsbehörden sind das Mexikanische Institut für Sozialversicherung (*Instituto Mexicano del Seguro Social*, I MSS), das Institut für Gesundheit und Soziale Sicherheit für Arbeiter des Staates (*Instituto de Seguridad y Servicios Sociales de los Trabajadores del Estado*, ISSSTE), die *Petróleos Mexicanos* (PEMEX), die Streitkräfte und das Ministerium für Nationale Verteidigung (*Secretaría de la Defensa Nacional*, SEDENA) oder das Marineministerium (*Secretaría de Marina*, SEMAR). Eine Versicherung in diesen Sozialversicherungsbehörden setzt aber den Nachweis einer formellen Arbeit und die Arbeitgebermeldung voraus. Die Arbeitnehmer werden daher nur über ihren Arbeitsplatz versichert.[307]

Im Bereich der Gesundheitsversorgung besteht eine Ausnahme von dem Erfordernis eines Arbeitsplatzes zur Erlangung einer gesetzlichen Versicherung. Im Jahr 2000 implementierte die Regierung eine Volksversicherung (*seguro popular*), welche die gesamte Bevölkerung als subsidiäre, staatlich finanzierte und kostenlose Auffangversicherung erfassen soll. Diese ist nicht in eine der genannten Institutionen eingebunden. Etwa ein Drittel der Bevölkerung nimmt die *seguro popular* in Anspruch und hat hierdurch einen Zugang zur Gesundheitsversicherung.[308]

Im staatlichen Gesundheitswesen besteht häufig eine erhebliche Unterversorgung. Zwar existieren diesbezüglich kaum Informationen seitens der mexikanischen Regierung.[309] Allerdings gehört Mexiko nach OECD-Untersuchungen im Gesundheitswesen zu den am schlechtesten ausgestatteten Ländern unter allen OECD-Mitgliedern. Mexiko hat gemessen am BIP die geringsten Pro-Kopf-Ausgaben für das Gesundheitswesen. Bei der Anzahl an Ärzten und Krankenschwestern pro 1.000 Einwohner belegt Mexiko den vorletzten Platz. Im Hinblick auf die medizinische Ausstattung (zum Beispiel Betten, technische Geräte) und die durchgeführten medizinischen Versorgungen wie zum Beispiel Hüft- und Knieoperationen ist Mexiko in den Statistiken ebenfalls auf einem der letzten Plätze oder sogar teilweise gar nicht erst aufgeführt. Die mexikanischen Krankenhäuser haben als Folge von Mortalität die zweitniedrigste Entlassungsrate bei gleichzeitig der kürzesten Aufenthaltsdauer von Patienten. Angaben zur Pflege- und Altersversorgung im

---

306 Stand: 2018, Quelle: *OECD*, https://data.oecd.org/socialexp/social-spending.htm [4.6.2020].

307 *Salgado/Aparicio*, Die Entwicklung der sozioökonomischen Bedingungen für die mexikanische Bevölkerung, S. 106.

308 *Salgado/Aparicio*, Die Entwicklung der sozioökonomischen Bedingungen für die mexikanische Bevölkerung, S. 105.

309 Siehe das Fehlen von Informationen in der Rubrik Gesundheit & Sozialversicherung auf der *INEGI*-Homepage, https://www.inegi.org.mx/datos/default.html?t=0220#Temas [5.6.2020].

Gesundheitswesen bestehen nicht. Jedoch kann wegen der beschriebenen Lage davon ausgegangen werden, dass diese keine wesentlich bessere Versorgung gewährleistet. Auch im Bereich der Pro-Kopf-Ausgaben für Medikamente liegt Mexiko auf dem vorletzten Platz im OECD-Vergleich.[310] Es ist daher keine Seltenheit, dass Teile der Bevölkerung gegen das staatliche Gesundheitssystem demonstrieren, weil zum Beispiel nicht ausreichend Medikamente für die Behandlung von Krebs bei Kindern vorhanden sind[311] oder die Ausrüstung zur Bekämpfung von Covid-19 fehlt.[312]

Die Unterversorgung im Gesundheitswesen wirkt sich auf die im Durchschnitt schlechte Gesundheit der mexikanischen Bevölkerung aus. Daneben beeinflussen aber auch weitere Faktoren wie vor allem Armut, hohe Arbeitsbelastung, ungesunde Ernährung und Kriminalität die Gesundheitsqualität der Bevölkerung negativ. So hat die mexikanische Bevölkerung im Durchschnitt eine der geringsten Lebenserwartungen im OECD-Vergleich (75,4 Lebensjahre, Durchschnitt der OECD-Länder: 80,7 Lebensjahren). Gleichzeitig liegt eine der höchsten Sterblichkeitsraten im Hinblick auf solche Ursachen vor, die durch Prävention oder eine medizinische Behandlung vermeidbar gewesen wären. Mexiko ist das einzige OECD-Land, in dem keine statistische Erhebung über das Empfinden der Bevölkerung gegenüber dem eigenen Gesundheitsniveau und dem Gesundheitssystem vorliegt.[313]

Ein Großteil der Bevölkerung misstraut aber dem staatlichen Gesundheitswesen. Wie der Verfasser dieser Arbeit im Zusammenhang mit der Covid-19-Pandemie in Mexiko-Stadt selbst beobachten konnte, blieben viele Menschen auch ohne eine offizielle Ausgangssperre der Regierung über Monate freiwillig in ihren Häusern und Wohnungen und vermieden jeglichen Kontakt mit anderen Menschen, soweit es ihre ökonomischen Verhältnisse und Arbeitsverhältnisse zuließen. Als Grund für diese freiwillig auferlegte Ausgangssperre gaben alle vom Verfasser befragten Personen an, neben einem Raubüberfall als Folge der ansteigenden Kriminalität vor allem die Einlieferung in ein öffentliches Krankenhaus oder die Bezahlung einer privaten Klinik vermeiden zu wollen. Unter Berücksichtigung der genannten Statistiken und der Äußerungen im Zusammenhang mit Covid-19 ist das tiefe Misstrauen der Mexikaner im Hinblick auf die öffentliche Gesundheitsversorgung trotz der fehlenden statistischen Erfassung zumindest erkennbar.

Folge dieses mangelhaften staatlichen Gesundheitswesens und des fehlenden Vertrauens der Bevölkerung ist, dass der private Sektor der Gesundheitsvorsorge erhebliche Bedeutung hat. Soweit Mexikaner die finanziellen Mittel hierfür haben,

---

310 Stand: 2019: *OECD*, Health at a Glance 2019: OECD Indicators, S. 32 f., 193, 195 ff., 222 ff.

311 Siehe zum Beispiel *Clemente*, Protestan por falta de medicamentos para niños con cancer.

312 Siehe zum Beispiel *González*, Protestan médicos y enfermeras en Toluca.

313 Stand: 2019: *OECD*, Health at a Glance 2019: OECD Indicators, S. 24 f., 66 ff.

bevorzugen sie in der Regel eine kostenpflichtige ärztliche Behandlung in privaten Kliniken anstelle der kostenlosen ärztlichen Versorgung in öffentlichen Einrichtungen. Zwar sind nur 6,9 % der Bevölkerung privat versichert, allerdings betrugen die Ausgaben für die private Gesundheitsvorsorge 52 % der Gesamtausgaben für das Gesundheitswesen. Ein größerer Anteil als die Privatversicherten nimmt daher eine punktuelle Privatbehandlung durch eine direkte Zahlung an die private Klinik in Anspruch.[314]

Daneben besteht ein Behandlungstourismus aus den USA und Kanada, wobei US-Amerikaner oder Kanadier die im Vergleich zum eigenen Land günstigeren Behandlungskosten in Mexiko bei teilweise guter Qualität nutzen.[315]

Für eine angemessene Gesundheitsversorgung, die das unterversorgte Gesundheitswesen übersteigt, sind in der Regel eine private Vorsorge durch die Arbeitnehmer und zusätzliche finanzielle Mittel (durch Vergütung) erforderlich.

Dies gilt auch für die Rentenvorsorge, da die genannte überwiegend bezahlte Rente häufig zu einer Altersarmut führen würde. Im Hinblick auf die Rentenversorgung ergeben Untersuchungen des mexikanischen Kongresses, dass 76,5 % der Bevölkerung vor allem wegen der niedrigen Vergütungen und geringen Beitragszahlungen eine monatliche Rente von weniger als Mx $ 5.000 brutto erhielt (weniger als EUR 190 im Monat). So erhalten im Sozialversicherungsinstitut IMSS nur fünf Personen (bei fast acht Millionen Versicherten) eine monatliche Rente, die höher als EUR 3.000,00 ist.[316]

Zwar steigerte die Regierung seit dem Jahr 2018 die Rentenzahlungen um einige Prozentpunkte.[317] Dessen ungeachtet bietet das Rentensystem den Arbeitnehmern aber dennoch häufig keine ausreichende Vorsorge für den Ruhestand und führt bei ihnen unter Berücksichtigung der Lebenshaltungskosten[318] zu Altersarmut.

Die Mexikaner müssen daher neben einer privaten Krankenversicherung vor allem auch eine eigene Altersversorgung übernehmen, damit im Bedarfsfall keine Unterdeckung eintritt. Mangels Bestehens einer umfassenden Arbeitslosenversicherung sind die Arbeitnehmer auch gezwungen, selbst für den Fall der Arbeitslosigkeit vorzusorgen.

Im Hinblick auf das sehr niedrige Lohnniveau ist den meisten Mexikanern die Bezahlung privater Versicherungen und Kliniken aber häufig nicht möglich oder verbraucht ihre Ersparnisse, soweit überhaupt ein ausreichendes Sparguthaben

---

314 Stand: 2014, Quellen: *Carvalho/Fortes/Garrafa*, Reflections on public-private participation in healthcare, S. 223 f. und *López/Martínez Valle/Aquilera*, Reforming the Mexican Health System to Achieve Effective Health Care Coverage, S. 181 ff.

315 *Horton/Cole*, Medical returns – seeking healthcare, S. 1846 ff.

316 Stand: 2018, Quellen: *ASF*, Marco de referencia sobre la fiscalización superior, S. 135 f.; *Forbes*, El IMSS paga jubilaciones; siehe Fn. 457 hinsichtlich des Wechselkurses.

317 Stand: 2018: *ASF*, Marco de referencia sobre la fiscalización superior, S. 137.

318 Siehe Fn. 278.

besteht. Insbesondere ist die Bildung eines Sparguthabens für die Rente unter diesen Bedingungen in der Regel eine utopische Vorstellung, die unter anderem von der Inflation und den Kursschwankungen zu ausländischen Währungen weiter erschwert wird (siehe S. 38 ff., 244).

Im mexikanischen Alltag begegnet man daher unzähligen im Rentenalter (informell) arbeitenden Menschen, die zum Beispiel in Supermärkten gegen ein Trinkgeld beim Packen und Tragen der Einkaufstüte helfen, als Anweiser auf den öffentlichen Parkplätzen arbeiten oder als Straßenhändler tätig sind. Auch gibt es Regionen, in denen die Anzahl der Kinder über die Qualität der Versorgung im Alter entscheidet, da diese in der Regel als Erwachsene mit Teilen ihrer Einkünfte die verrenteten Eltern unterstützen müssen, um deren Überleben zu sichern. Daher ist es auch keine Seltenheit, dass die jüngeren Generationen Teile ihrer Vergütung der älteren Generation zur Verfügung stellen (müssen). Dies gilt insbesondere auch für Wirtschaftszentren wie zum Beispiel Mexiko-Stadt.

c. *Ausbildungssystem*

Außerdem bestehen für mexikanische Arbeitnehmer und deren Kinder kaum Aufstiegschancen in eine höhere soziale Klasse. Dies ist einerseits die Folge der Kluft zwischen arm und reich, wonach nur 23 % der Bevölkerung nicht von Armut gefährdet ist. Andererseits führt das von Patronage geprägte Bildungssystem zu erschwerten sozialen Aufstiegsmöglichkeiten. Ein Großteil der Bevölkerung hat daher nur geringe Chancen, eine (höhere) Bildung und einen sozialen Aufstieg durch die Berufstätigkeit zu erreichen.

Das (öffentliche) Bildungswesen ist für Schüler und Studenten grundsätzlich kostenlos, da die Verfassung CPEUM den Zugang zur Bildung als Grundrecht jeder Person anerkennt. Es existieren zahlreiche öffentliche Schulen und Universitäten. Daneben besteht auch ein System privater Schulen und Universitäten. Untersuchungen der IMCO zufolge kosten Studiengänge an privaten Universitäten je nach Studiengang und Universität allerdings zwischen EUR 5.000 und EUR 40.000.[319]

Berücksichtigt man das niedrige Lohnniveau der Arbeitnehmer, ist offensichtlich, dass der großen Mehrheit der Bevölkerung mangels finanzieller Möglichkeiten der Zugang zu den privaten Bildungseinrichtungen verwehrt ist. Ein Großteil der mexikanischen Bevölkerung muss folglich die staatlichen Schulen und Universitäten besuchen. Diese sind aber vor allem in ländlichen Gebieten häufig unterfinanziert und bieten in der Regel nur eine schlechte Ausbildung der Schüler und Studenten. So gehört Mexiko im Vergleich zu den anderen OECD-Mitgliedern zu denjenigen Ländern, die gemessen an ihrem BIP am wenigsten in das Bildungswesen investieren, obwohl in den letzten Jahren eine steigende Tendenz durch höhere Investitionen in das Bildungswesen erkennbar ist.[320] Dies führt dazu, dass Mexiko

---

319 *RFG*, Cuánto cuesta estudiar una carrera en México; siehe Fn. 457 zum Wechselkurs.
320 *OECD*, Education at a glance 2019, S. 267; https://data.oecd.org/eduresource/education-spending.htm [4.6.2020].

auch im Pisa-Vergleich zu den Schlusslichtern aller OECD-Länder bezüglich der Leistungen von Schülern und Studenten gehört (viertletzter Platz).[321] Daher nehmen die wohlhabenden mexikanischen Familien häufig private Bildungseinrichtungen in Anspruch, die im internationalen Vergleich ein hohes Niveau aufweisen. Mexiko gehört im OECD-Vergleich zu den Spitzenreitern im Hinblick auf die Höhe der Privatausgaben für Bildung und liegt in dieser Kategorie gemessen am BIP vor anderen für private Bildungssysteme bekannten Ländern wie den USA oder Großbritannien.[322]

Die Differenzierung des mexikanischen Bildungswesens in private und öffentliche Einrichtungen hat zur Folge, dass die in privaten Einrichtungen ausgebildeten Menschen aufgrund überdurchschnittlicher Qualifikationen häufig die besseren Arbeitsplätze (mit einer entsprechend höheren Entlohnung) erhalten. Diese stammen wegen der Ausbildungskosten in der Regel aus wohlhabenden Familien. Die Arbeitsplätze mit hohen Verdienstmöglichkeiten oder Führungspositionen bleiben häufig Mexikanern mit einem wohlhabenden familiären Hintergrund vorbehalten. Auch die vom mexikanischen Staat gewährten Stipendien haben keinen großen Einfluss auf diese Folge, da die in Mexiko vorherrschende Patronage einen sozialen Aufstieg ebenfalls erheblich erschwert. Die mexikanische Gesellschaft ist geprägt von Klientelismus und Patronage.[323] Selbst wenn einem Mexikaner aus einer ärmlichen Familie mithilfe eines Stipendiums der Abschluss an einer privaten Universität gelingt, bleiben die höheren Ämter oder Führungspositionen in der Wirtschaft häufig solchen Menschen vorbehalten, die aus einer wohlhabenden und in der Gesellschaft gut vernetzten Familie stammen.

Zwar verspricht ein Abitur oder eine universitäre Ausbildung eine überdurchschnittliche Vergütung, die zumindest ein Entfliehen aus der Armut gewährleisten kann (Schätzungen zufolge führt das Abitur zu einem durchschnittlich 40 % höheren Verdienst, ein universitärer Abschluss zu einer durchschnittlich doppelt so hohen Vergütung).[324]

Die Armut verhindert jedoch häufig, dass Jugendliche aus armen Familien eine höhere Bildung oder überhaupt eine schulische Bildung erhalten können. Der auf den Familien lastende ökonomische Druck führt dazu, dass die Jugendlichen so schnell wie möglich erwerbstätig werden müssen, um das Überleben der Familie

---

321 https://data.oecd.org/pisa/reading-performance-pisa.htm, https://data.oecd.org/pisa/mathematics-performance-pisa.htm und https://data.oecd.org/pisa/science-performance-pisa.htm [4.6.2020].

322 Siehe https://data.oecd.org/eduresource/private-spending-on-education.htm#indicator-chart [4.6.2020].

323 *Wagner*, Mexikos junge Demokratie in der Krise, S. 487; *Schröter*, Klientelismus in der Politik Mexikos, S. 56, 209 ff., 278.

324 *OECD*, Education at a glance 2019, S. 82 ff.; *Milenio*, México ultimo lugar en bachillerato; diese Statistik berücksichtigt allerdings nicht, dass die i. d. R. höhere Vergütung auch mit dem Abschluss einer privaten Universität/Gymnasium (*preparatoria*) zusammenhängt.

sichern zu können. Daher können Menschen aus ärmeren sozialen Verhältnissen meist auch nicht das kostenlose Bildungsangebot der öffentlichen Einrichtungen und insbesondere an den Universitäten wahrnehmen. Studien über die Dynamik und Strategien von Haushalten zeigten in der Vergangenheit, dass ein verfrühter Schulabgang von Kindern vor allem in Zeiten der Wirtschaftskrise normal war, da diese in den Arbeitsmarkt eintraten und den Verlust der familiären Einkommen kompensierten.[325]

Neben den ökonomischen Umständen kann bei den Jugendlichen aber auch die Motivation zur Erlangung einer höheren Bildung fehlen. Dies beruht einerseits auf der Erkenntnis geringer Löhne trotz Bildung und andererseits auf dem Fehlen von Vorbildern im eigenen Umfeld, denen ein solcher sozialer Aufstieg selbst gelungen ist. So haben 48 % der Mexikaner zwischen 25 und 34 Jahren weder ein Abitur (*bachillerato*) noch einen universitären Abschluss. Im OECD-Vergleich schneiden nur Indien und China noch schlechter ab, wohingegen der OECD-Durchschnitt bei 15 % liegt. Allerdings verbesserte Mexiko diese Quote durch vermehrte Investitionen und Bildungsreformen im Vergleich zu den Vorjahren um 13 %.[326] 16,2 % der Bevölkerung haben keine Schulbildung oder eine unvollständige Grundschulausbildung.[327]

Die Kluft zwischen arm und reich beschränkt sich in der mexikanischen Gesellschaft daher nicht nur auf die Vermögensverteilung und Verdiensthöhe, sondern setzt sich auch im Bildungswesen und den sich hieraus ergebenden Karrierechancen insbesondere für die Jugend fort. Die erforderliche eigeninitiative private Vorsorge der Arbeitnehmer beschränkt sich daher nicht nur auf die mangelhafte staatliche Arbeitslosen-, Renten- und Gesundheitsversicherung. In der Regel sind auch erhebliche private Aufwendungen für eine angemessene Bildung für die Kinder erforderlich.

4. Zwischenergebnis

Die Mehrheit der Bevölkerung bezieht nicht nur ein geringes Einkommen und lebt in Armut, sondern hat auch keine oder eine nur unzureichende öffentliche soziale Absicherung und Bildung. Ein Großteil der Menschen muss eigeninitiativ eine private Vorsorge treffen, die mit eigenen finanziellen Mitteln zu bezahlen ist. Aufgrund des niedrigen Lohnniveaus ist eine private Vorsorge im Hinblick auf die Rente, Arbeitslosigkeit oder im Pflege- und Krankheitsfall aber häufig nicht möglich. Die Betroffenen sind in diesen Fällen auf die Wohlfahrt von privaten Stiftungen und vereinzelte staatliche Förderprogramme angewiesen, ohne aber eine gesicherte Rechtsposition innezuhaben.

---

325 *CONEVAL*, Impact of the economic crisis on children and adolescents, S. 1 f.
326 *OECD*, Education at a glance 2019, S. 40; *Milenio*, México ultimo lugar en bachillerato.
327 Stand: 2015, Quelle: INEGI, https://www.inegi.org.mx/temas/educacion/ [10.6.2020].

Ein Aufstieg in eine höhere soziale Klasse und ein damit verbundenes Entfliehen aus der mangelhaften Versorgung mit Grundgütern wie zum Beispiel angemessener Wohnqualität oder Gesundheitsvorsorge ist ebenfalls nicht möglich. Wegen der extremen Kluft zwischen arm und reich sind nur 23 % der Bevölkerung nicht von Armut gefährdet. Neben der Armut erschwert aber auch das von Patronage geprägte private Bildungswesen, dass die arme oder von Armut gefährdete Bevölkerungsgruppe die soziale Klasse der oberen 23 % erreichen kann. Neben der Ungleichheit in der Vermögens- und Einkommensverteilung besteht auch eine Chancenungleichheit. Die Arbeitnehmer sind daher auch deshalb auf eine höhere Vergütung angewiesen, um ihren Kindern eine Chance auf einen sozialen Aufstieg zu ermöglichen.

Die Arbeitnehmer sind ferner davon abhängig, bessere Arbeitsbedingungen gegenüber den Arbeitgebern durchzusetzen, um den elementaren Lebensbedarf abdecken und eine angemessene Risikovorsorge betreiben zu können. Dies betrifft insbesondere das Erfordernis einer höheren Vergütung und eines Eintritts in ein formelles Beschäftigungsverhältnis. Außerdem führt das niedrige Lohnniveau dazu, dass Arbeitnehmern zur individuellen Rechtsverfolgung nur geringe finanzielle Ressourcen zur Verfügung stehen.

II. Volkswirtschaft

Neben der Arbeitnehmervergütung und der sozialen Absicherung sind auch volkswirtschaftliche Aspekte der mexikanischen Wirtschaft zu berücksichtigen, die eine unmittelbare Auswirkung auf das Leben der Arbeitnehmer haben und die unzureichende Vergütung und soziale Absicherung bedingen können.

1. Mexikanische Wirtschaftskraft

Mexiko ist mit einem BIP von US $ 1,221 Billionen nach Brasilien die zweitgrößte lateinamerikanische Volkswirtschaft (Brasilien: US $ 1,885 Billionen). Gemessen am BIP liegt Mexiko auf Platz 15 der größten Volkswirtschaften und nur knapp hinter Australien, Spanien oder Kanada, die einen US $ 200 bis 300 Milliarden höheren BIP haben. Im internationalen Vergleich wird Mexiko als Schwellenland eingestuft, gehört aber aufgrund seiner Wirtschaftskraft zu den OECD-Staaten und ist ein G-20-Mitglied. Das BIP steigerte sich seit der neoliberalen Reform des Wirtschaftswesens von 1990 bis heute um knapp US $ 1 Billion. Die letzten Jahrzehnte waren von einem kontinuierlichen Wachstum der Volkswirtschaft geprägt – mit Ausnahme der mexikanischen Finanzkrise im Jahr 1994 und 1995 sowie der weltweiten Wirtschaftskrise im Jahr 2009.[328] Auch die Staatsfinanzen des Staates stabilisierten sich

328 Stand: 2018, Quelle: Weltbank, https://data.worldbank.org/indicator/NY.GDP.MKTP.CD?loca tions = MXBR&name_desc= false [9.6.2020]; *López Hernández*, Evolución de la economía mexicana, S. 22.

seit der Zahlungsunfähigkeit im Jahr 1982 und der Bankenkrise im Jahr 1994 und werden von dem IWF bei einer Staatsverschuldung in Höhe von 53,6 % des BIP als „tragbar" bezeichnet (in der Euro-Zone liegt die Staatsverschuldung bei 84,1 %).[329]

Die mexikanische Wirtschaftskraft stieg mit der nahezu vollständigen Öffnung des Marktes für ausländische Unternehmen und infolge des erheblichen Wertverlustes des mexikanischen Pesos an. Mexiko entwickelte sich seit Ende der 1990er-Jahre zu einer Exportnation (siehe bereits ausführlich in S. 38 ff. und 45 ff.). Die Wirtschaftskraft wäre gemessen am BIP stark genug, um den Arbeitnehmern bessere Arbeitsbedingungen und vor allem ein höheres Lohnniveau und eine höhere soziale Vorsorge zu gewähren.

2. Regionale Verteilung der Wirtschaftskraft

Zwischen den einzelnen Regionen in Mexiko ergeben sich erhebliche Abweichungen in der Wirtschaftskraft. Ein Großteil der wirtschaftlichen Leistung des Landes konzentriert sich auf die nördlichen Bundesstaaten an der Grenze zu den USA (vor allem Nuevo León) oder das Landeszentrum um Mexiko-Stadt und Puebla. Hingegen haben die südlichen Bundesstaaten wie zum Beispiel Chiapas oder Oaxaca nur eine sehr geringe Wirtschaftskraft und sind strukturell arme Gebiete.[330] So hatten das Landeszentrum und der Norden im Jahr 2018 am BIP einen Anteil in Höhe von 72,1 %, wohingegen der Osten, Westen und Süden des Landes nur einen Anteil von 27,9 % aufwiesen. Allein Mexiko-Stadt und der anliegende Bundesstaat Mexiko haben am BIP bereits einen Anteil in Höhe von 25,2 %.[331] Während die Wirtschaftszentren teilweise das Level eines Industrielandes erreichen, entsprechen die armen Gebiete dem Niveau eines Entwicklungslandes. Dies folgt daraus, dass die Regierungen und (transnationalen) Unternehmen die wirtschaftliche und soziale Entwicklung in den letzten Jahrzehnten interessengerichtet in der Regel nur im Norden und Zentrum des Landes vorantrieben, wohingegen im Süden sowie anderen ländlichen Gebieten (zum Beispiel Michoacán, Yucatán, Campeche) keine wesentlichen Infrastruktur- und Wirtschaftsprojekte stattfanden.[332]

Die Gründe für die unterschiedliche Entwicklung der Regionen sind vielfältiger Natur. Der historisch und politisch bedeutende Landesteil Mexikos liegt seit

329 Stand: 2018, Quelle: Statistisches Bundesamt, https://www.destatis.de/DE/Themen/Laender-Regionen/Internationales/Laenderprofile/mexiko.pdf?__blob=publicationFile.

330 *INEGI*, Comunicado de Prensa Núm. 694/19 vom 16. Dezember 2019, S. 5 ff.; *López Castro/Saucedo Acosta*, Principales Regiones Industriales de México, S. 9, 13, 20 f.

331 *INEGI*, Comunicado de Prensa Núm. 694/19 (16. Dezember 2019), S. 5; Das Landeszentrum umfasst Mexiko-Stadt, den Bundesstaat Mexiko, Puebla, Veracruz, Morelos, Jalisco und Queretaro, wohingegen der Norden die Regionen Nuevo León, Chihuahua, Sonora, Baja California, Tamaulipas und San Luís Potosí umfasst.

332 https://www.kas.de/de/laenderberichte/detail/-/content/mexikanische-wirtschaft [9.6.2020].

jeher im geografischen Zentrum des Landes. Die für Unternehmen existenzielle Infrastruktur war daher bereits bei Beginn der Industrialisierung wesentlich besser ausgebaut als in den übrigen Landesteilen. Für die überdurchschnittliche Entwicklung des Nordens spricht die geografische Nähe zu den USA als wichtigstem Handelspartner und Auslandsinvestor in Mexiko. Die *Maquiladoras* als verlängerte Werkbank der US-Industrie sind für die US-Unternehmen in der Nähe zur Landesgrenze aufgrund der kürzeren Transportwege wesentlich sinnvoller als zum Beispiel im Süden von Mexiko. Einige Autoren sehen als weiteren Grund auch die unterschiedliche Bevölkerungsstruktur in den Regionen. So lebt in den armen südlichen und östlichen Gebieten die große Mehrheit der indigenen Bevölkerungsgruppen.[333] Diese haben aber in der mexikanischen Wirtschaft und Politik keine ernst zu nehmende Interessenvertretung und werden von staatlichen Behörden teilweise benachteiligt. Neben den geografischen, historischen und wirtschaftlichen Gründen sprechen daher wohl auch soziologische Aspekte dafür, dass kein großes Interesse an einem wirtschaftlichen Aufschwung der südlichen und östlichen Landesteile bestand.

Die regionalen Unterschiede haben einen erheblichen Einfluss auf die Perspektive von Arbeitnehmern, einen Arbeitsplatz mit einer durchschnittlichen Vergütung oder eine Bildung zu erhalten, die ein armutsvermeidendes Leben gewährleisten. Hiermit im Zusammenhang steht vor allem auch die organisierte Kriminalität, die sich in der Regel aufgrund der Perspektivlosigkeit der Menschen in den strukturell armen Regionen bildet. Auch entscheidet die Wirtschaftskraft der jeweiligen Region über den Zugang zur öffentlichen Gesundheitsversorgung oder die Wohnsituation, die im Süden und Osten des Landes (mit Ausnahme von Quintana Roo) unterdurchschnittlich schlecht ist und teilweise nicht dem Niveau eines Entwicklungslandes entspricht.[334]

Die Darstellungen in den Kapiteln § 2 bis 7 beschränken sich auf die durchschnittlichen Werte innerhalb der mexikanischen Bevölkerung und lassen einzelne regionale Unterschiede – soweit vertretbar – unberücksichtigt. Die allgemeine gesellschaftspolitische Bedeutung des Streiks für die Arbeitnehmer erfordert, die relevanten Aspekte für die Mehrheit der Bevölkerung überregional darzustellen. Außerdem ist das Streikrecht eine Regelung auf Bundesebene, welche für alle Regionen gleich gilt (siehe S. 159 ff., 191 ff.). Im Übrigen bestehen die genannten Probleme in der Regel auch für Arbeitnehmer in den leistungsstarken Wirtschaftszonen, allerdings nur in einem durchschnittlich geringeren Ausmaß als in den armen Regionen. Das strukturelle Problem im Hinblick auf das niedrige Lohnniveau, die

333 *Salgado/Aparicio*, Die Entwicklung der sozioökonomischen Bedingungen für die mexikanische Bevölkerung, S. 115 f.

334 *Salgado/Aparicio*, Die Entwicklung der sozioökonomischen Bedingungen für die mexikanische Bevölkerung, S. 107 f.; *CEEY*, Boletín De Movilidad Social En El Mercado De Trabajo 2, Mai 2020, S. 12 f.; https://elpais.com/economia/2020/02/27/actualidad/1582776 346_417059.html [9.6.2020].

unzureichende soziale Vorsorge und das Bestehen prekärer Beschäftigungsverhältnisse betrifft das ganze Land.

3. Politischer Unwille zur Erreichung von Verteilungsgerechtigkeit

Unter Berücksichtigung der mexikanischen Wirtschaftskraft wäre ein höheres Lohnniveau zugunsten der Arbeitnehmer, welches die überwiegend nur geringen Einkommen überschreitet, grundsätzlich möglich. Mexiko ist die zweitgrößte lateinamerikanische Volkswirtschaft und liegt gemessen am BIP auf Platz 15 der weltweit größten Volkswirtschaften. Auch entwickelte sich Mexiko hin zu einer wichtigen Exportnation, welche die Fabriken der wichtigsten transnationalen Konzerne unter anderem in der Kraftfahrtbranche oder Maschinen- und Elektronikbau beherbergt (siehe bereits S. 38 ff., 45 ff.).

In Mexiko besteht aber bisher vor allem ein politischer Unwille und wegen der Abhängigkeit zum Außenhandel teilweise auch eine Unfähigkeit, die Einkommens- und Vorsorgesituation der Arbeitnehmer nachhaltig zu verbessern. Weder die Exekutive noch die Legislative sind ernstlich gewillt, das Lohnniveau erheblich zu steigern und eine angemessene Wahrnehmung von Arbeitnehmerinteressen zu gewährleisten (siehe S. 34 ff.). Obwohl der seit 2018 regierende Präsident *Lopez Obrador* der kommunistischen Partei MORENA zuzuordnen ist,

- kündigte er bei seinem Amtsantritt explizit an, dass die Privatwirtschaft (das heißt die Situation der Arbeitnehmer) trotz seines Wahlsieges unangetastet bleibe,
- veranlasste er nur eine geringfügige Erhöhung des Mindestlohns, dem wegen seiner geringen Höhe überwiegend nur ein symbolischer Charakter beigemessen wird (Stand 2021: EUR 6,02 und in einzelnen Wirtschaftszonen EUR 9,09 je Arbeitstag).[335]

Die mexikanischen Arbeitnehmer sind zu einem Spielball der nationalen Wirtschaftspolitik sowie von mexikanischen und transnationalen Konzernen geworden. Auf ihrem Rücken wird seit der Neoliberalisierung in den 1980er-Jahren ein umfangreicher unternehmerischer und volkswirtschaftlicher Wohlstand erzeugt, der zu einer für ein Schwellenland starken Wirtschaftskraft führt, an dem die mexikanischen Arbeitnehmer aber kaum partizipieren.

Allerdings ist auch festzustellen, dass der mexikanische Staat aufgrund seiner Wirtschaftspolitik erhebliche Fortschritte machte und eine ökonomische und soziale Transformation vollzog. Insbesondere im Hinblick auf die soziale Vorsorge trat im 20. Jahrhundert eine deutliche Verbesserung ein, auch wenn die Standards im internationalen Vergleich weiterhin überwiegend unterdurchschnittlich sind. Lag

---

335 https://www.gob.mx/stps/prensa/con-aumento-de-20-al-salario-minimo-para-2020-mexico-tiene-las-bases-para-crecer-afirma-presidente-lopez-obrador-230226 [2.6.2020].

die Lebenserwartung einer Person im Jahr 1895 noch bei 29,5 Jahren, hatte ein Mensch, der im Jahr 2019 geboren wurde, eine mehr als doppelt so hohe Lebenserwartung (75,4 Jahre)[336]. Die Bevölkerung hat sich seit Beginn des 20. Jahrhunderts von 12,6 Millionen Einwohnern auf 126 Millionen verzehnfacht. Die Hauptindikatoren für Armut – Bildung, Zugang zur Gesundheitsversorgung und Wohnbedingungen – haben sich in diesem Zeitraum ebenfalls deutlich verbessert. Zu Beginn des 20. Jahrhunderts waren 82 % der Bevölkerung Analphabeten. Gegenwärtig liegt dieser Anteil bei ca. 7 %. Der Prozentsatz der Personen mit Bildungsrückstand nahm ab, wohingegen die Zahl der Schuljahre zunahm (1960 hatten nur 1 % der Bevölkerung eine Hochschulbildung und 40 % keine Schulbildung; gegenwärtig haben 18 % eine Hochschuldbildung und 20 % sind ohne Schulbildung). Umfassende Reformen des Gesundheitswesens (insbesondere die Implementierung des *Seguro Popular*) sorgten dafür, dass gegenwärtig über 70 % der Bevölkerung Zugang zu einer Gesundheitsversorgung haben. Im Jahr 1990 lag dieser Durchschnitt noch bei 59,1 %. Auch im Hinblick auf die Wohnsituation traten Verbesserungen ein, da nur noch 11,6 % der Bevölkerung einen Mangel an fließendem Wasser (1990: 24,2 %, 1950: 68 %), 12 % einen Mangel wegen Abwasser (1990: 40,3 %) und 1,9 % einen Mangel wegen nicht vorhandener Elektrizität (1990: 13,1 %) erleiden.[337]

Die Verbesserungen der sozialen Standards innerhalb der Bevölkerung sind vor allem aber auf das wirtschaftliche Wachstum des mexikanischen Staates und weniger auf einen vorhandenen Wohlstand innerhalb der Bevölkerung zurückzuführen. Die seit der Revolution deutlich angestiegene Wirtschaftskraft wirkt sich positiv auf die Staatsausgaben für soziale Leistungen aus, auch wenn diese prozentual gesehen bei 7,5 % des BIP (OECD-Durchschnitt 20,1 %)[338] weiterhin sehr gering sind. Die ökonomischen Transformationen der mexikanischen Wirtschaftspolitik trugen dabei maßgeblich zu der im Durchschnitt positiven Entwicklung des Landes bei. So war Mexiko am Anfang des 20. Jahrhunderts bis einige Jahre nach der Revolution ein Agrarstaat mit einer unbedeutenden Industrie. Erst die Wirtschaftspolitik der binnenmarktorientierten Industrialisierung mit Importsubstitutionen und der darauffolgende Neoliberalismus führten zu einem Wachstum der mexikanischen Volkswirtschaft.

Allerdings findet das wirtschaftliche Wachstum auf dem Rücken der mexikanischen Arbeitnehmer statt. Diese profitieren in ihrer ökonomischen Lebenssituation kaum von der im Vergleich zur Revolutionszeit deutlich gewachsenen Wirtschaftskraft, insbesondere wegen der gegenwärtig sehr niedrigen Einkommen.[339] Diese

---

336 Stand: 2019, *OECD*, Health at a Glance 2019: OECD Indicators, S. 24 f., 66 ff.

337 Siehe die Darstellung von *Salgado/Aparicio*, Die Entwicklung der sozioökonomischen Bedingungen für die mexikanische Bevölkerung: jüngste Perspektiven, S. 103 ff.

338 Stand: 2018, Quelle: *OECD*, https://data.oecd.org/socialexp/social-spending.htm [4.6.2020].

339 *Torres/Rojas*, Política Económica y Política Social en México: Desquilibrio y Saldos, S. 51, *Diana*, Evolución de la economía mexicana, S. 18 ff.

liegen gemessen an dem Kaufkraftwert unter dem Niveau des Jahres 1980. Neben der Staatsschuldenkrise (starke Inflation und Abwertung des Pesos) ist dies vor allem auch eine Folge davon, dass über die Hälfte aller seit 1990 neu geschaffenen Jobs dem Niedriglohnsektor zuzuordnen sind und das Wirtschaftswachstum seit der neoliberalen Wirtschaftspolitik gezielt auf eine geringe Entlohnung der Arbeitnehmer und einer Undurchsetzbarkeit des Arbeitsrechts ausgelegt ist. Trotz eines Anstiegs der Produktivität sind die Lohnkosten in den letzten Jahrzehnten gesunken.[340]

Die Arbeitnehmer selbst profitieren bisher selten persönlich von der ökonomischen Transformation und dem Wachstum der mexikanischen Wirtschaft. Diese kommen hauptsächlich in- und ausländischen Konzernen und dem mexikanischen Staatshaushalt sowie den Politikern zugute. Zwar eröffnen ein stabiler Staatshaushalt und eine florierende Volkswirtschaft für künftige Generationen im Grundsatz bessere Zukunftschancen. Ein Indiz hierfür sind die sozialen Verbesserungen im 20. und 21. Jahrhundert und der Wandel weg von einer Agrar- hin zu einer Industrienation. Eine langfristige Verbesserung der Lebenssituation Einzelner setzt aber voraus, dass der mexikanische Staat und die Unternehmen selbst die Bevölkerung auch an dem wirtschaftlichen Wohlstand partizipieren lassen. Dies kann im Hinblick auf die geringen Staatsausgaben für die soziale Vorsorge und die extreme Kluft zwischen arm und reich gegenwärtig bezweifelt werden. Vielmehr ist eine Wirtschaftspolitik, die ökonomisch vorbildliche Rahmendaten erzielt, aber die negativen sozialen Folgen außer Acht lässt, nicht nachhaltig, sondern führt zu sozialen Verwerfungen und strukturellen Entwicklungsproblemen.[341] Dies kann für künftige Generationen zu Belastungen politischer und ökonomischer Natur führen.

Die Mehrheit der Arbeitnehmer ist daher weiterhin gezwungen, entgegen den Interessen der Wirtschaft und Politik eigeninitiativ eine Umverteilung des geschaffenen Wohlstandes durch ein höheres Lohnniveau zu erreichen. Das geeignete Mittel hierfür ist grundsätzlich der Streik, durch welchen die Arbeitnehmer eigeninitiativ mit dem Druckmittel der Arbeitsniederlegung bessere Arbeitsbedingungen durchsetzen können. Das Streikrecht erfüllt unter diesen Umständen in besonderer Weise seinen Zweck, da die Arbeitnehmer durch Arbeitsniederlegungen eine angemessenere Verteilung des mexikanischen Wohlstands erreichen können. Auch sind die Arbeitnehmer insbesondere deshalb auf Streiks angewiesen, da ihre politischen Vertreter in der Exekutive und Legislative keine authentische Interessenvertretung gewährleisten. Sowohl die mexikanische Wirtschaftspolitik als auch die externen Einflüsse wie die Abhängigkeit vom Außenhandel und der

340 *Salas*, The Impact of NAFTA on Wages and Incomes in Mexico, S. 16; *Audley*, NAFTA's Promise and Reality, S. 24 ff.; Wissenschaftlicher Dienst des Deutschen Bundestages, Die Auswirkungen des Nordamerikanischen Freihandelsabkommens NAFTA auf die Arbeitsmärkte in den USA, Mexiko und Kanada, S. 7 f.

341 *Reichenbach*, Mexikos Wirtschaftspolitik im 21. Jahrhundert, S. 417.

nationalen Wirtschaftselite (siehe S. 42 ff.) verhindern, dass die Exekutive und Legislative stellvertretend für die Arbeitnehmer eine an deren Interesse orientierte angemessene Verteilung des Wohlstandes verfolgen.

Deshalb kommen im Falle der mexikanischen Arbeitnehmer gegenwärtig auch (noch) keine vom Streik unabhängigen Maßnahmen in Betracht, die für eine Verteilungsgerechtigkeit des nationalen Wohlstandes sorgen könnten. So wäre es zwar grundsätzlich denkbar, anstelle oder neben dem Streikrecht

- den verfassungsrechtlich garantierten Mindestlohn deutlich zu erhöhen, sodass dieser zumindest ein über dem Existenzminimum liegendes Leben gewährleistet (zum Beispiel EUR 6,02 brutto je Arbeitsstunde statt wie bisher je Arbeitstag),
- den Abschluss von Branchentarifverträgen oder allgemein verbindlichen Tarifverträgen zu fördern, sodass auch solchen Arbeitnehmern bessere Arbeitsbedingungen zugutekommen können, die im Betrieb von einer arbeitnehmerfeindlichen Gewerkschaft vertreten werden oder aus sonstigen Gründen keinen kollektiven Zusammenschluss und keine ausreichende Verhandlungsstärke gegenüber dem Arbeitgeber erreichen können, oder
- generell eine Stärkung des Rechtsstaates herbeizuführen, um zumindest die Rechtsdurchsetzung zugunsten der Arbeitnehmer zu gewährleisten und so wenigstens eine höhere soziale Absicherung durch Reduzierung des informellen Sektors zu erreichen.

Allerdings setzen solche Maßnahmen eine Mitwirkung der mexikanischen Regierung und des Gesetzgebers voraus, im Falle der Tarifverträge auch von den Gewerkschaften (siehe S. 228 ff.). Aufgrund der gegenwärtig in der Regel am Arbeitgeberinteresse orientierten und vor allem von Korruption geprägten Handlungen der Arbeitnehmerrepräsentanten sowie der Einflussmöglichkeiten auf die Judikative sind am Arbeitnehmerinteresse orientierte Maßnahmen von staatlichen Stellen oder den Gewerkschaften derzeit allerdings (noch) keine realistische Alternative (siehe S. 62 ff. und 84 ff.).

Auch im Hinblick auf die Arbeitsrechtsreform von 2019 ist an dieser Stelle zu erwähnen, dass sie im Wesentlichen auf Druck der USA und der EU zustande kam und weniger das Ergebnis eines Reformeifers der mexikanischen Regierung oder des Gesetzgebers war.[342] Im Übrigen ist zu berücksichtigen, dass zahlreiche ausländische Unternehmen gerade als Folge des niedrigen Lohnniveaus und der laschen Handhabung des Arbeitsrechts in Mexiko Fabriken bauten und hierdurch Arbeitsplätze schufen. Somit besteht die erhebliche Gefahr, dass vor allem eine Erhöhung des Lohnniveaus zu einem Wegzug ausländischer Unternehmen, zu zahlreichen Arbeitsplatzverlusten und zu einer Schwächung der mexikanischen Wirtschaftskraft führt. Die ökonomische Durchsetzbarkeit der genannten Maßnahmen ist zumindest risikobehaftet.

---

342 Siehe https://www.pwc.com/mx/es/reformalaboral2019.html [2.9.2020] und *Staulino-Rodriguez*, Amendment of Mexican Labor Law Is Finally Effective, S. 1.

Wie zum Beispiel die Arbeitsrechtsreform im Jahr 2019 zeigt, kann auch der Druck ausländischer Staaten wie zum Beispiel der USA auf die mexikanische Regierung ein kleiner Lichtblick für die mexikanischen Arbeitnehmer sein. Ausländische Staaten können aufgrund der Abhängigkeit der mexikanischen Wirtschaft vom Außenhandel (siehe S. 45 ff.) dahingehend auf die Regierung Druck ausüben, dass Arbeitsgesetze zugunsten der Arbeitnehmer verabschiedet werden. Allerdings besteht hierauf kein Verlass, da die ausländischen Staaten naturgemäß meist eigennützige Motive verfolgen und das Wohl der mexikanischen Arbeitnehmer in der Regel nur ein nachrangiges Ziel ist. Schließlich hängt die Legitimität der (demokratischen) ausländischen Regierungen von den Wählerstimmen des eigenen Volkes ab. Sie vertreten nicht die Interessen der mexikanischen Arbeitnehmer, sondern primär diejenigen der eigenen Bevölkerung (und Unternehmerschaft).

Daher erscheint in der gegenwärtigen Situation der mexikanischen Arbeitnehmer das Streikrecht das einzige adäquate und verlässliche Mittel zu sein, um bessere Arbeitsbedingungen und einen über dem Existenzminimum liegenden Lebensstandard zu erzielen. Da Arbeitnehmer bei der Erreichung von besseren Arbeitsbedingungen oder einer Rechtsdurchsetzung in der Regel nicht mit der Unterstützung des mexikanischen Staates (oder der Gewerkschaften) rechnen können, haben sie starke Streikbestrebungen.

Hierbei sind sie gezwungen, ihre Forderungen mit dem Streik tatsächlich durchzusetzen und nicht nur die Herstellung eines Verhandlungsgleichgewichts zu versuchen. Die Arbeitnehmer haben in Mexiko in der Regel keine (staatliche oder gewerkschaftliche) Unterstützung bei den Verhandlungen mit dem Arbeitgeber. Eine Beschränkung des Streiks auf die bloße Herstellung eines Verhandlungsgleichgewichts wäre für die mexikanischen Arbeitnehmer nur eine stumpfe Waffe im Arbeitskampf, insbesondere auch unter Berücksichtigung des erheblichen strukturellen Ungleichgewichts zwischen den übermächtigen Arbeitgebern und den in Armut lebenden Arbeitnehmern. Auch können die Arbeitnehmer aufgrund der erheblichen Rechtsstaatsdefizite in Mexiko nicht auf ein faires Streikverfahren vertrauen. Die Streikbestrebungen der Arbeitnehmer beziehen sich in der Praxis nicht nur auf die Durchsetzung von besseren Arbeitsbedingungen, sondern als Folge der rechtsstaatlichen Defizite auch auf die Rechtsdurchsetzung (siehe unten S. 149 ff. und zum normativen Rahmen die S. 248 ff., 257 ff., 285).

Hingegen sind Bestrebungen der Arbeitgeber für Arbeitskampfmaßnahmen in Mexiko nicht ersichtlich. Der Grund hierfür ist das erhebliche strukturelle Ungleichgewicht zwischen den häufig in Armut lebenden Arbeitnehmern auf der einen und den übermächtigen und reichen Arbeitgebern auf der anderen Seite. Insbesondere haben sie den mexikanischen Staat sowie die Gewerkschaften in der Regel ebenfalls auf ihrer Seite und können daher ihre Interessen auch ohne ein Arbeitskampfmittel (zum Beispiel durch Korruption oder arbeitsrechtliche Maßregelungen) durchsetzen. Arbeitgeber sind daher in der Praxis nicht darauf angewiesen, ihre Interessen zum Beispiel durch Aussperrungen mit dem Arbeitskampf durchzusetzen.

4. Zwischenergebnis

Die ökonomischen und wirtschaftspolitischen Umstände in Mexiko führen zu starken Streikbestrebungen der Arbeitnehmer. Dies beruht darauf, dass sie trotz ihrer Arbeitsleistung häufig in Armutsgefährdung oder in Armut leben. Weder der mexikanische Staat (oder die Gewerkschaften) noch die Arbeitgeber sind in der Regel gewillt, die Lebensumstände der Arbeitnehmer nachhaltig zu verbessern. Die Arbeitnehmer sind gezwungen, eigeninitiativ und ohne Unterstützung vom Staat (das heißt insbesondere unabhängig von den JCAs) bessere Arbeitsbedingungen wie vor allem eine höhere Vergütung oder formelle Beschäftigungsverhältnisse durchzusetzen.

Die mexikanische Wirtschaftspolitik ist darauf ausgerichtet, Arbeitnehmer gegen eine geringe Vergütung und niedrige soziale Vorsorge arbeiten zu lassen, um im internationalen Wettbewerb einen Standortvorteil zu generieren. Viele transnationale Konzerne investierten unter Nutzung dieser Wirtschaftspolitik in hohem Maße Kapital in Mexiko und schufen zahlreiche Arbeitsplätze. Allerdings ist Mexiko hierdurch von den transnationalen Konzernen und ausländischen Staaten abhängig, die einen massiven Einfluss auf die mexikanischen Regierungen ausüben können. Diese könnten bei einer für sie nachteiligen Änderung der Wirtschaftspolitik ihr Kapital abziehen und so eine starke Wirtschafts- und Staatsschuldenkrise in Mexiko herbeiführen.

Daneben sind der mexikanische Staat und seine Akteure aber auch von den Einnahmen des Staatsunternehmens PEMEX und von den mexikanischen Magnaten abhängig. Diese haben ebenfalls einen starken Einfluss auf Entscheidungen der Regierungen und verfolgen eher ökonomische Interessen als die Wahrung von Arbeitnehmerinteressen.

Zwar führte der neoliberale Kurs seit dem Jahr 1990 zu einem starken Wachstum der mexikanischen Volkswirtschaft und zu einer Stabilisierung des Staatshaushaltes, allerdings partizipieren an diesem ökonomischen Wohlstand nur Unternehmer und der mexikanische Staat sowie seine Politiker. Die meisten Arbeitnehmer nehmen an dem wirtschaftlichen Wachstum nicht teil, da ein im internationalen Vergleich sehr niedriges Lohnniveau, eine geringe soziale Vorsorge und ein mangelhaftes öffentliches Bildungssystem bestehen.

Die Arbeitnehmer sind daher häufig den Interessen der eigenen Regierungen, der ausländischen Staaten und Konzerne sowie der nationalen Unternehmer ausgeliefert. Deren Interessen widersprechen den Arbeitnehmerinteressen an einer guten Entlohnung, höheren Ausgaben für eine soziale Vorsorge, der Schaffung von gesetzeskonformen Arbeitsverhältnissen oder der Durchsetzung von Arbeitsgesetzen in der Praxis.

Daher sind auch am Arbeitnehmerinteresse orientierte und vom Streik unabhängige Maßnahmen von staatlichen Stellen oder den Gewerkschaften derzeit (noch) keine realistische Alternative, da dies gerade die Mitwirkung des arbeitgeberfreundlichen Staates oder auch der Gewerkschaften erfordern würde. Dies widerspräche aber der gegenwärtigen Interessenlage vor allem auch des mexikanischen Staates.

Die Arbeitnehmer sind in Mexiko daher in der Regel gezwungen, eigeninitiativ und ohne Unterstützung durch staatliche Stellen bessere Arbeitsbedingungen und eine höhere Verteilungsgerechtigkeit des Wohlstandes durchsetzen. Sie haben bereits aus ökonomischen Gründen starke Streikbestrebungen zur Durchsetzung von angemessenen Arbeitsbedingungen.

III. Rechtsstaatlichkeit und Gewerkschaftswesen

Neben den ökonomischen Faktoren führen aber insbesondere auch die oben in Kapitel § 2 B bis D näher erläuterten Aspekte der Rechtsstaatlichkeit und das Gewerkschaftswesen (siehe S. 62 ff.) dazu, dass die Arbeitnehmer ihren Streikbestrebungen teilweise gewerkschaftsunabhängig nachgehen und im Grundsatz auch eine Rechtsdurchsetzung versuchen.

In der Rechtswirklichkeit bestehen erhebliche Defizite zulasten der Arbeitnehmer, die Experten und die ILO dazu veranlassen, das mexikanische Arbeitsrecht als bloße Simulation zu bezeichnen (siehe S. 8). Der fortschrittliche rechtliche Rahmen der Arbeitsgesetze hat in der Praxis überwiegend einen rein symbolischen und theoretischen Charakter, ohne eine Aussage über die Arbeitsrealität der Arbeitnehmer zu treffen. Dies gilt insbesondere für das Streikrecht. Neben den sozioökonomischen Aspekten und dem mangelhaften Gewerkschaftswesen ist vor allem das defizitäre Rechtsstaatsniveau eine Ursache dafür, dass die Arbeitnehmer ihr Streikrecht häufig nicht effektiv wahrnehmen können. Diese Faktoren bedingen aber nicht nur die Beeinträchtigung der Streikrechtsausübung, sondern führen auch zu starken gewerkschaftsunabhängigen Streikbestrebungen der Arbeitnehmer und auch zur Rechtsdurchsetzung. Nur so können sich die Arbeitnehmer in der Praxis teilweise effektiv gegen die den Rechtsstaat beeinträchtigenden Umstände zur Wehr zu setzen.

1. Kein effektiver Rechtsschutz

Ein wesentlicher Aspekt für das Erfordernis eines Streikrechts zur Rechtsdurchsetzung ist das defizitäre Rechtsstaatlichkeitsniveau in Mexiko, das sich insbesondere in der Justiz oder an den JCAs auswirkt (siehe Kapitel § 2 B bis D). So führen vor allem die Korruption, aber auch Klientelismus, Gewalt, Diskriminierungen und die Einflussnahme von Interessengruppen dazu, dass in der Rechtswirklichkeit in der Regel die normative Kraft des Faktischen gilt, die von mächtigen Akteuren in der Wirtschaft, Politik und der organisierten Kriminalität vorgegeben wird. In Mexiko besteht häufig ein *Rule of Men* statt eines rechtsstaatlichen *Rule of Law*.[343]

343 *Muno*, Rechtsstaatlichkeit in Mexiko, S. 177.

Arbeitnehmer haben keine Garantie, dass staatliche Institutionen pflichtgemäß ihre Rechte verteidigen oder Arbeitnehmerinteressen (wie zum Beispiel eine angemessene Vergütung) durchsetzen. Ein wesentliches Indiz hierfür ist auch das erhebliche Ausmaß informeller Arbeitsverhältnisse, das zumindest in seinem vorhandenen Umfang nur durch ein Versagen staatlicher Kontrollmechanismen entstehen kann. Die erheblichen Machtpositionen von Arbeitgebern und Regierungen und deren häufig gemeinsames Interesse an der Verhinderung von Arbeitnehmerinteressen und -rechten führen dazu, dass sich vor allem eine fehlende richterliche Unabhängigkeit in der Regel zulasten der Arbeitnehmer auswirkt und deren Rechte vereitelt. Die Arbeitnehmer haben meist nicht die finanziellen Ressourcen und – durch das Fehlen authentischer Gewerkschaften bedingt – keine Machtposition, um wie Arbeitgeber oder Regierungen auf die Richter faktisch einzuwirken. So rühmten sich zum Beispiel Gouverneure einzelner Bundesstaaten damit, dass in ihrem Zuständigkeitsbereich seit Jahrzehnten kein Arbeitskampf geführt wurde und daher eine absolute Kontrolle über die Sicherheitslage und Gewerkschaften besteht. Dies erreichten die Regierungen und Unternehmen vor allem im Wege des politischen Einflusses auf die JCAs und durch Korruption.[344]

Darüber hinaus beeinträchtigen aber auch die mangelhafte Effizienz der Justiz und JCAs die Durchsetzung von Arbeitnehmerrechten (siehe S. 113 ff.). Die bundesdurchschnittliche Verfahrensdauer von mindestens zwei Jahren in der Justiz oder bei den JCAs führt dazu, dass das Arbeitnehmerinteresse an der Rechts- und Forderungsdurchsetzung häufig schon durch Zeitablauf entfällt oder sich erledigt. Die gesetzlichen Fristen für die Verfahrensabschnitte an den JCAs blieben in der Praxis häufig unbeachtet und wurden von diesen teilweise beliebig verlängert.[345] Die rechtsförmlichen Verteidigungsmittel der Arbeitnehmer verlieren durch das Hinauszögern der Interessendurchsetzung an Durchschlagskraft gegenüber dem Arbeitgeber.[346] Auch zeigt sich der fehlende Rechtsschutz der Arbeitnehmer in zahlreichen Fallkonstellationen wie zum Beispiel in der Existenz des Schutzvertragssystems zur Verhinderung einer gewerkschaftlichen Arbeitnehmervertretung und von Streiks, das vor allem auf einem kollusiven Zusammenwirken der JCAs, der Arbeitgeber und Gewerkschaften beruhte sowie von Regierungen auf Landes- und Bundesebene geduldet und teilweise auch aktiv gefördert wurde. Da es sich um rechtswidrige Tarifverträge handelte und eine staatliche Mitwirkung zur Registrierung erforderlich war, bezahlten die Arbeitgeber oder Gewerkschaften an die Mitglieder der JCAs für die „ordnungsgemäße" Registrierung der Schutzverträge. Die JCAs waren mehr an der Verhinderung des Streikrechts als an dessen Schutz und Durchsetzung gegenüber dem Arbeitgeber beteiligt. So gaben die JCAs in einigen Bundesstaaten ihre Aufgabe der Arbeitnehmerverteidigung auf und privatisierten sich faktisch als äußerst rentable Geschäfte, die mehr ein Hindernis für

344 *Bouzas Ortiz*, Reforma laboral, S. 97.
345 *Martínez Y Gonzáles*, Reflexiones Sobre La Huelga, S. 55.
346 *Guerrero*, Manual De Derecho Del Trabajo, S. 391.

die Vereinigungs- und Streikfreiheit sind, als sie diese unterstützen. Einige JCAs sollen Berichten zufolge ausschließlich dem Verkauf von Schutzverträgen nachgekommen sein (siehe S. 91 ff., 106 ff.).[347] Zwar schuf der Gesetzgeber mit der Reform im Jahr 2019 zusätzliche gesetzliche Mechanismen, die das Schutzvertragssystem unterbinden sollen. Allerdings bleibt wegen der häufig bestehenden Kluft zwischen dem Gesetzestext und der tatsächlichen Rechtsanwendung abzuwarten, ob diese Reformen künftig das Schutzvertragssystem tatsächlich verhindern können.

Des Weiteren zeigt sich der mangelnde effektive Rechtsschutz der Arbeitnehmer (im Hinblick auf das Streikrecht) an der Weigerung zahlreicher JCAs, die Arbeitsgesetze rechtmäßig anzuwenden. Dies galt insbesondere auch für die systematische Registrierung der Schutzverträge, die Nichtanwendung gesetzlicher Streikzielregelungen durch das bloße Vorschieben eines formellen Grundes bei der Antragsbegründung (siehe S. 278 ff.) und die „flexible" Handhabung der gesetzlichen Fristen im Hinblick auf das durchzuführende Streikverfahren. Weitere Beispiele für den mangelhaften Rechtsschutz der Arbeitnehmer sind die „kreative" Anwendung der Registrierungsvorschriften zur Verhinderung der Eintragung von authentischen Gewerkschaften (siehe S. 76, 92 f.) und die teilweise rechtswidrige Durchführung des gesetzlichen Streikverfahren (A-priori-Prüfung des streikeinleitenden Forderungsschreibens nach der materiellrechtlichen Zulässigkeit des Streiks, siehe S. 301 f., 331 f.).

Als Folge der Reform im Jahr 2019 sind künftig zwar anstelle der JCAs die neu geschaffenen Arbeitsgerichte als Bestandteil der Justiz zuständig. Allerdings betreffen die rechtsstaatlichen Defizite wie vor allem die Korruption und das teilweise Fehlen der richterlichen Unabhängigkeit auch die Justiz und nicht nur die JCAs. Daher kann auch an dieser Stelle keine sichere Prognose dahingehend erfolgen, ob die künftig zuständigen Arbeitsgerichte die Arbeitsgesetze unabhängiger anwenden werden. Möglicherweise kann aber eine zumindest gegenüber den JCAs gesteigerte Unabhängigkeit in den Entscheidungsinhalten erfolgen, da die Arbeitsgerichte nur mit einem Einzelrichter besetzt sind und sowohl die Arbeitgeber als auch die arbeitgeberfreundlichen Gewerkschaften anders als bei den paritätisch besetzten JCAs künftig keinen Einfluss mehr auf die arbeitsrechtlichen Entscheidungen haben. Außerdem besteht mit der Einführung der Arbeitsgerichtsbarkeit eine zweite Instanz zur Überprüfung der arbeitsgerichtlichen Entscheidungen. Soweit keine anderen faktischen Einflüsse unter anderem durch Korruption, Klientelismus und Gewalt ausgeübt werden, könnte ein gesteigerter Rechtsschutz zugunsten der Arbeitnehmer eintreten.

Letztlich wurde aber auch im Zusammenhang mit der Covid-19-Pandemie deutlich, dass die Arbeitnehmer häufig keinen effektiven Rechtsschutz genießen. Die mexikanische Bundesregierung beschloss im April 2020 die Schließung aller nicht systemrelevanten Betriebe zur Eindämmung des Corona-Virus. Allerdings setzten zahlreiche Arbeitgeber die Arbeitnehmer unter Druck und forderten diese zur

347 *Wittmütz*, Die „Contratos de Protección" im Gewerkschaftssystem Mexikos, S. 13, 20.

Fortsetzung der Arbeitsleistung trotz bereits eingetretener Todesfälle auf. Einige Arbeitgeber sprachen die Drohung einer Entlassung für den Fall eines Fernbleibens vom Betrieb oder eines Streiks aus. In der Folge setzten zahlreiche Arbeitgeber den Betrieb entgegen der Anordnung der Bundesregierung fort. Die Arbeitnehmer mussten in diesen Fällen trotz der Rechtswidrigkeit der Arbeitgeberweisung arbeiten. Auch hätten sie im Falle eines Streikes das faktische Risiko von (Massen-) Entlassungen getragen, obwohl dies nicht den gesetzlichen Regelungen entspricht. Der kollektive Zusammenschluss und die Durchführung von Streiks sind daher häufig das einzige effektive Mittel der Arbeitnehmer, um ihre Rechte zu verteidigen oder bessere Arbeitsbedingungen zu erhalten.

Im Zusammenhang mit dem geringen Rechtsstaatlichkeitsniveau ist auch die latente Gefahr für die Arbeitnehmer zu sehen, im Falle eines Streiks Vergeltungsmaßnahmen durch den Arbeitgeber, die Gewerkschaft oder Dritten ausgesetzt sein zu können. Die Repressionen können von arbeitsrechtlichen Maßregelungen bis hin zu Gewalttaten reichen, ohne dass die Arbeitnehmer sich mithilfe staatlicher Institutionen effektiv zur Wehr setzen können (der Staat kann im Einzelfall aber auch Komplize oder Täter der Gewalttaten sein). Zwar existieren naturgemäß keine Statistiken hinsichtlich der Frage, in welchem Umfang Arbeitnehmer bei der Wahrnehmung ihrer Rechte Repressionen ausgesetzt sind. Allerdings steht zu vermuten, dass dies wie auch bei der Anzeige von Korruptionsfällen und Straftaten in erheblichem Umfang stattfindet, wonach Untersuchungen zufolge ungefähr ein Drittel der Anzeigenden Repressionen ausgesetzt ist.[348]

Die Verstöße zahlreicher Unternehmen gegen die Covid-19-Regelungen der Bundesregierung (siehe S. 48 f.) oder die genannten FAT- oder Oaxaca-Fälle (siehe S. 102 ff.) deuten ebenfalls darauf hin, dass die Arbeitnehmer von staatlichen Stellen selten Rechtsschutz erhalten und Repressionen der Unternehmer zum Beispiel im Hinblick auf die (rechtswidrigen) Kündigungsdrohungen ausgesetzt sind.

Die Arbeitnehmer sind daher in der Regel darauf angewiesen, eigeninitiativ Rechtsschutz zu erlangen und ihre Forderungen unabhängig von staatlichen Institutionen durchzusetzen und zu verteidigen. Das geeignete Mittel zur eigeninitiativen Rechts- und Forderungsdurchsetzung sind für die Arbeitnehmer in Mexiko grundsätzlich Streiks. Diese sind häufig das einzige zur Verfügung stehende Mittel der Arbeitnehmer, um ihre Rechte effektiv durchzusetzen oder bessere Arbeitsbedingungen zu erlangen. Zwar wäre es zweckdienlicher, eine Stärkung des Rechtsstaats zu fördern und so eine Durchsetzung des Arbeitsrechts für die Arbeitnehmer zu gewährleisten. Allerdings ist dies aufgrund der gegenwärtigen faktischen Umstände unter anderem als eine Folge der Korruption nicht effektiv umsetzbar (siehe Kapitel § 2 A bis D). Daher verbleibt es unter diesen Umständen dabei, dass die Arbeitnehmer häufig eine kollektive Rechtsdurchsetzung mit Streiks versuchen, ohne rechtsförmliche in Mexiko häufig korrumpierte Verfahren an den Gerichten oder JCAs anzustrengen. Arbeitnehmer haben daher auch starke

---

348 Siehe Fn. 179.

Streikbestrebungen im Hinblick auf die Rechtsdurchsetzung (siehe zum Beispiel S. 48 f. und 100 f. hinsichtlich der Streiks wegen der Gewalt gegen Frauen oder zur Durchsetzung der Covid-19-Beschlüsse der Regierung).

2. Gewerkschaftswesen

Die Arbeitnehmerinteressen erfahren in Mexiko aber auch erhebliche Beeinträchtigungen durch die Gewerkschaften, die entgegen ihrer Aufgabe der Arbeitnehmervertretung und -verteidigung häufig gegen die Arbeitnehmer gerichtet handeln, statt diese gegenüber den Arbeitgebern und Regierungen zu verteidigen (siehe bereits ausführlich S. 62 f., 91 ff.).

Mexikanische Gewerkschaften sind häufig zersplittert, zerstritten, korrupt und nicht selten die Handlanger der Unternehmer oder Politiker gegen die Arbeitnehmer. Im Vordergrund steht in der Regel keine authentische Interessenvertretung der Arbeitnehmer, von Bedeutung sind vielmehr die eigenen machtpolitischen und finanziellen Interessen der Gewerkschaftsfunktionäre. Die meisten mexikanischen Gewerkschaften sind in der Gegenwart keine Impulsgeber für Strategien zur Bewältigung der wirtschaftlichen, sozialen und politischen Herausforderungen. Sie verharren in einer Bewegungsstarre und passen sich bislang an die oben beschriebene politische und ökonomische Transformation des mexikanischen Staates und der Bevölkerung (siehe S. 143 f.) kaum an. Die Gewerkschaften sind in der Regel nur Relikte aus der nachrevolutionären Zeit, in welcher die Gewerkschaftsbewegung unter das Ziel der nationalen Einheit und das PRI-Regime gestellt wurde. Mit dem gewerkschaftlichen Korporativismus entstand ein Gewerkschaftsmodell sui generis, dessen Merkmal nicht die authentische Arbeitnehmervertretung, sondern deren Unterordnung unter den Staat (und die Arbeitgeber) ist.[349] Gerade diese Aspekte führten zu der Entstehung eines strukturellen Schutzvertragssystems, welches das Streikrecht sowie eine authentische gewerkschaftliche Vertretung bisher nachhaltig verhindert. Das Streikrecht der Arbeitnehmer wurde insbesondere durch die gewerkschaftliche Unterstützung für Arbeitgeber und staatliche Institutionen effektiv beeinträchtigt. Zahlreiche mexikanische Gewerkschaften waren ein das Streikrecht verhindernder Faktor und keine tragende Säule der Verteidigung von Arbeitnehmerrechten wie zum Beispiel des Streikrechts. Einige Gewerkschaften wurden sogar ausschließlich gegründet, um die Arbeitnehmerrechte mit Schutzverträgen zu verhindern. Auch sind die Gewerkschaften als Folge des niedrigen Organisationsgrades schwach, was wiederum eine Konsequenz der vorgenannten Defizite ist (siehe S. 74).

Die Gründe für die Beeinträchtigung der Arbeitnehmerinteressen durch die Gewerkschaften bedingen gleichzeitig, dass Arbeitnehmer ihre Streikbestrebungen

349 *Xelhuantzi López*, El Sindicalismo Mexicano Contemporáneo, S. 13; *Manz*, Gewerkschaften in Mexiko – fern der Basis, nahe der Macht, S. 315; *Laute*, Die Gewerkschaften im mexikanischen Demokratisierungsprozess, S. 1.

häufig gewerkschaftsunabhängig verfolgen. Streiks, die an die Mitwirkung einer Gewerkschaft geknüpft sind, können keine Wirkung entfalten, wenn die Gewerkschaften kein Interesse an der Wahrnehmung von Arbeitnehmerinteressen haben und so unter anderem Streiks und das damit verbundene Drohpotenzial gegenüber dem Arbeitgeber verhindern. In diesem Fall sind die Arbeitnehmer gezwungen, gewerkschaftsunabängig zu streiken, um ihre Forderungen effektiv durchsetzen zu können.

Mit der Reform des LFT im Jahr 2019 schuf der Gesetzgeber zwar zwischenzeitlich einen gesetzlichen Rahmen, der das Gewerkschaftssystem nachhaltig verändern und eine authentische gewerkschaftliche Arbeitnehmervertretung sicherstellen könnte. Abzuwarten bleibt jedoch, ob und in welchem Ausmaß die anderen faktischen Aspekte der mexikanischen Gesellschaft wie vor allem die Korruption, die Gewalt und die damit häufig einhergehende Einflussnahme durch die Unternehmer und die Politik die vom mexikanischen (Bundes-) Gesetzgeber nunmehr offiziell angestrebte Bildung einer authentischen gewerkschaftlichen Arbeitnehmervertretung beeinträchtigen. Gegenwärtig kann noch nicht festgestellt werden, ob die Gewerkschaften künftig die Arbeitnehmerinteressen authentisch vertreten werden. Jedenfalls für die nächsten Jahre ist bis zum Ablauf einer Übergangsphase weiterhin davon auszugehen, dass Arbeitnehmer ihren Streikbestrebungen gewerkschaftsunabhängig nachgehen (müssen), insbesondere auch als Folge des Vertrauensverlustes der Arbeitnehmer in das Gewerkschaftswesen.

F. Ergebnis von § 2

Streiks sind für die mexikanischen Arbeitnehmer von erheblicher Bedeutung, da diese in der Regel die einzige Möglichkeit darstellen, bessere Arbeitsbedingungen oder Arbeitnehmerrechte durchzusetzen und sich so gegen die Arbeitgeber zur Wehr zu setzen. Die faktischen Umstände führen in Mexiko zu starken Streikbestrebungen der Arbeitnehmer, denen sie in der Regel gewerkschaftsunabhängig zur Erzielung besserer Arbeitsbedingungen sowie zur Rechtsdurchsetzung nachgehen.

Die mexikanische Wirtschaftspolitik sowie die Interessen der Unternehmen und ausländischen Staaten sind auf die Beschäftigung der mexikanischen Arbeitnehmer zu niedrigen Lohnkosten angelegt. Dies führt neben einem durchschnittlich sehr niedrigen Lohnniveau zu einer schlechten sozialen Absicherung und zahlreichen informellen Beschäftigungsverhältnissen.

Außerdem können die Arbeitnehmer in Mexiko häufig keinen effektiven Rechtsschutz erlangen. Faktische Umstände wie Korruption, Klientelismus, Gewalt, Ineffizienz staatlicher Stellen, strukturelle Ungleichbehandlung von einzelnen Bevölkerungsgruppen sowie die teilweise fehlende Unabhängigkeit der Judikative führen zu einem erheblichen Rechtsstaatsdefizit im Hinblick auf die Durchsetzung des Arbeitsrechts in der Praxis.

Die Arbeitnehmer haben in der Praxis daher starke Streikbestrebungen, da Streiks häufig die einzige Möglichkeit bieten, bessere Arbeitsbedingungen und Arbeitnehmerrechte durchzusetzen. Sowohl die in der Regel gegen die Arbeitnehmer gerichtete Wirtschaftspolitik der mexikanischen Regierungen, ausländischen Staaten und Unternehmen als auch die den Rechtsstaat beeinträchtigenden Faktoren führen dazu, dass die Arbeitnehmer eine Verteilungsgerechtigkeit des mexikanischen Wohlstandes und eine Rechtsdurchsetzung häufig nur eigeninitiativ mithilfe eines Streiks erreichen können.

Dabei verfolgen die Arbeitnehmer ihre Forderungen häufig auch gewerkschaftsunabhängig. Dies beruht auf dem mangelhaften mexikanischen Gewerkschaftswesen, das infolge der den Rechtsstaat beeinträchtigenden Faktoren sowie seiner Zersplitterung und fehlenden Durchschlagskraft gegenüber den Arbeitgebern und Regierungen in der Regel keine authentische gewerkschaftliche Vertretung der Arbeitnehmer gewährleistet. Der Großteil der mexikanischen Gewerkschaften leistete den Arbeitgebern und Regierungen bisher bei der Verhinderung von Arbeitnehmerrechten (zum Beispiel durch Schutzverträge) Beihilfe, anstatt diese zu schützen. Abzuwarten bleibt, ob die Arbeitsrechtsreform aus dem Jahr 2019 ein authentisches Gewerkschaftswesen in Mexiko herbeiführen kann.

Problematisch ist, dass diejenigen Umstände, die zu starken Streikbestrebungen der Arbeitnehmer führen, gleichzeitig erhebliche Beeinträchtigungen des Streikrechts nach sich ziehen. Die Arbeitnehmer können in der Regel aus denselben Gründen nicht in gesetzmäßiger Weise streiken, aus denen sie gewerkschaftsunabhängige Streikbestrebungen zur Durchsetzung angemessener Arbeitsbedingungen und von Arbeitsgesetzen haben.

Korruption, Klientelismus, Gewalt, die Ineffizienz staatlicher Stellen, die strukturelle Ungleichbehandlung von Bevölkerungsgruppen sowie die teilweise fehlende Unabhängigkeit der Judikative führen zu erheblichen Problemen bei der Rechtsdurchsetzung. Die Arbeitnehmer erhalten keinen staatlichen oder gewerkschaftlichen Schutz bei der Ausübung des Streikrechts, sondern sind sogar Repressionen seitens der Arbeitgeber und Gewerkschaften – teilweise unter staatlicher Mitwirkung – ausgesetzt.

Ebenso beeinträchtigen die genannten Faktoren das Vertrauen der Arbeitnehmer in den Rechtsstaat. Das Erlangen eines Rechtsschutzes bei einer staatlichen Institution wird häufig gar nicht erst versucht, selbst wenn die beeinträchtigenden Faktoren im konkreten Einzelfall nicht eintreten würden.

Das defizitäre Rechtsstaatsniveau führt dazu, dass das Streikrecht in der Regel nicht in gesetzmäßiger Weise wahrgenommen werden kann. Es gilt überwiegend die normative Kraft des Faktischen, die vor allem von mächtigen Akteuren in der Wirtschaft, Politik und der organisierten Kriminalität vorgegeben wird. Die Arbeitnehmer haben keine Garantie, dass staatliche Institutionen pflichtgemäß ihr Streikrecht durchsetzen. Auch waren die Gewerkschaften bisher in der Regel dafür zuständig, die Arbeitnehmerrechte zu vereiteln, anstatt deren Schutz und Durchsetzung zu gewährleisten.

Insbesondere das gesetzliche System zur Durchführung eines formellen Streikverfahrens vor der Arbeitsniederlegung (siehe Kapitel § 6) setzt aber voraus, dass unabhängige Richter den Streik nach Prüfung der Voraussetzungen im Rahmen der gesetzlichen Vorschriften zulassen und die zuständigen staatlichen Stellen effizient arbeiten, um eine Erledigung des Streikgrundes oder das Schwinden eines kollektiven Zusammenhalts der Arbeitnehmer zu vermeiden. Dies ist in Mexiko aufgrund der mangelhaften Rechtsstaatlichkeit aber in der Regel nicht gegeben, sodass die Arbeitnehmer entweder gar nicht erst den Versuch eines Streiks nach dem gesetzlichen Streikverfahren unternehmen oder aber von den staatlichen Stellen in der Regel auf rechtswidrige Weise zurückgewiesen werden.

Die fehlende Durchsetzbarkeit des gesetzlichen Streikrechts zeigte sich in der Vergangenheit vor allem in dem bisher existierenden Schutzvertragssystem, der flexiblen Handhabung von Verfahrensvorschriften durch die JCAs und der damit verbundenen äußerst niedrigen offiziellen Streikanzahl.

Die Arbeitnehmer sind daher in der Regel gezwungen, bessere Arbeitsbedingungen sowie eine Rechtsdurchsetzung in ungesetzlicher Weise außerhalb rechtsförmlicher Verfahren wie des Streikverfahrens zu verfolgen. Den Streiks kommt in Mexiko daher eine erhebliche gesellschaftspolitische Bedeutung zu, sodass diese in der Praxis im Widerspruch zu den offiziellen Regierungsangaben tatsächlich häufig stattfinden, allerdings meist außerhalb der Rechtsordnung, sodass auch hier die normative Kraft des Faktischen gilt.

Anders als bei den Arbeitnehmern sind bei den mexikanischen Arbeitgebern hingegen keine Arbeitskampfbestrebungen festzustellen. Neben dem in Mexiko bestehenden erheblichen strukturellen Ungleichgewicht zwischen den häufig in Armut lebenden Arbeitnehmern und den übermächtigen und reichen Arbeitgebern haben Letztere in der Regel zusätzlich den mexikanischen Staat sowie die Gewerkschaften auf ihrer Seite. Die Arbeitgeber können ihre Interessen daher auch ohne ein Arbeitskampfmittel (zum Beispiel durch Korruption) durchsetzen, wie vor allem das bisher bestehende Schutzvertragssystem in Mexiko zeigt. Der arbeitgebergeführte Arbeitskampf hat daher in der Praxis keine Bedeutung.

§ 3 Grundlagen des mexikanischen Arbeitsrechts

Nachdem die gesellschaftspolitische Analyse des Arbeitskampfes in Kapitel § 2 unter anderem die starken Streikbestrebungen der Arbeitnehmer in der Praxis aufgezeigt hat, stellt sich nunmehr die Frage nach der normativen Umsetzung des Streikrechts in der Theorie. Zwar finden die Normen in der Praxis aufgrund der aufgezeigten Rechtsstaatsdefizite nur selten Anwendung und haben daher häufig lediglich einen symbolischen Charakter.[350] Allerdings verdeutlicht das bereits dargestellte Schutzvertragssystem (siehe S. 91 ff.) auch, dass sich die Beteiligten bei der Umgehung der Arbeitsgesetze zumindest an den bestehenden Normen orientieren. Außerdem können die Normen trotz der generell bestehenden Rechtsstaatsdefizite zumindest im Einzelfall auch zur Anwendung kommen.

Dabei folgt die mexikanische Rechtsordnung dem kontinentaleuropäischen Rechtssystem geschriebener Gesetze in Anknüpfung an die römische Rechtstradition und an den *Code Napoleón*, der Grundlage des heute gültigen *Código Civil* (Zivilgesetzbuch) ist. Das angloamerikanische System des *common law* gilt in Mexiko dagegen grundsätzlich nicht.[351]

A. Rechtlicher Rahmen

Die zentrale Rechtsquelle ist die nachrevolutionäre Verfassung von 1917, die sogenannte *Constitución Política De Los Estados Unidos Mexicanos.* Zentrale arbeitsrechtliche Regelungen der CPEUM aus der nachrevolutionären Zeit sind in der gegenwärtigen Fassung noch enthalten und dienen weiterhin als Grundlage für das mexikanische Arbeitsrecht.

Eine weitere arbeitsrechtliche Rechtsquelle ist im Hinblick auf die Arbeitnehmer vor allem das Bundesarbeitsgesetz *Ley Federal de Trabajo* in einer novellierten und seitdem mehrfach reformierten Fassung von 1970, die vor allem im Arbeitskampfrecht wesentliche Regelungen des ursprünglichen (ersten) LFT von 1931 (nachfolgend „LFT-alt) übernahm. Bereits der zeitliche Kontext der Entstehungsgeschichte der CPEUM (1917) und des LFT (1931 und 1970) zeigt, dass zentrale Regelungen des Arbeitsrechts vor allem im Zusammenhang mit der mexikanischen Revolution

350 Siehe bereits die Einleitung von Kapitel § 2 auf S. 7 f.

351 Eine Ausnahme hiervon ist das Amparo-Verfahren am höchsten Gericht *Suprema Corte de Justicia de la Nación* (nachfolgend „SCJN"). Dieses kann in etwa mit der Verfassungsbeschwerde am BVerfG verglichen werden, ist aber wesentlich weiter gehend und erzeugt unter bestimmten Voraussetzungen eine Bindungswirkung für andere Gerichte. Siehe hierzu im Einzelnen S. 165 ff.

von 1910 bis 1917 (siehe S. 59 ff.) und dem nachfolgenden Staatskorporativismus des PRI-Regimes (siehe S. 35 ff., 62 ff.) zu sehen sind.[352]

Neben der CPEUM und dem LFT können auch internationales Recht und Gewohnheitsrecht eine Rechtsquelle darstellen. Zwar kennt die mexikanische Rechtsordnung auch Rechtsverordnungen einzelner Behörden oder Dekrete des Präsidenten.[353] Da diese für das Arbeitskampfrecht irrelevant sind, sollen sie im Folgenden jedoch unerwähnt bleiben.

I. Grundsätze der Gesetzesanwendung

In Anknüpfung an die kontinentaleuropäische Rechtstradition findet die Gesetzesanwendung grundsätzlich nach den auch in Deutschland bekannten Regeln statt. Es besteht ein allgemeiner Konsens, dass die von *Hans Kelsen* geprägte Normenhierarchie und der Vorrang von Bundes- vor Landesrecht gelten. Daher ist die mexikanische Verfassung inklusive der gleichgeordneten Menschenrechte die höchste Rechtsquelle, der die internationalen Verträge und die Bundesgesetze folgen. Die ILO-Übereinkommen stehen hierarchisch zwischen der CPEUM und dem LFT.[354]

Eine Ausnahme hiervon ist im Arbeitsrecht das Günstigkeitsprinzip. Die für Arbeitnehmer günstigere Regelung ist auch im Falle abweichender höherrangiger Normen anzuwenden.[355] Für die Gesetzesauslegung gelten grundsätzlich ebenfalls die üblichen Auslegungsregeln (Wortlaut, gesetzgeberischer Wille, Systematik und Zweck). Das Arbeitsrecht trifft darüber hinaus aber eine vorrangige Auslegungsregel, Art. 18 LFT. Die Ziele in den Art. 2 und 3 des LFT, das heißt die soziale Gerechtigkeit, der Gleichheitsgrundsatz, die Freiheit und Würde der Arbeitnehmer und das gesetzgeberische Ziel der Sicherstellung eines anständigen Lebens, sind bei der Auslegung zu berücksichtigen. Im Zweifelsfall ist die für den Arbeitnehmer günstigere Auslegung zu wählen.[356]

---

352 *Cueva, M. de la*, El Nuevo Derecho, Band I, S. 40, 44; *Tena Ramírez*, Leyes Fundamentales De México 1808–2017, S. 721 ff.; *Muñoz*, Derecho Colectivo, S. 526.

353 Dekrete stellen Anweisungen des Präsidenten an die Ministerien/Behörden zur Anwendung/Auslegung der Gesetze dar; *De Buen L.*, Derecho Del Trabajo, Band I, S. 438.

354 *Cueva, M. de la*, El Nuevo Derecho, Band I, S. 133 f.; *Puig Hernández*, La Huelga En México Y Su Entorno Jurídico Internacional, S. 141; *De Buen L.*, Derecho Del Trabajo, Band I, S. 417; SCJN (pleno/novena época), Amparo en revisión 1475/98, Sindicato Nacional de Controladores de Tránsito Aéreo, 11.5.1999, SJF, Band X (November 1999), S. 46; SCJN (pleno/novena época), Amparo en revision 120/2002, Mc Cain México S.A. de C.V., 13.2.2007, SJFG, Band XXV (April 2007), S. 6.

355 *Cueva, M. de la*, El Nuevo Derecho, Band I, S. 133 f., 142; *González Blanco*, Derecho Del Trabajo, S. 104 f.

356 *De Buen L.*, Derecho Del Trabajo, Band I, S. 452; *Cueva, M. de la*, El Nuevo Derecho, Band I, S. 142.

Auch ist eine analoge Gesetzesanwendung im Falle planwidriger Gesetzeslücken bei vergleichbarer Sachlage anerkannt, Art. 17 LFT.[357]

II. Constitución Política De Los Estados Unidos Mexicanos

Die Verfassung von 1917 enthält in Art. 5 und 123 CPEUM die zentralen Arbeitsrechtsnormen, welche die Grundlagen für das Arbeitsrecht darstellen.

1. Art. 5 CPEUM als arbeitsrechtsbezogene Handlungsfreiheit

Art. 5 CPEUM ist eine arbeitsrechtsbezogene Konkretisierung der allgemeinen Handlungsfreiheit und regelt die Berufswahl- und Berufsausübungsfreiheit.

Außerdem enthalten ist auch ein Schutzauftrag an den Staat, wonach solche Verträge zu verhindern sind, in denen Arbeitnehmer ihre Freiheit aufgeben, eine Berufsausübung zu unterlassen oder eine Arbeitsleistung zu erbringen, ohne eine angemessene Vergütung zu erhalten. Weitere spezifische arbeitsrechtliche Regelungen, insbesondere im Hinblick auf das Arbeitskampfrecht, enthält Art. 5 CPEUM allerdings nicht.

2. Art. 123 CPEUM als Kern des mexikanischen Arbeitsrechts

Die umfassenderen Regelungen sind in Art. 123 CPEUM enthalten, insbesondere im Hinblick auf das Arbeitskampfrecht.

Diese Norm folgt einem besonderen System und enthält neben arbeitsrechtlichen Garantien auch spezifische Regelungen, Zielvorstellungen und einen Verfassungsauftrag an den Gesetzgeber. Art. 123 CPEUM ist auf Arbeitsverhältnisse der Privatwirtschaft[358] und auf Staatsangestellte (öffentlicher Dienst auf Bundesebene, Art. 108 CPEUM)[359] anwendbar. Die Norm ist in lit. A (Privatwirtschaft) und lit. B (Staatsangestellte) untergliedert. Diese Differenzierung ist Ausdruck eines Systemunterschieds zwischen der Privatwirtschaft und dem öffentlichen Sektor, den der Verfassungsgeber von 1917 nicht machte und der erst nachträglich mit einer Reform im Jahr 1960 eingeführt wurde.[360]

Da lit. B auf Arbeitsverhältnisse der Privatwirtschaft nicht anwendbar ist, bleibt dieser im Folgenden unberücksichtigt.

---

357 *De Buen L.*, Derecho Del Trabajo, Band I, S. 441.

358 Inklusive der staatseigenen an der Marktwirtschaft partizipierenden Unternehmen in Mexiko.

359 *García Ramírez/Uribe Vargas*, Derechos de los Servidores Publicos, S. 35 ff.; *Marquet Guerrero*, Fuentes Y Antecedentes, S. 257.

360 *Puig Hernández*, Teoría Y Práctica De La Huelga, S. 643; *García Ramírez/Uribe Vazquez*, Derechos De Los Servidores Públicos, S. 26; *Marquet Guerrero*, Fuentes Y Antecedentes, S. 277.

Die Verfassungsnorm Art. 123 CPEUM enthält neben Garantien zahlreiche spezifische arbeitsrechtliche Regelungen, die grundsätzlich in einem Arbeitsgesetz und nicht in der Verfassung enthalten sind:

- Neben Regelungen zur höchstzulässigen täglichen Arbeitszeit von acht Stunden (Art. 123 A I), einem Ruhetag je Arbeitswoche (Art. 123 A IV) oder Rechtsfolgen bei einer rechtswidrigen Kündigung – nach Wahl des Arbeitnehmers Wiedereinstellung oder Abfindungszahlung – (Art. 123 A XXII) enthält die Norm zum Beispiel die Anordnung eines Mindestlohns (Art. 123 A VI) und einer Arbeitnehmerbeteiligung am Unternehmensgewinn (Art. 123 A IX). In Art. 123 A XX, XXI CPEUM ist die Zuständigkeit der Arbeitsgerichte[361] zur Lösung von Konflikten geregelt. Auch sind teilweise Verfahrensregelungen enthalten.
- Als Garantien sind die Koalitionsfreiheit (Art. 123 A XVI) und das Recht zum Arbeitskampf (Art. 123 A XVII bis IX) hervorzuheben, auf das im Folgenden einzugehen ist. Daneben gewährt Art. 123 A CPEUM Garantien wie zum Beispiel das Gleichbehandlungsgebot, den Schutz von Schwangeren oder das Beschäftigungsverbot von unter 15-Jährigen. Einleitend garantiert Art. 123 CPEUM, dass jeder das Recht auf eine würdige und in der Gesellschaft nützliche Arbeit hat.

3. *Verfassungsrechtlicher Auftrag an den Gesetzgeber*

Als Folge des Anspruches auf würdige und nützliche Arbeit müssen die Schaffung von Arbeitsplätzen und die gesellschaftliche Organisation der Arbeit von staatlichen Stellen in Übereinstimmung mit den Gesetzen vorangetrieben werden, Art. 123 CPEUM.

Außerdem kommt dem mexikanischen Gesetzgeber der Verfassungsauftrag zu, umfassende Arbeitsgesetze zu erlassen, Art. 123 CPEUM. Die Arbeitsgesetze müssen die Beziehungen im Arbeitsverhältnis umfassend und abschließend regeln. Auch müssen sie die in Art. 123 und Art. 5 CPEUM enthaltenen Garantien und spezifischen Inhalte berücksichtigen. Dem Gesetzgeber steht in diesem Rahmen eine Einschätzungsprärogative bei der Ausgestaltung der Arbeitsgesetze zu, soweit er die Mindestvorgaben der verfassungsrechtlichen Regelungen beachtet.[362]

Zuständiges Gesetzgebungsorgan in Arbeitssachen ist der Bundeskongress, Art. 73 X, 123 CPEUM.

---

361 Wie bereits erwähnt, bildet die Regelung schon die neue Rechtslage ab, obwohl weiterhin noch die bisher zuständigen JCAs bis zur Übergangsphase im Jahr 2022 zuständig bleiben.

362 Art. 123 CPEUM: „*El Congreso de la Unión, sin contravener a las bases siguientes debera expedir leyes sobre el trabajo, las cuales regirán: …*“; SCJN, Amparo administrativo en revision 4317/30, Malpica Silva Juan y coagraviado, 16.2.1932, La Constitución y su interpretación por el Poder Judicial de la Federación, S. 1994.

III. System und Inhalt des LFT

Der Gesetzgeber erfüllte seinen Verfassungsauftrag und erließ das Bundesarbeitsgesetz LFT für die Arbeitsverhältnisse der Privatwirtschaft und für die Staatsangestellten des Bundes das Ley Federal De Los Trabajadores Al Servicio Del Estado („*LFTSE*").

Das gültige LFT beruht auf einer (mehrfach reformierten) Fassung aus dem Jahr 1970. Aufgrund der sich in Mexiko seit der Revolution ändernden Wirtschaftsstruktur weg vom unterentwickelten Agrarstaat hin zu einer wachsenden Industrienation novellierte der Gesetzgeber das ursprüngliche LFT von 1931. Das gegenwärtige LFT von 1970 wird daher auch als neues LFT bezeichnet. Zentrale Regelungen des LFT-alt sowie sein teilweiser revolutionärer und klassenkämpferischer Sprachgebrauch finden sich allerdings auch in der neuen Fassung wieder. Insbesondere das materielle Arbeitskampfrecht blieb von der Novellierung nahezu verschont.[363]

Das LFT regelt die Sachverhalte individual- und kollektivarbeitsrechtlicher Natur umfassend und abschließend. Insbesondere normiert der Gesetzgeber in Mexiko die jeweiligen Materien nicht wie in Deutschland in unterschiedlichen Gesetzen, sondern implementierte diese einheitlich im LFT. Das Bundesarbeitsgesetz besteht gegenwärtig aus 1010 Artikeln und untergliedert sich in die folgenden 17 Titel:[364]

1. Titel	Allgemeine Grundsätze
2. Titel	Individualrechtliche Arbeitsbeziehungen
3. Titel	Arbeitsbedingungen
4. Titel	Rechte und Pflichten der Arbeitnehmer und Arbeitgeber
5. Titel	Arbeit der Frauen
5. Titel B	Arbeit der Minderjährigen
6. Titel	Besondere Arbeiten
7. Titel	Kollektivrechtliche Arbeitsbeziehungen
8. Titel	Streiks

363 *Cueva, M. de la*, El Nuevo Derecho, Band I, S. 61 ff.; *De Buen L.*, Derecho Del Trabajo, Band I, S. 180 f., 359 f.

364 *De Buen L.*, Derecho Del Trabajo, Band I, S. 28.

9. Titel	Arbeitsrisiken
10. Titel	Verjährung
11. Titel	Arbeitsbehörden und soziale Leistungen
12. Titel	Rechtspersönlichkeit von Schieds- und Gütestellen
13. Titel	Repräsentanten der Arbeitnehmer und Arbeitgeber
14. Titel	Arbeitsprozessrecht
15. Titel	Vollstreckungsverfahren
16. Titel	Haftung und Sanktionen

Aus den Titeln des LFT ergibt sich, dass es neben dem Individual- und Kollektivarbeitsrecht auch das Arbeitsprozessrecht und teilweise das Arbeitsverwaltungs- und Sozialversicherungsrecht regelt.

Diese nach einem deutschen Rechtsverständnis vorliegende Vermengung unterschiedlicher Regelungsmaterien in einem Gesetzbuch ist eine Folge der ursprünglich vom mexikanischen Gesetzgeber und vereinzelt in der Wissenschaft noch vertretenen Autonomie der sozialen Rechte, wonach das Arbeits-, Arbeitsprozess- und Sozialrecht als soziale Rechte neben dem Privat- und öffentlichen Recht ein autonomes Rechtsgebiet darstellen. In der Folge sollen die Bestandteile der sozialen Rechte auch einheitlich und autonom in einem Gesetzbuch geregelt werden. Insbesondere *Mario de la Cueva* und *Alberto Trueba Urbina* vertreten die Autonomie der sozialen Rechte und brechen mit der klassischen Differenzierung zwischen Privat- und öffentlichem Recht.[365] Da *Mario de la Cueva* einer der Autoren des neuen LFT von 1970 war, behielt er seine Ansicht bei der Novellierung des LFT bei.[366]

Der überwiegende Teil der mexikanischen Wissenschaft wie auch der SCJN lehnen eine Autonomie der sozialen Rechte jedoch ab. Sie vertreten entweder eine gemischt privat- und öffentlich-rechtliche Theorie oder eine primär öffentlich-rechtliche Theorie. Insbesondere wegen der privat- und öffentlich-rechtlichen Einflüsse im Arbeitsrecht sei eine Autonomie des Arbeitsrechts abzulehnen. Fundamentale Konzepte wie der Individualarbeitsvertrag, sein Inhalt und die

365 *Cueva, M. de la*, El Nuevo Derecho, Band I, S. 75 f.; *Cueva, M. de la*, Derecho Del Trabajo, S. 73 ff.; *Trueba Urbina*, Nuevo Derecho Procesal Del Trabajo, S. 28, 40.
366 *De Buen L.*, Derecho Del Trabajo, Band I, S. 34.

Beendigung stammen aus dem Privatrecht. Die Normierung in Art. 123 CPEUM und die Übertragung zentraler arbeitsrechtlicher Konflikte auf staatliche Stellen machen das Arbeitsrecht außerdem zu einem Bestandteil des öffentlichen Rechts.[367]

Néstor De Buen Lozano trennt in seiner Darstellung die Regelungsmaterien daher wie die deutsche Arbeitsrechtssystematik in materielles und prozessuales Arbeitsrecht sowie Sozialversicherungsrecht. Eine Vermengung verschiedener Regelungsmaterien wie im LFT hält er nicht für angezeigt.[368]

Letztlich kann der dogmatische Streit über die rechtliche Einordnung des Arbeitsrechts im mexikanischen Rechtssystem für die Frage des Arbeitskampfrechts dahinstehen. Die Frage der Autonomie der sozialen Rechte ist nur ein Konflikt über die Voraussetzungen, nach welchen eine Rechtsmaterie ein autonomes Rechtsgebiet darstellt, und darüber, welchen Regelungen es unterworfen ist. Das Arbeitskampfrecht ist aber bereits umfassend und abschließend in den Titeln 7, 8 und 14 des LFT geregelt.

IV. Landesrecht

In Mexiko kommen neben den bundesrechtlichen Normen grundsätzlich auch landesrechtliche Regelungen in Betracht. Mexiko ist ein Bundesstaat mit einem teilweise stark ausgeprägten Föderalismus, weshalb eine Darstellung der mexikanischen Rechtsordnung grundsätzlich auch Landesrecht berücksichtigen muss.

Allerdings liegt die Gesetzgebungskompetenz für das Arbeitsrecht der Arbeitnehmer in der Privatwirtschaft seit 1931 gemäß Art. 73 Nr. X, 123 CPEUM beim Bundeskongress, sodass nur das LFT maßgeblich ist.

Im Hinblick auf die Staatsangestellten gilt die Gesetzgebungskompetenz des Bundes nur für die Beschäftigten des Bundes. Für die Angestellten der Bundesstaaten gelten eigene Landesarbeitsgesetze. Diese können jedoch wegen der Beschränkung des Untersuchungsgegenstandes auf die Arbeitnehmer in der Privatwirtschaft außer Betracht bleiben.

V. Internationales Recht

Das internationale Recht hat in der mexikanischen Rechtsordnung einen hervorgehobenen Stellenwert und ist eine weitere Rechtsquelle. So ratifizierte Mexiko unter anderem die allgemeine Erklärung der Menschenrechte und die amerikanische Menschenrechtskonvention. Die Menschenrechte haben gemäß Art. 1 Abs. 1 CPEUM den Rang der verfassungsrechtlichen Garantien und sind vor den nationalen Gerichten einklagbar. Jedoch ist im Arbeitskampfrecht allenfalls Art. 23 Nr. 4 der Allgemeinen Erklärung der Menschenrechte relevant, wonach jeder zum

---

367 *Mozart Russomano/Bermudez Cisneros*, Derecho Del Trabajo, S. 60, 64; *Dávalos*, El constituyente laboral, S. 75–80; *González Blanco*, Derecho Del Trabajo, S. 52.

368 *De Buen L.*, Derecho Del Trabajo, Band I, S. 35.

Schutz seiner Interessen das Recht hat, Gewerkschaften zu bilden und diesen beizutreten. Dies ist bereits von der Koalitionsfreiheit des Art. 123 A XVI CPEUM umfasst. Auch die US-amerikanische Menschenrechtskonvention von 1969 enthält – mit Ausnahme der Koalitionsfreiheit in Art. 16 – keine für Arbeitskämpfe relevante Regelungen.

Außerdem ist Mexiko seit 1931 Mitglied der ILO, deren Übereinkommen für Mexiko rechtsverbindlich sind.[369] Bedeutend sind das Übereinkommen Nr. 87 über die Vereinigungsfreiheit und den Schutz des Vereinigungsrechts von 1948, das Übereinkommen Nr. 98 über die Anwendung der Grundsätze des Vereinigungsrechts und des Rechts zur Kollektivverhandlung von 1949, das Übereinkommen Nr. 151 über den Schutz des Vereinigungsrechts und über Verfahren zur Festsetzung der Beschäftigungsbedingungen im öffentlichen Dienst von 1978 und das Übereinkommen Nr. 155 über Arbeitsschutz und -umwelt von 1981.[370] Die ILO-Übereinkommen enthalten jedoch keine Anhaltspunkte zu Arbeitskämpfen.[371] Insbesondere trifft das Übereinkommen Nr. 87 keine Regelungen zu den Voraussetzungen eines Streik- und Aussperrungsrechts, sondern gewährleistet nur die Bildung von Organisationen und in Art. 11 die Ausübung des Vereinigungsrechts. Somit bieten die ILO-Übereinkommen keine näheren Erkenntnisse für das Arbeitskampfrecht.

VI. Gewohnheitsrecht

Die mexikanische Rechtsordnung kennt neben den formellen Gesetzen auch ein ungeschriebenes Gewohnheitsrecht. Der Gesetzgeber erkennt dessen Existenz in der Regelung des Art. 17 LFT an. Zwar ist das Gewohnheitsrecht im Arbeitsrecht weitestgehend unbedeutend.[372] Allerdings gab es bisher bei der Registrierung von Gewerkschaften einen wichtigen Anwendungsbereich, der Einfluss auf das Arbeitskampfrecht selbst hatte. So war bis zur Reform im Jahr 2019 stets diejenige Gewerkschaft für die Arbeitnehmer eines Betriebs zuständig, die sich zuerst bei einer der JCAs registrieren ließ, ohne dass es hierbei auf den Nachweis einer Mehrheit in einer Arbeitnehmerabstimmung ankam. Die hierdurch erlangte Zuständigkeit konnte gewohnheitsrechtlich nur durch ein einstimmiges Abstimmungsergebnis der Arbeitnehmer beendet werden. Gerade diese gewohnheitsrechtliche Praxis förderte

---

369 SCJN (pleno/novena época), Amparo en revisión 1475/98, Sindicato Nacional de Controladores de Tránsito Aéreo, 11.5,1999, SJF, Band X (November 1999), S. 46; SCJN (pleno/novena época), Amparo en revision 120/2002, Mc Cain México S.A. de C.V., 13.2.2007, SJFG, Band XXV (April 2007), S. 6; *Puig Hernández*, La Huelga En México Y Su Entorno Jurídico Internacional, S. 141; *De Buen L.*, Derecho Del Trabajo, Band I, S. 417.

370 *Reynoso Castillo*, Derecho del trabajo, S. 444; *Puig Hernández*, La Huelga En México Y Su Entorno Jurídico Internacional, S. 139 ff.

371 *De Buen L.*, Derecho Del Trabajo, Band I, S. 414 ff.

372 *De Buen L.*, Derecho Del Trabajo, Band I, S. 444.

in Mexiko das Schutzvertragssystem, da es Gewerkschaften ohne Rücksicht auf die Arbeitnehmerinteressen die Legitimität verschaffte, zu deren Lasten (Schutz-) Tarifverträge mit den Arbeitgebern abzuschließen (siehe ausführlich bereits S. 76 und 91 ff.).

VII. Rechtsprechung des SCJN – das Amparo-Verfahren

Eine Ausnahme vom kontinentaleuropäischen Rechtssystem der geschriebenen Gesetze bildet das Amparo-Verfahren am höchsten Gericht *Suprema Corte de Justicia de la Nación*, da in diesem Fall auch eine gerichtliche Entscheidung eine Rechtsquelle darstellen kann.

Der Amparo ist ein Rechtsbehelf für Bürger gegen Grundrechtsverletzungen durch staatliche Stellen, Art. 103 CPEUM. Dieser wurde in Mexiko Mitte des 19. Jahrhunderts[373] in Verwandtschaft zum *habeas corpus* des angloamerikanischen Rechts entwickelt und hat sich seitdem in fast allen lateinamerikanischen Ländern verbreitet. Der Amparo ist allerdings weiter gefasst als der *habeas corpus*, da er über die Gewährleistung der Freiheitsrechte hinaus einem allgemeinen Grundrechtsschutz gegen verfassungswidrige, staatliche Eingriffe dient.[374]

1. Der SCJN und das Amparo-Verfahren

Der SCJN entspricht in seiner Funktion grundsätzlich dem deutschen BVerfG. Seine Hauptaufgabe ist die Kontrolle staatlicher Handlung oder Unterlassung im Hinblick auf die Wahrung verfassungsrechtlicher Garantien in den Amparo-Verfahren. Der SCJN ist grundsätzlich keine Superrevisionsinstanz zur Überprüfung von Entscheidungen der Gerichte oder Verwaltung im Hinblick auf die Vereinbarkeit mit einfachgesetzlichen Normen.[375]

Allerdings führte die verfassungsrechtliche Garantie in Art. 14 Abs. 4 CPEUM (Gerichtsentscheidungen in privatrechtlichen Streitigkeiten müssen mit dem Gesetzeswortlaut und den anerkannten Auslegungsgrundsätzen übereinstimmen) in der Vergangenheit dazu, dass mittelbar auch die Auslegung von einfachem Gesetzesrecht Verfahrensgegenstand am SCJN sein konnte. Dies hatte eine Arbeitsüberlastung des SCJN zur Folge, weshalb mit einer Reform im Jahr 1994 unter anderem solche Verfahren auf untergeordnete Bundesgerichte – den erstinstanzlichen *Juzgados de Distrito* (nachfolgend „JD") und den diesen übergeordneten

373 Erstmals erwähnt wird der Amparo in der Verfassung von Yucatán vom 31. März 1841.

374 *Tschentscher/Lehner*, Das Amparo-Verfahren im Verhältnis zur Individualverfassungsbeschwerde, S. 647; *Hofmann*, Grundzüge des Amparo-Verfahrens in Mexiko, S. 273 f.; *Fix-Zamudio/Ferrer Mac-Gregor*, El derecho de amparo en México, S. 472 ff.

375 SCJN (cuarta sala/quinta época), Amparo directo 10355/42, Mexican Silk Mill Inc. S.A., 5.10.1944, SJF, Band LXXXII, S. 461.

Tribunales Colegiados[376] (nachfolgend „TC") übertragen wurden, Art. 94 CPEUM. Daneben besteht auch eine Zuständigkeitsaufteilung für die Amparo-Verfahren, sodass Bürger den Amparo in der Regel zunächst vor einem der untergeordneten Bundesgerichte geltend machen müssen, bevor im Wege eines Rechtsmittels der SCJN zuständig ist. Der SCJN kann die auf die JD und TC übertragenen Angelegenheiten an sich ziehen, beschränkt sich jedoch auf verfassungsrechtliche Fragen.[377]

2. *Arten des Amparo-Verfahrens*

Der Amparo dient den Bürgern in fünf Funktionen und ist daher in unterschiedlichen Amparo-Verfahren geltend zu machen:[378]

- <u>Amparo libertad:</u> Individualschutz gegenüber staatlichen Handlungen und Unterlassungen, vor allem bei Verletzungen der persönlichen Freiheit in Anlehnung an den angloamerikanischen *habeas corpus*
- <u>Amparo contra leyes:</u> Anfechtung verfassungswidriger Gesetze 1.) durch eine direkte Klage gegen ein Gesetz bei unmittelbarer Betroffenheit des Beschwerdeführers (*acción de inconstitucionalidad* – abstrakte Normenkontrolle) oder 2.) durch das Rechtsmittel der Beschwerde gegen ein Gerichtsurteil, das sich auf eine verfassungswidrige Norm stützt (*recurso de inconstitucionalidad* – Urteilsverfassungsbeschwerde mit inzidenter Normenkontrolle)
- <u>Amparo de casación:</u> Anfechtung von Gerichtsentscheidungen, die verfassungsgemäße Gesetze verfassungswidrig angewendet haben (Urteilsverfassungsbeschwerde ohne inzidente Normenkontrolle)
- <u>Amparo administrativo:</u> Kontrolle von Regierungs- und Verwaltungsakten auf deren Grundrechtskonformität ohne das Erfordernis einer vorherigen verwaltungsgerichtlichen Entscheidung
- <u>Amparo agrario:</u> Schutzinstrument der Landwirte im Falle der Betroffenheit von Agrarreformen des mexikanischen Staates

Je nach einschlägigem Amparo-Ziel ist ein *amparo directo* am TC (in diesem Fall als erstinstanzliches Bundesgericht) oder ein *amparo indirecto* am JD einzulegen. Während der *amparo directo* zum Beispiel gegen letztinstanzliche Entscheidungen der Fachgerichte zu erheben ist, bezieht sich der *amparo indirecto* auf Entscheidungen (und Gesetze), die nicht von einem Fachgericht herrühren, Art. 107, 170 LA.

---

376 Diese sind in das *Tribunal Unitario de Circuito* und *Tribunal Colegiado de Circuito* untergliedert, haben teilweise abweichende Kompetenzen und sind unterschiedlich besetzt.

377 *Horn*, Grundzüge und Probleme des mexikanischen Rechtssystems, S. 158 f.

378 Siehe im Einzelnen *Fix-Zamudio/Ferrer Mac-Gregor*, El derecho de amparo en México, S. 472 ff.; *Fix-Zamudio*, El juicio de amparo mexicano, S. 467 f.; *Tschentscher/Lehner*, Das Amparo-Verfahren im Verhältnis zur Individualverfassungsbeschwerde, S. 647; *Hofmann*, Grundzüge des Amparo-Verfahrens in Mexiko, S. 273 f.

3. Bindungswirkung der SCJN-Entscheidungen

Aus dem Wesen des Amparo als Rechtsbehelf zur Grundrechtsgewährleistung des einzelnen betroffenen Bürgers ergibt sich grundsätzlich eine Inter-partes-Wirkung der SCJN-Entscheidungen.[379] Dies gilt insbesondere auch im Zusammenhang mit einer Normenkontrolle, Art. 107 II Abs. 1 CPEUM.[380]

Eine umfassende Erga-omnes-Wirkung ergibt sich aus einer Amparo-Entscheidung daher nicht. Dem Amparo kann allenfalls eine Präjudizienwirkung zugesprochen werden, da die Entscheidung im Amparo-Verfahren nicht wie eine Norm abstrakt generell für alle Bürger und staatlichen Institutionen gilt.[381]

Allerdings kann der SCJN als Ausnahme von dieser Inter-partes-Wirkung eine bindende Rechtsprechung über den konkreten Rechtsstreit hinaus etablieren, Art. 103, 107 CPEUM. Demnach kann die Rechtsprechung des SCJN eine obligatorische Wirkung für andere Gerichte im Sinne einer Rechtsnorm haben, sodass Teile der Wissenschaft diese als formelle Rechtsquelle bewerten.[382]

Voraussetzung für die Bindungswirkung ist, dass der SCJN in unterschiedlichen Verfahren in fünf aufeinanderfolgenden Entscheidungen mit qualifizierter Mehrheit (acht von elf Richterstimmen) die gleiche These in einer Rechtsfrage vertritt. In diesem Fall etabliert sich die Rechtsprechung mit bindender Wirkung für die anderen Gerichte, Art. 103, 107 CPEUM und Art. 222, 193 LA.[383]

Diese müssen die SCJN-Entscheidung anwenden und dürfen trotz richterlicher Unabhängigkeit nicht davon abweichen. Diese sogenannte etablierte *jurisprudencia* stellt eine formelle Rechtsquelle für andere Sachverhalte und eine Ausnahme von der grundsätzlichen Inter-partes-Wirkung dar.[384] Allerdings ist diese Bindungswirkung beschränkt, da sie unmittelbar nur für andere Gerichte, nicht jedoch für Verwaltungsbehörden und andere staatliche Stellen gilt, Art. 222 LA. Für diese gilt allenfalls eine mittelbare Bindungswirkung, da der betroffene Bürger bei einer von

---

379 *Tschentscher/Lehner*, Das Amparo-Verfahren im Verhältnis zur Individualverfassungsbeschwerde, S. 647; *Hofmann*, Grundzüge des Amparo-Verfahrens in Mexiko, S. 273 f.; *Fix-Zamudio/Ferrer Mac-Gregor*, El derecho de amparo en México, S. 472 ff.

380 Art. 107 II 1 CPEUM: „*Las sentencias que se pronuncien en los juicios de amparo sólo se ocuperán de los quejosos que lo hubieren solicitado, limitándose a ampararlos y protegerlos, si procediere, en el caso especial sobre el que verse la demanda.*"; Übersetzung des Verfassers: „Die Urteile, welche in einem Amparo Verfahren gefällt werden, betreffen nur die den Schutz beantragenden Kläger des Verfahrens und beschränken den gegebenenfalls gewährten Schutz auf den vom Verfahren betroffenen Einzelfall."

381 *Tschentscher/Lehner*, Das Amparo-Verfahren im Verhältnis zur Individualverfassungsbeschwerde, S. 649.

382 *Trueba Urbina*, Nuevo Derecho Procesal Del Trabajo, S. 33 f.; *Cueva, M. de la*, El Nuevo Derecho, Band I, S. 137 f.

383 *Ley de Amparo* (Amparogesetz).

384 *Trueba Urbina*, Nuevo Derecho Procesal Del Trabajo, S. 33 f.; *Cueva, M. de la*, El Nuevo Derecho, Band I, S. 137.

der Verwaltungs- und Gerichtsentscheidung abweichenden Auslegung durch das SCJN einen Rechtsbehelf ergreifen kann, welcher die Entscheidung der Behörde aufheben würde.[385] Entscheidungen anderer Gerichte können keine Rechtsquelle darstellen, sondern sind im Arbeitsrecht nur als Auslegungshilfe heranzuziehen, Art. 17 LFT.

VIII. Zwischenergebnis

Der maßgebliche rechtliche Rahmen für die Arbeitskämpfe in der Privatwirtschaft besteht in Mexiko vor allem aus der verfassungsrechtlichen Norm Art. 123 lit. A CPEUM und dem Bundesarbeitsgesetz LFT. Darüber hinaus kann auch Gewohnheitsrecht eine relevante Rechtsquelle darstellen.

Aufgrund der in Mexiko geltenden kontinentaleuropäischen Rechtstradition stellt die Rechtsprechung grundsätzlich nur eine Auslegungshilfe dar, sodass kodifizierte Normen die Rechtslage bilden. Eine Ausnahme davon ist allein das Amparo-Verfahren am SCJN, das unter engen Voraussetzungen eine Bindungswirkung der Rechtsprechung für andere Gerichte herbeiführen kann.

In Anknüpfung an die Rechtstradition in Mexiko gelten grundsätzlich auch die für Deutschland maßgeblichen Regeln bei der Gesetzesanwendung, insbesondere im Hinblick auf die Normenhierarchie, die Gesetzesauslegung und die Analogiefähigkeit von Normen.

Eine Ausnahme hiervon stellt die gesetzlich angeordnete vorrangige Auslegungsregelung für das Arbeitsrecht dar, wonach die soziale Gerechtigkeit, der Gleichheitsgrundsatz, die Freiheit und Würde der Arbeitnehmer und das gesetzgeberische Vorhaben der Sicherstellung eines anständigen Lebens für die Arbeitnehmer bei der Normenauslegung zu berücksichtigen sind.

Im Zweifel ist vom Rechtsanwender diejenige Auslegung zu wählen, die für den Arbeitnehmer günstiger ist.

B. Staatliche Einflussnahme auf die Arbeitsbeziehungen

Betrachtet man den arbeitsrechtlichen Rahmen in Mexiko, fallen zwei zentrale Systemunterschiede zum deutschen Recht auf. So kann der Staat selbst Arbeitsbedingungen festsetzen (bisher durch die JCAs). Der Gesetzgeber hat verschiedene Verfahren geschaffen, in denen die JCAs Arbeitsverhältnisse abändern und daher sowohl für Rechtsstreitigkeiten als auch für Regelungsstreitigkeiten zuständig sein können.[386] Auch bestand bisher keine justizielle Arbeitsgerichtsbarkeit. Die

---

385 *González Blanco*, Derecho Del Trabajo, S. 93; *Báez Silva*, La fórmula Otero, S. 37.

386 In Deutschland besteht bezüglich der staatlichen Einflussnahme auf die Festsetzung von Arbeitsbedingungen allenfalls eine Parallele bei einer ausbleibenden Einigung zwischen Arbeitgeber und Betriebsrat zum Beispiel bei Sozialplanverhandlungen, § 112 Abs. 4 BetrVG.

Zuständigkeit lag bislang bei den Schieds- und Gütestellen, den JCAs, wird aber nach der Übergangsphase im Jahr 2022 auf neu eingerichtete Arbeitsgerichte übertragen (siehe S. 106 ff., 176 ff.).

I. Arbeitsrechtliche Konflikte als Verfahrensgegenstand

Grundlage für die Übertragung aller Rechts- und Regelungsstreitigkeiten auf die JCAs und die damit verbundene Einflussnahmemöglichkeit des Staates auf die Arbeitsbeziehungen ist die Verfassungsnorm Art. 123 A XX CPEUM:

> Art. 123 A XX CPEUM:
> *„Die Lösung von Differenzen oder Konflikten zwischen Arbeitnehmern und Arbeitgebern steht in der Verantwortung der Arbeitsgerichte der Bundesjustiz oder der Landeseinheiten, ...“*[387]

In der mexikanischen Wissenschaft und Rechtsprechung existieren daher zahlreiche Definitionsansätze, um zunächst das Vorliegen eines Arbeitskonfliktes – das heißt die Anwendbarkeit eines arbeitsrechtlichen Verfahrens – und im Anschluss die Art des Arbeitskonfliktes – das heißt die einschlägige Verfahrensart für den zugrunde liegenden Sachverhalt – zu ermitteln.[388]

Dabei geht die mexikanische Arbeitsrechtswissenschaft mit der Gesetzgebung und Rechtsprechung von einem weiten Konfliktbegriff aus. Eine Beschränkung auf bestimmte Konfliktarten wie zum Beispiel Rechtsstreitigkeiten findet nicht statt.[389] Zur Begründung dieses umfassenden Konfliktbegriffes und der Übertragung aller arbeitsrechtlichen Konflikte auf staatliche Stellen werden der Gesetzeswortlaut und historische Gründe angeführt.

So umfasst der Begriff des Konfliktes, der verfassungsrechtlich ergänzend auch als *diferencias* bezeichnet wird, alle in Betracht kommenden Streitigkeiten. Das Wort *conflicto* stammt vom lateinischen Wort *conflictus* ab, das unter anderem die höchstmögliche Auseinandersetzung bedeutet.[390] *Guillermo Cabanellas* erwähnt,

387 Übersetzung des Verfassers, original: „*La resolución de las diferencias o los conflictos entre trabajadores y patrones estará a cargo de los tribunales laborales del Poder Judicial de la Federación o de las entidades federativas, ...*“. Bis zur Reform im Jahr 2019 gab es keine Arbeitsgerichtsbarkeit, sondern nur ein Schiedssystem. Die aktuelle Fassung der Norm ist zwar bereits in Kraft getreten, allerdings sind die Schiedsstellen in einer Übergangsphase von bis zu drei Jahren weiterhin zuständig siehe S. 106 ff., 174 ff.

388 *Cueva, M. de la*, El Nuevo Derecho, Band II, S. 514; *Climént Beltrán*, Derecho Procesal Del Trabajo, S. 205.

389 *De Buen L.*, Derecho Procesal Del Trabajo, S. 78 ff.; *Cueva, M. de la*, El Nuevo Derecho, Band II, S. 513 ff.; *Bouzas Ortiz*, Derecho Colectivo Y Procesal Del Trabajo, S. 275 f.; SCJN (quarta sala/quinta época), Amparo directo 2/38, Compañía de Petróleo "El Aguila" S.A. y coags., 1.3.1938, SJF, Band LV, Registernummer: 380191.

390 *De Buen L.*, Derecho Procesal Del Trabajo, S. 71.

der Begriff *conflicto* werde in der Rechtswissenschaft nur zur Abgrenzung sich gegenüberstehender Interessen verwendet. Er weist darauf hin, dass das lateinische Wort *conflictus* auf *confligere* zurückgeht, welches kämpfen und streiten bedeutet.[391] Die königliche Akademie der spanischen Sprache definiert *conflicto* als Auseinandersetzung, Kampf, Streit oder auch als Materie in Diskussion.[392]

Jedenfalls folgt aus der verfassungsrechtlichen Grundsatzentscheidung, wonach alle Arbeitskonflikte in der Verantwortung von staatlichen Stellen stehen und der Gesetzgeber ein umfassendes Arbeitsgesetz zu normieren hat, dass dieser auch die Art und den Umfang der Konfliktdurchführung gesetzlich regeln muss. Die Arbeitskonflikte müssen den gesetzlichen Regelungen entsprechend ausgetragen werden.[393] Dies entsprach der Intention des Verfassungsgebers von 1917, der im Arbeitsrecht ein freies Spiel der Kräfte ohne staatliche Mitwirkung verhindern wollte.[394]

Die Grundsatzentscheidung des Verfassungs- und Gesetzgebers hinsichtlich der Übertragung aller Arbeitskonflikte ist dabei im historischen Kontext zu sehen. So standen die nachrevolutionären Normgeber von 1917 (und 1931) unter dem Eindruck der willkürlichen Behandlung der (Land-)Arbeiter durch deren Dienstherren (und Gerichte) vor allem im 19. Jahrhundert. Zwar konnten die Arbeiter im kollektiven Verbund teilweise auch Verbesserungen der Arbeitsbedingungen erreichen, allerdings hatten die Dienstherren in der Regel eine solche Macht inne, dass im Falle einer Weigerung eine Durchsetzung von neuen Arbeitsbedingungen kaum möglich war. Insbesondere bei einem Zusammenschluss der Unternehmer bestand für die Arbeiter keine Möglichkeit, bessere Arbeitsbedingungen durchzusetzen. Vielmehr riskierten diese im Falle einer Aussperrung ihr tägliches Überleben (siehe S. 57 f.).

Eine staatliche Kontrolle und Einflussnahme insbesondere auf die Regelungsstreitigkeiten sollte eine Willkür der Unternehmer und die Verweigerung von Kollektivabschlüssen verhindern. Daher übertrugen die Normgeber sowohl die Rechts- als auch die Regelungsstreitigkeiten auf die staatlichen Stellen (JCAs), damit sie auf die Arbeitsbedingungen einwirken können. Ein System, bei dem ein Konflikt im freien Spiel der Kräfte ausgetragen würde, wollten die Normgeber infolge der willkürlichen Behandlung der Arbeiter unter der vorherigen Geltung des liberalen *Code Civil* verhindern.[395]

---

391 *Cabanellas*, Derecho de los conflictos laborales, S. 44.

392 *Real Academia Española*, Diccionario manual e ilustrado de la lengua Española, Band I, S. 539.

393 *De Buen L.*, Derecho Procesal Del Trabajo, S. 73, 76 ff.; *Cueva, M. de la*, El Nuevo Derecho, Band II, S. 398, 500, 513.; *Tenopala*, La Huelga, S. 73; *Bouzas Ortiz*, Derecho Colectivo Y Procesal Del Trabajo, S. 276.

394 *Cueva, M. de la*, El Nuevo Derecho, Band II, S. 400.

395 *Tenopala*, La Huelga, S. 73; *De Buen L.*, Derecho Procesal Del Trabajo, S. 73, 76 ff.; *Cueva, M. de la*, El Nuevo Derecho, Band II, S. 513.

Die Möglichkeit der staatlichen Festsetzung von Arbeitsbedingungen wird in der mexikanischen Wissenschaft unter ausdrücklichem Verweis auf die deutsche Rechtsordnung daher auch als zentraler Systemunterschied genannt. Ein freies Spiel der Kräfte ohne staatliche Mitwirkung, mithin eine unbeschränkt gültige Tarifautonomie, war vom mexikanischen Verfassungs- und Gesetzgeber bei der Kodifizierung des Arbeitsrechts nicht gewollt und dies ist bis in die Gegenwart in der Rechtstheorie gültig. So wollten (und konnten) insbesondere die Gewerkschaften keine Tarifautonomie durchsetzen.[396]

II. Abgrenzung der Arbeitskonflikte

Um die Anwendbarkeit des arbeitsrechtlichen Verfahrens und die richtige Verfahrensart für den zugrunde liegenden Sachverhalt feststellen zu können, existieren in der mexikanischen Wissenschaft und Rechtsprechung zahlreiche Definitionsansätze.[397] Die Klassifizierung in verschiedene Arbeitsrechtskonflikte ist zur Abgrenzung der Verfahrensarten mit teilweise voneinander abweichenden Verfahrensvorschriften erforderlich. Die Unterscheidung ergibt sich daher auch aus den prozessrechtlichen Vorschriften des LFT selbst. So stellt das LFT verschiedene Verfahren zur Verfügung, deren Vorschriften der Eigenart und den Notwendigkeiten des jeweiligen Arbeitskonfliktes Rechnung tragen.[398]

1. *Vorliegen eines Arbeitskonfliktes*

Mario de la Cueva[399] definiert arbeitsrechtliche Konflikte als solche Kontroversen, die sich bei Gelegenheit oder wegen der Bildung, Änderung oder Erfüllung der individuellen oder kollektiven Arbeitsbeziehungen ergeben. *Néstor De Buen Lozano*[400] und *Arturo Martínez y González*[401] gehen in Anlehnung an *Ernesto Krotoschin* von jeglicher Kontroverse aus, die in einer arbeitsrechtlichen Beziehung begründet sei.

Eugenio Pérez Botija definiert den arbeitsrechtlichen Konflikt als Friktion, die sich im Arbeitsverhältnis ergeben könne, und stellt klar, dass sich der Konflikt von einem Massenschutz, der das Gemeinschaftswesen gefährde, bis hin zu leichtesten Kontroversen über Verstöße von Unternehmen hinsichtlich Maßnahmen gegen einzelne Arbeitnehmer bewegen könne.[402]

---

396 *Cueva, M. de la*, El Nuevo Derecho, Band II, S. 400, 513; *Tenopala*, La Huelga, S. 73; *De Buen L.*, Derecho Procesal Del Trabajo, S. 73, 76 ff.

397 *Cueva, M. de la*, El Nuevo Derecho, Band II, S. 514; *Climént Beltrán*, Derecho Procesal Del Trabajo, S. 205.

398 *Cueva, M.*, El Nuevo Derecho, Band II, S. 514; *Climént Beltrán*, Derecho Procesal Del Trabajo, S. 205; *Martínez y González*, Reflexiones Sobre La Huelga, S. 198, 204.

399 *Cueva, M. de la*, El Nuevo Derecho, Band II, S. 510 ff.

400 *De Buen L.*, Derecho Procesal Del Trabajo, S. 71.

401 *Martínez y González*, Reflexiones Sobre La Huelga, S. 197.

402 *Pérez Botija*, Curso de Derecho del Trabajo, S. 295.

2. *Konfliktarten im Arbeitsrecht*

Im Anschluss an die Feststellung des Vorliegens eines Arbeitskonfliktes differenzieren die mexikanische Arbeitsrechtswissenschaft und Rechtsprechung im Einzelnen zwischen den im mexikanischen Recht sogenannten „juristischen oder ökonomischen und individuellen oder kollektiven“ Arbeitskonflikten.[403] Im Kern handelt es sich hierbei um eine Abgrenzung zwischen Rechts- und Regelungsstreitigkeiten im Individual- und Kollektivarbeitsrecht.

Mario de la Cueva definiert Rechtsstreitigkeiten als solche, die zwischen Personen im Hinblick auf die Interpretation und Anwendung juristischer Normen unabhängig von der Rechtsquelle oder Urheberschaft im Einzelfall eintreten können. Als juristische Normen kommen gesetzliche Vorschriften oder von den Parteien geschaffene Regelungen in Betracht. Regelungsstreitigkeiten seien solche, deren Motiv in der Schaffung, Modifizierung, Suspendierung oder Aufhebung von Arbeitsbedingungen liegt, die generell die ökonomischen Interessen der Arbeitnehmer berühren.[404]

Die Rechts- und Regelungsstreitigkeiten werden unter Verweis auf *Hans Carl Hueck-Nipperdey* und *Arthur Nikisch*[405] nach solchen individual- und kollektivarbeitsrechtlicher Natur differenziert.[406] *Juan B. Climént Beltrán* definiert individualarbeitsrechtliche Konflikte als jene, die unabhängig von der Anzahl der konkret betroffenen Arbeitnehmer im Einzelfall ein individualisiertes Arbeitnehmerinteresse berühren. Kollektivarbeitsrechtliche Konflikte seien solche, die unabhängig von der Anzahl der betroffenen Arbeitnehmer im Einzelfall das kollektive Interesse der Arbeitnehmer berühren und die Gewerkschaft als Repräsentanten der Arbeitnehmergemeinschaft implizieren. In Betracht kommen Konflikte zwischen Arbeitnehmern und Arbeitgebern (individuell und kollektiv), zwischen mindestens zwei Gewerkschaften und innerhalb einer Gewerkschaft.[407] Diese Abgrenzung

---

403 *Cueva, M. de la,* El Nuevo Derecho, Band II, S. 513 ff.; *De Buen L.*, Derecho Procesal Del Trabajo, S. 78 ff.; *Bouzas Ortiz,* Derecho Colectivo Y Procesal Del Trabajo, S. 268 ff.; *Climént Beltrán,* Derecho Procesal Del Trabajo, S. 205 ff.; *Pérez López,* La Teoría General Del Proceso En El Derecho Laboral, S. 156 ff.

404 *Cueva, M. de la,* El Nuevo Derecho, Band II, S. 521.

405 Die Differenzierung zwischen Individual- und Kollektivarbeitsrecht sowie die Trilogie der Koalitionsfreiheit im Hinblick auf das Koalitionsrecht, das Tarifvertragsrecht und den Arbeitskampf sind allgemein anerkannt; *Cueva, M. de la,* El Nuevo Derecho, Band I, S. 635.

406 *Cueva, M. de la,* El Nuevo Derecho, Band II, S. 513 ff.; *De Buen L.*, Derecho Procesal Del Trabajo, S. 78 ff.; *Bouzas Ortiz,* Derecho Colectivo Y Procesal Del Trabajo, S. 268 ff.; *Climént Beltrán,* Derecho Procesal Del Trabajo, S. 205 ff.; *Pérez López,* La Teoría General Del Proceso, S. 156 ff.

407 *Climént Beltrán,* Derecho Procesal Del Trabajo, S. 206.

wird auch von anderen mexikanischen Rechtswissenschaftlern[408] und dem SCJN vertreten.[409]

III. Konfliktverfahren im mexikanischen Arbeitsrecht

Die Klassifizierung der verschiedenen Arbeitsrechtskonflikte in Rechts- und Regelungsstreitigkeiten individual- und kollektivarbeitsrechtlicher Natur ist zur Abgrenzung der Verfahrensarten mit teilweise voneinander abweichenden Verfahrensvorschriften erforderlich. So stellt das LFT verschiedene Verfahren zur Verfügung, deren jeweilige Vorschriften der Eigenart und den Notwendigkeiten des einschlägigen Arbeitskonfliktes Rechnung tragen.[410]

Auch der SCJN geht daher von einer Unterscheidung der Konfliktarten in Rechts- und Regelungsstreitigkeiten individual- und kollektivarbeitsrechtlicher Natur aus. So sei das ordentliche Verfahren auf die Lösung der Rechtsstreitigkeiten gerichtet, welches historisch der staatlichen Gerichtsbarkeit entspringe und daher wesentliche prozessrechtliche Prinzipien zur Lösung von juristischen Konflikten enthalte. Neben der Dispositionsmaxime gelte auch der Verhandlungsgrundsatz. Hingegen sei die Situation bei den Regelungsstreitigkeiten anders zu beurteilen, da es sich nicht um die bloße Entscheidung über die Inhaberschaft eines Rechts, sondern um die Schaffung eines juristischen Statuts für eine Vielzahl von gegenwärtigen und künftigen Rechtsverhältnissen handele. Daher gelte der Untersuchungsgrundsatz und es ergehe eine Ermessensentscheidung bei der Festsetzung der Arbeitsbedingungen.[411]

Daher regelt das LFT die Verfahren zu den juristischen Konflikten (Art. 870 ff.) und den ökonomischen Konflikten (Art. 900 ff.) in verschiedenen Kapiteln. Diese können individueller und kollektiver Rechtsnatur sein.[412]

---

408 *De Buen L.*, Derecho Procesal Del Trabajo, S. 78 ff.; *Cueva, M. de la*, El Nuevo Derecho, Band II, S. 513 ff.; *Pérez López*, La Teoría General Del Proceso, S. 156 ff.; *García Sámano*, Derecho Procesal Del Trabajo, S. 25.

409 SCJN (cuarta sala/séptima época), José Manuel Díaz Villaseñor y otros, 14.5.1986, SJF, Vol. 205–216, 5. Teil, S. 15; der SCJN sieht als weiteres Kriterium die Zielrichtung an, wonach ein kollektiver Konflikt vorliege, wenn eine Maßnahme auf die Schaffung einer Situation abzielt, die sich an ein berufliches Interesse einer Gruppe oder Interessenvertretung wendet.

410 *Cueva, M.*, El Nuevo Derecho, Band II, S. 514; *Climént Beltrán*, Derecho Procesal Del Trabajo, S. 205; *Martínez y González*, Reflexiones Sobre La Huelga, S. 198, 204.

411 SCJN (quarta sala/quinta época), Amparo directo 2/38, Compañía de Petróleo "El Aguila" S.A. y coags., 1.3.1938, SJF, Band LV, Registernummer: 380191; *Bouzas Ortiz*, Derecho Colectivo Y Procesal Del Trabajo, S. 275 f.

412 Teilweise wird in der Wissenschaft im Gegensatz zum Gesetzeswortlaut aber auch vertreten, dass Regelungsstreitigkeiten nur im kollektiven Arbeitsrecht vorkommen können; *De Buen L.*, Derecho Procesal del Trabajo, S. 77 f.; *Pérez López*, La Teoría General Del Proceso, S. 157.

Daneben bestehen noch ein Sonderverfahren (Art. 892 ff.) und ein sozialversicherungsrechtliches Individualverfahren (Art. 899 A ff.). Der Gesetzgeber traf im Übrigen in Übereinstimmung mit Art. 123 A XX CPEUM weitere Verfahrensregelungen, die selbst keinen Konflikt darstellen, aber ein Mittel im Konfliktfall sind. So besteht die Möglichkeit eines freiwilligen Schlichtungsverfahrens vor einem Konfliktfall, Art. 982 ff. LFT.

Im Hinblick auf das Arbeitskampfrecht ist an dieser Stelle von Bedeutung, dass der Gesetzgeber auch für den Arbeitnehmerstreik ein zwingend durchzuführendes förmliches Verfahren vorsieht. Die Vorschriften zum Streikverfahren sind in den Art. 920 ff. LFT geregelt und stellen ein elementares Kriterium im mexikanischen Arbeitskampfrecht dar (siehe ausführlich in Kapitel § 6).

IV. Staatliche Entscheidung über die Arbeitsbedingungen

Da den JCAs nicht nur die Lösung der Rechtsstreitigkeiten, sondern auch diejenige der Regelungsstreitigkeiten zugewiesen ist, ergehen folgerichtig durch die JCAs auch Entscheidungen über die jeweiligen ökonomischen Angelegenheiten des zugrunde liegenden Konfliktes, das heißt über die Arbeitsbedingungen. Die JCAs wirken über die bloße Mediation zwischen den Parteien hinaus auf die konkrete Festsetzung der Arbeitsbedingungen ein.

1. Streikverfahren

Insbesondere im Zusammenhang mit dem Arbeitskampfrecht hat dieses Arbeitsrechtssystem eine besondere Bedeutung. Da der Arbeitnehmerstreik in ein förmliches Verfahren eingekleidet ist, kann dieses auch durch die Entscheidung der JCA als zuständige staatliche Stelle beendet werden, Art. 937, 469 LFT. In diesem Fall entscheidet die JCA über die Rechtfertigung des Streiks und damit im Falle ökonomischer Forderungen der Arbeitnehmer über die Angemessenheit und wirtschaftliche Vertretbarkeit dieser Forderungen. Die hierfür bisher zuständigen JCAs können die geforderten Arbeitsbedingungen unmittelbar selbst festsetzen und unter bestimmten Voraussetzungen den Streik auch seinem Ende zuführen (siehe ausführlich in S. 316 ff.).

2. Tarifverträge

In Mexiko werden Arbeitskämpfe überwiegend um Tarifverträge geführt (siehe S. 189 f., 226 ff.). Dessen ungeachtet können die Tarifvertragsparteien aber im Rahmen der Tarifvertragsverhandlungen auch das förmliche „Kollektivverfahren ökonomischer Natur“ einleiten, Art. 900 ff. LFT.[413]

---

413 Es besteht ein Streit in der mexikanischen Arbeitsrechtswissenschaft über die Rechtsnatur von Tarifverträgen unter anderem als Folge der Tatsache, dass diese von den JCAs als staatlichen Stellen verbindlich zwischen den Parteien festgesetzt

Die von einer Gewerkschaft vertretenen Arbeitnehmer haben einen Anspruch auf Abschluss eines Tarifvertrages gegen den Arbeitgeber. Die Tarifvertragsparteien haben außerdem einen Anspruch auf Neuverhandlung der Tarifvertragskonditionen in einem gesetzlich vorgegebenen Zeitraum (*revisión anual* und *bienal*), Art. 387 Abs. 1, 399, 399 Bis LFT. Unabhängig vom gesetzlich geregelten Zeitraum der Tarifvertragsrevision besteht unter besonderen Umständen auch ein Anspruch der Tarifvertragsparteien auf eine Modifikation des Tarifvertrages, Art. 426 LFT (siehe S. 240 ff.).

Kommt der Vertragspartner des Tarifvertrages den Forderungen nicht nach, können die Parteien einen Antrag auf Durchführung des „Verfahrens für ökonomische Kollektivkonflikte" stellen, um einen Tarifvertrag per Beschluss durch die JCA als zuständige staatliche Stelle festsetzen zu lassen, Art. 900 ff. LFT. Nach Antragstellung leitet die JCA das Verfahren ein und nimmt eine Beweisaufnahme und -würdigung im Hinblick auf die Angemessenheit der Forderungen vor. Insbesondere die Gutachten von Wirtschaftsprüfern sind dabei ein zentrales Beweismittel, Art. 905 ff. LFT. Das Verfahren endet mit einer Festsetzung des Tarifvertrages durch die JCA mit Wirkung für die Parteien im Sinne einer Zwangsschlichtung. In diesem Verfahren wird über die Angemessenheit und wirtschaftliche Vertretbarkeit der Forderungen entschieden. So können alle Arbeitsbedingungen im Betrieb oder Unternehmen wie zum Beispiel der Personalbestand, die Wochen- und Tagesarbeitszeit oder die Vergütung festgesetzt werden, Art. 919 LFT.[414] Die Beschlüsse wirken rechtsgestaltend, da sie unmittelbar die tarifvertragliche Regelung schaffen. Sie können in ihrer Wirkungsweise mit Gestaltungsurteilen der deutschen Rechtsordnung[415] verglichen werden und sind im Ergebnis der Spruch einer Zwangsschlichtung.

Die Möglichkeit der staatlichen Festsetzung eines Tarifvertrages wird in der mexikanischen Wissenschaft mit ausdrücklichem Verweis auf Deutschland als zentraler Systemunterschied erkannt. Dieser ist eine wesentliche Folge der Wertentscheidung des Verfassungsgebers, wonach die Lösung (aller) Arbeitskonflikte in der ausschließlichen Verantwortung des Staates steht. Ein freies Spiel der Kräfte ohne staatliche Mitwirkung, mithin auch eine unbeschränkt gültige Tarifautonomie, war vom mexikanischen Verfassungs- und Gesetzgeber bei der Kodifizierung des Arbeitsrechts nicht beabsichtigt.[416]

---

werden können; *Cueva, M. de la*, El Nuevo Derecho, Band II, S. 398, 400, 419 ff.; *De Buen L.*, Derecho Del Trabajo, Band II, S. 720 f., 739 ff.

414 *De Buen L.*, Derecho Del Trabajo, Band II, S. 751 ff.; *Guerrero*, Manual De Derecho Del Trabajo, S. 332.

415 Z.B. Ehescheidung nach §§ 1564 Abs. 1 BGB, 606 ZPO oder die Auflösung einer GmbH nach § 60 Abs. 1 Nr. 3, 61 GmbHG.

416 *Cueva, M. de la*, El Nuevo Derecho, Band II, S. 400; *Tenopala*, La Huelga, S. 73; *De Buen L.*, Derecho Procesal Del Trabajo, S. 73, 76 ff.

V. Zwischenergebnis

Die mexikanische Rechtsordnung überträgt alle Rechts- und Regelungsstreitigkeiten individual- oder kollektivarbeitsrechtlicher Natur zur Entscheidung auf staatliche Institutionen. Daher besteht daher kein freies Spiel der Kräfte ohne staatliche Mitwirkung und folglich insbesondere keine unbeschränkt gültige Tarifautonomie. Im Hinblick auf das Arbeitskampfrecht hat dies zur Folge, dass der Arbeitnehmerstreik in ein förmliches Verfahren eingekleidet ist. Außerdem können die JCAs als zuständige staatliche Stelle auf Antrag der Tarifvertragsparteien nach Durchführung des hierfür vorgesehenen Verfahrens den Tarifvertragsinhalt im Wege einer rechtsgestaltenden Entscheidung festsetzen.

C. Schieds- und Gütestellen als Arbeitsgerichtsbarkeit

Ein weiterer wesentlicher Systemunterschied zum deutschen Arbeitsrecht liegt im mexikanischen Arbeitsrecht darin begründet, dass bisher keine von der Justiz ausgeübte Arbeitsgerichtsbarkeit besteht. Die Zuständigkeit in arbeitsrechtlichen Angelegenheiten lag bis zum Inkrafttreten der Reform am 2. Mai 2019 ausschließlich bei Schieds- und Gütestellen, den sogenannten *Juntas de Conciliación y Arbitraje* (nachfolgend „JCA"). Die Verfassung von 1917 übertrug die Zuständigkeit in allen arbeitsrechtlichen Rechts- und Regelungsstreitigkeiten ausschließlich auf die JCAs, Art. 123 A XX CPEUM a. F. Den Bürgern blieb im Arbeitsrecht der Zugang zu einer Justizbehörde bisher – mit Ausnahme des Amparo-Verfahrens – verwehrt (siehe bereits ausführlich S. 108 ff.).

Auch wenn die Gesetzestexte die mit der Reform von 2019 neu eingeführten Arbeitsgerichte anstelle der JCAs bereits als zuständige Spruchkörper nennen, bleiben die JCAs für eine Übergangsphase bis zur Einrichtung der Arbeitsgerichtsbarkeit (soll bis 2022 abgeschlossen sein) zuständig. Trotz der sich wandelnden Rechtslage ist im Folgenden daher von einer gegenwartsbezogenen Zuständigkeit der JCAs auszugehen (siehe S. 111 f.).

I. Kompetenz und Funktion der JCAs

Wie bereits ausführlich auf den S. 102 ff. erläutert, sind die JCAs in konkurrierender Zuständigkeit auf Landes- und Bundesebene eingerichtet. Sie sind paritätisch mit einem Arbeitgeber- und einem Arbeitnehmervertreter unter dem Vorsitz eines Staatsbeamten besetzt. Ihnen sind sowohl justizielle als auch exekutive Befugnisse übertragen, damit sie alle arbeitsrechtlichen Angelegenheiten in eigener Kompetenz wahrnehmen können. Die JCAs sind ausschließlich für die Bearbeitung aller Rechts- und Regelungsstreitigkeiten individual- und kollektivarbeitsrechtlicher Natur zuständig. Auch erledigt die jeweils örtlich zuständige JCA

Verwaltungsaufgaben wie die Registrierungen von Gewerkschaften oder Verwahrung der Tarifverträge.[417]

Die Implementierung des JCA-Systems[418] basierte auf dem Gedanken, dass Konflikte nicht in einem streitigen Verfahren vor Gericht entschieden, sondern einer gütlichen Einigung unter staatlicher Mitwirkung zugeführt werden sollen.[419] Hierdurch sollen Verständnis für die Situation der anderen Partei und Mechanismen zur gütlichen Einigung anstelle eines streitigen Verfahrens geschaffen werden, um eine Fortsetzung des Arbeitsverhältnisses trotz eines Konfliktes zu ermöglichen. Auch wurden Verfahrensvorschriften implementiert, die das Machtgefälle im Arbeitsverhältnis berücksichtigen (zum Beispiel Beweislastumkehr zulasten des Arbeitgebers).[420] Die Schaffung der JCAs ist vor allem im historischen Kontext zu sehen. Die vorrevolutionäre Geschichte Mexikos hatte einen maßgeblichen Einfluss auf die bisher fehlende justizielle Arbeitsgerichtsbarkeit. Die Einrichtung eines von der Justiz unabhängigen Spruchkörpers war in Mexiko eine unmittelbare Folge der Revolution und der willkürlichen Behandlung der (Land-)Arbeiter durch die Dienstherren in den Jahren zuvor, die sich auch in den Gerichtsprozessen fortsetzte. Die Beihilfe der Justiz zur willkürlichen Behandlung der Arbeiter sollte nach der Revolution verhindert werden (siehe S. 55 ff.). Der nachrevolutionäre Normgeber stand unter dem Eindruck des justiziellen Versagens im 19. Jahrhundert, sodass statt der bisher zuständigen Justiz nur Laienrichter mit staatlicher Beteiligung zuständig waren.[421]

II. Bedeutung der Rechtsprechung

Im Rahmen des Arbeitskampfrechts ist aber auch die Bedeutung der „Rechtsprechung" in der mexikanischen Rechtsordnung für die Auslegung der Normen und die praktische Gesetzesanwendung festzustellen. Die Rechtsprechung kommt im Hinblick auf die JCAs und das Amparo-Verfahren an dem SCJN auf zwei Ebenen in Betracht.

---

417 *De Buen L.*, Derecho Procesal del Trabajo, S. 153 f.; *Sánchez-Casteñada*, La Jurisdicción Laboral, S. 396.

418 Als Vorbild dienten die von *Napoléon Bonaparte* Anfang des 19. Jahrhunderts geschaffenen *Conseils de Prud hommes*; siehe *Alvírez Friscione*, La Justicia Laboral, S. 467.

419 *Trueba Urbina*, Nuevo Derecho Procesal Del Trabajo, S. 331; *Martínez y González*, Reflexiones Sobre La Huelga, S. 197.

420 *De Buen L.*, Derecho Procesal del Trabajo, S. 114; *Cueva, M. de la*, El Nuevo Derecho, Band II, S. 529 f.; *Trueba Urbina*, Nuevo Derecho Procesal Del Trabajo, S. 329.

421 *De Buen L.*, Derecho Procesal del Trabajo, S. 114; *Cueva, M. de la*, El Nuevo Derecho, Band II, S. 529 f.; *Trueba Urbina*, Nuevo Derecho Procesal Del Trabajo, S. 329.

1. *Schiedsspruch der JCAs*

Ungeachtet des fehlenden Instanzenzugs im mexikanischen Schiedssystem regelt Art. 17 LFT, dass die Rechtsprechung als Auslegungshilfe für das Arbeitsrecht zu berücksichtigen ist. Das LFT beinhaltet somit ein supplementäres Kriterium in der Anwendung der Arbeitsrechtsnormen, welches die Rechtsprechung zumindest als Auslegungshilfe bestimmt.[422]

Allerdings berücksichtigten die JCAs in der Arbeitsrechtspraxis abweichende Entscheidungen anderer JCAs häufig nicht. Dies beruhte entweder auf der mangelhaften juristischen Qualifikation der Laienrichter[423] oder auf der Unwilligkeit einiger JCAs, von der eigenen Entscheidung abzuweichen.[424] Zusammen mit dem fehlenden Instanzenzug führte dies zu einer uneinheitlichen Gesetzesanwendung, Rechtsunsicherheit und einer fehlenden Rechtsklarheit in der Gesetzesanwendung und -auslegung.[425] In der Praxis liegen allenfalls vereinzelte Erfahrungswerte in der Rechtsanwendung je nach zuständiger JCA vor, in denen aber im Einzelfall Abweichungen stattfinden.

Darüber hinaus gewährleistet das JCA-System aus weiteren Gründen wie vor allem wegen der fehlenden richterlichen Unabhängigkeit oder der überlangen Verfahrensdauer keinen effektiven Rechtsschutz und wird von zahlreichen Stimmen kritisiert (siehe S. 109 f.).[426]

Aus den genannten Gründen besteht bisher keine arbeitsrechtliche Rechtsprechung in Mexiko. Zum einen fehlt es schon an einer Einheitlichkeit in der Rechtsprechung. Zum anderen ist sie aber auch aus theoretischen und faktischen Gründen mit erheblichen Mängeln belastet, sodass insbesondere auch die Arbeitsrechtswissenschaft grundsätzlich nicht auf Entscheidungen von JCAs verweist. Für die Auslegung der Normen greift die Praxis daher regelmäßig auf die Darstellungen einflussreicher mexikanischer Rechtswissenschaftler zurück, ohne dass eine entsprechende Gesetzesanwendung und -auslegung durch die jeweilige JCA gewährleistet ist.

---

422 *De Buen L.*, Derecho Procesal Del Trabajo, S. 43; *Cueva, M. de la*, El Nuevo Derecho, Band I, S. 135.

423 *Sánchez-Casteñada*, La Jurisdicción Laboral, S. 396.

424 *Climént Beltrán*, Derecho Procesal Del Trabajo, S. 190 ff.

425 *Sánchez-Casteñada*, La Jurisdicción Laboral, S. 396 ff.; *De Buen L.*, Derecho Procesal del Trabajo, S. 154.

426 *Sánchez-Casteñada*, La Jurisdicción Laboral, S. 396 ff.; *De Buen L.*, Derecho Procesal del Trabajo, S. 154; *Climént Beltrán*, Derecho Procesal Del Trabajo, S. 190 ff.; *García Sámano*, Derecho Procesal Del Trabajo, S. 29; *Deppe*, RIW 2017, S. 577; *Middlebrook/ Quintero Ramiírez*, Las Juntas locales, S. 285 ff.; *STPS*, Boletín No. 181/2019 vom 6. Oktober 2019.

2. Entscheidungen im Amparo-Verfahren

Neben der Gesetzesanwendung durch die JCAs kommt grundsätzlich die Rechtsprechung durch die Bundesgerichte im Rahmen des Amparo-Verfahrens in Betracht (siehe S. 165 ff.). Insbesondere die Präjudizienwirkung von SCJN-Entscheidungen könnte in arbeitsrechtlichen Angelegenheiten im Falle einer Bindungswirkung der JCAs eine Arbeitsrechtsprechung herbeiführen. Allerdings war eine Präjudizienwirkung der SCJN-Rechtsprechung in der Arbeitsrechtspraxis bisher kaum existent, was auf der Rechtsnatur der JCAs und Umsetzungsschwierigkeiten in der Praxis beruht.

a. Rechtsnatur der JCAs

Entscheidungen des SCJN blieben in arbeitsrechtlichen Konflikten in vom konkreten Fall abweichenden Verfahren häufig unberücksichtigt,[427] da sich die JCAs nicht an die Präjudizienwirkung des Amparo-Verfahrens gebunden sahen.[428]

Wie bereits erörtert, gilt die Bindungswirkung unmittelbar nur für die Gerichte und nicht für andere staatliche Institutionen. Das JCA-System ist daher schon immer mit einem Streit über seine rechtliche Einordnung verbunden. Nach dem klassischen Verständnis der Gewaltenteilung ist eine Einordnung wegen der Übertragung judikativer und exekutiver Befugnisse nicht möglich.[429] Teilweise klassifiziert die Arbeitsrechtswissenschaft die JCAs als Institutionen eigener Art von Verfassungsrang[430] oder als Verfassungsorgane, die ihre Funktionen autonom wahrnehmen, aber in ihrer Verwaltung von der Exekutive auf Bundes- und Landesebene abhängig sind, als Arbeitsgerichte fungieren und mit gewissen gesetzlichen Einschränkungen befugt sind, mit Verstand über Sachverhalte zu urteilen.[431]

Letztlich kann die rechtliche Einordnung der JCAs dahinstehen, da diese jedenfalls unstreitig keine Gerichte sind und sich daher nicht an die Präjudizienwirkung der Entscheidungen des SCJN gebunden sahen.[432] Die SCJN-Entscheidungen hatten im Arbeitsrecht grundsätzlich nur eine Inter-partes-Wirkung für den konkreten Einzelfall.

b. Bedeutung im Arbeitsrecht

Die Amparo-Entscheidungen hatten auch aus weiteren Gründen keinen maßgeblichen Einfluss auf die bisherige Arbeitsrechtspraxis. So berücksichtigten viele JCAs

---

427 *Climént Beltrán*, Derecho Procesal Del Trabajo, S. 190 ff.

428 *Climént Beltrán*, Derecho Procesal Del Trabajo, S. 190 ff. mit Verweis auf exemplarische Entscheidungen von Schiedsstellen.

429 *De Buen L.*, Derecho Procesal del Trabajo, S. 139; *Cueva, M. de la*, El Nuevo Derecho, Band II, S. 538; *De Buen L.*, El Sistema Laboral En México, S. 130.

430 *Cueva, M. de la*, El Nuevo Derecho, Band II, S. 534.

431 *De Buen L.*, Derecho Procesal del Trabajo, S. 159.

432 *Climént Beltrán*, Derecho Procesal Del Trabajo, S. 190 ff.

die Entscheidungen der Bundesgerichte wie auch anderer JCAs nicht als Auslegungshilfe gemäß Art. 17 LFT (siehe oben S. 178).

Außerdem verhinderte die überlange Verfahrensdauer, dass in arbeitsrechtlichen Angelegenheiten überhaupt der Rechtsbehelf des Amparo ergriffen wurde. Dies lag zum einen an der bundesdurchschnittlichen Verfahrensdauer an den JCAs von zwei Jahren. Im Falle eines Amparo-Antrags am TC verlängert sich diese Verfahrensdauer um einen weiteren Zeitraum bis hin zu mehreren Jahren, insbesondere bei einem anschließenden Rechtsmittel am SCJN. Dies führte in Arbeitskämpfen entweder zu einer in der Regel eingetretenen Erledigung des Arbeitskampfgrundes oder dazu, dass die Beteiligten in Erwartung eines jahrelangen Verfahrens den Amparo-Rechtsbehelf überhaupt nicht einlegten. Auch sind an den TCs bisher keine auf das Arbeitsrecht spezialisierten Kammern vorhanden, sodass häufig Spruchkörper des TC, die mit dem Arbeitsrecht nicht vertraut sind, Entscheidungen treffen.[433]

Aber auch die umstrittene Rechtsprechung des SCJN verhinderte teilweise, dass das materielle Arbeitskampfrecht Gegenstand von Amparo-Verfahren war. So ist das Arbeitskampfrecht hinsichtlich seiner Ziele nach dem SCJN kein zulässiger Verfahrensgegenstand im Amparo, da die jeweils zuständige JCA im Streikverfahren über die Zulässigkeit der verfolgten Arbeitskampfziele nicht in einem amparofähigen Schiedsspruch, sondern vorab im Rahmen einer Art Zwischenfeststellungsbeschluss entscheidet. Dieser bewertet nur die Rechtmäßigkeit der Arbeitsniederlegung, beendet aber anders als ein Schiedsspruch nicht das Streikverfahren.[434]

Zulässiger Verfahrensgegenstand des Amparo muss aber eine den Rechtszug beendende Entscheidung der JCAs sein.[435] Da der mexikanische Gesetzgeber die Rechtmäßigkeit der Arbeitsniederlegung und seine das Arbeitskampfverfahren beendende Rechtfertigung, das heißt die Angemessenheit und wirtschaftliche Vertretbarkeit der Forderungen, voneinander trennt (siehe S. 196, 238, 308 ff., 317), konnte nach dem SCJN die Zulässigkeit des Arbeitskampfes bisher kein unmittelbarer Gegenstand eines Amparo-Verfahrens sein. Der SCJN nimmt im Rahmen von anderen Verfahrensgegenständen teilweise zum materiellen Arbeitskampfrecht inzident Stellung.

Aufgrund der juristischen Qualität der SCJN-Entscheidungen berücksichtigen die Wissenschaft und Praxis – vereinzelt auch die JCAs – aber zumindest diese Urteile, soweit sie zum Arbeitskampfrecht überhaupt bestehen.

---

433 *Tenopala*, La Huelga, S. 105, 112 f.

434 SCJN (cuarta sala/sexta época), Amparo directo 4811/57, Sindicato de Trabajadores de la Música Gilberto G. Soto: C.T.M. de Nogales, Sonora, 7.7.1965, SJF, Band XCVII, 5. Teil, S. 35; SCJN (cuarta sala/séptima época), Amparo directo 4416/69, Sindicato de Trabajadores de Viñedos e Industrias Vitivinícolas de Aguascalientes C.R.T., 8.1.1970, SJF, Band XIII, 5. Teil, S. 23.

435 *Tenopala*, La Huelga, S. 105, 112 f.

III. Zwischenergebnis

In Mexiko besteht gegenwärtig noch keine von der Justiz ausgeübte Arbeitsgerichtsbarkeit. Im mexikanischen Arbeitsrecht existieren bisher nur Güte- und Schiedsstellen in Bundes- und Landeszuständigkeit, sogenannte JCAs.

Den JCAs sind in ausschließlicher Zuständigkeit alle arbeitsrechtlichen Konflikte juristischer und ökonomischer Natur zur Entscheidung übertragen. Insbesondere können sie den Tarifvertragsinhalt auf Antrag rechtsgestaltend festsetzen und über das Ergebnis eines Streikverfahrens entscheiden. Auch finden die Registrierungsverfahren der Gewerkschaften und der Tarifverträge bisher dezentral in der Zuständigkeit der lokalen JCAs und der Bundes-JFCA statt.

Die Schiedssprüche der JCAs haben in der Praxis und Wissenschaft nahezu keine Bedeutung bei der Gesetzesanwendung. Die JCAs gewährleisten den im Arbeitsrecht Beteiligten, insbesondere den Arbeitnehmern, aufgrund zahlreicher struktureller Probleme nur in seltenen Fällen einen effektiven Rechtsschutz. Auch besteht aus diesen Gründen keine einheitliche, rechtlich fundierte Arbeitsrechtsprechung. Die Praxis greift bei der Gesetzesanwendung in der Regel auf Darstellungen einflussreicher Rechtswissenschaftler und auf vereinzelte Erfahrungswerte an der jeweils zuständigen JCA zurück.

Zwar kommen auch Gerichtsentscheidungen im Amparo als Arbeitsrechtsprechung in Betracht. Insbesondere die SCJN-Entscheidungen werden häufig bei der Gesetzesanwendung berücksichtigt. Allerdings ist das materielle Arbeitskampfrecht im Hinblick auf seine zulässigen Ziele aus faktischen Gründen und wegen der SCJN-Rechtsprechung nur selten Gegenstand eines Amparo. Außerdem berücksichtigen zahlreiche JCAs die SCJN-Entscheidungen weder als Auslegungshilfe noch im Rahmen der Präjudizienwirkung. Die Amparo-Rechtsprechung hat für die Arbeitskämpfe nur eine beschränkte Bedeutung.

Mit einer am 2. Mai 2019 in Kraft getretenen Reform lösen Arbeitsgerichte und diesen vorgeschaltete Landesschlichtungsstellen die JCAs in ihrer judikativen Funktion schrittweise ab. Die Arbeitsgerichtsbarkeit soll bundesweit bis spätestens 2022 implementiert sein. Das Bundeszentralregister CFCRL ist dann anstelle der JCAs für die Registrierungsverfahren zuständig.

D. Regelungsumfang des mexikanischen Arbeitsrechts

Für die Bedeutung des Arbeitskampfrechtes im mexikanischen Arbeitsrecht ist neben seiner praktischen Durchsetzbarkeit vor allem auch relevant, in welchem Umfang das Arbeitsrecht bereits selbst die Arbeitsbedingungen regelt. Dies betrifft die Frage, ob das Arbeitsrecht bestimmte Materien überhaupt normiert und in welchem Regelungs- und Schutzniveau dies der Fall ist. Im Grundsatz gilt, dass das Streikrecht für die Arbeitnehmer eine höhere Bedeutung hat, wenn das Arbeitsrecht Regelungsmaterien oder die Erreichung eines höheren Schutzniveaus den Arbeitnehmern selbst überlässt. Schließlich sind die Arbeitnehmer bei einer geringen Regelungsdichte gezwungen, eigeninitiativ bessere Arbeitsbedingungen herbeizuführen.

I. Ziele des mexikanischen Arbeitsrechts

Maßgeblich für die Analyse des Regelungsumfangs einer Rechtsmaterie sind die ihr zugrunde liegenden Ziele. Dabei ist zunächst der bereits genannte verfassungsrechtliche Auftrag an den Gesetzgeber (siehe S. 160) zu nennen, umfassend und abschließend Arbeitsgesetze zu normieren und allen Arbeitnehmern den Erhalt einer würdigen und sozial nützlichen Arbeit zu gewährleisten, Art. 123 CPEUM (siehe S. 159).[436]

Das oberste Ziel ist die soziale Gerechtigkeit, die unter anderem auf Grundlage des nach der Revolution geschaffenen Arbeitsrechts erreicht werden soll. Nach der Vorstellung des Verfassungsgebers stellen die sozialen Rechte ein Regelwerk zur Befriedigung der materiellen und seelischen Bedürfnisse der Arbeiter dar. Dies wird durch den Ausgleich der Produktionsfaktoren, mithin durch den Ausgleich von Arbeit und Kapital erreicht. Das Arbeitsrecht hat eine Ausgleichsfunktion zwischen den vorgenannten Produktionsfaktoren mit der Finalität einer sozialen Gerechtigkeit.[437] Die Ausgleichsfunktion des Arbeitsrechts ist an verschiedenen Stellen des Arbeits(verfassungs-)rechts normiert, insbesondere auch als oberstes Streikziel, Art. 123 A XVII CPEUM (siehe S. 191).[438] Die verfassungsrechtliche Vorgabe bezüglich der Funktion des Arbeitsrechts ist auch gesetzlich anerkannt, da

- die arbeitsrechtlichen Normen ein Gleichgewicht zwischen den Produktionsfaktoren und der sozialen Gerechtigkeit herstellen sollen, Art. 2 Abs. 1 LFT,[439]
- die Arbeit so durchgeführt werden muss, dass ein würdevolles Leben und die Gesundheit der Arbeitnehmer und ihrer Familienangehörigen gesichert sind, Art. 3 Abs. 1 LFT,[440] sowie
- die Arbeitsgesetze unter Berücksichtigung des Ziels sozialer Gerechtigkeit auszulegen sind, Art. 17 LFT.

---

436 Art. 123 CPEUM: "*Toda persona tiene derecho al trabajo digno y socialmente útil; al efecto, se promoverán la creación de empleos y la organización social de trabajo, conforme a la ley. ... El Congreso de la Unión, sin contravenir a las bases siguientes debera expedir leyes sobre el trabajo, las cuales regirán: ...*"

437 *Cueva, M. de la*, El Nuevo Derecho, Band I, S. 83; *Guerrero*, Manual De Derecho Del Trabajo, S. 374; SCJN (segunda sala/décima época), Contradicción de tesis 26/2016, 7.10.2016, Gaceta de la SJF, Buch 35, Oktober 2016, Band I, S. 840.

438 *Cueva, M. de la*, El Nuevo Derecho, Band II, S. 585; *Muñoz*, Derecho Colectivo, S. 526.

439 Art. 2 Abs. 1 LFT: "*Las normas del trabajo tienden a conseguir el equilibrio entre los factores de la producción y la justicia social, ...*".

440 Art. 3 Abs. 1 LFT: "*El trabajo... debe efectuarse en condiciones que aseguren la vida digna y la salud para las y los trabajadores y sus familiars dependientes.*".

Der Verfassungs- und Gesetzgeber sowie die Wissenschaft interpretieren den Ausgleich der Produktionsfaktoren primär als angemessene Beteiligung der Arbeitnehmer am Unternehmensertrag. Der Verfassung liegt ein kapitalistisches Wirtschaftssystem zugrunde, sodass soziale Gerechtigkeit vor allem durch die Beseitigung einer unangemessenen Entlohnung hergestellt werden kann. Die Quelle sowohl des unternehmerischen Ertrags als auch der Arbeitnehmervergütung ist die Produktion. Der Ausgleich von Arbeit und Kapital bezieht sich daher primär auf die Schaffung eines angemessenen finanziellen Ausgleichs für den Einsatz der Arbeitsleistung.[441]

Über den ökonomischen Inhalt hinaus bezieht sich die Ausgleichsfunktion aber insgesamt auf die Harmonisierung des Arbeitsrechts mit dem Recht des Kapitals, mithin auch auf andere Arbeitsbedingungen (zum Beispiel Arbeitszeit und Arbeitssicherheit).[442]

II. Schutzniveau der arbeitsrechtlichen Normen

Der Zweck des Arbeitsrechts als Regelwerk zur Befriedigung der materiellen und seelischen Bedürfnisse der Arbeitnehmer bedeutet aber nicht, dass das Arbeitsrecht im Ganzen arbeitnehmerschützend ausgestaltet ist und durch die Arbeitsgesetze selbst bereits soziale Gerechtigkeit erreicht werden soll. Das mexikanische Arbeitsrecht ist kein utopisches sozialistisches Konzept der Revolutionäre von 1917, sondern nur in seiner Programmatik und Zielsetzung auf eine künftig von den Arbeitnehmern durch den Ausgleich der Produktionsfaktoren Arbeit und Kapital zu erreichende soziale Gerechtigkeit gerichtet.[443]

Zwar erfüllte der Gesetzgeber seinen Verfassungsauftrag und regelte im LFT die arbeitsrechtlichen Sachverhalte individual- und kollektivarbeitsrechtlicher Natur umfassend und abschließend. Daher sind alle für das Arbeitsrecht relevanten Materien im LFT enthalten (siehe bereits S. 161 f.).[444] Dies beantwortet allerdings nicht die Frage nach dem konkreten Regelungsumfang und Schutzniveau der einzelnen arbeitsrechtlichen Bereiche des LFT.

Vielmehr existieren neben den arbeitnehmerschützenden Vorschriften des LFT und der CPEUM im mexikanischen Arbeitsrecht zahlreiche Regelungsmaterien, die teilweise arbeitgeberschützend sind (siehe unten S. 186 f.). Es liegt in der Eigenverantwortung der Arbeitnehmer, mit den vom Verfassungs- und Gesetzgeber zur Verfügung gestellten Instrumenten einen Ausgleich der Produktionsfaktoren, das

---

441 *Santos Azuela*, Objeto Y Tipología De La Huelga Por Su Régimen Jurídico, S. 478; *Muñoz*, Derecho Colectivo, S. 526.

442 *Puig Hernández*, Teoría Y Práctica De La Huelga, S. 309; *Cueva, M. de la*, El Nuevo Derecho, Band II, S. 623.

443 *Cueva, M. de la*, El Nuevo Derecho, Band I, S. 83; *Cueva, M. de la*, El Nuevo Derecho, Band II, S. 528.

444 *De Buen L.*, Derecho Del Trabajo, Band I, S. 28.

heißt bessere Arbeitsbedingungen, zu erreichen. Dieses Arbeitsrechtssystem gründet darauf, dass sich der Gesetzgeber an den praktischen Bedürfnissen orientierte. Da große Teile der (Wirtschafts-)Elite nach der Revolution an der Macht blieben, folgte der Staat trotz einer teilweise sozialistischen Programmatik und Rhetorik weiterhin einem kapitalistischen Wirtschaftssystem (siehe S. 35 ff., 59 ff.). Die Machteliten hatten selbst kein gesteigertes Interesse, den Arbeitnehmern umfassend Rechte einzuräumen. Auch war Mexiko nur ein Agrarstaat mit einer schwach ausgeprägten Wirtschaftskraft. Die Verabschiedung umfassender Arbeitsgesetze mit einem hohen Arbeitnehmerschutz hätte die Attraktivität für potenzielle ausländische Investoren reduziert und hatte in der Revolution im Übrigen auch keinen so hohen Stellenwert wie in Industrienationen (siehe bereits S. 59 ff.).[445]

Das dem Arbeitskampfrecht zugrunde liegende System ist der gesetzgeberische Versuch eines Kompromisses zwischen den Interessen an einem wirtschaftlichen Wachstum und der Bereicherung der Wirtschaftselite einerseits und dem Erhalt des sozialen Friedens in der Arbeiterschaft durch Gewährung von Arbeitsgesetzen andererseits. Allerdings ist zu erwähnen, dass auch in dieser (nach)revolutionären Ära viele Gesetze eine reine Symbolpolitik darstellten und ihre Durchsetzung faktisch nicht möglich war. Die Gewährung der arbeitnehmerschützenden Rechte war durch den Verfassungs- und Gesetzgeber zur Sicherstellung des inneren Friedens vorgenommen worden, eine Durchsetzung der Rechte war hiermit überwiegend kaum gewollt.[446]

In diesem zeitlichen Kontext ist auch die teilweise revolutionäre, klassenkämpferische Rhetorik der CPEUM und des LFT zu verstehen (siehe auch S. 197). Zahlreiche Formulierungen in den Arbeitsgesetzen (siehe zum Beispiel oben hinsichtlich des Streikziels: „Gleichgewicht der Produktionsfaktoren Arbeit und Kapital") sowie wissenschaftliche Abhandlungen („Ausbeutung der Arbeiter" als zentrales Thema) weisen bis in die Gegenwart Klassenkampfrhetorik auf. Aufgrund des revolutionären Zeitgeistes bei der Entstehung der CPEUM und des LFT übernahm der mexikanische Normgeber entsprechende Formulierungen, um den Forderungen vor allem der anarchosyndikalistischen Gewerkschaften und ihrer Mitglieder zur Befriedung der Sicherheitslage nachzukommen. Wie sich aus den folgenden Kapiteln noch ergibt (siehe vor allem Kapitel § 5), beabsichtigte der mexikanische Verfassungs- und Gesetzgeber entgegen seiner Rhetorik aber tatsächlich nicht, den Arbeitnehmern mit dem Arbeitskampfrecht ein Klassenkampfmittel zur Verfügung zu stellen. Soweit der Verfasser entsprechende klassenkämpferische Begrifflichkeiten verwendet, geschieht dies nicht als Ausdruck einer eigenen politischen Überzeugung, sondern zur authentischen Darstellung des mexikanischen Arbeitsrechts sowie der Art seines wissenschaftlichen Diskurses.

---

445 *De Buen L.*, Derecho Del Trabajo, Band I, S. 321 f.; *Cueva, M. de la*, El Nuevo Derecho, Band I, S. 83; *Cueva, M. de la*, El Nuevo Derecho, Band II, S. 528.

446 *Lauth*, Gewerkschaften in Mexiko, S. 64.

1. *Arbeitnehmerschützende Vorschriften*

Auch wenn eine vollständige Abhandlung des mexikanischen Arbeitsrechts im Rahmen dieser Untersuchung nicht möglich ist, können die nachfolgenden Beispiele das Arbeitsrechtssystem hinreichend verdeutlichen. So bestehen zahlreiche arbeitnehmerschützende Regelungen, die im Grundsatz keiner Abbedingung durch die Arbeitsvertragsparteien bedürfen. Dies betrifft zum Beispiel die Regelungen zur zulässigen Arbeitszeit von maximal acht Stunden je Arbeitstag bei einer Arbeitswoche von höchstens sechs Arbeitstagen oder die verfassungsrechtlich garantierte jährliche Gewinnbeteiligung am Unternehmensgewinn (siehe S. 257 ff.), die sogenannte *participación en las utilidades de las empresas*, Art. 123 A IX CPEUM, Art 117 ff. LFT.

Außerdem besteht ein umfassender Bestandsschutz von Arbeitsverhältnissen – die sogenannte *estabilidad en el trabajo* – der wegen des Fehlens einer betriebsbedingten Kündigungsmöglichkeit sogar das deutsche Kündigungsschutzrecht übertrifft. Nach dem Leitbild des Verfassungsgebers sollen sich die Arbeitnehmer darauf verlassen können, dass das Arbeitsverhältnis stabil ist und grundsätzlich keine Beendigung vor dem Renteneintritt droht. Der Bestand des Arbeitsverhältnisses soll vom Arbeitnehmerwillen abhängen und nur in Ausnahmefällen vom Arbeitgeber beendet werden können.[447]

Seinen gesetzlichen Ausdruck findet der in Art. 123 A CPEUM verankerte Stabilitätsgrundsatz darin, dass eine Kündigung nur unter wenigen gesetzlich vorgesehenen personen- oder verhaltensbedingten Gründen möglich ist, Art. 46, 53 LFT. Betriebsbedingte Kündigungsgründe kommen nicht in Betracht (beachte aber das Suspendierungsrecht des Arbeitgebers, S. 204 ff.). Eine Änderung in der Person des Arbeitgebers (zum Beispiel durch Betriebsübergang) lässt das Arbeitsverhältnis unberührt.[448] Im Falle einer rechtswidrigen Kündigung hat der Arbeitnehmer die Wahl zwischen einer vom Arbeitgeber zu zahlenden Abfindung oder der Wiedereinsetzung in das Arbeitsverhältnis, Art. 123 A XXII CPEUM.[449] Auch muss ein Arbeitsverhältnis grundsätzlich unbefristet bestehen und darf nur in Ausnahmefällen (siehe Art. 35 ff. LFT) zeit- oder zweckbefristet sein. Die Befristung von Arbeitsverhältnissen ließ der Gesetzgeber erst mit einer Reform im Jahr 2012 zu.

Allerdings wird der hohe Bestandsschutz von Arbeitsverhältnissen in der Praxis als maßgebliche Ursache für das starke Ausmaß der informellen Beschäftigung in Mexiko (siehe S. 129 f.) angesehen.[450] Zahlreiche Arbeitnehmer erhalten trotz

---

447 *Cueva, M. de la*, El Nuevo Derecho, Band I, S. 219.

448 *Cueva, M. de la*, El Nuevo Derecho, Band I, S. 228, 240 ff.; *De Buen L.*, Derecho Del Trabajo, Band I, S. 565 ff.

449 In gesetzlich vorgesehenen Ausnahmefällen kann der Arbeitgeber die Wiedereinsetzung gegen Zahlung einer Entschädigung aber verweigern, Art. 123 A Nr. XXII und 49 LFT.

450 *ILO*, FORLAC – Notes on Formalization, Informal Employment in Mexico: Current situation, policies and challenges, S. 4, 10; *Deppe*, RIW 2019, S. 501.

einer entsprechenden gesetzlichen Arbeitgeberpflicht gar nicht erst einen Arbeitsvertrag oder arbeiten als Scheinselbständige – ein auch in Deutschland nicht unbekanntes Problem. Dabei ordnet das mexikanische wie auch das deutsche Arbeitsrecht Arbeitnehmer bei der Erfüllung objektiver Voraussetzungen automatisch als solche ein. Hieran knüpft unter anderem auch die Arbeitgeberpflicht zur Sozialversicherung an. Die Grundvoraussetzung für das Vorliegen eines Arbeitsverhältnisses ist die objektiv festzustellende persönliche und weisungsgebundene Leistungserbringung in einem Unterordnungsverhältnis gegen eine Vergütungszahlung, Art. 20 f. LFT.[451]

Andere beliebte Methoden zur Umgehung des Kündigungsschutzes sind (rechtswidrige) Kettenbefristungen oder die vom Arbeitnehmer mit Abschluss des Arbeitsvertrages gleichzeitig zu unterschreibende Arbeitnehmerkündigung, die sogenannte *acta de renuncia*, die im Falle einer vom Arbeitgeber beabsichtigten Lösung des Arbeitsverhältnisses vorgelegt werden kann und daher kein Unterschriftsdatum trägt.[452]

Jedenfalls in der Rechtstheorie besteht aber neben weiteren arbeitnehmerschützenden Vorschriften zugunsten der Arbeitnehmer auch ein umfassender Bestandsschutz von Arbeitsverhältnissen. Die verfassungsrechtlich und gesetzlich gewährten Mindestrechte wie zum Beispiel der Bestandsschutz oder die Höchstarbeitszeiten sind vor allem auch zwingendes Recht, für das es keine Abweichungsmöglichkeit durch einen Arbeits- oder Tarifvertrag gibt, Art. 123 A XXVII CPEUM, 56 LFT.[453]

2. Eigenverantwortung der Arbeitnehmer

Neben diesen arbeitnehmerschützenden Vorschriften bestehen aber auch zahlreiche Regelungsmaterien, die arbeitgeberfreundlich ausgestaltet sind. Hier liegt es in der Verantwortung der Arbeitnehmer, durch Verhandlungen mit dem Arbeitgeber eine Verbesserung der Arbeitsbedingungen herbeizuführen und auf diese Weise das Ziel des Gleichgewichts der Produktionsfaktoren zu erreichen.

So haben Arbeitnehmer nach Vollendung des ersten Beschäftigungsjahres lediglich einen Mindesturlaubsanspruch in Höhe von sechs bezahlten Urlaubstagen je Kalenderjahr. Je nach Dauer der Betriebszugehörigkeit steigt der Urlaubsanspruch zwar gestaffelt.[454] Allerdings umfasst der Urlaubsanspruch im Falle eines

---

451 *De Buen L.*, Derecho Del Trabajo, Band I, S. 28 ff., 466; die Unterscheidung zwischen Arbeiter und Arbeitnehmer ist in der mexikanischen Rechtsordnung nicht mehr relevant.

452 Diese Methoden wurden dem Verfasser von zahlreichen Arbeitnehmern sowie zwei befragten Unternehmern und Rechtsanwälten – teilweise auch unter Vorlage von *acta de renuncias* und befristeter Arbeitsverträge – bestätigt.

453 *Cueva, M. de la*, El Nuevo Derecho, Band I, S. 99 f.; *De Buen L.*, Derecho Del Trabajo, Band I, S. 49.

454 Für jedes weitere Jahr der Betriebszugehörigkeit steigt der Urlaubsanspruch zum Beispiel um je zwei zusätzliche Urlaubstage bis zur Erreichung von insgesamt zwölf

Arbeitgeberwechsels erneut nur sechs Urlaubstage, Art. 76 ff. LFT.[455] Neben dem Urlaubsanspruch belässt der mexikanische Verfassungs- und Gesetzgeber aber vor allem die Vergütungshöhe als zentrale Arbeitsbedingung grundsätzlich in der Eigenverantwortung der Arbeitnehmer. Zwar garantiert die Verfassung von 1917 einen Mindestlohn, dessen Höhe jährlich von einer Kommission festzusetzen ist, Art. 123 A VI CPEUM, 90 ff. LFT. Aufgrund der nur geringen Mindestlohnhöhe (Stand 2021: EUR 6,02 und in einzelnen Wirtschaftszonen EUR 9,09 je Arbeitstag)[456] kommt diesem in der Praxis aber in der Regel eine nur symbolische Bedeutung zu.[457]

Darüber hinaus regelt der Verfassungs- und Gesetzgeber vor allem im Bereich der Betriebs- und Unternehmensmitbestimmung kaum Arbeitnehmerrechte. So bestehen nahezu keine gesetzlichen Mitbestimmungsrechte wie zum Beispiel das deutsche BetrVG, MitbestG oder DrittelbG.[458]

Die Arbeitnehmer haben in der mexikanischen Rechtsordnung lediglich ein sehr begrenztes Mitbestimmungsrecht für ausgewählte, betriebliche Einzelfragen in aus Arbeitnehmer- und Arbeitgebervertretern paritätisch zu besetzenden Kommissionen. Der Mitbestimmung kommt insbesondere bei der Vereinbarung von sogenannten Betriebsbestimmungen (*reglamento interior de trabajo*) eine besondere Bedeutung zu, Art. 422 ff. LFT.[459] Diese stellen nach deutschen Maßstäben Betriebsvereinbarungen im Rahmen der betrieblichen Mitbestimmung dar, die auch überbetrieblich für das Unternehmen[460] aufgestellt werden können. Die Ausgestaltung der Mitbestimmung ist rudimentärer als das deutsche BetrVG. Des Weiteren stellt Art. 422 Abs. 2 LFT klar, dass die Betriebsführung (zum Beispiel

---

Urlaubstagen. Mit Ende des vierten Beschäftigungsjahres (das heißt Erreichen der zwölf Urlaubstage) erhöht sich der Mindesturlaub alle fünf Jahre um weitere zwei Urlaubstage.

455 *Cueva, M. de la*, El Nuevo Derecho, Band I, S. 290.

456 *STPS*, Boletín No. 219/2019 vom 17.12.2019.

457 Der Wechselkurs lag am 16. Juli 2021 bei EUR 1,00 zu Mex $ 23,43, die Mindestlohnhöhe je Arbeitstag entspricht daher Mex $ 141,70 und in einzelnen Wirtschaftszonen Mex $ 213,39. Berücksichtigt man die Kaufkraft des Pesos, der von der OECD für 2019 dahingehend errechnet wurde, dass US $ 1 in Mexiko die Kaufkraft von US $ 2,069 in den USA hatten, ist die niedrige Lohnhöhe auch unter Berücksichtigung der Lebenshaltungskosten in Mexiko offensichtlich; siehe zur Kaufkraft: https://data.oecd.org/conversion/exchange-rates.htm und https://data.oecd.org/conversion/purchasing-power-parities-ppp.htm [12.8.2020].

458 *Muñoz*, Derecho Colectivo, S. 396 f.; *Guerrero*, Manual De Derecho Del Trabajo, S. 336.

459 *De Buen L.*, Derecho Del Trabajo, Band II, S. 789 ff.

460 Die Bezeichnung müsste Unternehmensbestimmungen lauten, soweit die Regelungen sich auf das ganze Unternehmen und nicht nur einzelne Betriebe bezieht. Der besseren Lesbarkeit wegen wird im Folgenden die Bezeichnung Betriebsbestimmungen beibehalten.

die Festlegung der Produktion oder die Einführung neuer Maschinen) und eine Unternehmensmitbestimmung durch die Betriebsbestimmungen nicht geregelt werden dürfen, Art. 422 Abs. 2 LFT.[461] Die paritätisch zu besetzende Kommission trifft Bestimmungen zum Schutz der Arbeitnehmer je nach Abrede mit Wirkung für alle Parteien des vereinbarten Geltungsbereiches. Die Betriebsbestimmungen müssen bei der CFCRL (statt wie bisher bei einer JCA) hinterlegt und im Betrieb ausgehängt werden (Art. 424 Bis, 425 LFT). Sie beziehen sich nach Art. 423 LFT auf

- Beginn und Ende der Arbeits- und Pausenzeiten, Wochenarbeitszeit,
- Bestimmung der Tage und Uhrzeiten zur Reinigung des Betriebes,
- Tag und Ort der Bezahlung,
- Disziplinarmaßnahmen bei Arbeitnehmerverstößen und Sanktionsverfahren, wobei die Suspendierung des Arbeitnehmers von der Arbeit acht Tage nicht übersteigen darf und ein Anhörungsrecht besteht,
- spezifische Regelungen zum Arbeitsschutz und
- allgemein alle notwendigen Bestimmungen, die in Übereinstimmung mit der Art des Unternehmens und zur Erreichung einer besseren Sicherheit und regulären Entwicklung der Arbeit erforderlich sind.

Über die Betriebsbestimmungen hinaus kennt das LFT weitere kollektive Abreden zwischen den Arbeitnehmervertretern und den Arbeitgebern, die eine geringfügige Arbeitnehmermitbestimmung erlauben. Dies sind insbesondere die Regelungen zur Arbeitnehmerbeteiligung in einer paritätisch zu besetzenden Kommission bei einem Unternehmen mit mehr als fünfzig Arbeitnehmern, die für die Überwachung und Mitwirkung bei der Durchsetzung von Belegschaftsrechten insbesondere hinsichtlich von Schulungen oder der Einhaltung von Sicherheits- und Hygienevorschriften bei der Einrichtung und Inbetriebnahme der Maschinen zuständig ist, Art. 153 A ff. LFT. Auch die konkrete Verteilung des Unternehmensgewinns auf die einzelnen Arbeitnehmer (siehe S. 257 ff.) wird von einer paritätisch zu besetzenden Kommission bestimmt, Art. 125 I LFT.[462]

Soweit das mexikanische Arbeitsrecht keine Mitbestimmung auf Betriebs- oder Unternehmenseben regelt, müssen die Arbeitnehmer versuchen, sich eine solche mit Streiks zu erkämpfen, wovon in der Praxis aus Arbeitgebersicht abgeraten wird (siehe hierzu näher S. 234).[463] Auch im Übrigen liegt es in der Eigenverantwortung der Arbeitnehmer, in den arbeitgeberfreundlich geregelten Materien wie zum

---

461 Aus dieser Norm folgern einzelne Arbeitgeber und deren Anwälte, dass auch im Rahmen des Tarifvertrages eine Beeinflussung in die Unternehmens- und Betriebsführung nicht möglich ist; *Muñoz*, Derecho Colectivo, S. 398; *De Buen L.*, Derecho Del Trabajo, Band II, S. 789.

462 *Muñoz*, Derecho Colectivo, S. 544; *De Buen L.*, Derecho Del Trabajo, Band II, S. 254, 764.

463 *Muñoz*, Derecho Colectivo, S. 396 f.; *Guerrero*, Manual De Derecho Del Trabajo, S. 336.

Beispiel hinsichtlich der Urlaubszeit bessere Arbeitsbedingungen durch Streiks zu erreichen.

Das Arbeitsrecht gewährt daher Instrumente, um das Ziel des Gleichgewichts der Produktionsfaktoren zu erreichen. Hierbei handelt es sich um das Streikrecht, das Koalitionsrecht, den Anspruch auf Abschluss eines Tarifvertrages oder die Beteiligung am Unternehmensertrag. Das mexikanische Arbeitsrechtssystem stellt den gesetzgeberischen Versuch dar, einen Interessenausgleich zwischen der Arbeiterschaft und den Arbeitgebern herzustellen, indem es teilweise arbeitnehmerschützende, teilweise aber auch arbeitgeberfreundliche Regelungsmaterien schuf und es im Übrigen in der Eigenverantwortung der Arbeitnehmer beließ, künftig selbst das verfassungsrechtliche und gesetzliche Ziel der sozialen Gerechtigkeit durch den Ausgleich der Produktionsfaktoren Arbeit und Kapital mit den zur Verfügung gestellten Mitteln zu erreichen.[464]

III. Streikrecht als Ausgleichsinstrument

Eines der zentralen Instrumente der Arbeitnehmer zur eigenverantwortlichen Erreichung sozialer Gerechtigkeit im Sinne des mexikanischen Arbeitsrechtsziels ist das Streikrecht.[465]

Dabei erfordert bereits das mexikanische Arbeitsrechtssystem selbst ein möglichst umfassendes Streikrecht der Arbeitnehmer, um eine Verbesserung der Arbeitsbedingungen und vor allem auch derjenigen rechtlichen Rahmenbedingungen, die arbeitgeberfreundlich ausgestaltet sind, erreichen zu können.

Der mexikanische Verfassungsgeber garantiert daher das Recht zum Arbeitskampf und die Koalitionsfreiheit ausdrücklich in Art. 123 A XVI – IX CPEUM (siehe nachfolgend Kapitel § 4). Als oberstes Streikziel ist das „Gleichgewicht der Produktionsfaktoren und die Harmonisierung des Arbeitsrechts mit dem Recht des Kapitals" formuliert.

Aufgrund der besonderen Bedeutung des Arbeitskampf- und Koalitionsrechts für das Arbeitsrechtssystem steht auch dieses selbst als Annex unter besonderem Schutz des verfassungsrechtlichen Streikziels. Die eigenverantwortliche Erreichung eines Gleichgewichts der Produktionsfaktoren setzt voraus, dass den Arbeitnehmern überhaupt Mittel zur Verfügung stehen, um sich gegen die strukturelle Überlegenheit der Arbeitgeber zu wehren. Die eigenverantwortliche Herstellung sozialer Gerechtigkeit kann bei dem Fehlen von Ausgleichsinstrumenten nicht gewährleistet werden, da die Arbeitnehmer hier der Willkür der Arbeitgeber

464 *Cueva, M. de la*, El Nuevo Derecho, Band I, S. 83; *Cueva, M. de la*, El Nuevo Derecho, Band II, S. 528.

465 Als weitere zentrale Gleichgewichtsinstrumente werden vor allem das Tarifvertragswesen und das Arbeitnehmerrecht auf eine jährliche finanzielle Beteiligung am Unternehmensgewinn angesehen, siehe S. 227, 262.

ausgeliefert wären und kein Mittel zur Verteidigung oder Durchsetzung ihrer Forderung hätten.[466]

E. Ergebnis von § 3

Die mexikanische Rechtsordnung folgt der kontinentaleuropäischen Rechtstradition, sodass geschriebene Gesetze die primären Rechtsquellen sind. Für das Arbeitskampfrecht relevant sind Art. 123 A CPEUM und das LFT. Auch das Gewohnheitsrecht kommt als Rechtsquelle in Betracht. Die Gesetzesanwendung folgt ebenfalls den Regeln der genannten Rechtstradition.

Das mexikanische Arbeitskampfrecht hat seinen Ursprung in der Revolution. Es ist von den Erfahrungen der willkürlichen Behandlung der Arbeiter und der Wirtschafts- und Machtinteressen der Eliten geprägt, was der Grund für seine umfassende Regelung und klassenkämpferische Rhetorik ist. Teilweise wurde es unter dem staatskorporatistischen, hegemonialen PRI-System novelliert.

Der Verfassungs- und Gesetzgeber normierte neben arbeitnehmerschützenden Vorschriften Regelungsmaterien, die zum Wohle der Arbeitgeber ausgestaltet sind. Hier belässt er es in der Eigenverantwortung der Arbeitnehmer, bessere Arbeitsbedingungen durchzusetzen und das Verfassungsziel eines „Gleichgewichts der Produktionsfaktoren und eine Harmonisierung des Arbeitsrechts mit dem Recht des Kapitals", mithin bessere Arbeitsbedingungen und arbeitnehmerschützende Regelungen, zu erreichen.

Hierfür stellt der Verfassungs- und Gesetzgeber den Arbeitnehmern mit dem Arbeitskampfrecht ein zentrales Mittel zur Verfügung. Dieses ist in ein förmliches Streikverfahren eingekleidet und kann mit einer staatlichen Zwangsschlichtung beendet werden.

Alle in Betracht kommenden Rechts- und Regelungsstreitigkeiten sind grundsätzlich einer staatlichen Entscheidung zugänglich. Insbesondere kommen auch Zwangsschlichtungen zum Abschluss eines Tarifvertrages in Betracht. Eine schrankenlos gewährleistete Tarifautonomie besteht nicht.

Die ausschließliche Zuständigkeit lag bisher bei den JCAs. Eine justizielle Arbeitsgerichtsbarkeit bestand nicht, wird aber als Folge einer im Jahr 2019 in Kraft getretenen Reform spätestens nach der Übergangsphase im Jahr 2022 an die Stelle der JCAs treten. Die Schiedssprüche der JCAs haben wegen der erheblichen Defizite des Schieds- und Gütestellensystems keine Bedeutung bei der Gesetzesanwendung. Hingegen hat die Amparo-Rechtsprechung des SCJN für die Arbeitskämpfe eine zumindest beschränkte Bedeutung.

---

466 *Cueva, M. de la*, El Nuevo Derecho, Band II, S. 623.

§ 4 Gewährleistungsinhalt des Arbeitskampfrechts

Die Rechtsgrundlagen für Arbeitskämpfe in der Privatwirtschaft ergeben sich aus Art. 123 A XVI bis XIX CPEUM und den Normen des LFT, insbesondere aus Art. 427 ff., Art. 450 ff. und 920 ff. LFT.

Die Ausführungen zu den Grundlagen des mexikanischen Arbeitsrechts in Kapitel § 3 zeigen, dass es zumindest im Grundsatz ein Arbeitskampf- und Koalitionsrecht gewährleistet, das zum Ziel hat, die eigeninitiative Erreichung eines „Ausgleichs der Produktionsfaktoren Arbeit und Kapital und eine Harmonisierung des Arbeitsrechts mit dem Recht des Kapitals“ – das heißt vor allem bessere Arbeitsbedingungen – zu gewährleisten, Art. 123 A XVI bis XIX CPEUM.

A. Bestehen eines Arbeitskampfrechts

Der Wortlaut der Arbeitskampfgarantie impliziert zunächst das Bestehen eines Arbeitskampfrechts für die Arbeitnehmer und Arbeitgeber.

> Art. 123 A XVII CPEUM:
> *„Die Gesetze erkennen als ein Recht der Arbeitgeber die Aussperrung, als ein Recht der Arbeitnehmer die Streiks an.“*[467]

Die Streikrechts- und Aussperrungsgarantie nach Art. 123 A XVII CPEUM definiert selbst noch nicht ihren konkreten Inhalt, sondern formuliert nur den verfassungsrechtlichen Auftrag an den Gesetzgeber zur Anerkennung eines entsprechenden Rechts im Arbeitsgesetz. Eine isolierte Betrachtung dieser Norm zur Ermittlung des Gewährleistungsumfangs wäre daher unzureichend.

I. Streikrecht der Arbeitnehmer

Die Verfassung nennt aber in Art. 123 A XVIII CPEUM den Inhalt des Streikrechts, vor allem hinsichtlich des zulässigen Ziels. Zumindest im Hinblick auf den materiellrechtlichen Inhalt der Streikrechtsgarantie ist der Gesetzgeber an die verfassungsrechtliche Norm gebunden (siehe S. 158 ff.).[468]

---

467 Übersetzung des Verfassers, original: *„Las leyes reconocerán como un derecho de los obreros y de los patronos las huelgas y los paros.“*

468 *De Buen L.*, Nueva Ley Federal Del Trabajo Comentada, S. 174.

1. Verfassungsrechtliche Garantie und Schranken

Die Verfassung enthält sowohl den materiellrechtlichen Inhalt als auch teilweise die Schranken der Streikrechtsgarantie.

> Art. 123 A XVIII CPEUM:
> *„Die Streiks sind zulässig, wenn sie als Ziel das Gleichgewicht zwischen den verschiedenen Produktionsfaktoren, die Harmonisierung des Arbeitsrechts mit dem Recht des Kapitals haben. In öffentlichen Dienstleistungen ist es für die Arbeitnehmer verpflichtend mindestens zehn Tage im Voraus eines Streiks für die Suspendierung der Arbeitsleistung die Arbeitsgerichte zu informieren. Die Streiks werden nur dann als unzulässig angesehen, wenn die Mehrheit der Streikenden gewalttätige Akte gegen Personen oder Gegenstände ausübt, oder wenn sie im Falle eines Krieges solchen Betrieben oder Dienstleistungen angehören, die von der Regierung abhängen.“*[469]

Die zitierten Regelungen stellen den Kern des Streikrechts dar, die der Gesetzgeber im Rahmen seiner Einschätzungsprärogative im LFT regeln muss. Allerdings zeigt der Wortlaut des Art. 123 A XVIII CPEUM, dass das Streikrecht der Arbeitnehmer nach dem verfassungsrechtlichen Konzept kein absolutes Recht ist, sondern durchaus Einschränkungen unterliegt. Auch wenn es im Rahmen der revolutionären Bewegungen bei der Konstituierung Bestrebungen gab, den Arbeitnehmern ein absolutes Streikrecht zu garantieren, erteilte der Verfassungsgeber diesen Meinungen eine Absage.[470]

Er knüpft das Streikrecht für dessen soziale Legitimität an die Wahrung bestimmter Rechte und beschränkt die Arbeitnehmer auf das Druckmittel des Streiks im Arbeitskampf.[471] So ergeben sich aus dem Wortlaut der Verfassung drei materiellrechtliche Beschränkungen des Streikrechts:

- Der Streik muss auf das Gleichgewicht der Produktionsfaktoren, die Harmonisierung des Arbeitsrechts mit dem Recht des Kapitals abzielen.
- Der Streik und die Aussperrung sind die einzigen verfassungsrechtlich garantierten Arbeitskampfmittel.
- Ein Streik ist unzulässig, wenn von ihm Gewalttaten ausgehen oder staatsabhängige Unternehmen im Kriegsfall betroffen sind.

---

469 Übersetzung des Verfassers; original: “*Las huelgas serán lícitas cuando tengan por objeto conseguir el equilibrio entre los diversos factores de la producción, armonizando los derechos del trabajo con los del capital. En los servicios públicos será obligatorio para los trabajadores dar aviso, con diez días de anticipación, a los tribunales laborales, de la fecha señalada para la suspensión del trabajo. Las huelgas serán consideradas como ilícitas únicamente cuando la mayoría de los huelguistas ejerciera actos violentos contra las personas o las propiedades, o en caso de guerra, cuando aquéllos pertenezcan a los establecimientos y servicios que dependan del Gobierno.*”

470 *Puig Hernández*, Teoría Y Práctica De La Huelga, S. 226.

471 *Martínez Y González*, Reflexiones Sobre La Huelga, S. 2, 73.

Außerdem geht der Verfassungsgeber zumindest für öffentliche Dienstleistungen stillschweigend davon aus, dass der Streik als Mittel im Arbeitskonflikt verfahrensrechtlich zu regulieren ist und sich auf die Suspendierung der Arbeitsleistung beschränkt (siehe Norm auf S. 191).

Die Erwähnung auch des öffentlichen Dienstes in lit. A ist eine Folge der erst seit 1960 geltenden Differenzierung zwischen lit. A und lit. B in Art. 123 CPEUM.[472] Der Gesetzgeber übernahm diese Regelung und bezieht sich im LFT auch auf Unternehmen mit besonderer Bedeutung für das Funktionieren des Staatswesens wie zum Beispiel Unternehmen aus dem Kommunikations-, Energie- oder Wassersektor oder die medizinische Versorgung, Art. 925 LFT.

a. Gleichgewicht der Produktionsfaktoren

Hinsichtlich des Arbeitskampfziels ist festzustellen, dass der Streik nach dem verfassungsrechtlichen Konzept gemäß Art. 123 A XVII CPEUM an die Verfolgung des normierten Ziels gebunden ist. Der Verfassungsgeber hat bei der Regelung des Streikziels eine generische Normierung und keine spezifische verfassungsrechtliche Regelung wie zum Beispiel im Rahmen der Arbeitszeiten gewählt, um dem Gesetzgeber die nähere Ausgestaltung zu überlassen. Ein Grund hierfür war, dass die Arbeitsgesetzgebung bis 1931 in der Länderkompetenz stand und unterschiedliche Interessenlagen hinsichtlich der Ausgestaltung des Arbeitskampfrechtes bestanden.[473]

Das zulässige Streikziel muss sich nach Art. 123 A XVII CPEUM auf die Herstellung eines Gleichgewichts der verschiedenen Produktionsfaktoren und die Harmonisierung des Arbeitsrechts mit dem Recht des Kapitals richten. Der Streik ist auf den Ausgleich der Produktionsfaktoren und somit nach dem klassischen revolutionären Verständnis auf die Faktoren Arbeit und Kapital gerichtet.[474] Das Arbeitsrecht als solches und die darin enthaltenen Instrumente haben eine Ausgleichsfunktion zwischen den jeweiligen Interessen der genannten Produktionsfaktoren und dienen final der Herstellung sozialer Gerechtigkeit.[475] Diese Zielvorstellung hat auch der Gesetzgeber anerkannt, Art. 2 Abs. 1, 3 Abs. 1, 17 LFT. Dabei geht es dem mexikanischen Verfassungsgeber primär um die angemessene wirtschaftliche Beteiligung der Arbeitnehmer am Unternehmensertrag. Schließlich ist die Produktion die Quelle sowohl des unternehmerischen Ertrags als auch der Vergütung (siehe bereits S. 181 ff.).[476]

---

472 *García Ramírez/Uribe Vazquez*, Derechos De Los Servidores Públicos, S. 26; *Marquet Guerrero*, La Huelga En Las Universidades Autónomas Publicas, S. 277.

473 *Cueva, M. de la*, El Nuevo Derecho, Band II, S. 627 f.

474 *Guerrero*, Manual De Derecho Del Trabajo, S. 374.

475 *Cueva, M. de la*, El Nuevo Derecho, Band I, S. 83.

476 *Santos Azuela*, Objeto Y Tipología De La Huelga Por Su Régimen Jurídico, S. 478; *Muñoz*, Derecho Colectivo, S. 526.

Der zweite Halbsatz des Art. 123 A XVII CPEUM (Harmonisierung des Arbeitsrechts mit dem Recht des Kapitals) bezieht sich auf den ersten Halbsatz der Norm (Gleichgewichtes der Produktionsfaktoren), denn die angemessene Entlohnung der Arbeitsleistung unter Berücksichtigung des unternehmerischen Ertrags ist ein verfassungsrechtlich gewährleistetes Arbeitsrecht und führt zu einem Ausgleich der Produktionsfaktoren sowie zu einer Harmonisierung des Arbeitsrechts mit dem Recht des Kapitals. Bei einer Harmonisierung des Arbeitsrechts liegt wiederum der Ausgleich der Produktionsfaktoren Arbeit und Kapital vor.[477] Allerdings ist das Streikziel über den nur ökonomischen Inhalt hinaus darauf gerichtet, dass die Arbeitnehmer insgesamt eine Verbesserung der bereits gewährten Rechte erreichen. Auch sind fundamentale arbeitsrechtliche Prinzipien wie zum Beispiel die Gewerkschaftsfreiheit und die Autonomie der Gewerkschaften als Annexe von der Streikrechtsgarantie erfasst, denn das Gleichgewicht der Produktionsfaktoren setzt voraus, dass den Arbeitnehmern machtvolle Mittel zur Verfügung stehen, um sich gegen die systematische Überlegenheit des Kapitals zu wehren. Ein Gleichgewicht kann bei einem Fehlen von Ausgleichsinstrumenten nicht gewährleistet werden, da die Arbeitnehmer in diesem Fall der Willkür der Arbeitgeber ausgeliefert wären (siehe S. 189).[478]

Ohne bereits an dieser Stelle auf die spezifischen Streikziele einzugehen – dies ist wegen der generischen Regelung des Art. 123 A XVII CPEUM nicht ohne Berücksichtigung der LFT-Regelungen möglich – kann jedoch bereits vorab festgestellt werden, dass sich aus dem verfassungsrechtlichen Streikziel drei wesentliche Paradigmen für das mexikanische Streikrecht ergeben:

- Der Streik beschränkt sich auf das Arbeitsverhältnis.
- Der Streik muss ein kollektives Interesse verfolgen.
- Der Streik ist auf die tatsächliche Durchsetzung besserer Arbeitsbedingungen ausgerichtet.

b. Beschränkung auf das Arbeitsverhältnis

Die Gleichgewichtsfunktion des Streiks führt dazu, dass er auf den Betrieb – mithin auf das Verhältnis zwischen Arbeitnehmer und Arbeitgeber – beschränkt ist, da nur dort eine Produktion stattfindet und das arbeitsrechtliche Ziel sozialer Gerechtigkeit im Zusammenhang mit dem Einsatz der Arbeitskraft ausschließlich an der Arbeitsstätte erreicht werden kann.

Der Verfassungsgeber regelt in Art. 123 A XVI, XVII CPEUM, dass das Streikrecht nur Arbeitnehmern zusteht, und bezieht andere Bevölkerungsgruppen (wie zum Beispiel Studenten oder Schüler) nicht mit in den Wortlaut ein.[479]

---

477 *Puig Hernández*, Teoría Y Práctica De La Huelga, S. 309; *Cueva, M. de la*, El Nuevo Derecho, Band II, S. 623.

478 *Cueva, M. de la*, El Nuevo Derecho, Band II, S. 623.

479 *Tenopala*, La Huelga, S. 71; *Guerrero*, Manual De Derecho Del Trabajo, S. 376.

Die Beschränkung des Streikrechts auf das Arbeitsverhältnis entsprach dem Willen des Verfassungsgebers von 1917. Dies ist aus den Begründungen von Initiativen der Abgeordneten des verfassungsgebenden Kongresses ersichtlich, die sich für Art. 123 CPEUM aussprachen.[480] Gründe für die Ansicht der Abgeordneten waren die Erfahrungen mit den politischen Generalstreiks unter Beteiligung verschiedener Bevölkerungsgruppen in den Jahren vor der Revolution. Diese führten zu einer starken Instabilität des mexikanischen Staates sowie zu erheblichen Gewalttaten mit zahlreichen Todesopfern und trugen letztlich auch zum Beginn der mexikanischen Revolution bei. Dies sollte nach Auffassung des mexikanischen Verfassungsgebers für die Zukunft verhindert werden, insbesondere da auch in den Jahren nach Abschluss der Revolution die Sicherheitslage weiterhin instabil blieb und befriedet werden musste (siehe bereits S. 35 ff. 59 ff.).[481]

Die Streikgarantie umfasst daher nur jene Streiks, die sich unmittelbar gegen den Arbeitgeber richten und auf den Ausgleich der Produktionsfaktoren im Arbeitsverhältnis gerichtet sind.[482] Auch der Gesetzgeber geht hiervon aus, da er die Regelungen nach Art. 450 ff. LFT (siehe S. 198) entsprechend ausgestaltete, auch wenn die Beschränkung des Streiks auf das Arbeitsverhältnis aus politischen Gründen vereinzelt kritisiert wird.[483]

c. *Streikziel im kollektiven Interesse*

Außerdem ergibt sich aus dem verfassungsrechtlichen Streikziel sowie dem Willen des Verfassungsgebers von 1917 auch das Erfordernis, dass dieses auf ein kollektives Interesse der Streikenden gerichtet sein muss. Die Durchsetzung oder die Verteidigung von Individualrechten einzelner Arbeitnehmer dürfen dagegen nicht mit dem Streikrecht verfolgt werden.[484]

So kann ein Gleichgewicht der Produktionsfaktoren Arbeit und Kapital nur dann vorliegen, wenn das Kollektiv der Arbeitnehmer in ihrem Interesse befriedigt ist und nicht nur dem Interesse einzelner Arbeitnehmer Rechnung getragen wurde. Die Erfüllung oder Durchsetzung von Individualrechten würde zwar zu einer sozialen Gerechtigkeit für den einzelnen betroffenen Arbeitnehmer führen.

---

480 *Tenopala*, La Huelga, S. 46.

481 *Guerrero*, Manual De Derecho Del Trabajo, S. 376; *Tenopala*, La Huelga, S. 46, 71; *Cueva, M. de la*, El Nuevo Derecho, Band II, S. 597.

482 *Tenopala*, La Huelga, S. 71; *Guerrero*, Manual De Derecho Del Trabajo, S. 376.

483 *Baylós*, Derecho del trabajo: modelo para armar, S. 51; *Santos Azuela*, El Derecho Constitucional De La Huelga, S. 306.

484 SCJN (cuarta sala/quinta época), Amparo en revisión 382/38, Sind. De Obreros y Obreras Textiles de "La Industrial del Nazas", 7.6.1938, SJF, Band LVI, S. 1628; SCJN (cuarta sala/quinta época), Sociedad "Manuel M. Conde", 2.7.1943, SJF, Band LXXVII, S. 364; *De Buen L.*, Derecho Del Trabajo, S. 828; *Cueva, M. de la*, El Nuevo Derecho, Band II, S. 541 f., 610; *Guerrero*, Manual De Derecho Del Trabajo, S. 380; *Martínez Y González*, Reflexiones Sobre La Huelga, S. 58; *Tenopala*, La Huelga, S. 46.

Für das Kollektiv der Arbeitnehmer wäre noch kein Gleichgewicht der Produktionsfaktoren hergestellt. Das Streikrecht wurde vom Verfassungsgeber von 1917 aber mit dem Ziel gewährt, ein Gleichgewicht zwischen den Produktionsfaktoren der Arbeit im Sinne einer Vielzahl von Arbeitsleistungen und dem Kapital des Verwerters der Arbeit zu erreichen.[485]

Außerdem ergibt sich aus dem Willen des Verfassungsgebers und dem zugrunde liegenden im 19. Jahrhundert entstandenen Verständnis des Streikrechts als Druckmittel zur Durchsetzung und Verteidigung von Arbeitsbedingungen für eine Vielzahl von Arbeitern, dass ein kollektives Interesse vorliegen muss. So zeigt eine Betrachtung der Streiks aus der vorrevolutionären Zeit, dass die Arbeiter zur Verteidigung oder Durchsetzung von über dem Interesse des einzelnen Arbeiters stehenden Kollektivinteressen streikten (siehe S. 57 f.). In den Stellungnahmen der Abgeordneten des konstituierenden Kongresses ist ersichtlich, dass sie von einem kollektiven Interesse ausgingen.[486] Im Übrigen bezieht sich der Produktionsfaktor Arbeit begrifflich auf die Summe aller Arbeitsleistungen und nicht nur auf die einzelne Arbeitsleistung, wodurch sich eine individuelle Betrachtung verbietet.[487]

In Übereinstimmung mit diesem Streikverständnis nehmen der SCJN und die ganz herrschende Meinung in der Wissenschaft an, dass der Streik nur dann sozial legitimiert ist, wenn er ein kollektives Arbeitnehmerinteresse verfolgt.[488] Das Kriterium des kollektiven Interesses ist in der Praxis jedoch mit erheblichen Unsicherheiten in der Anwendung verbunden, da sich die Abgrenzung zwischen Individual- und Kollektivinteressen im Einzelfall schwierig gestaltet. Hierauf ist im folgenden Kapitel über die konkreten Streikziele näher einzugehen. Gewerkschaften versuchen daher teilweise bewusst, zur Durchsetzung von Individualinteressen einzelner Arbeitnehmer zu streiken. Allerdings ist der Streik in diesen Fällen nicht von Art. 123 A XVII CPEUM umfasst.[489]

d. Streik als Druckmittel zur Forderungsdurchsetzung

Letztlich ist der Streik im mexikanischen Arbeitsrecht auch darauf ausgerichtet, Forderungen gegenüber dem Arbeitgeber durchzusetzen. Eine Beschränkung auf die Herstellung eines Verhandlungsgleichgewichts wie zum Beispiel im deutschen Streikrecht ist der mexikanischen Rechtsordnung dagegen fremd. Der Streik ist

485 *Cueva, M. de la*, El Nuevo Derecho, Band II, S. 610.

486 *Tenopala*, La Huelga, S. 46.

487 *Cueva, M. de la*, El Nuevo Derecho, Band II, S. 610.

488 SCJN (cuarta sala/quinta época), Amparo en revisión 382/38, Sind. De Obreros y Obreras Textiles de "La Industrial del Nazas", 7.6.1938, SJF, Band LVI, S. 1628; SCJN (cuarta sala/quinta época), Sociedad "Manuel M. Conde", 2.7.1943, SJF, Band LXXVII, S. 364; *De Buen L.*, Derecho Del Trabajo, Band II, S. 828 f.; *Cueva, M. de la*, El Nuevo Derecho, Band II, S. 541 f.; *Guerrero*, Manual De Derecho Del Trabajo, S. 380; *Martínez Y González*, Reflexiones Sobre La Huelga, S. 58.

489 *De Buen L.*, Derecho Del Trabajo, Band II, S. 828 f.

nach dem verfassungsrechtlichen Konzept ein Instrument der Arbeitnehmer, um sich gegen eine Beschäftigung zu nachteiligen Arbeitsbedingungen zur Wehr zu setzen.[490] Als Druckmittel der Arbeitnehmer ermöglicht er diesen, Forderungen durchzusetzen und die Existenz dieses Druckmittels selbst zu sichern.[491] Das mexikanische Streikrecht wird von der Literatur als „Beschützer“ und „Rammbock“ der durch die Revolution gewonnenen neuen sozialen Rechte der Arbeiterschaft verstanden, mit dem bereits erlangte Begünstigungen verteidigt und bessere Arbeitsbedingungen erobert werden können.[492]

Mario de la Cueva sieht den Zweck des Streiks vor allem in der Verteidigung der Arbeitnehmerfreiheit als Produktionsfaktor gegenüber dem Kapital. So stellten insbesondere die gewerkschaftliche Organisierung, die kollektiven Verhandlungen und der Abschluss von Tarifverträgen das Recht und die Freiheit der Arbeiter dar, um ein angemessenes regulierendes Recht des Verhältnisses von Arbeit und Kapital vorzuschlagen und zu diskutieren. Der Streik habe als Verteidigungsmittel dieser Freiheit zwei Dimensionen. Zum einen sei er die Garantie, dass die Menschen ihr Freiheitsrecht aus Art. 5 CPEUM durchsetzen können und die Arbeit nicht ohne eine angemessene Gegenleistung erbringen müssen. Der Streik müsse ein Druckmittel gegenüber den Arbeitgebern sein, damit sie zur Festsetzung von Arbeitsbedingungen gedrängt würden und eine Willkür unterbunden werden könne. Zum anderen werde den Arbeitnehmern auch ein Verteidigungsmittel gegen totalitäre Kapitalismussysteme gegeben, die stets die Ausbeutung ihrer Arbeit verfolgen und einseitig die Arbeitsbedingungen vorzugeben versuchen werden.[493]

Exkurs:

Diese klassenkämpferische Rhetorik ist eine Folge der Entstehungsgeschichte des Streikrechts im zeitlichen Kontext der Revolution (siehe schon S. 183 f.). Wie aber bereits die Beschränkung des Streiks auf das Arbeitsverhältnis im vorgenannten Abschnitt zeigt, ist der Streik auch im mexikanischen Arbeitsrecht tatsächlich kein Klassenkampfmittel mit dem Ziel des Umsturzes des bestehenden politischen Systems, sondern im Wesentlichen auf die Herbeiführung von besseren Arbeitsbedingungen zugunsten der Arbeitnehmer gerichtet.

Das Verständnis des Streikrechts als (vermeintliches) Klassenkampfmittel mit der Finalität des Gleichgewichts der Produktionsfaktoren führt dazu, dass eine materiellrechtliche Kontrolle des Streiks im Sinne einer Verhältnismäßigkeitsprüfung nicht stattfindet. Solange der Arbeitgeber die Forderungen nicht erfüllt, besteht nach dem verfassungsrechtlichen Konzept kein Gleichgewicht der

---

490 *Cueva, M. de la*, El Nuevo Derecho, Band II, S. 627.

491 *De Buen L.*, Derecho Del Trabajo, Band II, S. 819; *Puig Hernández*, Teoría Y Práctica De La Huelga, S. 220, 248, 312, 314; *Muñoz*, Derecho Colectivo, S. 526.

492 *Cueva, M. de la*, El Nuevo Derecho, Band II, S. 585; *Muñoz*, Derecho Colectivo, S. 526.

493 *Cueva, M. de la*, El Nuevo Derecho, Band II, S. 597 f.

Produktionsfaktoren.[494] Zwar darf ein Streik nicht darauf ausgerichtet sein, zum Beispiel die Insolvenz eines Unternehmens herbeizuführen. Dies widerspräche dem Ziel der Erreichung eines Ausgleichs der Produktionsfaktoren, da ein Gleichgewicht voraussetzt, dass die Arbeit nach dem Streik wieder fortgesetzt werden kann. Andernfalls würde kein Produktionsfaktor mehr bestehen, der ausgeglichen werden könnte.[495] Der Streik kann aber als Begleiterscheinung durchaus die Insolvenz eines Unternehmens[496] zur Folge haben oder über mehrere Jahrzehnte[497] andauern (beachte aber die zwischenzeitlich geregelte Zwangsschlichtung in Mexiko, S. 316 ff., 336).[498]

Eine weitere Folge ist die unspezifische Formulierung des Streikziels, wonach ein Streik bei Verfolgung des Gleichgewichts von Arbeit und Kapital zulässig ist. Aus den Motiven des Verfassungsgebers ist ersichtlich, dass das Streikrecht bei seiner Zielsetzung frei von einer staatlichen Einflussnahme sein soll. Die Arbeitnehmer dürfen im Rahmen des verfassungsrechtlichen Ziels selbst entscheiden, wie sie ein Gleichgewicht zwischen den Produktionsfaktoren und eine Harmonisierung des Arbeitsrechts mit dem Recht des Kapitals erreichen. Daher bezieht der Verfassungsgeber den Wortlaut der Verfassungswidrigkeit bei Gewalttaten auf ein Mehrheitserfordernis. Würde für die Verfassungswidrigkeit Gewalt durch eine Minderheit ausreichen, wäre es Dritten möglich, Streikende oder eingeschleuste Personen zu Gewalttaten zu veranlassen, was die Feststellung der Verfassungswidrigkeit durch eine staatliche Autorität zur Folge haben könnte.[499]

2. *Materiellrechtlicher Umfang im LFT*

Auch der Gesetzgeber regelte den materiellrechtlichen Inhalt des Streikrechts im LFT unter Bezugnahme auf die verfassungsrechtliche Norm teilweise selbst.

> Art. 450 LFT:
> *„Der Streik muss folgende Ziele haben:*
>
> *I. Erreichen eines Gleichgewichts zwischen den verschiedenen Produktionsfaktoren, Harmonisierung des Arbeitsrechts mit dem Recht des Kapitals;*
> *II. Abschluss eines Tarifvertrages mit dem Arbeitgeber oder den Arbeitgebern oder Änderung des Tarifvertrages am Ende seiner Laufzeit in Übereinstimmung mit den Regelungen in Kapitel 4 Titel 7;*

---

494 *Cueva, M. de la*, El Nuevo Derecho, Band II, S. 585, 597 f.; *De Buen L.*, Derecho Del Trabajo, Band II – Alt, S. 880; *De Buen L.*, Derecho Del Trabajo, Band II, S. 810 f.

495 *Puig Hernández*, Teoría Y Práctica De La Huelga, S. 247.

496 Zum Beispiel Aeroméxico 1988 oder Cananea 1989.

497 Zum Beispiel UNAM seit dem 20.4.1999.

498 *De Buen L.*, Derecho Del Trabajo, Band II, S. 880; *Martínez y Gonzáles*, Reflexiones Sobre La Huelga, S. 64.

499 *Cueva, M. de la*, El Nuevo Derecho, Band II, S. 623.

III. Abschluss eines allgemein verbindlichen Tarifvertrages mit dem Arbeitgeber oder den Arbeitgebern oder Änderung des allgemein verbindlichen Tarifvertrages am Ende seiner Laufzeit in Übereinstimmung mit den Regelungen in Kapitel 4 Titel 7;
IV. Erreichen der Einhaltung der Tarifverträge oder der allgemein verbindlichen Tarifverträge in den Betrieben oder Unternehmen, in welchen diese verletzt wurden;
V. Erreichen der Erfüllung der gesetzlichen Regelungen zu der Beteiligung an den Unternehmenserträgen;
VI. Unterstützung eines Streiks, welcher eine der vorgenannten Regelungen zum Ziel hat; und
VII. Erreichen einer Änderung der vertraglichen Vergütung, auf welche sich die Artikel 399 bis und 419 bis beziehen."[500]

Der Gesetzgeber beschränkt sich anders als der Verfassungsgeber nicht nur auf eine abstrakte Streikzielregelung, sondern spezifiziert die einzelnen Streikziele. Art. 450 LFT besteht im Wesentlichen aus den folgenden vier Regelungsbereichen zulässiger Streikziele:

- Gleichgewicht der Produktionsfaktoren – Nr. I
- Abschluss, Änderung und Einhaltung von (allgemein verbindlichen) Tarifverträgen – Nr. II, III, IV, VII
- Einhaltung der gesetzlichen Regelung zur Arbeitnehmerbeteiligung am Unternehmensertrag – Nr. V
- Unterstützungsstreik – Nr. VI

Vor der konkreten inhaltlichen Auslegung des Art. 450 LFT in den folgenden Kapiteln sind bereits an dieser Stelle zwei Anmerkungen erforderlich. So besteht in der Arbeitsrechtswissenschaft Streit, ob die Streikziele in Art. 450 Nr. II bis VII LFT eine abschließende Konkretisierung des Art. 450 Nr. I LFT sind oder Nr. I als Generalklausel auszulegen ist. In letzterem Fall wäre eine höhere Anzahl zulässiger Streikgründe gegeben. Vereinzelt wird behauptet, dass es sich bei den Nr. II bis VII um von Nr. I unabhängige Streikziele handelt. Da an dieser Stelle nur die Rechtsgrundlagen ohne nähere Erläuterung ihres Inhalts dargestellt werden sollen, ist

500 Übersetzung des Verfassers; original: "*La huelga deberá tener por objeto: I) Conseguir el equilibrio entre los diversos factores de la producción, armonizando los derechos del trabajo con los del capital; II) Obtener del patrón o patrones la celebración del contrato colectivo de trabajo y exigir su revisión al terminar el período de su vigencia, de conformidad con lo dispuesto en el Capítulo III del Título Séptimo; III) Obtener de los patrones la celebración del contrato-ley y exigir su revisión al terminar el período de su vigencia, de conformidad con lo dispuesto en el Capítulo IV del Título Séptimo; IV) Exigir el cumplimiento del contrato colectivo de trabajo o del contrato-ley en las empresas o establecimientos en que hubiese sido violado; V) Exigir el cumplimiento de las disposiciones legales sobre participación de utilidades; VI) Apoyar una huelga que tenga por objeto alguno de los enumerados en las fracciones anteriores; y VII) Exigir la revisión de los salarios contractuales a que se refieren los artículo 399 bis y 419 bis.*"

hierauf in Kapitel § 5 E (siehe S. 270 ff.) über die konkreten Inhalte der Streikziele näher einzugehen.

Die Regelung in Art. 450 Nr. VII LFT (vertragliche Vergütung nach Art. 399 bis und 419 bis LFT) bezieht sich auf die tarifvertragliche Vergütung und ihre Revisionsvorschriften zur turnusmäßigen Neuverhandlung.[501] Daher kann auch Nr. VII LFT der Gruppe „Abschluss, Änderung und Einhaltung von Tarifverträgen" zugeordnet werden. Einzelheiten bleiben Kapitel § 5 A vorbehalten.

Das LFT regelt insbesondere auch die Rechtsbeziehungen der Gewerkschaften und Arbeitgeberverbände (Art. 354 ff. LFT), das Tarifvertragswesen (Art. 386 ff. LFT) und die Beteiligung der Arbeitnehmer an den Unternehmenserträgen (Art. 117 ff. LFT). Diese Regelungen sind für das Arbeitskampfrecht ebenfalls inzident relevant (siehe Kapitel § 5).

3. *Zwischenergebnis*

Die mexikanische Rechtsordnung erkennt den arbeitnehmergeführten Arbeitskampf in Form des Streiks an. Der Streik muss sich nach der verfassungsrechtlichen Regelung auf das Gleichgewicht der Produktionsfaktoren und die Harmonisierung des Arbeitsrechts mit dem Recht des Kapitals im kollektiven Interesse beziehen. Er ist daher auf die Verteidigung oder Durchsetzung besserer Arbeitsbedingungen oder auf die Wahrung fundamentaler Prinzipien bezüglich des Erhalts der Gleichgewichtsinstrumente gegenüber dem Arbeitgeber zu richten.

Der Gesetzgeber spezifiziert die Streikziele dahingehend, dass die Arbeitnehmer neben dem genannten generischen Ziel den Abschluss, die Änderung oder die Einhaltung von (allgemein verbindlichen) Tarifverträgen, die Einhaltung der Regelungen zur Arbeitnehmerbeteiligung am Unternehmensertrag oder die Unterstützung der oben genannten Ziele verfolgen müssen.

Dem Streikrecht liegt das historisch gewachsene Verständnis des Verfassungs- und Gesetzgebers zugrunde, wonach der Arbeitskampf ein zentrales Instrument eines Arbeitnehmerzusammenschlusses in einem kapitalistischen Wirtschaftssystem ist und den Arbeitnehmern als Druckmittel zur Verteidigung und Durchsetzung von Forderungen gegenüber dem Arbeitgeber dienen soll, mithin „Beschützer oder Rammbock" der Arbeitnehmer ist.

Der Streik ist im Rahmen der gesetzlichen Vorschriften daher so lange zulässig, bis der Arbeitgeber die rechtlich anerkannten Streikziele erfüllt. Eine Verhältnismäßigkeitsprüfung des Streiks findet nicht statt, sodass insbesondere keine zeitlichen Schranken für die Arbeitsniederlegung bestehen.

Auch muss das Streikrecht im Hinblick auf seine Zielsetzung grundsätzlich frei von einer staatlichen Einflussnahme sein. Die Arbeitnehmer sollen im Rahmen des

---

501 *De Buen L.*, Derecho Del Trabajo, Band II, S. 832; der Autor bezeichnet die gesetzliche Systematik als unsinnig, da kein Grund für eine Aufteilung in verschiedene Nr. besteht.

generischen verfassungsrechtlichen Ziels daher grundsätzlich selbst entscheiden können, wie sie das Gleichgewicht zwischen den Produktionsfaktoren und eine Harmonisierung des Arbeitsrechts mit dem Recht des Kapitals erreichen können.

II. Arbeitgebergeführter Arbeitskampf

Die Feststellung eines Streikrechts der Arbeitnehmer lässt bisher unbeantwortet, ob auch die Arbeitgeber als soziale Gegner der Arbeitnehmer einen Arbeitskampf aktiv führen können und insbesondere ein Aussperrungsrecht innehaben. Mit Blick auf die Regelung des Art. 123 A XVII CPEUM liegt ein solches Aussperrungsrecht der Arbeitgeber zumindest begrifflich vor. Die Verfassung regelt, dass die Gesetze die Aussperrung als ein Arbeitgeberrecht anerkennen müssen (siehe Wortlaut der Norm auf S. 191).

1. Verfassungsrechtlicher Begriff der Aussperrung

Aus der Verfassung ergibt sich für die Aussperrungen unmittelbar eine Beschränkung.

> Art. 123 lit. A) Nr. XIX CPEUM:
> *„Die Aussperrungen sind nur zulässig, wenn eine Überschussproduktion es erforderlich macht, die Arbeiten zu suspendieren, um ein rentables Preisniveau beizubehalten und die Arbeitsgerichte den Aussperrungen vorher zustimmen."*[502]

a. Inhalt des Aussperrungsbegriffes

Die Erforderlichkeit der Überschussproduktion bezieht sich auf die Möglichkeit des Arbeitgebers, bei einem Absatzrückgang seiner Produkte die Arbeitsverhältnisse zu suspendieren, um die Rentabilität seiner Produktion durch niedrigere Lohnkosten wiederherzustellen und eine Auslastung des verbleibenden Personals zu erreichen. Eine Aussperrung kommt aber nur vorübergehend bis zum Wegfall der Unrentabilität in Betracht. Der Grund hierfür ist die Bezeichnung „Suspendierung" im Wortlaut der Norm. Nach dem Wegfall der Unrentabilität müssen die Arbeitsverhältnisse erneut aufleben.[503]

Die Aussperrungsmöglichkeit des Arbeitgebers ist vor dem Hintergrund des Stabilitätsgrundsatzes zu sehen. Arbeitnehmer genießen einen (theoretisch) hohen Kündigungsschutz, der eine betriebsbedingte Kündigung grundsätzlich nicht

---

502 Übersetzung des Verfassers; original: *"Los paros serán lícitos únicamente cuando el exceso de producción haga necesario suspender el trabajo para mantener los precios en un límite costeable, previa aprobación de los tribunales laborales."* Manchmal wird neben der bloßen Bezeichnung *paro* auch die Begrifflichkeit *paro patronal* zur Abgrenzung des *paro* von der Arbeitnehmerseite gewählt.

503 *Reynoso Castillo*, Derecho del trabajo, S. 477.

zulässt. Nach der Werteentscheidung des Verfassungsgebers sollen sich die Arbeitnehmer darauf verlassen können, dass das Arbeitsverhältnis „stabil“ ist und grundsätzlich keine Beendigung des Arbeitsverhältnisses vor dem Renteneintritt erfolgt (siehe S. 185 f.). Art. 123 A XIX CPEUM schafft eine Ausnahme von diesem Grundsatz und soll dem Arbeitgeber ausnahmsweise die Möglichkeit zur Auflösung des Arbeitsverhältnisses gewähren. Würde man den Stabilitätsgrundsatz ausnahmslos anwenden, wäre der Arbeitgeber auch bei einer wirtschaftlichen Unzumutbarkeit der Arbeitsleistungsannahme verpflichtet, die Vergütung zu bezahlen. Dies würde zu einer Schädigung der Wirtschaft und damit im Ergebnis auch der Bevölkerung führen.[504]

Dies erkannte der Verfassungs- und Gesetzgeber an, sodass das mexikanische Arbeitsrecht zur Vermeidung unbilliger wirtschaftlicher Härten eine Lossagungsmöglichkeit für Arbeitgeber nach der Durchführung eines staatlichen (Genehmigungs-)Verfahrens vorsieht.[505] Eine endgültige Beendigung des Arbeitsverhältnisses ist aber nach der Werteentscheidung des Verfassungsgebers nicht gerechtfertigt, sobald der betriebsbedingte Grund entfällt.[506]

b. Arbeitskampfverbot für Arbeitgeber

Die mexikanische Verfassung gewährt Arbeitgebern jedoch kein Aussperrungsrecht im Sinne eines Druckmittels zur Durchsetzung von Forderungen. Der Aussperrungsbegriff hat in der mexikanischen Rechtsordnung folglich einen von der deutschen Rechtsordnung abweichenden Sinngehalt.[507]

Art. 123 A XIX CPEUM verbietet den Arbeitgebern – ohne dies explizit als Verbot zu formulieren – die Aussperrung als Mittel in einem Arbeitskampf. Nach der Vorstellung des Verfassungsgebers von 1917 sollten mit der Implementierung der sozialen Rechte Instrumente zur künftigen Verhinderung der Arbeitnehmerbeschäftigung zu unangemessenen Arbeitsbedingungen geschaffen werden. Die Unternehmer nutzten das Mittel der Aussperrung vor 1917 aber vor allem dazu, für die Arbeitnehmer ungünstigere Arbeitsbedingungen mit Zwang durchzusetzen und die Ausbeutung der Arbeiter weiter zu verschärfen. Insbesondere die bundesweiten Aussperrungen von *Puebla* und *Río Blanco* im Jahr 1906 und 1907 stürzten große Teile der Arbeiterschaft in erhebliches Leid (siehe S. 57 ff.). Der freie Arbeitskampf durch die Arbeitgeber sollte mit der Regelung in Art. 123 A XIX CPEUM ab 1917 daher verhindert werden, weil die Arbeitgeber die Aussperrung andernfalls auch künftig als Mittel zur Durchsetzung unangemessener Arbeitsbedingungen hätten nutzen können. Der Streik blieb zulässig, denn die Arbeitnehmer verfolgten im Hinblick auf die Erreichung besserer Arbeitsbedingungen humane Ziele.[508]

---

504 *Cueva, M. de la*, El Nuevo Derecho, Band II, S. 553.

505 *Cueva, M. de la*, El Nuevo Derecho, Band II, S. 549; *Muñoz*, Derecho Colectivo, S. 722.

506 *Reynoso Castillo*, Derecho del trabajo, S. 477.

507 *Birk*, ZfA 1979, S. 237.

508 *Cueva, M. de la*, El Nuevo Derecho, Band II, S. 529, 549.

Auch der Gesetzgeber zum ursprünglichen LFT von 1931 ging daher von der Unzulässigkeit der Aussperrung als Arbeitskampfmittel des Arbeitgebers aus und formulierte in seiner Gesetzesbegründung:

> *„Die Aussperrung, welche als Druckmittel gegen die Arbeitnehmer verstanden wird, um deren Zustimmung zu einer Modifizierung der Arbeitsbedingungen zu erreichen, ist unserem Verständnis nach ein unzulässiger Akt. Die Aussperrung ist nur dann zulässig, wenn sie die Beibehaltung der Preise auf einem rentablen Niveau zum Ziel hat … Nach diesem Konzept wird die zulässige Aussperrung geregelt, die von individuellen Beendigungstatbeständen zu unterscheiden ist, die dem Willen des Arbeitgebers entzogen sind, die Gegenstand von Regelungen in einem anderen Kapitel sind.“*[509]

Diese These wiederholte der Gesetzgeber bei der Novellierung des LFT im Jahr 1968, wonach die Aussperrung in der Form, wie sie im Ausland als Arbeitskampfmittel verstanden wird, in der mexikanischen Rechtsordnung nicht legitim sei und daher einen abweichenden Bedeutungsgehalt habe.[510] Ein Arbeitskampfmittel der Arbeitgeber zur Druckausübung liegt mit dem mexikanischen Aussperrungsrecht unter Zugrundelegung eines deutschen Rechtsverständnisses nicht vor. So formulierte zum Beispiel das BAG unter Bezugnahme auf *Hueck-Nipperdey*, dass die Aussperrung die planmäßige Ausschließung der Arbeitnehmer von der Arbeit zur Erreichung eines Kampfzieles mit der Absicht der Wiedereinstellung nach Erreichung des Zieles oder nach Beendigung des Kampfes sei.[511] Die mexikanische Verfassung gewährt den Arbeitgebern allerdings kein solches Aussperrungsrecht. Vielmehr erhalten die Arbeitgeber nur das Recht zur betriebsbedingten Suspendierung der Arbeitsverhältnisse. Die Verfassung versteht die Aussperrung als Hilfsinstrument des Arbeitgebers zur Beibehaltung eines rentablen Kostenniveaus und nicht als Druckmittel im Arbeitskampf. Unter der Aussperrung nach mexikanischem Verständnis ist daher kein Mittel im Arbeitskampf zu verstehen.[512] Vielmehr ist der von der Arbeitgeberseite betriebene Arbeitskampf verfassungsrechtlich unzulässig.[513] Der Verfassungsgeber verwendete für das Suspendierungsrecht begrifflich das Wort „Aussperrung“, da nach dem ursprünglichen Suspendierungssystem keine Zahlung seitens des Arbeitgebers vorgesehen und die Rechtsfolge einer Arbeitskampfaussperrung nachempfunden war.[514] Die nachfolgenden Ausführungen behalten zur besseren Unterscheidung von der Aussperrung den Begriff „Suspendierung(srecht)“ bei.

---

509 http://cronica.diputados.gob.mx/DDebates/47/2do/Ord/19681212.html [17.8.2020].

510 *Cueva, M. de la*, El Nuevo Derecho, Band II, S. 551.

511 BAG vom 28. Januar 1955 – GS 1/54, BAGE 1, 291 Rz. 95, 63 f.; *Hueck-Nipperdey*, Lehrbuch II, S. 653 f.

512 *Birk*, ZfA 1979, S. 237; *Muñoz*, Derecho Colectivo, S. 726.

513 *Cueva, M. de la*, El Nuevo Derecho, Band II, S. 551; *Muñoz*, Derecho Colectivo, S. 726.

514 *Cueva, M. de la*, El Nuevo Derecho, Band II, S. 553; *Muñoz*, Derecho Colectivo, S. 726.

2. *Suspendierungsrecht nach dem LFT*

Der Gesetzgeber regelte in den Art. 427 ff. LFT die Suspendierungsgründe. Diese berücksichtigen die verfassungsrechtliche Vorgabe im Hinblick auf den Aussperrungsbegriff und erlauben den Arbeitgebern eine betriebsbedingte Lösung vom Arbeitsverhältnis. Die Normen enthalten überwiegend Gründe, die über das verfassungsrechtliche Suspendierungsrecht hinausgehen.

> Art. 427 LFT:
> *„In den folgenden Fällen können die Arbeitsverhältnisse in einem Unternehmen oder Betrieb vorübergehend suspendiert werden:*
>
> *I. Bei höherer Gewalt oder unvorhergesehenen Umständen, die dem Arbeitgeber nicht zurechenbar sind, oder im Falle seiner physischen oder mentalen Erwerbsunfähigkeit oder bei seinem Tod, wodurch als notwendige direkte und unmittelbare Folge die Suspendierung der Arbeiten erforderlich ist.*
> *II. Beim Fehlen von Rohstoffen, welches dem Arbeitgeber nicht zurechenbar ist.*
> *III. Bei Überproduktion in Bezug auf seine wirtschaftlichen Bedingungen und die Umstände des Marktes.*
> *IV. Bei Unrentabilität des Kapitaleinsatzes vorübergehender Natur, welche deutlich und offenkundig ist.*
> *V. Beim Fehlen von Eigenmitteln und der Unmöglichkeit, diese zu erhalten, um die Arbeiten aufrechtzuerhalten, wenn der Arbeitgeber dies vollumfänglich beweist.*
> *VI. Beim Ausbleiben der staatlichen Verwaltung in dem Umfang, in welchem sich diese Unternehmen gegenüber zur Leistung von Arbeiten oder Diensten verpflichtet hat, sofern diese Arbeiten oder Dienste unverzichtbar sind.*
> *VII. Bei vom zuständigen Gesundheitsamt erklärter Suspendierung von Arbeiten infolge von Gesundheitsrisiken.“*[515]

---

515 Übersetzung des Verfassers; original: *“Son causas de suspensión temporal de las relaciones de trabajo en una empresa o establecimiento: I) La fuerza mayor o el caso fortuito no imputable al patrón, o su incapacidad física o mental o su muerte, que produzca como consecuencia necesaria, inmediata y directa, la suspensión de los trabajos; II) La falta de materia prima, no imputable al patrón; III) El exceso de producción con relación a sus condiciones económicas y a las circunstancias del mercado; IV) La incosteabilidad, de naturaleza temporal, notoria y manifiesta de la explotación; V) La falta de fondos y la imposibilidad de obtenerlos para la prosecución normal de los trabajos, si se comprueba plenamente por el patrón; VI) La falta de ministración por parte del Estado de las cantidades que se haya obligado a entregar a las empresas con las que hubiese contratado trabajos o servicios, siempre que aquéllas sean indispensables; y VII) La suspensión de labores o trabajos, que declare la autoridad sanitaria competente, en los casos de contingencia sanitaria.”*

Darüber hinaus normierte der Gesetzgeber, dass dem Arbeitgeber in den nach Art. 434 LFT abschließend bestimmten Gründen ein dauerhaftes Suspendierungsrecht, das heißt im Ergebnis ein Kündigungsrecht, zusteht.[516]

> Art. 434 LFT:
> *„Aus folgenden Gründen können Arbeitsverträge beendet werden:*
>
> *I. Bei höherer Gewalt oder unvorhergesehenen Umständen, die dem Arbeitgeber nicht zurechenbar sind, oder im Falle seiner physischen oder mentalen Erwerbsunfähigkeit oder bei seinem Tod, wodurch als notwendige direkte und unmittelbare Folge die Beendigung der Arbeiten erforderlich ist.*
> *II. Bei Unrentabilität des Kapitaleinsatzes, welche deutlich und offenkundig ist.*
> *III. Bei Erschöpfung von Material, welches Gegenstand einer Rohstoffindustrie ist.*
> *IV. In Fällen des Artikel 38 (Anmerkung: Zeit- und Zweckbefristung bei Minenarbeitern).*
> *V. Bei rechtlich festgestelltem Konkurs oder Bankrott, wenn die zuständige Behörde oder die Gläubiger die endgültige Schließung der Unternehmung oder die endgültige Reduzierung der Arbeiten beschließen.“*[517]

a. Suspendierungssystem

Der Gesetzgeber schuf ein zweigleisiges System, indem er eine vorübergehende Suspendierung und endgültige Beendigung der Arbeitsverhältnisse bei Vorliegen der genannten dauerhaften Suspendierungsgründe ermöglicht.[518]

Im Grundsatz sollen Arbeitsverhältnisse nur suspendiert und Beendigungen der Arbeitsverhältnisse im Sinne des Stabilitätsgrundsatzes verhindert werden. Die Suspendierung zielt auf die Bewahrung der Arbeitsverhältnisse ab, da nur die Wirkungen und Verpflichtungen aus den betroffenen Arbeitsverhältnissen suspendiert

---

516 *Cueva, M. de la*, El Nuevo Derecho, Band II, S. 554; Beachte: Neben diesen kollektiven Suspendierungs- und Beendigungsgründe existieren vereinzelte individuelle Suspendierungsgründe und personen- oder verhaltensbedingte Kündigungsgründe (Art. 42, 46 f., 53 LFT), siehe zum Kündigungsschutz im mexikanischen Arbeitsrecht bereits S. 195 f.

517 Übersetzung des Verfassers; original: *"Son causas de terminación de las relaciones de trabajo: I) La fuerza mayor o el caso fortuito no imputable al patrón, o su incapacidad física o mental o su muerte, que produzca como consecuencia necesaria, inmediata y directa, la terminación de los trabajos; II) La incosteabilidad notoria y manifiesta de la explotación; III) El agotamiento de la materia objeto de una industria extractiva; IV) Los casos del artículo 38; y V) El concurso o la quiebra legalmente declarado, si la autoridad competente o los acreedores resuelven el cierre definitivo de la empresa o la reducción definitiva de sus trabajos."*

518 *De Buen L.*, Derecho Del Trabajo, Band II, S. 733 ff.; *Cueva, M. de la*, El Nuevo Derecho, Band II, S. 553, 556; *Muñoz*, Derecho Colectivo, S. 722.

werden, soweit ein objektiver Umstand auftritt, der die Fortsetzung der Unternehmung unabhängig vom Parteiwillen verhindert. Das Suspendierungsrecht ist ein juristisches Hilfsinstrument, da die Beendigung der betroffenen Arbeitsverhältnisse durch das Wiederaufleben der Wirkungen und Verpflichtungen aus dem Arbeitsverhältnis nach Wegfall des Grundes verhindert werden kann. So würde zum Beispiel der Absatzrückgang von Produkten grundsätzlich die Kündigung der Arbeitnehmer zur Vermeidung einer Insolvenz erfordern, gäbe es nicht die Möglichkeit der Suspendierung. Die endgültige Kündigung würde aber das Überleben der Arbeitnehmer und ihrer Familien gefährden, weshalb der Gesetzgeber die Suspendierung als vorrangiges Mittel reguliert. Aus dem Zweck der Suspendierung folgt, dass sie grundsätzlich nur vorübergehend bis zum Wegfall ihres Grundes gilt, da sie der dauerhaften Fortsetzung des Arbeitsverhältnisses dient.[519]

Die in Art. 427, 434 LFT genannten Gründe haben einen kollektiven Bezug, indem sie sich potenziell auf eine Vielzahl von Arbeitsverhältnissen im Betrieb oder Unternehmen auswirken. Dies ergibt sich aus

- den genannten Gründen selbst, da sie inhaltlich auf ökonomische Umstände, höhere Gewalt oder den Tod des Arbeitgebers abzielen und eine potenzielle Wirkung für mehrere Arbeitsverhältnisse haben,
- der Regelung des Art. 428 LFT, wonach von den Suspendierungsgründen entweder der ganze Betrieb oder Teile hiervon erfasst sind,
- der Regelung des Art. 433 LFT, wonach die Beendigung von Arbeitsverhältnissen die Folge einer Betriebs- oder Unternehmensschließung oder einer endgültigen Reduzierung seiner Arbeiten ist.[520]

Sowohl die Suspendierung als auch die Beendigung der Arbeitsverhältnisse bedürfen der vorherigen Genehmigung der JCAs (künftig der Arbeitsgerichte), Art. 429 Nr. II, III und Art. 435 Nr. III LFT. Außerdem muss der Arbeitgeber nach Art. 430, 436 LFT an die Arbeitnehmer eine von den JCAs festzusetzende Entschädigung zahlen, deren Höhe anhand verschiedener Faktoren bemessen wird (zum Beispiel voraussichtliche Dauer der Suspendierung, Wahrscheinlichkeit einer Ersatzbeschäftigung, Gesetzesverstoß des Arbeitgebers). Die Verpflichtung zur Zahlung einer Entschädigung war in dem ursprünglichen Regelungskonzept des LFT-alt in Fortsetzung der zivilistischen liberalen Rechtstradition nicht enthalten, wodurch das wirtschaftliche Risiko des Arbeitgebers auf die Arbeitnehmer übertragen wurde. Der Gesetzgeber empfand dies in der Reform von 1970 als unbillig und führte daher die Entschädigungspflicht im Suspendierungs- und Beendigungsfalle ein.[521]

---

519 *Cueva, M. de la*, El Nuevo Derecho, Band II, S. 553, 556; *Muñoz*, Derecho Colectivo, S. 722.

520 *Cueva, M. de la*, El Nuevo Derecho, Band II, S. 556; *De Buen L.*, Derecho Del Trabajo, Band II, S. 733.

521 *Cueva, M. de la*, El Nuevo Derecho, Band II, S. 552, 560, 564.

b. Regelung zur „Aussperrung"

Der Verfassungsauftrag an den Gesetzgeber zur Anerkennung der „Aussperrung" ist nur in Art. 427 Nr. III LFT unstreitig enthalten. Dies ergibt sich aus dem Wortlautvergleich mit der Verfassungsnorm, wonach eine Suspendierung der Arbeitsverhältnisse bei einer Überschussproduktion gewährleistet ist.

Die übrigen Fälle in den Art. 427 und 434 LFT sind über Art. 123 A XIX CPEUM hinausgehende Sachverhalte, die der Gesetzgeber im Rahmen seiner Entscheidungsprärogative zusätzlich regelte. Begrifflich werden diese Sachverhalte nicht als *paro* – „Aussperrung" – bezeichnet, stehen aber in einem engen Zusammenhang mit der wirtschaftlichen Notwendigkeit der Unternehmer zur (vorübergehenden) Beendigung von Arbeitsverhältnissen.[522] Der Grund für die zusätzlichen Absätze war, dass der Gesetzgeber die Notwendigkeit erkannte, weitere Regelungen zur Vermeidung von unbilligen Härten und zum Schutz der Wirtschaft zu normieren, welche über die verfassungsrechtliche Regelung zur Aussperrung hinausgehen. In den oben genannten Fällen liegen Umstände vor, die eine normale Entwicklung der unternehmerischen Tätigkeiten unmöglich machen und daher ein Abweichen vom Stabilitätsgrundsatz rechtfertigen.[523]

Zwar wird vereinzelt angenommen, dass über Art. 427 Nr. III LFT hinaus auch Art. 427 Nr. IV die verfassungsrechtliche Aussperrung regelt,[524] da die Überschussproduktion in Nr. III und die Unrentabilität des Kapitaleinsatzes in Nr. IV einen engen sachlichen Zusammenhang aufweisen. Die Regelung zur Suspendierungsmöglichkeit bei einer Überschussproduktion bezieht sich auf die Unrentabilität der Produktion eines Unternehmens wegen der eintretenden wirtschaftlichen Umstände, die es unmöglich machen, den Produktionsrythmus beizubehalten, da die bisherige Nachfrage an den hergestellten und verkauften Produkten zurückgeht und die Marktumstände den Überschuss der Produktion nicht anderweitig aufnehmen.[525]

Der Arbeitgeber hat die Möglichkeit, bei einem Absatzrückgang seiner Produkte die Arbeitsverhältnisse betriebsbedingt zu suspendieren, um die Rentabilität seiner Produktion durch niedrigere Lohnkosten wiederherzustellen und eine Auslastung des verbleibenden Personals zu erreichen.

Die Herstellung einer rentablen Produktion ist auch der Zweck des Art. 427 Nr. IV LFT. Diese Norm bezieht sich auf Sachverhalte, in welchen die Fortsetzung

---

522 *Cueva, M. de la*, El Nuevo Derecho, Band II, S. 556; *Muñoz*, Derecho Colectivo, S. 724; *Breña*, LFT Comentada y Concordada, S. 455; TC (Décimo Tercer Tribunal Colegiado En Materia De Trabajo Del Primer Circuito/novena época), SJFG, Band XVIII (Juli 2003), S. 1117.

523 *Cueva, M. de la*, El Nuevo Derecho, Band II, S. 549; *Breña*, LFT Comentada y Concordada, S. 455.

524 *Muñoz*, Derecho Colectivo, S. 722 ff.; *Breña*, LFT Comentada y Concordada, S. 446; *Cueva, M. de la*, El Nuevo Derecho, Band II, S. 553.

525 *Reynoso Castillo*, Derecho del trabajo, S. 477.

der Produktion unabhängig vom Produktabsatz oder der Nachfrage am Markt offensichtlich und deutlich unrentabel wäre. Die erfassten Fälle sind das Fehlen von Betriebsmitteln wie zum Beispiel Maschinen oder Rohstoffe und Arbeitskräfte, die eine ordnungsgemäße und rentable Produktion verhindern. Besteht dieser Grund nur vorübergehend, können die Arbeitsverhältnisse suspendiert werden.[526]

Allerdings ist die Einbeziehung des Art. 427 Nr. IV LFT als *paro (patronal)* kritisch zu beurteilen, da diese Norm unabhängig von einer Überschussproduktion im Unternehmen ist, sich der zugrunde liegende Art. 123 A XIX CPEUM aber expressis verbis auf eine Überschussproduktion bezieht.

c. *Keine Rechtsgrundlage für Aussperrungen*

Letztlich kann aber dahinstehen, welche einzelnen Regelungen der Art. 427 und 434 LFT die Regelung des Art. 123 A XIX CPEUM wiedergeben, denn alle Regelungen enthalten nach einem deutschen Rechtsverständnis grundsätzlich nur betriebsbedingte Kündigungs- und Suspendierungsgründe. Diese sind Maßnahmen der Wirtschaftsführung eines Betriebes oder Unternehmens und stellen keine Maßnahmen in einem Arbeitskampf dar.

So ist nach dem Wortlaut der Norm ersichtlich, dass die Suspendierungs- und Beendigungstatbestände in Art. 427, 434 LFT in keinem Zusammenhang mit einem Arbeitskampf stehen, sondern nur Gründe darstellen, die unmittelbar in der Person des Arbeitgebers oder im Unternehmen angelegt sind.[527]

Das Fehlen des Arbeitgeberkampfrechts steht im Übrigen auch in Übereinstimmung mit der Rechtsprechung des SCJN.[528] Danach besteht kein zulässiges Arbeitskampfziel für die Arbeitgeber als Folge der fehlenden verfassungsrechtlichen Anerkennung eines arbeitgebergeführten Arbeitskampfes.

III. Zwischenergebnis

Die mexikanische Rechtsordnung erkennt den Arbeitskampf als zulässiges Mittel der Druckausübung zwar an, beschränkt diesen aber auf den Streik. Dagegen verbietet sie einen arbeitgebergeführten Arbeitskampf und somit insbesondere die Aussperrung. An deren Stelle tritt lediglich ein vom Arbeitskampf unabhängiges, betriebsbedingtes und kollektives Suspendierungsrecht des Arbeitgebers.

---

526 *Reynoso Castillo*, Derecho del trabajo, S. 477.

527 *Birk*, ZfA 1979, S. 237; *Seeler*, Der Arbeitskampf in der deutschen und ausländischen Gesetzgebung, S. 54; *Cueva, M. de la*, El Nuevo Derecho, Band II, S. 557; *Muñoz*, Derecho Colectivo, S. 724; *Breña*, LFT Comentada y Concordada, S. 447.

528 SCJN (pleno/quinta época), Amparo administrativo – Revisión del incidente de suspensión 4005/25, Compañía Mexicana de Petróleo – "El Aguila" S.A., 8.1.1926, SJF, Band XVIII, S. 37; SCJN (segunda sala/quinta época), Amparo administrativo en revisión 3616/30, Sindicato de Obreros "Cuauhtémoc" y coagrivada, 27.7.1931, SJF, Band XXXII, S. 1501.

Dem einseitigen Charakter des Arbeitskampfrechts liegt das historische Verständnis des Verfassungs- und Gesetzgebers zugrunde, wonach der Arbeitskampf ausschließlich ein Instrument eines Arbeitnehmerzusammenschlusses in einem kapitalistischen Wirtschaftssystem zur Verteidigung und Durchsetzung von Forderungen gegenüber dem Arbeitgeber ist und daher als „Beschützer oder Rammbock" der Arbeitnehmer dient.

Außerdem folgt aus dem klassenkämpferischen Charakter des Streikrechts, dass dieses im Rahmen der Normen so lange zulässig ist, bis der Arbeitgeber die rechtlich anerkannten Streikziele erfüllt. Eine Verhältnismäßigkeitsprüfung des Streiks findet nicht statt, wodurch keine zeitlichen Schranken bestehen. Auch muss das Streikrecht im Hinblick auf seine Zielsetzung grundsätzlich frei von einer staatlichen Einflussnahme sein. Die Arbeitnehmer dürfen im Rahmen des generischen Streikziels grundsätzlich selbst entscheiden, wie sie das Gleichgewicht zwischen den Produktionsfaktoren und eine Harmonisierung des Arbeitsrechts mit dem Recht des Kapitals erreichen können.

Der Gesetzgeber spezifiziert die Streikziele dahingehend, dass die Arbeitnehmer neben dem generischen Ziel den Abschluss, die Änderung oder die Einhaltung von (allgemein verbindlichen) Tarifverträgen, die Einhaltung der Regelungen zur Arbeitnehmerbeteiligung am Unternehmensertrag oder die Unterstützung der vorgenannten Ziele verfolgen müssen. Der Streik ist auf die Verteidigung oder Durchsetzung besserer Arbeitsbedingungen oder auf die Wahrung fundamentaler Prinzipien bezüglich des Erhalts der Gleichgewichtsinstrumente gegenüber dem Arbeitgeber und damit auf ein im kollektiven Interesse stehendes Streikziel zu richten.

B. Beteiligte des Streiks

In den oben genannten Ausführungen war von einem Streikrecht der Arbeitnehmer die Rede. Eine Aussage über die Inhaberschaft des Rechts zum Aufruf und zur Teilnahme am Streik war hiermit jedoch nicht verbunden. Hierfür kommen grundsätzlich die Arbeitnehmer als verbundsloser Zusammenschluss oder in Form einer Gewerkschaft in Betracht. Dies ist von der Frage zu trennen, von wem der Streik faktisch durchgeführt wird. Da es sich bei dem Streik (Suspendierung der Arbeit) um das Gegenstück zur Arbeitserbringung handelt, kann die Arbeitsniederlegung nur durch die Arbeitnehmer erfolgen.

Der Arbeitgeber ist als sozialer Gegenspieler ebenfalls Beteiligter des Streiks. Hierbei stellt sich die Frage, ob auch die für den Arbeitgeber handelnden Personen ihm zuzurechnen sind oder mit den Arbeitnehmern streiken dürfen. Die im Unternehmen handelnden Personen können im Zusammenhang mit dem Streikrecht auch in der mexikanischen Rechtsordnung grundsätzlich in Arbeitnehmer, leitende Angestellte, gesetzliche Vertreter des Arbeitgebers und Gewerkschaften unterschieden werden.

I. Koalitionsfreiheit

Die Verfassung garantiert in Art. 123 A XVI CPEUM den Arbeitnehmern und Arbeitgebern, sich zur Verteidigung ihrer jeweiligen Interessen zu Koalitionen zusammenzuschließen. Somit könnte grundsätzlich auch einer Gewerkschaft das Recht zum Aufruf und zur Teilnahme[529] am Streik zukommen.

> Art. 123 A XVI CPEUM:
> *„Sowohl die Arbeiter als auch die Unternehmer haben das Recht, sich zur Verteidigung ihrer Interessen unter anderem zu Gewerkschaften oder Arbeitgeberverbänden zusammenzuschließen."*[530]

Art. 123 A XVI CPEUM ist lex specialis zu Art. 9 CPEUM, der das allgemeinere Recht zur Bildung von Vereinen und Gesellschaften enthält. Die Koalitionsfreiheit nach Art. 123 A XVI CPEUM wird als spezielle Ausprägung des Freiheitsrechts aus Art. 5 CPEUM angesehen, wobei Letzterer selbst keine spezifische Regelung zur Koalitionsfreiheit enthält.[531]

Die verfassungsrechtliche Garantie erstreckt sich sowohl auf die positive (vor allem Bildung und Eintritt in eine Koalition) als auch die negative Koalitionsfreiheit (insbesondere Nichteintritt oder Austritt aus einer Koalition). Auf diese können sich neben den Arbeitnehmern und Arbeitgebern auch die Gewerkschaften und Arbeitgeberverbände selbst berufen. Insbesondere sind auch die Autonomie der Koalitionen vom sozialen Gegner und die kollektive Betätigung als solche zum Beispiel im Hinblick auf die Wahrnehmung der Mitgliederinteressen, die Tarifvertragsverhandlungen und interne Organisation verfassungsrechtlich geschützt.[532] Die Koalitionsfreiheit und die Autonomie der Gewerkschaften verpflichten den Arbeitgeber und den Staat zur Unterlassung von Handlungen, welche die Ausübung der Koalitionsfreiheit verhindern oder erschweren.[533] Außerdem folgt aus

529 Wegen der Einkleidung des Streiks in ein förmliches Verfahren geht die Teilnahme am Streik über die bloße Arbeitsniederlegung hinaus. Die Teilnahme ist vielmehr auch auf die förmliche Beteiligung im Streikverfahren gerichtet, die auch eine Gewerkschaft betreffen kann (siehe S. 331 ff.). Daher ist im Folgenden nicht nur von einem Aufruf zum Streik durch eine Gewerkschaft die Rede, sondern folgerichtig auch von einer Teilnahme der Gewerkschaft.

530 Übersetzung des Verfassers; original: „*Tanto los obreros como los empresarios tendrán derecho para coaligarse en defensa de sus respectivos intereses, formando sindicatos, asociaciones profesionales, etc.* ".

531 *Sánchez/De Las Fuentes Lacavex*, La Huelga – Un Derecho Fundamental, S. 6 f.; *Martínez y González*, Reflexiones Sobre La Huelga, S. 29.

532 *Cueva, M. de la*, El Nuevo Derecho, Band II, S. 302; *De Buen L.*, Derecho del Trabajo, Band II, S. 767; *Muñoz*, Derecho Colectivo, S. 529 f.; *Santos Azuela*, El Derecho Constitutional De Huelga Y El Moderno Derecho Sindical, S. 295 f.; SCJN (segunda sala/novena época), Amparo directo en revision 1124/2000, Abel Hernández y otros, 17.4.2001, SJF y su Gaceta, Band VIII (Mai 2001), S. 322.

533 *Cueva, M. de la*, El Nuevo Derecho, Band II, S. 302.

der Anerkennung der Koalitionsfreiheit ein Anspruch der Arbeitnehmer (und Gewerkschaften) gegen den jeweiligen Arbeitgeber auf die Verhandlung und den Abschluss von Tarifverträgen.[534]

II. Arbeitnehmerkoalition

Das Streikrecht ist unmittelbar als eigenständige Garantie in Art. 123 A XVII, XVIII CPEUM verbürgt, sodass kein zusätzlicher Schutz des Streikrechts aus der Koalitionsfreiheit folgt. Die Verfassung gewährt das Streikrecht seinem Wortlaut nach ausschließlich den Arbeitnehmern und enthält keine sprachliche Bezugnahme auf die Gewerkschaften oder andere Gruppen (siehe S. 191). Hieraus schlussfolgert die mexikanische Wissenschaft unstreitig, dass sich andere gewerkschaftsunabhängige Personengruppen außerhalb des Demonstrations- und Versammlungsrechts nicht auf das Streikrecht des Art. 123 CPEUM im Sinne einer Solidarisierung mit den Arbeitnehmern berufen können – abweichend von anderen Staaten wie zum Beispiel Argentinien.[535] Dies entspricht auch dem Willen des mexikanischen Verfassungsgebers bezüglich des erforderlichen Bezugs eines Streiks zum Arbeitsverhältnis (siehe S. 194).

Jedoch ist in der Rechtswissenschaft umstritten, ob der einzelne Arbeitnehmer Inhaber des Streikrechts ist oder es sich ausschließlich um ein Kollektivrecht handelt und daher gegebenenfalls (auch) Gewerkschaften zum Aufruf und zur Teilnahme am Streik(verfahren) berechtigt und notwendig sind.

1. Streikrecht als Individualrecht des Arbeitnehmers

Da die Verfassung ausdrücklich die Arbeitnehmer und nicht die Gewerkschaften oder den Zusammenschluss von Arbeitnehmern als Inhaber des Streikrechts nennt (siehe Wortlaut auf S. 191), wird überwiegend angenommen, dass es sich bei dem Streikrecht um ein Individualrecht der Arbeitnehmer als Ausprägung des allgemeinen Freiheitsrechts der einzelnen Arbeitnehmer handelt. Zum Streikaufruf und zur Streikteilnahme seien primär die Arbeitnehmer als Inhaber des Streikrechts und nicht die Gewerkschaften berechtigt.[536]

Außerdem sei die Folge eines Streiks (Suspendierung der Arbeit) das unmittelbare Gegenstück zur Arbeitsleistung. Die Arbeit sei aber ein von der mexikanischen Rechtsordnung anerkanntes Menschenrecht (Art. 123 A I, Art. 8 CPEUM), das auf der Handlung und dem Können eines einzelnen Menschen und nicht einer Koalition oder Gewerkschaft beruhe. Die Suspendierung der Arbeitsleistung als

---

534 *Santos Azuela*, El Derecho Constitutional De Huelga Y El Moderno Derecho Sindical, S. 300 f.

535 *Tenopala*, La Huelga, S. 68.

536 *Cueva, M. de la*, El Nuevo Derecho, Band II, S. 595 f., 610; *De Buen L.*, Derecho Del Trabajo, Band II, S. 824 f.; *Puig Hernández*, Teoría Y Práctica De La Huelga, S. 312; *Muñoz*, Derecho Colectivo, S. 531 ff.; *Reynoso Castillo*, Derecho del trabajo, S. 450.

Gegenstück ihrer Erbringung sei daher nur dem einzelnen Arbeitnehmer und nicht einer Koalition möglich.[537]

Die Gegenauffassung vertritt die Meinung, dass es sich bei dem Streikrecht auch um ein kollektives Recht einer Arbeitnehmerkoalition handelt. Das Recht zum Aufruf und zur Teilnahme an einem Streik stehe daher unter anderem auch der Gewerkschaft als Arbeitnehmerkoalition zu. Der Wortlaut des Art. 123 A XVII CPEUM (siehe S. 191) nenne nicht den einzelnen Arbeitnehmer, sondern spreche vielmehr im Plural von den Arbeitnehmern als den Inhabern des Streikrechts. Die Bezeichnung „die Arbeitnehmer" umfasse sowohl alle Arbeitnehmer gemeinsam als auch jeden Arbeitnehmer einzeln.[538]

Der SCJN lehnt in seiner ständigen Rechtsprechung allerdings die Kollektivinhaberschaft des Streikrechts ab und vertritt mit der herrschenden Literaturansicht die Meinung, dass die Inhaberschaft des Streikrechts originär bei den einzelnen Arbeitnehmern liege. Ein unmittelbar aus der verfassungsrechtlichen Garantie abgeleitetes Recht der Gewerkschaft zum Aufruf und zur Teilnahme[539] am Streik bestehe nicht. Dabei stützt sich der SCJN ebenfalls auf den Wortlaut von Art. 123 A XVII CPEUM, der weder Gewerkschaften noch Koalitionen nenne. Aus der bloßen Formulierung der Arbeitnehmer im Plural lasse sich nicht ableiten, dass Inhaber des Streikrechts die Koalition von Arbeitnehmern aus eigenem Recht sei.[540] Jedenfalls sei das Streikrecht kein von der Koalitionsfreiheit abgeleitetes Recht, sondern die Inhaberschaft des Streikrechts liege originär bei den Arbeitnehmern.[541]

Auch der Gesetzgeber geht mit seinem Konzept des LFT davon aus, dass es sich bei dem Streikrecht um ein Individualrecht der Arbeitnehmer handelt. Insbesondere die Regelungen der Art. 451 Nr. II und Art. 459 Nr. I LFT zeigen, dass für den rechtmäßigen Aufruf und die Teilnahme am Streik nicht die vorherige Bildung einer Koalition oder Gewerkschaft erforderlich ist, sondern es auf die Mehrheit einer sich aus einzelnen Arbeitnehmern zusammensetzenden Gruppe ankommt.[542] Mit dem SCJN und dem Gesetzgeber (und der herrschenden Literaturansicht) ist davon auszugehen, dass die mexikanische Rechtsordnung den einzelnen Arbeitnehmer als Inhaber des Streikrechts ansieht.

2. Erfordernis einer kollektiven Teilnahme am Streik

Die soziale Legitimität des Streiks ist hinsichtlich der Arbeitsniederlegung allerdings nach allen Ansichten an die kollektive Wahrnehmung durch die

---

537 *Muñoz*, Derecho Colectivo, S. 533.

538 *Cueva, M. de la*, El Nuevo Derecho, Band II, S. 595 f., 610.

539 Siehe bereits oben Fn. 529.

540 SCJN (cuarta sala/quinta época), Amparo en revisión 5965/46, González Leonardo, 25.11.1948, SJF, Band XCVIII, S. 1645; SCJN (cuarta sala/quinta época), Queja en amparo 532/48, La Perfeccionada, 21.7.1949, SJF, Band CI, S. 679.

541 *Tenopala*, La Huelga, S. 58.

542 *Muñoz*, Derecho Colectivo, S. 534.

Arbeitnehmer, mithin durch eine Gruppe von Rechtsinhabern geknüpft. Nur die Koalition von Arbeitnehmern und nicht der einzelne Arbeitnehmer ist zum Aufruf und zur Teilnahme am Streik(verfahren) berechtigt.[543]

Dem liegt das historisch gewachsene Verständnis des Verfassungsgebers von 1917 zugrunde, wonach der Streik durch eine Vielzahl von Arbeitnehmern, mithin durch eine Arbeitnehmerkoalition, stattfindet. Der Streik durch einzelne Arbeitnehmer war dem Verfassungsgeber von 1917 dagegen fremd.[544]

Auch die Zielsetzung des Gleichgewichts von Arbeit und Kapital als kollektives Interesse der (betroffenen) Arbeitnehmer erfordert die Wahrnehmung des Streikrechts als Koalition. Die nur individuelle Wahrnehmung des Streikrechts hätte andernfalls einen kollektiven Gegenstand zum Ziel, der nur in begrenztem Umfang die jeweils Streikenden selbst beträfe. Hierfür sind sie aber nicht stellvertretend legitimiert. Die Verfolgung eines Individualinteresses ist nicht vom Streikrecht umfasst (siehe S. 195, 250 ff., 263 f., 280).[545]

Dabei steht das Recht zum Streikaufruf und zur Teilnahme nach ganz herrschender Literaturansicht verfassungsrechtlich der für das Streikziel (vorübergehenden) gebildeten Koalition von Arbeitnehmern im Betrieb oder Unternehmen zu, die nicht gewerkschaftlich organisiert sein muss. Dies ergibt sich neben dem Wortlaut der Norm auch daraus, dass das Streikrecht nicht aus der Koalitionsfreiheit abgeleitet ist, sondern originär den Arbeitnehmern selbst zusteht.[546]

Auch der Gesetzgeber erkennt grundsätzlich das Recht der gewerkschaftsunabhängig gebildeten Arbeitnehmerkoalition zum Streikaufruf und zur Streikteilnahme an.[547] So normiert er ausdrücklich, dass die temporäre Arbeitnehmerkoalition zum Aufruf und zur Teilnahme am Streik berechtigt ist und im gesetzlich vorgesehenen Streikverfahren die formellen und materiellen Voraussetzungen erfüllen muss, Art. 441, 444 LFT. Nach dem gesetzlichen Konzept und nach dem SCJN ist das Streikrecht kein Gewerkschaftsrecht und kann zumindest in materiellrechtlicher

543 *Cueva, M. de la,* El Nuevo Derecho, Band II, S. 610; *De Buen L.*, Derecho Del Trabajo, Band II, S. 824 f.; *Puig Hernández,* Teoría Y Práctica De La Huelga, S. 312; *Muñoz,* Derecho Colectivo, S. 538; *Reynoso Castillo,* Derecho del trabajo, S. 451; SCJN (cuarta sala/quinta época), Amparo en revisión 5965/46, González Leonardo, 25.11.1948, SJF, Band XCVIII, S. 1645; SCJN (cuarta sala/quinta época), Queja en amparo 532/48, La Perfeccionada, 21.7.1949, SJF, Band CI, S. 679.

544 *Tenopala,* La Huelga, S. 46.

545 *Cueva, M. de la,* El Nuevo Derecho, Band II, S. 610; *De Buen L.*, Derecho Del Trabajo, Band II, S. 824 f.; *Muñoz,* Derecho Colectivo, S. 538.

546 *Climént Beltrán,* Derecho Procesal Del Trabajo, S. 245; *Cueva, M. de la,* El Nuevo Derecho, Band II, S. 610; *De Buen L.*, Derecho Del Trabajo, Band II, S. 824.

547 Beachte aber die verfahrensrechtliche Einschränkung, wonach grundsätzlich nur Gewerkschaften im formellen Streikverfahren antragsberechtigt sind und daher nur diese einen gesetzmäßigen Streik herbeiführen können, Art. 923 LFT (siehe S. 338 f., 377 ff.).

Hinsicht auch gewerkschaftsunabhängig von einer temporären Arbeitnehmerkoalition ausgeübt werden.[548]

3. *Gewerkschaftliche Streiks*

Ursprünglich war nur die temporäre Arbeitnehmerkoalition gemäß den Regelungen des LFT-alt von 1931 zur Teilnahme am Streik berechtigt, während dies für die Gewerkschaften nicht galt. Die Arbeitsrechtswissenschaft kritisierte den mexikanischen Verfassungs- und Gesetzgeber für dieses Regelungskonzept jedoch scharf und forderte die Einbeziehung der Gewerkschaften in das Streikrecht.[549]

Zum einen konnten die Arbeitnehmer ohne eine Teilnahme der Gewerkschaft am Streik(verfahren) die formellen Voraussetzungen im Streikverfahren mangels Kenntnis oder Unerfahrenheit häufig nicht erfüllen. Dies zog teilweise die Rechtswidrigkeit von Streiks nach sich, was die Effektivität des Streikrechts zur Durchsetzung von Forderungen in Tarifvertragsverhandlungen mitunter erheblich beeinträchtigte.[550]

Zum anderen fehlte häufig eine Koordination zwischen den Tarifverhandlungen und dem Streik, woraus sich Abstimmungsschwierigkeiten und nachteilige Verhandlungspositionen zulasten der Arbeitnehmer ergeben konnten. Unter Berücksichtigung der Tatsache, dass Streiks in Mexiko seit jeher am häufigsten um Tarifverträge geführt werden, resultierte die Friktion zwischen dem Recht zum Aufruf und zur Teilnahme am Streik sowie dem Tarifvertragswesen zu einer strukturellen Schwäche des Streikrechts im Ganzen.[551]

Der Gesetzgeber änderte nach erheblicher Kritik aus der Wissenschaft das LFT und übertrug im Jahr 1956 das Recht zum Aufruf und zur Teilnahme[552] am Streik auch auf die Gewerkschaften. Sie sind seitdem als dauerhafte Arbeitnehmerkoalition im Sinne des Streikrechts gesetzlich anerkannt und können ebenso wie eine nur temporär gebildete Arbeitnehmerkoalition zum Streik aufrufen und daran teilnehmen, Art. 441 LFT.[553]

---

548 *Muñoz*, Derecho Colectivo, S. 538; *Cueva, M. de la*, El Nuevo Derecho, Band II, S. 612; SCJN (cuarta sala/quinta época), Amparo en revision 5965/46, González Leonardo, 25.11.1948, SJF, Band XCVIII, S. 1645; SCJN (cuarta sala/quinta época), Amparo en revisión 5965/46, González Leonardo, 25.11.1948, SJF, Band XCVIII, S. 1645; SCJN (cuarta sala/quinta época), Queja en amparo 532/48, La Perfeccionada, 21.7.1949, SJF, Band CI, S. 679.

549 *Cueva, M. de la*, El Nuevo Derecho, Band II, S. 612.

550 *Guerrero*, Manual De Derecho Del Trabajo, S. 374; *Tenopala*, La Huelga, S. 60 f.; *Cueva, M. de la*, El Nuevo Derecho, Band II, S. 612.

551 *De Buen L.*, Derecho Del Trabajo, Band II, S. 758 f.

552 Siehe Fn. 529.

553 *Guerrero*, Manual De Derecho Del Trabajo, S. 374; *Tenopala*, La Huelga, S. 60 f.; *Cueva, M. de la*, El Nuevo Derecho, Band II, S. 612.

Neben der zum Streik gebildeten temporären Arbeitnehmerkoalition können die Arbeitnehmer das Streikrecht daher unstrittig auch gewerkschaftlich organisiert ausüben. Zwar wird die nur vereinzelt vertretene Inhaberschaft des Streikrechts seitens der Gewerkschaft[554] überwiegend aufgrund der individualrechtlichen Inhaberschaft der Arbeitnehmer abgelehnt (siehe S. 211 f.).[555] Dessen ungeachtet ist nach allen Ansichten das Recht der Gewerkschaften zum Aufruf und zur Teilnahme am Streik unstreitig gegeben.[556]

Der Gesetzgeber definiert den Streik daher als die vorübergehende Suspendierung der Arbeit durch eine temporäre oder dauerhafte Koalition von Arbeitnehmern in einem oder mehreren Betrieb(en), zu deren rechtmäßiger Durchführung die Koalition die formellen und materiellen Voraussetzungen erfüllen muss, Art. 440 ff. LFT. Der Gesetzgeber überträgt daher das Recht zum Aufruf und zur Teilnahme am Streik auch auf die Gewerkschaften.

4. *Exkurs: Arbeitnehmerkoalition versus Gewerkschaft*

Beteiligte des Streiks sind somit sowohl temporäre Arbeitnehmerkoalitionen als auch Gewerkschaften als dauerhafte Koalitionen, die das Streikrecht von den einzelnen beteiligten Arbeitnehmern als Streikrechtsinhaber ableiten. Die wesentlichen Unterschiede zwischen Koalition und Gewerkschaft sind, dass eine Arbeitnehmerkoalition nur vorübergehend besteht, keiner Registrierung bei einer staatlichen Stelle bedarf und zur Verteidigung gemeinsamer Interessen mit nur mindestens zwei Arbeitnehmern gebildet werden kann. Gewerkschaften sind hingegen auf Dauer angelegt, bedürfen einer Registrierung bei einer staatlichen Stelle,[557] werden zur Erforschung, Verteidigung oder Verbesserung gemeinsamer

---

554 *Puig Hernández*, Teoría Y Práctica De La Huelga, S. 312; *Reynoso Castillo*, Derecho del trabajo, S. 450.

555 *Cueva, M. de la*, El Nuevo Derecho, Band II, S. 595 f., 610; *De Buen L.*, Derecho Del Trabajo, Band II, S. 824 f.; *Puig Hernández*, Teoría Y Práctica De La Huelga, S. 312; *Muñoz*, Derecho Colectivo, S. 531 ff.; *Reynoso Castillo*, Derecho del trabajo, S. 450.

556 Im Einzelnen ist die Begründung der Herleitung des Rechts der Gewerkschaften zum Aufruf und zur Teilnahme am Streik zwar umstritten. Allerdings ist die nähere Erläuterung für die folgenden Ausführungen unerheblich, da die Berechtigung der Gewerkschaft unstreitig ist.

557 Die Registrierung als Gewerkschaft wirkt nur deklaratorisch; allerdings ist der Nachweis einer Registrierung für zentrale Gewerkschaftsaufgaben (zum Beispiel der Tarifvertragsschluss, die Einleitung des Streikverfahrens) erforderlich, sodass eine Gewerkschaft im Ergebnis ohne die vorherige Durchführung eines staatlichen Registrierungsverfahrens nicht handlungsfähig ist. In dem staatlichen Registrierungsverfahren, für welches seit der Reform im Jahr 2019 die CFCRL zuständig ist (vormals die lokalen JCAs und die Bundes-JFCA), werden die gesetzlichen Zulassungsvoraussetzungen geprüft und festgestellt (zum Beispiel die Mindestanzahl an Mitgliedern von zwanzig Arbeitnehmern), siehe Art. 356 ff. LFT.

Interessen gebildet und müssen mindestens zwanzig Arbeitnehmer als Mitglieder vorweisen. Die Arbeitnehmerkoalition kann im Übrigen keine Tarifvertragspartei sein, da sie keine natürliche oder juristische Person ist. Außerdem ist der Tarifvertragsschluss den Gewerkschaften vorbehalten (siehe S. 214, 228 f.).[558]

5. Zwischenergebnis

Beteiligte des Streiks und des formellen Streikverfahrens sind aufseiten der Arbeitnehmer entweder temporäre Arbeitnehmerkoalitionen oder Gewerkschaften als dauerhafte Koalitionen.

Die Legitimität des Streiks erfordert eine kollektive Arbeitsniederlegung seitens der Arbeitnehmer, wobei sie aber individuell Inhaber des Streikrechts sind. Die Gewerkschaften und temporären Arbeitnehmerkoalitionen leiten ihre Befugnis zum Aufruf und zur Teilnahme am Streik allerdings von den beteiligten Arbeitnehmern ab.

III. Angestellte aufseiten des Arbeitgebers

Neben Arbeitnehmern im Sinne des Streikrechts können grundsätzlich auch weitere beim Arbeitgeber Angestellte zum Aufruf und zur Teilnahme am Streik berechtigt sein. Hierfür könnten insbesondere auch leitende Angestellte und die gesetzlichen Vertreter des Arbeitgebers in Betracht kommen (siehe zu den Charakteristika des Arbeitnehmerbegriffs bereits S. 184).

1. Leitende Angestellte

Der mexikanische Gesetzgeber definiert den leitenden Angestellten (sogenannter *trabajador de confianza*) als einen Arbeitnehmer, der über den Einzelfall hinaus die Leitung, Inspektion, Überwachung oder Rechnungsprüfung im Betrieb oder Unternehmen wahrnimmt oder sonstige Arbeitgeberfunktionen ausübt, Art. 9 LFT.

Für die Abgrenzung zum Arbeitnehmer kommt es nicht auf die arbeitsvertragliche Bezeichnung der Aufgaben, sondern auf die Funktionsausübung an. Die Abgrenzung des leitenden Angestellten vom Arbeitnehmer ist in der Praxis allerdings häufig unklar. Der leitende Angestellte wird in der mexikanischen Rechtsordnung begrifflich ebenfalls als Arbeitnehmer bezeichnet, der aber lediglich ein niedrigeres Schutzbedürfnis hat.[559]

Der mexikanische Gesetzgeber sieht diese Unterscheidung zwischen den Arbeitnehmern und leitenden Angestellten aufgrund der Ausübung von Arbeitgeberfunktionen als gerechtfertigt an. Der SCJN und *Mario de la Cueva* stimmen (neben anderen) in Bezug auf die Zweckmäßigkeit und verfassungsrechtliche

---

558 *Cavazos*, Síntesis De Derecho Laboral Comparado, S. 43 f.; *Climént Beltrán*, Derecho Procesal Del Trabajo, S. 246.

559 *De Buen L.*, Derecho Del Trabajo, Band II, S. 373 f., 376.

Vereinbarkeit dieser Differenzierung grundsätzlich überein.[560] Vereinzelt wird diese Unterscheidung aber auch als diskriminierend bezeichnet. Nach *Néstor De Buen Lozano* fehlt eine verfassungsrechtliche Grundlage für eine solche Differenzierung.[561]

2. Arbeitskampfrechtliche Beschränkungen

So ist zulasten der leitenden Angestellten zum Beispiel der Stabilitätsgrundsatz eingeschränkt. Arbeitgeber können die leitenden Angestellten daher unter geringeren Anforderungen kündigen als Arbeitnehmer, Art. 49 Nr. III, 185 LFT. Der Nachweis eines „angemessenen Grundes für einen Vertrauensverlust" ist als Kündigungsgrund ausreichend.[562] Auch ist zum Beispiel das Recht der leitenden Angestellten zur jährlichen Beteiligung am Unternehmensgewinn der Höhe nach eingeschränkt, Art. 127 Nr. II LFT. Der Tarifvertrag kann die leitenden Angestellten von seinem Geltungsbereich ausnehmen, Art. 184 LFT.

Im Hinblick auf das Recht der Arbeitnehmer zum Aufruf und zur Teilnahme am Streik gelten für leitende Angestellte die nachfolgend dargestellten Grundsätze.[563]

Da die Mehrheit der vom Streik betroffenen Arbeitnehmer in einer Abstimmung für einen Streik stimmen muss (siehe S. 307 f.), könnten die leitenden Angestellten für die Feststellung der Abstimmungsmehrheit relevant sein. Allerdings bestimmt der Gesetzgeber, dass diese bei der Abstimmung kein Stimmrecht haben, Art. 183 LFT. Maßgeblich sind nur die Stimmen der vom Streik betroffenen Arbeitnehmer. Für die Parteien gilt ein Streikbruchverbot, Art. 4 Nr. 2 lit. a, b LFT (siehe S. 221). Die leitenden Angestellten erhalten während der Arbeitsniederlegung keine Vergütung, sofern der Arbeitgeber diese nicht freiwillig gewährt oder die JCAs im Streikverfahren feststellen, dass der Streik gerechtfertigt ist.

In der Wissenschaft ist umstritten, ob auch leitende Angestellte ein Recht zum Aufruf oder zur Teilnahme am Streik nach Art. 123 A XVII CPEUM, Art. 450 LFT haben. Insbesondere die Kritiker einer Differenzierung zwischen Arbeitnehmern und leitenden Angestellten befürworten ein Streikrecht der Letzteren.[564] Der Gesetzgeber trifft zu diesem Aspekt keine Regelung, wobei man aus der Nichtberücksichtigung leitender Angestellter für die Arbeitnehmerabstimmung folgern könnte, dass er diesen kein Streikrecht gewähren wollte. Nach der Rechtsprechung

560 SCJN (segunda sala/décima época), Contradicción de tesis 26/2016, 7.10.2016, Gaceta de la SJF, Buch 35, Oktober 2016, Band I, S. 817 ff.; *Cueva, M. de la*, El Nuevo Derecho, Band I, S. 155, 457, 461.

561 *De Buen L.*, Derecho Del Trabajo, Band II, S. 376.

562 *Cueva, M. de la*, El Nuevo Derecho, Band I, S. 458 f.; *De Buen L.*, Derecho Del Trabajo, Band II, S. 376.

563 Zu den folgenden Aspekten: *Cueva, M. de la*, El Nuevo Derecho, Band I, S. 460 f.; *De Buen L.*, Derecho Del Trabajo, Band II, S. 376 f.

564 Siehe zum Beispiel *Néstor De Buen Lozano*, der die folgende SCJN-Entscheidung als „absurd" bezeichnet, *De Buen L.*, Derecho Del Trabajo, Band II, S. 376 f.

des SCJN folgt weder aus Art. 123 CPEUM noch aus den Regelungen des LFT ein Recht der leitenden Angestellten zum Aufruf oder zur Teilnahme am Streik. Hierzu führt der SCJN sinngemäß wie folgt aus.[565]

Das Streikrecht ist über das Prinzip der sozialen Gerechtigkeit durch die Erreichung eines Gleichgewichts der Produktionsfaktoren konzipiert, das heißt zwischen der Arbeitskraft, die durch die vereinigten Arbeitnehmer repräsentiert wird, und dem Kapital, das im Besitz des Arbeitgebers ist und von ihm eingesetzt wird. Der leitende Angestellte ist jedoch mehr dem Kapital als mit der Arbeitskraft verbunden, da er ein zentrales Element darstellt, über das sich der Arbeitgeberwille sowohl in der Definition, Übertragung, Organisation und Entwicklung der Arbeit als auch in dem juristischen Rechtsverhältnis mit den übrigen Arbeitnehmern des Betriebs oder Unternehmens manifestiert. Dies beruht auf den übertragenen Aufgaben des leitenden Angestellten, wonach dieser unmittelbar und direkt in Bezug zum Unternehmen steht, dessen Interessen wahrnimmt und seine Ziele, Leitung, Verwaltung und Überwachung realisiert. Unter Berücksichtigung dieser Charakteristika des leitenden Angestellten können sie nicht selbst streiken, da sie sich bei der Verfolgung eines Gleichgewichts der Produktionsfaktoren zur eigenen Aufgabe der Repräsentation von Arbeitgeberinteressen in Widerspruch setzen würden, die Manifestierung eines solchen Ziels gegen den Arbeitgeberwillen gerichtet und das Unternehmen negativ berührt wäre.

Abzuwarten bleibt, ob der Gesetzgeber diese SCJN-Entscheidung aus dem Jahr 2016 zum Anlass nimmt, eine Regelung zum Streikrecht der leitenden Angestellten zu treffen. Jedenfalls mit der im Jahr 2019 in Kraft getretenen Reform traf der Gesetzgeber keine solche Regelung. Aufgrund der Bedeutung von SCJN-Entscheidungen für die Auslegung von Normen (siehe S. 167, 179 f.) ist im Folgenden davon auszugehen, dass die leitenden Angestellten kein Recht zum Aufruf oder zur Teilnahme am Streik haben.

3. Vertreter des Arbeitgebers

Für die (gesetzlichen) Vertreter des Arbeitgebers als juristische Person oder andere Vertretungsberechtigte ergeben sich keine Abweichungen zu den leitenden Angestellten. Zwar schließt die Einordnung eines Angestellten als Vertreter des Arbeitgebers, zum Beispiel als Geschäftsführer, Direktor oder Prokurist, die Arbeitnehmereigenschaft nicht aus. Vielmehr stehen diese in der Regel in einem Über- und Unterordnungsverhältnis mit einer persönlichen weisungsgebundenen Leistungspflicht gegen Bezahlung (gegenüber den Gesellschaftern). Auch die Arbeitgebervertreter sind grundsätzlich als Arbeitnehmer einzustufen. Das Konzept des „gesetzlichen Vertreters“ existiert im mexikanischen Arbeitsrecht nicht,

565 SCJN (segunda sala/décima época), Contradicción de tesis 26/2016, 7. Oktober 2016, Gaceta de la SJF, Buch 35, Oktober 2016, Band I, S. 840.

sondern wird streng vom zivil- und handelsrechtlichen Normengebilde mit der Folge der Anwendbarkeit des LFT getrennt, Art. 11 LFT.[566]

Art. 134 Nr. III LFT regelt zur Vermeidung von Unsicherheiten, dass Arbeitnehmer den Weisungen der Vertreter Folge leisten müssen und sich nicht darauf berufen können, bei den Vertretern handele es sich nur um Arbeitnehmer.[567] Diese Einordnung der Vertreter als Arbeitnehmer gilt nicht für das Prozessrecht, in dem die Vertreter als Arbeitgeberpartei zu behandeln sind (der Vertreter kann kein Zeuge sein).[568]

Allerdings sind die Arbeitgebervertreter aufgrund ihrer übertragenen Aufgaben und der persönlichen Vertrauensstellung in der Regel als leitende Angestellte einzuordnen (siehe hierzu S. 216 f.). Dies gilt umso mehr, als einzelne Gerichte in der Vergangenheit sogar den persönlichen Chauffeur eines gesetzlichen Arbeitgebervertreters als einen leitenden Angestellten einstuften.[569] Daher steht den gesetzlichen Vertretern des Arbeitgebers ebenfalls kein Recht zum Aufruf oder zur Teilnahme am Streik zu.

IV. Zwischenergebnis

Die einzelnen Arbeitnehmer sind Inhaber des Rechts zum Aufruf und zur Teilnahme am Streik. Das Streikrecht ist daher primär ein Individualrecht der Arbeitnehmer.

Allerdings ist die soziale Legitimität des Streiks an die kollektive Streikteilnahme der Arbeitnehmer gebunden, die die Arbeit daher im Kollektiv als Koalition niederlegen müssen. Ein gewerkschaftlicher Streikaufruf oder eine gewerkschaftliche Organisation ist aus Sicht des materiellrechtlichen Gewährleistungsinhalts hingegen nicht erforderlich, kann aber im Rahmen von Tarifvertragsverhandlungen zweckdienlich sein.

In materiellrechtlicher Hinsicht kann daher entweder eine temporäre Arbeitnehmerkoalition oder eine Gewerkschaft als dauerhafte Arbeitnehmerkoalition zum Streik aufrufen und eine entsprechende Arbeitnehmerbeteiligung herbeiführen. Die aktiv Beteiligten des Streiks sind auf der Arbeitnehmerseite daher entweder temporäre Koalitionen oder Gewerkschaften.

Arbeitgeber sind als soziale Gegenspieler der Arbeitnehmer(koalition) oder Gewerkschaften passiv Beteiligte des Streiks.

---

566 *De Buen L.*, Derecho Del Trabajo, Band II, S. 470 f.

567 *Cueva, M. de la*, El Nuevo Derecho, Band I, S. 160.

568 TC (segundo TC del novena circuito/octava època) Amparo directo 111/92, Club de Golf Pulgas Pandas S.A., 25.3.1992, SJF, Band IX, Mai 1992, S. 446.

569 TC (sexto TC en materia de Trabajo del primer circuito/novena època) Amparo en revisión 76/2009, Joaquín Paulín Carrillo, 25.6.2009, SJF, Band XXX, August 2009, S. 1735.

Leitende Angestellte und Arbeitgebervertreter werden im Arbeitskampf grundsätzlich dem Arbeitgeber zugerechnet. Sie haben daher kein Recht zum Aufruf oder zur Teilnahme an einem Streik.

C. Zulässiges Arbeitskampfmittel

In den bisherigen Ausführungen blieb unerwähnt, mit welchen Mitteln die Arbeitnehmer das Streikrecht als temporäre Koalition oder Gewerkschaft ausüben dürfen.

Mit Blick auf die vom Gesetzgeber vorgegebene Definition des Streiks als Suspendierung der Arbeitsleistung ist nach dem Wortlaut des LFT von einer bloßen Arbeitsniederlegung auszugehen, Art. 443 LFT.

I. Beschränkung des Streiks auf die Arbeitsniederlegung

Allerdings nennt Art. 443 LFT nicht nur die Arbeitsniederlegung als Streikmittel, sondern beschränkt den Streik auf dieses Mittel als einzig zulässige Streikform, während andere Arbeitskampfmittel unzulässig sind.

Der Gesetzgeber hat den Verfassungsauftrag, Streiks gesetzlich anzuerkennen und im Rahmen seiner Einschätzungsprärogative in den Arbeitsgesetzen spezifisch zu regeln (siehe S. 160). Hieraus folgt, dass nur solche Streiks zulässig sind, die gesetzlich anerkannt sind. Andere Arbeitskampfformen können nach dem SCJN nicht aus der Verfassung abgeleitet werden, da es der Verfassungsgeber dem Gesetzgeber überließ, das Streikrecht näher auszugestalten. Die Verfassung selbst enthält keine spezifische Regelung im Hinblick auf die erlaubten Arbeitskampfformen. Soweit keine gesetzliche Regelung besteht, ist eine Arbeitskampfmaßnahme daher auch unzulässig.[570]

II. Unzulässige Streikmittel

Aus der gesetzgeberischen Beschränkung des Streikrechts auf die Arbeitsniederlegung aller Arbeitnehmer des Betriebs oder Unternehmens im Sinne eines Vollstreiks ergibt sich, dass alternative Arbeitskampfformen im mexikanischen Arbeitsrecht rechtswidrig sind.[571] Dies gilt insbesondere für Arbeitskampfformen wie zum Beispiel Bummelstreiks, Dienst nach Vorschrift, Sabotage, Boykott oder

---

570 SCJN (cuarta sala/sexta época), Amparo directo 3944/58, Porfirio Gutiérrez Calderón y coagraviados, 23.4.1959, SJF, 5. Teil, Band XXII, S. 9; SCJN (primera sala/sexta época), Amparo directo 3781/60, J. Jesús Villanueva Parada, 16.2.1961, SJF, 2. Teil, Band XLIV, S. 105; *Tenopala*, La Huelga, S. 73.

571 SCJN (cuarta sala/sexta época), Amparo directo 3944/58, Porfirio Gutiérrez Calderón y coagraviados, 23.4.1959, SJF, 5. Teil, Band XXII, S. 9; SCJN (primera sala/sexta época), Amparo directo 3781/60, J. Jesús Villanueva Parada, 16.2.1961, SJF, 2. Teil, Band XLIV, S. 105; *Tenopala*, La Huelga, S. 64 ff.

wilde Streiks.[572] Der Begriff „wilder Streik" bezieht sich in Mexiko auf einen solchen, der die Not- und Erhaltungsarbeiten nicht leistet. Anders als in Deutschland sind gewerkschaftsunabhängige Streiks grundsätzlich gestattet (siehe S. 211 ff., 333 ff.).[573]

III. Gewalttaten oder Kriegsfall

Weitere unzulässige Streikmittel (und Ziele)[574] sind nach Art. 123 A XVII CPEUM und Art. 445 LFT das Verüben von Gewalttaten gegen Personen oder Eigentum durch die Mehrheit der Streikenden oder ein Streik in staatsrelevanten Unternehmen während eines Krieges. Da sich das Verbot aus Art. 123 A XVII CPEUM ergibt (siehe S. 191), ist der Streik schon aus verfassungsrechtlichen Gründen unzulässig, ohne dass es auf die gesetzgeberischen Regelungen ankäme. Das Mehrheitserfordernis bezüglich der Gewalt durch die Streikenden ist Ausfluss der Absicht des Verfassungsgebers, das Streikrecht vor einem Missbrauch durch staatliche Stellen oder Dritte durch Unterwanderung einer friedlichen Streikbewegung zu schützen.[575] Wäre für die Rechtswidrigkeit des Streiks die Ausübung von Gewalttaten durch eine Minderheit ausreichend, könnten friedliche Streikbewegungen von Dritten oder staatlichen Stellen unterwandert oder Teile zu Gewalttaten angestiftet und Streiks so im Ergebnis verhindert werden. In der Praxis ist es im Falle von Gewalttaten allerdings sehr schwierig oder sogar unmöglich, die Unzulässigkeit des Streiks aus diesem Grund zu beweisen.[576] Daher besteht kein praktischer Beispielsfall, in dem eine JCA in der Vergangenheit den Streik aus diesem Grund für unzulässig erklärte.[577]

IV. Streikbruchverbot der Arbeitnehmer

Der Streik muss sich nach Art. 443 LFT auf die Suspendierung der Arbeitsleistung und damit auf die Arbeitsniederlegung beschränken. Die Arbeit muss im ganzen Betrieb niedergelegt werden und darf sich nicht nur auf einzelne Betriebsteile beschränken, Art. 442, 451 Nr. 2 LFT. Bei einem Streik in mehreren Betrieben müssen die Belegschaften aller Betriebe streiken. Hiermit im Zusammenhang steht auch das Streikbruchverbot der Arbeitnehmer, Art. 4 Nr. II lit. b) LFT. Streikunwillige Arbeitnehmer dürfen keine Arbeitsleistung erbringen und müssen solidarisch auch streiken, zumindest bei Erfüllung der noch zu erläuternden formellen und

---

572 Siehe die Begriffsbestimmungen von *Kistler*, Die Rechtmäßigkeit von Spartenstreiks, S. 35 f.

573 *Tenopala*, La Huelga, S. 72.

574 Dieser Punkt wird in der mexikanischen Literatur auch im Zusammenhang mit den Streikzielen thematisiert, siehe S. 323.

575 *Cueva, M. de la*, El Nuevo Derecho, Band II, S. 623.

576 *Martínez y Gonzáles*, Reflexiones Sobre La Huelga, S. 63.

577 *De Buen L.*, Derecho Procesal Del Trabajo, S. 679.

materiellen Streikvoraussetzungen.[578] Das LFT regelt daher eine Zwangssolidarität zwischen den Arbeitnehmern, um die Effektivität des Streikrechts als Druckmittel gegen den Arbeitgeber zu erhöhen.

V. Not- und Erhaltungsarbeiten

Eine Ausnahme von dem Grundsatz der vollständigen Arbeitsniederlegung besteht nur für Not- und Erhaltungsarbeiten, Art. 466, 935 LFT.[579] Hierbei handelt es sich um Arbeiten, deren Nichterbringung zu einem Schaden bei den Maschinen oder Materialien des Arbeitgebers, bei Dritten im Transportwesen (zum Beispiel Passagiere im Flugzeug) oder in der medizinischen Versorgung führen würde. Die Arbeitnehmer müssen die Arbeiten dann trotz des Streiks erbringen, auch wenn für sie mit der Nichtleistung der Arbeiten keine Sanktionen verbunden sind. Dies ist Ausdruck des Freiheitsrechts nach Art. 5 CPEUM, wonach niemand gegen seinen Willen Arbeiten leisten muss. Allerdings ist es dem Arbeitgeber in diesem Fall (ausnahmsweise) gestattet, Ersatzarbeitnehmer zu beschäftigen.[580]

VI. Maßnahmen der Arbeitgeber

Dem Arbeitgeber stehen im Arbeitskampf keine zulässigen Arbeitskampfmittel zur Verfügung. Er muss den Streik grundsätzlich dulden, solange er die Arbeitnehmerforderungen nicht erfüllt und der Streik nicht rechtswidrig ist. Das Fehlen eines Arbeitskampfmittels ist die Folge des Verbots von Arbeitgebermaßnahmen im Arbeitskampf und dessen klassenkämpferischen Charakters (siehe S. 183, 197) zur Durchsetzung von Arbeitnehmerforderungen. Der Arbeitskampf stellt ein ausschließliches Verfassungsrecht der Arbeitnehmer dar und dient allein ihrer Forderungsdurchsetzung. Hieraus ergeben sich Verbote von Arbeitgebermaßnahmen, die dieses Recht beeinträchtigen. Der verfassungsrechtliche Gewährleistungsschutz untersagt es dem Arbeitgeber, einen Arbeitskampf zu führen und eine Aussperrung zur Verteidigung gegen einen Streik vorzunehmen (siehe S. 202 f.).[581]

---

578 *Climént Beltrán*, Derecho Procesal Del Trabajo, S. 281.

579 Für Bankangestellte ergibt sich eine solche Beschränkung des Streikrechts aus Art. 121 des *Ley de Instituciones de Crédito* (Gesetz über die Bank- und Kreditinstitutionen); die JCA kann das Streikrecht nach Anhörung der Nationalen Bankkommission teilweise oder gänzlich versagen, wenn das öffentliche Interesse an der Aufrechterhaltung des Bankbetriebes überwiegt; *Néstor De Buen Lozano* hält diese Vorschrift für verfassungswidrig, insbesondere da diese Norm entgegen des verfassungsrechtlichen Auftrags an den Gesetzgeber nicht im LFT geregelt ist und die für Arbeitssachen ausschließlich zuständige Stelle im Ergebnis der Entscheidung der Bankkommission über die Streikauswirkungen unterliegt; *De Buen L.*, Derecho Del Trabajo, Band II, S. 504.

580 *Cueva, M. de la*, El Nuevo Derecho, Band II, S. 650 f.; *Tenopala*, La Huelga, S. 75.

581 *Cueva, M. de la*, El Nuevo Derecho, Band II, S. 654.

Außerdem gilt auch für den Arbeitgeber ein Streikbruchverbot nach Art. 4 Nr. 2 lit. a LFT, sodass er grundsätzlich weder andere Arbeitnehmer anstelle der Streikenden beschäftigen noch sie wegen des Streiks kündigen darf.[582] Eine Ausnahme vom Einstellungsverbot gilt nur für Not- und Erhaltungsarbeiten (siehe S. 221).[583]

Zwar kann der Arbeitgeber grundsätzlich im Rahmen des Schlichtungsverfahrens seine Interessen verteidigen oder die gerichtliche Feststellung der Rechtswidrigkeit des Streiks beantragen, Art. 926, 929 LFT. Liegen die formellen und materiellen Voraussetzungen des Streiks allerdings vor, muss er diesen Streik ohne Verteidigungsmöglichkeiten grundsätzlich dulden (siehe S. 305 ff. und 317 ff.).[584]

VII. Zwischenergebnis

Der Streik kann in der mexikanischen Rechtsordnung nur durch die Arbeitsniederlegung der streikenden Arbeitnehmer erfolgen. Hiervon abweichende Arbeitskampfmittel sind rechtswidrig.

An dem Streik müssen sich alle Arbeitnehmer des bestreikten Betriebs mit Ausnahme der Notstands- und Erhaltungsarbeiten beteiligen. Insofern besteht eine Solidaritätspflicht für die vom Streik betroffenen Belegschaften.

Den Arbeitgebern ist der Arbeitskampf hingegen untersagt, sodass ihnen keine Arbeitskampfmittel zur Verfügung stehen. Vielmehr müssen sie den Streik grundsätzlich dulden und dürfen mit Ausnahme von Einstellungen für Not- und Erhaltungsarbeiten keine Ersatzeinstellungen anderer Arbeitnehmer oder Kündigungen vornehmen.

Die Arbeitgeber haben lediglich die Möglichkeit, ihre Interessen in einem Schlichtungsverfahren zu verteidigen oder die gerichtliche Feststellung der Rechtswidrigkeit des Streiks zu beantragen.

D. Ergebnis von § 4

Die mexikanische Rechtsordnung erkennt den Arbeitskampf ausschließlich als Druckmittel der Arbeitnehmer zur Forderungsdurchsetzung gegenüber den Arbeitgebern an und beschränkt ihn auf die bloße Arbeitsniederlegung. Die Streiks stehen nur Arbeitnehmern zu, welche die Arbeit gewerkschaftlich oder gewerkschaftsunabhängig als temporäre Koalition niederlegen können.

Ein arbeitgebergeführter Arbeitskampf ist verboten. Dem Arbeitgeber steht nur ein betriebsbedingtes, kollektives Suspendierungsrecht zu. Im Arbeitskampf kann

---

582 *Climént Beltrán*, Derecho Procesal Del Trabajo, S. 281; *Cueva, M. de la*, El Nuevo Derecho, Band II, S. 654.

583 *Cueva, M. de la*, El Nuevo Derecho, Band II, S. 651.

584 *De Buen L.*, Derecho Del Trabajo, Band II, S. 810; *Martínez Y Gonzáles*, Reflexiones Sobre La Huelga, S. 224 f.; beachte aber die verfahrensmäßige Beschränkung dieses Grundsatzes mit der Reform des Jahres 2019 auf S. 381.

er sich lediglich im Rahmen des förmlichen Streikverfahrens verteidigen, im Übrigen muss er den Streik dulden.

Das Arbeitskampfrecht ist nach dem historisch gewachsenen Verständnis des Verfassungs- und Gesetzgebers ein ausschließlich den Arbeitnehmern zustehendes Instrument zur Erreichung sozialer Gerechtigkeit in einem kapitalistischen Wirtschaftssystem. Der Arbeitskampf dient den Arbeitnehmern als Mittel zur Verteidigung und Durchsetzung von Forderungen und ist daher deren „Beschützer und Rammbock" gegenüber dem Arbeitgeber. Hieraus folgt, dass der Streik im Rahmen der Normen grundsätzlich so lange zulässig ist, bis der Arbeitgeber die Forderungen erfüllt. Eine Verhältnismäßigkeitsprüfung findet nicht statt, wodurch insbesondere keine zeitlichen Schranken bestehen. Auch sollen die Arbeitnehmer im Rahmen des verfassungsrechtlichen Ziels selbst entscheiden können, wie sie ein Gleichgewicht zwischen den Produktionsfaktoren und eine Harmonisierung des Arbeitsrechts mit dem Recht des Kapitals erreichen können.

Der Gesetzgeber spezifiziert die Streikziele dahingehend, dass die Arbeitnehmer (auch) den Abschluss, die Änderung oder die Einhaltung von (allgemein verbindlichen) Tarifverträgen, die Einhaltung der Regelungen zur Arbeitnehmerbeteiligung am Unternehmensertrag oder die Unterstützung der vorgenannten Ziele verfolgen müssen. Der Streik ist auf die Durchsetzung besserer Arbeitsbedingungen oder auf die Wahrung fundamentaler Prinzipien bezüglich des Erhalts der Gleichgewichtsinstrumente gegenüber dem Arbeitgeber, mithin auf ein im kollektiven Interesse stehendes Ziel zu richten.

§ 5 Zulässige Streikziele

Nachdem die Grundlagen des Arbeitskampfrechtes dargestellt wurden, können nunmehr die zulässigen Streikziele als wesentliche Streikvoraussetzung erläutert werden. Die Darstellung orientiert sich an der von der herrschenden Lehre vertretenen Auffassung, nach der für die Feststellung einer rechtmäßigen Arbeitsniederlegung grundsätzlich nur eine abstrakte Prüfung der zulässigen Streikziele stattfindet und eine Analyse der einzelnen Forderungen nicht gestattet ist (siehe zum Prüfungsumfang S. 301, 308 ff., 331 f.).[585]

Die Streikziele regelt der Gesetzgeber in Art. 450 LFT (siehe S. 198). Danach dürfen die Arbeitnehmer mit dem Ziel eines Gleichgewichts der Produktionsfaktoren Arbeit und Kapital und der Harmonisierung des Arbeitsrechts mit dem Recht des Kapitals, dem Ziel des Abschlusses, der Änderung und Einhaltung von Tarifverträgen, der Einhaltung von Regelungen zur gesetzlichen Arbeitnehmerbeteiligung am Unternehmensertrag oder dem Ziel der Unterstützung streiken.

Aus Art. 450 LFT ergeben sich daher folgende zulässige Streikziele:

- Gleichgewicht der Produktionsfaktoren – Nr. I
- Abschluss, Änderung und Einhaltung von (allgemein verbindlichen) Tarifverträgen – Nr. II, III, IV, VII
- Einhaltung der gesetzlichen Regelung zur jährlichen Arbeitnehmerbeteiligung am Unternehmensertrag – Nr. V
- Unterstützungsstreik – Nr. VI

Die Regelung in Art. 450 Nr. I LFT entspricht dem Wortlaut der verfassungsrechtlichen Streikzielregelung in Art. 123 A XVII CPEUM. Nach beiden Regelungen dürfen die Arbeitnehmer zur Herstellung eines Gleichgewichts der Produktionsfaktoren Arbeit und Kapital und zur Harmonisierung des Arbeitsrechts mit dem Recht des Kapitals streiken. Dieses Konzept lässt im Unklaren, welche spezifischen Streikziele die Arbeitnehmer verfolgen dürfen.

Im Blickpunkt steht die Frage, ob Art. 450 Nr. I LFT einen über die Nr. II bis VII hinausgehenden Bedeutungsgehalt hat und daher zu weiteren zulässigen Streikzielen zugunsten der Arbeitnehmer führt oder nur von den übrigen spezifischen

---

585 In der Folge fehlt insbesondere auch ein wissenschaftlicher Diskurs über die Berechtigung einzelner Arbeitnehmerforderungen im Hinblick auf deren Streikrechtsausübung. Dies gilt vor allem auch für solche Autoren, die eine konkrete Prüfung einzelner Streikforderungen verlangen wie zum Beispiel *Euquerio Guerrero*, siehe S. 308 ff. dies führt in Verbindung mit der bisher fehlenden einheitlichen Rechtsprechung zur Unmöglichkeit einer Darstellung der Berechtigung spezifischer Streikforderungen im Rahmen der generischen Streikziele.

Streikzielen konkretisiert wird und wie daher das Verhältnis der einzelnen genannten Streikziele zueinander auszulegen ist.

Die folgenden Ausführungen behandeln daher zunächst die spezifischen Streikziele des Art. 450 Nr. II bis VII LFT mit dem Tarifvertrag als primärem Streikziel, da ein etwaiger Inhalt von Art. 450 Nr. I LFT in Abhängigkeit des Inhalts des Art. 450 Nr. II bis VII LFT stünde.

A. Art. 450 Nr. II, III, VII LFT: Abschluss und Revision von Tarifverträgen

Das wichtigste Streikziel im mexikanischen Arbeitsrecht sind der Abschluss, die Revision oder die Einhaltung eines Tarifvertrages (*contrato colectivo de trabajo*, nachfolgend „*CCT*"). Um dieses näher konkretisieren zu können, ist zunächst das Tarifvertragswesen darzustellen.

Ein Streik mit dem Ziel der Einhaltung der gesetzlichen Regelungen zur Gewinnbeteiligung der Arbeitnehmer (nachfolgender Abschnitt C), der Unterstützung eines anderen Streiks (nachfolgend D) oder im Hinblick auf die Generalklausel (nachfolgend E) ist in der Praxis hingegen kaum von Bedeutung.[586]

I. Tarifvertrag in der mexikanischen Rechtsordnung

Der Gesetzgeber regelt das Tarifvertragswesen in den Art. 386 ff. LFT umfassend und abschließend. Nach Art. 386 LFT ist der Tarifvertrag ein Übereinkommen, das zwischen einer oder mehreren Gewerkschaften und einem oder mehreren Arbeitgebern oder einem oder mehreren Arbeitgeberverbänden mit dem Ziel abgeschlossen wird, die Bedingungen festzusetzen, zu denen die Arbeitnehmer ihre Arbeitsleistung in einem oder mehreren Unternehmen oder Betrieben erbringen müssen.[587]

Die Arbeitgeber sind zum Abschluss eines Tarifvertrages verpflichtet, wenn die Arbeitnehmer Mitglieder einer Gewerkschaft sind und den Tarifvertragsschluss verlangen, Art. 387 Abs. 1 LFT. Aufgrund des Rechtsanspruches der Arbeitnehmer auf einen Tarifvertragsschluss können sich die Arbeitgeber dem nicht entziehen.[588] Eine Aussage über den Tarifvertragsinhalt trifft dieser Rechtsanspruch jedoch nicht.

---

586 *De Buen L.*, Derecho Del Trabajo, Band II, S. 830 f.; es wird (ohne statistischen Nachweis) in der mexikanischen Arbeitsrechtspraxis angenommen, dass weit über 90 % aller Streiks um Tarifverträge geführt werden.

587 Übersetzung des Verfassers; original: „*Contrato colectivo de trabajo es el convenio entre uno o varios sindicatos de trabajadores y uno o varios sindicatos de partrones, con objeto de establecer las condiciones según las cuales debe prestarse el trabajo en una o más empresas o establecimientos.* ".

588 Aus dem Zwang zum Abschluss eines Tarifvertrages für den Arbeitgeber folgt, dass die Bezeichnung des Tarifvertrages als Vertrag (*contrato*) nach dem mexikanischen

Verweigert der Arbeitgeber den Tarifvertragsschluss zu den von den Arbeitnehmern geforderten Bedingungen, können die Arbeitnehmer ein förmliches Kollektivverfahren zur Beilegung der Regelungsstreitigkeit bei der jeweils zuständigen JCA einleiten oder ihr Streikrecht ausüben, Art. 387 Abs. 2 in Verbindung mit Art. 450 Nr. II LFT. Hierin kommt zum Ausdruck, dass der Tarifvertrag ein Gleichgewicht zwischen den Produktionsfaktoren Arbeit und Kapital herstellen kann.[589]

1. Gleichgewichtsfunktion

Der Tarifvertrag hat im mexikanischen Arbeitsrecht die zentrale Funktion der Herstellung eines Gleichgewichts zwischen den Produktionsfaktoren.[590]

Der Gesetzgeber manifestiert in Art. 2 LFT die verfassungsrechtliche Maßgabe, wonach das Arbeitsrecht nach seinem Ziel im Wesentlichen ein Koordinationsinstrument zwischen sozialen Klassen zur Erreichung einer sozialen Gerechtigkeit ist und ein Gleichgewicht zwischen den Arbeitnehmern und Arbeitgebern herstellen soll. Ein Gleichgewicht kann durch Maßnahmen der staatlichen Gewalten und durch das Spiel der sozialen Kräfte (im Rahmen der gesetzlichen Mechanismen) erreicht werden. So regelt Art. 123 A XVII CPEUM, dass zulässige Streiks mit dem Gleichgewicht zwischen den verschiedenen Produktionsfaktoren und der Harmonisierung des Arbeitsrechts mit dem Recht des Kapitals korrespondieren müssen. Der Streik soll daher seinem Wesen nach als Mittel dazu dienen, ein Gleichgewicht zwischen den Produktionsfaktoren herzustellen oder zumindest zu fördern. Der Streik ist als Gleichgewichtsinstrument dazu bestimmt, dass die Arbeitnehmer das gesetzlich vorgegebene Ziel sozialer Gerechtigkeit erreichen können. Hieraus ergibt sich im Umkehrschluss, dass der Tarifvertrag nach dem mexikanischen Arbeitsrechtssystem ebenfalls als ein solches Gleichgewichtsinstrument

---

Rechtsverständnis falsch ist, aber aus einer Rechtstradition heraus verwendet wird. Der Vertrag setzt nach der mexikanischen Rechtstheorie (in Nachfolge des Code Napoléon) voraus, dass er unter einer freien Willensäußerung ohne Druckausübung zustande kommt. Dies ist bei einem Tarifvertrag nicht der Fall. Darüber hinaus besteht auch die Möglichkeit, dass eine staatliche Stelle den Tarifvertrag für die Parteien festsetzt, was ebenfalls unvereinbar mit dem liberalen Konzept eines Vertrages ist. Es wird daher einhellig der Begriff Übereinkommen (*convenio*) als für den Tarifvertrag richtige Bezeichnung vertreten, allerdings wird wegen der Rechtstradition die Bezeichnung als Tarifvertrag beibehalten. Siehe zum Beispiel *De Buen L.*, Derecho Del Trabajo, Band II, S. 720, 761; *Cueva, M. de la*, El Nuevo Derecho, Band II, S. 375 ff.; *Muñoz*, Derecho Colectivo, S. 354.

589 *Cueva, M. de la*, El Nuevo Derecho, Band II, S. 298.

590 SCJN (cuarta sala/séptima época), Amparo directo 8978/83, Marver de México S.A., 15.8.1984, SJF, Vol. 187–192, 5. Teil, S. 36; *De Buen L.*, Derecho Del Trabajo, Band II, S. 724, 827 f.; *Climént Beltrán*, Derecho Procesal Del Trabajo, S. 267; *Cueva, M. de la*, El Nuevo Derecho, Band II, S. 298, 628 f.; *Muñoz*, Derecho Colectivo, S. 534 f.; *Lóyzaga*, Libertad sindical y derecho de huelga, S. 70; *Tenopala*, La Huelga, S. 115.

anzusehen ist, da sich das Streikrecht auch auf das Tarifvertragswesen bezieht, das aber für seine verfassungsrechtliche Legitimität auf die Herstellung eines Gleichgewichts beschränkt ist.[591]

Außerdem eröffnet der Tarifvertragsschluss als Kollektivvertrag den Arbeitnehmern die Möglichkeit, angemessenere Arbeitsbedingungen als durch den bloßen Abschluss von Individualarbeitsverträgen zu erreichen. Auch hierin kommt das Wesen des Tarifvertrages als Ausgleichsinstrument zwischen Arbeit und Kapital zum Ausdruck (siehe zur klassenkämpferischen Ausdrucksweise des Gesetzes und der zitierten mexikanischen Literatur S. 184, 197).[592]

Die Existenz eines Tarifvertrages führt aber nicht per se zu einem Gleichgewicht der Produktionsfaktoren. Dies ist bereits in solchen Fällen ersichtlich, in denen entweder für Arbeitnehmer ungünstige Regelungen getroffen wurden oder außerhalb der Arbeitsverhältnisse liegende Umstände eintreten, die dem Tarifvertrag als Gleichgewichtsinstrument seine Effektivität nehmen. Dies war insbesondere in den Jahren 1973 bis 1974 und nochmals von 1982 bis 1987 der Fall, als der mexikanische Peso unter einer erheblichen Inflation litt und die tarifvertraglich vereinbarte Vergütung in kürzester Zeit nur noch einen Bruchteil des im Vertrag vereinbarten Betrags wert war. Hier ist es offensichtlich, dass trotz Vorliegens eines Tarifvertrages ein Ungleichgewicht der Produktionsfaktoren bestehen kann. Die Gleichgewichtsfunktion des Tarifvertrages ist in solchen Fällen gestört, da die vereinbarte Vergütung infolge der Inflation dennoch zu einem Elend der Arbeitnehmer führen kann. Die bloße Existenz eines Tarifvertrages kann per se noch kein absolutes Gleichgewicht herstellen. Der Tarifvertrag hat vielmehr das Ziel, einen Ausgleich zwischen den Produktionsfaktoren Arbeit und Kapital herbeizuführen, und kann bei seinem Bestehen allenfalls als Indiz gewertet werden. Eine absolute Regel, wonach bei Vorliegen eines Tarifvertrages auch ein Gleichgewicht der Produktionsfaktoren bestünde, kann hieraus jedoch nicht abgeleitet werden. Die JFCAs nehmen aber nach umstrittener Auffassung bei Vorliegen eines Tarifvertrages zumindest eine widerlegbare Vermutungswirkung für die Existenz eines Gleichgewichts an.[593]

2. Parteien und Zustandekommen

Die Parteien des Tarifvertrages sind der Arbeitgeber, gegebenenfalls der Arbeitgeberverband und die Gewerkschaft(en), Art. 386 LFT. Die Arbeitnehmer selbst können nicht Partei eines Tarifvertrages sein. Dies gilt auch für die (vorübergehende)

591 *De Buen L.*, Derecho Del Trabajo, Band II, S. 724.
592 *Cueva, M. de la*, El Nuevo Derecho, Band II, S. 298.
593 *De Buen L.*, Derecho Del Trabajo, Band II, S. 724, 827 f.; *Guerrero*, Manual De Derecho Del Trabajo, S. 377.

Arbeitnehmerkoalition. Die Zuständigkeit hinsichtlich des Tarifvertragsschlusses liegt aufseiten der Arbeitnehmer ausschließlich bei den Gewerkschaften.[594]

a. *Titularidad der Gewerkschaft*

Ein häufiger Streitpunkt in der Praxis ist, welche Gewerkschaft zum Abschluss des Tarifvertrages für die Arbeitnehmer im Betrieb oder Unternehmen berechtigt und für dessen Verwaltung und Durchsetzung zuständig ist, mithin die *titularidad* innehat. Im Grundsatz gilt Tarifeinheit, wobei nach Art. 388 LFT ausnahmsweise mehrere Gewerkschaften zuständig sein können:

- Konkurrieren unternehmens- oder industriebezogene Gewerkschaften, ist die Gewerkschaft, die nach einer Abstimmung der betroffenen Arbeitnehmer die meisten Stimmen erhält, zum Tarifschluss berechtigt.
- Konkurrieren berufsgruppenbezogene Gewerkschaften, ist der Zusammenschluss der Mehrheitsgewerkschaften der Berufsgruppen berechtigt, sofern der Zusammenschluss sich einigt; andernfalls ist jede Mehrheitsgewerkschaft der jeweiligen Berufsgruppe für sich berechtigt.
- Konkurriert eine berufsgruppenbezogene Gewerkschaft mit einer Gewerkschaft des Unternehmens- oder Industriezweiges, kann die Berufs-gruppengewerkschaft einen gesonderten Tarifvertrag abschließen, sofern sich die Mehrheit der Berufsgruppe hierfür ausspricht.[595]

Die Berechtigung zum Tarifvertragsschluss wird (seit 2019)[596] durch eine Abstimmung der Arbeitnehmer in einer freien, geheimen und persönlichen Wahl bestimmt. Die Gewerkschaft muss für den wirksamen Abschluss eines Tarifvertrages die Mehrheit bei der Abstimmung nachweisen können und vorab bei der neu geschaffenen CFCRL die *Constancia de Representatividad*, das heißt die offizielle Bestätigung des Mehrheitsnachweises, beantragen, Art. 390 Bis, 390 Ter LFT. Da der Tarifvertrag bei der CFCRL registriert werden muss und die Registrierung eine Wirksamkeitsvoraussetzung des Tarifvertrages darstellt, für die Registrierung neben der Vorlage des zu registrierenden schriftlichen Tarifvertrages[597] aber auch die Vorlage des Mehrheitsnachweises erforderlich ist, kann ein Tarifvertrag ohne den entsprechenden Mehrheitsnachweis nicht (mehr) wirksam zustande kommen, Art. 390 Abs. 2 LFT.

---

594 *Cavazos*, Síntesis De Derecho Laboral Comparado, S. 44; *Muñoz*, Derecho Colectivo, S. 538; *De Buen L.*, Derecho Del Trabajo, Band II, S. 830.

595 *De Buen L.*, Derecho Del Trabajo, Band II, S. 762, *Guerrero*, Manual De Derecho Del Trabajo, S. 332.

596 Siehe zur Registrierung bereits ausführlich S. 82 f. zur Rechtslage vor dem Jahr 2019; die vormalig geltende Rechtslage hat das Entstehen des Schutzvertragssystems ermöglicht.

597 Es besteht ein Schriftformerfordernis, da der Tarifvertrag andernfalls nichtig ist, Art. 390 LFT.

Die Arbeitgeber und die konkurrierenden Gewerkschaften können die vermeintliche Berechtigung zum Tarifvertragsschluss bestreiten und die Unwirksamkeit des Tarifvertrages gerichtlich feststellen lassen, insbesondere mit der Behauptung eines nicht ordnungsgemäß erfolgten Abstimmungsverfahrens. Außerdem müssen die Gewerkschaften bei der CFCRL unter Beachtung formeller Voraussetzungen registriert sein. Dabei können Fehler im Registrierungsverfahren der Gewerkschaften zu einer mangelnden Berechtigung zum Tarifschluss führen. Sie sind ein Grund für das Bestreiten der *titularidad* durch den Arbeitgeber oder konkurrierende Gewerkschaften.[598]

Die von einer Gewerkschaft errungene *titularidad* kann (seit 2019) durch eine erneute Abstimmung der Arbeitnehmer gegebenenfalls auf eine andere Gewerkschaft übergehen, sofern sich dabei die Mehrheitsverhältnisse zulasten der bisher zuständigen Gewerkschaft ändern, Art. 389 LFT. In diesem Fall ist die neu gewählte Gewerkschaft für die Verwaltung und Durchsetzung des bestehenden Tarifvertrags zuständig und wird anstelle der bisherigen Gewerkschaft dessen Partei.

b. Arten des Zustandekommens

Der Tarifvertrag kann auf zwei verschiedenen Wegen zustande kommen:

- Es kann eine direkte Vereinbarung zwischen den Parteien infolge friedlicher Verhandlungen (Art. 387 Nr. I LFT) oder im Laufe eines Streikverfahrens (Art. 387 Nr. II, 450 Nr. II, 469 Nr. I, II LFT) getroffen werden.
- Ebenso können die Parteien den Tarifvertragsschluss durch die Einleitung eines förmlichen Verfahrens auf eine staatliche Stelle übertragen, sodass die JCAs (künftig die Arbeitsgerichte) den Inhalt des Tarifvertrages festsetzen.[599]

Während des Streiks kann der Tarifvertrag durch den Schlichtungsspruch einer freiwillig eingerichteten Schlichtungsstelle oder im Rechtfertigungsverfahren zustande kommen (siehe S. 313 ff.), 469 Nr. III, IV LFT.

Die Parteien können vor einem Streik das Verfahren für kollektive Regelungsstreitigkeiten mit dem Antrag einleiten, einen Tarifvertrag per Schiedsspruch (künftig durch arbeitsgerichtlichen Beschluss) festsetzen zu lassen, Art. 900 ff. LFT. Nach Antragstellung leitet die JCA das Verfahren ein und nimmt eine Beweiswürdigung insbesondere der Gutachten vor, Art. 905 ff. LFT. Das Verfahren endet mit einer Festsetzung des Tarifvertrages durch den Schiedsspruch mit Wirkung für die Parteien, in welchem die JCA im Wesentlichen über die Angemessenheit und wirtschaftliche Vertretbarkeit der Forderungen entscheidet. Hierdurch können der

---

598 *Cueva, M. de la*, El Nuevo Derecho, Band II, S. 339, 342; *Santos Azuela*, El Derecho Constitucional De Huelga Y El Moderno Derecho Sindical, S. 297 f.

599 Siehe Fn. 413 zur Rechtsnatur von Tarifverträgen.

Personalbestand, die Wochen- und Tagesarbeitszeit, die Vergütung und generell alle Arbeitsbedingungen modifiziert werden, Art. 919 LFT.[600]

Die Entscheidung wirkt rechtsgestaltend, da sie die tarifvertragliche Regelung unmittelbar schafft, und kann mit dem Spruch einer Einigungsstelle nach §§ 77 Abs. 4 S. 1, 87 Abs. 2 S. 2, 91 S. 3 BetrVG oder in ihrer Wirkungsweise auch mit deutschen Gestaltungsurteilen[601] verglichen werden. Im mexikanischen Arbeitsrecht besteht die Möglichkeit einer Zwangsschlichtung. Die staatliche Festsetzung eines Tarifvertrages wird mit Verweis auf Deutschland als zentraler Systemunterschied erkannt und ist eine der wesentlichen Folgen des Arbeitsrechtssystems, bei dem ein freies Spiel der Kräfte ohne staatliche Mitwirkung grundsätzlich nicht möglich sein soll (siehe bereits S. 174 f.).[602]

3. *Inhalt des Tarifvertrages*

Der Gesetzgeber trifft in den Art. 391 ff. LFT umfangreiche Regelungen im Hinblick auf den Inhalt eines Tarifvertrages. Gleichzeitig überlässt der Gesetzgeber den Parteien aber auch eine erhebliche inhaltliche Gestaltungsfreiheit bezüglich der tarifvertraglichen Regelungen, solange es sich zumindest im weitesten Sinne um solche Regelungen handelt, die sich auf die Bedingungen der Arbeitserbringung beziehen.[603]

a. Wirkung des Tarifvertrags

Die tarifvertraglichen Regelungen werden unter Bezugnahme auf das deutsche Tarifvertragswesen im Wesentlichen als solche mit schuldrechtlichem und normativem Charakter differenziert.[604] Daneben besteht eine dritte Gruppe von Regelungen, die nur bei Gelegenheit (siehe S. 236 f.) mit in den Tarifvertrag aufgenommen wird, ohne einen tarifvertraglichen Charakter aufzuweisen.[605] Im Rahmen des räumlichen und zeitlichen Geltungsbereiches erfasst die normative Geltung des Tarifvertrages neben den Parteien alle Arbeitnehmer des Arbeitgebers und nicht nur die Mitglieder der vertragsabschließenden Gewerkschaft, Art. 396 LFT.[606] Auch

---

600 *De Buen L.*, Derecho Del Trabajo, Band II, S. 763; *Guerrero*, Manual De Derecho Del Trabajo, S. 332.

601 Zum Beispiel Ehescheidung nach § 1564 Abs. 1 BGB, 606 ZPO oder die Auflösung einer GmbH nach § 60 Abs. 1 Nr. 3, 61 GmbHG.

602 *Cueva, M. de la*, El Nuevo Derecho, Band II, S. 400.

603 *Barbagelata*, Contenido De Los Convenios Colectivos, S. 99 f.

604 *Muñoz*, Derecho Colectivo, S. 392; *Cueva, M. de la*, El Nuevo Derecho, Band II, S. 375 ff.; *De Buen L.*, Derecho Del Trabajo, Band II, S. 751 ff.; *Guerrero*, Manual De Derecho Del Trabajo, S. 331.

605 *Cueva, M. de la*, El Nuevo Derecho, Band II, S. 447 f.; *De Buen L.*, Derecho Del Trabajo, Band II, S. 755.

606 Die generelle Geltung für alle Arbeitnehmer im Unternehmen/Betrieb ist ein Argument gegen die Einordnung des mexikanischen Tarifvertrages als zivilrechtlicher

gelten die tarifvertraglichen Regelungen grundsätzlich für die leitenden Angestellten des Unternehmens, wobei diese aber vom Geltungsbereich ausgenommen werden können, Art. 182, 184 LFT.[607]

b. Schuldrechtliche Regelungen

Der schuldrechtliche Bestandteil des Tarifvertrages umfasst die Eckdaten des Vertrages und gegebenenfalls auch unmittelbare Verpflichtungen zwischen den Parteien, die über bloße Eckdaten des Vertrages hinausgehen und häufig Pflichten des Arbeitgebers sind. Der Tarifvertrag muss Angaben über die Parteien sowie den räumlichen, zeitlichen und fachlichen Geltungsbereich enthalten, Art. 391 LFT. Die Parteien können ihn zeit- oder zweckbefristet abschließen oder eine unbefristete Laufzeit vereinbaren. Die Zweckbefristung ist insbesondere in der Bauindustrie üblich.[608] Die Beendigung des Tarifvertrages ist neben dem Zeitablauf oder Zweckeintritt nur durch übereinstimmende Vertragsaufhebung oder bei einer Betriebsschließung möglich, Art. 401 LFT.[609] Eine Kündigung des Tarifvertrages ist nicht vorgesehen. Einigen sich die Parteien nicht über seine Verlängerung, Änderung oder Beendigung, gilt er inhaltsgleich für dieselbe Zeitdauer weiter, Art. 400 LFT.

Darüber hinaus besteht ein erheblicher Gestaltungsspielraum der Parteien bezüglich der Aufnahme weiterer schuldrechtlicher Klauseln, die insbesondere der Sicherung der Tarifvertragsdurchführung und der Effektivität der gewerkschaftlichen Repräsentation im Unternehmen dienen:[610]

- Anerkennung der Gewerkschaft durch den Arbeitgeber zum Abschluss oder zur autonomen Verwaltung des Tarifvertrages,
- Durchführungspflicht des Tarifvertrages (auch wenn diese dem Tarifvertrag bereits immanent ist),
- Vertragsstrafe für den Fall der Nichtanwendung des Tarifvertrages,
- Regelungen zur Gewerkschaftsabgabe (sie ist ein Zwangsbeitrag der Arbeitnehmer zugunsten der jeweils zuständigen Gewerkschaft, die der Arbeitgeber von der Vergütung einbehält und an die Gewerkschaft zahlt, Art. 132 Nr. XXIII, 110 Nr. VI LFT, siehe bereits S. 75);

Vertrag (siehe Fn. 413), da dieser nicht ohne Vertretungsmacht für eine Person abgeschlossen werden kann (Art. 1801 f. Código Civil), im Falle von gewerkschaftslosen Arbeitnehmern aber durch die gesetzliche Anordnung stattfindet; siehe zum Beispiel *Muñoz*, Derecho Colectivo, S. 387.

607 *De Buen L.*, Derecho Del Trabajo, Band II, S. 767; *Muñoz*, Derecho Colectivo, S. 385; SCJN (cuarta sala/séptima época), Amparo directo 5211/72, Dora Villareal viuda de Perches, 19.3.1973, SJF, 5. Teil, S. 23.

608 *Breña*, LFT Comentada y Concordada, S. 429.

609 *Muñoz*, Derecho Colectivo, S. 392.

610 *Muñoz*, Derecho Colectivo, S. 423 ff.; *De Buen L.*, Derecho Del Trabajo, Band II, S. 754.

- Kostenersatzpflicht des Arbeitgebers für Gewerkschaftstätigkeiten (Büroräume, Licht, Telefon, Registrierungskosten, Spesenabrechnung),
- Anerkennung des gesetzlichen Rechts zur Revision und Modifikation von Tarifverträgen (siehe im Folgenden S. 240 ff.).

Als besondere schuldrechtliche Regelungen können die Tarifvertragsparteien auch solche zur Personalauswahl des Arbeitgebers und zur sozialen und ökonomischen Beteiligung der Gewerkschaft treffen, Art. 395, 392 LFT:

- Die Parteien können vereinbaren, dass der Arbeitgeber nur solche Arbeitnehmer einstellt, die Mitglieder der tarifvertragsschließenden Gewerkschaft sind. Diese Closed-Shop-Regelung darf allerdings nicht zum Nachteil für solche Arbeitnehmer gelten, die bereits zum Zeitpunkt des Tarifvertragsschlusses beim Arbeitgeber angestellt sind und keiner Gewerkschaft angehören oder nachträglich aus ihr ausscheiden, Art. 395, 391 Abs. 1 LFT.
  Diese Regelung wird in der Literatur kritisiert, da sie die Freiheitsrechte der Arbeitnehmer nach Art. 4 und 5 CPEUM und die Koalitionsfreiheit nach Art. 123 A XVI CPEUM, die in Art. 354 LFT gesetzlich manifestiert ist, verletzt. Teilweise wird die Regelung aber auch mit dem Argument für zulässig gehalten, dass der Gesetzgeber im Rahmen seiner Einschätzungsprärogative eine Interessenabwägung vornahm und das Gewerkschaftsinteresse im Hinblick auf eine effektive Interessenvertretung durch eine besonders hohe Zahl von Gewerkschaftsmitgliedern über die Interessen der einzelnen Arbeitnehmer in Bezug auf die individuelle Entscheidungsfreiheit bezüglich der Mitgliedschaft in einer Gewerkschaft stellt.[611]
  Die bis zum Jahr 2012 gültige Regelung sah sogar vor, dass nicht nur die Einstellung von Gewerkschaftsmitgliedern, sondern auch die Kündigung der Arbeitsverhältnisse von gewerkschaftslosen Arbeitnehmern möglich war, selbst wenn die Arbeitsverhältnisse bereits vor dem Tarifvertragsschluss bestanden. Dies wurde jedoch infolge einer SCJN-Entscheidung, welche hier die Koalitionsfreiheit der Arbeitnehmer als verletzt ansah, vom Gesetzgeber aufgehoben.[612]
- Als Minus zu dieser gesetzlich anerkannten Gestaltungsmöglichkeit können die Parteien auch Regelungen im Hinblick auf personelle Auswahlentscheidungen wie zum Beispiel die Einführung und Ausgestaltung eines Rekrutierungssystems,

---

611 *Lastra Lastra*, Libertad sindical: cláusula de exclusion, S. 39 ff.; *De Buen L.*, Derecho Del Trabajo, Band II, S. 765 f.; *De Buen L.*, Libertad sindical: cláusula de exclusion, S. 5 ff; *De Buen L.*, Nueva Ley Federal Del Trabajo Comentada, S. 153; *Cueva, M. de la*, El Nuevo Derecho, Band II, S. 306 ff.; *Muñoz*, Derecho Colectivo, S. 431–437; *Breña*, LFT Comentada y Concordada, S. 424–428; *Cavazos*, Síntesis De Derecho Laboral Comparado, S. 47–50.

612 *De Buen L.*, Libertad sindical: cláusula de exclusion, S. 5 ff.

die Mitteilung über freie Stellen mit einem Vorschlagsrecht der Gewerkschaft inklusive etwaiger Mitteilungsfristen, die Implementierung von Beförderungsregelungen oder Regelungen zu Schulungen der Mitarbeiter treffen.[613]

- Über die personellen Angelegenheiten hinaus können die Parteien im Tarifvertrag eine paritätisch besetzte Kommission einrichten, die in bestimmten, im Tarifvertrag vordefinierten sozialen und ökonomischen Funktionen entscheiden oder im Rahmen der gesetzlichen Vorschriften tätig werden darf, Art. 392 S. 1 LFT. Sofern der Tarifvertrag die obligatorische Wirkung der Kommissionsentscheidungen anordnet, können deren Beschlüsse von der JCA vollstreckt werden, Art. 392 S. 2 LFT. Diese Norm erlaubt den Gewerkschaften, durch einen Tarifvertrag Einfluss auf die Unternehmens- und Betriebsführung auszuüben, die von den Tarifvertragsparteien individuell auszugestalten ist.
  Allerdings wird eine solche Arbeitnehmermitbestimmung infolge der teilweise vorherrschenden Atmosphäre eines Klassenkampfes als zum Schaden des Unternehmens angesehen, weshalb von einer entsprechenden Vertragsgestaltung in der mexikanischen Arbeitsrechtspraxis abgeraten wird.[614] Die Regelung einer tariflichen Mitbestimmungsklausel wird als schwerer Fehler bezeichnet.[615]
  In der Praxis üblich ist daher eine klarstellende Regelung, wonach die Leitung des Unternehmens dem Arbeitgeber vorbehalten ist, um das potenzielle Risiko einer Arbeitnehmerselbstverwaltung zu verhindern.[616]

Über die Eckdaten und besonderen schuldrechtlichen Verpflichtungen hinaus werden üblicherweise auch gesetzliche Verpflichtungen des Arbeitgebers tarifvertraglich ausdrücklich geregelt. Dies gilt vor allem für die Arbeitgeberpflichten in Bezug auf den Schutz der Arbeitnehmer vor Sicherheitsrisiken, das heißt die Einhaltung der Hygiene- und Sicherheitsvorschriften und die Pflicht zum Abschluss einer Unfallversicherung. Teilweise modifizieren die Tarifvertragsparteien diese Pflichten zum Vorteil der Arbeitnehmer. Die gesetzlichen Pflichten des Arbeitgebers werden hierdurch unmittelbarer Bestandteil des Tarifvertrages, Art. 391 Nr. X LFT.[617]

---

613 *Cueva, M. de la*, El Nuevo Derecho, Band II, S. 427; *Muñoz*, Derecho Colectivo, S. 413 ff.; *Guerrero*, Manual De Derecho Del Trabajo, S. 334.

614 Nur vereinzelt wird in der mexikanischen Arbeitsrechtswissenschaft die Frage nach dem unübertragbaren Mindestinhalt der unternehmerischen Freiheit aufgeworfen, in der Praxis aber insbesondere mangels arbeitsgerichtlicher Entscheidungen unbeantwortet gelassen; siehe zum Beispiel *Muñoz*, Derecho Colectivo, S. 398.

615 *Guerrero*, Manual De Derecho Del Trabajo, S. 335; *Muñoz*, Derecho Colectivo, S. 397.

616 *Muñoz*, Derecho Colectivo, S. 396.

617 *Muñoz*, Derecho Colectivo, S. 413 f., 418.

c. Normative Regelungen

Über die schuldrechtlichen Regelungen hinaus enthält der Tarifvertrag unmittelbar für die Arbeitsverhältnisse normativ wirkende Regelungen. Diese setzen die einzelnen Arbeitsbedingungen fest oder modifizieren diese, Art. 391, 386 LFT. Die tarifvertraglichen Arbeitsbedingungen dürfen nicht zum Nachteil der Arbeitnehmer von den individualvertraglich vereinbarten Bedingungen abweichen, Art. 394 LFT. Sollte sich eine Klausel infolge des Günstigkeitsvergleiches (oder aus anderen Gründen) als unanwendbar erweisen, kann der betroffene Arbeitnehmer dies mit einer Klage (inzident) geltend machen, ohne dass ein vorheriges gewerkschaftsgeführtes Verfahren zur Feststellung der Unanwendbarkeit einer Regelung erforderlich ist.[618]

Das LFT enthält neben dem Mindestinhalt des Tarifvertrages auch die nicht abschließend bestimmten Regelungsalternativen, Art. 391 Nr. X LFT. Der Tarifvertrag muss die Grundvergütung der Arbeitnehmer der Höhe nach regeln. Ein Tarifvertrag ohne eine vollständige Festsetzung der Grundvergütung ist unwirksam, Art. 391 Nr. VI, 393 LFT. Die Grundvergütung muss die Tagessatzhöhe nennen, wobei eine tabellarische Darstellung der unterschiedlichen Sätze in Abhängigkeit von bestimmten Parametern vorzunehmen ist.[619] Sie ist der Kern eines Tarifvertrages als Gleichgewichtsinstrument zwischen Kapital und Arbeit, was der Gesetzgeber durch die Anordnung der Unwirksamkeit im Falle fehlender diesbezüglicher Regelungen zu erkennen gibt.

Außerdem soll der Tarifvertrag Regelungen zu der Wochen- und Tagesarbeitszeit, den Ruhezeiten und zum Urlaub enthalten, Art. 391 Nr. 4, 5, 393 LFT. Deren Fehlen führt aber nur zur Anwendung der gesetzlichen Vorschriften oder der gegebenenfalls vorhandenen günstigeren arbeitsvertraglichen Regelungen. Eine gesetzliche Anordnung der Unwirksamkeit wie im Falle der fehlenden Grundvergütung besteht nicht. Allerdings werden in der Praxis häufig diesbezügliche Regelungen in Tarifverträge aufgenommen. Dies gilt auch für zusätzliche (teilweise vom Gesetzgeber selbst geregelte) Vergütungsbestandteile wie zum Beispiel das Weihnachtsgeld, Stipendien für die Arbeitnehmer oder deren Kinder, Betriebsrenten, Arbeitnehmerspareinlagen oder sonstige Gratifikationen. Häufige Regelungen sind auch solche zu Dienstwagen, Diensthandys, Dienstwohnungen oder Schulungen als Rechtsansprüche für einzelne Arbeitnehmer.[620]

Im Übrigen sind auch alle sonstigen Regelungen, welche die Parteien vereinbaren und Arbeitsbedingungen darstellen, Bestandteile des Tarifvertrages, Art. 391 Nr. X LFT. Der Gesetzgeber hat keine abschließenden Regelungen über

---

618 SCJN (cuarta sala/octava época), Tesis de Jurisprudencia 35/39, 6.9.1993, SJF, No. 69, September 1993, S. 19; *De Buen L.*, Derecho Del Trabajo, Band II, S. 767 f.

619 *Muñoz*, Derecho Colectivo, S. 396 f., 409 f.; *Guerrero*, Manual De Derecho Del Trabajo, S. 334.

620 *Muñoz*, Derecho Colectivo, S. 334, 420 *Guerrero*, Manual De Derecho Del Trabajo, S. 334.

den zulässigen Inhalt des Tarifvertrages normiert, sondern überlässt die Ausgestaltung den Parteien (und im Falle des Verfahrens im Rahmen einer kollektiven Regelungsstreitigkeit auch den JCAs als staatlichen Stellen).

d. Regelungen bei Gelegenheit

Die Tarifvertragsparteien regeln häufig über die vorgenannten Aspekte hinaus auch Materien, die keine Bestandteile eines Tarifvertrages darstellen. Da auch andere Regelungsbereiche in der Regel unter Mitwirkung der Gewerkschaft gestaltet werden, nehmen die Tarifvertragsparteien den Tarifvertrag zum Anlass, andere Materien mit zu regeln. Tarifvertragliche Regelungen stellen diese Bestimmungen nicht dar, auch wenn sie formelle Bestandteile des Tarifvertrages sind. Daher wird die Bezeichnung „bei Gelegenheit" des Tarifvertrages verwendet.[621]

Häufigster Anwendungsfall dieser „tarifvertraglichen" Regelungen bei Gelegenheit sind die Betriebsbestimmungen (*reglamento interior de trabajo*), Art. 422 ff. LFT (siehe bereits S. 186 f.).[622]

Auf Verlangen der Arbeitnehmer oder Arbeitgeber muss eine paritätisch besetzte Kommission im Unternehmen oder Betrieb gebildet werden. Sie trifft verbindliche Regelungen zum Beispiel im Hinblick auf den Beginn und das Ende der Arbeits- und Pausenzeit, den Tag und Ort der Bezahlung oder spezifische Regelungen zur Arbeitssicherheit (siehe S. 186 f.). Da neben dem Tarifvertrag auch die Betriebsbestimmungen bei der CFCRL registriert werden müssen, die Gewerkschaftsmitglieder in der Regel auch die Arbeitnehmervertreter in der Kommission sind und zahlreiche Regelungen der Betriebsbestimmungen den Tarifvertrag inhaltlich näher ausgestalten (zum Beispiel den Tag und Ort der Vergütung), werden infolge des Sachzusammenhangs beide Komplexe häufig gemeinsam geregelt. Dies lässt jedoch die Rechtsnatur der Betriebsbestimmungen unberührt. Vielmehr zeigt der Gesetzgeber in der Trennung der Abschnitte zwischen den Tarifverträgen und Betriebsbestimmungen im LFT, dass Letztere keine tarifvertragliche Regelung sind, sondern eine eigene Regelungsmaterie darstellen.[623]

Über die Betriebsbestimmungen hinaus kennt das LFT auch andere kollektive Abreden von paritätischen Kommissionen, die eine geringfügige Mitbestimmung der Arbeitnehmer erlauben und bei Gelegenheit des Tarifvertrages geregelt werden. Dies sind insbesondere die Überwachung und Mitwirkung bei der Durchsetzung von Belegschaftsrechten zum Beispiel bei Schulungen oder der Einhaltung von Sicherheitsvorschriften (siehe S. 187).[624]

---

621 *Cueva, M. de la*, El Nuevo Derecho, Band II, S. 447 f.; *De Buen L.*, Derecho Del Trabajo, Band II, S. 754 f.

622 *De Buen L.*, Derecho Del Trabajo, Band II, S. 755 f.

623 *Cueva, M. de la*, El Nuevo Derecho, Band II, S. 447 f.; *De Buen L.*, Derecho Del Trabajo, Band II, S. 755 f.; *Breña*, LFT Comentada y Concordada, S. 440.

624 *Muñoz*, Derecho Colectivo, S. 544.

4. Allgemein verbindlicher Tarifvertrag

Der Streik kann über den bisher erörterten Tarifvertrag hinaus auch im Hinblick auf einen allgemein verbindlichen Tarifvertrag (*contrato ley*) geführt werden, Art. 450 Nr. III, IV LFT (siehe Wortlaut der Norm auf S. 198).

Der allgemein verbindliche Tarifvertrag ist ein Übereinkommen, das zwischen einer oder mehreren Gewerkschaften und mehreren Arbeitgebern oder einem oder mehreren Arbeitgeberverbänden mit dem Ziel abgeschlossen wird, die Arbeitsbedingungen in einem definierten Industriezweig festzulegen und für einen oder mehrere Bundesstaaten oder bundesstaatsübergreifend für eine oder mehrere Wirtschaftszonen oder für die ganze Bundesrepublik für verbindlich erklären zu lassen, Art. 404 LFT. Die Verhandlungen müssen von denjenigen Gewerkschaften eingeleitet und geführt werden, die zwei Drittel aller Arbeitnehmer des Industriezweiges in dem für den Tarifvertrag angedachten räumlichen Geltungsbereich repräsentieren, Art. 406 LFT. Es wird ein Verfahren zur Einigung über einen Tarifvertrag unter dem Vorsitz des CFCRL und der Beteiligung der Arbeitgeber durchgeführt, Art. 406 bis 411 LFT.

Sofern eine Einigung über den Tarifvertrag zustande kommt, kann bei der CFCRL die Erklärung der Allgemeinverbindlicherklärung beantragt werden, wenn dieser in seinem Geltungsbereich für die Mehrheit der zu zwei Dritteln repräsentierten Arbeitnehmer im Industriezweig abgeschlossen wurde, Art. 415 LFT.

Im Anschluss an die Durchführung des Verwaltungsverfahrens bei der CFCRL muss in Abhängigkeit vom räumlichen Geltungsbereich des beschlossenen Tarifvertrages entweder der Präsident der Bundesrepublik oder der Gouverneur eines Bundesstaates den Tarifvertrag für allgemein verbindlich erklären, Art. 415 Nr. V LFT.

Der allgemein verbindliche Tarifvertrag gilt für alle Arbeitgeber und Arbeitnehmer des Industriezweiges im betroffenen Geltungsbereich. Bestehende Tarifverträge verlieren ihre Wirksamkeit, soweit sie nach einem Günstigkeitsvergleich keine für die Arbeitnehmer günstigeren Regelungen enthalten, Art. 416 Abs. 2, 417 LFT.

Die CFCRL darf nach der Allgemeinverbindlicherklärung keine Tarifverträge im Geltungsbereich mehr zur Registrierung annehmen und deren Wirksamkeit durch die Registrierung herbeiführen, Art. 416 Abs. 3 LFT. Da ein allgemein verbindlicher Tarifvertrag grundsätzlich die gleichen Regelungen wie ein Tarifvertrag enthalten kann (Art. 412 LFT),[625] ist zur Vermeidung von Wiederholungen auf die oben dargestellten Tarifvertragsinhalte zu verweisen. Ein wesentlicher Unterschied besteht jedoch darin, dass ein allgemein verbindlicher Tarifvertrag nur für die Dauer von zwei Jahren abgeschlossen werden kann. Ein unbefristeter Vertragsabschluss kommt nicht in Betracht, Art. 412 Nr. III LFT. Vielmehr ist am Ende

---

625 *De Buen L.*, Derecho Del Trabajo, S. 782; *Muñoz Ramón*, Derecho Colectivo, S. 517 f.

seiner Laufzeit ein Revisionsverfahren zur Neuverhandlung einzuleiten (siehe im Folgenden auf S. 240 ff.), Art. 419 LFT.

5. Zwischenergebnis

Der Arbeitgeber hat eine Tarifschlusspflicht, wenn die Arbeitnehmer den Abschluss eines Tarifvertrages fordern. Dies impliziert die Pflicht des Arbeitgebers, die Gewerkschaft als Verhandlungs- und Vertragspartner anzuerkennen.

Der Tarifvertrag hat die Funktion, ein Gleichgewicht zwischen den Produktionsfaktoren Arbeit und Kapital herzustellen. Seine zentrale Aufgabe ist, die Arbeitsbedingungen allgemein, aber zumindest die Grundvergütung als Mindestbestandteil zu regeln.

Dabei gilt der Grundsatz der Tarifeinheit im Unternehmen oder Betrieb mit der Ausnahme, dass bei der Existenz einer speziellen berufsbezogenen Gewerkschaft im Unternehmen mehrere Tarifverträge bestehen können.

Zu Verhandlung, Abschluss und Durchsetzung oder Verwaltung des Tarifvertrages ist nur noch diejenige Gewerkschaft berechtigt, die nach einer Arbeitnehmerabstimmung die Mehrheit erhält. Der Tarifvertrag kann durch eine Parteivereinbarung oder durch einen Schlichtungsspruch seitens der JCA oder einer freiwillig eingerichteten Schlichtungsstelle zustande kommen.

Der Tarifvertrag hat einen schuldrechtlichen und einen normativen Bestandteil, wobei seine Wirkung alle Arbeitnehmer im Geltungsbereich ohne Unterscheidung nach einer Mitgliedschaft in der Gewerkschaft erfasst. Die Grundvergütung ist ein zwingender Inhalt des Tarifvertrages. Die Tarifparteien haben im Übrigen einen erheblichen Gestaltungsspielraum bezüglich der Regelungsmaterien. Sie können sogar tarifvertragsfremde Bereiche regeln, wobei Tarifverträge in der Praxis vor allem Betriebsbestimmungen enthalten.

Neben dem unternehmens- und betriebsbezogenen Tarifvertrag besteht auch die Möglichkeit, einen Tarifvertrag für allgemein verbindlich erklären zu lassen. Dieser enthält grundsätzlich den Inhalt eines Tarifvertrages mit der Ausnahme, dass die Laufzeit auf maximal zwei Jahre begrenzt ist.

II. Tarifvertragsschluss als Streikziel

Die Arbeitnehmer dürfen nach Art. 450 Nr. II Halbs. 1, III Halbs. 1 LFT streiken, wenn sie den erstmaligen Abschluss eines (allgemein verbindlichen) Tarifvertrages im Sinne der Art. 386 ff. und 404 ff. LFT verfolgen.

Art. 450 LFT (auszugsweise; vollständiger Normwortlaut auf S. 198):
„Der Streik muss folgende Ziele haben:

I. ...,

II. Abschluss eines Tarifvertrages mit dem Arbeitgeber oder den Arbeitgebern oder Änderung des Tarifvertrages am Ende seiner Laufzeit in Übereinstimmung mit den Regelungen in Kapitel 4 Titel 7,

III. Abschluss eines allgemein verbindlichen Tarifvertrages mit dem Arbeitgeber oder den Arbeitgebern oder Änderung des allgemein verbindlichen Tarifvertrages am Ende seiner Laufzeit in Übereinstimmung mit den Regelungen in Kapitel 4 Titel 7, …"[626]

1. Erstmaliger Abschluss eines Tarifvertrages

Die Arbeitnehmer müssen mit dem Streik den erstmaligen Abschluss eines Tarifvertrages und die Durchsetzung tarifvertraglicher Forderungen verfolgen. Auch ist die Anerkennung der Gewerkschaft und ihrer Funktionäre als Verhandlungspartner mit umfasst, sofern der Arbeitgeber die Berechtigung der Gewerkschaft (und ihrer Vertreter) zum Tarifvertragsschluss bestreitet.[627] Allerdings ist ein Streik nach Art. 450 Nr. II, III unzulässig, wenn im betroffenen Betrieb oder Unternehmen bereits ein wirksamer Tarifvertrag existiert, Art. 923 LFT, 459 Nr. II LFT.[628] Der Gesetzgeber erkennt grundsätzlich eine Friedenspflicht im Falle des Bestehens eines Tarifvertrages an.[629] Das Vorliegen eines unwirksamen Tarifvertrages, der unter Verstoß gegen das Schriftformgebot zustande kommt oder keine Regelungen zur Grundvergütung enthält, steht einem Streik nicht entgegen. In diesem Fall können die Arbeitnehmer weiterhin von ihrem Streikrecht nach Art. 450 Nr. II, III LFT Gebrauch machen.[630]

---

626 Übersetzung des Verfassers; original: *"La huelga deberá tener por objeto: I) …; II) Obtener del patrón o patrones la celebración del contrato colectivo de trabajo y exigir su revisión al terminar el período de su vigencia, de conformidad con lo dispuesto en el Capítulo III del Título Séptimo; III) Obtener de los patrones la celebración del contrato-ley y exigir su revisión al terminar el período de su vigencia, de conformidad con lo dispuesto en el Capítulo IV del Título Séptimo; …"*

627 *De Buen L.*, Derecho Del Trabajo, Band II, S. 761 f.; *Guerrero*, Manual De Derecho Del Trabajo, S. 378 f.

628 *De Buen L.*, Derecho Del Trabajo, Band II, S. 831; *De Buen L.*, Derecho Procesal Del Trabajo, S. 663; *Guerrero*, Manual De Derecho Del Trabajo, S. 378; SCJN (seguna sala/novena época), Contradicción de tesis 38/97, Zwischen Primer und Segundo Tribunal Colegiado en Materia de Trabajo del Primer Circuito, 26.6.1998, SJFG, Band VIII, Oktober 1998, S. 409; TC (Décimo tercer Tribunal Colegiado En Materia De Trabajo Del Primer Circuito/décima época), Amparo en revision 4/2012, Sindicato de Trabajadores y Constructores de Servicios Obreras, Hidroelectromecánicas, Montaje Industrial y Transporte, Similares de la República Mexicana, 29.3.2012, SJFG, Buch IX, Juni 2012, Band 2, S. 869.

629 *Guerrero*, Manual De Derecho Del Trabajo, S. 392; *Puig Hernández*, La Huelga En México Y Su Entorno Jurídico Internacional, S. 162 f.

630 *Climént Beltrán*, Derecho Procesal Del Trabajo, S. 302.

2. *Materiellrechtliche Reichweite des Streikziels*

Über die vorgenannten Grenzen des Streikrechts hinaus bestehen in der Praxis und Wissenschaft keine Aussagen im Hinblick auf materiellrechtliche Beschränkungen des Streikziels. Die herrschende Auffassung geht im Rahmen der Zulässigkeit der Arbeitsniederlegung davon aus, dass die Verfolgung des wirksamen Tarifvertragsschlusses als Streikziel ausreichend ist. Die Prüfung einzelner tarifvertraglicher Forderungen auf ihre Durchsetzbarkeit ist für die Zulässigkeit der Arbeitsniederlegung unerheblich, solange die Arbeitnehmer abstrakt das Streikziel des Tarifvertragsschlusses mit den Regelungen zur Grundvergütung verfolgen.[631] Hierfür spricht insbesondere der Wortlaut des Art. 450 LFT, der nicht nach einzelnen Forderungen differenziert.[632] In den wissenschaftlichen Darstellungen existieren keine Ausführungen zur Berechtigung tarifvertraglicher Forderungen im Rahmen der Zulässigkeit einer Arbeitsniederlegung (siehe S. 308, 331). Die Berechtigung der Forderungen hinsichtlich ihrer wirtschaftlichen Vertretbarkeit und Durchsetzbarkeit ist allenfalls für die Frage relevant, ob der Arbeitgeber die Vergütung während des Streiks zahlen und die Forderungen erfüllen muss. Die Zulässigkeit der Arbeitsniederlegung bleibt hiervon jedoch unberührt (siehe ausführlich zum Streikverfahren in Kapitel § 6, vor allem S. 305 ff., 317 ff.).[633]

III. Tarifvertragsrevision als Streikziel

Besteht ein anwendbarer Tarifvertrag, dürfen die Arbeitnehmer nach Art. 450 Nr. II Halbs. 2, III Halbs. 2, VII LFT streiken, wenn sie die Revision eines (allgemein verbindlichen) Tarifvertrages nach Art. 386 ff. und 404 ff. LFT im Rahmen der gesetzlichen Vorschriften erreichen wollen (siehe zum Wortlaut der Norm oben auf S. 198).

1. *Revisionsverfahren*

Der Gesetzgeber gewährt den Parteien mit der Revision von (allgemein verbindlichen) Tarifverträgen streikunabhängig das Recht, ihre Änderung und die Verlängerung der Laufzeit verfolgen zu können, Art. 399 und 419 LFT. Art. 397 LFT regelt, dass alle Tarifverträge revisibel sind.

Das Revisionsverfahren wird auf Ersuchen einer der Tarifvertragsparteien eingeleitet. Stehen auf einer der Seiten mehrere Parteien, ist für die Antragstellung die Beteiligung einer Mehrheit der Gewerkschaften oder der Arbeitgeber(verbände)

---

631 *De Buen L.*, Derecho Del Trabajo, Band II, S. 831, 837; *Cueva, M. de la*, El Nuevo Derecho, Band II, S. 623 f.; *Martínez y González*, Reflexiones Sobre La Huelga, S. 86 ff., 203; *Cavazos*, Síntesis De Derecho Laboral Comparado, S. 55.

632 *Martínez y González*, Reflexiones Sobre La Huelga, S. 203.

633 SCJN (cuarta sala/séptima época), Amparo directo 6637/86, Aceros de Chihuahua S.A. de C.V., 11.11.1987, SJF, Vol. 217–228, 5. Teil, S. 18; *Climént Beltrán*, Derecho Procesal Del Trabajo, S. 311, 316; *Cueva, M. de la*, El Nuevo Derecho, Band II, S. 679 f.

erforderlich, Art. 398 und 419 LFT.[634] Das LFT sieht ein zweistufiges System vor, das im Abstand von einem (*revisión anual*) und zwei Jahren (*revisión bienal*) die Revision der Tarifverträge erlaubt:

- Art. 399 LFT:
  Bei einem unbefristeten Tarifvertrag oder einer Zweck- oder Zeitbefristung mit einer Laufzeit von über zwei Jahren kann die Revision nach Ablauf von zwei Jahren seit seinem Inkrafttreten mit der Maßgabe beantragt werden, dass der Antrag mindestens sechzig Tage vorher gestellt werden muss. Bei einem Tarifvertrag mit einer geringeren Laufzeit als zwei Jahre muss der Antrag sechzig Tage vor dem Ende seiner Laufzeit gestellt werden. Für einen allgemein verbindlichen Tarifvertrag gilt eine Frist von mindestens neunzig Tagen (Art. 419 LFT).
- Art. 399 Bis LFT:
  Abweichend hiervon kann die Revision jedes Jahr nach Abschluss, Revision oder Verlängerung des Tarifvertrages unter Wahrung der Antragsfrist von mindestens dreißig Tagen beantragt werden, soweit sich der Antrag auf die Regelungen zur Vergütung bezüglich der geltenden Tagessatzhöhen bezieht. Für einen allgemein verbindlichen Tarifvertrag gilt eine Frist von sechzig Tagen (Art. 419 Bis LFT).

Die jährliche Revision dient der Anpassung der Arbeitnehmervergütungen, insbesondere seines Kaufkraftwertes. Die jährliche Revision ist auf die Grundvergütung beschränkt und umfasst keine sonstigen Vergütungsbestandteile wie zum Beispiel Gratifikationen, Kommissionen, Provisionen oder Zulagen.[635] Die zweijährliche Revision bezieht sich auf alle tarifvertraglichen Regelungen. Hierbei findet eine umfassende Prüfung des Tarifvertrages auf seine Durchsetzbarkeit, Effektivität und Vereinbarkeit mit einer veränderten unternehmerischen Entwicklung statt. Die Parteien können Klauseln ändern oder neue Regelungen aufnehmen, insbesondere auch im Hinblick auf die Vergütung.[636]

Stellt keine der Parteien innerhalb der oben genannten Fristen einen Revisionsantrag oder wird das Streikrecht nicht ausgeübt, gilt der Tarifvertrag unbefristet oder für die bisherige Laufzeit weiter, Art. 400 und 420 LFT. Das Gesetz fingiert die Zustimmung der Parteien in die Fortgeltung des Tarifvertrages.[637] Auch dies ist ein Hinweis auf die gesetzgeberische Wertung der Gleichgewichtsfunktion eines Tarifvertrages. Der Arbeitgeber soll den Tarifvertrag nicht kündigen können oder

634 *Muñoz,* Derecho Colectivo, S. 447.
635 *Breña,* LFT Comentada y Concordada, S. 430; *Cueva, M. de la,* El Nuevo Derecho, Band II, S. 466 f.
636 *De Buen L.,* Derecho Del Trabajo, Band II, S. 770; *Guerrero,* Manual De Derecho Del Trabajo, S. 339 f.; *Cueva, M. de la,* El Nuevo Derecho, Band II, S. 466 f.
637 *Breña,* LFT Comentada y Concordada, S. 430.

als Ausdruck seiner Verhandlungsmacht nur befristete Tarifverträge abschließen und sich so einer dauerhaften Tarifvertragsgeltung entziehen. Allerdings ist es den Parteien unbenommen, den Tarifvertrag jederzeit einvernehmlich und ungeachtet der Revisionsvorschriften zu modifizieren (und nach Art. 401 Nr. I LFT gemeinsam zu beenden).[638]

Kommt eine Revisionsvereinbarung des Tarifvertrages zustande, muss diese vor einer Registrierungsbehörde, Mediationsstelle oder JCA abgeschlossen werden. Diese müssen die Vereinbarung an die CFCRL zur Aktualisierung des Tarifvertragsregisters weiterleiten, Art. 399 Ter LFT. Wird keine Vereinbarung zwischen den Parteien erreicht, kann die jeweilige Partei das Verfahren für kollektive Regelungsstreitigkeiten bei der jeweils zuständigen JCA einleiten (siehe S. 174). Zur Vermeidung des Fristablaufs für den Revisionsantrag ist es üblich, diesen frühzeitig zu stellen und mit dem Forderungsschreiben für das Streikverfahren zu verbinden.[639]

Mit der Einleitung des Streikverfahrens (siehe Kapitel § 6) ruht das Verfahren zur Entscheidung der kollektiven Regelungsstreitigkeit (siehe S. 328). Die Arbeitnehmer können den Arbeitgeber mit der Streikandrohung unter Druck setzen und so eine „einvernehmliche" Lösung erreichen. Allerdings ist diese Vorgehensweise nicht zwingend.[640]

2. *Streik mit dem Ziel der Revision*

Der Antrag des Arbeitgebers auf Revision eines Tarifvertrages ist in der Regel nicht effektiv, da dieser kein Druckmittel zur Durchsetzung seiner Forderungen hat. Die Arbeitnehmer haben hingegen nach Art. 450 Nr. II, III, VII LFT ein Streikrecht zur Durchsetzung der Forderungen.[641]

a. Inhalt des Streikrechts

Zweck des Streikrechts im Rahmen der Revision ist, dass die Arbeitnehmer so lange Druck auf den Arbeitgeber ausüben, bis dieser dem Änderungsverlangen der Arbeitnehmer nachgibt. Wie auch bei Abschluss des Tarifvertrages ist es für die Zulässigkeit des Streiks grundsätzlich irrelevant, welche einzelnen Änderungsforderungen die Arbeitnehmer verfolgen, sofern diese allgemein die Revision des Tarifvertrages anstreben, das heißt bestehende Klauseln anpassen, ändern oder neue Inhalte in den Tarifvertrag einfügen wollen (und dies plausibel darstellen können). Allerdings müssen die Arbeitnehmer aber im Rahmen der jährlich

---

638 *De Buen L.*, Derecho Del Trabajo, Band II, S. 772.

639 *Breña*, LFT Comentada y Concordada, S. 430.

640 *De Buen L.*, Derecho Del Trabajo, Band II, S. 769; *Breña*, LFT Comentada y Concordada, S. 430.

641 *De Buen L.*, Derecho Del Trabajo, Band II, S. 768; *Breña*, LFT Comentada y Concordada, S. 429.

stattfindenden Revision die Änderung der Grundvergütung verfolgen, da es sich hier um die einzige zulässige revisionsfähige Regelung handelt.[642] Das Streikrecht umfasst daher die grundsätzliche Ablehnung des Arbeitgebers zur Revision des (allgemein verbindlichen) Tarifvertrages und die Ablehnung einzelner Arbeitnehmerforderungen bei einer grundsätzlichen Bereitschaft des Arbeitgebers zur Revision des Tarifvertrages.[643] In beiden Fällen können die Arbeitnehmer die Arbeit zur Durchsetzung ihrer Tarifvertragsforderungen niederlegen.

Im Hinblick auf die Berechtigung der einzelnen Tarifvertragsforderungen hinsichtlich ihrer Durchsetzbarkeit und wirtschaftlichen Vertretbarkeit gelten die Ausführungen zum erstmaligen Tarifvertragsschluss (siehe S. 240). So müssen die Arbeitnehmer solche rechtmäßigen tarifvertraglichen Arbeitsbedingungen durchsetzen wollen, deren Erfüllung dem Arbeitgeber möglich ist und die in einem angemessenen Verhältnis zur wirtschaftlichen Lage des Unternehmens stehen. Sind diese Voraussetzungen erfüllt, stellt die JCA die Rechtfertigung des Streiks fest und verpflichtet den Arbeitgeber neben dem Tarifvertragsschluss mit dem geänderten Inhalt auch zur Vergütungszahlung für die Zeiten des Streiks (siehe vor allem S. 305 ff. und 317 ff.).[644] Dies hat jedoch keine Auswirkung auf die Rechtmäßigkeit der Arbeitsniederlegung, sondern betrifft nur die hiervon unabhängigen Rechtsfolgen des Streiks.

b. Ablauf der Revisionsfrist

Der Ablauf der Antragsfrist im Revisionsverfahren von dreißig, sechzig oder neunzig Tagen führt nicht zur Rechtswidrigkeit der Arbeitsniederlegung. Die Arbeitnehmer können mit dem Ziel der Tarifvertragsrevision auch dann streiken, wenn die Mindestfrist bereits überschritten wurde.[645]

Der Grund hierfür ist, dass der Gesetzgeber keine Maximalfrist für das Ersuchen einer Revision des Tarifvertrages regelte. Die Gewerkschaften können die Revisionsfrist nach dem Gesetzeswortlaut verstreichen lassen und unmittelbar am darauffolgenden Tag bereits den Revisionsantrag für die erst darauffolgende Revision zum Beispiel in zwei Jahren stellen. Dieses Ersuchen können die Arbeitnehmer bereits mit dem Streikaufruf verbinden, da sie in diesem Fall tatsächlich

---

642 TC (Primer Tribunal Colegiado En Materia De Trabajo Del Primer Circuito/octava época), Amparo en revisión 391/94, Construcción de Obras Civiles S.A. de C.V., 11.8.1994, SJF, Band XV-2 (Februar 1995), S. 352; *De Buen L.*, Derecho Del Trabajo, Band II, S. 831.

643 *Guerrero*, Manual De Derecho Del Trabajo, S. 378.

644 SCJN (cuarta sala/séptima época), Amparo directo 6637/86, Aceros de Chihuahua S.A. de C.V., 11.11.1987, SJF, Vol. 217–228, 5. Teil, S. 18; *Climént Beltrán*, Derecho Procesal Del Trabajo, S. 311, 316; *Cueva, M. de la*, El Nuevo Derecho, Band II, S. 679 f.

645 *Cavazos*, LFT, S. 415; *De Buen L.*, Derecho Del Trabajo, Band II, S. 770; SCJN (cuarta sala/séptima época), Amparo directo 4166/69, Grandes Talleres de Mármoles Garbiel D'Annunzio, 2.2.1970, SJF, Vol. 14, 5. Teil, S. 27.

die Revision zur Herstellung eines Gleichgewichts der Produktionsfaktoren in zulässiger Weise verfolgen. Ein solches Vorgehen wird in der Literatur zwar kritisiert, wurde vom SCJN mangels gesetzlicher Maximalfrist allerdings gebilligt. Die Literatur fordert daher ein gesetzgeberisches Tätigwerden, wonach neben der Mindest- auch eine Maximalfrist für das Revisionsersuchen einzufügen sei.[646] In der Praxis versuchten die JCAs in der Vergangenheit, ein solches Vorgehen von Gewerkschaften unter dem Vorwand formeller Mängel in der Antragsschrift zu verhindern (siehe S. 278 f.). Da die staatlichen Autoritäten *Baltasar Cavazos Flores* zufolge „*wenig Sympathie für eine solche Interpretation des Gesetzes übrighaben*", ist das genannte Vorgehen (bisher) nur schwer umzusetzen.[647]

c. *Allgemein verbindlicher Tarifvertrag*

Die genannten Grundsätze gelten auch für den allgemein verbindlichen Tarifvertrag. Vereinzelt wird zwar problematisiert, ob ein Streik zur Revision oder Erreichung eines solchen Tarifvertrages sinnvoll ist. Der Grund hierfür ist, dass der Streik als Druckmittel keine Wirkung entfaltet, da der Abschluss oder die Revision eines allgemein verbindlichen Tarifvertrages nicht nur vom bestreikten Arbeitgeber abhängen, sondern auch andere Arbeitgeber den Forderungen nachgeben müssen.[648] Außerdem erfolgt die Allgemeinverbindlicherklärung nicht durch den Arbeitgeber, sondern durch den Präsidenten der Bundesrepublik oder einen der Gouverneure, Art. 415 LFT. Ein Diskurs bezüglich der verfassungsrechtlichen Rechtfertigung eines solchen Streikrechts findet jedoch nicht statt. Diskutiert wird nur die praktische Sinnhaftigkeit, während die rechtliche Zulässigkeit stillschweigend angenommen wird.[649] Dies ist ein weiterer Ausdruck dafür, dass es für die Rechtmäßigkeit einer Arbeitsniederlegung unerheblich ist, ob der Arbeitgeber die Forderungen erfüllen kann. Maßgeblich ist, dass die Arbeitnehmer mit dem Streik generell den Abschluss oder die Revision eines Tarifvertrages verfolgen.[650]

d. *Modifikationsverfahren*

Das Streikrecht der Arbeitnehmer ist auf die Revision des Tarifvertrages nach dem genannten System im Ein- und Zweijahresturnus beschränkt. Eine darüber

---

646 *De Buen L.*, Derecho Del Trabajo, Band II, S. 770; SCJN (cuarta sala/séptima época), Amparo directo 4166/69, Grandes Talleres de Mármoles Garbiel D'Annunzio, 2.2.1970, SJF, Vol. 14, 5. Teil, S. 27.

647 *Cavazos*, LFT, S. 415.

648 *De Buen L.*, Derecho Del Trabajo, Band II, S. 831 f.

649 *Cueva, M. de la*, El Nuevo Derecho, Band II, S. 647; *De Buen L.*, Derecho Del Trabajo, Band II, S. 831 f.; *Martínez y Gonzáles*, Reflexiones Sobre La Huelga, S. 61; *Guerrero*, Manual De Derecho Del Trabajo, S. 377 ff.; *Tenopala*, La Huelga, S. 115; *Muñoz*, Derecho Colectivo, S. 543 ff.

650 *De Buen L.*, Derecho Del Trabajo, Band II, S. 831 f.

hinausgehende Modifikation des Tarifvertrages dürfen die Arbeitnehmer mit dem Streik nicht verfolgen.[651]

Unabhängig von der Revision des Tarifvertrages können die Parteien seine Modifikation grundsätzlich auch durch eine einvernehmliche Änderung vornehmen. Außerdem ist in Art. 426 LFT ein spezielles Modifikationsverfahren geregelt. In diesem können die Gewerkschaften oder Arbeitgeber bei der JCA durch die Einleitung eines Verfahrens zur Entscheidung einer kollektiven Regelungsstreitigkeit die Änderung der Arbeitsbedingungen eines (allgemein verbindlichen) Tarifvertrages beantragen, wenn

- die ökonomischen Umstände dies rechtfertigen und
- die Erhöhung der Lebenshaltungskosten ein Ungleichgewicht zwischen dem Kapital und der Arbeit verursacht.

Der Hauptanwendungsfall des Modifikationsverfahrens ist eine Inflation, die zu einem erheblichen Wertverlust der Vergütung führt und daher ein Ungleichgewicht zwischen dem Kapital und der Arbeit verursacht.[652]

Die JCA setzt nach Durchführung des Beweisverfahrens in der kollektiven Regelungsstreitigkeit (siehe S. 171 ff.) durch einen rechtsgestaltenden Beschluss, der eine Abwägungsentscheidung im Hinblick auf die Angemessenheit und wirtschaftliche Vertretbarkeit beinhaltet, gegebenenfalls die Änderung des Tarifvertrages fest, Art. 919 LFT.[653]

Im Hinblick auf Streik ist der Wortlaut des Art. 450 Nr. II, III, VII LFT allerdings ausdrücklich auf die Revision der Tarifverträge beschränkt. Ein Streik zur Modifikation der Tarifverträge und der Durchsetzung entsprechender Forderungen ist hiernach nicht zulässig.[654]

3. *Friedensfunktion*

Das Revisionsrecht sowie das diesbezügliche Streikrecht führen zu der Schlussfolgerung, dass der Tarifvertrag im mexikanischen Arbeitsrecht eine nur geringe Friedensfunktion erfüllt. Zwar erkennt der Gesetzgeber grundsätzlich eine Friedenspflicht im Falle des Bestehens eines Tarifvertrages an.[655] So dürfen die Arbeitnehmer keinen (erneuten) Tarifvertragsschluss verlangen und nicht streiken, wenn bereits ein Tarifvertrag besteht. Auch darf im Grundsatz nur alle ein bis zwei Jahre eine Revision des Tarifvertrages stattfinden. Im Übrigen entfaltet er aber in

---

651 *De Buen L.*, Derecho Del Trabajo, Band II, S. 831.

652 *Cueva, M. de la*, El Nuevo Derecho, Band II, S. 470 f.

653 *De Buen L.*, Derecho Del Trabajo, Band II, S. 763; *Guerrero*, Manual De Derecho Del Trabajo, S. 332.

654 *De Buen L.*, Derecho Del Trabajo, Band II, S. 831.

655 *Guerrero*, Manual De Derecho Del Trabajo, S. 392; *Puig Hernández*, La Huelga En México Y Su Entorno Jurídico Internacional, S. 162 f.

der jeweils gültigen Fassung seine Wirkung, soweit kein Ausnahmefall bezüglich des Modifikationsverfahrens vorliegt. Der Tarifvertrag soll daher auch zu einem sozialen Frieden führen.[656]

Im Vordergrund steht aber seine Gleichgewichtsfunktion. Die Friedensfunktion hat nach dem gesetzgeberischen Konzept eine nur nachrangige Bedeutung. Wie die Revisions- und Modifikationsvorschriften zeigen, ist das primäre Ziel des Tarifvertrages die Herstellung eines Gleichgewichts zwischen der Arbeit und dem Kapital, mithin die soziale Gerechtigkeit, die in ihrer Finalität mittelbar auch den sozialen Frieden nach sich zieht. Da die Existenz eines Tarifvertrages aber nicht per se ein solches Gleichgewicht herstellt (siehe S. 227), sondern vor allem auch nachträglich Umstände eintreten können, die trotz eines Tarifvertrages zu einem Missverhältnis von Arbeit und Kapital führen (zum Beispiel eine hohe Inflationsrate), lässt der Gesetzgeber im Ein- bis Zweijahresrhythmus Verhandlungen und Streiks über die Änderung der tarifvertraglichen Regelungen zu. Andernfalls könnte die Gleichgewichtsfunktion nicht erfüllt werden, da – auch bei einem groben Missverhältnis zwischen der Arbeit und der zum Beispiel zugrunde liegenden Vergütung – keine Kündigungsmöglichkeit für die Gewerkschaften besteht.[657]

Dies zeigte sich in Mexiko vor allem in der Zeit von Ende der 1970er-Jahre bis 1995, als eine Staatsschuldenkrise mit mehreren Inflationswellen zu einem jährlichen Wertverlust der Vergütung führte (teilweise über 30 %).[658] Dies nahm der Gesetzgeber zum Anlass, neben der zweijährigen Revision eine jährliche Revision und das Modifikationsverfahren zu normieren, damit der Tarifvertrag auch weiterhin seine Gleichgewichtsfunktion erfüllen kann.[659]

Zwar wird dieses gesetzgeberische System der regelmäßigen Revision und Modifikationsmöglichkeit teilweise kritisiert, da sie unter keinem Gesichtspunkt zu einer Stabilität für die Wirtschaft führe. So ziehe schon die stetige Streikbedrohung erhebliche wirtschaftliche Schäden, ausbleibende (ausländische) Investitionen und vor allem auch Arbeitsplatzverluste nach sich. Selbst bei der nur zweijährigen Revision würde in der Praxis allenfalls eine „Friedenszeit" von durchschnittlich nur knapp über einem Jahr erreicht, da unter Berücksichtigung der gesetzlichen Fristen ungefähr acht Monate für die Verhandlungen, Streiks und die technische Umsetzung der Revision benötigt würden.[660]

---

656 *Guerrero*, Manual De Derecho Del Trabajo, S. 338.

657 *Cueva, M. de la*, El Nuevo Derecho, Band II, S. 465 f.

658 Siehe die Statistik der INEGI, https://www.inegi.org.mx/app/indicesdeprecios/calculadorainflacion.aspx, https://www.inflationtool.com/mexican-peso (zuletzt abgerufen am 28.8.2020); nach diesen Quellen hat die Inflation in Mexiko in den Jahren von 1970 bis 2020 zu einem durchschnittlichen Wertverlust des mexikanischen Peso jährlich um circa 19 % geführt.

659 *De Buen L.*, Derecho Del Trabajo, Band II, S. 725, 828; *Guerrero*, Manual De Derecho Del Trabajo, S. 339.

660 *Guerrero*, Manual De Derecho Del Trabajo, S. 338.

Eine Friedensfunktion erfüllt der Tarifvertrag unter diesem Gesichtspunkt kaum – ungeachtet des zusätzlichen Problems einer fehlenden Maximalfrist für das Revisionsersuchen und die folgende Möglichkeit eines unbegrenzten Revisions- und Streikverfahrens (siehe S. 243). Allerdings würden die Auffassung einer absoluten Friedenspflicht sowie die Ablehnung eines Revisionsrechts die Realität der Arbeitnehmer in Mexiko insbesondere bezüglich der wirtschaftlichen Rahmenbedingungen verfehlen (siehe hierzu bereits Kapitel § 2 E). Dies zeigt das Beispiel der Inflation, die bei Annahme einer tarifvertraglichen Friedenspflicht dazu führen könnte, dass die Arbeitnehmer ihren Lebensunterhalt nicht mehr bestreiten könnten. Soziale Unruhen wären in diesem Fall vorprogrammiert. Der Gesetzgeber würde seinem Verfassungsauftrag nicht gerecht werden, wonach er umfassende Arbeitsgesetze verabschieden müsste, die auch eine angemessene Vergütung gewährleisten. Der Tarifvertrag erfüllt seine Gleichgewichtsfunktion nicht, wenn schon seine bloße Existenz zu einem solchen führen würde. Die Kritiker der Tarifvertragsrevision verlangen daher keine Abschaffung dieses Systems, sondern nur eine Ausweitung des Revisionszeitraums auf zum Beispiel fünf Jahre.[661]

IV. Zwischenergebnis

Das Ziel des Tarifvertragsschlusses und seiner Revision ist eine gesetzgeberische Konkretisierung des verfassungsrechtlich garantierten Streikziels der Herstellung eines Gleichgewichts der Produktionsfaktoren.

Das Streikrecht hat primär die Durchsetzung tarifvertraglicher Forderungen zum Ziel, kann aber auch der Anerkennung der Gewerkschaft als Verhandlungs- und Vertragspartner des Arbeitgebers mit dem finalen Ziel des Tarifvertragsschlusses oder seiner Revision dienen. Die von der Mehrheit der betroffenen Arbeitnehmer im Betrieb oder Unternehmen gewählte Gewerkschaft – und nicht nur eine (vorübergehende) Arbeitnehmerkoalition oder unzuständige Gewerkschaft – muss als Tarifvertragspartei zum Streik aufrufen.

Die Zulässigkeit des Streiks nach Art. 450 Nr. II Halbs. 1, III Halbs. 1 LFT setzt voraus, dass dieser auf den erstmaligen Abschluss eines (allgemein verbindlichen) Tarifvertrages mit der Grundvergütung als Mindestinhalt gerichtet ist. Besteht bereits ein Tarifvertrag im Geltungsbereich oder sind keine Regelungen zur Grundvergütung im Tarifvertrag(sentwurf) enthalten, ist der gewerkschaftsgeführte Streik unzulässig.

Die Zulässigkeit des Streiks nach Art. 450 Nr. II Halbs. 2, III Halbs. 2, VII LFT setzt voraus, dass im Rahmen der jährlichen Revision eines (allgemein verbindlichen) Tarifvertrages die Veränderung der Grundvergütung und in der zweijährigen Revision die Änderung des Tarifvertrages verfolgt wird. Die außerplanmäßige Modifikation des Tarifvertrages ist kein zulässiges Streikziel.

661 *Guerrero*, Manual De Derecho Del Trabajo, S. 339.

Die Existenz eines Tarifvertrages steht dem Streik zur Erreichung einer Tarifvertragsrevision nicht entgegen, da die Gleichgewichtsfunktion des Tarifvertrages grundsätzlich Vorrang gegenüber der Friedensfunktion hat.

Im Übrigen bestehen aber keine gefestigten Grundsätze bezüglich der Prüfung spezifischer Streikziele zur Durchsetzung tarifvertraglicher Forderungen. Insbesondere findet grundsätzlich keine materiellrechtliche Prüfung für die Frage der Rechtmäßigkeit der Arbeitsniederlegung dahingehend statt, ob einzelne Forderungen hinsichtlich des Abschlusses oder der Revision eines Tarifvertrages berechtigt oder durchsetzbar sind. Dies bleibt ausschließlich dem Rechtfertigungsverfahren bezüglich der Rechtsfolgen des Streiks vorbehalten.

B. Art. 450 Nr. IV LFT: Einhaltung tarifvertraglicher Regelungen

Der Gesetzgeber erkennt in Art. 450 Nr. IV LFT das Recht zu streiken an, um neben dem Abschluss und der Änderung eines Tarifvertrages auch die Einhaltung seiner Regelungen bei Arbeitgeberverstößen zu erreichen. Streiks sind daher zumindest unter dem Gesichtspunkt von Tarifvertragsverletzungen grundsätzlich auch in Rechtsstreitigkeiten zulässig.

Art. 450 LFT (auszugsweise; vollständiger Normwortlaut auf S. 198)
„Der Streik muss folgende Ziele haben:

I. bis III. ...
IV. Erreichung der Einhaltung der Tarifverträge oder der allgemein verbindlichen Tarifverträge in den Betrieben oder Unternehmen, in welchen diese verletzt wurden, ...“[662]

Der Tarifvertrag soll seiner Zielsetzung nach zu einem Gleichgewicht der Produktionsfaktoren Arbeit und Kapital führen und stellt ein zentrales Mittel zur Erreichung dieses Gleichgewichts dar. Liegt kein Tarifvertrag vor oder stimmt der Arbeitgeber keiner Revision zu, können die Arbeitnehmer von ihrem Streikrecht Gebrauch machen, da der Gesetzgeber in diesem Fall von einem Ungleichgewicht der Produktionsfaktoren ausgeht. Liegt hingegen ein Tarifvertrag vor, kann grundsätzlich ein Gleichgewicht der Produktionsfaktoren Arbeit und Kapital eintreten. Die JFCA geht von einer entsprechenden widerlegbaren Vermutung des Bestehens eines Gleichgewichts im Falle der Existenz eines Tarifvertrages aus (siehe hierzu bereits S. 227).

---

662 Übersetzung des Verfassers; original: *“La huelga deberá tener por objeto: ... IV) Exigir el cumplimiento del contrato colectivo de trabajo o del contrato-ley en las empresas o establecimientos en que hubiese sido violado, ...”*

Nach dieser Schlussfolgerung kann grundsätzlich nichts anderes gelten, wenn zwar ein Tarifvertrag besteht, der Arbeitgeber aber gegen tarifvertragliche Regelungen verstößt. Hier kann sodann ebenfalls ein vom Arbeitgeber hergestelltes Ungleichgewicht der Produktionsfaktoren gegeben sein, welches die Arbeitnehmer zum Streik berechtigt. Schließlich kommen diejenigen Regelungen nicht zur Anwendung, die ein Gleichgewicht herstellen können.[663]

I. Antragsbefugnis im Streikverfahren

In der Literatur ist umstritten, ob die Arbeitnehmer gewerkschaftsunabhängig mit dem Ziel der Tarifvertragseinhaltung streiken dürfen.

So wird vertreten, dass für das Ziel der Einhaltung tarifvertraglicher Regelungen gewerkschaftlich organisiert gestreikt werden muss, da die Gewerkschaft und eben nicht der einzelne Arbeitnehmer Partei des Tarifvertrages ist. Eine materiellrechtliche Berechtigung der temporären Arbeitnehmerkoalition wird abgelehnt.[664]

Teilweise wird hiervon abweichend aber auch davon ausgegangen, dass die Arbeitnehmer gewerkschaftsunabhängig als Koalition dieses Streikrecht wahrnehmen können, da anders als bei dem Abschluss oder der Revision eines Tarifvertrages keine Mitwirkung einer Gewerkschaft für das Streikrecht erforderlich ist. Es besteht kein Grund für die Ablehnung der materiellrechtlichen Berechtigung zum diesbezüglichen Streik. Schließlich bleibt der Tarifvertrag als solcher von einem Streik zu seiner Einhaltung unberührt, sodass eine Mitwirkung der Gewerkschaft als Partei des Tarifvertrages nicht notwendig ist.[665]

In der Praxis werden gewerkschaftsunabhängige Streiks zur Einhaltung des Tarifvertrages allerdings aus formellen Gründen als unzulässig behandelt. Dies beruht auf der verfahrensrechtlichen Norm des Art. 923 LFT, wonach nur die Gewerkschaft als Tarifvertragspartei das Streikverfahren im Falle eines bestehenden Tarifvertrages einleiten kann (siehe S. 300 f., 333 ff.). Das streikeinleitende Forderungsschreiben muss als Ausnahme vom materiellrechtlichen Gewährleistungsumfang des Streikrechts (siehe S. 210 f.) im Zusammenhang mit dem Tarifvertrag von der JCA zurückgewiesen werden, wenn es nicht von der Tarifvertragspartei stammt.[666] Da die Rechtmäßigkeit des Streiks aber die Einhaltung des formellen Streikverfahrens erfordert (siehe Kapitel § 6), kann eine nur vorübergehende Arbeitnehmerkoalition das Streikziel der Einhaltung tarifvertraglicher Regelungen nicht in gesetzlicher Weise verfolgen.

Diese Regelung wurde vom Gesetzgeber erst im Jahr 1980 eingefügt, um das Streikrecht zu regulieren sowie wilde und ungeordnete Streiks ohne Beteiligung

---

663 *Guerrero*, Manual De Derecho Del Trabajo, S. 380.

664 *Cavazos*, Síntesis De Derecho Laboral Comparado, S. 44.

665 *Muñoz*, Derecho Colectivo, S. 538; *Martínez y Gonzáles*, Reflexiones Sobre La Huelga, S. 60.

666 *Climént Beltrán*, LFT, S. 324.

der Gewerkschaften zu unterbinden. Dies ist insbesondere im Zusammenhang mit dem Staatskorporativismus und der staatlichen Kontrolle über die Gewerkschaften zu sehen (siehe S. 35 ff., 63 ff.), da der Staat mit der Normierung eines ausschließlichen Antragsrechts der Gewerkschaften im Ergebnis eine Kontrolle über die Streikbewegungen erhielt. Teile der Literatur kritisieren diese Norm als verfassungswidrig, weil sie dazu führe, dass das garantierte Streikrecht der gewerkschaftsunabhängigen Koalitionen verhindert wird. Auch das materielle Streikrecht des LFT erkennt den gewerkschaftsunabhängigen Streik ausdrücklich an, Art. 440 f. LFT.[667] Ungeachtet dieser Kritik wenden die JCAs in der Praxis Art. 923 LFT an und lehnen eine Streikberechtigung der temporären Koalition aus formellen Gründen ab.[668]

Die Arbeitnehmer können die Verletzung des Tarifvertrages aber zumindest individuell und gewerkschaftsunabhängig ohne Wahrnehmung des Streikrechts geltend machen:

- Bei einem Arbeitgeberverstoß gegen tarifvertragliche Bestimmungen können die Arbeitsbehörden den Arbeitgeber mit einem Bußgeld bestrafen, Art. 992, 994, 1000 LFT.[669]
- Arbeitnehmer können gewerkschaftsunabhängig etwaige Verstöße zur Anzeige bei den Arbeitsbehörden bringen. Darüber hinaus können sie im Rahmen des ordentlichen juristischen Verfahrens auf die Einhaltung einer tarifvertraglichen Bestimmung klagen, soweit die Nichteinhaltung oder die Nichtigkeit einer tarifvertraglichen Bestimmung ihre Rechtsposition verletzt.[670]

II. Grundvoraussetzung: kollektives Interesse

Der auf die Einhaltung des Tarifvertrages gerichtete Streik muss entsprechend der verfassungsrechtlichen Gewährleistung (siehe S. 195 f.) solche Arbeitgeberverstöße verfolgen, die ein kollektives Interesse der betroffenen Arbeitnehmer berühren. Die Geltendmachung einer Tarifvertragsverletzung mit individuellem Charakter ist dagegen kein zulässiges Streikziel. Das Erfordernis eines kollektiven

---

667 Zum Beispiel *Puig Hernández*, Procedimiento de Huelga, S. 279; *Fernández*, Reforma Laboral de 1980, S. 1 f.; *Dávalos*, Tópicos Laborales, S. 362.

668 TC (Séptimo Tribunal Colegiado En Materia De Trabajo Del Primer Circuito/novena época), Amparo en revision 497/96, Francisco Peña Romero y otros, 6.9.1996, SJFG, Band IV (November 1996), S. 445.

669 *Breña*, LFT Comentada y Concordada, S. 422.

670 SCJN (cuarta sala/octava época), Tesis de Jurisprudencia 35/39, 6.9.1993, SJF, No. 69, September 1993, S. 19; *De Buen L.*, Derecho Del Trabajo, Band II, S. 767 f.; *Cueva, M. de la*, El Nuevo Derecho, Band II, S. 540.

Interesses der Arbeitnehmer gilt über Art. 450 Nr. IV LFT hinaus auch für die anderen Streikziele.[671]

Anders als bei der Einhaltung des Tarifvertrages liegt dem Abschluss und der Revision eines Tarifvertrages allerdings naturgemäß stets ein kollektives Interesse zugrunde, da dessen Bestehen oder Änderung im Interesse aller betroffenen Arbeitnehmer ist. Eine gesonderte Feststellung ist für das Streikziel des Tarifvertragsschlusses oder seiner Revision daher – anders als für die arbeitgeberseitige Tarifvertragstreue – nicht erforderlich.[672]

1. Abgrenzung Individual- und Kollektivinteresse

Die Abgrenzung zwischen den Streiks zur Verfolgung eines kollektiven oder individuellen Interesses der Arbeitnehmer ist im Einzelfall schwierig und (vor allem in der Praxis) mit erheblichen Rechtsunsicherheiten verbunden.[673]

Die Literatur bejaht Verstöße kollektivrechtlicher Natur allgemein dann, wenn das der Arbeitnehmergemeinschaft innewohnende Interesse betroffen ist und sich der Verstoß nicht auf das Interesse Einzelner beschränkt.[674] Maßgeblich sei, dass die Arbeitgeberhandlung geeignet ist, *„das Interesse der Arbeitnehmergemeinschaft oder Teile derer aufs Spiel zu setzen"*.[675] Dies sei insbesondere bei Arbeitgeberhandlungen, die auf die Umgehung des Schutzes des kollektiven Arbeitsrechtes zum Schutze der Individualinteressen gerichtet seien, der Fall.[676] Für die Feststellung eines Kollektivinteresses der Arbeitnehmer ist es unerheblich, wie viele Arbeitnehmer tatsächlich von dem Verstoß betroffen sind, solange sich dieser auf das der Arbeitnehmergemeinschaft innewohnende kollektive Interesse bezieht.[677]

Zum Teil wird auch vertreten, dass die Arbeitnehmergemeinschaft im Ganzen betroffen sei, wenn zulasten einer hohen Arbeitnehmeranzahl oder einer ganzen

---

671 *De Buen L.*, Derecho Del Trabajo, Band II, S. 828–832; *Climént Beltrán*, LFT, S. 324; *Tenopala*, La Huelga, S. 46, 58; *Cueva, M. de la*, El Nuevo Derecho, Band II, S. 541 f.; *Guerrero*, Manual De Derecho Del Trabajo, S. 380; SCJN (cuarta sala/quinta época), Amparo en revisión 382/38, Sind. De Obreros y Obreras Textiles de "La Industrial del Nazas", 7.6.1938, SJF, Band LVI, S. 1628; SCJN (cuarta sala/quinta época), Sociedad "Manuel M. Conde", 2.7.1943, SJF, Band LXXVII, S. 364.

672 *De Buen L.*, Derecho Del Trabajo, Band II, S. 828 f.

673 *De Buen L.*, Derecho Procesal Del Trabajo, S. 80.

674 *Climént Beltrán*, LFT, S. 324; *De Buen L.*, Derecho Del Trabajo, Band II, S. 828 f.; *De Buen L.*, Derecho Procesal Del Trabajo, S. 80 f.; *Martínez y Gonzáles*, Reflexiones Sobre La Huelga, S. 58.

675 *Cueva, M. de la*, El Nuevo Derecho, Band II, S. 540.

676 *Guerrero*, Manual De Derecho Del Trabajo, S. 380.

677 *Climént Beltrán*, LFT, S. 324; *De Buen L.*, Derecho Del Trabajo, Band II, S. 828 f.; *De Buen L.*, Derecho Procesal Del Trabajo, S. 80 f.; *Martínez y Gonzáles*, Reflexiones Sobre La Huelga, S. 58; *Cueva, M. de la*, El Nuevo Derecho, Band II, S. 540; *Guerrero*, Manual De Derecho Del Trabajo, S. 380.

Arbeitnehmergruppe Verstöße stattfinden, auch wenn jeder einzelne Verstoß für sich einen individuellen Charakter hätte. So sei zum Beispiel die Nichtzahlung des Mindestlohns an nur zwei oder drei Arbeitnehmer ein Verstoß individuellen Charakters, wohingegen die generelle Nichtzahlung des Mindestlohns an alle Arbeitnehmer oder an eine bestimmte Arbeitnehmergruppe einen kollektiven Charakter aufweise.[678]

Die überwiegende Auffassung in der Literatur lehnt diese Ansicht jedoch ab. Die Tatsache, dass ein Arbeitgeber in einer Vielzahl von Fällen individuelle Rechte verletzt, führe unabhängig von der Schwere der Verletzung nicht zu einem Streikrecht. Die Vielzahl von Verletzungen individueller Interessen habe allenfalls einen „generellen" Konflikt zur Folge. Die Summe der Rechtsverletzungen mit individuellem Charakter könne aber unabhängig von der Intensität nicht zur Annahme eines kollektiven Interesses führen. Hierfür spreche, dass auf diese Weise die Anzahl der Verstöße nicht mit der Feststellung eines kollektiven Interesses der Rechtsverletzung vermengt wird. Der Begriff „kollektiv" impliziere aus sprachwissenschaftlicher Sicht, dass es sich um ein Gruppeninteresse handele, das der sich aus einer Vielzahl von Individuen zusammensetzenden Gruppe innewohne und ihr gemeinsam sei. Nach herrschender Meinung in der Literatur muss es sich um Interessen der Gruppierung handeln, welche den Individuen der Gruppe gemeinsam sind.[679]

In der Praxis besteht als eine der Folgen einer bisher nicht existenten Arbeitsgerichtsbarkeit diesbezüglich keine einheitliche Rechtsprechung. Unstrittig ist, dass die Streikenden ein kollektives Interesse im Sinne der oben genannten Definition verfolgen müssen.[680] Unklar ist hingegen, ob sich ein solches kollektives Interesse auch aus der Anzahl von Rechtsverletzungen gegenüber allen Arbeitnehmern oder einer Arbeitnehmergruppe ableiten lässt.

Jedenfalls im Hinblick auf Massenentlassungen ist nach der ständigen Rechtsprechung des SCJN von einem solchen kollektiven Interesse auszugehen, wenn diese nach Einleitung des Streikverfahrens zur Erreichung der Tarifvertragseinhaltung erfolgen. Der Grund hierfür sei, dass ein Arbeitgeber sich andernfalls der Anwendung eines Tarifvertrages durch Kündigung aller oder eines wesentlichen Teils der Arbeitnehmer einseitig entziehen könnte.[681]

---

678 *Cueva, M. de la*, El Nuevo Derecho, Band II, S. 516.

679 *De Buen L.*, Derecho Del Trabajo, Band II, S. 829; *De Buen L.*, Derecho Procesal Del Trabajo, S. 80 f.; *Climént Beltrán*, LFT, S. 324; *Tenopala*, La Huelga, S. 115; *Martínez y Gonzáles*, Reflexiones Sobre La Huelga, S. 58.

680 *De Buen L.*, Derecho Del Trabajo, Band II, S. 828–832; *Climént Beltrán*, LFT, S. 324; *Tenopala*, La Huelga, S. 46, 58; *Cueva, M. de la*, El Nuevo Derecho, Band II, S. 541 f.; *Guerrero*, Manual De Derecho Del Trabajo, S. 380; SCJN (cuarta sala/quinta época), Amparo en revisión 382/38, Sind. De Obreros y Obreras Textiles de "La Industrial del Nazas", 7.6.1938, SJF, Band LVI, S. 1628; SCJN (cuarta sala/quinta época), Sociedad "Manuel M. Conde", 2.7.1943, SJF, Band LXXVII, S. 364.

681 SCJN (cuarta sala/quinta época), Sociedad "Manuel M. Conde", 2.7.1943, SJF, Band LXXVII, S. 361.

Ungeachtet dieses Abgrenzungsproblems kann allerdings festgestellt werden, dass auf der einen Seite die Rechtsunsicherheit von den JCAs in der Vergangenheit zum Teil ausgenutzt wurde, um den Arbeitnehmern mit dem bloßen Argument eines fehlenden kollektiven Interesses das Streikrecht zu verwehren. Auf der anderen Seite versuchten in der Praxis Gewerkschaften teilweise bewusst und nicht als Folge der rechtlichen Unsicherheit über den kollektiven Charakter der Rechtsverletzung, mit dem Mittel des Streiks auch Individualinteressen von Arbeitnehmern mit der Behauptung eines kollektiven Interesses durchzusetzen. Allerdings ist der Streik in diesen Fällen weder verfassungsrechtlich noch gesetzlich zulässig.[682]

2. Kollektivinteresse bei Tarifvertragsverletzungen

Das Bestehen eines Tarifvertrages ist im kollektiven Interesse, da er ein Gleichgewicht der Produktionsfaktoren Arbeit und Kapital herstellen kann. Aus seiner Nichtbeachtung kann daher ein Ungleichgewicht mit der Folge des Streikrechts gefolgert werden (siehe S. 227 f.).

Dabei ist es für die Beurteilung der Rechtmäßigkeit eines Streiks unerheblich, ob der schuldrechtliche oder normative Teil des Tarifvertrages verletzt wurde, da grundsätzlich in beiden Fällen ein Ungleichgewicht der Produktionsfaktoren eintreten kann. Dies entspricht dem Willen des Gesetzgebers, der nur auf das Vorliegen eines kollektiven Interesses abzielt.[683]

Da die Rechtsverletzung das gemeinsame Interesse der Arbeitnehmer berühren muss, rechtfertigt nach ganz herrschender Auffassung vor allem die einzelfallbezogene Außerachtlassung individueller Arbeitsbedingungen des normativen Tarifvertragsteils (zum Beispiel Vergütung) keinen Streik. Solche Vertragsverletzungen können die Arbeitnehmer individuell in einem ordentlichen Verfahren geltend machen, ohne dass ein Streik erforderlich wäre.[684]

Das gemeinsame Interesse der Arbeitnehmer ist erst dann berührt, wenn der Arbeitgeber eine Regelung „generell“ nicht anwendet und damit die normative Wirkung des Tarifvertrages zugunsten der Arbeitnehmer als solche missachtet. In diesem Fall wird ersichtlich, dass der Arbeitgeber den Tarifvertrag per se nicht anerkennt, dessen Bestehen aber im kollektiven Arbeitnehmerinteresse ist. Das Streikrecht besteht daher bei einer strukturellen Nichtbeachtung individueller Arbeitsbedingungen des normativen Regelungskomplexes. Hiervon gehen auch diejenigen Autoren aus, die aus der Vielzahl von Einzelverletzungen das Vorliegen eines kollektiven Interesses grundsätzlich ablehnen.[685]

---

682 *De Buen L.*, Derecho Del Trabajo, S. 828 f.

683 *Cueva, M. de la*, El Nuevo Derecho, Band II, S. 540.

684 *De Buen L.*, Derecho Del Trabajo, S. 828 f.; *Cueva, M. de la*, El Nuevo Derecho, Band II, S. 540.

685 *De Buen L.*, Derecho Del Trabajo, Band II, S. 830; *De Buen L.*, La participación de los trabajadores en las utilidades, S. 3 f.; *Cueva, M. de la*, El Nuevo Derecho, Band II, S. 514 ff.

Außerdem besteht das Streikrecht bei der Missachtung kollektiver Arbeitsbedingungen, die gleichzeitig für eine Vielzahl von Arbeitnehmern gelten und nicht individualisiert sind (zum Beispiel die Sicherheit im Betrieb, vereinbarte Betriebsferien). Hier ergibt sich das kollektive Interesse aus der Natur der verletzten Norm, da deren Nichtbeachtung gleichzeitig eine Vielzahl von Arbeitnehmern betrifft. Dies gilt grundsätzlich auch für die Verletzung des schuldrechtlichen Teils des Tarifvertrages, der in der Regel inhaltlich auf die Durchsetzung des Tarifvertrages oder die effektive Arbeitnehmervertretung durch die Gewerkschaft gerichtet ist.[686]

Schließlich sind die effektive Durchsetzung des Tarifvertrages und die gewerkschaftliche Vertretung eine zentrale Voraussetzung für die Herstellung des im Kollektivinteresses liegenden Gleichgewichts zwischen der Arbeit und dem Kapital. Daher können zum Beispiel die arbeitgeberseitige Verletzung der Klausel zur ausschließlichen Einstellung von Gewerkschaftsmitgliedern[687] oder die Kündigung der Gewerkschaftsvertreter das Streikrecht begründen.[688] Handelt es sich hingegen um hiervon unabhängige subjektive Gewerkschaftsrechte, liegt kein zulässiges Streikziel bezüglich der Durchsetzung des Tarifvertrages vor.[689] Dies beruht darauf, dass in diesem Fall keine tarifvertraglichen Regelungen der Arbeitnehmer berührt sind, die Inhaber des Streikrechts aber die Arbeitnehmer und nicht die Gewerkschaften sind (siehe S. 212 f.).

Zusammenfassend lässt sich daher festhalten, dass die Einhaltung tarifvertraglicher Bestimmungen nach ganz überwiegender Ansicht im kollektiven Interesse liegt, wenn der Arbeitgeber

- auf strukturelle Weise normative Regelungen des Tarifvertrages hinsichtlich individueller Arbeitsbedingungen der Arbeitnehmer verletzt,
- kollektive Arbeitsbedingungen verletzt,
- schuldrechtliche Bestimmungen verletzt, die der Durchsetzung des Tarifvertrages oder der effektiven Arbeitnehmervertretung dienen, oder
- den Tarifvertrag im Ganzen unangewendet lässt.

---

686 *De Buen L.*, Derecho Del Trabajo, Band II, S. 830; *Cueva, M. de la*, El Nuevo Derecho, Band II, S. 514 ff.

687 *Cueva, M. de la*, El Nuevo Derecho, Band II, S. 322, 540.

688 SCJN (cuarta sala/quinta época), Sociedad "Manuel M. Conde", 2.7.1943, SJF, Band LXXVII, S. 364; *Cueva, M. de la*, El Nuevo Derecho, Band II, S. 623. Teilweise wird in der Literatur vertreten, dass diese Rechtsprechung nicht aufrechterhalten werden könne, da der Gesetzgeber nachträglich normierte, dass die Kündigung von Gewerkschaftsvertretern deren Funktion als Vertreter der Arbeitnehmer im Betrieb oder Unternehmen unberührt lasse und die Kündigung zu keinem Ungleichgewicht mehr führe; siehe zum Beispiel *Guerrero*, Manual De Derecho Del Trabajo, S. 380; *De Buen L.*, Derecho Del Trabajo, Band II, S. 828.

689 *De Buen L.*, Derecho Del Trabajo, Band II, S. 830; *Cueva, M. de la*, El Nuevo Derecho, Band II, S. 514 ff.

III. Zulässigkeit des Streikziels

Für die Rechtmäßigkeit der Arbeitsniederlegung ist es ausreichend, dass die Streikenden sich auf die Verletzung des Tarifvertrages berufen, ohne dass diese tatsächlich vorliegen müsste. Die Frage des konkreten Vorliegens eines Arbeitgeberverstoßes gegen den Tarifvertrag ist für die Rechtmäßigkeit des Streiks grundsätzlich unerheblich. Der Streik muss allerdings auf spezifische, behauptete Vertragsverletzungen gerichtet sein. Die Streikenden müssen dabei konkret die Einhaltung einzelner Regelungen des Tarifvertrages im Falle eines Arbeitgeberverstoßes darlegen und dürfen nicht eine nur allgemeine Tarifvertragstreue des Arbeitgebers fordern.[690]

Maßgeblich für die inhaltliche Zulässigkeit dieses Streikziels ist allein, dass die behauptete Verletzung das kollektive Interesse berührt und sich auf die Einhaltung des Tarifvertrages bezieht. Daher wird insbesondere nicht diskutiert, ob auch solche tarifvertraglichen Regelungen zum Streik berechtigen, die das Gesetz nur wiederholen oder modifizieren. Durch die Aufnahme im Tarifvertrag wird eine solche Regelung zumindest sein Bestandteil.[691]

Hingegen ist in der Literatur umstritten, ob das Streikziel der Tarifvertragseinhaltung auch Regelungen umfasst, die im kollektiven Interesse sind, aber nur bei Gelegenheit des Tarifvertragsschlusses geregelt werden (vor allem die Betriebsbestimmungen betreffend). Außerdem wird vereinzelt vertreten, das Streikrecht umfasse nur Regelungsstreitigkeiten, wohingegen Rechtsstreitigkeiten im ordentlichen (Gerichts-) Verfahren geltend zu machen seien.

1. Keine Beschränkung auf Regelungsstreitigkeiten

Baltasar Cavazos Flores vertritt, dass eine Verletzung tarifvertraglicher Bestimmungen, die sich nur auf die rechtliche Interpretation oder Anwendung einer Vertragsklausel bezieht, vor dem ordentlichen Rechtsweg geltend gemacht werden müsse und ein Streik ausgeschlossen sei. Richte sich die Verletzung des Tarifvertrages auf die ökonomischen Arbeitsbedingungen, komme grundsätzlich das Streikrecht in Betracht.[692] Diese Differenzierung wird jedoch von der ganz herrschenden Auffassung in der Literatur abgelehnt. Auch in der Praxis finden sich keine Anhaltspunkte für diese Ansicht.[693] Insbesondere der Wortlaut des Art. 450 Nr. IV LFT (siehe S. 198) spricht gegen eine solche Ansicht, da er sowohl juristische als auch ökonomische Tarifvertragsverletzungen, mithin Rechts- und Regelungsstreitigkeiten, erfasst. Auch bei einer Rechtsverletzung durch den Arbeitgeber

---

690 *De Buen L.*, Derecho Del Trabajo, Band II, S. 932; *Climént Beltrán*, LFT, S. 324.

691 *De Buen L.*, Derecho Del Trabajo, Band II, S. 932; *Climént Beltrán*, LFT, S. 324.

692 *Cavazos*, Nueva LFT, S. 327 f.

693 Zum Beispiel *De Buen L.*, Derecho Del Trabajo, Band II, S. 832; *Martínez y Gonzáles*, Reflexiones Sobre La Huelga, S. 61 f.; *Climént Beltrán*, LFT, S. 324.; *Cueva, M. de la*, El Nuevo Derecho, Band II, S. 514 ff.

kann ein Ungleichgewicht zwischen Arbeit und Kapital bestehen. Gerade dies ist aber die verfassungsrechtliche Voraussetzung für ein materiellrechtlich zulässiges Streikziel. Das Streikrecht umfasst folglich auch Rechtsverletzungen des Tarifvertrages.[694]

2. *Regelungen bei Gelegenheit*

Hingegen ist unklar, ob das Streikziel zur Einhaltung des Tarifvertrages nach Art. 450 Nr. IV LFT auch solche Regelungen umfasst, die erst durch die Aufnahme in den Tarifvertrag dessen Bestandteil werden, aber selbst keinen Tarifvertrag darstellen würden (wie zum Beispiel Betriebsbestimmungen). Einzelne Autoren vertreten, dass sie nach dem Wortlaut des Art. 450 Nr. IV LFT kein zulässiges Streikziel begründen können, da sie ihrer Natur gemäß auch bei einer Regelung im Tarifvertrag keine tarifvertragliche Regelung darstellen (siehe S. 198, 236). Daher besteht diesbezüglich auch kein Streikrecht.[695] Dies wird allerdings teilweise unter Hinweis darauf abgelehnt, dass nach Art. 391 Nr. X LFT auch solche Regelungen Bestandteil des Tarifvertrages werden, welche die Parteien vereinbaren, und diese Norm nicht nach dem konkreten Inhalt des Tarifvertrages differenziert.[696] Nach Hinweis einzelner in der Arbeitsrechtspraxis tätiger Rechtsanwälte nahmen die JCAs aber in der Regel keine trennscharfe Unterscheidung zwischen Regelungen bei Gelegenheit eines Tarifvertrages und solchen tarifvertraglichen Charakters vor. Bisher konnte zulässig sein, bei einer Verletzung insbesondere von im kollektiven Interesse bestehenden Betriebsbestimmungen zu streiken. Der Grund hierfür ist neben dem Wortlaut von Art. 391 Nr. X LFT auch der einen Tarifvertrag häufig konkretisierende Charakter von Betriebsbestimmungen. Die Verletzung der Betriebsbestimmung wird hier zugleich als Verletzung des Tarifvertrages geltend gemacht. Abzuwarten bleibt, wie sich die Arbeitsgerichte künftig positionieren. Da die genannte Regel nicht generell vor den JCAs gilt, soll im Folgenden nur von einem im Einzelfall zulässigen Streikziel die Rede sein. Einigkeit besteht aber darüber, dass vom Tarifvertrag unabhängige kollektive Regelungen nicht vom Streikrecht des Art. 450 Nr. IV LFT umfasst sind.[697]

IV. Zwischenergebnis

Arbeitnehmer dürfen zur Durchsetzung tarifvertraglicher Regelungen streiken, soweit sie die Beseitigung einer arbeitgeberseitigen, im kollektiven Arbeitnehmerinteresse stehenden Tarifvertragsverletzung verfolgen. Ob eine Verletzung

---

694 *Martínez y Gonzáles*, Reflexiones Sobre La Huelga, S. 203.

695 *Cueva, M. de la*, El Nuevo Derecho, Band II, S. 447 f.; *De Buen L.*, Derecho Del Trabajo, Band II, S. 755 f.

696 *Martínez y Gonzáles*, Reflexiones Sobre La Huelga, S. 61 f.

697 *Martínez y Gonzáles*, Reflexiones Sobre La Huelga, S. 61 f.

tatsächlich vorliegt, ist für die Rechtmäßigkeit der Arbeitsniederlegung unerheblich und nur im Rahmen der sonstigen Streikfolgen relevant.

Die Einhaltung tarifvertraglicher Regelungen liegt im kollektiven Interesse der Arbeitnehmer, wenn der Arbeitgeber den Tarifvertrag im Ganzen unangewendet lässt, normative Regelungen des Tarifvertrages bezüglich individueller Arbeitsbedingungen generell verletzt, kollektive Arbeitsbedingungen oder solche schuldrechtlichen Bestimmungen des Tarifvertrages verletzt, die der Tarifvertragsdurchsetzung oder der effektiven Arbeitnehmervertretung dienen.

Auch kann nach allerdings umstrittener Auffassung das Streikziel der Tarifvertragseinhaltung im Einzelfall darauf gerichtet sein, zumindest solche Verletzungen von im kollektiven Interesse der Arbeitnehmer stehenden Regelungen zu beseitigen, die bei Gelegenheit des Tarifvertrages abgeschlossen werden. Dies gilt jedenfalls dann, wenn sie die tarifvertraglichen Regelungen konkretisieren.

Hingegen dient der Streik nicht der Durchsetzung individueller Arbeitnehmerrechte. Dies gilt auch für subjektive Rechte der Gewerkschaften, die von der Tarifvertragsdurchführung oder der effektiven Arbeitnehmervertretung unabhängig sind. Außerdem kann der Streik zur Tarifvertragseinhaltung nicht das Ziel verfolgen, tarifvertragsunabhängige kollektive Regelungen zwischen Arbeitnehmerrepräsentanten und Arbeitgebern durchzusetzen.

C. Art. 450 Nr. V LFT: Einhaltung der gesetzlichen Gewinnbeteiligung

Neben dem Tarifvertrag besteht ein zweites Instrument zur Herstellung eines Gleichgewichts zwischen der Arbeit und dem Kapital: die Arbeitnehmerbeteiligung am Unternehmensgewinn, Art. 123 A IX CPEUM und Art. 117 ff. LFT. Die Einhaltung dieser Bestimmungen kann ein Streikziel sein, Art. 450 Nr. V LFT.

> Art. 450 LFT (auszugsweise; vollständiger Normwortlaut auf S. 198)
> *„Der Streik muss folgende Ziele haben:*
>
> *I. bis IV....*
> *V. Erreichung der Erfüllung der gesetzlichen Regelungen zu der Beteiligung an den Unternehmenserträgen, ...“*[698]

I. Inhalt der Gewinnbeteiligung

Die Regelungen zur Gewinnbeteiligung der Arbeitnehmer ergeben sich teilweise unmittelbar aus der Verfassung und im Übrigen auch aus dem LFT.

---

698 Übersetzung des Verfassers; original: *“La huelga deberá tener por objeto: ... V) Exigir el cumplimiento de las disposiciones legales sobre participación de utilidades; ...”*

1. Festlegung des Beteiligungssatzes

Die Arbeitnehmer und leitenden Angestellten haben in jedem Geschäftsjahr einen Anspruch auf die Beteiligung am Unternehmensgewinn. Eine Nationalkommission setzt landesweit eine Beteiligungsquote fest, welche gegenwärtig 10 % des Unternehmensgewinns beträgt.[699] Die Nationalkommission setzt sich aus Arbeitnehmer-, Arbeitgeber- und Regierungsvertretern zusammen[700] und wird von der Behörde für Arbeit und soziale Vorsorge (*Secretario del Trabajo y Previsión Social* – nachfolgend „STPS") einberufen, sobald Studien existieren, die eine Änderung rechtfertigen. Außerdem kann die Kommission auf Antrag von Gewerkschaften zusammenkommen, wenn sie mindestens 51 % der gewerkschaftlich organisierten Arbeitnehmer repräsentieren.[701]

Der gegenwärtige Beteiligungssatz beruht auf der Entscheidung der 3. Kommission vom 28. Februar 1985, welche die 5. Kommission vom 28. Januar 2009 bestätigte.[702] Zur Bestimmung des Beitragssatzes muss die Kommission Untersuchungen durchführen, um die Konditionen der nationalen Wirtschaft in Erfahrung zu bringen und die wirtschaftliche Entwicklung des Landes, des Rechts des Kapitals an einer angemessenen Rendite sowie die wirtschaftlichen Auswirkungen eines veränderten Beitragssatzes berücksichtigen zu können.[703]

2. Beteiligung der Arbeitnehmer

Der jährliche Beteiligungsanspruch der Arbeitnehmer und leitenden Angestellten in Höhe von 10 % des zu versteuernden Unternehmensgewinns ist zwischen den Arbeitnehmern des Unternehmens wie folgt aufzuteilen:[704]

- 5 % der Gesamtsumme vergütungsunabhängig nur unter Berücksichtigung der geleisteten Arbeitstage im jeweiligen Kalenderjahr,
- 5 % der Gesamtsumme vergütungsabhängig im Verhältnis zur Grundvergütung je Arbeitstag.

Die vergütungsabhängige Gewinnbeteiligung berücksichtigt die Grundvergütung je Arbeitstag. Andere Vergütungsbestandteile wie zum Beispiel Gratifikationen,

---

699 Art. 123 A IX CPEUM, 117 f. LFT; *5. Comisión Nacional Para La Participación De Los Trabajadores En Las Utilidades De Las Empresas*, Beschluss vom 28. Januar 2009, Diario Oficial, 3. Februar 2009, S. 16.

700 Art. 123 A IX CPEUM und Art. 117 f. und 575 ff. LFT.

701 Art. 587 LFT.

702 *Breña*, LFT Comentada y Concordada, S. 206 ff.; *De Buen L.*, Derecho Del Trabajo, Band II, S. 249; *5. Comisión Nacional Para La Participación De Los Trabajadores En Las Utilidades De Las Empresas*, Beschluss vom 28. Januar 2009, Diario Oficial, 3. Februar 2009, S. 13–17.

703 Art. 123 A IX CPEUM und Art. 118 LFT.

704 Art. 123 LFT.

Zulagen sind für die Aufteilung des Gesamtbetrags zwischen den Arbeitnehmern nicht zu berücksichtigen. Im Falle einer erfolgsabhängigen Vergütung ist die durchschnittliche Tagesvergütung im Jahr zu berechnen. Bei leitenden Angestellten darf die Vergütung für die Vergleichsrechnung maximal 20 % höher als die höchste Vergütung eines Gewerkschaftsmitglieds sein.[705] Bei der Berechnung der Gewinnbeteiligung nach geleisteten Arbeitstagen bleiben Fehlzeiten der Arbeitnehmer, welche die Folge eines Arbeitsunfalls, einer Berufskrankheit oder Schwangerschaft sind, unberücksichtigt.[706] In diesen Fällen werden die Fehlzeiten als Arbeitstag anerkannt.

Die Arbeitnehmer und leitenden Angestellten erhalten ihren Anteil an der jährlichen Gewinnbeteiligung grundsätzlich spätestens sechzig Tage nach Abgabe der Steuererklärung durch den Arbeitgeber und damit in der Regel am 30. Mai (wenn der Arbeitgeber eine juristische Person ist) oder am 29. Juni (wenn der Arbeitgeber eine natürliche Person ist) des folgenden Kalenderjahres.[707] Die verfassungsrechtlich garantierte Gewinnbeteiligung der Arbeitnehmer ist zwingendes Recht, von welchem weder einzel- noch tarifvertraglich zum Nachteil der Arbeitnehmer abgewichen werden darf.[708]

3. *Ermittlung der Gewinnbeteiligung*

Die Gewinnbeteiligung setzt grundlegend voraus, dass überhaupt ein (festgestellter) Unternehmensgewinn existiert. Für seine Ermittlung und Festlegung bestehen Verfahrensvorschriften, welche die Arbeitsvertragsparteien beachten müssen. Jedes Geschäftsjahr ist dabei isoliert zu betrachten, weshalb vor allem der Verlust des Vorjahres bei der Gewinnermittlung des laufenden Kalenderjahres nicht berücksichtigt werden darf.[709]

a. *Gesamtbetrag*

Das Verfahren zur Gewinnermittlung stellt sich wie folgt dar:[710]

- Gegebenenfalls Festlegung des Beteiligungssatzes durch die Nationalkommission (in der Regel ist der Prozentsatz über Jahre unverändert, siehe S. 287 oben),

---

705 Art. 124, 127 Nr. II LFT.

706 Art. 127 Nr. IV LFT; *Breña*, LFT Comentada y Concordada, S. 217.

707 Art. 122 LFT; *SAT*, Manual Laboral y Fiscal sobre la participación de los trabajadores en las utilidades de las empresas 2019, S. 13; *De Buen L.*, Derecho Del Trabajo, Band II, S. 254 f.

708 Art. 130 LFT; *Breña*, LFT Comentada y Concordada, S. 221; *De Buen L.*, Derecho Del Trabajo, Band II, S. 254.

709 Art. 128 LFT.

710 Art. 120 f. LFT; *Breña*, LFT Comentada y Concordada, S. 213 f.; *De Buen L.*, Derecho Del Trabajo, Band II, S. 254 f.

- Aufstellung der Bilanz durch den Arbeitgeber gemäß den steuerrechtlichen Grundsätzen, die den zu versteuernden Unternehmensgewinn ausweisen muss,
- Übermittlung der Steuererklärung inklusive der Bilanzen durch den Arbeitgeber an die Steuerbehörde (*Secretaría de Hacienda y Crédito Público*),
- Zusendung einer Kopie der Steuererklärung an die Arbeitnehmervertreter innerhalb von zehn Tagen nach Übersendung an das Finanzamt und zur Verfügungstellung der Anlagen zur Steuererklärung für dreißig Tage in den Büros des Unternehmens und Finanzamtes, in welche die Arbeitnehmervertreter Einsicht nehmen dürfen,
- gegebenenfalls Einspruch der Arbeitnehmervertreter gegen die Bilanzen oder Steuererklärung vor dem Finanzamt in den folgenden dreißig Tagen,
- Entscheidung des Finanzamtes über die Höhe des zu versteuernden Unternehmensgewinns, welche für die Arbeitnehmer unanfechtbar ist.

b. Individueller Arbeitnehmeranspruch

Nach der Finanzamtsentscheidung ist unternehmensintern ein Verfahren zur Feststellung der individuellen Beteiligung der Arbeitnehmer einzuleiten:[711]

- Einsetzung einer Kommission im Unternehmen, die paritätisch mit Arbeitnehmer- und Arbeitgebervertretern zu besetzen ist,
- Übersendung von Arbeitnehmerlisten durch den Arbeitgeber an die Kommission, welche vor allem die Anzahl der geleisteten Arbeitstage und die Grundvergütung im abgelaufenen Kalenderjahr zur Ermittlung der individuellen Gewinnbeteiligung beinhalten,
- Entscheidung der Kommission oder bei einer fehlenden Einigung der Kommission eine Entscheidung des zuständigen Arbeitsinspektors[712],
- Bekanntmachung der Entscheidung gegenüber den Arbeitnehmern und Aushang an einem öffentlich zugänglichen Raum im Unternehmen,
- gegebenenfalls Arbeitnehmerwiderspruch gegen die Zuteilungsentscheidung innerhalb von fünfzehn Tagen nach der Bekanntmachung,
- Entscheidung über den Widerspruch durch die Kommission oder den Arbeitsinspektor innerhalb von fünfzehn Tagen nach dem Widerspruch.

---

711 Art. 121 Nr. IV, 125 LFT; ist der Arbeitgebereinspruch erfolgreich und zahlte der Arbeitgeber an die Arbeitnehmer eine zu hohe Gewinnbeteiligung aus, kann er im folgenden Kalenderjahr die Überbezahlung mit der Gewinnbeteiligung ausnahmsweise verrechnen; *Breña*, LFT Comentada y Concordada, S. 217 f.; *De Buen L.*, Derecho Del Trabajo, Band II, S. 255 f.

712 Art. 540 ff. LFT; Arbeitsinspektoren sind Behördenmitarbeiter einer Arbeitsschutzbehörde, die vor allem die Einhaltung arbeitsrechtlicher Normen in den Betrieben überwacht.

Liegt die Zuteilungsentscheidung vor, muss der Arbeitgeber innerhalb von sechzig Tagen nach fristgemäßer Zahlung seiner jährlichen Steuerschuld den jeweiligen Arbeitnehmeranteil gemäß der Zuteilungsentscheidung auszahlen. In der Praxis versuchen Arbeitgeber häufig, den zu versteuernden Unternehmensgewinn bilanziell niedrig zu gestalten, da neben der Steuerschuld auch die Höhe der Arbeitnehmerbeteiligung hiervon abhängt. Dies führt zu „besonderen" Investitionen der Unternehmen, die im Wesentlichen nur zur Senkung des Gewinns (auch zugunsten der privaten Kasse des Arbeitgebers) getätigt werden, aber nicht für die Unternehmensführung erforderlich wären.[713] Hiermit ist häufig auch eine durch Korruption geförderte Mithilfe staatlicher Stellen verbunden (siehe zur Korruption bereits S. 78 ff.).

4. *Gesetzliche Schranken*

Das Gewinnbeteiligungsrecht besteht grundsätzlich für alle Arbeitnehmer im Geltungsbereich der CPEUM und des LFT. Allerdings sind einzelne Arbeitnehmergruppen und Unternehmen vom Gewinnbeteiligungsrecht ausgenommen.

a. Personeller Geltungsbereich

Personell umfasst das Gewinnbeteiligungsrecht grundsätzlich alle Arbeitnehmer und leitenden Angestellten (für Letztere gilt allerdings eine fiktive Gehaltsobergrenze, siehe S. 259 unten), wenn sie im Kalenderjahr mindestens sechzig Arbeitstage gearbeitet haben.[714] Hingegen sind organschaftliche Vertreter des Arbeitgebers vom Gewinnbeteiligungsrecht ausgenommen.[715]

b. Sachlicher Geltungsbereich

Die Arbeitnehmer müssen bei einem Unternehmen im mexikanischen Hoheitsgebiet angestellt sein, das auf die Erwirtschaftung eines Gewinns ausgerichtet ist und durch die Produktion oder den Vertrieb von Waren oder das Anbieten von Dienstleistungen am Markt auftritt. Dies ist zum Beispiel bei Haushaltsangestellten nicht der Fall, wodurch sie kein Gewinnbeteiligungsrecht haben.[716]

Außerdem sind bestimmte Unternehmen zum Schutz ihrer Leistungsstärke oder zur Ermöglichung eines Wachstums im Gründungsstadium von der Pflicht zur Gewinnbeteiligung ihrer Arbeitnehmer ausgenommen. So sind zum Beispiel neu gegründete Unternehmen für den Zeitraum von einem Jahr und im Falle der Neuheit des Produktes auf dem Markt für einen Zeitraum von zwei Jahren von der

713 *De Buen L.*, Derecho Del Trabajo, Band II, S. 260.
714 Art. 127 Nr. VII LFT.
715 Art. 127 Nr. I LFT.
716 *Breña*, LFT Comentada y Concordada, S. 220; *De Buen L.*, Derecho Del Trabajo, Band II, S. 254, 260.

Gewinnbeteiligungspflicht befreit. Auch kann die STSP für jeden Industriezweig eine Mindestkapitalgrenze festlegen, die ein Unternehmen zum Entstehen der Gewinnbeteiligungspflicht haben muss.[717] Auf dieser Grundlage erließ die STPS am 19. Dezember 1996 eine Verordnung, nach der nur Unternehmen mit einem zu versteuernden Jahresgewinn von mehr als EUR 11.300[718] gewinnbeteiligungspflichtig sind.[719]

II. Gleichgewichtsfunktion

Das Gewinnbeteiligungsrecht ist neben dem Tarifvertrag das zentrale Instrument des mexikanischen Arbeitsrechts zur Herstellung eines Gleichgewichts zwischen den Produktionsfaktoren der Arbeit und dem Kapital.[720] Bereits in der Verfassungsreform von 1857 gab es erste Bestrebungen, die Arbeitnehmerbeteiligung am Unternehmensgewinn zu normieren. Diese Ideen wurden zwar zunächst unbeachtet gelassen, in der Folge der Revolution aber übernommen und als Arbeitsgarantie in die Verfassung aufgenommen. Der Verfassungsgeber sah dies als geeignete Maßnahme an, um eine angemessene Vergütung der Arbeitnehmer zu erreichen. Ihre Bezahlung würde so nicht mehr nur im freien Ermessen des Arbeitgebers stehen. Vielmehr könnten die Arbeitnehmer unmittelbar am wirtschaftlichen Erfolg „ihrer Ausbeutung durch das Kapital“ partizipieren (siehe S. 184 und 197 zur klassenkämpferischen Rhetorik des Verfassungsgebers).[721] Daher gehen auch oberste Bundesbehörden wie die Finanzverwaltung SAT von den folgenden Regelungszielen aus:[722]

- Herstellung eines Gleichgewichts zwischen der Arbeit und dem Kapital unter Anerkennung des Beitrags der Arbeitskraft mit dem Instrument der Gewinnbeteiligung,
- Verbesserung der Verteilung des Reichtums und Steigerung des ökonomischen Lebensstandards der Arbeitnehmer und ihrer Familien,
- Erhöhung der Produktivität mit den Kräften der Arbeitnehmer und Unternehmer zur Erreichung eines gemeinsamen Wohlstandes.

Das Gleichgewicht zwischen Arbeit und Kapital durch die Gewinnbeteiligung ist nach seiner Zielsetzung auf die finanzielle Teilhabe am Unternehmensergebnis

---

717 Art. 123 A IX CPEUM und Art. 126 LFT.

718 Das heißt mehr als Mex $ 300.000 (siehe Fn. 443).

719 *SAT*, Manual Laboral y Fiscal sobre la participación de los trabajadores en las utilidades de las empresas 2019, S. 9.

720 *Cueva, M. de la*, El Nuevo Derecho, Band I, S. 326; *Breña*, LFT Comentada y Concordada, S. 212.

721 *Diario de los debates del Congreso Constituyente 1916–1917*, Sitzung vom 27. Dezember 1916, Band I, S. 1012; *De Buen L.*, Derecho Del Trabajo, Band II, S. 259 f.

722 *SAT*, Manual Laboral y Fiscal sobre la participación de los trabajadores en las utilidades de las empresas 2019, S. 7.

beschränkt. Den Arbeitnehmern sollen zur Gewährleistung der Gewinnbeteiligung der Zugang zur jährlichen Steuererklärung des Arbeitgebers und im Rahmen des gesetzlichen Verfahrens eine Einflussnahme auf die Steuererklärung durch die Erhebung eines Widerspruches vor der Entscheidung des Finanzamtes ermöglicht werden. Diese Rechte führen aber nicht dazu, dass der Verfassungs- und Gesetzgeber den Arbeitnehmern durch die Gewinnbeteiligung im Umkehrschluss auch einen Einfluss auf die Geschäfts- und Unternehmensführung gewährt. Dieses Recht verbleibt – vorbehaltlich tarifvertraglicher oder anderer gesetzlicher Regelungen – ausschließlich bei dem Arbeitgeber. Das Gesetz stellt klar, dass das Gewinnbeteiligungsrecht keine Mitbestimmung auf Betriebs- und Unternehmensebene impliziert.[723]

III. Umfang des Streikrechts

Da die Gewinnbeteiligung auf das Gleichgewicht der Produktionsfaktoren Arbeit und Kapital gerichtet ist und ein zentrales Mittel zur Erreichung dieses Ziels darstellt, kann bei einem Verstoß gegen die Regelungen dazu grundsätzlich ein Ungleichgewicht vorliegen. Der Gesetzgeber erkennt daher in Art. 450 Nr. V LFT das Streikrecht mit dem Ziel der Einhaltung von gesetzlichen Regelungen zur Gewinnbeteiligung an.

Die Beteiligung einer Gewerkschaft ist für die Verfolgung dieses Streikziels aus materiellrechtlicher Sicht mangels Sachzusammenhangs mit einem Tarifvertrag grundsätzlich nicht erforderlich.[724]

1. *Zulässiges Streikziel*

Voraussetzung für die Zulässigkeit des Streiks ist, dass die Arbeitnehmer mit dem Streik ein kollektives Interesse verfolgen. Sie müssen zur Durchsetzung solcher kollektiven Rechte streiken, die im Interesse der Arbeitnehmergemeinschaft und nicht nur im individuellen Interesse einzelner Arbeitnehmer liegen (siehe hierzu bereits S. 195 f. und 250 ff.). Hinsichtlich der gesetzlichen Gewinnbeteiligung sind das diejenigen Rechte der Arbeitnehmer, die eine Berechnung der Gewinnbeteiligung ermöglichen. Zulässige Streikziele sind damit die Zusendung einer Kopie der Steuererklärung an die Arbeitnehmervertreter, die Zurverfügungstellung der Anlagen zur Steuererklärung, die Bildung der paritätisch besetzten Kommission und die Übersendung aller für deren Entscheidung erforderlichen Unterlagen zur Festlegung der individuellen Gewinnbeteiligungen.[725] Arbeitnehmer dürfen daher

723 Art. 123 A IX CPEUM und Art. 131 LFT; *Breña*, LFT Comentada y Concordada, S. 221.

724 *Muñoz*, Derecho Colectivo, S. 538.

725 *De Buen L.*, Derecho Del Trabajo, Band II, S. 829 f., 833; *Guerrero*, Manual De Derecho Del Trabajo, S. 381; *Martínez y Gonzáles*, Reflexiones Sobre La Huelga, S. 61; *Tenopala*, La Huelga, S. 117; *Cavazos*, Síntesis De Derecho Laboral Comparado, S. 56.

rechtmäßig streiken, wenn ihre Forderungen auf die Arbeitgeberpflichten zur Berechnung und Festlegung des individuellen Gewinnbeteiligungsbetrages, mithin auf die Feststellung der Berechnungsgrundlagen gerichtet sind. Wie auch im Falle einer Tarifvertragsverletzung müssen die Streikenden im Streikverfahren die spezifischen gesetzlichen Regelungen, die ihrer Ansicht nach verletzt wurden, unter Angabe des Sachverhaltes konkretisieren. Eine nur pauschale Behauptung von Arbeitgeberverstößen oder die allgemeine Verfolgung des gesetzeskonformen Verhaltens seitens des Arbeitgebers führt dagegen nicht zur Zulässigkeit des Streikes.[726]

Eine konkrete Prüfung einer Rechtsverletzung durch den Arbeitgeber findet aber auch bei einem Streik zur Durchsetzung der Gewinnbeteiligung erst im Rahmen der Rechtsfolgen des Streiks statt. Stellt die JCA eine Rechtsverletzung fest, verpflichtet sie den Arbeitgeber zur Einhaltung der gesetzlichen Bestimmung und zur Vergütungszahlung für die Zeiten der Arbeitsniederlegung. Liegt keine Rechtsverletzung vor, erklärt die JCA den Streik für ungerechtfertigt und der Arbeitgeber muss weder die Arbeitnehmerforderung erfüllen noch die Vergütung zahlen. Die Rechtmäßigkeit der Arbeitsniederlegung bleibt hiervon aber unberührt (siehe S. 318 f.).

2. *Rechtswidrigkeit des Streiks*

Hingegen ist die Durchsetzung individueller Interessen von vornherein kein zulässiges Streikziel. Dies gilt auch für gewichtige arbeitgeberseitige Verstöße wie die Nichtzahlung der individualisierten Gewinnbeteiligungen an einzelne Arbeitnehmer. Die Zahlung der einzelnen Gewinnbeteiligung liegt grundsätzlich nur im Interesse des jeweils betroffenen Arbeitnehmers und nicht im Interesse der Arbeitnehmergemeinschaft im Ganzen.[727] Den Arbeitnehmern steht in diesen Fällen der ordentliche Rechtsweg offen.

Arbeitnehmer dürfen auch nicht für die Festlegung des Beteiligungssatzes streiken. Dieses Ziel würde sich nicht gegen den Arbeitgeber, sondern gegen die Nationalkommission richten, die den Beteiligungssatz festlegt. Allerdings dürfen sie nach dem Wortlaut des Art. 450 Nr. V LFT (siehe S. 257) nur zur Durchsetzung der gesetzlichen Pflichten des Arbeitgebers streiken.[728] Der Streik muss sich unter Zugrundelegung seines verfassungsrechtlichen Verständnisses auf das Arbeitsverhältnis beziehen und darf sich nicht gegen staatliche Entscheidungen wenden (siehe S. 194).

Ähnliches gilt für den Inhalt der Steuererklärung durch den Arbeitgeber. Weist der Arbeitgeber einen zu niedrigen Unternehmensgewinn oder fälschlicherweise einen Verlust aus, besteht kein Streikrecht, da das Finanzamt und nicht der Arbeitgeber die (zu versteuernde) Gewinnhöhe feststellt. Die Arbeitnehmer können nur

---

726 *Climént Beltrán*, LFT, S. 325; *Cavazos*, Síntesis De Derecho Laboral Comparado, S. 55.
727 *De Buen L.*, Derecho Del Trabajo, Band II, S. 829, 833.
728 *De Buen L.*, Derecho Del Trabajo, Band II, S. 726 f.; *Climént Beltrán*, LFT, S. 325.

vor der Finanzamtsentscheidung selbst Prüfungen vornehmen und einen Einspruch gegen die Angaben des Arbeitgebers einlegen. Ein Streikrecht kommt in einem Verfahren vor dem Finanzamt aber nicht in Betracht. Auch obliegen der für Streiks zuständigen JCA keine Entscheidungen über den zu versteuernden Unternehmensgewinn. Hierfür sind ausschließlich die Finanzbehörden zuständig.[729]

Das Streikrecht verliert durch diese Beschränkungen an Bedeutung, da zentrale Rechnungsgrößen der Gewinnbeteiligung (Prozentsatz und Höhe des jährlichen Unternehmensgewinns) nicht mit einem Streik durchgesetzt werden können. Das Streikrecht ist nur auf die Durchsetzung der Verfahrensrechte gegenüber dem Arbeitgeber zur Gewinnberechnung beschränkt, die aber keinen unmittelbaren Einfluss auf die Bezugsgrößen haben. In der Praxis hat dieses Streikziel daher keine große Bedeutung. So können die Arbeitgeber in der Regel ohne größere Schwierigkeiten das Festlegungsverfahren durchführen. Außerdem können Bedenken gegen die Steuererklärung und die vom Arbeitgeber ausgewiesene Gewinnhöhe vom Finanzamt geklärt werden.[730]

3. *Verweis auf den ordentlichen Rechtsweg*

Da sich das Streikrecht im Hinblick auf die gesetzliche Gewinnbeteiligung ausschließlich auf die Verteidigung gegen Rechtsverletzungen seitens des Arbeitgebers bezieht, wäre die Durchsetzung dieser kollektiven Rechte wie auch bei den individuellen Rechten grundsätzlich in einem ordentlichen Verfahren vor der JCA (künftig am Arbeitsgericht) möglich. Hierbei handelt sich um gesetzliche Pflichten des Arbeitgebers, deren (Nicht-)Erfüllung ausschließlich Rechtsfragen betreffen und in einem juristischen Verfahren geklärt werden können (siehe zu den Verfahrensarten S. 171 f.). Allerdings stellen einzelne Autoren die Frage nach der Angemessenheit dieses Streikrechts zur Durchsetzung gesetzlicher Pflichten, die auch von einer staatlichen Stelle zwangsweise realisiert werden könnten. Letztlich lassen aber auch diese Autoren die Frage der Angemessenheit unbeantwortet, da in der Verteidigung von bestimmten gesetzlichen Rechten jedenfalls der Charakter des mexikanischen Streikrechts als Gleichgewichtsmittel im Arbeitsverhältnis zum Ausdruck komme. So gewähre die Verfassung nach *Néstor de Buen Lozano* das Streikrecht im Wesentlichen zur Verbesserung der Arbeitsbedingungen durch die Herstellung eines Gleichgewichts zwischen Arbeit und Kapital. Bei Verstößen gegen dieses Gleichgewichtsinstrument liege aber eben ein Ungleichgewicht vor, welches nach dem verfassungsrechtlichen Konzept zu einem Streik berechtige.[731]

Daher ist im Grundsatz unerheblich, ob die Arbeitnehmer gesetzliche Arbeitgeberpflichten oder ökonomische Forderungen durchzusetzen versuchen, solange die Arbeitnehmer damit die Herstellung eines Gleichgewichts der Produktionsfaktoren

729 *Martínez y Gonzáles*, Reflexiones Sobre La Huelga, S. 61.
730 *Cavazos*, Síntesis De Derecho Laboral Comparado, S. 56.
731 *De Buen L.*, Derecho Del Trabajo, Band II, S. 833.

Arbeit und Kapital und die Harmonisierung des Arbeitsrechts mit dem Recht des Kapitals verfolgen.

IV. Zwischenergebnis

Arbeitnehmer haben grundsätzlich ein verfassungsrechtlich garantiertes Recht auf eine jährliche Beteiligung am zu versteuerndem Unternehmensgewinn des Arbeitgebers in Höhe von derzeit 10 %. Diese Beteiligung hat das Ziel der Herstellung eines Gleichgewichts zwischen den Produktionsfaktoren Arbeit und Kapital.

Arbeitnehmer dürfen zur Durchsetzung der gesetzlichen Arbeitgeberpflichten streiken, soweit die betroffenen Regelungen im kollektiven Interesse der Arbeitnehmer liegen. Ein solches liegt im Rahmen der gesetzlichen Arbeitgeberpflichten zur Berechnung und Festlegung des individuellen Gewinnbeteiligungsbetrages der Arbeitnehmer vor.

Hingegen dient der Streik nicht zur Durchsetzung der Bezahlung des individualisierten Gewinnanteils der Arbeitnehmer.

Auch dürfen Arbeitnehmer nicht gegen die Festsetzung des Beteiligungssatzes durch das Nationalkomitee oder gegen die Entscheidung des Finanzamtes über den zu versteuernden jährlichen Unternehmensgewinn des Arbeitgebers streiken.

Das Streikrecht dient daher ausschließlich der Sicherung des Berechnungsverfahrens zur Gewinnbeteiligung, nicht jedoch derjenigen der betragsmäßigen Arbeitnehmerbeteiligung der Höhe nach.

Ob eine Gesetzesverletzung seitens des Arbeitgebers tatsächlich vorliegt, ist für die Rechtmäßigkeit eines Streiks unerheblich, soweit die Arbeitnehmer zur Beseitigung einer spezifischen und nicht nur allgemein behaupteten Gesetzesverletzung streiken.

Das Vorliegen einer tatsächlichen Rechtsverletzung durch den Arbeitgeber ist erst im Rahmen der Rechtsfolgen des Streiks für die Frage der Durchsetzung der Forderung und der Vergütungszahlung während der Arbeitsniederlegung durch Arbeitnehmer relevant.

D. Art. 450 Nr. VI LFT: Unterstützungsstreik

Der mexikanische Gesetzgeber erkennt gemäß Art. 450 Nr. VI LFT auch den Unterstützungsstreik als zulässiges Streikziel an.

Art. 450 LFT (auszugsweise; vollständiger Normwortlaut auf S. 198)
„Der Streik muss folgende Ziele haben:

I. bis V. ...
VI. Unterstützung eines Streiks, welcher eine der vorgenannten Regelungen zum Ziel hat, ...“[732]

---

732 Übersetzung des Verfassers; original: *“La huelga deberá tener por objeto: ... VI) Apoyar una huelga que tenga por objeto alguno de los enumerados en las fracciones anteriores, ...”*

I. Inhalt des Streikziels

Die Arbeitnehmer verfolgen mit der Unterstützung eines anderen Streiks ein zulässiges Ziel, wenn der Hauptstreik einer Intention nach Art. 450 LFT dient. Der Unterstützungsstreik muss sich auf die Durchsetzung von Arbeitnehmerforderungen im kollektiven Interesse gegenüber einem Arbeitgeber entsprechend der einzelnen Streikzielregelungen in einem anderen Streik richten.[733] Die Beendigung des Hauptstreikes führt wegen der Akzessorietät automatisch zum Ende des Unterstützungsstreiks.[734] Auch ergibt sich aus seiner Akzessorietät, dass dieser ausschließlich mit dem Ziel der Unterstützung geführt und nicht mit anderen Streikzielen verbunden werden darf.[735]

Über die Akzessorietät hinaus enthält das LFT keine weiteren Voraussetzungen. Der Sympathiestreik hat daher eine erhebliche materiellrechtliche Reichweite.[736] Insbesondere wird angeführt, dass die Unterstützung nach dem gesetzlichen Konzept auch für solche Arbeitnehmer, die nicht mit dem eigenen Arbeitgeber in Verbindung stehen, in zulässiger Weise stattfinden darf. Es muss kein eigenes, über die Unterstützung hinausgehendes Arbeitnehmerinteresse berührt sein, welches das allgemeine Interesse eines sozialen Zusammenhalts übersteigt. Dies ergibt sich aus dem Wortlaut des Art. 450 Nr. VI LFT. Auch führt der Streik im Falle der Unterstützung anders als bei den übrigen Streikzielen nicht zu einem Ruhen von weiteren rechtsförmlichen Verfahren, Art. 448 Abs. 2 LFT. Der Gesetzgeber unterstellt, dass eigene Interessen im Falle eines Unterstützungsstreiks nicht berührt werden und rechtsförmliche Verfahren den Streik nicht beeinträchtigen können.[737]

II. Hintergrund der Regelung

In der Wissenschaft ist umstritten, ob der gesetzlich anerkannte Unterstützungsstreik verfassungskonform ist. In der Praxis ist dieser jedenfalls nicht relevant, sodass die Rechtsprechung zu dieser Frage bisher nicht Stellung nehmen konnte.

---

733 *Tenopala*, La Huelga, S. 117; *Martínez y Gonzáles*, Reflexiones Sobre La Huelga, S. 68 f.; *De Buen L.*, Derecho Del Trabajo, Band II, S. 833; *Cueva, M. de la*, El Nuevo Derecho, Band II, S. 682 f.; *Cavazos*, Síntesis De Derecho Laboral Comparado, S. 56.

734 *Cueva, M. de la*, El Nuevo Derecho, Band II, S. 683.

735 *Cueva, M. de la*, El Nuevo Derecho, Band II, S. 683; *Muñoz*, Derecho Colectivo, S. 545.

736 *Cueva, M. de la*, El Nuevo Derecho, Band II, S. 682 f.; *De Buen L.*, Derecho Del Trabajo, Band II, S. 833; *Reynoso Castillo*, Derecho del trabajo, S. 449; *Muñoz*, Derecho Colectivo, S. 545.; nur *Arturo Martínez y González* weist darauf hin, dass der Wortlaut von Art. 450 Nr. VI LFT nicht explizit die Nr. VII umfasst, ohne eine Antwort auf den konkreten Inhalt des Ziels zu geben, vgl. *Martínez y González*, Reflexiones Sobre La Huelga, S. 69.

737 *Tenopala*, La Huelga, S. 117.

1. Verfassungskonformität

Die Befürworter des Unterstützungsstreiks berufen sich auf eine über die Streikzielgarantie des CPEUM hinausgehende Solidarität innerhalb der Arbeitnehmerschaft als allgemeines Verfassungsprinzip, da zur Erreichung eines Gleichgewichts zwischen den Produktionsfaktoren Arbeit und Kapital die Unterstützung und Solidarität anderer Arbeitnehmer erforderlich sei. Der Unterstützungsstreik beruht nach Ansicht dieser Autoren auf dem Dogma des sozialen Kampfes gegen das Kapital, wonach jeder Streik ein Teilkampf des Proletariats sei, der von allen Arbeitnehmern und Gewerkschaften unterstützt und verteidigt werden müsse (siehe zur klassenkämpferischen Rhetorik S. 184, 197).[738] Die Solidarität der Arbeitnehmerschaft als Verfassungsprinzip gewährleistet die nur mittelbare Verfolgung des Gleichgewichts der Produktionsfaktoren. Dieses Streikziel steht in unmittelbarem Zusammenhang mit dem während der Revolution erfolgten Generalstreik (siehe S. 57 ff.), weshalb zumindest die Unterstützung eines anderen zulässigen Streiks ausdrücklich gesetzlich anerkannt ist.[739]

In der Literatur werden neben ökonomischen Bedenken[740] teilweise auch erhebliche Vorbehalte gegen die verfassungsrechtliche Legitimität des Unterstützungsstreiks geäußert.

Insbesondere wird vertreten, dass der Unterstützungsstreik nicht unmittelbar auf das Gleichgewicht der Produktionsfaktoren, sondern nur auf die Unterstützung eines anderen Streiks gerichtet sei. Das verfassungsrechtlich garantierte Streikrecht gewährleiste allerdings nur die Erreichung eines Gleichgewichtes der Produktionsfaktoren und die Harmonisierung des Arbeitsrechts mit dem Recht des Kapitals. Dies beziehe sich aber auf das Arbeitsverhältnis der betroffenen Arbeitnehmer und gerade nicht auf die Unterstützung außerhalb der eigenen Arbeitsverhältnisse liegender Interessen, auf die der Arbeitgeber der unterstützenden Arbeitnehmer in der Regel keinen Einfluss hat.[741]

Daher kommt die Wissenschaft teilweise zu dem Ergebnis, dass eine verfassungsrechtliche Rechtfertigung für den Unterstützungsstreik fehle oder zumindest logisch nicht zu erklären sei. Die Herleitung aus einem behaupteten allgemeinen Verfassungsprinzip der Solidarität zwischen den Arbeitnehmern habe keine verfassungsrechtlich konkretisierte Grundlage. Die Anerkennung des Unterstützungsstreikes im LFT sei daher allein politisch motiviert.[742]

---

738 *Cueva, M. de la*, El Nuevo Derecho, Band II, S. 683 f.; *Reynoso Castillo*, Derecho del trabajo, S. 450.

739 *De Buen L.*, Derecho Del Trabajo, Band II, S. 833; *Tenopala*, La Huelga, S. 117.

740 *Cavazos*, LFT, S. 485; *Treviño*, La Legislación Laboral Mexicana, S. 30.

741 *Guerrero*, Manual De Derecho Del Trabajo, S. 381 f.; *Reynoso Castillo*, Derecho del trabajo, S. 450; *Martínez y Gonzáles*, Reflexiones Sobre La Huelga, S. 56.

742 *De Buen L.*, Derecho Del Trabajo, Band II, S. 833; *Tenopala*, La Huelga, S. 117; *Guerrero*, Manual De Derecho Del Trabajo, S. 381 f.; *Cueva, M. de la*, El Nuevo Derecho, Band II, S. 684.

2. *Unterstützungsstreiks in der Praxis*

In der Praxis sind Unterstützungsstreiks nicht relevant, da diese in der Regel nicht vorkommen. Dies beruht neben der Rivalität zwischen den Gewerkschaften (siehe S. 75) vor allem darauf, dass der Arbeitgeber im Falle eines Unterstützungsstreiks unter keinen Umständen die Vergütung der unterstützenden Arbeitnehmer zahlen muss, Art. 937 Abs. 2 LFT. Der Wohlstand und der soziale Zusammenhalt der Gesellschaft ist jedoch sehr gering (siehe S. 125 ff.), sodass ein freiwilliger Gehaltsverzicht zur Unterstützung eines anderen Streiks in der Regel nicht in Betracht kommen wird.[743]

Die mexikanischen Arbeitnehmer müssen in der Regel um ihr tägliches Überleben kämpfen. Ein Gehaltsverzicht zur Unterstützung anderer Streiks ist mit ihren ökonomischen Umständen nicht vereinbar.[744]

Sofern sich Arbeitnehmer oder Gewerkschaften trotz aller Rivalität und Vorbehalte solidarisch zusammenschließen würden, ist anzunehmen, dass dies nur bei Vorliegen gravierender Umstände der Fall wäre. Bezweifelt werden darf, dass die Parteien die Regelungen zum Streikrecht und das hierfür vorgesehene Verfahren (siehe Kapitel § 6) bei der Existenz solcher Umstände beachten würden.[745]

Ungeachtet des Fehlens einer Arbeitsgerichtsbarkeit in der Vergangenheit bestehen mangels der praktischen Relevanz von Unterstützungsstreiks keine Rechtsprechungsgrundsätze über die Grenzen und die Zulässigkeit dieses Ziels. Unklar ist, ob ein Arbeitsgericht die Unterstützung eines anderen Streikes nach Art. 450 Nr. VI LFT als verfassungskonform anerkennen würde. Auch ist offen, ob in Übereinstimmung mit der oben genannten Literatur die Akzessorietät zu einem zulässigen Hauptstreik die einzige Tatbestandsvoraussetzung wäre. Teile der Literatur vertreten, dass die Regelung vielmehr als ein Beispiel für den nur symbolischen Charakter einer Norm anzusehen sei, den zahlreiche juristische Regelungen in Mexiko haben.[746]

Zwar erkennt der Gesetzgeber den Unterstützungsstreik grundsätzlich an. Gleichzeitig legt er dieses Recht aber mit anderen Normen in „Ketten", da er dieses Streikrecht vor allem hinsichtlich der Vergütung während der Arbeitsniederlegung anders als die übrigen Streikziele behandelt (siehe bereits S. 267, 324, 336).

Folgt man der Auffassung, wonach der Unterstützungsstreik keine verfassungsrechtliche Legitimation hat, hätte der Gesetzgeber den Arbeitnehmern auch ein Streikrecht zur Verfügung gestellt, das in keiner Weise zu einer rechtmäßigen Suspendierung der Arbeitsleistung führen könnte. Neben der praktischen

---

743 *Reynoso Castillo*, Derecho del trabajo, S. 450; *De Buen L.*, Derecho Del Trabajo, Band II, S. 833; *Cavazos*, Síntesis De Derecho Laboral Comparado, S. 56.

744 *Cueva, M. de la*, El Nuevo Derecho, Band II, S. 684.

745 *De Buen L.*, Derecho Del Trabajo, Band II, S. 833.

746 *Reynoso Castillo*, Derecho del trabajo, S. 450.

Undurchführbarkeit dieses Streikrechts läge gleichzeitig auch eine theoretische Verfassungswidrigkeit vor.[747]

Trotz der fehlenden Relevanz dieses Streikziels gibt es Bestrebungen von Unternehmen, den Gesetzgeber zu einer Streichung des Art. 450 Nr. VI LFT zu bewegen. Allerdings hätte dies erhebliche politische Proteste der Gewerkschaften und Arbeitnehmer wegen der (symbolhaften) Beschränkung des Streikrechts zur Folge, sodass der Gesetzgeber hiervon bisher Abstand nahm.[748] Zu vermuten ist, dass ein Löschen des Art. 450 Nr. VI LFT den genannten fehlenden sozialen Zusammenhalt hervorrufen könnte.

III. Zwischenergebnis

Die Unterstützung eines Streiks ist nach dem gesetzlichen Konzept rechtmäßig, solange der unterstützte Hauptstreik ein zulässiges Ziel nach Art. 450 LFT und keine anderen Intentionen vorliegen.

Allerdings ist bisher weder in der Wissenschaft noch in der Praxis geklärt, ob der Unterstützungsstreik verfassungskonform ist und der mexikanische Gesetzgeber ein zulässiges Streikziel im LFT normierte.

Unterstellte man die Verfassungsmäßigkeit dieses Streikziels, bestünden jedenfalls nach der Wissenschaft keine über die Akzessorietät hinausgehenden Voraussetzungen für einen Unterstützungsstreik.

Der gesetzlich anerkannte Unterstützungsstreik hat in Mexiko keine Praxisrelevanz, da in der Gesellschaft ein sozialer Zusammenhalt fehlt. Auch bestehen gesetzliche Hürden, die eine Wahrnehmung dieses Streikziels vor allem wegen der ökonomischen Verhältnisse der Arbeitnehmer unmöglich machen. Auch ein zulässiger und gerechtfertigter Streik führt nicht dazu, dass der Arbeitgeber die Vergütung für die Zeiten der Arbeitsniederlegung zahlen muss (siehe zur Differenzierung in Zulässigkeit und Rechtfertigung des Streiks ausführlich S. 305 ff., 316 ff.).

E. Art. 450 Nr. I LFT: Generische Streikzielregelung

Nachdem der Inhalt der Streikziele des Art. 450 Nr. II bis VII LFT bestimmt wurde, kann nunmehr die Regelung des Art. 450 Nr. I LFT analysiert werden, dessen Wortlaut deckungsgleich mit der Streikgarantie in Art. 123 A XVII CPEUM ist (auszugsweise, vollständiger Normwortlaut auf S. 192 und 198):

> Art. 450 LFT:
> *„Der Streik muss folgende Ziele haben:*

747 *Martínez y Gonzáles*, Reflexiones Sobre La Huelga, S. 69.

748 *De Buen L.*, Derecho Del Trabajo, Band II, S. 833; *Cueva, M. de la*, El Nuevo Derecho, Band II, S. 682, 684.

I. Erreichen eines Gleichgewichts zwischen den verschiedenen Produktionsfaktoren, Harmonisierung des Arbeitsrechts mit dem Recht des Kapitals, ..."[749]

Art. 123 A XVIII CPEUM:
„*Die Streiks sind zulässig, wenn sie als Ziel das Gleichgewicht zwischen den verschiedenen Produktionsfaktoren, die Harmonisierung des Arbeitsrechts mit dem Recht des Kapitals haben. ...*"[750]

Dieses gesetzliche Konzept führt zu einer Rechtsunsicherheit in der Wissenschaft und Praxis im Hinblick auf die Frage, welche spezifischen Streikziele die Arbeitnehmer in zulässiger Weise verfolgen dürfen. Im Blickpunkt der rechtlichen Unsicherheit steht, ob Art. 450 Nr. I LFT einen über die Nr. II bis VII hinausgehenden Bedeutungsgehalt hat oder die spezifischen Streikziele Nr. I nur abschließend konkretisieren. Die folgenden drei Lösungsansätze werden im Hinblick auf das Verhältnis von Nr. I zu Nr. II bis VII diskutiert:

- Nr. I ist unabhängig von den Nr. II bis VII, die der Gesetzgeber zusätzlich über Art. 123 A XVII CPEUM hinaus geregelt hat.[751]
- Die Regelungen in den Nr. II bis VII sind abschließende Konkretisierungen der Nr. I und von Art. 123 A XVII CPEUM, weshalb Nr. I keinen eigenen Regelungsinhalt hat.[752]
- Die Regelungen in den Nr. II bis VII sind nur beispielhafte Konkretisierungen der Nr. I und Art. 123 A XVII CPEUM, weshalb Nr. I eine über die Nr. II bis VII hinausgehende Generalklausel darstellt.[753]

Im Wesentlichen besteht Streit darüber, unter welchen Voraussetzungen ein Streikaufruf und die entsprechende Streikteilnahme zulässig sind. Die Vertreter der Unabhängigkeit und der beispielhaften Konkretisierung von Art. 450 Nr. I LFT gehen davon aus, dass unter bestimmten Voraussetzungen die Zulässigkeit eines Streikaufrufs und der entsprechenden Teilnahme über die Regelungen zum Tarifvertrag (S. 226 ff.), zur Arbeitnehmergewinnbeteiligung (S. 257 ff.) und zur Unterstützung (S. 266 ff.) hinaus auch für weitere Fallgruppen gegeben sein kann. Hingegen sind die Vertreter einer abschließenden Konkretisierung der Ansicht,

749 Übersetzung des Verfassers; original: "*La huelga deberá tener por objeto: I) Conseguir el equilibrio entre los diversos factores de la producción, armonizando los derechos del trabajo con los del capital, ...*"

750 Übersetzung des Verfassers; original: "*Las huelgas serán lícitas cuando tengan por objeto conseguir el equilibrio entre los diversos factores de la producción, armonizando los derechos del trabajo con los del capital. ...*"

751 *Reynoso Castillo*, Derecho del trabajo, S. 449.

752 *De Buen L.*, Derecho Del Trabajo, Band II, S. 827 f.; *Climént Beltrán*, Derecho Procesal Del Trabajo, S. 267.

753 *Cueva, M. de la*, El Nuevo Derecho, Band II, S. 628 f.; *Muñoz*, Derecho Colectivo, S. 534 f.; *Lóyzaga*, Libertad sindical y derecho de huelga, S. 70; *Tenopala*, La Huelga, S. 115.

dass in der mexikanischen Rechtsordnung keine weiteren zulässigen Streikziele bestehen, die über die vorgenannten Art. 450 Nr. II bis VII LFT hinausgehen.

Dieser Streit über das Verhältnis der Regelungen zueinander besteht bereits seit der Verabschiedung des ersten LFT im Jahr 1931 und ist in der Rechtspraxis bis in die Gegenwart nicht entschieden.[754] Dies ist eine der Folgen des bestehenden JCA-Systems sowie der fehlenden und uneinheitlichen mexikanischen Rechtsprechung in arbeitsrechtlichen Angelegenheiten (siehe S. 177 ff.).

I. Unabhängigkeit der Norm

Nur vereinzelt wurde in der Vergangenheit vertreten, dass das Streikziel des Nr. I von den übrigen Nr. II bis VII autonom sei (siehe Normwortlaut auf S. 198). Die explizit genannten Ziele in den Nr. II bis VII konkretisieren demnach nicht das Gleichgewicht der Produktionsfaktoren und die Harmonisierung des Arbeitsrechts mit dem Recht des Kapitals, sondern sind vom Gesetzgeber über Art. 123 A XVII CPEUM hinaus geregelte Streikziele. Hierfür spricht die Systematik des Art. 450 LFT, da das Ziel des Gleichgewichts auf derselben Stufe wie die anderen Streikziele durch Verwendung der Nummerierungen für jedes Ziel normiert ist. Außerdem findet keine gegenseitige Bezugnahme der Nummerierungen statt, sodass sich schon allein unter Berücksichtigung dieser Regelungsweise die Unabhängigkeit der einzelnen Streikziele voneinander ergibt.[755]

Von der ganz herrschenden Meinung (und Rechtsprechung) wird dieser Ansatz nahezu einstimmig abgelehnt. Vielmehr werden die spezifischen Streikziele der Nr. II bis VII als Konkretisierungen des Art. 450 Nr. I LFT angesehen.[756]

Insbesondere der Tarifvertrag und die gesetzliche Gewinnbeteiligung der Arbeitnehmer sind zentrale Gleichgewichtsinstrumente im mexikanischen Arbeitsrecht (siehe S. 227 f., 262), sodass die Ansicht einer Unabhängigkeit von Nr. I gegenüber dem Streik zum Tarifschluss und der Gewinnbeteiligung der Arbeitnehmer abwegig ist. Letztlich spricht aber insbesondere auch der gesetzgeberische Wille gegen eine Unabhängigkeit der Regelungen. So vertrat der mexikanische Gesetzgeber sowohl bei der Verabschiedung des LFT-alt als auch bei der Novellierung im Jahr 1970, Art. 123 A XVII CPEUM mit den spezifischen Streikzielregelungen in

---

754 *Reynoso Castillo*, Derecho del trabajo, S. 449; *De Buen L.*, Derecho Del Trabajo, Band II, S. 827.

755 *Reynoso Castillo*, Derecho del trabajo, S. 449; *Guerrero*, Manual De Derecho Del Trabajo, S. 375.

756 *De Buen L.*, Derecho Del Trabajo, Band II, S. 827 f.; *Climént Beltrán*, Derecho Procesal Del Trabajo, S. 267; *Cueva, M. de la*, El Nuevo Derecho, Band II, S. 628 f.; *Muñoz*, Derecho Colectivo, S. 534 f.; *Lóyzaga*, Libertad sindical y derecho de huelga, S. 70; *Tenopala*, La Huelga, S. 115; SCJN (cuarta sala/séptima época), Amparo directo 8978/83, Marver de México S.A., 15.8.1984, SJF, Vol. 187–192, 5. Teil, S. 36; SCJN (segunda sala/décima época), Contradicción de tesis 26/2016, 7.10.2016, Gaceta de la SJF, Buch 35, Oktober 2016, Band I, S. 840.

Art. 450 Nr. II bis VII LFT konkretisieren zu wollen. Dies ergibt sich zweifelsfrei aus dem Wortlaut der Gesetzesmaterialien zu Art. 450 LFT.[757] Neben dem mexikanischen Arbeitsrechtssystem des Tarifvertrags und der Gewinnbeteiligung als Gleichgewichtsinstrumente führt daher auch der gesetzgeberische Wille dazu, dass die vorgenannte Ansicht der Unabhängigkeit von Art. 450 Nr. I LFT abwegig ist.

Die nur vereinzelt vertretene Unabhängigkeit von Art. 450 Nr. I LFT und Nr. II bis VII entspricht in der mexikanischen Rechtsordnung daher nicht der gegenwärtigen Rechtslage und bleibt für die weiteren Ausführungen außer Betracht.

II. Konkretisierung durch spezifische Regelungen

Neben der ganz herrschenden Meinung in der Literatur vertreten in der Praxis auch der SCJN und die JCAs, dass die spezifischen Streikziele des Art. 450 LFT das Ziel des Gleichgewichts der Produktionsfaktoren und die Harmonisierung des Arbeitsrechts mit dem Recht des Kapitals konkretisieren.[758] Daher ist auch davon auszugehen, dass die künftig zuständigen Arbeitsgerichte dieser Ansicht folgen werden.

Streit besteht darüber, ob über die Nr. II bis VII hinaus die Nr. I einen eigenständigen Bedeutungsgehalt als Generalklausel hat oder der Gesetzgeber die Streikziele in den Nr. II bis VII abschließend regelte und in Nr. I nur die abstrakte Zielsetzung der Verfassung wiederholte. Wie bereits oben erwähnt, geht der Streit um die Voraussetzungen, unter welchen ein Streikaufruf und die entsprechende Streikteilnahme zulässig sind. Während die Vertreter einer abschließenden Konkretisierung von Nr. I der Ansicht sind, dass ein Streik nur in Bezug auf Tarifverträge, die Arbeitnehmergewinnbeteiligung und zur Unterstützung geführt werden darf, gehen die Vertreter des Generalklauselcharakters der Norm davon aus, dass über die vorgenannten spezifischen Streikziele hinaus auch weitere zulässige Streikziele in Betracht kommen können.

1. Abschließende Konkretisierung der Streikzielregelungen

Insbesondere *Néstor De Buen Lozano* vertritt den abschließend konkretisierenden Charakter der Streikziele in Nr. II bis VII und lehnt das Vorliegen einer Generalklausel nach Art. 450 Nr. I LFT ab (siehe Norm auf S. 198).[759] So stelle die bloße Wiederholung einer generischen, verfassungsrechtlichen Regelung oder von

757 *Cueva, M. de la,* El Nuevo Derecho, Band II, S. 628 f.

758 SCJN (cuarta sala/séptima época), Amparo directo 8978/83, Marver de México S.A., 15.8.1984, SJF, Vol. 187–192, 5. Teil, S. 36; *De Buen L.*, Derecho Del Trabajo, Band II, S. 827 f.; *Climént Beltrán*, Derecho Procesal Del Trabajo, S. 267; *Cueva, M. de la,* El Nuevo Derecho, Band II, S. 628 f.; *Muñoz,* Derecho Colectivo, S. 534 f.; *Lóyzaga,* Libertad sindical y derecho de huelga, S. 70; *Tenopala,* La Huelga, S. 115.

759 *De Buen L.*, Derecho Del Trabajo, Band II, S. 827 f.; *De Buen L.*, Nueva Ley Federal Del Trabajo Comentada, S. 174.

abstrakten Prinzipien durch den Gesetzgeber keine konkrete Regelung dar. Nr. I könne daher auch keinen spezifischen Regelungsgehalt aufweisen.[760] Außerdem regelte der Gesetzgeber nachträglich die beiden von der Gegenauffassung stets vorgebrachten vermeintlichen Hauptanwendungsfälle der Generalklausel in Nr. I. Dies zeige, dass er keine anderen als die in Nr. II bis VII genannten Streikziele zulasse:[761]

- Die Vertreter der Generalklausel beriefen sich auf die Fälle der arbeitgeberveranlassten Kündigung von Gewerkschaftsvertretern. Diese konnten nach der früheren Rechtslage als Folge der Kündigung ihre innerbetrieblichen Gewerkschaftsfunktionen beim (früheren) Arbeitgeber nicht mehr wahrnehmen. Dies verletzte die Koalitionsfreiheit der Arbeitnehmer, da diese nicht mehr ordnungsgemäß von ihrer Gewerkschaft vertreten wurden und dies das Streikrecht zur Wiedereinstellung der Gewerkschaftsvertreter begründet hätte.
  Der Gesetzgeber regelte diesen Sachverhalt nachträglich in Art. 376 Abs. 2 LFT. Die Kündigung lässt nunmehr die Stellung der Gewerkschaftsvertreter im Betrieb unberührt.
- Außerdem sollte ein Anwendungsfall von Art. 450 Nr. I LFT im Hinblick auf Tarifverträge bestehen, wenn außerbetrieblich eintretende Umstände (vor allem die Inflation) zu einem Ungleichgewicht zwischen Arbeit und Kapital mit der Folge einer Entwertung der Vergütung führten.
  Der Gesetzgeber regelte auch diesen Sachverhalt nachträglich, indem er nunmehr in Art. 426 LFT die Möglichkeit einer außerplanmäßigen Neuverhandlung der Tarifverträge zwischen den Parteien in einem staatlich geordneten (Modifikations-)Verfahren unabhängig von den Revisionsvorschriften des Tarifvertrages vorsieht (siehe S. 244).[762]

Die Wiederholung des generischen Streikziels in Nr. I ist nach *Néstor De Buen Lozano* nur ein technischer Fehler in der gesetzlichen Ausgestaltung und dabei ein offensichtlicher Mangel in der Gesetzgebung des LFT-alt von 1931.[763] Der Gesetzgeber habe diesen bei der Novellierung im Jahr 1970 nur aus politischen Gründen unverändert zur ursprünglichen Fassung übernommen, um den Eindruck einer Beschränkung des Streikrechts zu vermeiden.[764] *Juan B. Climént Beltrán* vertritt hingegen, dass es sich bei diesem gesetzlichen System nicht um einen technischen Fehler des Gesetzgebers handele. Der Gesetzgeber habe gerade durch dieses

760 *De Buen L.*, Nueva Ley Federal Del Trabajo Comentada, S. 174.
761 *De Buen L.*, Derecho Del Trabajo, Band II, S. 828; *De Buen L.*, Nueva Ley Federal Del Trabajo Comentada, S. 174.
762 *De Buen L.*, Derecho Del Trabajo, Band II, S. 828; *De Buen L.*, Nueva Ley Federal Del Trabajo Comentada, S. 174.
763 *De Buen L.*, Derecho Del Trabajo, Band II, S. 827.
764 *De Buen L.*, Derecho Del Trabajo, Band II, S. 828 f.

System den abschließend konkretisierenden Charakter der Nr. II bis VII zum Ausdruck bringen wollen.[765] Eine Begründung für diese Ansicht führt *Juan B. Climént* allerdings nicht an.

Jedenfalls folgern die Vertreter einer abschließenden Konkretisierung der Streikzielregelungen in Art. 450 Nr. II bis VII LFT aus ihrer Ansicht, dass ein Streikaufruf und die entsprechende Teilnahme hieran nicht in zulässiger Weise stattfinden können, soweit der Streik nicht um einen Tarifvertrag (S. 226 ff.), die Arbeitnehmergewinnbeteiligung (S. 257 ff.) oder zur Unterstützung eines anderen Streiks (S. 266 ff.) geführt wird. Die generische Streikzielregelung in Art. 450 Nr. I LFT stellt insbesondere nach *Néstor De Buen Lozano* und *Juan B. Climént* keine Generalklausel dar, wonach auch andere zulässige Streikziele verfolgt werden könnten.

2. Generalklausel

Allerdings setzen sich die Vertreter des abschließenden Charakters der spezifischen Streikzielregelungen nicht mit den überlieferten gesetzgeberischen Motiven auseinander, die dem System des LFT-alt zugrunde lagen und auf die sich der Gesetzgeber bei der Novellierung des Art. 450 LFT berief.

Nach dieser sollten nach dem gesetzgeberischen Willen Art. 450 Nr. I LFT eine Generalklausel und die übrigen Nr. II bis VII nur eine beispielhafte Konkretisierung des Nr. I darstellen. So wurden bei der Gestaltung des LFT von 1931 verschiedene Varianten diskutiert, die neben der bloßen Wiederholung des Wortlauts von Art. 123 A XVII CPEUM auch eine abschließende Konkretisierung der Streikziele als potenzielle Varianten zur gesetzlichen Regelung umfassten. Der Gesetzgeber entschied sich gegen die bloße Aufnahme einer Generalkausel, weil er andernfalls eine erhebliche Rechtsunsicherheit in der Rechtsanwendung befürchtete. Außerdem stand er noch unter dem Eindruck des (Macht-)Missbrauches der Justiz zulasten der Arbeiter im 19. Jahrhundert (siehe S. 55 ff., 108 f.). Eine nur generelle Formulierung der Streikziele hätte den JCAs einen weiteren Missbrauch durch ein regelmäßiges Versagen des Streikrechts eröffnet. Allerdings hielt der Gesetzgeber auch die abschließende Regelung der zulässigen Streikziele für ungeeignet, da diese im Widerspruch zu einer Gesellschaft im stetigen Wandel gestanden hätte, dem vor allem das Arbeitsrecht stets ausgesetzt ist. Zukünftige Entwicklungen oder Veränderungen hätten bei einer abschließenden Auflistung von spezifischen zulässigen Streikzielen nicht berücksichtigt werden können. Daher entschied sich der Gesetzgeber für eine dritte Variante, welche die ersten beiden Alternativen kombinierte. Der Gesetzgeber erwähnte in der Gesetzesbegründung explizit, dass durch Art. 450 Nr. II bis VII LFT eine beispielhafte Konkretisierung von Nr. I erfolgen solle (siehe Norm auf S. 198) und die JCAs nicht vorhergesehene Streikfälle in

---

765 *Climént Beltrán*, Derecho Procesal Del Trabajo, S. 267; *Climént Beltrán*, LFT, S. 323; *Muñoz*, Derecho Colectivo, S. 544.

Nr. I berücksichtigen können. Hierbei sollen die JCAs sich bei der Auslegung an dem Inhalt und der Bedeutung der Konkretisierungen orientieren. Hierauf bezog sich der Gesetzgeber bei der Novellierung von 1970 ausdrücklich, auch wenn vereinzelt eine abschließende Regelung diskutiert, aber letztlich verworfen wurde.[766]

Aus diesem Grund wird angeführt von *Mario de la Cueva* in der Arbeitsrechtswissenschaft überwiegend vertreten, dass Art. 450 Nr. I LFT eine Generalklausel darstellt. Demnach kämen weitere zulässige Streikziele im Rahmen der Generalklausel in Betracht, die über die vom Gesetzgeber spezifisch in den Art. 450 Nr. II bis VII LFT geregelten Ziele des Tarifvertrages, der Arbeitnehmergewinnbeteiligung und der Unterstützung hinausgehen.[767] So solle es dem Richter nach dem gesetzgeberischen Konzept in jedem Einzelfall möglich sein, über das Vorliegen eines Streikziels bezüglich der Herstellung eines Gleichgewichts der Produktionsfaktoren mit der Maßgabe zu entscheiden, dass in den Fällen der Nr. II bis VII stets von der Finalität des Streiks zur Herstellung eines Gleichgewichts auszugehen ist. Die Arbeitnehmer müssen sich in diesen Fällen (anders als im Rahmen der Generalklausel) nicht um die Legitimität des Streiks sorgen, sondern können sich auf die Einhaltung der formellen Streikvoraussetzungen beschränken. Liegt keine der Konkretisierungen vor, kann die JCA abweichend von dem allgemeinen System der Streikzielbeurteilung (siehe S.301, 308 ff., 331 ff.) im Einzelfall feststellen, dass (k)ein Ungleichgewicht der Produktionsfaktoren Arbeit und Kapital bestehe, und den Streik aus diesem Grund für (un)zulässig erklären. Auch ist es dem Gesetzgeber vorbehalten, die Aufzählung in Art. 450 LFT zu erweitern. Hiervon machte er bereits Gebrauch, zum Beispiel im Hinblick auf die Implementierung des Streiks um allgemein verbindliche Tarifverträge.[768]

Die Vertreter der Auffassung eines abschließenden Charakters von Nr. II bis VII, die das Vorliegen einer Streikzielregelung mit der Generalklausel ablehnen, gehen auf den explizit ausgedrückten gesetzgeberischen Willen nicht ein. Sie versuchen, nur andere gesetzliche Umstände oder Entwicklungen heranzuziehen, um den vermeintlichen Gesetzgeberwillen zu ermitteln. Den tatsächlich ausgedrückten gesetzgeberischen Willen, nach dem die Regelung der Streikziele nicht abschließend erfolgt (siehe S. 272 f., 274), vermögen aber auch diese Autoren nicht infrage zu stellen.

Zwar ist es richtig, dass der Gesetzgeber mit den Art. 426 und 376 Abs. 2 LFT nachträglich Regelungen traf, welche die von der herrschenden Literatur genannten Hauptanwendungsfälle betreffen (siehe oben S. 274). Ungeachtet der Frage, ob durch diese Regelungen ein Streikrecht nach Art. 450 Nr. I LFT nunmehr tatsächlich ausgeschlossen sein soll – dies wurde durch die bloßen Regelungen der

---

766 *Cueva, M. de la,* El Nuevo Derecho, Band II, S. 628 f.; *Tenopala,* La Huelga, S. 115.

767 *Cueva, M. de la,* El Nuevo Derecho, Band II, S. 628 f.; *Muñoz,* Derecho Colectivo, S. 534 f.; *Lóyzaga,* Libertad sindical y derecho de huelga, S. 70; *Tenopala,* La Huelga, S. 115.

768 *Cueva, M. de la,* El Nuevo Derecho, Band II, S. 628 f.

genannten Sachverhalte gesetzlich nicht expressis verbis verboten –, verkennen die Vertreter des abschließenden Charakters aber jedenfalls die im Jahr 2019 eingefügte Regelung in Art. 920 LFT. Das Streikverfahren beginnt nach Art. 920 LFT mit dem Forderungsschreiben der Streikenden (siehe S. 300). Je nach Streikziel werden an dieses Schreiben unterschiedliche formelle Anforderungen gestellt. Anders als vor dem Jahr 2019 regelte der Gesetzgeber nunmehr in Art. 920 Nr. VI LFT, dass im Falle eines Streiks nach Art. 450 Nr. I LFT andere formelle Bestimmungen als bei einem Streik nach Art. 450 Nr. II oder III LFT gelten. Vormals führte der Gesetzgeber Art. 450 Nr. I LFT im Rahmen des Forderungsschreibens nicht auf. Hierdurch kommt zum Ausdruck, dass er weiterhin davon ausgeht, auch ein Streik im Rahmen der Generalklausel solle zulässig sein. Im Übrigen existieren weitere kollektive Arbeitnehmerrechte, die neben den genannten (siehe S. 274) Hauptanwendungsfällen des Art. 450 Nr. I LFT bestehen und ein Streikrecht begründen können. Dies gilt vor allem für das Recht der Arbeitnehmer auf eine Beteiligung in einer paritätisch zu besetzenden Kommission (siehe S. 186 f., 236). Deren Aufgabe sind die Überwachung und Mitwirkung bei der Durchsetzung von Belegschaftsrechten insbesondere bezüglich der Zurverfügungstellung von Schulungen und der Einhaltung der Sicherheits- und Hygienevorschriften bei der Einrichtung eines Betriebs oder der Inbetriebnahme der Maschinen. Die Nichtbeachtung dieser Belegschaftsrechte könnte ebenfalls zu einem Ungleichgewicht der Produktionsfaktoren führen, vor allem bei der Nichtbeachtung der Sicherheits- und Hygienevorschriften, da hier das Leben und die Gesundheit der Arbeitnehmer und damit die Arbeitskraft beeinträchtigt werden könnten. Selbst wenn man ein Streikrecht im Rahmen der genannten Anwendungsfälle ablehnen würde, bestünden weitere Fallgruppen, deren Nichtbeachtung das verfassungsrechtlich gewährleistete Streikrecht erheblich verletzen würde.[769]

In diesem Zusammenhang wirft auch *Néstor De Buen Lozano* die Frage auf, ob es dem Gesetzgeber verfassungsrechtlich überhaupt möglich wäre, die generische Regelung des Art. 123 A XVII CPEUM im Rahmen seiner Einschätzungsprärogative bei der Verabschiedung eines umfassenden Arbeitsgesetzes abschließend zu konkretisieren, oder dies die Streikgarantie verletzen würde. Eine Antwort auf diese Fragestellung gibt der Autor – wie auch andere Kritiker des Generalklauselinhalts von Art. 450 Nr. I LFT – nicht.[770]

Dieses verfassungsrechtliche Problem kann jedoch dahinstehen, da im Ergebnis mit der herrschenden Auffassung davon auszugehen ist, dass Art. 450 Nr. I LFT eine Generalklausel darstellt und der Gesetzgeber die Streikziele nicht abschließend konkretisierte. Insbesondere der gesetzgeberische Wille, der in den Motiven zu Art. 450 LFT wiederholt geäußert wurde und sich in jüngster Vergangenheit in Art. 920 Nr. VI LFT manifestierte, spricht für eine solche Auslegung.

---

769 *Muñoz*, Derecho Colectivo, S. 544.
770 *De Buen L.*, Nueva Ley Federal Del Trabajo Comentada, S. 174.

Auch enthält der Wortlaut des Art. 450 LFT keine Formulierung, der auf einen abschließenden Charakter der Nr. II bis VII hindeutet. Vielmehr sind die Streikziele gleichrangig nebeneinander formuliert.

Letztlich ist nicht einleuchtend, die bloße Tatsache der Wiederholung einer generischen verfassungsrechtlichen Regelung solle dazu führen, dass diese sodann gesetzliche Regelung keinen Regelungsgehalt hat. Vielmehr kann der Gesetzgeber durch die Wiederholung einer generischen Regelung im Gesetzeswortlaut durchaus zum Ausdruck bringen, dass die betroffene Regelung nicht nur eine abstrakte Zielsetzung darstellt, sondern ihr einen konkreten Regelungsgehalt beimessen. Dies ist zumindest dann der Fall, wenn in den Gesetzesmaterialien eindeutig zum Ausdruck kommt, dass der Gesetzgeber nicht nur eine bloße Wiederholung einer Regelung vornehmen wollte, sondern der gesetzlichen Regelung einen konkreten Regelungsinhalt bemisst.

Demnach stellt Art. 450 Nr. I LFT nach der herrschenden Meinung (und vereinzelter Rechtsprechung der JCAs in der Vergangenheit)[771] eine Generalklausel dar. Deshalb können sich im Falle des Vorliegens eines „Ungleichgewichts der Produktionsfaktoren" weitere zulässige Streikziele ergeben, die über die einzelnen Streikziele des Tarifvertrages (S. 226 ff.), der Arbeitnehmergewinnbeteiligung (S. 257 ff.) und der Streikunterstützung (S. 266 ff.) hinausgehen. Die rechtmäßige Arbeitsniederlegung setzt im Rahmen der Generalklausel nach dem allgemeinen mexikanischen Streikrechtssystem voraus, dass der Streik gegen den Arbeitgeber gerichtet und damit auf das Arbeitsverhältnis beschränkt ist (siehe S. 194, 263). Außerdem müssen die Arbeitnehmer mit dem Streik ein kollektives Interesse verfolgen (siehe S. 195, 251 ff., 263).

3. *Handhabung in der Praxis*

In der Praxis verwehrten die JCAs den Arbeitnehmern aber in der Regel aus formellen Gründen das Streikrecht aus der Generalklausel Art. 450 Nr. I LFT.[772] Als Begründung diente den JCAs die formelle Verfahrensvorschrift nach Art. 920 LFT-alt, wonach das streikeinleitende Forderungsschreiben mit dem allgemein formulierten Ziel des Gleichgewichts der Produktionsfaktoren und der Harmonisierung des Arbeitsrechts mit dem Recht des Kapitals kein konkretes Ziel nenne. Das Forderungsschreiben sei ohne die Nennung eines spezifischen Streikziels unbestimmt und könne das Verfahren nicht einleiten.[773] Dies ist aber Voraussetzung für die Rechtmäßigkeit der Arbeitsniederlegung.

---

771 *De Buen L.*, Derecho Del Trabajo, Band II, S. 828.

772 *Santos Azuela*, Objeto Y Tipología De La Huelga Por Su Régimen Jurídico, S. 479; *Reynoso Castillo*, Derecho del trabajo, S. 449.

773 *Santos Azuela*, Objeto Y Tipología De La Huelga Por Su Régimen Jurídico, S. 479; *Reynoso Castillo*, Derecho del trabajo, S. 449.

Nur vereinzelt bejahte die Güte- und Schiedsstelle in der Bundeszuständigkeit JFCA in der Vergangenheit für den Fall der inflationsbedingten Abwertung der tarifvertraglich vereinbarten Vergütung (außerhalb der Revisions- und Modifikationsverfahren) ein Streikziel nach Art. 450 Nr. I LFT, um mit dem Streik die Anpassung der Vergütungshöhe an das Inflationsniveau zu erreichen.[774] Hiervon abgesehen führte die Handhabung der JCAs in der Vergangenheit aber zu einem limitativen Charakter der geregelten Streikziele und damit faktisch zu einer Ablehnung des Nr. I als Generalklausel.[775]

Entscheidungsgründe von JCAs sind nicht ersichtlich, vor allem, weil die Entscheidung über das Streikziel außerhalb des Schlichtungsspruches vor dem Streikverfahren ergeht (siehe S. 300 f., 305 ff.). Aufgrund der zumindest bis im Jahr 2012 mangelhaften juristischen Ausbildung der JCA-Beteiligten haben die Entscheidungen auch keinen juristischen Mehrwert. Die formelle Ablehnung des Streikziels nach Nr. I mit dem Argument, es werde kein spezifisches Streikziel im verfahrenseinleitenden Schreiben genannt, ist jedoch auch als Ausdruck des regelmäßigen Unwillens der JCAs zu verstehen – insbesondere unter Berücksichtigung des Staatskorporativismus –, den Arbeitnehmern ein weitergehendes Streikrecht zu gewähren, sei es aus Gründen der juristischen Bildung oder der Interessenverflechtung mit der Politik und Wirtschaft sowie der damit häufig in Zusammenhang stehenden Korruption zwischen den Beteiligten. Jedenfalls konnte der mexikanische Staat hierdurch das gesetzliche Streikrecht der Arbeitnehmer kontrollieren (siehe S. 35 ff., 63 ff., 91 ff.).

Die Arbeitnehmer lassen sich in der Praxis aber dennoch nicht davon abbringen gegen die Entscheidungen der JCAs Streiks durchzuführen, die über die Nr. II bis VII hinausgehen, und berufen sich hierbei auf Nr. I oder unmittelbar auf die verfassungsrechtliche Garantie des Art. 123 A XVII CPEUM. Die unter dem Deckmantel des Gleichgewichts der Produktionsfaktoren und der Harmonisierung des Arbeitsrechts mit dem Recht des Kapitals geführten Streiks werden in der Praxis „Verfassungsstreik" genannt.[776]

Diese Verfassungsstreiks sind allerdings in der Regel rechtswidrig, da insbesondere Gewerkschaften unter Berufung auf Art. 450 Nr. I LFT zweckfremde Interessen wie die Durchsetzung von Individual- oder Gewerkschaftsinteressen verfolgen.[777] Außerdem finden diese Streiks mangels Erfüllung der formellen Voraussetzungen außerhalb des gesetzlich vorgeschriebenen Streikverfahrens statt, weshalb sie zumindest aus diesem Grund rechtswidrig sind (siehe hierzu

---

774 *De Buen L.*, Derecho Del Trabajo, Band II, S. 828.

775 *Santos Azuela*, Objeto Y Tipología De La Huelga Por Su Régimen Jurídico, S. 479; *Reynoso Castillo*, Derecho del trabajo, S. 449.

776 *Reynoso Castillo*, Derecho del trabajo, S. 449.

777 *Muñoz*, Derecho Colectivo, S. 374; teilweise setzen die Gewerkschaften Arbeitgeber mit der Streikankündigung unter Druck, um auf erpresserische Weise einen Schutzvertrag gegen Bezahlung durch den Arbeitgeber zu erreichen, siehe S. 51.

Kapitel § 6). Die rechtswidrigen Streiks werden in Abgrenzung zu den gesetzmäßigen Streiks begrifflich auch nicht als *huelga*, sondern als *paro* bezeichnet. Letzterer ist vom arbeitgebergeführten *paro (patronal)* zu unterscheiden. Der mexikanische Gesetzgeber verwendet den Begriff Streik (*huelga*) ausschließlich für eine von der Rechtsordnung geschützte Arbeitsniederlegung der Arbeitnehmer unter Einhaltung der gesetzlichen Vorschriften.[778]

Allerdings wurde diesen Streiks gerade durch die formelle Ablehnung eines zulässigen Streikziels in der Vergangenheit der Zugang zu einem Verfahren durch die JCAs formell verwehrt. Die Verfassungsstreiks konnten daher keine verfahrensmäßige Rechtmäßigkeit erlangen, selbst wenn sie ein nach Art. 450 Nr. I LFT materiellrechtlich zulässiges Ziel verfolgten. Vor diesem Hintergrund ist auch die Neufassung in Art. 920 Nr. VI LFT mit der Reform vom 1. Mai 2019 zu sehen. Als Begründung für die formelle Ablehnung der verfahrenseinleitenden Streikanträge diente den JCAs die Verfahrensvorschrift nach Art. 920 LFT-alt, wonach das streikeinleitende Forderungsschreiben mit dem allgemein formulierten Ziel des Gleichgewichts der Produktionsfaktoren und der Harmonisierung des Arbeitsrechts mit dem Recht des Kapitals kein konkretes Streikziel nenne. Das Forderungsschreiben sei ohne die Nennung eines spezifischen Streikziels zu unbestimmt und könne das Streikverfahren nicht einleiten.[779] Dies ist aber Voraussetzung für die Rechtmäßigkeit der Arbeitsniederlegung. Seit der Reform vom 1. Mai 2019 nennt Art. 920 Nr. VI LFT nunmehr explizit die formellen Anforderungen an ein verfahrenseinleitendes Forderungsschreiben für einen Streik im Rahmen der Generalklausel. Die bloß formelle Ablehnung eines Streiks mit dem Ziel der Generalklausel ist damit in Zukunft zumindest theoretisch nicht mehr zu erwarten. Insbesondere wird wohl auch eine inhaltliche Auseinandersetzung mit der Generalklausel stattfinden, da die Arbeitsgerichte zuständig sein und Berufsrichter anstelle von Laienrichtern über den inhaltlichen Umfang entscheiden werden. Aufgrund der faktischen Umstände in Mexiko wie vor allem der strukturell bestehenden Korruption ist diese Erwartung allerdings mit Vorsicht zu äußern.

III. Spezifische Streikziele der Generalklausel

Fraglich ist allerdings, welche Streikziele die Arbeitnehmer im Rahmen der Generalklausel verfolgen dürfen, die über Nr. II bis VII (Tarifvertrag, Arbeitnehmergewinnbeteiligung, Unterstützung) hinausgehen.

Da keine gesicherte Rechtsprechung besteht, haben sich in der Praxis mit Ausnahme der Modifizierung von Tarifverträgen und sogenannter Kollektivkündigungen keine Fallgruppen herausgebildet. Die Wissenschaft nennt nur selten Beispiele und beschränkt sich in der Regel auf das allgemeine Abgrenzungsproblem. Aber

778 *Tenopala*, La Huelga, S. 65; *Cavazos*, Síntesis De Derecho Laboral Comparado, S. 52.

779 *Santos Azuela*, Objeto Y Tipología De La Huelga Por Su Régimen Jurídico, S. 479; *Reynoso Castillo*, Derecho del trabajo, S. 449.

auch im Falle der Tarifvertragsmodifikation ist unklar, ob die Rechtsprechung weiterhin ein Streikrecht bejahen würde.

1. *Allgemeine Grundsätze bei der Auslegung*

Die für das Streikrecht allgemein gültigen Grundsätze sind auch auf das Streikziel in Art. 450 Nr. I LFT anzuwenden.

Zum einen dürfen die Arbeitnehmer nur ein im kollektiven Interesse stehendes Streikziel verfolgen. Die im individuellen Interesse der Arbeitnehmer stehenden Ziele dürfen mit dem Mittel des Streikrechts nicht verfolgt werden. Auch ist der Streik auf das Arbeitsverhältnis zu beschränken und muss mithin gegen den Arbeitgeber gerichtet sein (siehe S. 191 ff., 250 ff., 263 f.).

Zum anderen ist es nicht ausreichend, dass sich die Streikenden nur allgemein auf die Erreichung eines Gleichgewichts der Produktionsfaktoren und die Harmonisierung des Arbeitsrechts mit dem Recht des Kapitals berufen. Vielmehr ist im Einzelnen darzulegen, welches konkrete im kollektiven Interesse stehende Streikziel die Arbeitnehmer zur Herstellung verfolgen. Andernfalls wäre es dem Arbeitgeber mangels Kenntnis der spezifischen Arbeitnehmerforderungen nicht möglich, diese zur Abwendung des Streikrechts zu erfüllen. Dies gilt umso mehr, als der Gesetzgeber bei der Normierung der Generalklausel die Entscheidung über das Vorliegen eines zulässigen Streikziels grundsätzlich den JCAs übertrug. Nach dem gesetzgeberischen Konzept ist der Prüfungsmaßstab für das Vorliegen eines Streikziels nach Art. 450 Nr. I LFT weiter gehend als für die Nr. II bis VII, bei denen sich die Arbeitnehmer grundsätzlich keine Sorgen um die Legitimität des Streiks machen müssen.[780] Für eine Entscheidung über die Rechtmäßigkeit ist erforderlich, dass die JCAs Kenntnis von dem zugrunde liegenden Sachverhalt und dem konkret verfolgten Streikziel haben. Nur so kann die zuständige JCA feststellen, dass die Arbeitnehmerkoalition das Gleichgewicht der Produktionsfaktoren und die Harmonisierung des Arbeitsrechts mit dem Recht des Kapitals verfolgt.

2. *Modifizierung der tariflichen Vergütung*

Der in der Rechtsprechung entschiedene Fall eines Streikrechts nach Art. 450 Nr. I LFT steht mit der Modifikation eines Tarifvertrages außerhalb der Revisionszeiträume im Zusammenhang.

Der Gesetzgeber hat in Art. 426 LFT ein Modifikationsverfahren geregelt, wonach die Tarifvertragsparteien unabhängig von den Revisionsvorschriften die Änderung des Tarifvertrages erreichen können. Die Gewerkschaften oder Arbeitgeber können bei der JCA (künftig am Arbeitsgericht) durch Einleitung eines Verfahrens zur Beilegung einer kollektiven Regelungsstreitigkeit die Änderung der Arbeitsbedingungen eines (allgemein verbindlichen) Tarifvertrages beantragen,

780 *Cueva, M. de la*, El Nuevo Derecho, Band II, S. 628 f.

wenn ökonomische Umstände dies rechtfertigen und die Erhöhung der Lebenshaltungskosten ein Ungleichgewicht zwischen dem Kapital und der Arbeit verursacht. Hauptanwendungsfall ist eine Inflation, welche zu einem erheblichen Wertverlust der Vergütung führt und ein Ungleichgewicht zwischen dem Kapital und der Arbeit verursacht.[781] Die JCA setzt in diesem Verfahren durch einen rechtsgestaltenden Beschluss mit Wirkung für die Parteien gegebenenfalls die Änderung des Tarifvertrages fest, Art. 919 LFT.[782] Die gerichtliche Entscheidung beruht auf dem zuvor durchgeführten förmlichen Verfahren, in welchem eine Beweisaufnahme über die Angemessenheit der Forderungen zur Änderung des Tarifvertrages durchgeführt wird. Dies geschieht insbesondere auch unter Beteiligung der von der JCA bestellten Gutachter, Art. 900 ff. LFT (siehe S. 244).

Der vormals bestehende Streit, ob nur dem Arbeitsverhältnis innewohnende oder auch externe Umstände wie zum Beispiel eine Inflation zu einem Ungleichgewicht der Produktionsfaktoren im Sinne der verfassungsrechtlichen Streikzielregelung führen, hat der Gesetzgeber in Übereinstimmung mit der Rechtsprechung und der herrschenden Meinung durch Regelung des Modifikationsverfahrens im Sinne der externen Einflüsse entschieden.[783]

Wie bereits oben erläutert, kommt ein Streikrecht nach Art. 450 Nr. II, III, VII LFT nicht in Betracht (siehe S. 244). Die Regelungen umfassen nach ihrem Wortlaut den erstmaligen Abschluss oder die Revision eines Tarifvertrages im Ein- und Zweijahresturnus, jedoch nicht das Modifikationsverfahren.[784]

Hingegen entschied die JFCA in der Vergangenheit, dass außerhalb der Revisionszeiträume ein Streik nach Art. 450 Nr. I LFT zulässig sei, wenn die Modifikation des Tarifvertrages aus Gründen der Inflation erforderlich und ein Abwarten der Revisionsfristen nicht angemessen sei. In diesem Fall könne der Tarifvertrag seine Gleichgewichtsfunktion nicht mehr entfalten. Daher dürfen die Arbeitnehmer zur Wiederherstellung des Gleichgewichts und zur Durchsetzung ihrer Änderungsforderungen bezüglich des Tarifvertrages grundsätzlich streiken, wenn sie die Vermutung des Gleichgewichts bei Vorliegen eines Tarifvertrages widerlegen können. Der SCJN erkannte ein Streikrecht in diesem Fall an.[785]

---

781 *Cueva, M. de la*, El Nuevo Derecho, Band II, S. 470 f.

782 *De Buen L.*, Derecho Del Trabajo, Band II, S. 763; *Guerrero*, Manual De Derecho Del Trabajo, S. 332.

783 SCJN (cuarta sala/ éptima época), Amparo directo 8978/83, Marver de México S.A., 15.8.1984, SJF, Vol. 187–192, 5. Teil, S. 36; SCJN (cuarta sala/séptima época), Amparo directo 6283/83, Productos Rogil S.A., 24.5.1984, SJF, Vol. 181–186, S. 22; *Guerrero*, Manual De Derecho Del Trabajo, S. 377.

784 *De Buen L.*, Derecho Del Trabajo, Band II, S. 831.

785 SCJN (cuarta sala/séptima época), Amparo directo 8978/83, Marver de México S.A., 15.8.1984, SJF, Vol. 187–192, 5. Teil, S. 36; *De Buen L.*, Derecho Del Trabajo, Band II, S. 828; *Cueva, M. de la*, Derecho mexicano del trabajo, Band II, S. 819 f.; *Guerrero*, Manual De Derecho Del Trabajo, S. 378.

Diese Rechtsprechung wurde von erheblichen Teilen der Literatur kritisiert. Insbesondere wird die im Grundsatz anerkannte Friedenspflicht bei Bestehen eines Tarifvertrages ad absurdum geführt, da im Ergebnis trotz Vorliegens eines Tarifvertrages bei Erfüllung der genannten Voraussetzungen jederzeit gestreikt werden darf. Außerdem ist es im Streikverfahren nicht erforderlich, das Bestehen eines Ungleichgewichtes konkret durch Widerlegung einer Vermutung zu beweisen. Vielmehr genügen die Behauptung des Ungleichgewichts und ein Sachverhaltsvortrag, der hierauf schließen lässt (siehe S. 300 f.).[786]

Tatsächlich sind die Entscheidungen der JFCA und SCJN in einem zeitlichen Kontext zu sehen. Sie wurden in den 1970er-Jahren und im Falle der SCJN-Entscheidung im Jahr 1984 getroffen. Zu dieser Zeit bestand eine erhebliche Inflation von jährlich über 30 % in Mexiko (siehe S. 244), sodass ein großes ökonomisches Erfordernis für die Arbeitnehmer existierte, die Vergütung an die jeweilige Inflationsrate anzupassen. Ein langes Abwarten bis zur Revision des Tarifvertrages war den Arbeitnehmern jedoch in der Regel nicht möglich, da diese häufig eine niedrige Vergütung erhielten (siehe S. 126 ff.). Das tägliche Überleben wäre bei einer starken Inflation erheblich gefährdet. Auch sah das ursprüngliche LFT nur eine Revision der Tarifverträge im zweijährigen Turnus vor. Erst die massive Inflation in diesen Jahren veranlasste den Gesetzgeber – auch als Reaktion auf die oben genannte Rechtsprechung – überhaupt, das Modifikations- und Revisionsverfahren im Einjahresturnus zu normieren.[787] Aus diesem geschichtlichen Zusammenhang heraus folgern einzelne Autoren, dass in der Gegenwart ein Streik zur Modifikation des Tarifvertrages nach Art. 450 Nr. I LFT nicht mehr zulässig ist. Der Gesetzgeber hat durch die explizite Regelung in Art. 426 LFT zu erkennen gegeben, dass diesbezüglich kein Streikrecht mehr besteht. Anders als die jährlichen Revision, in welcher der Gesetzgeber auch die Streikziele mit Art. 450 Nr. VII LFT nachträglich erweiterte, blieb Art. 450 LFT bei der Normierung des Modifikationsverfahrens unberührt.[788] Im Übrigen gilt auch eine Friedenspflicht bei Vorliegen eines Tarifvertrages, welche abgesehen von der gesetzlichen Ausnahme der Tarifvertragsrevision zu beachten ist.[789]

Unklar ist, ob die künftig zuständigen Arbeitsgerichte dieser Argumentation folgen oder weiterhin ein Streikrecht der Arbeitnehmer im Falle von Modifikationsforderungen entsprechend der früheren JFCA- und SCJN-Entscheidungen anerkennen. Praktisch relevant dürfte ein Streik wegen der zu jedem Zeitpunkt für beide Tarifvertragsparteien bestehenden Möglichkeit der Beantragung eines Modifikationsverfahrens und des darüber hinaus normierten jährlichen Revisionsrechts

---

786 *Cueva, M. de la,* Derecho mexicano del trabajo, Band II, S. 819 f.; *De Buen L.*, Derecho Del Trabajo, Band II, S. 828.

787 *De Buen L.*, Derecho Del Trabajo, Band II, S. 725, 828; *Guerrero,* Manual De Derecho Del Trabajo, S. 339.

788 *De Buen L.*, Derecho Del Trabajo, Band II, S. 725, 828.

789 *Guerrero,* Manual De Derecho Del Trabajo, S. 378.

der tarifvertraglichen Vergütung inklusive des dazugehörigen Streikrechts anders als noch Anfang der 1970er-Jahre nicht (mehr) sein.

3. *Kollektivkündigungen*

Die zweite in der Rechtsprechung entschiedene Fallgruppe ist das Streikrecht im Zusammenhang mit Massenentlassungen. Diese liegen nach einer Entscheidung des SCJN von 1943 dann vor, wenn der Arbeitgeber alle Arbeitnehmer inklusive der Gewerkschaftsvertreter entlässt. In diesem Fall ist das kollektive Interesse der Arbeitnehmer berührt, da die Erhaltung der Arbeitnehmerschaft als solche und die Beibehaltung einer geeigneten Repräsentation (durch Gewerkschaftsvertreter) zur Erreichung eines Gleichgewichts zwischen Arbeit und Kapital erforderlich sind und daher im gemeinsamen Interesse der Arbeitnehmer liegen. Es ist offensichtlich, dass ein Streik zur Verteidigung gegen eine solche Massenentlassung keinen nur individuellen Charakter hat. Das Ungleichgewicht ergibt sich zum einen aus der Kündigung aller Arbeitnehmer und zum anderen vor allem auch durch die Kündigung der geeigneten Arbeitnehmervertreter zur angemessenen Repräsentation ihrer Interessen.[790]

In diesem Fall dürfen die betroffenen Arbeitnehmer nach dem SCJN ausnahmsweise zur Durchsetzung der Rücknahme der Kündigungen streiken. Soweit nur die Gewerkschaftsvertreter von Kündigungen betroffen sind und ein Tarifvertrag besteht oder eine Massenentlassung im Zusammenhang mit dem Tarifvertragsschluss erfolgt, ergibt sich das Streikrecht bereits aus Art. 450 Nr. IV LFT und nicht aus der Generalklausel des Art. 450 Nr. I LFT. In diesem Fall stehen die Durchsetzung des Tarifvertrages und sein Abschluss im Vordergrund (siehe S. 238 ff.).[791]

Allerdings vertreten einzelne Autoren, diese Rechtsprechung könne heute nicht mehr aufrechterhalten werden. Der Gesetzgeber normierte nachträglich die Unerheblichkeit der Kündigung für die Gewerkschaftsaufgaben. Eine effektive Repräsentation der Arbeitnehmer ist daher auch im Falle einer Kündigung gewährleistet. Der Gesetzgeber hat in Kenntnis der genannten Rechtsprechung zu erkennen gegeben, dass er den Arbeitnehmern diesbezüglich kein Streikrecht gewährt.[792]

Ganz überwiegend wird zu dieser Thematik allerdings nicht Stellung genommen. Ungewiss ist, wie die Arbeitsgerichte künftig hierüber entscheiden werden. Auch ist unklar, ob Art. 450 Nr. I LFT ein Streikrecht im Falle einer Massenentlassung gewährt, wenn keine Gewerkschaftsvertreter vorhanden sind oder alle Arbeitnehmer (gegebenenfalls einer bestimmten Gruppe) mit Ausnahme der

---

790 SCJN (cuarta sala/quinta época), Amparo en revision 449/43, Sociedad "Manuel M. Conde" S.A., 2.7.1943, SJF, Band LXXVII, S. 364.

791 *Cueva, M. de la*, El Nuevo Derecho, Band II, S. 623.

792 *Guerrero*, Manual De Derecho Del Trabajo, S. 380; *De Buen L.*, Derecho Del Trabajo, Band II, S. 828.

Gewerkschaftsvertreter gekündigt werden. Jedenfalls wäre erforderlich, dass die Kündigungen das kollektive Interesse der Arbeitnehmer betreffen. Unstrittig ist, dass die Kündigung einzelner Arbeitnehmer nicht das kollektive Interesse, sondern nur deren Individualinteresse berührt und daher kein Streikrecht besteht. Problematisch ist allerdings, ob das gemeinsame Interesse der Arbeitnehmer dann berührt wird, wenn eine erhebliche Zahl oder alle Arbeitnehmer gekündigt werden. Hier kann auf den genannten Streit über die Abgrenzung der Kollektiv- und Individualinteressen verwiesen werden (siehe S. 250 ff.). Während zum Beispiel *Néstor de Buen Lozano*[793] mit der herrschenden Meinung auch in diesem Fall ein Kollektivinteresse (und damit ein Streikrecht) ablehnt und bei der Vielzahl der betroffenen Interessen von einem generellen Interesse spricht, bejaht zum Beispiel *Mario de la Cueva*[794] die Möglichkeit eines kollektiven Interesses (inklusive eines Streikrechts).

In der Praxis besteht diesbezüglich durch das Fehlen der Arbeitsgerichtsbarkeit keine einheitliche Rechtsprechung. Unstrittig ist, dass die Streikenden ein kollektives Interesse im Sinne der oben genannten Definition verfolgen müssen.[795] Unklar ist hingegen, ob sich ein solches kollektives Interesse aber auch aus der bloßen Anzahl von Kündigungen aller Arbeitnehmer oder einer bestimmten Arbeitnehmergruppe ohne Gewerkschaftsbezug ableiten lässt. Da die genannte Entscheidung des SCJN neben der Repräsentation der Arbeitnehmer durch eine Gewerkschaft auch deren Interesse am Erhalt der Belegschaft als solcher nennt, könnten die Arbeitsgerichte dies künftig gegebenenfalls als eigenständiges Kriterium für ein kollektives Interesse ansehen und ein Streikrecht folglich auch bei gewerkschaftsunabhängigen (Massen-)Kündigungen bejahen.

4. Sonstige Streikziele

Über die genannten Aspekte hinaus ist der Umfang des Art. 450 Nr. I LFT hinsichtlich etwaiger weiterer zulässiger Streikziele ebenfalls unklar:

Nur vereinzelt wird vertreten, dass die Generalklausel die kollektiven Arbeitnehmerrechte hinsichtlich der Durchsetzung zur Beteiligung in den paritätischen Kommissionen erfasst. Dies gilt insbesondere für die Arbeitnehmerbeteiligung in Unternehmen mit mehr als fünfzig Arbeitnehmern bezüglich der Schulungen und

---

793 *De Buen L.*, Derecho Del Trabajo, Band II, S. 829 f.; *De Buen L.*, Derecho Procesal Del Trabajo, S. 80 f.; *Climént Beltrán*, LFT, S. 324; *Tenopala*, La Huelga, S. 115; *Martínez y Gonzáles*, Reflexiones Sobre La Huelga, S. 58.

794 *Cueva, M. de la*, El Nuevo Derecho, Band II, S. 516.

795 *De Buen L.*, Derecho Del Trabajo, Band II, S. 828–832; *Climént Beltrán*, LFT, S. 324; *Tenopala*, La Huelga, S. 46, 58; *Cueva, M. de la*, El Nuevo Derecho, Band II, S. 541 f.; *Guerrero*, Manual De Derecho Del Trabajo, S. 380; SCJN (cuarta sala/quinta época), Amparo en revisión 382/38, Sind. De Obreros y Obreras Textiles de "La Industrial del Nazas", 7.6.1938, SJF, Band LVI, S. 1628; SCJN (cuarta sala/quinta época), Sociedad "Manuel M. Conde", 2.7.1943, SJF, Band LXXVII, S. 364.

Weiterbildungen oder der Einhaltung der Sicherheits- und Hygienevorschriften bei der Einrichtung und Inbetriebnahme von Maschinen im Betrieb, Art. 153 A ff. LFT.[796]

Entsprechendes kann auch für die Betriebsbestimmungen gelten, wenn die Parteien solche nicht bei Gelegenheit des Tarifvertragsschlusses getroffen haben. In diesem Fall könnte sich das Streikrecht bereits aus den spezielleren Art. 450 Nr. II, III, IV LFT ergeben (siehe S. 256).

Ungeklärt ist auch die Frage, ob die Arbeitnehmer ihre gesetzlichen Rechte, deren Durchsetzung im kollektiven Interesse liegt (und über die genannte Beteiligung hinausgeht), mit dem Streik realisieren können oder auf den ordentlichen juristischen Rechtsweg beschränkt sind.

Hiervon wären jedenfalls die gesetzlichen Bestimmungen zur Arbeitssicherheit und zum Arbeitsschutz betroffen (siehe S. 253), da diese Arbeitgeberpflichten eine Vielzahl von Arbeitnehmern gleichzeitig betreffen. Zwar sind etwaige Gesetzesverstöße des Arbeitgebers im Grundsatz in dem rechtsförmigen Verfahren zu verfolgen. Dies ergibt sich bereits aus der Tatsache, dass der Gesetzgeber ein solches Verfahren normiert und selbst von einem gerichtlichen Verfahren im Falle von Rechtsfragen ausgeht. Allerdings lässt der Gesetzgeber mit dem Streik grundsätzlich auch die Durchsetzung gesetzlicher Pflichten des Arbeitgebers zu. Dies zeigt schon das anerkannte Streikrecht im Hinblick auf die gesetzlich garantierte Gewinnbeteiligung der Arbeitnehmer, die eine Konkretisierung des Gleichgewichts zwischen den Produktionsfaktoren Arbeit und Kapital darstellt (siehe S. 262). Wie diese Norm verdeutlicht, kann ein Ungleichgewicht zwischen Arbeit und Kapital auch dann eintreten, wenn der Gesetzgeber gesetzliche Pflichten zum Schutz der Arbeitnehmerschaft nicht einhält. Gerade dies ist aber in materiellrechtlicher Hinsicht die einzige Voraussetzung für die rechtmäßige Arbeitsniederlegung. Die Durchsetzung gesetzlicher Arbeitgeberpflichten kann daher nicht von vornherein im Rahmen des Art. 450 Nr. I LFT ausgeschlossen werden, soweit diese das gemeinsame Interesse der Arbeitnehmer wie zum Beispiel die Arbeitssicherheit und den Arbeitsschutz im Arbeitsverhältnis betrifft.[797]

IV. Zwischenergebnis

Art. 450 Nr. I LFT stellt nach herrschender Meinung in der Wissenschaft und vereinzelter Rechtsprechung eine Generalklausel für Streikziele dar. Sie gewährt den Arbeitnehmern ein Streikrecht über die Fälle des Art. 450 Nr. II bis VII LFT hinaus zur Erreichung eines Gleichgewichts zwischen den Produktionsfaktoren und zur Harmonisierung des Arbeitsrechts mit dem Recht des Kapitals.

Allerdings besteht Unsicherheit über die Rechtsfrage, welche konkreten Streikziele zusätzlich unter diese Generalklausel zu subsumieren sind. Dies ist die Folge

796 *Muñoz*, Derecho Colectivo, S. 530, 544.
797 *Muñoz*, Derecho Colectivo, S. 530.

einer bisher fehlenden Arbeitsgerichtsbarkeit und der Tatsache, dass die JCAs in der Vergangenheit einen Streik aus formellen Gründen nur ausnahmsweise ohne Nennung einer der konkretisierenden Streikziele nach Art. 450 Nr. II bis VII LFT zuließen. Im Übrigen können die JCAs ausnahmsweise das Vorliegen eines (Un-)Gleichgewichts feststellen und hierdurch das Streikrecht im Einzelfall für (un) zulässig erklären.

Jedenfalls ist nach den allgemeinen Prinzipien erforderlich, dass die Arbeitnehmer im Arbeitsverhältnis das Gleichgewicht verfolgen und in Bezug auf Arbeitgebermaßnahmen streiken. Das Ziel muss im kollektiven Interesse der Arbeitnehmer liegen, das ihnen als Arbeitnehmerschaft gemeinsam ist.

Als zusätzliches zulässiges Streikziel wird teilweise die Durchsetzung eines inflationsbedingten Modifikationsverlangens von Tarifverträgen anerkannt. Auch werden die Abwehr von Kollektivkündigungen und die Durchsetzung der Arbeitnehmerbeteiligung in paritätischen Kommissionen als von der Generalklausel erfasst angesehen.

Darüber hinaus kann ein Streikrecht nach Art. 450 Nr. I LFT grundsätzlich im Falle von Gesetzesverstößen seitens des Arbeitgebers bestehen, soweit diese das kollektive Arbeitnehmerinteresse tangieren. Dies ist insbesondere hinsichtlich der Arbeitgeberpflichten zur Arbeitssicherheit der Fall.

Ungeachtet der Unsicherheit über den Inhalt der Generalklausel müssen sich die Arbeitnehmer auf ein konkretes Streikziel berufen, das über die Nennung der abstrakt formulierten Generalklausel hinausgeht. Es muss eine Beurteilung des konkret verfolgten Streikziels dahingehend möglich sein, ob die Arbeitnehmer das Gleichgewicht der Produktionsfaktoren verfolgen.

F. Unzulässige Streikziele

Aus den allgemeinen Prinzipien und Grenzen des Streikrechts ergeben sich trotz der im Grundsatz bestehenden erheblichen materiellrechtlichen Reichweite des Streikrechts in der mexikanischen Rechtsordnung auch unzulässige Streikziele. Diese werden als „*paro*" und nicht als „*huelga*" bezeichnet (siehe bereits S. 278 f.).

I. Durchsetzung von Individualrechten

Die Durchsetzung individueller Rechte und Ansprüche der Arbeitnehmer ist nach einhelliger Auffassung in der Literatur und Rechtsprechung unzulässig. Ein Streik zur Verteidigung oder Durchsetzung nur individueller Interessen würde nicht die Tatbestandsvoraussetzung eines im kollektiven Interesse stehenden Streikziels erfüllen (siehe S. 195 f., 250 f., 263, 280 f.). Die Arbeitnehmer dürfen folglich nicht streiken, um zum Beispiel die Beseitigung der vom Arbeitgeber erklärten Kündigung einzelner Arbeitnehmer, die Bezahlung der Vergütung oder die Durchsetzung sonstiger vertraglicher oder gesetzlicher Ansprüche zugunsten einzelner Arbeitnehmer verfolgen.[798]

Vielmehr müssen die Arbeitnehmer diese Rechte und Ansprüche durch eine Klage am Arbeitsgericht im ordentlichen Rechtsverfahren geltend machen, da das Streikverfahren nur für solche im kollektiven Interesse besteht.[799]

II. Politische Streiks

Auch politische Streiks sind unzulässig.[800] Neben den sogenannten General- oder Revolutionsstreiks sind jene Streiks politisch motiviert, die wegen der ökonomischen Lage des Landes unabhängig vom Arbeitsverhältnis stattfinden. Die Unzulässigkeit des politischen Streiks unterscheidet Mexiko von anderen lateinamerikanischen Ländern wie zum Beispiel Argentinien, das Regelungen zur Durchführung politischer Streiks normierte.[801]

Der Grund hierfür ist, dass der Generalstreik während der Revolution zu erheblichen ökonomischen und sozialen Problemen führte und der Verfassungs- und Gesetzgeber daher von der Zulässigkeit solcher politischen Streiks Abstand nahm (siehe bereits S. 194, 263, 280). Die Beschränkung des Streikrechts auf das Arbeitsverhältnis wurde daher in Art. 123 A XVII CPEUM und Art. 450 LFT geregelt. Die Herstellung eines Gleichgewichts zwischen den Produktionsfaktoren Arbeit und Kapital bezieht sich auf das Verhältnis zwischen den Arbeitsvertragsparteien. Auch wird das Streikrecht nur den Arbeitnehmern gewährt und steht keinen anderen Bevölkerungsgruppen zu.[802]

Somit sind insbesondere Reformen des LFT, andere Gesetzesvorhaben der Bundes- oder Landesregierungen oder wirtschaftspolitische Maßnahmen kein zulässiges Streikziel. Zwar gab es in der Vergangenheit vereinzelte Aufrufe von Gewerkschaften zu politischen Streiks. Von Bedeutung war ein solcher der

---

798 *De Buen L.*, Derecho Del Trabajo, Band II, S. 828–832; *Climént Beltrán*, LFT, S. 324; *Tenopala*, La Huelga, S. 46, 58; *Cueva, M. de la*, El Nuevo Derecho, Band II, S. 541 f.; *Guerrero*, Manual De Derecho Del Trabajo, S. 380; SCJN (cuarta sala/quinta época), Amparo en revisión 382/38, Sind. De Obreros y Obreras Textiles de "La Industrial del Nazas", 7.6.1938, SJF, Band LVI, S. 1628; SCJN (cuarta sala/quinta época), Sociedad "Manuel M. Conde", 2.7.1943, SJF, Band LXXVII, S. 364.

799 *De Buen L.*, Derecho Procesal Del Trabajo, S. 70 f.

800 *Martínez y Gonzáles*, Reflexiones Sobre La Huelga, S. 66 f.; *Tenopala*, La Huelga, S. 46, 68 f.; *Cueva, M. de la*, El Derecho Mexicano Del Trabajo, Band II, S. 863; *Lombardo*, La Libertad Sindical en México, S. 252.

801 *Tenopala*, La Huelga, S. 68, 70.

802 *Baylós*, Derecho del trabajo, S. 51; *Tenopala*, La Huelga, S. 46, 71; *Guerrero*, Manual De Derecho Laboral, S. 376; *Santos Azuela*, El Derecho Constitucional De Huelga Y El Moderno Derecho Sindical, S. 306.

linksgerichteten SME (*Sindicato Mexicano de Electricistas*)[803] am 16. März 2010 gegen eine Reform des LFT, dem sich andere Gewerkschaften ebenfalls per Aufruf anschlossen. Allerdings existiert keine diesbezügliche Rechtsprechung, da solche Aufrufe außerhalb rechtsförmiger Verfahren vonseiten der Politik oder Dritter oder auch aus gewerkschaftsinternen Gründen regelmäßig im Sande verlaufen, bevor es zu einem Streik kommt. Dies galt auch für den genannten Streikaufruf gegen die Arbeitsrechtsreform im Jahr 2010, der bei einer Durchführung des Streiks aber rechtlich unzulässig gewesen wäre.[804]

III. Ausübung von Gewaltakten

Weitere unzulässige Streikziele (und vor allem Mittel)[805] sind nach Art. 123 A XVII CPEUM in Verbindung mit Art. 445 LFT das Verüben oder Verfolgen von Gewalttaten gegen Personen oder das Eigentum durch die Mehrheit der Streikenden oder ein Streik in staatsabhängigen Unternehmen während eines Krieges. Dieses Verbot ergibt sich unmittelbar aus der verfassungsrechtlichen Norm. In diesem Fall ist der Streik stets (verfassungsrechtlich) unzulässig. Das Mehrheitserfordernis bezüglich der Gewalt durch die Streikenden ist Ausfluss der bereits genannten Intention des Verfassungsgebers, das Streikrecht der Arbeitnehmer vor einem Missbrauch durch staatliche Stellen oder Dritte zu schützen.[806] Wäre für die Unzulässigkeit des Streiks die Ausübung von Gewalttaten bereits durch eine Minderheit ausreichend, könnten die Streikbewegungen von Dritten oder staatlichen Stellen unterwandert oder Teile zu Gewalttaten angestiftet und Streiks so im Ergebnis verhindert werden. In der Praxis ist es im Falle von Gewalttaten sehr schwierig oder sogar unmöglich, die Unzulässigkeit des Streiks aus diesem Grund zu beweisen.[807] Daher bestehen weder Rechtsprechung oder praktische Beispielfälle, in denen ein Streik wegen Gewalttaten der Mehrheit der Streikenden für unzulässig erklärt wurde (siehe S. 221).[808]

Auch ist nochmals darauf hinzuweisen, dass der Streik sich auf die bloße Arbeitsniederlegung beschränken muss und alle alternativen Streikformen wie zum Beispiel Schwerpunktstreiks, Wellenstreiks, Bummelstreiks, Dienst nach

---

803 Übersetzung des Verfassers: „Mexikanische Gewerkschaft der Elektriker". Diese Gewerkschaft ist dem äußeren linken Rand zuzuordnen und bezeichnet sich selbst als den kämpferischsten Sektor des Proletariats.

804 *Tenopala*, La Huelga, S. 69, 100 f.

805 Dieser Punkt wird in der Literatur auch im Zusammenhang mit den zulässigen Streikzielen thematisiert, weshalb diese Gliederung sich auch an die Wissenschaft orientiert.

806 *Cueva, M. de la*, El Nuevo Derecho, Band II, S. 623.

807 *Martínez y Gonzáles*, Reflexiones Sobre La Huelga, S. 63.

808 *De Buen L.*, Derecho Procesal Del Trabajo, S. 679.

Vorschrift, Sabotage, Boykott oder Streiks ohne Leistung der Not- und Erhaltungsarbeiten unzulässig sind (siehe S. 220 ff.).[809]

G. Fazit zur Zulässigkeit von Streikzielen

Der Streik dient der Durchsetzung von Arbeitnehmerforderungen gegenüber dem Arbeitgeber mit der Finalität einer sozialen Gerechtigkeit. Der Streik muss die Herstellung eines Gleichgewichts zwischen den Produktionsfaktoren Arbeit und Kapital und die Harmonisierung des Arbeitsrechts mit dem Recht des Kapitals verfolgen. Die Arbeitnehmer dürfen streiken, um

- den erstmaligen Abschluss, die Revision im Ein- und Zweijahresturnus oder die Einhaltung eines (allgemein verbindlichen) Tarifvertrages mit dem gesetzlichen Mindestinhalt der Vergütung zu verfolgen und diesbezügliche Forderungen durchzusetzen, wobei das Streikrecht grundsätzlich auch die Kündigung von Gewerkschaftsvertretern im Betrieb bei einem bestehenden Tarifvertrag mitumfasst,
- die Einhaltung der gesetzlichen Arbeitgeberpflichten im Hinblick auf das Entscheidungsverfahren zur jährlichen Arbeitnehmergewinnbeteiligung zu erreichen,
- einen anderen zulässigen Streik zu unterstützen,
- im Rahmen der Generalklausel zur Herstellung eines Gleichgewichts der Produktionsfaktoren kollektive Arbeitnehmerrechte und -interessen durchzusetzen oder zu verteidigen, deren Nichtbeachtung zu einem Ungleichgewicht der Produktionsfaktoren und einer ausbleibenden Harmonisierung des Arbeitsrechts mit dem Recht des Kapitals führt.

Zwar sind vor allem der konkrete Inhalt der Generalklausel (Art. 450 Nr. I LFT) und die Verfassungsmäßigkeit des Unterstützungsstreikes in der Praxis und Wissenschaft unklar. Allerdings besteht zumindest über die allgemeinen Voraussetzungen eines Streiks dahin Einigkeit, dass dieser im kollektiven Interesse liegen sowie sich auf das Arbeitsverhältnis und die Finalität zur Herstellung eines Gleichgewichts der Produktionsfaktoren beschränken muss. Wie schon das Beispiel der gesetzlichen Gewinnbeteiligung zeigt, kann dies neben der Durchsetzung von tarifvertraglichen Forderungen grundsätzlich auch zu Streiks wegen der Durchsetzung von Gesetzesrecht führen. Auch kann im Falle von Massenentlassungen ein Streikrecht zur Verteidigung gegen die Kündigungen bestehen, zumindest solange neben den Arbeitnehmern auch die Gewerkschaftsvertreter von den Kündigungen betroffen sind.

---

809 SCJN (cuarta sala/sexta época), Amparo directo 3944/58, Porfirio Gutiérrez Calderón y coagraviados, 23.4.1959, SJF, 5. Teil, Band XXII, S. 9; SCJN (primera sala/sexta época), Amparo directo 3781/60, J. Jesús Villanueva Parada, 16.2.1961, SJF, 2. Teil, Band XLIV, S. 105; *Tenopala*, La Huelga, S. 64 ff.

Die materiellrechtliche Reichweite des Streikrechts ist daher sehr groß. Es ist nicht nur auf die Herstellung eines Verhandlungsgleichgewichts oder Ähnliches beschränkt, sondern dient der tatsächlichen Durchsetzung von Arbeitnehmerforderungen. Dies ist nach dem System des mexikanischen Arbeitsrechts auch notwendig, damit die Arbeitnehmer eigeninitiativ bessere Arbeitsbedingungen erreichen können. Schließlich ist das mexikanische Arbeitsrecht darauf ausgelegt, den Arbeitnehmern nur partiell ein hohes Schutzniveau zu gewährleisten, wodurch es im Übrigen in ihrer Eigenverantwortung steht, bessere Arbeitsbedingungen durchzusetzen (siehe S. 181 ff.). Auch die faktischen Umstände in Mexiko bedingen, dass die Arbeitnehmer ein solches Streikrecht benötigen, um ihre Interessen effektiv durchsetzen zu können (siehe S. 125 ff.).

Der inhaltliche Umfang des Streikrechts in Verbindung mit der bisher nicht existenten Arbeitsgerichtsbarkeit führten allerdings dazu, dass in der Wissenschaft und Rechtsprechung im Rahmen des Streikrechts kaum inhaltliche Auseinandersetzungen über die Berechtigung von spezifischen Forderungen der Arbeitnehmer bestehen, welche über die allgemein formulierten Streikziele hinausgehen.

Diese nur abstrakte Prüfung von Streikzielen steht grundsätzlich in Übereinstimmung mit dem Willen des Verfassungs- und Gesetzgebers. Das Streikrecht soll im Grundsatz frei von externer Einflussnahme, um eine missbräuchliche Untersagung des Streikrechts durch staatliche Stellen zu vermeiden. Daher ist es für die Arbeitsniederlegung grundsätzlich unerheblich, ob die einzelnen Arbeitnehmerforderungen durchsetzbar oder gerechtfertigt sind, solange die Arbeitnehmer das Gleichgewicht der Produktionsfaktoren oder deren Konkretisierungen nach Art. 450 LFT verfolgen und sich hierauf unter Angabe des Ziels und zugrunde liegenden Sachverhalts plausibel berufen.[810] Nur im Rahmen der Generalklausel dürfen das (Nicht-)Vorliegen eines Gleichgewichts und damit die Zulässigkeit des Streiks untersucht und im Einzelfall festgestellt werden. Im Übrigen müssen die JCAs (künftig die Arbeitsgerichte) bei dem Vorliegen eines der speziellen Streikziele von der Zulässigkeit des Streiks ausgehen.

Die Berechtigung der Forderungen ist erst im Rahmen der Rechtsfolgen des Streiks bezüglich der Forderungserfüllung und Vergütungszahlung festzustellen. Eine fehlende Rechtfertigung des Streiks – das heißt die fehlende Berechtigung der Forderungen – führt aber nicht zu einer Rechtswidrigkeit der Arbeitsniederlegung. Die Arbeitnehmer tragen lediglich die Konsequenz, dass der Arbeitgeber für die Zeiten der Arbeitsniederlegung keine Vergütung bezahlen muss und nicht zur Forderungserfüllung verurteilt wird.

Auch wurde in diesem Kapitel § 5 bereits auszugsweise ersichtlich, dass der Gesetzgeber und die bisher anstelle der Arbeitsgerichte zuständigen JCAs das

810 Beachte die oben auf S. 280 f. genannte Voraussetzung im Rahmen der Generalklausel, dass das Streikziel konkret genannt werden muss und die bloß allgemeine Verweisung auf die Herstellung eines Gleichgewichts der Produktionsfaktoren nicht ausreichend ist.

materiellrechtliche zulässige Streikrecht durch formelle Voraussetzungen oder Vorschriften „in Ketten“ legten (siehe ausführlich S. 330 ff.). So lehnten die JCAs einen Streik unter Berufung auf die Generalklausel hinsichtlich der zusätzlichen zulässigen Streikziele in der Regel[811] ab, weil hierdurch nach der vormaligen Verfahrensvorschrift für streikeinleitende Schriftsätze kein konkretes Streikziel im Sinne des Art. 450 Nr. II bis VII LFT genannt wurde und die Begründung unbestimmt war. Der Unterstützungsstreik wird vom Gesetzgeber bezüglich der Arbeitnehmervergütung anders als die übrigen Streikziele behandelt, da der Arbeitgeber hier unter keinen Umständen die Vergütung zahlen muss (bei den anderen Streiks im Falle der gerichtlich festgestellten Berechtigung der einzelnen Forderungen hingegen schon).

Bereits an dieser Stelle lässt sich daher festhalten, dass das Streikrecht teilweise einen janusköpfigen Charakter hat. Zwar geht es materiellrechtlich sehr weit, wird aber durch formelle Hürden (in Verbindung mit den praktischen Unwägbarkeiten – siehe Kapitel § 2) erschwert. Die Arbeitnehmer können das Streikrecht daher in seiner materiellen Reichweite nicht vollständig wahrnehmen.

H. Ergebnis von § 5

Der Streik ist ein auf das Arbeitsverhältnis beschränktes Druckmittel der Arbeitnehmer gegenüber dem Arbeitgeber mit dem Ziel, ein Gleichgewicht der Produktionsfaktoren und die Harmonisierung des Arbeitsrechts mit dem Recht des Kapitals zu erreichen. Das Streikziel muss daher auf die Verbesserung oder Durchsetzung von Arbeitsbedingungen oder Arbeitnehmerrechten gerichtet sein, die im kollektiven Interesse der Arbeitnehmer stehen.

Das Streikziel kann nach dem gesetzgeberischen Konzept primär durch den erstmaligen Abschluss eines (allgemein verbindlichen) Tarifvertrages mit der Vergütung als Mindestinhalt, durch dessen Revision im Ein- oder Zweijahresturnus oder mit der Einhaltung der tarifvertraglichen Regelungen und der Gewährleistung einer Repräsentation durch die Gewerkschaft erreicht werden.

Daneben kann das Gleichgewicht der Produktionsfaktoren durch die Einhaltung der gesetzlichen Arbeitgeberpflichten hinsichtlich der jährlichen Arbeitnehmergewinnbeteiligung oder generell mit der Durchsetzung oder Verteidigung von solchen Rechten realisiert werden, deren Nichtbeachtung durch den Arbeitgeber das kollektive Interesse der Arbeitnehmer berührt. Dies kann vor allem bei Massenentlassungen, der Modifikation des Tarifvertrages und arbeitgeberseitigen Gesetzesverletzungen wie der Arbeitnehmermitbestimmung und dem Arbeitsschutz der Fall sein. Im Übrigen ist auch der Unterstützungsstreik nach den gesetzlichen Regelungen zulässig.

811 Beachte die Ausnahmen der JFCA bezüglich der Modifikation von Tarifverträgen und des SCJN hinsichtlich der Massenentlassungen, siehe Fn. 768, 773.

Zwar sind in der Praxis einzelne Rechtsfragen im Rahmen der gesetzlichen Streikzielregelungen wegen der bisher fehlenden Arbeitsgerichtsbarkeit nicht abschließend geklärt. Allerdings kann festgestellt werden, dass die materiellrechtliche Reichweite des Streikrechts sehr umfangreich ist. Insbesondere ist das mexikanische Streikrecht nicht nur auf die Herstellung eines Verhandlungsgleichgewichts beschränkt, sondern dient den Arbeitnehmern auch zur zielgerichteten Durchsetzung ihrer Forderungen im genannten Umfang.

Dies beruht auf einem historisch gewachsenen Verständnis des Arbeitskampfrechtes im Kontext der mexikanischen Revolution Anfang des 20. Jahrhunderts. Da das Arbeitsrecht darauf ausgelegt ist, die Arbeitnehmer nur partiell zu schützen, benötigen sie aber auch in der Gegenwart ein Streikrecht zur Durchsetzung von Forderungen, um nach dem mexikanischen Arbeitsrechtssystems auf eigene Initiative bessere Arbeitsbedingungen erreichen zu können.

Dessen ungeachtet beinhaltet der materiellrechtliche Umfang des Streikrechts in seiner Zielsetzung keine politischen Streiks. Auch dürfen keine Durchsetzung oder Verteidigung individueller Rechte und Ansprüche einzelner Arbeitnehmer wie zum Beispiel Vergütungsansprüche, der Schutz vor Arbeitgeberkündigungen oder die Verfolgung von Gewalttaten gegen Personen oder Eigentum durch die Mehrheit der Streikenden stattfinden. Hier fehlt der Bezug zu den zentralen Voraussetzungen eines kollektiven Interesses im Hinblick auf die Rechte und Ansprüche aus dem Arbeitsverhältnis.

An dieser Stelle ist ersichtlich, dass die in der mexikanischen Literatur teilweise vorherrschende Charakterisierung des Streikrechts als Klassenkampfmittel und die Rhetorik in den diesbezüglichen Ausführungen (siehe S. 184, 197) inhaltlich verfehlt sind, da unter anderem keine politischen Streiks zulässig sind. Das Streikrecht dient der Erzielung sozialer Gerechtigkeit für Arbeitnehmer im mexikanischen Wirtschafts- und Politiksystem, ein Systemumsturz darf mit dem Streik aber nicht verfolgt werden. Auch wenn die Streikziele weit gefasst sind und zum Beispiel über die bloße Erreichung eines Verhandlungsgleichgewichts bei Tarifvertragsverhandlungen hinausgehen, dürfen Arbeitnehmer nicht mit dem Ziel eines Klassenkampfes streiken.

§ 6 Formalisierung des Streikrechts

Ein zentrales Merkmal des mexikanischen Arbeitskampfrechts ist die gesetzlich angeordnete Einkleidung des Streiks in ein von den Beteiligten durchzuführendes förmliches Verfahren bei der jeweils zuständigen JCA (künftig am Arbeitsgericht). Dies entspricht dem mexikanischen Arbeitsrechtssystem, wonach alle Rechts- und Regelungsstreitigkeiten individual- und kollektivarbeitsrechtlicher Natur zur Entscheidung auf staatliche Institutionen übertragen sind. Nach dem Willen des mexikanischen Gesetzgebers besteht kein freies Spiel der Kräfte ohne staatliche Mitwirkung, das heißt insbesondere keine unbeschränkt gültige Tarifautonomie oder staatliche Neutralität im Arbeitskampf (siehe hierzu bereits S. 168 ff.).

Gegenstand des Streikverfahrens sind die Beurteilung der Voraussetzungen und Rechtsfolgen des Streiks sowie ein Güteverfahren zur friedlichen Konfliktlösung.[812] Die Bewertung der Voraussetzungen und Rechtsfolgen sowie das Güteverfahren sind in verschiedenen Verfahrensetappen durchzuführen. Diese werden nach dem SCJN und der herrschenden Literaturansicht eingeteilt in

- die Verfahrenseinleitung (*período de gestación*),
- das Stadium vor der Arbeitsniederlegung (*período de pre-huelga*) und
- die Arbeitsniederlegung (*período de huelga estallada*).[813]

Das LFT klassifiziert die Streiks nach der Art ihrer Beurteilung durch die JCAs (künftig Arbeitsgerichte) und nach ihrem Zeitpunkt in die

- verfassungsrechtliche Zulässigkeit (*licitud* oder *ilicitud*) gemäß Art. 445 LFT, Art. 123 A XVII CPEUM,
- Gesetzmäßigkeit (*huelga existente* oder *inexistente*) gemäß Art. 444, 450, 451, 459 LFT und
- Rechtfertigung (*huelga justificado* oder *injustificado*) nach Art. 446 LFT.

A. Zweck und Relevanz des Streikverfahrens

Die Schaffung eines gesetzlichen Streikverfahrens und die Gliederung des Streiks in Verfahrensetappen erfüllen keinen Selbstzweck nur wegen der Möglichkeit einer staatlichen Beteiligung. Vielmehr beruht die Entscheidung auf dem

---

812 *De Buen L.*, Derecho Procesal Del Trabajo, S. 673; *Martínez y Gonzáles*, Reflexiones Sobre La Huelga, S. 62.

813 SCJN (segunda sala/novena época), Tesis de jurisprudencia 79/98, contradicción de tesis 38/97, 26.6.1998, SJFG, Band VIII, Oktober 1998, S. 445; *Tenopala*, La Huelga, S. 126.

gesetzgeberischen Willen einer staatlichen Kontrolle über das Streikverhalten der Arbeitnehmer und Gewerkschaften.

I. Hintergrund der Regulierung des Streiks

Bei dem Streik handelt es sich in der mexikanischen Rechtsordnung um das mächtigste legale Instrument der Arbeitnehmer von Verfassungsrang bei deren „Kampf" zur Verbesserung der Arbeitsbedingungen und Erreichung zusätzlicher finanzieller Leistungen gegen die Arbeitgeber. Da es sich bei dem Streik aufgrund seiner erheblichen materiellrechtlichen Reichweite um ein sehr gewichtiges Druckmittel mit erheblichem Gefährdungspotenzial für die Wirtschaft, die Arbeitnehmer selbst und die Gesellschaft im Ganzen handelt, knüpft der Gesetzgeber die Ausübung des Streikrechts zur Eindämmung potenzieller Schäden an bestimmte Voraussetzungen und vor allem auch an die Bedingung der Durchführung des förmlichen Streikverfahrens. Liegen die formellen und materiellen Voraussetzungen nicht vor und wird nicht das gesetzliche Streikverfahren durchgeführt, ist der Streik im Sinne der mexikanischen Rechtsordnung illegal.[814]

Wie bereits an mehreren Stellen deutlich wurde, hatten die Arbeitnehmer in der Vergangenheit aber aus zahlreichen Gründen (unter anderem wegen des Schutzvertragssystems) gar nicht die Möglichkeit zur Einleitung des gesetzlichen Streikverfahrens (siehe unter anderem S. 35 ff., 91 ff., 108 ff., 278 ff.). Daher fanden Streiks häufig außerhalb des gesetzlichen Streikverfahrens als sogenannte *paros* der Arbeitnehmer statt (siehe S. 280 ff.).[815] Allerdings stehen diese Streiks außerhalb des gesetzlichen Verfahrens und sind unzulässig. Sie können insbesondere die Arbeitsverpflichtung nicht in rechtmäßiger Weise suspendieren. Der Arbeitgeber hat in der Folge nach den allgemeinen arbeitsrechtlichen Vorschriften insbesondere das Recht, die streikenden Arbeitnehmer abzumahnen und diese wegen der Arbeitsverweigerung gegebenenfalls aus verhaltensbedingten Gründen zu kündigen. Auch steht den Arbeitnehmern kein Vergütungsanspruch für die Zeiten der Arbeitsverweigerung zu.[816] Im Übrigen kommen die allgemeinen gesetzlichen Vorschriften im Hinblick auf einen Schadensersatz in Betracht.[817]

Die aus Sicht des mexikanischen Gesetzgebers bestehende Notwendigkeit der Regulierung des Streiks gilt umso mehr, als der materielle Inhalt des Streikrechts sehr weitgehend ist (siehe Kapitel § 4 und 5). Allerdings war es dem Gesetzgeber aus historischer Sicht wegen weiterer zu befürchtender sozialer Unruhen nach der

---

814 *García Sámano*, Derecho Procesal, S. 59.

815 Der *paro* der Arbeitnehmer ist vom *paro patronal* des Arbeitgebers zu unterscheiden; der mexikanische Gesetzgeber verwendet den Begriff *huelga* nur im Zusammenhang mit dem gesetzlichen Streikverfahren; siehe S. 313.

816 *De Buen L.*, Derecho Procesal Del Trabajo, S. 664, 680.

817 TC (Tribunal Colegiado En Materia Penal Del Primer Circuito), Amparo en revision 127/75, Leopoldo López Muñoz y coagraviados, 30.4.1976, Vol. 88, 6. Teil, S. 51, in: La Constitución y su interpretación por el Poder Judicial de la Federación, S. 1988 f.

Revolution politisch nicht möglich, die von den Arbeitnehmern und Gewerkschaften geforderten und in der Verfassung garantierten Rechte im Hinblick auf den Inhalt des Streikrechts materiellrechtlich zu beschränken. Daher entschied er sich für ein Regelungssystem, nach dem der Streik im gesetzlichen Verfahren unter Wahrung der Zulässigkeitsvoraussetzungen ausgeübt werden muss. Deshalb definierte das LFT-alt den Streik explizit als legale Arbeitsniederlegung.[818]

Das gesetzliche Streikverfahren soll sicherstellen, dass die Arbeitnehmer die gesetzlichen Voraussetzungen für die Zulässigkeit eines Streikes erfüllen. Da an die Streiks unterschiedliche Rechtsfolgen geknüpft sind, ist es ein weiteres Ziel des Streikverfahrens, über die Konsequenzen des Streikes zu entscheiden. Letztlich soll das Streikverfahren nach der gesetzgeberischen Entscheidung einen Ausgleich zwischen dem materiellrechtlichen Streikrecht der Arbeitnehmer und dem hiervon ausgehenden Gefährdungspotenzial für die Wirtschaft, die Gesellschaft und die anderen Arbeitnehmer gewährleisten.[819]

Die gesetzgeberische Zweckmäßigkeits- und Wertentscheidung von 1931 ist aber auch im Kontext des beginnenden Staatskorporativismus unter den Präsidenten *Calles* und *Cárdenas* (S. 35 ff.) zu sehen, in welchem der Staat begann, die Kontrolle über verschiedene Gesellschaftsebenen wie zum Beispiel die Arbeiterbewegungen auszuüben. Das Streikverfahren ist seit jeher ein wesentliches Instrument, um eine staatliche Kontrolle über die Streiks und eine Beeinflussung von Arbeitnehmerkoalitionen zu erreichen. Die Gewerkschaften konnten und wollten zum Zeitpunkt der Implementierung des gesetzlichen Streikverfahrens überwiegend eine staatliche Einflussnahme nicht verhindern. Der Staat band die mächtigsten gewerkschaftlichen Organisationen häufig in die Regierungen ein, wobei deren Führer selbst oft (Arbeits-)Minister waren. Die verbleibenden Gewerkschaften hatten keine ausreichende Macht, um die staatliche Einflussnahme und die Regulierung des Streikrechts zu verhindern (siehe bereits ausführlich auf S. 35 ff., 63 ff.).[820]

II. Verfassungsmäßigkeit der Regulierung

Jedenfalls stellte sich der Gesetzgeber mit diesem Arbeitskampfsystem gegen vor allem Anfang des 20. Jahrhunderts vorhandene Strömungen, die das verfassungsrechtlich garantierte Streikrecht als absolut ansahen und die Verfassungswidrigkeit jeglicher vom Gesetzgeber vorgenommener Regulierungen vertraten.[821]

---

818 *Cavazos*, Síntesis De Derecho Laboral Comparado, S. 52.
819 *Tenopala*, La Huelga, S. 109 f.; *García Sámano*, Derecho Procesal, S. 59.
820 *Cueva, M. de la*, El Nuevo Derecho, Band II, S. 513; der Autor verweist auf den Unterschied zur deutschen Tarifautonomie und begründet diesen mit der Schwäche der mexikanischen Gewerkschaften zur Zeit der LFT Kodifizierung.
821 *Puig Hernández*, Teoría Y Práctica De La Huelga, S. 226.

Der SCJN und die ganz überwiegende Ansicht in der mexikanischen Arbeitsrechtswissenschaft gehen von der grundsätzlichen Verfassungskonformität der Regulierung des Streikrechts in einem geregelten Verfahren aus. So zeigt schon die Verfassungsnorm des Art. 123 CPEUM selbst, dass das Streikrecht nicht absolut und damit schrankenlos gewährleistet wird, und regelt mit der Informationspflicht vor Streikbeginn selbst eine formelle Voraussetzung (siehe bereits S. 191 f.).

Darüber hinaus obliegt dem Gesetzgeber der Verfassungsauftrag zur Regelung staatlicher Verfahren im Hinblick auf alle potenziellen Arbeitskonflikte (siehe S. 160, 168 f.). Deshalb hat er erst recht die grundsätzliche Befugnis, das Mittel eines Konfliktes (das heißt den Streik) und nicht nur den Konflikt (zum Beispiel Tarifvertragsverhandlungen) selbst in ein staatliches Verfahren einzubetten. Die Verfassungskonformität ergibt sich aber vor allem aus dem Verfassungsauftrag an den Gesetzgeber zur gesetzlichen Anerkennung und spezifischen Regelung des Streikrechts, in welchem ihm eine Einschätzungsprorogative zusteht. Die Regulierung eines Streikverfahrens ist daher verfassungskonform.[822]

Einzelne Autoren üben allenfalls an bestimmten Verfahrensnormen Kritik, in denen der Gesetzgeber nach ihrer Auffassung seine Einschätzungsprärogative überschreite und das Streikrecht verfassungswidrig beeinträchtige (siehe S. 330 ff.). Die grundsätzliche Verfassungskonformität der Streikregulierung stößt in der Gegenwart aber nur auf vereinzelte Kritik.[823] Die weitere Darstellung geht in Übereinstimmung mit der ganz herrschenden Meinung und Rechtsprechung des SCJN von der im Grundsatz bestehenden Verfassungskonformität des gesetzlichen Arbeitskampfsystems aus.

III. Zwischenergebnis

Der mexikanische Gesetzgeber reguliert das Streikrecht in einem zwingend durchzuführenden Verfahren. Die Entscheidung des Gesetzgebers zur Formalisierung des Streikrechts ist nach dem SCJN und der heute ganz herrschenden Literaturmeinung verfassungskonform.

Das Streikverfahren soll einen Ausgleich zwischen dem materiellrechtlichen Umfang des Streikrechts und dem vom Streik ausgehenden Gefährdungspotenzial für die Wirtschaft, Gesellschaft und Arbeitnehmer schaffen. Das Streikverfahren ist daher auf die Prüfung und Feststellung der Voraussetzungen und Rechtsfolgen des Streiks gerichtet. Die Regulierung des Streiks ist aber insbesondere unter

---

822 *De Buen L.*, Derecho Procesal Del Trabajo, S. 673 ff.; *Cueva, M. de la*, El Nuevo Derecho, Band II, S. 601 ff.; *Guerrero*, Manual De Derecho Del Trabajo, S. 388 ff.; *Tenopala*, La Huelga, S. 125; auch der SCJN geht ohne näherer Begründung von der Verfassungsmäßigkeit eines Streikverfahrens aus, vgl. z. B. SCJN (segunda sala/novena época), Tesis de jurisprudencia 79/98, contradicción de tesis 38/97, 26.6.1998, SJFG, Band VIII, Oktober 1998, S. 445.

823 Kritisch: *Santos Azuela*, Objeto Y Tipología De La Huelga Por Su Régimen Jurídico, S. 480 f.

Berücksichtigung des früheren Staatskorporativismus auch unter dem Gesichtspunkt einer staatlichen Kontrolle zu sehen.

B. Durchführung des Streikverfahrens

Der SCJN geht mit der herrschenden Literatur[824] von drei Etappen im Rahmen des gesetzlichen Streikverfahrens aus. Diese ergeben sich aus der Zusammenschau der Normen bezüglich der Rechtsfolgen des Streiks, die teilweise kraft Gesetzes in der jeweiligen Verfahrensetappe eintreten, teilweise aber die Folge einer Bewertung der Streikvoraussetzungen sind. Hierbei handelt es sich um

- die Verfahrenseinleitung (*período de gestación*),
- das Stadium vor der Arbeitsniederlegung (*período de pre-huelga*) und
- die Arbeitsniederlegung (*período de huelga estallada*).[825]

Die Beendigung des Streikverfahrens behandeln der SCJN und die mexikanische Arbeitsrechtswissenschaft zwar nicht als eigenen Verfahrensabschnitt des Streikverfahrens, da dieser das Verfahren beendet und daher in der Konsequenz selbst keinen Bestandteil des Streiks darstellt. Allerdings besteht ein enger sachlicher Zusammenhang zwischen dem Streik und seiner Beendigung, sodass dieser in Übereinstimmung mit der herrschenden Literatur im Anschluss an das Streikverfahren erörtert wird.

Die JCAs (künftig die Arbeitsgerichte) können im Rahmen der Verfahrensvorschriften neben den einzelnen Rechtsfolgen auch die formellen und materiellen Voraussetzungen des Streikrechts feststellen.[826] Die zuständige staatliche Stelle klassifiziert den Streik je nach Entscheidungsinhalt im jeweils relevanten Verfahrensstadium sodann gemäß den gesetzlichen Vorschriften des LFT als verfassungsrechtlich (un)zulässig (*licitud* oder *ilicitud*, Art. 445 LFT, 123 A XVII CPEUM), (un)gesetzmäßig (*existente* oder *inexistente*, Art. 444, 450 f., 459 LFT) oder (un)gerechtfertigt (*justificado* oder *injustificado*, Art. 446 LFT). Hieran anknüpfend trifft die JCA über die Rechtsfolgen des Streiks einen Schiedsspruch (künftig ein Urteil des Arbeitsgerichts).

---

824 Teilweise schlagen einzelne Autoren zwar alternative Begriffe oder eine Unterkategorisierung der Verfahrensschritte vor; diese sind für die weitere Darstellung irrelevant, da sich hierdurch für das gesetzliche Verfahren keine Abweichung ergibt.

825 SCJN (segunda sala/novena época), Tesis de jurisprudencia 79/98, contradicción de tesis 38/97, 26.6.1998, SJFG, Band VIII, Oktober 1998, S. 445; *Tenopala*, La Huelga, S. 126.

826 *De Buen L.*, Derecho Procesal Del Trabajo, S. 673; *Martínez y Gonzáles*, Reflexiones Sobre La Huelga, S. 62.

I. Período de Gestación – Verfahrenseinleitung

Das Streikverfahren beginnt mit dem Forderungsschreiben der Gewerkschaft oder temporären Arbeitnehmerkoalition, das zugleich auch die Ankündigung des Streikes im Falle der Nichterfüllung der Forderungen beinhalten muss (*pliego petitorio con emplazamiento a huelga*). Das Forderungsschreiben muss von der Arbeitnehmerkoalition oder der Gewerkschaft an die zuständige JCA[827] übersendet werden. Die *período de gestación* stellt die erste Etappe des gesetzlichen Streikverfahrens dar.[828]

1. Übersendung des Forderungs- und Ankündigungsschreibens

Das Gesetz enthält für die Forderungsschreiben einige formelle Voraussetzungen, welche die Arbeitnehmerkoalition für die Zulässigkeit des Streiks wahren muss, Art. 920 LFT. Bereits kleine formelle Mängel können zur Zurückweisung des Streikbegehrens durch die JCA führen.[829]

- Das Schreiben muss so formuliert sein, dass es an den Arbeitgeber gerichtet ist, und ihn mit seiner Firma und Rechtsform nennen.
- Das Schreiben muss in zweifacher Ausfertigung unter Angabe von Ort und Zeit übersendet werden.
- Die vom Arbeitgeber zu erfüllenden Arbeitnehmerforderungen müssen im Einzelnen dargestellt und glaubhaft gemacht werden (zum Beispiel durch Vorlage des Tarifvertragsentwurfes, siehe S. 300 f., 305 ff., 331 f. zur Prüfungskompetenz).
- Der Streik muss unter Angabe eines gesetzlichen Streikziels für den Fall der Nichterfüllung der Forderungen unter übereinstimmender Bezugnahme auf die Arbeitnehmerforderungen angedroht werden.
- Der Streikbeginn muss hinsichtlich Datum und Uhrzeit im Schreiben angekündigt werden, wobei dies mindestens sechs Tage vor dem Streik stattfinden muss (zehn Tage bei öffentlichen Dienstleistungen).

---

827 In Ausnahmefällen kann das Schreiben auch an andere staatliche Behörden gesendet werden, die das Schreiben sodann aber an die JCA (künftig an die zuständigen Arbeitsgerichte) weiterleiten müssen, Art. 920 Nr. II LFT.

828 Dem ist denklogisch die Erörterung der Gewerkschaft oder Arbeitnehmerkoalition über die Forderungen und Möglichkeit eines Streikes sowie die Prüfung der Zulässigkeitsvoraussetzungen vorgeschaltet. Auch verhandeln die Arbeitnehmer häufig mit dem Arbeitgeber vor dem Streikverfahren, zum Beispiel über die Tarifvertragsbedingungen. Da dies aber außerhalb des Streikverfahrens (in der Regel vorab) stattfindet, ist dieser Vorgang keine eigene Etappe des gesetzlichen Streikverfahrens.

829 *Tenopala*, La Huelga, S. 129 f.; *De Buen L.*, Derecho Procesal Del Trabajo, S. 680; *Muñoz*, Derecho Colectivo, S. 546 f.

- Dem Schreiben muss der von der CFCRL ausgestellte Nachweis als Anhang beigefügt werden, dass die antragstellende Gewerkschaft die Mehrheit der Arbeitnehmer im Betrieb oder Unternehmen vertritt.
- Das Schreiben muss von den Arbeitnehmervertretern unterschrieben sein.

Das verfahrenseinleitende Schreiben der Koalition gibt den Rahmen für das weitere Streikverfahren vor. So dürfen die Arbeitnehmer kein anderes als das dort behauptete Streikziel verfolgen. Auch darf der Streik in keinem anderen Betrieb oder zu keiner anderen Zeit als im Ankündigungsschreiben angegeben stattfinden. Andernfalls wäre er ungesetzlich, da er außerhalb des Streikverfahrens stattfände (siehe oben S. 295 f.).[830]

2. Prüfung der Schreiben

Die JCA prüft nach Erhalt des Schreibens, ob die formellen Voraussetzungen – das heißt die *requesito de forma* – nach Art. 920 LFT gewahrt sind. Eine materielle Prüfung des Streikziels oder das Bestehen einer Abstimmungsmehrheit darf grundsätzlich (noch) nicht stattfinden.[831] Auch betrachtet die JCA, ob das Schreiben im Falle eines Streiks um einen Tarifvertrag von derjenigen Gewerkschaft verfasst und übersendet wurde, die Partei des anwendbaren Tarifvertrages ist und die Arbeitnehmermehrheit im Betrieb oder Unternehmen repräsentiert und daher die Befugnis für das Streikverfahren hat. Wird der Abschluss eines Tarifvertrages mit dem Streik verfolgt, prüft die JCA, ob ein solcher bereits besteht und ein Streik daher wegen der grundsätzlich geltenden Friedenspflicht ausgeschlossen ist, Art. 923 LFT.[832]

3. Zweck der A-priori-Prüfung

Der Gesetzgeber schuf Art. 923 LFT im Jahr 1980 mit dem Ziel der Vermeidung von Streiks, die nicht im wahren, verfassungsmäßig legitimen Interesse der Arbeitnehmer stehen. Die JCAs müssen vor der Arbeitsniederlegung prüfen, ob diese unter Einhaltung der Formalien zulässig sein wird. Die Einführung des Art. 923 LFT ist die Folge des Verfahrenssystems, wonach ein Streik erst nach Beginn der

---

830 *De Buen L.*, Derecho Del Trabajo, Band II, S. 838.

831 Nach teilweise vertretener Auffassung soll sich die Prüfung allenfalls auf eine Plausibilitätskontrolle beschränken; ist bereits aus den schriftlichen Ausführungen ersichtlich, dass die Antragsteller offensichtlich nicht das Gleichgewicht der Produktionsfaktoren (siehe Kapitel § 5) verfolgen, kann die JCA das Forderungsschreiben zurückweisen. Allerdings ist die Unterscheidung zwischen einer formellen und materiellen Prüfung der Streikziele an dieser Stelle nicht trennscharf; siehe S. 331 f. zur praktischen Umsetzung der JCAs.

832 *Martínez y Gonzáles*, Reflexiones Sobre La Huelga, S. 87; *Guerrero*, Manual De Derecho Del Trabajo, S. 398; *Muñoz*, Derecho Colectivo, S. 548; siehe zur Friedenspflicht in Mexiko S. 270.

Arbeitsniederlegung von den staatlichen Stellen auf seine Rechtmäßigkeit hin geprüft werden darf (siehe S. 301, 305 ff.). Dies führt aber dazu, dass beim Arbeitgeber bereits wirtschaftliche Schäden eingetreten sind, auch wenn der Streik aus formellen Gründen nicht zulässig gewesen wäre. Daher versuchte der Gesetzgeber mit der Einführung der *A-priori*-Prüfung aus formellen Gründen unzulässige Streiks schon vor Beginn der Arbeitsniederlegung zu verhindern (zum Beispiel den Streikaufruf durch eine unzuständige Gewerkschaft).[833] Die Intention des Art. 923 LFT ist, einen Streik in geordnete Bahnen zu bringen.[834] Daher haben die JCAs zum Schutz der Beteiligten eine Rechtspflicht zur Prüfung, ob die formellen Voraussetzungen der Schreiben und die Befugnis der Arbeitnehmervertretung vorliegen.[835]

Eine materiellrechtliche Prüfung des Streikziels darf grundsätzlich nicht stattfinden. Andernfalls würde das Drohpotenzial des Streiks bereits im Keim erstickt werden, bevor es seine für den Arbeitgeber drohende Wirkung überhaupt entfalten kann.[836] Dies widerspräche dem Wesen des mexikanischen Streikrechts als echtes Druckmittel gegenüber dem Arbeitgeber.[837] Das Streikrecht ist dahingehend gewährleistet, dass die Arbeitnehmer bei der Arbeitsniederlegung grundsätzlich nicht deren Verbot durch eine JCA befürchten müssen, da sie sonst vom Streik Abstand nehmen könnten.[838] Der Arbeitgeber soll bereits durch den bloßen Streikaufruf unter Druck gesetzt und zur Verhandlung über Arbeitsbedingungen gezwungen werden. Nur so ist gewährleistet, dass die Arbeitnehmer ihre Streikforderungen effektiv durchsetzen können, da diese bei einem allgemeineren Streikziel keinem Rechtfertigungsdruck für den Streik ausgesetzt sind.[839] Eine Prüfung der dem abstrakten Streikziel zugrunde liegenden einzelnen Forderungen stünde hierzu im Widerspruch. Außerdem darf bis zum Ende des Güteverfahrens keine Aussage über die Rechtmäßigkeit des Streikes getroffen werden, Art. 926 LFT. Eine solche würde die JCA aber durch eine *A-priori*-Prüfung treffen. Dies würde den Charakter des Streiks als Druckmittel beeinträchtigen, da die Ablehnung sein Drohpotenzial beseitigt.[840] Auch wäre eine materiellrechtliche Prüfung in diesem

---

833 *De Buen L.*, Derecho Procesal Del Trabajo, S. 663, 665; *Martínez y Gonzáles*, Reflexiones Sobre La Huelga, S. 87, 93.

834 *Tenopala*, La Huelga, S. 130; *Martínez y Gonzáles*, Reflexiones Sobre La Huelga, S. 86.

835 TC (Tribunal Colegiado del Cuarto Circuito/séptima epoca), Amparo en revisión 337/70, Coalición de Enfermeras y Empleados del Hospital Civil de Ciudad Victoria, Tamaulipas, 13.11.1970, SJF, Band 23, 6. Teil, S. 27.

836 *De Buen L.*, El Sistema Laboral En México, S. 137.

837 *Martínez y Gonzáles*, Reflexiones Sobre La Huelga, S. 87.

838 *Cueva, M. de la*, El Nuevo Derecho, Band II, S. 628 f.

839 *De Buen L.*, Derecho Del Trabajo, Band II, S. 831; *Cueva, M. de la*, El Nuevo Derecho, Band II, S. 623; *Martínez y González*, Reflexiones Sobre La Huelga, S. 203; *Guerrero*, Manual De Derecho Del Trabajo, S. 391, 398; *Cavazos*, Síntesis De Derecho Laboral Comparado, S. 55.

840 *Fernández*, Reforma Laboral de 1980, S. 1 f.; *Martínez y Gonzáles*, Reflexiones Sobre La Huelga, S. 87 ff.; *Puig Hernández*, Procedimiento de Huelga, S. 279; *Santos Azuela*,

Verfahrensstadium gleichbedeutend mit einer Entscheidung ohne Anhörung der Partei. Dies verstößt gegen ein zentrales Rechtsprinzip, wonach keine Entscheidung ohne eine Anhörung der Partei getroffen werden darf.[841]

4. *Weiterleitung an den Arbeitgeber*

Liegen die Voraussetzungen nach Art. 920 LFT und die Befugnis der Arbeitnehmervertreter vor und besteht noch kein anwendbarer Tarifvertrag, muss die JCA die Kopie des Forderungs- und Ankündigungsschreibens innerhalb von 48 Stunden nach Eingang an den Arbeitgeber weiterleiten, Art. 921 Abs. 1 LFT.[842] Sind die formellen Voraussetzungen für das Schreiben oder die Befugnis der Gewerkschaft nicht gegeben, unterbleibt die Weiterleitung. In diesem Fall erhalten die Arbeitnehmer die Gelegenheit, das Schreiben zu korrigieren und nochmals an die JCA zu senden. Für den Fortgang des Verfahrens bis zur Arbeitsniederlegung ist es erforderlich, dass die JCA das Forderungsschreiben an den Arbeitgeber weiterleitet. Andernfalls ist der Streik rechtswidrig (siehe S. 303), Art. 923 LFT.[843]

II. Período de pre-huelga – Stadium vor der Arbeitsniederlegung

Mit dem Zugang des Schreibens beim Arbeitgeber beginnt die zweite Etappe des Streikverfahrens, die *período de pre-huelga*. Der Zeitraum der *pre-huelga* dauert bis zur juristischen Sekunde der Arbeitsniederlegung und beinhaltet vor allem einen Gütetermin.[844]

1. *Versuch einer einvernehmlichen Lösung*

Dieser Verfahrensabschnitt hat das zentrale Ziel, den Parteien des Streikverfahrens ausreichend Zeit zur Verfügung zu stellen, um eine einvernehmliche Lösung zur Abwendung des Streiks zu finden und insbesondere die wirtschaftlichen Schäden der Arbeitsniederlegung zu vermeiden. Auch soll dem Arbeitgeber Gelegenheit gegeben werden, Sicherungsmaßnahmen für sein Unternehmen zu ergreifen, um die wirtschaftlichen Schäden zumindest minimieren zu können.[845] Daher muss die

---

Autonomía Colectiva y Funciones Actuales de la Huelga, S. 1252 ff.; *De Buen L.*, Derecho Procesal Del Trabajo, S. 665.

841 *Martínez y Gonzáles*, Reflexiones Sobre La Huelga, S. 90.

842 *Tenopala*, La Huelga, S. 126 f., 134; SCJN (segunda sala/novena época), Tesis de jurisprudencia 79/98, contradicción de tesis 38/97, 26.6.1998, SJFG, Band VIII, Oktober 1998, S. 445.

843 *De Buen L.*, Derecho Procesal Del Trabajo, S. 680 f.; *Tenopala*, La Huelga, S. 131.

844 *Tenopala*, La Huelga, S. 126 f., 134; SCJN (segunda sala/novena época), Tesis de jurisprudencia 79/98, contradicción de tesis 38/97, 26.6.1998, SJFG, Band VIII, Oktober 1998, S. 445.

845 *Tenopala*, La Huelga, S. 133; *Cueva, M. de la*, El Nuevo Derecho, Band II, S. 634 f.

JCA in dem Zeitraum vor dem angekündigten Streik einen Gütetermin mit den Parteien abhalten. In diesem sollen die Parteien den Konflikt nach Möglichkeit einvernehmlich beenden. Die JCA darf keine Erklärung über die Zulässigkeit oder Rechtfertigung des Streiks im Rahmen des Gütetermins abgeben (siehe S. 301). Außerdem kann eine zu benachrichtigende staatliche Gütestelle (*Centro de Conciliación*) dem Gütetermin zur Vermittlung zwischen den Parteien beiwohnen. Diese ist auch ermächtigt, die Parteien durch Anberaumung eines eigenen Gütetermins zu weiteren Verhandlungen zu laden, Art. 926 LFT.

2. *Fristen bis zur Arbeitsniederlegung*

Der im Forderungsschreiben für diesen Verfahrensabschnitt angekündigte Zeitraum (das heißt bis zum Beginn der Arbeitsniederlegung) darf einmalig um dreißig Tage verschoben werden. Der Streikbeginn kann auch dann auf ein späteres Datum verlegt werden, wenn nach Auffassung der JCA ein wichtiger Grund besteht oder die Parteien übereinstimmend eine Verlängerung vereinbaren. Hierdurch soll den Parteien mehr Zeit eingeräumt und eine einvernehmliche Lösung des Konfliktes gefördert werden, Art. 926 Nr. V LFT.

Im Übrigen soll der Arbeitgeber der JCA spätestens 48 Stunden nach Zugang des Forderungsschreibens eine Erwiderung auf das Forderungsschreiben der Arbeitnehmer zukommen lassen, Art. 922 LFT. Da das Gesetz aber an die Säumnis dieser Frist keine Rechtsfolgen knüpft, kann der Arbeitgeber sein Erwiderungsschreiben auch erst zu einem späteren Zeitpunkt an die JCA senden. Eine Rechtspflicht zur Erwiderung besteht nicht. Die Arbeitnehmervertreter verlangen im Falle der verspäteten oder ausbleibenden Arbeitgebererwiderung aber stets die entsprechende Protokollierung. Hierdurch soll das mangelnde Interesse des Arbeitgebers im Hinblick auf die Rechtfertigung des Streiks mit dem Argument festgehalten werden, der Arbeitgeber habe den Konflikt mangels Einigungsversuch gefördert. Für die Erwiderung gelten die Formerfordernisse des Forderungsschreibens.[846]

3. *Bedeutung des Zugangs für den Arbeitgeber*

Für den Arbeitgeber ergeben sich bereits aus dem Zugang des Forderungsschreibens erhebliche Rechtsfolgen, die eine Fortführung des Unternehmens beeinträchtigen. Auch aus diesem Grund führte der Gesetzgeber mit einer Reform im Jahr 1980 die A-priori-Prüfung der JCAs ein. So ist eine zentrale Rechtsfolge des Zugangs des Forderungsschreibens bei dem Arbeitgeber das „Einfrieren“ des Istzustandes im betroffenen Unternehmen oder Betrieb ab dem Beginn der *pre-huelga*. Der Arbeitgeber verwandelt sich ab diesem Zeitpunkt in einen Verwalter der Güter und des Vermögens im Unternehmen. Er darf keine Vermögenswerte mehr veräußern und übertragen, Art. 921 Abs. 2 LFT. Dies dient dem ökonomischen

---

846 *Tenopala*, La Huelga, S. 138.

Schutz der Arbeitnehmer, damit der Arbeitgeber dem Unternehmen keine Wirtschaftsgüter entziehen kann (siehe im Einzelnen S. 325 f.). In gleicher Weise sind die Vollstreckung von Urteilen gegen den Arbeitgeber und etwaige kollektive Regelungsstreitigkeiten zwischen den Parteien (zum Beispiel Revisionsverfahren bezüglich eines Tarifvertrags) suspendiert (siehe S. 327 f.), Art. 924, 448 LFT.[847]

Auch wird vor der Arbeitsniederlegung von der JCA die unverzichtbare Anzahl an Arbeitnehmern für die Aufrechterhaltung der Not- und Erhaltungsarbeiten beim Arbeitgeber während der Arbeitsniederlegung festgesetzt, Art. 935 LFT. Diese Arbeiten dürfen beim Arbeitgeber trotz des eingeleiteten Streikverfahrens fortgesetzt werden. Sofern die Arbeitnehmer sich weigern, darf der Arbeitgeber als Ausnahme zum Streikbruchverbot vorübergehend Ersatzarbeitnehmer zur Ausführung dieser Arbeiten anstellen (siehe S. 221).

III. Período de huelga estallada – Beginn der Arbeitsniederlegung

Kommt eine einvernehmliche Einigung zwischen den Parteien nicht zustande und sehen die Arbeitnehmer nicht freiwillig von der Arbeitsniederlegung ab, beginnt mit der Arbeitsniederlegung der dritte Verfahrensabschnitt, der sogenannte *huelga estallada*.[848]

*1. Antrag auf Feststellung der Gesetzmäßigkeit des Streiks (*existencia*)*

Innerhalb von 72 Stunden nach dem im Forderungsschreiben angekündigten Beginn des Streiks können der Arbeitgeber, andere Arbeitnehmer oder antragsbefugte Dritte[849] an der JCA die Feststellung der Rechtswidrigkeit des Streiks beantragen. In diesem Fall stellt die JCA unter Berücksichtigung umfangreicher Form- und Beweisregelungen fest, ob die gesetzlichen Voraussetzungen im Hinblick auf die Mehrheit, die Form oder das Streikziel erfüllt sind. Für die Feststellung ausreichend ist, dass eine der vorgenannten Voraussetzungen nicht vorliegt.[850]

---

847 *Tenopala*, La Huelga, S. 135; die vormals bestehende Missbrauchsmöglichkeit der Vollstreckungsvermeidung gegen den Arbeitgeber gerichteter Urteile durch das kollusive Zusammenwirken mit der Gewerkschaft durch die missbräuchliche Übersendung eines nicht ernst gemeinten Forderungsschreibens unterband der Gesetzgeber mit seiner Reform im Jahr 1980, indem er bestimmte Forderungen von der Norm ausnahm (zum Beispiel Sozialversicherungsbeiträge oder Arbeitnehmerrechte).

848 *Tenopala*, La Huelga, S. 126 f., 134; SCJN (segunda sala/novena época), Tesis de jurisprudencia 79/98, contradicción de tesis 38/97, 26.6.1998, SJFG, Band VIII, Oktober 1998, S. 445.

849 Zum Beispiel von der Produktion des bestreikten Betriebes abhängige Drittunternehmen.

850 *Marquet Guerrero*, Derecho Procesal, S. 132.

Stellt keine der Parteien einen Antrag innerhalb der 72 Stunden nach Streikbeginn oder wird auf Antrag die Rechtmäßigkeit des Streiks festgestellt, muss er im Rahmen der gesetzlichen Vorschriften als rechtmäßig behandelt werden, Art. 929 Abs. 2 LFT. Die Parteien des Verfahrens müssen umfassend und unter Beweisangeboten zur behaupteten Rechtswidrigkeit vortragen, Art. 929 Abs. 1, 930 f. LFT. Die Prüfung beschränkt sich aber nur auf die gerügten Voraussetzungen.

a. Prüfung der Rechtmäßigkeit

Der Gesetzgeber stellt an die Rechtmäßigkeit einer Arbeitsniederlegung Anforderungen, die im Rahmen des Streikverfahrens zu erfüllen sind, Art. 444, 450, 451, 459 LFT. Bei Erfüllung dieser Voraussetzungen ist der Streik als *existente* zu bewerten.

Da der Gesetzgeber die Auffassung vertritt, dass es sich bei dem Streik um einen juristischen Akt handelt,[851] bezeichnet er diesen bei Nichterfüllung der gesetzlichen Voraussetzungen als *inexistente*, das heißt als (juristisch) nicht existent. Erfüllen die Streikenden die Rechtmäßigkeitsvoraussetzungen, ist der Streik (juristisch) existent. Im Ergebnis handelt es sich um die Rechtmäßigkeit der Streiks, sodass die Literatur teilweise eine von der *existencia* abweichende Formulierung im Sinne einer (Un-)Rechtmäßigkeit verwendet (zum Beispiel *improcedencia*). Dies ist Ausdruck der teilweisen Kritik an der gesetzgeberischen Auffassung des Streiks als juristischem Akt, da er auch bei Nichterfüllung der gesetzlichen Voraussetzungen faktisch „existent" ist.[852] Daher wird im Folgenden zur besseren Verständlichkeit die Bezeichnung der (Un-)Rechtmäßigkeit weiterhin beibehalten.

Jedenfalls darf die zuständige JCA (künftig das Arbeitsgericht) im Falle eines Antrags innerhalb der genannten 72 Stunden nach der Arbeitsniederlegung erstmals alle Rechtmäßigkeitsvoraussetzungen des Streiks prüfen. Eine solche Prüfung kommt vor der Arbeitsniederlegung nicht in Betracht. In Übereinstimmung mit Art. 444, 450 f. LFT ist die Arbeitsniederlegung dann rechtmäßig, wenn kumulativ die folgenden Voraussetzungen erfüllt sind:

- Die formellen Voraussetzungen an das Forderungsschreiben im Sinne des Art. 920 LFT werden bei der Einleitung des Streiks gewahrt.
- Die Mehrheit der Arbeitnehmer legt im betroffenen Betrieb oder Unternehmen die Arbeit nieder.
- Die Streikenden verfolgen ein zulässiges Ziel nach Art. 450 LFT.

851 *De Buen L.*, Derecho Del Trabajo, Band II, S. 819 ff., 835; *Cueva, M. de la*, El Nuevo Derecho, Band II, S. 592, 601 f.; *Cavazos*, El Mito del Arbitraje Potestativo, S. 56.; *Tenopala*, La Huelga, S. 57 f.

852 *De Buen L.*, Derecho Procesal Del Trabajo, S. 674; *Martínez y Gonzáles*, Reflexiones Sobre La Huelga, S. 64; *Cavazos*, El Mito del Arbitraje Potestativo, S. 56.

Die Rechtmäßigkeitsvoraussetzungen werden daher nach den Formerfordernissen (*requesitos de forma*), der Arbeitnehmermehrheit (*requesitos de mayoría obrera*) und dem Streikgrund (*requesitos de fondo*) differenziert. Auch die Kritiker, die den Streiks nicht als juristischen Akt sehen, vertreten, dass die rechtmäßige Arbeitsniederlegung die Erfüllung aller Voraussetzungsarten erfordert.[853] Liegt eine der Voraussetzungen nicht vor, ist die Arbeitsniederlegung nach Art. 459 LFT rechtswidrig, Art. 451 LFT.

b. Requesito de forma

Die Prüfung der Formerfordernisse (*requesito de forma*) als Rechtmäßigkeitsvoraussetzung auch im Rahmen des dritten Verfahrensabschnittes ist eine Folge der erst im Jahr 1980 nachträglich eingeführten *A-priori*-Prüfung des Art. 923 LFT (siehe S. 301 f.). Bis zu diesem Zeitpunkt war eine formelle Überprüfung des Forderungsschreibens erst nach Streikbeginn möglich. Hinsichtlich der Formerfordernisse kann auf die vorgenannten Ausführungen verwiesen werden (siehe S. 300).

c. Requesito de mayoría

Der Gesetzgeber knüpft die Arbeitsniederlegung an die Voraussetzung, dass sich die Mehrheit der Arbeitnehmer des betroffenen Betriebs dem Streik anschließt, Art. 451 Nr. II, 459 Nr. I LFT. Andernfalls ist der Streik rechtswidrig.

Da der Streik zu seiner geforderten Effektivität den ganzen Betrieb oder das gesamte Unternehmen stilllegen muss (siehe S. 222), bedarf er für seine Legitimität der Zustimmung der Mehrheit der Arbeitnehmer – mithin der Hälfte aller betroffenen Arbeitnehmer und einen Arbeitnehmer. Das Mehrheitserfordernis gilt auch im Falle eines gewerkschaftsgeführten Streiks und ist Ausdruck des Demokratieverständnisses, wonach die Arbeitnehmer nicht gegen ihren Willen zur Arbeitsniederlegung gezwungen werden können, wenn nicht mindestens über die Hälfte aller Arbeitnehmer hierfür stimmte.[854]

Nach dem mexikanischen Arbeitsrechtsverständnis ist das Streikrecht eine demokratische Institution, weil das Volk durch die Revolution das Streikwesen selbstbestimmt demokratisch für rechtmäßig erklärte. Daher verlangt die Ausübung des Streikrechtes als Ausprägung einer demokratischen Institution, dass die Wahrnehmung dieses Rechts im konkreten Einzelfall ebenfalls demokratisch legitimiert ist.[855] Ein Streik kommt demnach nur dann in rechtmäßiger Weise in Betracht, wenn die Mehrheit der betroffenen Arbeitnehmer hierfür stimmt.

---

853 *De Buen L.*, Derecho Del Trabajo, Band II, S. 835; *Cueva, M. de la*, El Nuevo Derecho, Band II, S. 614 ff.; *Tenopala*, La Huelga, S. 113 ff.

854 *Cueva, M de la*, El Nuevo Derecho, Band II, S. 617 f.; *Climént Beltrán*, Derecho Procesal Del Trabajo, S. 294; *Reynoso Castillo*, Derecho del trabajo, S. 451.

855 *Cueva, M. de la*, El Nuevo Derecho, Band II, S. 593; *Santos Azuela*, El Derecho Constitucional De Huelga S. 292; *De Buen L.*, Derecho Del Trabajo, Band II, S. 819.

Die Arbeitnehmermehrheit muss vorliegen, wenn der Streik bereits begonnen hat. Auf den Nachweis einer Mehrheit vor der Arbeitsniederlegung kommt es dagegen nicht an, Art. 451 Nr. II LFT. Daher findet die Feststellung der Mehrheit im Streikverfahren erstmals statt, wenn die Arbeit bereits niedergelegt wurde, eine der Parteien innerhalb von 72 Stunden einen Antrag auf Feststellung der Rechtswidrigkeit gestellt hat und das Fehlen der Mehrheit rügt.[856] Die nachträgliche Bestimmung der Mehrheit beruht auf dem Rechtsgedanken, dass eine staatliche oder arbeitgeberseitige Einflussnahme auf die Koalitionsbildung und deren Entscheidungsfindung verhindert werden soll. Andernfalls könnten die Arbeitnehmer vor dem Streik daran gehindert werden, eine Koalition zu bilden und von ihrem Streikrecht Gebrauch zu machen.[857] In der Praxis empfehlenswert ist es für die Koalition dennoch, die vorherige Mehrheit durch eine informelle Abstimmung in Erfahrung zu bringen, um das Risiko einer Rechtswidrigkeit wegen des Fehlens der Mehrheit zu minimieren.[858]

Wurde ein Antrag auf Feststellung der Rechtswidrigkeit gestellt, ist das Mehrheitserfordernis gemäß den Verfahrensvorschriften (Art. 931 LFT) durch die Arbeitnehmerkoalition zu erfüllen. Das Mehrheitserfordernis erfüllt die Koalition durch eine geheime und freie Abstimmung. Die JCA muss innerhalb von fünf Tagen nach Antragstellung den Ort und die Zeit bestimmen, an welchem die Abstimmung stattfindet. Diese muss grundsätzlich innerhalb einer Frist von weiteren zehn Tagen abgehalten werden. Auch regelt das LFT, welche Arbeitnehmer bei der Mehrheitsfeststellung für die Zählung relevant sind. So hat zum Beispiel die Kündigung eines Arbeitnehmers nach Zusendung des Forderungs- und Ankündigungsschreibens keinen Einfluss auf seine Zählung im Sinne des Mehrheitserfordernisses. Hingegen zählen leitende Angestellte sowie Mitarbeiter mit einem dem Forderungsschreiben nachgelagerten Eintrittsdatum in den Betrieb nicht als Arbeitnehmer, Art. 931 Nr. IV LFT.

Stimmt die Mehrheit der betroffenen Arbeitnehmer in dem gesetzlichen Abstimmungsverfahren für den von der Koalition geführten Streik und liegen die übrigen Voraussetzungen hinsichtlich der Form und des zulässigen Streikziels vor, stellt die JCA die Rechtmäßigkeit (*existencia*) des Streikes fest.

d. *Requesito de fondo*

Darüber hinaus ist grundsätzlich auch die Prüfung des zulässigen Streikziels als weitere Rechtmäßigkeitsvoraussetzung für die Arbeitsniederlegung Gegenstand

856 *De Buen L.*, Derecho Del Trabajo, Band II, S. 836 f.; *Cueva, M. de la*, El Nuevo Derecho, Band II, S. 593.

857 *Cueva, M. de la*, El Nuevo Derecho, Band II, S. 621.

858 Nach Aussage einiger vom Verfasser befragten mexikanischen Arbeitnehmer ist die informelle Durchführung einer Abstimmung vor einer Arbeitsniederlegung gängige Praxis; dies gilt insbesondere auch für sogenannte ungesetzliche Streiks, bei welchen kein Streikverfahren an der JCA durchgeführt wird (*paro*).

des Prüfungsverfahrens. Die Streikziele ergeben sich aus Art. 123 A XVII CPEUM und Art. 450 LFT (siehe bereits ausführlich in den Kapiteln § 4 A I und § 5). Demnach nennt das mexikanische Arbeitsrecht als zulässige Streikziele

- das Gleichgewicht der Produktionsfaktoren, die Harmonisierung des Arbeitsrechts mit dem Recht des Kapitals,
- den Abschluss, die Änderung und die Einhaltung von (allgemein verbindlichen) Tarifverträgen,
- die Einhaltung der gesetzlichen Regelungen zur Arbeitnehmerbeteiligung am Unternehmensgewinn und
- den Unterstützungsstreik.

Im Hinblick auf das Streikverfahren stellt sich die Frage, in welchem Umfang die JCAs oder künftig die Arbeitsgerichte ein Prüfungsrecht hinsichtlich der Zulässigkeit der verfolgten Streikziele innehaben. Im Grundsatz gilt, dass die JCAs bei der Prüfung der Streikziele Zurückhaltung üben müssen. Dies gilt nach dem verfassungsrechtlichen und gesetzlichen Arbeitskampfsystem so lange, wie die Arbeitnehmer nicht selbst die Feststellung eines zulässigen Streikziels fordern, damit das materiellrechtliche Streikrecht möglichst frei von einer staatlichen Einflussnahme und als eine effektive Druckausübung auf den Arbeitgeber gewährleistet ist.[859] Grundsätzlich soll den Arbeitnehmern selbst überlassen sein, mit welchen konkreten Forderungen sie das Gleichgewicht der Produktionsfaktoren und die Harmonisierung des Arbeitsrechts mit dem Recht des Kapitals erreichen wollen (siehe bereits S. 238, 242, 255, 263).[860] Hierdurch kann insbesondere auch ein Missbrauch durch eine staatliche Beeinträchtigung durch ein exzessives Versagen des Streikrechts verhindert werden.[861]

Die konkrete Reichweite des gerichtlichen Prüfungsrechts ist in dieser Verfahrensetappe allerdings sehr umstritten. Anders als bei der A-priori-Prüfung des Forderungsschreibens findet nicht mehr nur eine Druckausübung auf den Arbeitgeber durch den bloßen Streikaufruf statt, sondern die Arbeit ist tatsächlich niedergelegt. Die Druckintensität und das Schadenspotenzial sind damit für den betroffenen Arbeitgeber, die Wirtschaft und die anderen (gegebenenfalls nicht streikwilligen) Arbeitnehmer deutlich höher. Die Kontroverse bezüglich des Prüfungsumfangs reicht von der konkreten Feststellung des Vorliegens eines Ungleichgewichts der

859 *Cavazos*, Síntesis De Derecho Laboral Comparado, S. 55; *Martínez y Gonzáles*, Reflexiones Sobre La Huelga, S. 87; *Guerrero*, Manual De Derecho Del Trabajo, S. 398; *Muñoz*, Derecho Colectivo, S. 548; De Buen L., Derecho Del Trabajo, Band II, S. 838.

860 *De Buen L.*, Derecho Del Trabajo, Band II, S. 830 f.; *Cueva, M. de la*, El Nuevo Derecho, Band II, S. 623; *Martínez y González*, Reflexiones Sobre La Huelga, S. 203; *Guerrero*, Manual De Derecho Del Trabajo, S. 391, 398; *Cavazos*, Síntesis De Derecho Laboral Comparado, S. 55.

861 *Cueva, M. de la*, El Nuevo Derecho, Band II, S. 623.

Produktionsfaktoren bis hin zu einer gänzlichen Ablehnung eines staatlichen Prüfungsrechts von Streikzielen.

So vertritt vor allem *Héctor Santos Azuela*, dass die vom Gesetzgeber vorgenommenen Streikzielregelungen und die damit verbundene Prüfung durch staatliche Autoritäten generell eine Verletzung des Streikrechts darstellen, da die Verfassung der Arbeitnehmerkoalition und der Gewerkschaft die Konkretisierung ihrer Streikziele im Rahmen des Gleichgewichts der Produktionsfaktoren überlasse. Eine Spezifizierung oder Kontrolle der Streikziele durch den Gesetzgeber oder andere staatliche Autoritäten verstoße daher offensichtlich gegen die Verfassung.[862] Es liege gerade in der verfassungsrechtlich anerkannten Natur des Streikes, dass die Arbeitnehmer selbst darüber entscheiden, wann und wie sie die Unternehmen unter Druck setzen möchten, um ihre Leistungen zu erhalten und ein Gleichgewicht herzustellen, welches sie als zu ihrem Nachteil gestört ansehen.[863] Eine Beschränkung des Streikrechts auf bestimmte konkrete Ziele und deren staatliche Kontrolle bedeute einen „Anschlag auf den Frieden, die Gerechtigkeit und den sozialen Fortschritt, der die Arbeiter unter Verletzung von Freiheitsrechten zugunsten des industriellen Wohlstandes und dem des Kapitalmarktes ausgrenze".[864]

Hingegen stellt zum Beispiel *Euquerio Guerrero* das gesetzliche (und verfassungsrechtliche) System dahingehend infrage, ob dieses in der mexikanischen Gegenwart und in Zeiten der Globalisierung noch zeitgemäß sei, da es noch auf den revolutionären Vorstellungen Anfang des 20. Jahrhunderts beruhe. Der klassenkämpferische Charakter des Streiks (siehe S. 184, 197) führe neben seiner inhaltlichen Reichweite mangels spezifischer Kontrolle der einzelnen Arbeitnehmerforderungen insbesondere auch zu einer erheblichen Streikdauer. Dies habe in der mexikanischen Wirtschaft und Arbeitswelt massive Nachteile und vor allem auch Schließungen von Unternehmen und den Verlust von Arbeitsplätzen zur Folge, insbesondere unter Berücksichtigung des globalen Wettbewerbs.[865] Daher wäre auch eine konkrete Kontrolle der spezifischen Streikziele erforderlich, damit die Streikenden keine Forderungen verfolgen, die undurchsetzbar wären oder in den Ruin des Arbeitgebers führen könnten. Vor der Arbeitsniederlegung müsse konkret festgestellt werden, ob tatsächlich ein Ungleichgewicht der Produktionsfaktoren vorliege.[866]

Die herrschende Lehre und hier insbesondere *Mario de la Cueva* und *Néstor De Buen Lozano* vertreten hingegen eine vermittelnde Ansicht. Zwar verbleibt es bei den Grundsätzen, wonach eine staatliche Einflussnahme auf die spezifischen Streikziele der Arbeitnehmer und eine inhaltliche Auseinandersetzung mit den

---

862 *Azuela Santos*, Elementos de Derecho del Trabajo, S. 184.
863 *Azuela Santos*, Objeto Y Tipología De La Huelga Por Su Régimen Jurídico, S. 479.
864 *Azuela Santos*, El Derecho Constitucional De Huelga Y El Moderno Derecho Sindical, S. 306.
865 *Guerrero*, Manual De Derecho Del Trabajo, S. 398.
866 *Guerrero*, Manual De Derecho Del Trabajo, S. 391.

Forderungen nicht stattfinden dürfen. Der Verfassungs- und Gesetzgeber erkennt das Streikrecht dahingehend an, dass die Arbeitnehmer bei der Arbeitsniederlegung nicht die Rechtswidrigkeit des Streiks dem Grunde nach fürchten müssen und als Folge vom Streik Abstand nehmen. Nur so ist gewährleistet, dass die Arbeitnehmer ihre Forderungen mit dem Streik effektiv durchsetzen können, da sie bei einem allgemeinen Streikziel (zum Beispiel abstrakt die Verfolgung des Tarifvertragsschlusses) keinem Rechtfertigungsdruck für die Ausübung ihres Streikrechts ausgesetzt sind.[867]

Eine inhaltliche Auseinandersetzung mit einzelnen von den Arbeitnehmern verfolgten Forderungen darf im Rahmen der Rechtmäßigkeitsfeststellung (*existencia*) grundsätzlich nicht stattfinden. Dies gilt aber nur so lange, wie die Arbeitnehmer eines der generischen Streikziele verfolgen.[868] Die Arbeitnehmer müssen nur geltend machen, für den Abschluss eines Tarifvertrages oder die Erreichung eines der anderen abstrakten Streikziele (siehe Kapitel § 5) zu streiken. Ausreichend ist, dass sich die Streikenden auf das Ziel des wirksamen Tarifvertragsschlusses berufen und dies aus der streikverfahrenseinleitenden Schrift entsprechend plausibel hervorgeht (siehe zur Form S. 300). Für die Frage des zulässigen Streikziels ist unerheblich, ob die Streikenden zum Beispiel solche Klauseln im Tarifvertrag aufzunehmen verlangen, die nicht regelbar oder durchsetzbar wären, solange der Streik in Bezug auf den Abschluss eines Tarifvertrages mit den Regelungen zur Grundvergütung stattfindet (siehe aber S. 317 ff. zur Rechtfertigung).[869] Für diesen Prüfungsmaßstab spricht insbesondere der allgemeine Wortlaut des Art. 450 LFT, der nicht nach einzelnen (zum Beispiel tarifvertraglichen) Forderungen differenziert. Die JCA darf nur das Vorliegen des abstrakten Streikziels feststellen.[870]

Hingegen erscheint die vor allem von *Héctor Santos Azuela* vertretene Auffassung, der Verfassungsgeber habe die Streikzielbestimmung allein den Arbeitnehmern überlassen und die staatlichen Stellen könnten zumindest nicht im Sinne einer Plausibilitätskontrolle prüfen, ob der Streik auf das in der Verfassung abstrakt genannte Ziel der Herstellung eines Gleichgewichts und der Harmonisierung des Arbeitsrechts mit dem Recht des Kapitals gerichtet sei, nach *Euquerio Guerrero* fernliegend und würde einen Missbrauch des Streikrechts durch die Arbeitnehmer fördern.[871]

---

867 *De Buen L.*, Derecho Del Trabajo, Band II, S. 830 f.; *Cueva, M. de la*, El Nuevo Derecho, Band II, S. 623; *Martínez y González*, Reflexiones Sobre La Huelga, S. 203; *Guerrero*, Manual De Derecho Del Trabajo, S. 391, 398; *Cavazos*, Síntesis De Derecho Laboral Comparado, S. 55.

868 *Cueva, M. de la*, El Nuevo Derecho, Band II, S. 628 f.

869 *De Buen L.*, Derecho Del Trabajo, Band II, S. 837 f.; *Cavazos*, Síntesis De Derecho Laboral Comparado, S. 55; *Climént Beltrán*, Derecho Procesal Del Trabajo, S. 268; TC (octava época), Amparo en revision 391/94, Construcción de Obras Civiles S.A. de C.V., 11.8.1994, SJF, Band XV-2, Februar 1995, S. 352.

870 *Martínez y González*, Reflexiones Sobre La Huelga, S. 203.

871 *Guerrero*, Manual De Derecho Del Trabajo, S. 390.

In der Praxis bildete sich mangels arbeitsgerichtlicher Rechtsprechung (siehe S. 177 ff.) noch keine einheitliche Auffassung heraus. Da die ganz herrschende Ansicht in der Literatur dem gesetzgeberischen Willen entsprechend (siehe S. 273 ff.) eine Prüfung nur der generischen Streikziele für die Frage einer rechtmäßigen Arbeitsniederlegung vertritt, führt dies dazu, dass

- ein wissenschaftlicher Diskurs über die Berechtigung einzelner Arbeitnehmerforderungen fehlt und die Streikziele daher in der Regel nur in abstrakter Form behandelt werden,[872]
- die JCAs teilweise „absurde“[873] Forderungen zum Beispiel ohne Sachbezug zum Tarifvertrag als vom Streikrecht umfasst ansehen, häufig aber situationsbezogen (nach Hinweis mexikanischer Arbeitsrechtler bei interessengeleiteten Entscheidungen) festzustellen versuchen, ob konkret ein Ungleichgewicht und daher ein Streikrecht vorliegt,[874]
- der Gesetzgeber versucht, diese sehr weitgehende materielle Streikberechtigung der Arbeitnehmer durch formelle Verfahrensvorschriften zu begrenzen, welche die JCAs teilweise kreativ zur Beschränkung des materiellen Streikrechts zu nutzen wissen (siehe S. 330 ff.).[875]

Aufgrund der Rechtsunsicherheit in der Praxis über den Prüfungsmaßstab konzentriert sich die gerichtliche Prüfung aber in der Regel auf die Feststellung, ob sich die Mehrheit der betroffenen Arbeitnehmer dem Streik anschließt und die formellen Voraussetzungen gewahrt wurden. Dies gilt auch deshalb, weil Fehler in der Form oder beim Streikziel bei einer Zurückweisung des Gerichtes lediglich ein neues Forderungsschreiben zur Folge haben. Eine Verwirkung des Streikrechtes existiert diesbezüglich nicht. Der Streik findet allenfalls mit einer Verzögerung statt.[876]

Im Rahmen dieser Arbeit soll entsprechend der mexikanischen Arbeitsrechtspraxis der herrschenden Ansicht (insbesondere von *Mario de la Cueva* und *Néstor De Buen Lozano*) und dem gesetzgeberischen Willen (siehe S. 273 ff.) im Hinblick auf den gerichtlichen Prüfungsmaßstab der Streikziele gefolgt werden:

---

872 Dies gilt auch für *Euquerio Guerrero*, der eine konkrete Prüfung der einzelnen Streikforderungen ohne eigene inhaltliche Auseinandersetzung diesbezüglich vertritt; siehe *Guerrero*, Manual De Derecho Del Trabajo, S. 390.

873 *Euquerio Guerrero* konkretisiert selbst zwar nicht, was er unter „absurden“ Forderungen versteht; in der mexikanischen Arbeitsrechtspraxis ist es aber (bisher) durchaus üblich, zum Beispiel auch offensichtlich rechtswidrige Tarifverträge abzuschließen oder Individualansprüche entgegen der verfassungsrechtlichen Garantie durchzusetzen; siehe S. 91 ff. und zum Beispiel *De Buen L.*, Derecho Del Trabajo, Band II, S. 828 f.; *Wittmütz*, Die „Contratos de Protección“ im Gewerkschaftssystem Mexikos, S. 1 ff.

874 *Guerrero*, Manual De Derecho Del Trabajo, S. 391.

875 *Martínez y González*, Reflexiones Sobre La Huelga, S. 86 ff.

876 *De Buen L.*, Derecho Procesal Del Trabajo, S. 681.

- Die JCA darf grundsätzlich nur das Vorliegen des abstrakten Streikziels und seine Plausibilität unter Berücksichtigung der geltend gemachten Arbeitnehmerforderungen überprüfen.
- Allerdings ist stets die Anwendungspraxis an den JCAs zu berücksichtigen, wonach im Einzelfall auch eine konkrete Prüfung einzelner Streikziele stattfinden kann.

2. *Antrag auf Feststellung der Verfassungswidrigkeit (*ilícitud*)*

Neben dem Antrag auf Feststellung der Rechtmäßigkeit (*existencia*) des Streiks können die Parteien auch den Antrag auf Feststellung seiner verfassungsrechtlichen Unzulässigkeit stellen, Art. 934 LFT. Der Streik ist dann unzulässig (das heißt *ilícitud*), wenn die Mehrheit der Streikenden Gewalttaten gegen Personen oder Eigentum verübt oder ein Streik in staatsabhängigen Unternehmen während eines Krieges stattfindet (siehe bereits S. 221, 289).[877]

Für die Feststellung der Verfassungswidrigkeit (*ilícitud*) gelten dieselben Regelungen wie für das genannte *Existencia*-Verfahren. Ausgenommen ist nur die Antragsfrist von 72 Stunden nach Streikbeginn. Dies ist zum Schutz der Rechtsgüter bei Gewalttaten oder bei einem Kriegsausbruch auch nach Ablauf der Frist noch zweckmäßig.[878] Der Streik ist im Falle von Gewalttaten durch die Mehrheit der Streikenden und damit auch bei einer zuvor festgestellten *existencia* stets verfassungsrechtlich unzulässig. Dies ist in der Praxis allerdings nicht relevant, da Arbeitgebern in der Regel nicht der Beweis gelingt, dass die Mehrheit der Streikenden und nicht nur Einzelpersonen die Gewalttaten verüben.[879] Es besteht kein praktischer Beispielsfall, in welchem eine JCA den Streik aus diesem Grund (oder wegen eines Krieges) für unzulässig erklärte.[880]

Stellt die JCA die verfassungsrechtliche Unzulässigkeit des Streiks fest, ist die Arbeitsniederlegung rechtswidrig. Die Arbeitnehmer müssen zur Arbeit zurückkehren und die Arbeitsverhältnisse derjenigen, die Gewalt ausgeübt haben, werden seitens der JCA aufgelöst (siehe S. 289, 324), Art. 934 LFT.[881]

Hinsichtlich des Verhältnisses einer Entscheidung über die Gesetzmäßigkeit (*existencia*) und der verfassungsrechtlichen Unzulässigkeit des Streiks (*ilicitud*) gelten die nachfolgenden Grundsätze. Mit der Feststellung der *existencia* ist stets auch die Feststellung der *licitud* – das heißt der verfassungsrechtlichen Zulässigkeit – verbunden, da die Gesetzmäßigkeit das verfassungsrechtliche Kriterium des

877 *Guerrero*, Manual De Derecho Del Trabajo, S. 388 f.; *De Buen L.*, Derecho Procesal Del Trabajo, S. 674, 679.
878 *Climént Beltrán*, Derecho Procesal Del Trabajo, S. 304 f.
879 *Martínez y Gonzáles*, Reflexiones Sobre La Huelga, S. 63.
880 *De Buen L.*, Derecho Procesal Del Trabajo, S. 679.
881 *Climént Beltrán*, Derecho Procesal Del Trabajo, S. 305.

zulässigen Streikziels impliziert.[882] Nach Art. 123 A XVII CPEUM sind Streiks, die das Gleichgewicht der Produktionsfaktoren und die Harmonisierung des Arbeitsrechts mit dem Recht des Kapitals verfolgen, zulässig (siehe S. 191 ff., 226 f., 263, 280).[883] Nach den gesetzlichen Streikzielen ist ein Streik aber nur dann rechtmäßig, wenn Konkretisierungen des verfassungsrechtlichen Streikziels wie zum Beispiel der Abschluss eines Tarifvertrages verfolgt werden (siehe Kapitel § 5). Das *requesito de fondo* im *Existencia*-Verfahren (siehe S. 308 f.) ist die gesetzliche Ausprägung der verfassungsrechtlichen Streikzielregelung. Verfolgen die Streikenden daher eines der gesetzlichen Streikziele, ist gleichzeitig die verfassungsrechtliche Voraussetzung hinsichtlich des Ziels erfüllt.

Hingegen kann ein Streik trotz seiner verfassungsrechtlichen Zulässigkeit (*licitud*) ungesetzmäßig (*inexistente*) sein. Das ist dann der Fall, wenn die Streikenden die Voraussetzungen hinsichtlich der Form oder Arbeitnehmermehrheit nicht erfüllen. Dies ist die Folge des nach herrschender Ansicht und Rechtsprechung verfassungsrechtlich zulässigen Arbeitsrechtssystems, nach dem der Gesetzgeber das Streikrecht näher ausgestalten muss (siehe S. 160, 295 ff.). Die verfassungsrechtliche Zulässigkeit allein führt nicht zur Zulässigkeit eines Streikes. Sie gibt vielmehr nur den Rahmen vor, innerhalb welchem der Gesetzgeber seinen Verfassungsauftrag entsprechend Regelungen zur Regulierung arbeitsrechtlicher Beziehungen und zur Anerkennung des Streikrechts treffen darf.[884] Daher ist für die Zulässigkeit eines Streikes erforderlich, dass über die *licitud* hinaus die gesetzlichen Voraussetzungen des Streikverfahrens erfüllt werden. Dies sind diejenigen Tatbestandsvoraussetzungen, die unter die Kategorie der *existencia* fallen (siehe S. 305 ff.). Stellt die JCA allerdings die verfassungsrechtliche Unzulässigkeit (*ilicitud*) als Folge von Gewalttaten oder eines Krieges fest, ist der Streik stets rechtswidrig und daher *inexistente.*[885]

Abschließend ist noch anzumerken, dass der Streik trotz Feststellung der verfassungsrechtlichen Unzulässigkeit theoretisch gleichzeitig auch das Kriterium der verfassungsrechtlichen Zulässigkeit erfüllen kann (auch wenn er dann im Ergebnis dennoch illegal ist).[886] Der Grund hierfür ist der Wortlaut der Verfassungsnorm Art. 123 A XVII CPEUM. Demnach ist ein Streik zulässig, wenn es das Gleichgewicht der Produktionsfaktoren und die Harmonisierung des Arbeitsrechts mit

---

882 *Martínez y Gonzáles*, Reflexiones Sobre La Huelga, S. 65; *Guerrero*, Manual De Derecho Del Trabajo, S. 389.

883 *Guerrero*, Manual De Derecho Del Trabajo, S. 388 f.; *De Buen L.*, Derecho Procesal Del Trabajo, S. 674, 679.

884 Zumindest nach ganz herrschender Meinung in der Literatur und Rechtsprechung, siehe S. 332 f., 346 ff..

885 *Cueva, M. de la*, El Nuevo Derecho, Band II, S. 623; *De Buen L.*, Derecho Procesal Del Trabajo, S. 679; *Martínez y Gonzáles*, Reflexiones Sobre La Huelga, S. 63.

886 *Cueva, M. de la*, El Nuevo Derecho, Band II, S. 623; *De Buen L.*, Derecho Procesal Del Trabajo, S. 679; *Martínez y Gonzáles*, Reflexiones Sobre La Huelga, S. 63.

dem Recht des Kapitals verfolgt (siehe S. 191 ff., 226 f., 263, 280). Hingegen ist ein Streik unzulässig (*ilícita*), sofern die Mehrheit der Streikenden Gewalttaten gegen Personen oder Eigentum verübt oder er in einem staatsabhängigen Unternehmen während eines Krieges stattfindet.[887] Hieraus ergibt sich, dass das Gegenteil eines verfassungsrechtlich zulässigen Streiks (*lícita*) kein unzulässiger Streik (*ilícita*) ist, da der Verfassungsgeber Letzteres nur den Gewalttaten oder dem Kriegsfall zuordnet.[888] Denkbar ist, dass ein Streik aufgrund des Verfolgens eines Gleichgewichts der Produktionsfaktoren verfassungsrechtlich zulässig (*lícita*) ist, wegen der Gewalttaten durch die Mehrheit der Streikenden gleichzeitig aber auch das Kriterium der verfassungsrechtlichen Unzulässigkeit (*ilícita*) erfüllt. Allerdings ist der Streik in diesem Fall dennoch als verfassungsrechtlich unzulässig (und auch ungesetzlich – *inexistente*) zu bewerten.[889]

3. *Zwischenergebnis*

Das Verfahrensstadium der Arbeitsniederlegung ist davon gekennzeichnet, dass neben der faktischen Arbeitseinstellung auf Antrag eine Rechtmäßigkeitsbeurteilung des Streiks durch die JCAs möglich ist. Neben der materiellrechtlichen Voraussetzung eines zulässigen Streikziels ist auch erforderlich, dass die Streikenden die Formerfordernisse für das verfahrenseinleitende Schreiben und die Abstimmungsmehrheit für die Streikteilnahme der betroffenen Arbeitnehmer erfüllen.

Der Antrag auf Feststellung der Rechtswidrigkeit des Streiks muss innerhalb von 72 Stunden nach der Arbeitsniederlegung gestellt werden, da dieser sonst als gesetzmäßig gilt. Die JCA prüft daraufhin das Vorliegen der gesetzlichen Voraussetzungen bezüglich der Formvorschriften, des Vorliegens einer Arbeitnehmermehrheit und eines zulässigen Streikziels.

Die JCA darf nach herrschender Meinung nur das Vorliegen des generischen Streikziels und seine Plausibilität unter Berücksichtigung der im Einzelnen geltend gemachten Streikforderungen überprüfen. Die Betrachtung der zugrunde liegenden spezifischen Forderungen ist für die Feststellung der rechtmäßigen Arbeitsniederlegung grundsätzlich nicht gestattet. Allerdings weichen die JCAs in der Praxis hiervon nach herrschender Meinung teilweise in rechtswidriger Weise ab, ohne dass eine einheitliche Rechtsprechung besteht.

Der Schwerpunkt der Rechtmäßigkeitsprüfung liegt daher auch infolge der rechtlichen Unsicherheit über die Prüfungskompetenz in der Feststellung der eingehaltenen Formvorschriften und der Arbeitnehmermehrheit. Insbesondere muss

---

887 *Guerrero*, Manual De Derecho Del Trabajo, S. 388 f.; *De Buen L.*, Derecho Procesal Del Trabajo, S. 674, 679.

888 *Martínez y Gonzáles*, Reflexiones Sobre La Huelga, S. 63; *Cavazos*, El Mito del Arbitraje Potestativo, S. 56.

889 *Cueva, M. de la*, El Nuevo Derecho, Band II, S. 623; *De Buen L.*, Derecho Procesal Del Trabajo, S. 679; *Martínez y Gonzáles*, Reflexiones Sobre La Huelga, S. 63.

die Mehrheit der vom Streik betroffenen Arbeitnehmer des bestreikten Betriebes in dem Abstimmungsverfahren für den Streik stimmen. Andernfalls ist der Streik mangels Erfüllung einer gesetzlichen Voraussetzung rechtswidrig.

Neben dem Antrag auf Feststellung der Rechtmäßigkeit kann stets ein Antrag auf Feststellung der verfassungsrechtlichen Unzulässigkeit wegen Gewalttaten durch die Mehrheit der Streikenden oder wegen eines Krieges gestellt werden. Die Feststellung der verfassungsrechtlichen Unzulässigkeit führt automatisch auch zur Rechtswidrigkeit des Streiks im Sinne des *Existencia*-Verfahrens. Allerdings ist dies nicht praxisrelevant, was insbesondere die Folge von Beweisschwierigkeiten des Arbeitgebers zur Feststellung einer Mehrheit ist.

IV. Ende des Streikverfahrens

Das weitere Schicksal der Arbeitsniederlegung steht in Abhängigkeit von der beantragten Entscheidung der JCA. So führt die Feststellung der Rechtswidrigkeit des Streiks (*inexistencia*) dazu, dass er beendet ist, die Arbeitnehmer ihre Arbeit wieder aufnehmen und alle Symbole des Streikes (zum Beispiel Fahnen) in der Betriebsstätte entfernen müssen (siehe S. 322 ff. zur Darstellung der Rechtsfolgen).[890]

Stellt die JCA hingegen die Rechtmäßigkeit des Streiks fest oder gilt dieser mangels Antrags der Parteien innerhalb von 72 Stunden nach der Arbeitsniederlegung kraft Gesetzes als rechtmäßig, dürfen die Arbeitnehmer ihn fortsetzen. In diesem Fall findet die Arbeitsniederlegung so lange statt, bis ein den Streik beendender Tatbestand eintritt.

1. Gesetzliche Regelung

Der Streik kann im Falle seiner Rechtmäßigkeit nach Art. 469 LFT nur in den folgenden Fällen beendet werden:

- Einigung zwischen den Streikenden und dem Arbeitgeber,
- Arbeitgeber erfüllt freiwillig die Forderungen der Arbeitnehmer und bezahlt die Vergütung für die Zeiten der Arbeitsniederlegung,
- Schlichtungsspruch einer zwischen den Parteien eingesetzten freiwilligen Schlichtungsstelle nach Vereinbarung,
- Schiedsspruch der JCA im Sinne einer Zwangsschlichtung (künftig ein Urteil des Arbeitsgerichtes), wenn eine der Parteien den Konflikt zur Entscheidung auf die staatliche Stelle überträgt, Art. 937 LFT.

Der rechtmäßige Streik kann daher grundsätzlich so lange ausgeübt werden, bis eine der Parteien den Konflikt einer Lösung zuführt. Im Falle der Einigung zwischen den Parteien oder der einseitigen Unterwerfung des Arbeitgebers entfaltet der Streik als Druckmittel seine Wirkung zur Durchsetzung der Forderungen.

---

890 *Tenopala*, La Huelga, S. 203.

Neben den genannten Beendigungstatbeständen besteht auch die Alternative, dass die Streikenden das Streikverfahren freiwillig beenden.[891]

2. *Rechtfertigungsverfahren* (justificación)

Von besonderer Relevanz ist das gesetzliche Rechtfertigungsverfahren bei der JCA (künftig am Arbeitsgericht) über die Risikoverteilung der Streikfolgen, das heißt die Vergütung für die Zeit der Arbeitsniederlegung und die Erfüllung der Arbeitnehmerforderung(en), Art. 446, 937 LFT. Die Streikenden oder der Arbeitgeber können den Konflikt auf Antrag durch einen Schiedsspruch der JCA im Wege einer Zwangsschlichtung beenden (*huelga justificado* oder *injustificado*). Der Streik dauert so lange, bis ein Antrag gestellt wird (und kein anderer Beendigungstatbestand eintritt).

a. Inhalt der Streikrechtfertigung

Dem Arbeitgeber sind die dem Streik zugrunde liegenden Motive zuzurechnen, wenn er den Arbeitnehmern einen Grund zum Streiken gab. In diesem Fall ist der Streik gerechtfertigt und der Arbeitgeber muss die Rechtsfolgen des Streikes tragen, das heißt, er muss die Vergütung für die Zeiten der Arbeitsniederlegung bezahlen und die Arbeitnehmerforderungen erfüllen, Art. 937 LFT.[892] Die JCA stellt die Rechtfertigung auf Antrag fest, wodurch das Streikverfahren und die Arbeitsniederlegung beendet sind, Art. 469 Nr. IV LFT. Daher hat die Rechtfertigung(sentscheidung) die doppelte Finalität der Feststellung, ob die Vergütung zu bezahlen ist und die Forderungen zu erfüllen sind.[893]

Hingegen ist die Rechtfertigungsfeststellung keine Voraussetzung für die Rechtmäßigkeit der Arbeitsniederlegung, die nur an die Erfüllung der *requesitos de forma, mayoría y fondo* geknüpft ist (siehe bereits S. 305 ff.), Art. 444 LFT. Der Gesetzgeber trennt die Frage der zulässigen Arbeitsniederlegung mit seinen Rechtmäßigkeitsvoraussetzungen von derjenigen, wer in welchem Umfang den Streik veranlasst hat und die genannten Rechtsfolgen des Streikes tragen muss. Die Rechtfertigung des Streiks ist daher keine Zulässigkeitsvoraussetzung dafür, dass die Arbeitnehmer die Arbeit niederlegen dürfen.[894]

Dies hat zur Folge, dass bei Ausbleiben eines Antrags auf Feststellung der Rechtfertigung theoretisch ein zeitlich unbegrenztes Streikrecht der Arbeitnehmer bestehen kann. Hier kommt der Charakter des mexikanischen Streikrechts als Druckmittel zur Forderungsdurchsetzung zum Tragen. Eine Verhältnismäßigkeitsprüfung für die Arbeitsniederlegung ist nicht erlaubt und die bloße Ankündigung

891 *De Buen L.*, Derecho Procesal Del Trabajo, S. 687.

892 *Cueva, M. de la*, El Nuevo Derecho, Band II, S. 607 f.; *Guerrero*, Manual De Derecho Del Trabajo, S. 389.

893 *De Buen L.*, Derecho Procesal Del Trabajo, S. 685.

894 *De Buen L.*, Derecho Procesal Del Trabajo, S. 685.

des Streiks soll bereits ein erhebliches Drohpotenzial entfalten (siehe S. 196 f.). Trotz einer fehlenden Rechtfertigung kann er *lícita* und *existente*, das heißt verfassungsrechtlich zulässig und gesetzmäßig, sein.[895]

b. Verfahren und Entscheidung

Die JCA stellt die Rechtfertigung des Streiks fest, wenn der Arbeitgeber den Arbeitnehmern einen ihm zurechenbaren Grund zum Streiken gab. Dies ist anhand einer Gesamtwürdigung aller Umstände zu ermitteln.[896] Der Entscheidungsinhalt und das anwendbare Verfahren stehen in Abhängigkeit davon, ob es sich um eine Regelungs- oder Rechtsstreitigkeit handelt.

Verfolgen die Streikenden die Beseitigung einer Rechtsverletzung, finden die Verfahrensnormen über das juristische, ordentliche Verfahren Anwendung und die JCA entscheidet über das Vorliegen der Rechtsverletzung. Stellt die JCA eine Rechtsverletzung des Arbeitgebers fest, ist der Streik gerechtfertigt und der Arbeitgeber muss dessen Rechtsfolgen tragen. Dies bedeutet für ihn, dass er die Rechtsverletzung beseitigen und die Arbeitnehmervergütung für die Zeiten der Arbeitsniederlegung bezahlen muss, Art. 937 LFT.[897] Liegt keine Rechtsverletzung des Arbeitgebers vor, ist er zu beidem nicht verpflichtet.

Im Falle von Regelungsstreitigkeiten (zum Beispiel Abschluss oder Revision von Tarifverträgen) finden die Verfahrensnormen der ökonomischen Kollektivverfahren Anwendung. Die JCA entscheidet hier über die Möglichkeit der Erfüllung von Arbeitnehmerforderungen durch den Arbeitgeber, die Angemessenheit der Forderungen und gegebenenfalls auch deren Rechtmäßigkeit (zum Beispiel kein Tarifvertragsschluss ohne Regelungen zur Grundvergütung, siehe S. 235, 238). Soweit die Arbeitnehmerforderungen angemessen sind, die Erfüllung dem Arbeitgeber möglich ist und die Forderungen einer Rechtmäßigkeitsprüfung standhalten, verurteilt die JCA den Arbeitgeber zur Erfüllung der Forderungen und Bezahlung der Vergütung.[898]

Stellt die JCA im Rahmen einer Regelungsstreitigkeit zum Beispiel die Unangemessenheit der Arbeitnehmerforderungen oder in einer Rechtsstreitigkeit das

---

895 *Martínez y Gonzáles*, Reflexiones Sobre La Huelga, S. 64 f.

896 *Cueva, M. de la*, El Nuevo Derecho, Band II, S. 607 f.; *Guerrero*, Manual De Derecho Del Trabajo, S. 389; aufgrund der Einzelfallbezogenheit der Rechtfertigungsentscheidungen sind in der Literatur auch keine exakten Darstellungen ersichtlich, unter welchen spezifischen Voraussetzungen ein Streik (un)gerechtfertigt ist.

897 TC (Segundo Tribunal Colegiado En Materia De Trabajo Del Primer Circuito/séptima época), Amparo en revisión 662/86, Ignacio Manrique García y otros, 22.5.1987, SJF, Vol. 217–228, 6. Teil, S. 327; *Climént Beltrán*, Derecho Procesal Del Trabajo, S. 311, 316; *Cueva, M. de la*, El Nuevo Derecho, Band II, S. 679 f.

898 SCJN (cuarta sala/séptima época), Amparo directo 6637/86, Aceros de Chihuahua S.A. de C.V., 11.11.1987, SJF, Vol. 217–228, 5. Teil, S. 18; *Climént Beltrán*, Derecho Procesal Del Trabajo, S. 311, 316; *Cueva, M. de la*, El Nuevo Derecho, Band II, S. 679 f.

Fehlen einer Rechtsverletzung fest, erklärt sie den Streik als ungerechtfertigt. Der Arbeitgeber ist dann nicht verpflichtet, die Arbeitnehmerforderungen zu erfüllen oder die Vergütung für die Zeiten der Arbeitsniederlegung zu bezahlen, Art. 937 Abs. 2 LFT. Bei einem teilweisen Obsiegen der Streikenden soll die JCA den Arbeitgeber lediglich zu einer anteilmäßigen Vergütungszahlung verurteilen, wenn das Urteil nicht nur unerheblich von den Arbeitnehmerforderungen abweicht.[899] Im Falle eines Unterstützungsstreikes kommt die Verurteilung zur Vergütung der Arbeitnehmer allerdings unter keinen Umständen in Betracht (siehe S. 266 f.), Art. 937 Abs. 2 LFT.[900]

Maßgeblich für die Rechtfertigung können neben den Arbeitnehmerforderungen auch die Begleitumstände oder das Vorverhalten der Parteien vor der Arbeitsniederlegung sein. Auch diesbezüglich bestehen umfangreiche Verfahrens- und Beweisregelungen für das Rechtfertigungsverfahren. Neben dem Parteivortrag kommen vor allem die Gutachten der Sachverständigen in Betracht. Im Hinblick auf den Parteivortrag geht das SCJN bei Rechtsverletzungen von einer Präklusionswirkung aus, wonach nur solche Ausführungen vorgebracht werden können, die schriftsätzlich im Verfahren über die Rechtmäßigkeit des Streiks vorgetragen wurden.[901]

Im Rahmen der Rechtfertigungsentscheidung kann es auch ein Kriterium für die Frage sein, ob der Arbeitgeber die Vergütung zahlen muss, ob er kein hinreichendes Interesse am Konflikt zeigte und hierdurch den Streik (mit) verursachte. An dieser Stelle kann relevant sein, ob der Arbeitgeber innerhalb von 48 Stunden nach Zugang des verfahrenseinleitenden Forderungsschreibens der JCA eine Erwiderung auf das Forderungsschreiben der Arbeitnehmer zukommen lässt (siehe S. 303). Zwar handelt es sich nicht um eine Rechtspflicht des Arbeitgebers, allerdings verlangen Arbeitnehmervertreter wegen der Bedeutung für die Rechtfertigungsentscheidung in der Regel die Protokollierung einer verspäteten oder ausbleibenden Arbeitgebererwiderung.[902]

Über die Gesetzmäßigkeit der Arbeitsniederlegung als solche wird hingegen keine nochmalige Entscheidung getroffen. Insbesondere führt die Feststellung eines ungerechtfertigten Streiks im mexikanischen Arbeitsrecht nicht zur rückwirkenden Rechtswidrigkeit der Arbeitsniederlegung. Im Rechtfertigungsverfahren steht ihre Gesetzmäßigkeit bereits fest (siehe S. 318 f.).[903]

---

899 *Cueva, M. de la*, El Nuevo Derecho, Band II, S. 680.

900 *Cueva, M. de la*, El Nuevo Derecho, Band II, S. 683; *Climént Beltrán*, Derecho Procesal Del Trabajo, S. 315.

901 SCJN (cuarta sala/quinta época), Apéndice de Jurisprudencia de 1917 a 1975, SJF, S. 126; *Climént Beltrán*, Derecho Procesal Del Trabajo, S. 311; *Guerrero*, Manual De Derecho Del Trabajo, S. 392.

902 *Tenopala*, La Huelga, S. 138.

903 *Climént Beltrán*, Derecho Procesal Del Trabajo, S. 311; *De Buen L.*, Derecho Procesal Del Trabajo, S. 685; *Martínez y Gonzáles*, Reflexiones Sobre La Huelga, S. 64 f; *Cueva, M. de la*, El Nuevo Derecho, Band II, S. 679; SCJN (cuarta sala/quinta época), Amparo

c. *Reform 2019: Zulässigkeit eines Arbeitgeberantrags*

Der Arbeitgeber kann einen Antrag auf Feststellung der fehlenden Streikrechtfertigung – das heißt auf Durchführung der Zwangsschlichtung – bei der JCA stellen, wenn der Streik mehr als sechzig Tage andauert, Art. 937 Abs. 1 LFT. Vorher ist ein Arbeitgeberantrag dagegen unzulässig (siehe S. 316 zu den alternativen Beendigungsmöglichkeiten). Vor der Reform im Jahr 2019 war ein Arbeitgeberantrag nicht möglich. Der Streik fand in zulässiger Weise so lange statt, bis sich die Streikenden selbst dem Rechtfertigungsverfahren bei den JCAs unterwarfen.[904] Dies führte teilweise zu jahrzehntelangen Streiks, wenn die Arbeitnehmer keinen Antrag stellten. Nach der reformierten Regelung sind solche langwierigen Streiks nunmehr nur noch denkbar, wenn neben den Streikenden auch der Arbeitgeber kein Interesse an einer Entscheidung hat (siehe zur Verfassungskonformität dieses Arbeitgeberrechts S. 336).[905]

3. *Weigerungsrecht des Arbeitgebers*

Der Arbeitgeber hat im Streikverfahren ein Weigerungsrecht, die Entscheidung der JCA im Hinblick auf ökonomische Arbeitsbedingungen umzusetzen (zum Beispiel die tarifvertragliche Vergütung), Art. 947 LFT, Art. 123 A XXII CPEUM.[906] Erkennt der Arbeitgeber die Entscheidung der JCA nicht an, muss er sie nicht realisieren und es findet insbesondere keine Zwangsvollstreckung statt. Stattdessen löst die JCA die Arbeitsverhältnisse des bestreikten Betriebes auf, verurteilt den Arbeitgeber zu einer Entschädigungszahlung an die Arbeitnehmer in Höhe von drei Monatsgehältern und zur Zahlung der Vergütung bis zum Zeitpunkt der Entschädigungszahlung.

Zwar kann die Weigerung erhebliche Kosten verursachen. Daher machen Arbeitgeber in der Praxis von dieser Möglichkeit in der Regel auch keinen Gebrauch. Zumindest bisher war die Geltendmachung des Weigerungsrechts für die Arbeitgeber aber auch deshalb nicht erforderlich, weil sie mit dem Abschluss

---

administrativo en revision 1026/30, United Sugar Companies S.A., 10.12.1930, La Constitución y su interpretación por el Poder Judicial de la Federación, S. 1992 f.

904 Ein Antragsrecht des Arbeitgebers führt zu einer Beeinträchtigung des Streikrechtscharakters als Druckmittel der Arbeitnehmer. Abweichend vom verfassungsrechtlichen Verständnis (siehe S. 197) können die Streikenden nicht mehr bis zur Forderungsdurchsetzung streiken. Auch wenn dies aus ökonomischen und praktischen Gründen von Teilen der Literatur begrüßt wird, kritisieren einzelne Stimmen dies als verfassungswidrig; siehe S. 336.

905 Insbesondere Arbeitgeber, die außerhalb marktwirtschaftlicher Mechanismen stehen (zum Beispiel Universitäten), könnten von einem Antrag absehen; siehe auch *De Buen L.*, Derecho Del Trabajo, Band II, S. 810; *Martínez y Gonzáles*, Reflexiones Sobre La Huelga, S. 64.

906 *De Buen L.*, Derecho Procesal Del Trabajo, S. 685; *Climént Beltrán*, Derecho Procesal Del Trabajo, S. 315.

von Schutzverträgen einen Streik effektiv unterbinden konnten (siehe bereits ausführlich S. 91 ff.).

Jedenfalls gibt der Gesetzgeber dem Arbeitgeber das Recht, sich als Ausdruck der auch für ihn grundsätzlich geltenden Vertragsfreiheit von den Streikforderungen freizukaufen. Der Arbeitgeber soll nicht zu Arbeitsbedingungen gezwungen werden können, deren Inhalte nicht seinem Willen entsprechen. Als Ausgleich muss er aber zumindest eine Entschädigungszahlung leisten. Diese Regelung führt jedoch im Ergebnis dazu, dass die Streikenden vor allem im Falle von zu hohen Forderungen das Risiko eines Arbeitsplatzverlustes tragen. Dies kann das Streikrecht als Druckmittel zur Durchsetzung von Forderungen erheblich beeinträchtigen. Auch stellt diese Regelung eine wichtige Ausnahme vom Stabilitätsgrundsatz im Arbeitsverhältnis dar, welcher den Arbeitnehmern theoretisch einen hohen Kündigungsschutz gewährleistet, Art. 123 A XXII CPEUM (siehe S. 185). Die Streikforderungen können nach Durchführung des Rechtfertigungsverfahrens einen Prozess in Gang setzen, der zu einer Massenentlassung oder sogar Betriebsschließung führt. Hingegen ist das Weigerungsrecht auf Entscheidungen in Rechtsstreitigkeiten (zum Beispiel behauptete Tarifvertragsverletzung) nicht anwendbar. Diese Entscheidungen der JCAs müssen von den Arbeitgebern befolgt werden und sind stets vollstreckbar.[907]

Im Ergebnis führt das Weigerungsrecht vor allem in Verbindung mit der nunmehr bestehenden Möglichkeit des Arbeitgeberantrages auf Feststellung der Rechtfertigung (siehe oben S. 320) zu einer Beeinträchtigung der Effektivität des Streikrechts als Druckmittel im Arbeitskampf.[908] Die Arbeitnehmer müssen bei der Streikteilnahme in einer Regelungsstreitigkeit nunmehr damit rechnen, dass der Arbeitgeber eine Entscheidung über die Rechtfertigung herbeiführt, an deren Ende die Auflösung der Arbeitsverhältnisse stehen kann.

4. *Zwischenergebnis*

Die Beendigung des Streiks steht in Abhängigkeit von Entscheidung über seine Gesetzmäßigkeit im *Existencia*-Verfahren. Im Falle der festgestellten Rechtswidrigkeit der Arbeitsniederlegung durch die JCA müssen die Arbeitnehmer den Streik beenden. Andernfalls kommt ein außergerichtliches Ende des Verfahrens durch eine Einigung oder einseitige Unterwerfung des Arbeitgebers unter die Arbeitnehmerforderung in Betracht.

Die Parteien können auch einen Antrag auf Zwangsschlichtung an der JCA stellen, der Arbeitgeber kann dies aber erst nach Ablauf von sechzig Tagen. Dieser beendet den Streik und beinhaltet eine einzelfallabhängige Entscheidung der JCA über die Streikforderungen und die Vergütung für die Zeiten der

---

907 *De Buen L.*, Derecho Procesal Del Trabajo, S. 685.

908 *De Buen L.*, Derecho Procesal Del Trabajo, S. 685; *Climént Beltrán*, Derecho Procesal Del Trabajo, S. 315.

Arbeitsniederlegung. Soweit die JCA den Streik als gerechtfertigt ansieht, das heißt eine Rechtsverletzung des Arbeitgebers oder die Angemessenheit und Durchsetzbarkeit der ökonomischen Forderungen bejaht, muss der Arbeitgeber die Vergütung der Arbeitnehmer zahlen und deren Forderungen erfüllen.

Er kann sich jedoch gegen Zahlung einer Entschädigung im Falle einer Regelungsstreitigkeit weigern, die staatliche Entscheidung anzuerkennen. In diesem Fall löst die JCA die Arbeitsverhältnisse der Streikenden auf und verurteilt den Arbeitgeber zu einer Entschädigungs- und Vergütungszahlung.

C. Rechtsfolgen im Streik(verfahren)

Die Darstellung des Streikverfahrens zeigt, dass der Gesetzgeber an die verschiedenen Verfahrensetappen und Streikklassifizierungen voneinander abweichende Rechtsfolgen des Streiks anknüpft. Diese wurden bisher nur insoweit erörtert, als es für das Verständnis des Streikverfahrens erforderlich war.[909] Die maßgeblichen Rechtsfolgen des Streiks können in Abhängigkeit von Erfüllung der unter Kapitel § 6 B dargestellten Voraussetzungen folgende sein:

- die Suspendierung der Pflicht zur Arbeitsleistung für die Arbeitnehmer (siehe S. 220, 305 ff., 323 ff.),
- die Vergütungspflicht des Arbeitgebers für die Zeiten der Arbeitsniederlegung (siehe S. 318 f., 323, 324),
- die Verurteilung des Arbeitgebers zur Erfüllung der Arbeitnehmerforderungen durch die JCA (siehe S. 318 f., 323, 324),
- die gerichtliche Auflösung der Arbeitsverhältnisse (siehe S. 320, 324),
- der Verlust der Verfügungsbefugnis des Arbeitgebers über sein Betriebsvermögen (siehe S. 303, 325 f.),
- die Vollstreckungshemmung staatlicher Entscheidungen gegen den Arbeitgeber (siehe S. 303, 327),
- das Ruhen von Gerichtsverfahren in kollektiven Regelungsstreitigkeiten (siehe S. 303, 328).

I. Arbeitsleistung und Vergütung während des Streikes

Die zentralen Aspekte eines Streiks sind die Fragen, unter welchen Voraussetzungen die Arbeitsniederlegung rechtmäßig ist und der Arbeitgeber die Vergütung während des Streiks fortzahlen muss. Liegen die jeweiligen Voraussetzungen (Gesetzmäßigkeit im Existencia-Verfahren für die Arbeitsniederlegung und Rechtfertigung für die Vergütungsfortzahlung) vor, ergeben sich unter anderem die

---

909 Siehe die übersichtliche Darstellung der Rechtsfolgen bei *Tenopala*, La Huelga, S. 135 ff.

Rechtsfolgen einer zulässigen Suspendierung der Arbeitsleistung unter Fortzahlung der Vergütung.

1. Zulässigkeit des Streiks

Der zulässige Streik ist ein rechtlicher Grund für die vorübergehende Suspendierung der Pflichten aus dem Arbeitsverhältnis, Art. 447 LFT.

Ist der Streik zulässig oder wird kein Antrag auf Feststellung der *existencia* gestellt (siehe S. 305 ff.), dürfen die Arbeitnehmer die Arbeit in rechtmäßiger Weise bis zur Beendigung des Streiks niederlegen, ohne dass eine rechtliche Sanktionsmöglichkeit des Arbeitgebers besteht. Aufgrund der gesetzlich angeordneten Solidaritätspflicht der Arbeitnehmer müssen auch jene der Arbeitsniederlegung folgen, die sich nicht dem Streik anschließen (siehe zum Streikbruchverbot S. 221). Der zulässige Streik beginnt zu dem Zeitpunkt, der im Forderungsschreiben als Streikbeginn angegeben ist (siehe S. 300). Der Streik endet erst, wenn eine der Parteien das Rechtfertigungsverfahren bei der JCA einleitet (der Arbeitgeber kann den Antrag aber erst nach sechzig Tagen stellen), der Arbeitgeber sich den Forderungen der Arbeitnehmer einseitig unterwirft oder die Beteiligten eine einvernehmliche Lösung erreichen (siehe S. 316 ff.). Bis zu diesem Zeitpunkt dürfen die Arbeitnehmer die Arbeit in rechtmäßiger Weise niederlegen. Außerdem ist der Arbeitgeber zumindest bis zur Beendigung des Streikes von der Vergütungspflicht befreit, da der Streik die gegenseitigen Verpflichtungen aus dem Arbeitsverhältnis und nicht nur einseitig die Arbeitnehmerpflicht zur Arbeitsleistung suspendiert (beachte aber die mögliche nachträgliche Zahlungspflicht, S. 324).

2. Ausnahmen von der Suspendierung

Der Arbeitgeber ist während dieses Zeitraums gesetzlich zur Unterlassung streikbeeinträchtigender Maßnahmen wie zum Beispiel der Einstellung von anderen Arbeitnehmern als Streikbrecher verpflichtet (siehe S. 221).[910] Nur ausnahmsweise sind bestimmte Arbeitsleistungen von der Suspendierung auch bei der Zulässigkeit des Streiks ausgenommen. Dies gilt in Fällen, in denen Dritte oder der Arbeitgeber selbst erhebliche wirtschaftliche oder physische Schäden bei einer Arbeitsniederlegung erleiden würden.[911] So müssen die Not- und Erhaltungsarbeiten von den Arbeitnehmern weiterhin erbracht werden, Art. 935 LFT. Vor Beginn der Arbeitsniederlegung hört die JCA die Parteien an und setzt die Anzahl der Arbeitnehmer fest, welche die Arbeiten auch während des Streikes fortsetzen müssen (siehe S. 222). Außerdem müssen die Streikenden im Personenverkehr (zum Beispiel mit dem Zug) das Ziel anfahren und dürfen Passagiere nicht vorher absetzen. In

910 *Climént Beltrán*, Derecho Procesal Del Trabajo, S. 281.

911 *Cueva, M. de la*, El Nuevo Derecho, Band II, S. 649 f.; *De Buen L.*, Derecho Procesal Del Trabajo, S. 671; *Climént Beltrán*, Derecho Procesal Del Trabajo, S. 282.

Krankenhäusern müssen die Patienten bei Streikbeginn bis zur Unterbringung in einer anderen Einrichtung weiter versorgt werden, Art. 466 LFT.[912]

3. Unzulässigkeit des Streiks

Stellt die JCA im *Existencia*-Verfahren nach Streikbeginn die Rechtswidrigkeit des Streiks fest, ordnet sie die Arbeitsaufnahme der Arbeitnehmer innerhalb einer Frist von 24 Stunden nach dem Beschluss sowie etwaige notwendige Maßnahmen des Arbeitgebers an. Befolgen die Arbeitnehmer die Anordnung zur Arbeitsaufnahme nicht fristgemäß, löst die JCA die Arbeitsverhältnisse der sich weigernden Arbeitnehmer auf. Der Arbeitgeber kann andere Arbeitnehmer für die Arbeitsplätze einstellen, Art. 932 LFT. An die vor der gerichtlichen Anordnung stattgefundene Arbeitsniederlegung knüpft das Gesetz trotz einer Rechtswidrigkeit keine Rechtsfolge. Dies wird teilweise als Schwachstelle des Streikrechts bewertet, da bei der Rechtswidrigkeit der Arbeitsniederlegung bis zu einer gerichtlichen Entscheidung sanktionslos gestreikt werden kann. Die Arbeitnehmer können hierdurch bei dem Arbeitgeber wirtschaftlichen Schaden verursachen.[913] Dies verdeutlicht den Charakter des Streiks als Druckmittel, da seine bloße Androhung bereits zu einem nicht unerheblichen Druck auf den Arbeitgeber führen kann.

Im Falle der verfassungsrechtlichen Unzulässigkeit (siehe S. 289, 313 f.) löst die JCA auf Antrag mit der Feststellung der *ilícita* die Arbeitsverhältnisse auf, Art. 934 LFT. Diese Sanktion ist auf Arbeitnehmer beschränkt, welche die Gewalttaten ausüben, und stellt keine Kollektivstrafe dar.[914] Da den Arbeitgebern aber der Beweis einer Gewaltausübung durch die Arbeitnehmermehrheit in der Regel nicht gelingt, besteht kein Beispielsfall in der Praxis.[915]

II. Vergütung und Forderungserfüllung bei Beendigung des Streikes

Auch wenn der Arbeitgeber während der Arbeitsniederlegung zunächst von seiner Verpflichtung zur Vergütungszahlung befreit ist, kann eine solche mit dem Ende des Streiks rückwirkend wieder entstehen. In diesem Verfahrensstadium kann der Arbeitgeber auch gezwungen sein, die Forderungen der Arbeitnehmer zu erfüllen.

Die Verpflichtung zur Lohnzahlung für die Zeiten der Arbeitsniederlegung sowie die Erfüllung der Arbeitnehmerforderungen können auf dem „freien" Willen des Arbeitgebers beruhen, sofern sich dieser zur einvernehmlichen Lösung des

---

912 *Cueva, M. de la*, El Nuevo Derecho, Band II, S. 650 f.; *Tenopala*, La Huelga, S. 75.
913 *Guerrero*, Manual De Derecho Del Trabajo, S. 389.
914 *Climént Beltrán*, Derecho Procesal Del Trabajo, S. 305.
915 *De Buen L.*, Derecho Procesal Del Trabajo, S. 679; *Martínez y Gonzáles*, Reflexiones Sobre La Huelga, S. 63.

Konfliktes gegenüber den Arbeitnehmern zur Lohnfortzahlung verpflichtet oder sich einseitig den Forderungen unterwirft, Art. 469 Nr. I, II LFT.

Der Arbeitgeber kann aber auch durch eine freiwillig eingerichtete Schiedsstelle oder von der JCA im Rechtfertigungsverfahren zur Lohnzahlung verurteilt werden (siehe S. 316 ff.), Art. 469 Nr. III, IV, 937 Abs. 2 LFT. Hierbei ist vor allem das Rechtfertigungsverfahren an der JCA (künftig am Arbeitsgericht) von praktischer Bedeutung.

Soweit der Streik gerechtfertigt ist (siehe ausführlich auf S. 316 ff.), verurteilt die JCA den Arbeitgeber neben der Forderungserfüllung zur Nachentrichtung der während der Arbeitsniederlegung nicht an die Arbeitnehmer bezahlten Vergütung.

Bei einem Unterstützungsstreikes kommt eine Verurteilung zur Vergütungszahlung allerdings nicht in Betracht, Art. 937 Abs. 2 LFT.

Im Hinblick auf das Weigerungsrecht des Arbeitgebers nach Art. 947 LFT, wonach Ersterer die Entscheidung der JCA bezüglich der Streikrechtfertigung nicht anerkennen muss und Letztere die Arbeitsverhältnisse in der Folge gegen Zahlung einer Entschädigung und der noch ausstehenden Vergütung auflöst, kann auf die vorherigen Ausführungen (siehe S. 320) verwiesen werden. Im Falle eines gerechtfertigten Streikes ist nur die Vergütungszahlung der Arbeitnehmer gesichert. Hingegen kann der Arbeitgeber sich einer Forderungsdurchsetzung sowie dem Bestand der Arbeitsverhältnisse entziehen.

III. Wahrung des Status quo

Eine weitere Rechtsfolge des Streikverfahrens ist die Wahrung des Status quo beim Arbeitgeber ab dem Zeitpunkt des Zugangs des Forderungsschreibens (das heißt mit Eintritt in die *período de pre-huelga*, siehe S. 303 f.).

Der Istzustand soll im betroffenen Betrieb „eingefroren“ werden. Die Parteien sollen vor der Arbeitsniederlegung die Gelegenheit zu Vergleichsgesprächen erhalten, ohne den Entzug von Betriebsvermögen befürchten zu müssen. Nur auf diese Weise kann gewährleistet werden, dass sich die Streikenden ausreichend Zeit für eine einvernehmliche Lösung nehmen.[916] Faktisch wird durch diese Regelung vor der Arbeitsniederlegung erheblicher Druck auf den Arbeitgeber ausgeübt, da eine planmäßige Fortführung des Betriebs nicht mehr möglich ist.

1. Erhaltung des Betriebsvermögens

Art. 921 Abs. 2 LFT ordnet an, dass der Arbeitgeber das Betriebsvermögen für den Zeitraum ab Zugang des Forderungsschreibens erhalten muss. Er darf keine Vermögenswerte des bestreikten Betriebes mehr veräußern oder übertragen und dem

916 *Tenopala*, La Huelga, S. 133, 135; *Climént Beltrán*, Derecho Procesal Del Trabajo, S. 268.

Betrieb insbesondere keine Geldmittel entziehen.[917] Ebenso verliert der Arbeitgeber grundsätzlich sein Zutrittsrecht zum Betrieb, was die Streikenden durch die Aufstellung von Wachposten kontrollieren können.[918]

Ab dem Zeitpunkt des Zugangs des Forderungsschreibens ist der Arbeitgeber daher nur noch Verwalter seines Vermögens. Er kann auch keine für das Unternehmen bedeutenden Rechtsgeschäfte mehr vornehmen. Der Streik beschränkt sich daher nicht nur auf den bloßen Produktions- oder Dienstleistungsstillstand durch die Arbeitsniederlegung, was einen Stillstand im Unternehmen zur Folge hat. Diesen können bereits zwei Arbeitnehmer als Mindestanzahl für eine Koalition herbeiführen, da die Mehrheitsfeststellung erst nach der Arbeitsniederlegung stattfindet (siehe S. 307).[919]

Dieser wirtschaftliche Nachteil für den Arbeitgeber wird dadurch verschärft, dass keine gesetzliche Maximalfrist zwischen der Einleitung des Streikes und der Arbeitsniederlegung geregelt ist. So ist es zulässig (und üblich), dass eine Gewerkschaft das Antragsschreiben im ökonomischen Kollektivverfahren zur Änderung des Tarifvertrages mit einem Forderungs- und Ankündigungsschreiben im Streikverfahren verbindet, um den Arbeitgeber unter Druck zu setzen und so seine Zustimmung zur Änderung des Tarifvertrages zu erreichen. Die Gewerkschaft leitet zwar in diesem Fall zwei verschiedene Verfahren ein, das Streikverfahren suspendiert aber das Verfahren über den kollektiven Regelungsstreit (siehe S. 304, 328). Vorrangig findet das Streikverfahren statt.[920] Berücksichtigt man sowohl die Antragsfristen im Revisionsverfahren für Tarifverträge von mindestens zwischen dreißig bis neunzig Tagen vor Ablauf des Tarifvertrages (siehe S. 242 f.) als auch die erstmalige Antragsmöglichkeit des Arbeitgebers für das Rechtfertigungsverfahren nach Ablauf von mehr als sechzig Tagen (siehe S. 320), kann sich ein Stillstand des Unternehmens von mindestens mehreren Monaten bis hin zu über einem Jahr ergeben.[921]

Aber auch dann, wenn die antragstellenden Arbeitnehmer die Streikvoraussetzungen nicht erfüllen, führt die Einleitung des Streikverfahrens bis zur Feststellung der *inexistencia* zu einem erheblichen Zeitraum des Stillstandes im Betrieb. Ein Regressanspruch des Arbeitgebers besteht in diesem Fall nicht (siehe S. 324). Zwar diskutiert die Arbeitsrechtswissenschaft teilweise, ob ein solches Vorgehen und die gesetzlichen Regelungen mit der Eigentumsgarantie (Art. 14 und 16 CPEUM) vereinbar sind, da die Einleitung des Streikverfahrens dem Arbeitgeber für einen erheblichen Zeitraum die Verfügungsbefugnis über sein Eigentum entzieht.[922]

917 *De Buen L.*, Derecho Procesal Del Trabajo, S. 666; *Guerrero*, Manual De Derecho Del Trabajo, S. 385; *Tenopala*, La Huelga, S. 141.

918 *Climént Beltrán*, Derecho Procesal Del Trabajo, S. 268.

919 *Guerrero*, Manual De Derecho Del Trabajo, S. 382 f.

920 *De Buen L.*, Derecho Procesal Del Trabajo, S. 839 f.

921 *Cavazos*, LFT, S. 415.

922 *Cavazos*, Síntesis De Derecho Laboral Comparado, S. 54; *Guerrero*, Manual De Derecho Del Trabajo, S. 385.

Allerdings behielt der Gesetzgeber dies trotz einer umfassenden Arbeitsrechtsreform im Jahr 2019 bei, was auch der SCJN in seiner Rechtsprechung anerkennt und billigt.[923]

2. Vollstreckung von staatlichen Entscheidungen

Ergänzend regelt Art. 924 LFT, dass die Vollstreckung von Urteilen gegen den Arbeitgeber in das Vermögen des bestreikten Betriebes sowie darüber hinausgehende Pfändungen, Sicherstellungen, Zwangsräumungen unzulässig sind.

Da diese Vorschrift in der Vergangenheit häufig zu einem Missbrauch führte, indem Arbeitgeber mit Gewerkschaften unter kollusivem Zusammenwirken ein Streikverfahren mit der Absicht der Vollstreckungsvermeidung eines für den Arbeitgeber ungünstigen Urteils einleiteten, sind bestimmte Vollstreckungen in das Arbeitgebervermögen seit der Arbeitsrechtsreform im Jahr 1980 vom Vollstreckungsverbot ausgenommen, insbesondere solche von Urteilen, die sich auf Arbeitnehmerrechte beziehen. Daher ist eine Vollstreckung trotz eingeleiteten Streikverfahrens zulässig, wenn diese auf die Zahlung des Sozialversicherungsbeitrages oder der (Lohn-)Steuer gerichtet ist, Art. 924 Nr. I bis IV LFT.[924]

Zwar hält der SCJN diese Suspendierung der Vollstreckung von Urteilen und anderen staatlichen Entscheidungen zulasten des Arbeitgebervermögens für verfassungswidrig, da hiervon auch am Streikverfahren nicht beteiligte Dritte betroffen sind. Diese haben aber anders als die am Streikverfahren Beteiligten entgegen Art. 14 CPEUM keine Möglichkeit der Intervention und insbesondere auch kein Anhörungsrecht.[925]

Das Vollstreckungsverbot findet in der Praxis allerdings ungeachtet der Rechtsprechung des SCJN weiterhin Anwendung.[926] Auch passte der Gesetzgeber diese Norm mit seiner Reform im Jahr 2019 nicht an die Rechtsprechung des SCJN an, sodass entsprechend der gesetzlichen Regelungen weiterhin von einem solchen Vollstreckungsverbot im Streikverfahren auszugehen ist.

---

923 SCJN (cuarta sala/séptima época), Amparo directo 4166/69, Grandes Talleres de Mármoles Garbiel D'Annunzio, 2.2.1970, SJF, Vol. 14, 5. Teil, S. 27; *De Buen L.*, Derecho Del Trabajo, Band II, S. 769.

924 SCJN (pleno/octava época), Amparo en revisión 4465/76, Porfirio Limón Campos, 17.3.1981, Informe de la SCJN, 1981, S. 585; *Climént Beltrán*, Derecho Procesal Del Trabajo, S. 385; *Tenopala*, La Huelga, S. 141 f.

925 SCJN (pleno/octava época), Amparo en revisión 4465/76, Porfirio Limón Campos, 17.3.1981, Informe de la SCJN, 1981, S. 585; SCJN (pleno/octava época), Amparo en revisión 5074/86, María Guadalupe García Ochoa viuda de Gutiérrez, 16.2.1988, SJF, Band I, 1. Teil, S. 27.

926 *Tenopala*, La Huelga, S. 145.

3. *Suspendierung von Gerichtsverfahren*

Das Streikverfahren suspendiert mit Zugang des Forderungsschreibens beim Arbeitgeber (siehe S. 303 f.) im Übrigen auch die anhängigen Gerichtsverfahren an der JCA zu Regelungsstreitigkeiten im kollektiven Arbeitsrecht, Art. 448, 902 LFT. Dies sind solche Verfahren, welche die Festlegung von Arbeitsbedingungen wie zum Beispiel den Abschluss oder die Änderung eines Tarifvertrages zum Gegenstand haben (siehe S. 173, 230, 238, 240).[927]

Der Rechtsgedanke dieser Regelung ist, dass dem Streikverfahren und dem Streikrechtscharakter als Druckmittel der Arbeitnehmer nicht durch eine staatliche Entscheidung die Grundlage entzogen werden soll. Ein Verfahren zur Lösung einer Regelungsstreitigkeit darf nicht das Ergebnis des Streiks vorwegnehmen. Insbesondere soll verhindert werden, dass durch eine JCA-Entscheidung eine Zwangsschlichtung vor dem Streik stattfindet.[928]

Das Ruhen des Verfahrens gilt daher nicht, wenn die Arbeitnehmer sich freiwillig der Entscheidung der JCA unterwerfen, Art. 448 Abs. 1 LFT. In diesem Fall obliegt es der Entscheidung der Arbeitnehmer, den gesetzlichen Schutz des Streikrechts aufzugeben. Auch kommt der Rechtsgedanke im Hinblick auf die Vermeidung einer präjudiziellen Entscheidung dann nicht zum Tragen, wenn die Arbeitnehmer ausschließlich zur Unterstützung streiken. Da die Arbeitnehmer bei einem Unterstützungsstreik nicht für eine eigene Forderung handeln, die durch eine staatliche Entscheidung präjudiziert werden könnte, findet die Suspendierung anhängiger Verfahren nicht statt, Art. 448 Abs. 2 LFT.

Für den Arbeitgeber ist die gesetzliche Anordnung des Ruhens der genannten Verfahren problematisch. Betriebliche Erfordernisse können dazu führen, dass er zur Vermeidung wirtschaftlicher Schäden auf die Änderung des Tarifvertrages oder von Betriebsbestimmungen angewiesen ist. Da mit der Einleitung des Streikverfahrens eine gerichtliche Regelungsstreitigkeit unmöglich ist, kann der Arbeitgeber aus betrieblicher Sicht erforderliche Änderungen nicht mehr einseitig unter Herbeiführung einer gerichtlichen Entscheidung durchsetzen. Sollte der Arbeitgeber einen Antrag bei einer JCA stellen, wäre das Verfahren bis zum Abschluss des Streikverfahrens suspendiert. Die Durchsetzung der Änderung von Arbeitsbedingungen hängt ab der Übersendung des Forderungs- und Ankündigungsschreibens an den Arbeitgeber grundsätzlich vom Willen der Arbeitnehmer ab.[929] Dies kann zu einer weiteren Verschlechterung der ökonomischen Lage des Arbeitgebers bis hin zur Insolvenz führen.[930]

---

927 *Muñoz*, Derecho Colectivo, S. 604 f.; *Tenopala*, La Huelga, S. 145.

928 *Cueva, M. de la*, El Nuevo Derecho, Band II, S. 639 f.

929 *Cavazos*, Síntesis De Derecho Laboral Comparado, S. 61; beachte aber das Arbeitgeberrecht auf Feststellung der Rechtfertigung im Streikverfahren (siehe S. 360).

930 Zum Beispiel *Aeroméxico* im Jahr 1988 oder *Cananea* im Jahr 1989, *De Buen L.*, Derecho Del Trabajo, Band II, S. 810.

IV. Rücklagenbildung des Arbeitgebers

Daher können die Rechtsfolgen des Streikverfahrens für die Arbeitgeber wirtschaftliche Nachteile zur Folge haben, die über eine streikbedingte Arbeitsniederlegung hinausgehen. Der Arbeitgeber verliert nicht nur sein Antragsrecht auf Durchführung eines Verfahrens zur Lösung einer kollektiven Regelungsstreitigkeit (siehe oben auf S. 328), sondern auch seine Verfügungsbefugnis über den Betrieb (siehe S. 325 f.). Zusätzlich erleidet er einen wirtschaftlichen Verlust als Folge des Arbeitsausfalls und der Möglichkeit, vor allem bei der festgestellten Rechtfertigung durch die JCA die Vergütung für die Zeiten der Arbeitsniederlegung zahlen zu müssen. Diese Risiken haben einen existenzgefährdenden Charakter, weshalb zahlreiche Arbeitgeber bisher auf rechtswidrige Weise versuchten, Streiks – vor allem durch Schutzverträge (siehe S. 91 ff.) – zu verhindern.[931]

Arbeitgeber sollten Rücklagen bilden, um die Vergütung bezahlen zu können und das Risiko einer streikbedingten Insolvenz zu reduzieren. Auch wenn es sich bei der Rücklagenbildung um keine gesetzliche Rechtsfolge handelt, führen die dargestellten Streikfolgen – zumindest im Falle eines fehlenden Schutzvertrages – typischerweise zu einem solchen Rechtsrat in der Praxis.

Allerdings hat der Aufbau von Rücklagen wegen der Kapitalbindung zusätzliche Beeinträchtigungen der Investitionsfähigkeit zur Folge. Insbesondere im internationalen Wettbewerb kann diese Kapitalbindung einen Nachteil für mexikanische Unternehmen darstellen. Auch vor diesem Hintergrund wirft die Arbeitsrechtswissenschaft teilweise die Frage auf, ob das mexikanische Streikrecht in den Zeiten der Globalisierung noch zeitgemäß ist.[932]

V. Zwischenergebnis

Aus dem Streik ergeben sich im mexikanischen Arbeitsrecht zahlreiche Rechtsfolgen, die teilweise kraft Gesetzes im jeweiligen Verfahrensstadium eintreten oder aber an eine Entscheidung der JCA geknüpft sind.

Die Hauptleistungspflichten aus dem Arbeitsverhältnis sind in zulässiger Weise suspendiert, wenn die JCA die Rechtmäßigkeit der Arbeitsniederlegung auf Antrag der Parteien feststellt oder innerhalb von 72 Stunden nach Beginn der Arbeitsniederlegung kein Antrag gestellt wird. Die Arbeitnehmer dürfen sanktionslos die Arbeit niederlegen und der Arbeitgeber muss (zunächst) nicht deren Vergütung zahlen. Stellt die JCA auf Antrag die Rechtswidrigkeit der Arbeitsniederlegung fest, müssen die Arbeitnehmer innerhalb von 24 Stunden an ihren Arbeitsplatz zurückkehren, ohne für die Zeiten der Arbeitsniederlegung eine Vergütung zu erhalten.

931 *Cavazos*, Síntesis De Derecho Laboral Comparado, S. 55.
932 *Guerrero*, Manual De Derecho Del Trabajo, S. 391, 398.

Befindet die JCA im Schlichtungsverfahren – das heißt bei feststehender Rechtmäßigkeit der Arbeitsniederlegung – die Forderungen für angemessen und rechtmäßig, verurteilt sie den Arbeitgeber zur Forderungserfüllung und Vergütungszahlung für die Zeiten der Arbeitsniederlegung. Letzteres gilt aber nicht für den Unterstützungsstreik. Stellt die JCA keine Rechtsverletzung oder die Unangemessenheit der Forderungen fest, erhalten die Arbeitnehmer weder ihre Forderungen noch die Vergütung. Die Arbeitsniederlegung bleibt jedoch weiterhin rechtmäßig.

Darüber hinaus führt das Streikverfahren im mexikanischen Arbeitsrecht zu weiteren Rechtsfolgen, die erhebliche wirtschaftliche Schäden vor allem bei den Arbeitgebern mit sich bringen können.

So hat bereits die Einleitung des Streikverfahrens zur Folge, dass der Arbeitgeber nur noch Verwalter seines Betriebsvermögens ist und die Verfügungsbefugnis inklusive des Zutrittsrechts zu seinem Betrieb bis zum Ende des Streikverfahrens verliert. Außerdem kann er wegen des Ruhens von gerichtlichen Verfahren um kollektive Regelungsstreitigkeiten keinen solchen Rechtsschutz mehr erhalten.

Diese Risiken werden durch die verfahrensmäßige Ausgestaltung des Streikrechts noch verschärft. So kann die Arbeitsniederlegung auch bei der Rechtswidrigkeit eines Streikes sanktionslos mehrere Tage erfolgen, da der Antrag auf ihre Feststellung erst nach Streikbeginn möglich ist. Im Falle einer festgestellten Rechtswidrigkeit kommen insbesondere keine Schadensersatzansprüche oder Kündigungsrechte des Arbeitgebers in Betracht. Das Streikverfahren können bereits zwei Arbeitnehmer einleiten, ohne dass tatsächlich eine Arbeitnehmermehrheit bis zur Feststellung der Rechtswidrigkeit erforderlich ist. Auch können unterschiedliche Fristenregelungen zu Streikverfahren von über einem Jahr führen.

Da der Streik in Mexiko einen existenzvernichtenden Charakter aufweisen kann, ist insbesondere die Bildung einer Kapitalrücklage ratsam. Diese Kapitalbindung führt aber ihrerseits zu Nachteilen in der Investitionsfähigkeit eines Unternehmens.

Für die Arbeitgeber besteht daher ein erheblicher Anreiz, das Streikrecht der Arbeitnehmer – auch auf missbräuchliche Weise – zu unterbinden.

Zwar kann der Arbeitgeber die Umsetzung der Schlichtungsentscheidung mit der Folge der Auflösung aller betroffenen Arbeitsverhältnisse verweigern. Dies führt jedoch zu einer Entschädigungszahlung an die betroffenen Arbeitnehmer in Höhe von drei Monatsgehältern und zur Vergütungszahlung für die Zeiten der Arbeitsniederlegung bis zur Entschädigungszahlung, mithin zu einer ebenfalls erheblichen finanziellen Belastung des Arbeitgebers.

D. Formelle Beschränkungen des materiellen Streikrechts

Aufgrund des umfassenden materiellrechtlichen Streikrechtsinhalts können die Arbeitnehmer durch die Arbeitsniederlegung teilweise massive wirtschaftliche Schäden verursachen. Daher kleidete der Gesetzgeber das Streikrecht in ein förmliches Verfahren ein, um zumindest seine missbräuchliche Ausübung zu verhindern (siehe S. 296).

Allerdings hatte der mexikanische Staat bei der Normierung der verfahrensrechtlichen Regelungen im Rahmen des Staatskorporativismus auch ein erhebliches Interesse an der Kontrolle der Arbeiterschaft (siehe S. 35 ff., 63 ff.). Daher regelte der Gesetzgeber Verfahrensvorschriften vor allem mit dem Ziel einer Kontrolle der Streikbewegungen durch die von den Regierungen abhängigen JCAs und Gewerkschaften. Über das Motiv des eigenen Machterhalts hinaus hatte der mexikanische Staat spätestens seit Anfang des Jahres 1980 auch ein ökonomisches Interesse an der Unterbindung von Streiks, da der wirtschaftspolitische Kurswechsel hin zum Neoliberalismus durch eine hohe Streikanzahl erheblich beeinträchtigt worden wäre (siehe S. 38 ff.). Wie teilweise schon in den vorherigen Kapiteln ersichtlich wurde (siehe zum Beispiel auf S. 266 ff., 278 ff., 301, 320), schränken formelle Regelungen des LFT das materiellrechtliche Streikrecht teilweise stark ein.

Auch die überwiegende Mehrheit der Gewerkschaften und die JCAs hatten bisher kein Interesse an einem unkontrollierten Streikrecht der Arbeitnehmer und förderten daher dessen formelle Beschränkung (siehe S. 62 ff., 91 ff.). Die Folge hiervon sind am Arbeitgeber- oder Staatsinteresse orientierte Entscheidungen der JCAs, insbesondere auch solche mit rechtswidrigem Inhalt. Wie bereits in Kapitel § 2 A VI ausführlich erläutert wurde, nutzen die Beteiligten formelle Regelungen in rechtswidriger Weise, um die Ausübung von Arbeitnehmerrechten zu verhindern. Die rechtswidrige Auslegung oder Anwendung der Gesetze, insbesondere der verfahrensrechtlichen Vorschriften, tritt zu den verfahrensrechtlichen Beschränkungen im LFT hinzu. Daher kann hinsichtlich der rechtswidrigen Anwendung von Verfahrensvorschriften auf das bereits dargestellte Schutzvertragssystem verwiesen werden, welches in der mexikanischen Rechtspraxis bisher nahezu alle gesetzmäßigen Streiks der Arbeitnehmer verhindert (siehe S. 91 ff.).

I. Form des Forderungs- und Ankündigungsschreibens

Besonders die Regelung hinsichtlich der *A-priori*-Prüfung aus dem Jahr 1980 (Art. 923 LFT) steht im Mittelpunkt der Kritik (siehe S. 300 f.). Der Gesetzgeber schuf die *A-priori*-Prüfung mit dem Ziel der Vermeidung von Streiks, die nicht im „wahren Interesse" der Arbeitnehmer stehen. Die JCAs müssen vor dem Streikverfahren prüfen, ob der Streik unter Einhaltung der Formalien rechtmäßig sein wird. Ihre Einführung ist Folge des Streiksystems, nach dem ein Streik erst nach Beginn der Arbeitsniederlegung im Hinblick auf seine Rechtmäßigkeit bewertet werden darf (siehe S. 301). Dies führt dazu, dass bereits wirtschaftliche Schäden eintreten können, bevor es zu einer rechtlichen Prüfung des betreffenden Vorgehens kommt. Daher soll die *A-priori*-Prüfung zumindest formell rechtswidrige Streiks zu verhindern (siehe S. 301).[933]

---

933 *De Buen L.*, Derecho Procesal Del Trabajo, S. 663, 665; *Martínez y Gonzáles*,

Allerdings nutzen die JCAs die eingeräumten Prüfungsrechte häufig dazu, unter dem Deckmantel einer formellen Prüfung das Forderungsschreiben aufgrund vermeintlicher materieller Mängel zurückzuweisen. Dies war in der Vergangenheit zum Beispiel dann der Fall, wenn sich die Streikenden auf die Generalklausel des Art. 450 Nr. I LFT beriefen. Sie wurden mit dem Argument zurückgewiesen, dass Art. 450 Nr. I LFT nicht in der Norm über die Voraussetzungen des Schreibens nach Art. 920 LFT genannt wurde. Auch prüften zahlreiche JCAs vor dem Streik, ob ein Ungleichgewicht der Produktionsfaktoren vorliegt und die Arbeitnehmer die spezifisch geltend gemachten Forderungen verfolgen können.[934] Hierdurch wurden Streikbewegungen schon im Keim erstickt, bevor sie ihr Drohpotenzial entfalten konnten.[935] Einem solchen Prüfungsumfang steht jedoch das verfassungsrechtliche und gesetzgeberische Verständnis im Hinblick auf die Reichweite der Streikziele entgegen (siehe S. 196 f., 308 ff.). Aus den Gesetzesmaterialien ergibt sich kein solcher Prüfungsumfang (siehe S. 273 f.), sodass die *A-priori*-Prüfung des Streikes in der Praxis wegen einer häufigen materiellrechtlichen Beurteilung der Streikziele „exzessiv" und „missbräuchlich" stattfindet (siehe S. 278 f.).[936]

Zwar ist das hinter Art. 923 LFT stehende Ziel der Vermeidung wirtschaftlicher Schäden durch offensichtlich formell rechtswidrige Streiks zweckmäßig. Jedoch kann die *A-priori*-Prüfung zu Missbrauchsmöglichkeiten durch staatliche Stellen und interessengeleitete Entscheidungen führen, insbesondere unter Berücksichtigung des Korruptionsniveaus in Mexiko (siehe S. 78 ff.).

Die ganz überwiegende Ansicht in der Wissenschaft hält die *A-priori*-Prüfung schon deshalb für verfassungswidrig, da staatliche Stellen vor dem Streik die Möglichkeit zu seiner missbräuchlichen Untersagung haben. Dies steht im Widerspruch zu dem Grundsatz, dass die Streikenden zunächst keine Unzulässigkeit mangels vorliegenden Streikziels befürchten müssen (siehe S. 301). Nur so können der Charakter des Streikrechts als Druckmittel und sein Drohpotenzial zur Geltung kommen. Aber auch nach dem gesetzlichen Konzept darf die JCA bis zum Ende des Güteverfahrens keine Aussage über die Rechtmäßigkeit treffen, Art. 926 LFT. Dies findet aber durch die *A-priori*-Prüfung statt. Das Streikrecht als Druckmittel wird hierdurch in „höchst gefährlicher" Weise beeinträchtigt, da die Ablehnung des Streiks vor seinem Stattfinden dazu führt, dass das Drohpotenzial der Ankündigung für den Arbeitgeber schwindet. Da Art. 123 A XVII CPEUM den Streik aber mit dem Charakter eines Druckmittels zur Durchsetzung von Forderungen garantiert (siehe S. 196), verletzt Art. 923 LFT diesen Gewährleistungsumfang.[937] Die

---

Reflexiones Sobre La Huelga, S. 87, 93.

934 *Guerrero*, Manual De Derecho Del Trabajo, S. 391.

935 *De Buen L.*, El Sistema Laboral En México, S. 137.

936 *Martínez y Gonzáles*, Reflexiones Sobre La Huelga, S. 87.

937 *Fernández*, La Reforma Laboral de 1980, S. 1 f.; *Martínez y Gonzáles*, Reflexiones Sobre La Huelga, S. 87 ff.; *Hernández*, Temas sobre el Procedimiento de Huelga, S. 279; *Santos Azuela*, Autonomía Colectiva y Funciones Actuales de la Huelga, S. 1252 ff.; *De Buen L.*, Derecho Procesal Del Trabajo, S. 665.

Verfassungswidrigkeit ergibt sich auch daraus, dass eine staatliche Entscheidung ohne Anhörung der Partei getroffen wird. Dies verstößt gegen das zentrale Rechtsprinzip der Anhörung der betroffenen Partei.[938] Da die diesbezüglichen Entscheidungen der JCAs aber nicht Gegenstand eines Amparo-Verfahrens sein können, besteht hierzu keine Rechtsprechung. Die Zurückweisung erfolgt formlos ohne verfahrensabschließende Entscheidung, sodass es deshalb nach der (umstrittenen) Rechtsprechung des SCJN an einer zentralen Voraussetzung im Amparo-Verfahren fehlt (siehe S. 179 f.).[939]

II. Beteiligungsfähigkeit der temporären Arbeitnehmerkoalitionen

Die *A-priori*-Prüfung kann allerdings nicht nur zu einer materiellrechtlichen Beschränkung des Streikziels führen, sondern hat auch eine erhebliche Einschränkung der Beteiligungsfähigkeit von temporären Arbeitnehmerkoalitionen zur Folge.

Wie bereits erörtert wurde (siehe S. 211 ff.), kann aus materiellrechtlicher Sicht sowohl von den Gewerkschaften als auch von temporären Arbeitnehmerkoalitionen zu Streiks aufgerufen werden, Art. 123 A XVII CPEUM, Art. 440 ff. LFT. Die verfassungsrechtliche Garantie erstreckt sich ausdrücklich auch auf gewerkschaftsunabhängige Streiks. Dies gilt jedenfalls dann, wenn die Arbeitnehmer nicht den Abschluss oder die Änderung eines Tarifvertrages verfolgen (siehe S. 214, 228, 238 f., 300). Die Regelung des Art. 923 LFT führt allerdings dazu, dass Forderungsschreiben von temporären Arbeitnehmerkoalitionen seit der Reform im Jahr 1980 bei Bestehen einer gewerkschaftlichen Vertretung im Betrieb oder Unternehmen von den JCAs streikzielunabhängig ganz überwiegend nicht mehr zugelassen werden:[940]

- Die JCAs dürfen das Forderungsschreiben nur dann an die Arbeitgeber weiterleiten, wenn es von der zuständigen Gewerkschaft formuliert wurde (und der von dem CFCRL erstellte Nachweis der Zuständigkeit für das Unternehmen oder den Betrieb erbracht wird), Art. 923 LFT.

938 *Martínez y Gonzáles*, Reflexiones Sobre La Huelga, S. 90.

939 SCJN (cuarta sala/sexta época), Amparo directo 4811/57, Sindicato de Trabajadores de la Música "Gilberto G. Soto: C.T.M. de Nogales, Sonora, 7.7.1965, SJF, Band XCVII, 5. Teil, S. 35; SCJN (cuarta sala/séptima época), Amparo directo 4416/69, Sindicato de Trabajadores de Viñedos e Industrias Vitivinícolas de Aguascalientes C.R.T., 8.1.1970, SJF, Band XIII, 5. Teil, S. 23; *Tenopala*, La Huelga, S. 105, 112 f.

940 *Martínez y Gonzáles*, Reflexiones Sobre La Huelga, S. 86 f.; *De Buen L.*, Derecho Procesal Del Trabajo, S. 680 f.; *Tenopala*, La Huelga, S. 131; siehe die Darstellung einzelner JCA-Entscheidungen in *Climént Beltrán*, Derecho Procesal Del Trabajo, S. 256 ff.

- Die Weiterleitung des Schreibens an den Arbeitgeber ist für das weitere gesetzliche Streikverfahren unerlässlich (siehe S. 303).
- Übersendet eine temporäre Arbeitnehmerkoalition trotz zuständiger Gewerkschaft im Betrieb unabhängig von dieser ein Forderungsschreiben, leitet die JCA dieses nicht an den Arbeitgeber weiter, sodass ein Streik mangels Verfahrenseinleitung unzulässig wäre.[941]

Diese unter dem Deckmantel einer Verfahrensreform im Jahr 1980 in das LFT eingefügte Regelung war offensichtlich nicht auf die bloße Regulierung verfahrensrechtlicher Bestimmungen gerichtet. Vielmehr beabsichtigte der Gesetzgeber mit der Normierung des Art. 923 LFT, das gewerkschaftsunabhängige Streikrecht und die Macht von Arbeitnehmerkoalitionen faktisch abzuschaffen. Die *A-priori*-Prüfung diente der Vermeidung von Streiks, die nicht im „wahren Interesse" der Arbeitnehmer stehen.[942]

Die ganz herrschende Ansicht in der mexikanischen Literatur hält diese verfahrensrechtliche Bestimmung deshalb für verfassungswidrig, weil sie das in der CPEUM garantierte Streikrecht der Arbeitnehmer(koalition) verletzt. Der Gesetzgeber hat an dieser Stelle seine Einschätzungsprärogative hinsichtlich der Regelung des Streikrechts deutlich überschritten. Das Streikrecht besteht unabhängig von der Existenz oder Mitgliedschaft in einer Gewerkschaft. Nach seinem Ursprung galt dies sogar für Streiks im Zusammenhang mit dem Abschluss von Tarifverträgen. Das mexikanische Streikrecht ist kein Gewerkschaftsrecht oder von der Betätigungsfreiheit der Gewerkschaft abgeleitetes Recht, sondern steht originär den Arbeitnehmern zu (siehe S. 211 f.). Mit der ausschließlichen Weiterleitung von gewerkschaftlichen Forderungsschreiben können koalitionsgeführte Streiks jedoch keinen gesetzlichen Schutz im Rahmen des Streikverfahrens mehr erlangen und sind daher unzulässig. Eine solche Regelung steht aber in offensichtlichem Widerspruch zum verfassungsrechtlichen Gewährleistungsumfang des Streiks. Der Gesetzgeber wandelte das mexikanische Streikrecht zu einem Gewerkschaftsrecht, obwohl es sich nach der CPEUM um ein Recht der Arbeitnehmer handeln soll.[943]

Neben dem Streikrecht wird aber zugleich die Koalitionsfreiheit der Arbeitnehmer beeinträchtigt, da nur noch bei der CFCRL registrierte Gewerkschaften das Streikrecht wahrnehmen können.[944] Zwar nennt Art. 923 LFT diese Folge nicht explizit. Allerdings ist für das Forderungsschreiben notwendig, dass der von der

---

941 *De Buen L.*, Derecho Procesal Del Trabajo, S. 680.

942 *Martínez y Gonzáles*, Reflexiones Sobre La Huelga, S. 87.

943 *Fernández*, La Reforma Laboral de 1980, S. 1 f.; *Martínez y Gonzáles*, Reflexiones Sobre La Huelga, S. 87 ff.; *Puig Hernández*, Procedimiento de Huelga, S. 279; *Santos Azuela*, Autonomía Colectiva y Funciones Actuales de la Huelga, S. 1252 ff.; *De Buen L.*, Derecho Procesal Del Trabajo, S. 665.

944 *De Buen L.*, Derecho Procesal Del Trabajo, S. 665; *Martínez y Gonzáles*, Reflexiones Sobre La Huelga, S. 89.

CFCRL ausgestellte Zuständigkeitsnachweis der Gewerkschaft beizufügen ist und ausschließlich die für den Tarifvertrag zuständige Gewerkschaft (*titularidad*, siehe S. 228 f.) zum Streik aufrufen darf, die aber ebenfalls aus Gründen der Transparenz und Tarifvertragswirksamkeit bei der CFCRL registriert sein muss. Sowohl die Stellung der Gewerkschaft als Tarifvertragspartei als auch der Zuständigkeitsnachweis setzen voraus, dass es sich um eine bei der CFCRL registrierte Gewerkschaft handelt.[945] Daher ist es für die Streikteilnahme der Arbeitnehmer nicht ausreichend, dass der Streik unter der Leitung irgendeiner Gewerkschaft stattfindet. Vielmehr muss die zum Streik aufrufende Gewerkschaft bei der CFCRL registriert sein. Andere im Betrieb bestehende unzuständige (registrierte) Gewerkschaften, nicht registrierte Gewerkschaften oder eine temporäre Arbeitnehmerkoalition können nicht in gesetzmäßiger Weise zugunsten der Arbeitnehmer zum Streik aufrufen, da sie nicht die zuständige Tarifvertragspartei sind.

Der Gesetzgeber regelt daher mit den Verfahrensbestimmungen über die bloße Möglichkeit eines gewerkschaftsgeführten Streikrechts hinaus (Art. 441 LFT, siehe S. 214) faktisch das Verbot eines nicht gewerkschaftsgeführten Streikes. Gegen den materiellrechtlichen Gewährleistungsumfang, den der Gesetzgeber auch selbst mit seiner Reform im Jahr 1960 in Art. 440 LFT darstellt, ist eine Teilnahme am Streikverfahren durch eine temporäre Arbeitnehmerkoalition seit der Reform im Jahr 1980 vor allem als Folge der Auslegungspraxis seitens der JCAs ausgeschlossen. Insbesondere enthält die Verfahrensvorschrift des Art. 923 LFT nach dem Wortlaut keine Einschränkung dahingehend, dass nur im Falle von tarifvertragsbezogenen Streiks ein gewerkschaftliches Forderungsschreiben vorliegen muss. Eine entsprechende Auslegung der Norm wegen des materiellrechtlichen Umfangs des Streikrechts wäre jedoch möglich und aus verfassungsrechtlichen Gründen geboten. Allerdings lag eine am Arbeitnehmerinteresse orientierte Auslegung bisher in der Regel nicht im Interesse der JCAs, der Gewerkschaften und des mexikanischen Staates (siehe S. 34 ff.). Abzuwarten bleibt, wie die neu geschaffenen Arbeitsgerichte Art. 923 LFT hinsichtlich der Antragsberechtigung von temporären Arbeitnehmerkoalitionen auslegen werden.

---

945 Die Registrierung als Gewerkschaft wirkt nur deklaratorisch; allerdings ist der Nachweis einer Registrierung für zentrale Gewerkschaftsaufgaben (zum Beispiel der Tarifvertragsschluss, die Einleitung des Streikverfahrens) erforderlich, sodass eine Gewerkschaft im Ergebnis ohne die vorherige Durchführung eines staatlichen Registrierungsverfahrens nicht handlungsfähig ist. In dem staatlichen Registrierungsverfahren, für welches seit der Reform im Jahr 2019 die CFCRL zuständig ist (vormals die lokalen JCAs und die Bundes-JFCA), werden die gesetzlichen Zulassungsvoraussetzungen geprüft und festgestellt (zum Beispiel die Mindestanzahl an Mitgliedern von zwanzig Arbeitnehmern), siehe Art. 356 ff. LFT.

III. Einschränkungen bei einem Unterstützungsstreik

Der Gesetzgeber und die Normenauslegung der JCAs beschränken das materielle Streikrecht aber auch hinsichtlich der zulässigen Streikziele teilweise mit formellen Hürden. Gegenstand dieser Beschränkung ist das Ziel des Unterstützungsstreiks (siehe S. 266 ff.).

So gestattet der Gesetzgeber den Arbeitnehmern Unterstützungsstreiks, die als Folge ihrer Konnexität zum Hauptstreik (bisher) dessen Zulässigkeit als einzige materielle Zulässigkeitsvoraussetzung haben. Allerdings behandelt der Gesetzgeber die Unterstützung anders als die übrigen Streikziele, da der Arbeitgeber hier unter keinen Umständen die Vergütung der Arbeitnehmer bezahlen muss, Art. 937 Abs. 2 LFT.[946] Der Wohlstand der Arbeitnehmer ist im Durchschnitt jedoch sehr gering (siehe S. 126 ff.), sodass sie in der Regel um ihr tägliches Überleben kämpfen müssen. Ein Gehaltsverzicht zur Unterstützung anderer Streiks wird hiermit in der Regel nicht vereinbar sein.[947]

Durch die abweichende Behandlung des Unterstützungsstreiks im Hinblick auf seine Rechtsfolge schafft der Gesetzgeber mit dieser Norm eine faktische Hürde, welche diesen in der Praxis nahezu unmöglich macht. Deshalb vertreten Teile der Literatur, dass die Gewährung des Rechts zum Unterstützungsstreik wie auch zahlreiche andere Regelungen in Mexiko nur symbolischen Charakter hat.[948] Folgt man außerdem der Auffassung, nach der ein Unterstützungsstreik in Mexiko verfassungswidrig ist (siehe S. 267), hätte der Gesetzgeber den Arbeitnehmern sogar ein Streikrecht zur Verfügung gestellt, das in keiner Weise zu einer rechtmäßigen Suspendierung der Arbeitsleistung führen könnte. Neben der praktischen Undurchführbarkeit läge zugleich auch eine theoretische Unzulässigkeit vor.[949]

Unterstützungsstreiks haben in Mexiko daher folgerichtig keine Praxisrelevanz, sodass insbesondere auch keine Gerichtsentscheidungen diesbezüglich vorliegen (siehe S. 269).

IV. Zwangsschlichtung auf Antrag des Arbeitgebers

Der Gesetzgeber schuf mit der Reform im Jahr 2019 eine neue Regelung, nach der nunmehr auch der Arbeitgeber im Rechtfertigungsverfahren (siehe hierzu S. 316 ff.) einen Antrag auf Feststellung der fehlenden Rechtfertigung des Streiks stellen darf, Art. 936 LFT. Hierfür muss er den Streik mindestens sechzig Tage dulden, vorher ist ein Antrag unzulässig. Mit der Antragstellung ist der Streik zu

---

946 Im Übrigen suspendiert der Unterstützungsstreik keine kollektiven Regelungsstreitigkeiten an den JCAs, siehe S. 328.

947 *Cueva, M. de la*, El Nuevo Derecho, Band II, S. 684; *Reynoso Castillo*, Derecho del trabajo, S. 450; *De Buen L.*, Derecho Del Trabajo, Band II, S. 833; *Cavazos*, Síntesis De Derecho Laboral Comparado, S. 56.

948 *Reynoso Castillo*, Derecho del trabajo, S. 450.

949 *Martínez y Gonzáles*, Reflexiones Sobre La Huelga, S. 69.

beenden und die JCA trifft eine Entscheidung über die Arbeitnehmerforderungen und Vergütung (siehe S. 316 ff., 324).

Dies führt zu einer Zwangsschlichtung des Streiks, der sich die Arbeitnehmer nicht entziehen dürfen. Diese neue Regelung weicht von der bisherigen Rechtslage ab. So konnten vor der Reform nur Arbeitnehmer nach Feststellung der *existencia* den Streik beenden. Insbesondere hatten lediglich sie ein Antragsrecht im Rechtfertigungsverfahren (siehe S. 320). Der Arbeitgeber konnte nur entweder die Forderungen erfüllen oder eine Einigung versuchen. Ein Antragsrecht hatte er nicht. Dies führte vereinzelt zu jahrelangen Streiks.[950]

Nach teilweise vertretener Auffassung verstößt eine solche Beschränkung des Streikrechts auf zum Beispiel sechzig Tage gegen den Gewährleistungsumfang des Streikrechts. Dieses muss ein Druckmittel zur Forderungsdurchsetzung sein. Die zeitliche Beschränkung beeinträchtigt den Charakter des Streiks als Druckmittel jedoch erheblich. Ein effektives Streikrecht erfordert daher, dass dieses zeitlich unbeschränkt möglich ist, um einen hohen Druck auf den Arbeitgeber zur Durchsetzung von Forderungen ausüben zu können. Letzteres kann als Begleiterscheinung auch mit der Insolvenz des Unternehmens verbunden sein (siehe S. 196 f.).[951] Teilweise wird eine Beschränkung aber auch befürwortet und als verfassungskonform bewertet. Die zeitliche Begrenzung wird unter Hinweis auf die Verfassungsrechte der Arbeitgeber (Kapital) und der Arbeitnehmer (Arbeitsplatzerhalt) im Hinblick auf die massiven Wirtschaftsschäden durch unbegrenzte Streiks als angemessen (und zeitgemäß für das 21. Jahrhundert) angesehen.[952]

V. Weigerungsrecht des Arbeitgebers

Das Streikrecht (sowie der Bestandsschutz von Arbeitsverhältnissen) ist auch dadurch erheblich beeinträchtigt, dass der Arbeitgeber bei einer dem Streik zugrunde liegenden Regelungsstreitigkeit auf Antrag die Arbeitnehmerforderungen nicht erfüllen muss und die Arbeitsverhältnisse der Arbeitnehmer durch die JCA aufgelöst werden (siehe ausführlich S. 320), Art. 937 LFT.

Dies führt zu einer erheblichen Beeinträchtigung des Streiks als Druckmittel zur Forderungsdurchsetzung, da die Arbeitnehmer im Rahmen von Regelungsstreitigkeiten das Risiko eines Arbeitsplatzverlustes selbst dann tragen, wenn die JCA die Berechtigung ihrer Forderungen feststellt. Über den Arbeitnehmern schwebt das Damoklesschwert einer Kündigung im Falle der Streikteilnahme. Das Weigerungsrecht des Arbeitgebers widerspricht aber vor allem auch dem mexikanischen

---

950 *Martínez y González*, Reflexiones Sobre La Huelga, S. 64, 224 f.; *De Buen L.*, Derecho Del Trabajo, Band II, S. 810.

951 *Santos Azuela*, Elementos de Derecho del Trabajo, S. 184; *Santos Azuela*, Objeto Y Tipología De La Huelga Por Su Régimen Jurídico, S. 479; *Cueva, M. de la*, El Nuevo Derecho, Band II, S. 654; *Martínez y Gonzáles*, Reflexiones Sobre La Huelga, S. 80.

952 *Guerrero*, Manual De Derecho Del Trabajo, S. 391, 398.

Arbeitskampfsystem, das ausschließlich den strukturell unterlegenen Arbeitnehmern zur Verfügung steht und Arbeitgebern das Ergreifen von Maßnahmen verbietet, welche das Streikrecht beeinträchtigen. Insbesondere hat der Arbeitgeber in der mexikanischen Rechtsordnung kein Aussperrungsrecht (siehe S. 201 ff., 222). Vergleicht man aber die Rechtsfolgen und die Wirkung des Weigerungsrechts mit der Aussperrung, sind beide Mittel miteinander vergleichbar:

- Sowohl im Rahmen des Weigerungsrechts als auch bei einer Aussperrung tragen die streikenden Arbeitnehmer das Risiko einer Kündigung. In beiden Fällen können die Arbeitgeber die Arbeitsverhältnisse beenden, auch wenn das Weigerungsrecht zu einer Entschädigungszahlung führt und die Auflösung der Arbeitsverhältnisse erst nach der Beendigung der Arbeitsniederlegung stattfindet (siehe S. 320).
- Ein Arbeitgeber kann sowohl durch die Möglichkeit des Weigerungsrechts als auch durch die Aussperrung aufgrund der vorgenannten Rechtsfolge Druck auf die Streikenden ausüben, sodass diese ihre Forderungen nicht oder nur in geringfügigerer Form verfolgen. Der Charakter des Streikrechts als Druckmittel zur Durchsetzung von Arbeitnehmerforderungen wird in beiden Fällen beeinträchtigt, da die Streikenden angesichts der Gefahr von Kündigungen von der Geltendmachung bestimmter Forderungen oder vom Streik absehen können.

Berücksichtigt man diese Aspekte der Aussperrung und des Weigerungsrechts, kommt man zu dem Ergebnis, dass der mexikanische Gesetzgeber den Arbeitgebern entgegen dem materiellrechtlichen Gewährleistungsinhalt des Arbeitskampfrechts durch die Hintertür ein Recht gewährt, welches dem einer lösenden Aussperrung zumindest sehr nahe kommt. Dies gilt in jedem Fall dann, wenn der Streik um eine (kollektive) Regelungsstreitigkeit geführt wird. Zwar kann der Arbeitgeber das Weigerungsrecht nicht vor oder während der Arbeitsniederlegung, sondern erst nach dem Ende des Streikverfahrens wahrnehmen. Die Arbeitnehmer tragen aber in diesem Fall dennoch das Risiko, dass der Arbeitgeber die ökonomischen Forderungen trotz einer gegen ihn sprechenden Entscheidung der JCA nicht erfüllt und auf Antrag die Arbeitsverhältnisse von der JCA auflösen lässt. Dieses Risiko kann Arbeitnehmer ebenso wie ein Aussperrungsrecht des Arbeitgebers davon abhalten, bestimmte Forderungen geltend zu machen oder an einem Streik teilzunehmen.

Zwar sind in der mexikanischen Wissenschaft zu der Verfassungskonformität des Weigerungsrechts keine Ausführungen ersichtlich. Nur vereinzelt wird wie zum Beispiel von *Néstor De Buen Lozano* erläutert, dass diese Regelung ein Ausdruck der Vertragsfreiheit sei, wonach dem Arbeitgeber ohne seine eigene Willenserklärung keine abweichenden Arbeitsbedingungen aufgezwungen werden können. Dies gelte eben auch im Falle eines Arbeitnehmerstreiks.[953]

953 *De Buen L.*, Derecho Procesal Del Trabajo, S. 685.

In der Praxis ist das Weigerungsrecht für die Arbeitgeber aber aufgrund der damit verbundenen Kosten nur selten ein taugliches Verteidigungsmittel. Schließlich muss der Arbeitgeber für den Fall seiner Weigerung jedem Arbeitnehmer neben einer Entschädigung in Höhe von drei Monatsgehältern auch die Vergütung für die Zeiten der Arbeitsniederlegung bis zur Zahlung der Entschädigung zahlen. Diese Verpflichtung kann vor allem bei einer hohen Arbeitnehmeranzahl und einer langen Streikdauer (in der Vergangenheit teilweise von mehreren Jahren) zum finanziellen Ruin des Arbeitgebers führen. Die Arbeitgeber nahmen das Weigerungsrecht daher in der Praxis bisher kaum war. Aufgrund des rechtswidrigen Schutzvertragsystems mussten die Arbeitgeber aber bisher auch nicht auf das Weigerungsrecht zurückgreifen (siehe S. 91 ff., 320).

E. Fazit zum Streikverfahren

Der Gesetzgeber und die bisher anstelle der Arbeitsgerichte zuständigen JCAs legen das materiellrechtliche Streikrecht durch formale Hürden des Streikverfahrens „in Ketten". Das Streikrecht hat in Mexiko einen janusköpfigen Charakter. Dies führt zusammen mit dem auf S. 91 ff. dargestellten Schutzvertragssystem dazu, dass die Arbeitnehmer das Streikrecht nicht in seiner materiellrechtlichen Reichweite wahrnehmen können.

Zwar sind einzelne Bestimmungen des Streikverfahrensrechts und seine Auslegung durch die JCAs nach Auffassung zahlreicher Autoren verfassungswidrig, ohne dass hierzu gerichtliche Entscheidungen vorliegen. Dessen ungeachtet kommt der Gewährleistungsumfang des Streikrechts in der Praxis wegen der Verfahrensnormen jedoch nicht vollständig zum Tragen.

Die *A-priori*-Prüfung eröffnet die Möglichkeit einer Prüfung der Streikvoraussetzungen vor dem Streikaufruf. Dies widerspricht dem Charakter des Streiks als Druckmittel, wonach bereits der bloße Aufruf zum Streik Druck auf den Arbeitgeber ausüben soll. Die Arbeitsniederlegung kann aber bei Zurückweisung des Forderungsschreibens nicht stattfinden, da in diesem Fall das Streikverfahren nicht eingeleitet wird. Außerdem nutzen JCAs die *A-priori*-Prüfung dazu, über die formelle Prüfung hinaus auch die materiellrechtlichen Streikziele und die Berechtigung der einzelnen Forderungen zu betrachten. Dies verstößt nach einhelliger Literaturauffassung gegen die Streikgarantie, da erst nach Beginn der Arbeitsniederlegung eine Prüfung der Streikziele (und des Vorliegens der Arbeitnehmermehrheit) stattfinden darf.

Außerdem führt die Regelung zur *A-priori*-Prüfung zum Ausschluss von gewerkschaftsunabhängigen Streiks im Gegensatz zum Gewährleistungsumfang des materiellen Streikrechts. Der Grund hierfür ist, dass nur Gewerkschaften unter Nachweis der *titularidad* antragsbefugt sind. Die JCAs legen die Norm wegen der häufig am Arbeitgeberinteresse orientierten Entscheidungen in der Regel nicht dahingehend aus, dass Arbeitnehmerkoalitionen beteiligungsfähig sind.

Auch beschränkt der Gesetzgeber mittelbar die Streikdauer, da der Arbeitgeber nach sechzig Tagen das Rechtfertigungsverfahren einleiten und so eine

Zwangsschlichtung herbeiführen kann. Hierdurch verliert das Streikrecht teilweise seinen Charakter als Druckmittel, da der Arbeitgeber nicht mehr zeitlich unbegrenzt zur Forderungserfüllung gezwungen werden kann. Dies senkt die Effektivität des Streiks als Druckmittel gegenüber dem Arbeitgeber.

Darüber hinaus kann sich der Arbeitgeber nach der Verurteilung durch die JCA im Rahmen einer dem Streik zugrunde liegenden Regelungsstreitigkeit weigern, die Arbeitnehmerforderungen zu erfüllen. Gegen eine Entschädigungs- und Lohnfortzahlung für die Zeiten der Arbeitsniederlegung löst die JCA alle Arbeitsverhältnisse auf. Diese Rechtsfolge schwebt stets über dem Streikrecht und kann die Arbeitnehmer davon abhalten, bestimmte Forderungen geltend zu machen oder überhaupt an einem Streik teilzunehmen. Auch dies beeinträchtigt den Charakter des mexikanischen Streikrechts als Druckmittel gegenüber dem Arbeitgeber. Trotz des Verbots eines arbeitgebergeführten Arbeitskampfes wird dem Arbeitgeber nach Beendigung des Streiks ein Mittel zur Verfügung gestellt, welches mit dem einer lösenden Aussperrung im Sinne einer nachträglichen Sanktion gegenüber den Arbeitnehmern durchaus vergleichbar ist.

Obwohl der Gesetzgeber den Unterstützungsstreik als Streikziel normiert, behandelt er ihn in den formellen Regelungen abweichend von den übrigen Streikzielen. Insbesondere erhalten Arbeitnehmer keine Vergütung für Zeiten der Arbeitsniederlegung, vor allem bei festgestellter Rechtmäßigkeit und Rechtfertigung. Aufgrund des in der Regel niedrigen Wohlstandes und Sparvermögens der mexikanischen Arbeitnehmer können sie sich keine Unterstützungsstreiks mit der Folge von Verdienstausfällen leisten. Dies führt dazu, dass der Unterstützungsstreik ungeachtet der Kontroverse über seine bisher ungeklärte verfassungsrechtliche Legitimität nicht praxisrelevant ist.

Zwar wird die gesetzgeberische Grundsatzentscheidung der Formalisierung des Streikrechts als verfassungskonform angesehen,[954] allerdings stellt sich dennoch zumindest die Frage, ob die Einkleidung des Streiks in ein zwingend durchzuführendes Verfahren mit einer die Arbeitsniederlegung beendenden Zwangsschlichtung sinnvoll und in der Praxis durchführbar ist.

Unter Berücksichtigung der formellen Hürden des Streikverfahrens ist festzustellen, dass das materielle Streikrecht erheblich beeinträchtigt wird. Die Einkleidung des Streiks in ein Verfahren führt zu einem Instrument staatlicher Kontrolle. Die mexikanischen Regierungen nutzten das Streikverfahren zunächst im Rahmen des Staatskorporativismus und seit den 1980er-Jahren als Folge der neoliberalen Wirtschaftspolitik, um durch formelle Regelungen das materielle Streikrecht zu

954 Die mexikanische Verfassung überträgt die Entscheidung in allen arbeitsrechtlichen Konflikten (das heißt von Rechts- und Regelungsstreitigkeiten) auf den Staat, wohingegen der Gesetzgeber darüber hinaus im LFT auch das Mittel im Konflikt – das heißt den Streik – als Annex zur Werteentscheidung des Verfassungsgebers in ein Verfahren einkleidet, siehe S. 160, 173, 295 ff.

beschränken, ohne dass Letzteres in seinen Normen eine unmittelbare Änderung erfahren musste.

Außerdem setzt die Durchsetzbarkeit des Streikrechts als Folge seiner Formalisierung voraus, dass die JCAs unabhängig und gesetzeskonform entscheiden und die zu beteiligenden Gewerkschaften auch Bereitschaft zeigen, die Arbeitnehmerinteressen angemessen wahrnehmen. Beides ist in Mexiko aber bislang nur selten der Fall (siehe S. 34 ff., 106 ff.).

Das Streikverfahren führt daher in der Regel dazu, dass für das Streikrecht eine formelle Hürde besteht, welche die Arbeitnehmer häufig nicht überwinden können. Dies kann entweder die Folge einer am Arbeitgeberinteresse orientierten (teilweise rechtswidrigen) Entscheidung im Streikverfahren oder bisher auch des Abschlusses von Schutzverträgen sein.

Die Schwächen des mexikanischen Rechtsstaates sowie der häufig gegen die Arbeitnehmerinteressen gerichteten Wirtschaftspolitik kommen daher durch die Formalisierung des Streiks voll zum Tragen. Eine gesetzeskonforme Arbeitsniederlegung setzt die Durchführung des Streikverfahrens voraus, welches aber wegen vorgenannter Faktoren häufig nicht stattfinden kann. In der Folge ist es den Arbeitnehmern in der Regel unmöglich, das ihnen materiellrechtlich gewährleistete Streikrecht auszuüben.

Aber selbst wenn den Arbeitnehmern die Durchführung des Verfahrens bis zur Arbeitsniederlegung gelingt, entscheidet die JCA (künftig das Arbeitsgericht) im Wege einer Zwangsschlichtung über die Berechtigung der einzelnen Forderungen sowie das Ende der Arbeitsniederlegung. Auch die Entscheidung über den Erfolg der Arbeitsniederlegung kann daher von rechtsstaatlichen Defiziten und der gegen Arbeitnehmerinteressen gerichteten Politik maßgeblich beeinflusst sein. Außerdem kann der Staat an dieser Stelle keine neutrale Position einnehmen, da er sich im Rahmen der Entscheidung über die Berechtigung der Forderungen stets für die Arbeitnehmer oder Arbeitgeber entscheiden muss. Dies kann vor allem im Rahmen von Regelungsstreitigkeiten zusätzlich ein erhebliches Konfliktpotenzial zwischen dem Staat auf der einen und den am Arbeitskampf Beteiligten auf der anderen Seite mit sich bringen. Daher ist grundsätzlich auch die Werteentscheidung des Verfassungsgebers[955] dahingehend infrage zu stellen, ob die Übertragung der Regelungsstreitigkeiten zur Entscheidung auf staatliche Stellen sinnvoll und in der Praxis wegen der gegen die Arbeitnehmerinteressen gerichteten Politik mit der Folge mangelnder staatlicher Neutralität überhaupt umsetzbar ist.

Die Erfahrungen mit dem Schutzvertragsystem, der Auslegungspraxis der JCAs sowie den gesetzlichen Beschränkungen des materiellen Streikrechts im Wege der Implementierung formeller Vorschriften zeigen, dass das Streikverfahren bis heute ein zentrales Mittel des Staates, der Gewerkschaften und Arbeitgeber zur Kontrolle der Streikbewegungen darstellt. Das materielle Streikrecht wird sowohl durch formelle Vorschriften als auch durch faktische Umstände im Streikverfahren nahezu

---

955 Siehe oben Fn. 954.

verhindert. Das bisherige Arbeitskampfsystem ist daher hinsichtlich der Einkleidung des Streiks in ein formelles Verfahren ungeeignet, den Arbeitnehmern einen staatlichen Schutz beim Streik zu gewährleisten. Sie müssen deshalb häufig außerhalb der Rechtsordnung streiken.

Unter diesem Gesichtspunkt könnte es sinnvoll sein, die verfahrensmäßige Einkleidung des Streiks sowie die Zwangsschlichtung abzuschaffen und zum Beispiel wie im deutschen Arbeitskampfrecht ein freies Spiel der Kräfte zuzulassen (siehe zum mexikanischen System S. 168 ff.), das heißt, neben einer Tarifautonomie vor allem einen vom Staat unbeeinflussten Arbeitskampf zu gewährleisten. Hierdurch hätten die rechtsstaatlichen Defizite sowie die gegen Arbeitnehmerinteressen gerichtete Wirtschaftspolitik einen geringeren Einfluss als bisher auf den Arbeitskampf. Außerdem könnte die Unzufriedenheit der Arbeitnehmer mit dem mexikanischen Staat reduziert werden, da er sich im Wesentlichen neutral verhalten würde und so zumindest im Arbeitskampf kaum noch Entscheidungen zum Nachteil der Arbeitnehmer stattfänden.

Zwar kann dies in Mexiko zunächst zu einer Steigerung anarchosyndikalistischer Strömungen führen. Diese bestehen seit jeher (siehe S. 59 ff., 69) und wurden lediglich durch die staatliche Kontrolle weitestgehend im Zaum gehalten. Eine Kontrolle solcher Gewerkschaften würde entfallen, sodass faktisch ihre Befreiung einträte. Allerdings sind auch diese Gewerkschaften an die Voraussetzungen für das Streikrecht (wie zum Beispiel die Arbeitnehmermehrheit) gebunden, was gerichtlich überprüfbar wäre und bei ihrem Fehlen zu entsprechenden Unterlassungsansprüche des Arbeitgebers führen könnte. Außerdem schädigen exzessive Streiks mit kommunistischer Programmatik die Streikenden selbst, da dies zu einer Schwächung der Wirtschaft mit der Folge von Arbeitsplatzverlusten und einem Absinken des Lohnniveaus führen könnte. Der Systemwechsel hin zu einem freien Spiel der Kräfte lässt daher allein schon aufgrund des Eigeninteresses der Arbeitnehmer an einer angemessenen vergüteten Arbeit keine häufig auftretenden exzessiven Streiks erwarten.

Im Übrigen birgt das Beibehalten des bisherigen Arbeitskampfsystems Konfliktpotenzial für die Gesellschaft. Schließlich führt das über Jahrzehnte praktizierte Vorenthalten von Rechten zu einem Unmut in der Bevölkerung, der sich vor allem gegen den mexikanischen Staat selbst richtet. Dies kann revolutionäre Tendenzen oder zumindest die Wahl von Präsidenten fördern, die extreme Positionen vertreten.

Zwar sind die ursprünglichen Ziele hinsichtlich der Übertragung aller Rechts- und Regelungsstreitigkeiten (Unterbindung willkürlicher Behandlung der Arbeitnehmer, siehe S. 170) und der Einkleidung des Streiks in ein Verfahren (Interessenausgleich von Arbeitgeber und Arbeitnehmer, siehe S. 170) nachvollziehbar. Allerdings wurden sie durch die politischen und wirtschaftlichen Umstände dahingehend verkehrt, dass nur noch eine Unterbindung von Streiks stattfindet. Mexiko könnte aus dieser geschichtlichen Entwicklung seine Schlüsse ziehen und auch das Streikrecht selbst über die bloße Abschaffung der Schutzverträge und Implementierung der Arbeitsgerichtsbarkeit reformieren (siehe S. 95 ff., 111 f.). Schließlich sind auch in Deutschland die Tarifautonomie sowie die Arbeitsgerichtsbarkeit statt der vorher zuständigen Gewerbegerichte nicht seit jeher gegeben, sondern auf erfahrungsbedingte Entwicklungen insbesondere nach dem Ende des Ersten Weltkrieges und die nachfolgenden sozialen Unruhen zurückzuführen.[956]

F. Ergebnis von § 6

Der Gesetzgeber kleidet das Streikrecht in ein zwingend durchzuführendes Verfahren vor den JCAs ein. Dieses soll einen Ausgleich zwischen dem Umfang des Streikrechts als Druckmittel gegen den Arbeitgeber zur Forderungsdurchsetzung und der davon ausgehenden Gefahr für die Wirtschaft, Gesellschaft und Arbeitnehmer schaffen.

Die Parteien müssen zwischen der Zuleitung des Forderungs- und Ankündigungsschreibens an den Arbeitgeber und der Arbeitsniederlegung ein Güteverfahren an der JCA durchführen, um wirtschaftliche Schäden des Streiks durch die Erzielung einer einvernehmlichen Lösung abwenden zu können.

Auch hat die Formalisierung des Streikrechts zur Folge, dass neben der Zulässigkeit des Streikziels die Erfüllung formeller Voraussetzungen für die Arbeitsniederlegung erforderlich ist. Diese umfassen die Formvorschriften der verfahrenseinleitenden Forderungs- und Ankündigungsschreiben und eine Abstimmungsmehrheit der Arbeitnehmer, die den Streik bestätigen müssen.

Die Zulässigkeitsvoraussetzungen darf die JCA erst nach Beginn der Arbeitsniederlegung prüfen, sofern ein Beteiligter innerhalb von 72 Stunden einen Antrag stellt. Andernfalls gilt der Streik von Gesetzes wegen als zulässig. Eine Ausnahme stellen die Feststellung der verfassungsrechtlichen Unzulässigkeit vor allem wegen Gewalttaten und die *A-priori*-Prüfung bei der Einleitung des Streikverfahrens dar. Letztere ist aber auf die Feststellung formeller (heilbarer) Mängel des Forderungs- und Ankündigungsschreibens beschränkt.

Die JCA darf bei einer Prüfung der Rechtmäßigkeit der Arbeitsniederlegung nach der herrschenden Lehre keine materiellrechtliche Prüfung der einzelnen dem Streikziel zugrunde liegenden Forderungen vornehmen. Allenfalls darf eine Plausibilitätskontrolle stattfinden, wonach die Arbeitnehmer mit ihren Streikforderungen eines der abstrakten Streikziele und keine sachfremden Motive wie die Durchsetzung eines Individualinteresses verfolgen.

Zwar weichen die JCAs in der Praxis hiervon teilweise ab, ohne dass eine diesbezügliche einheitliche Rechtsprechung als Folge einer bisher fehlenden Arbeitsgerichtsbarkeit besteht. Der Schwerpunkt der Prüfung liegt aber – auch wegen der rechtlichen Unsicherheit hierüber – in der Feststellung der formellen Streikvoraussetzungen hinsichtlich des Form- und Mehrheitserfordernisses.

Die JCA prüft die Berechtigung einzelner im Streikziel beinhalteter Forderungen erst nach Beendigung der Arbeitsniederlegung. Ihre Prüfung setzt voraus,

956 Siehe zum Beispiel *Jansen*, Entwicklung der Tarifautonomie, S. 43 ff.

dass die Arbeitsniederlegung rechtmäßig ist und die Streikenden oder der Arbeitgeber einen Antrag auf Feststellung der Rechtfertigung des Streiks stellen. Der Arbeitgeber hat dieses Antragsrecht erstmals seit der Reform im Jahr 2019, muss die Arbeitsniederlegung vor der Antragsstellung aber mindestens sechzig Tage dulden.

Gegenstand des Rechtfertigungsverfahrens bei der JCA ist die einzelfallabhängige Entscheidung je nach Vorliegen einer Rechts- oder Regelungsstreitigkeit, ob die Arbeitnehmerforderungen angemessen, durchsetzbar und rechtmäßig sind. Daneben können Begleitumstände oder das Verhalten der Parteien vor dem Streik für die Zurechenbarkeit des Konfliktes relevant sein. Befindet die JCA die Forderungen für berechtigt, stellt sie die Rechtfertigung des Streiks fest und verurteilt den Arbeitgeber zur Forderungserfüllung und Vergütungszahlung für die Zeiten der Arbeitsniederlegung. Beurteilt sie die Arbeitnehmerforderungen als unberechtigt, erhalten die Arbeitnehmer weder die begehrten Forderungen noch die Vergütung. Der Streik ist in diesem Fall nicht gerechtfertigt, wobei die Rechtmäßigkeit der Arbeitsniederlegung selbst jedoch von dieser Entscheidung unberührt bleibt.

Außerdem führt das Streikverfahren zu weiteren Rechtsfolgen, die erhebliche wirtschaftliche Schäden vor allem bei Arbeitgebern mit sich bringen können. So hat die Einleitung des Streikverfahrens zur Folge, dass der Arbeitgeber nur noch Verwalter seines Betriebsvermögens ist. Er verliert bis zum Ende des Streikverfahrens die Verfügungsbefugnis über das Betriebsvermögen inklusive des Zutrittsrechts zu seinen Einrichtungen. Außerdem kann er wegen der Suspendierung der Verfahren um kollektive Regelungsstreitigkeiten diesbezüglich keinen Rechtsschutz mehr erhalten. Da der Streik einen existenzvernichtenden Charakter aufweisen kann, ist für die Arbeitgeber insbesondere die Bildung einer Kapitalrücklage ratsam. Diese führt jedoch zu Nachteilen bei der Investitionsfähigkeit des Unternehmens.

Diese Risiken werden durch die verfahrensmäßige Ausgestaltung des Streikrechts verschärft. Die Arbeitsniederlegung kann auch bei der Rechtswidrigkeit eines Streikes sanktionslos mehrere Tage erfolgen, da der Antrag auf Feststellung der Rechtswidrigkeit erst nach Streikbeginn möglich ist. Zum Streik aufrufen können bereits zwei Arbeitnehmer, ohne dass eine Arbeitnehmermehrheit im Betrieb erforderlich ist. Auch können unterschiedliche Fristenregelungen zu Streiks von über einem Jahr führen.

Für die Arbeitgeber besteht daher ein erheblicher Anreiz, das Streikrecht der Arbeitnehmer – auch auf missbräuchliche Weise – zu unterbinden. Zwar kann der Arbeitgeber die Umsetzung der Rechtfertigungsentscheidung durch die JCA mit der Folge der Auflösung aller Arbeitsverhältnisse verweigern. Dies führt jedoch zu einer Entschädigungszahlung in Höhe von drei Monatsgehältern und zur Vergütungszahlung für die Zeiten der Arbeitsniederlegung, mithin zu einer erheblichen finanziellen Belastung für ihn.

Neben dem Arbeitgeber hatte bisher aber vor allem auch der mexikanische Staat – zunächst im Rahmen des Staatskorporativismus und ab den 1980er-Jahren wegen des Neoliberalismus – ein starkes Interesse an einer Beschränkung und Kontrolle von Streiks. Daher legten der Gesetzgeber und die JCAs das Streikrecht durch formale Hürden im Streikverfahren „in Ketten“. Dies führt zusammen mit dem rechtswidrigen zwischen Arbeitgebern und Gewerkschaften praktizierten Schutzvertragssystem dazu, dass die Arbeitnehmer das Streikrecht nicht in seinem materiellrechtlichen Umfang ausüben können.

Zwar sind einzelne Bestimmungen des Streikverfahrensrechts und ihre Auslegung durch die JCAs nach Auffassung zahlreicher Autoren verfassungswidrig. In der Praxis kommt der Gewährleistungsumfang des Streikrechts wegen der Verfahrensnormen jedenfalls nicht vollständig zum Tragen.

So eröffnet eine *A-priori*-Prüfung die Möglichkeit einer Prüfung der Streikvoraussetzungen vor dem Streikaufruf. Dies widerspricht dem Charakter des Streiks als Druckmittel zur Forderungsdurchsetzung, da der bloße Aufruf zum Streik Druck auf den Arbeitgeber ausüben soll. Dieser kann aber bei Zurückweisung des Forderungsschreibens nicht effektiv erfolgen, da in diesem Fall das Streikverfahren nicht eingeleitet wird. Außerdem nutzen JCAs die *A-priori*-Prüfung dazu, über die formelle Prüfung hinaus auch die materiell-rechtlichen Streikziele und die Rechtfertigung des Streiks zu prüfen. Dies verstößt nach einhelliger Literaturauffassung ebenfalls gegen die Streikgarantie.

Außerdem führt die Regelung zur *A-priori*-Prüfung im Gegensatz zum Gewährleistungsumfang des materiellen Streikrechts zum Ausschluss von gewerkschaftsunabhängigen Streiks. Der Grund hierfür ist, dass nur Gewerkschaften unter Nachweis der *titularidad* antragsbefugt sind. Die JCAs legen die Norm wegen der häufig am Arbeitgeberinteresse orientierten Entscheidungen nicht dahingehend aus, dass auch Arbeitnehmerkoalitionen beteiligungsfähig sind.

Außerdem beschränkt der Gesetzgeber mittelbar die Streikdauer, da der Arbeitgeber nach sechzig Tagen das Rechtfertigungsverfahren einleiten und so eine Zwangsschlichtung herbeiführen kann. Hierdurch verliert das Streikrecht teilweise seinen Charakter als Druckmittel, da der Arbeitgeber nicht mehr zeitlich unbegrenzt zur Forderungserfüllung gezwungen werden kann. Dies senkt letztlich die Effektivität des Streiks als Druckmittel gegenüber dem Arbeitgeber.

Darüber hinaus kann der Arbeitgeber sich nach der Verurteilung durch die JCA im Rahmen einer dem Streik zugrunde liegenden Regelungsstreitigkeit weigern, die Arbeitnehmerforderungen zu erfüllen. Gegen eine Entschädigungs- und Lohnfortzahlung für die Zeiten der Arbeitsniederlegung löst die JCA alle Arbeitsverhältnisse auf. Diese Rechtsfolge schwebt stets über dem Streikrecht und kann die Arbeitnehmer davon abhalten, bestimmte Forderungen geltend zu machen oder überhaupt an einem Streik teilzunehmen. Auch dies beeinträchtigt den Charakter des mexikanischen Streikrechts als Druckmittel gegenüber dem Arbeitgeber. Trotz des Verbots eines arbeitgebergeführten Arbeitskampfes wird dem Arbeitgeber nach Beendigung des Streiks ein Mittel zur Verfügung gestellt, welches mit dem einer lösenden Aussperrung im Sinne einer nachträglichen Sanktion gegenüber den Arbeitnehmern durchaus vergleichbar ist.

Obwohl der Gesetzgeber den Unterstützungsstreik als zulässiges Streikziel normiert, behandelt er ihn in den formellen Regelungen abweichend zu den übrigen Streikzielen. Insbesondere erhalten die Arbeitnehmer selbst dann keine Vergütung für die Zeiten der Arbeitsniederlegung, wenn die zugrunde liegenden Forderungen berechtigt sind. Aufgrund des in der Regel niedrigen Wohlstandes der Arbeitnehmer können diese sich keine Unterstützungsstreiks mit der Folge von Verdienstausfällen leisten. Dies führt dazu, dass der Unterstützungsstreik in Mexiko nicht praxisrelevant ist.

§ 7 Ergebnisse zum mexikanischen Streikrecht

Betrachtet man in Mexiko die sozialpolitische Bedeutung von Streiks sowie das Rechtsstaatlichkeitsniveau, wird deutlich, dass das Arbeits(kampf)recht nicht isoliert von den tatsächlichen Gegebenheiten dargestellt werden kann. Wesentliche Regelungen kommen in der Praxis aufgrund faktischer Umstände wie zum Beispiel der Korruption nicht zur Anwendung. Allerdings bedingen gerade diese gesellschaftlichen Probleme, dass die Arbeitnehmer durchgängig starke Streikbestrebungen aufweisen. Erst das Zusammenspiel des rechtlichen Rahmens mit den tatsächlichen Gegebenheiten lässt für das Arbeitskampfrecht abschließende Schlussfolgerungen zu.

A. Nachrangigkeit von Arbeitnehmerinteressen

Da zentrale Regelungen im Zusammenhang mit der Revolution in Mexiko (zwischen 1910 und 1917) stehen, ist für die Analyse des Arbeitskampfrechts zunächst die mexikanische Geschichte zu berücksichtigen. Die vorrevolutionäre Rechtsordnung gewährleistete in Mexiko keine spezifischen Arbeitnehmerrechte, was zu sozialen Spannungen auch in der Arbeiterschaft führte. Der nachrevolutionäre Verfassungs- und Gesetzgeber sah sich daher gezwungen, den Arbeitnehmern zur Befriedung der sozialen Lage Rechte wie das Streikrecht zu gewähren. Hierbei verwendete er in den Gesetzestexten teilweise einen klassenkämpferischen Sprachgebrauch, um den anarchosyndikalistischen Strömungen (scheinbar) nachzugeben.[957]

Trotz der erstmaligen Implementierung eines Arbeitsrechts hatte der nachrevolutionäre Verfassungs- und Gesetzgeber tatsächlich aber wie schon vor der Revolution kein Interesse an der Gewährleistung von Arbeitnehmerrechten, da Teile der Eliten sowie Generäle einen bestimmenden Einfluss auf die Revolution hatten und auch nach dieser an der Macht blieben. Es widersprach deren Interessen als Inhaber des nationalen Wohlstandes, den Arbeitnehmern Rechte zu gewährleisten. Auch hätte dies die Attraktivität der Wirtschaft für ausländische Investoren deutlich gesenkt.[958]

Neben diesen ökonomischen Interessen ist im Zusammenhang mit dem Streikrecht auch das machtpolitische Interesse des mexikanischen Staates zu berücksichtigen. Die nach der Revolution bis in das Jahr 2000 regierende Partei PRI hatte zur Aufrechterhaltung des von ihr geschaffenen faktischen Einparteiensystems im Rahmen des Staatskorporativismus durchgängig ein Interesse an der Kontrolle und

---

957 Siehe S. 59 ff., 184, 197.
958 Siehe S. 35 ff., 52 ff.

Unterbindung von Streiks. Hierdurch sollten oppositionelle Strömungen frühzeitig erkannt und bekämpft werden können. Wesentliche gesellschaftliche Gruppierungen wie die Gewerkschaften wurden Bestandteil dieses staatskorporatistischen Systems und standen daher faktisch unter der Kontrolle der PRI, mithin dem Willen des mexikanischen Präsidenten sowie der um ihn bestehenden Machtclique.[959]

Aber auch seit dem Ende des Staatskorporativismus hat der mexikanische Staat bis in die Gegenwart noch immer ein Interesse an der Kontrolle der Arbeitnehmer, insbesondere im Hinblick auf Streiks und die gewerkschaftliche Organisation. Der Grund hierfür sind die seit den 1980er-Jahren eingeleitete Öffnung der Wirtschaft für ausländische Investoren sowie die neoliberale Wirtschaftspolitik. Letztere ist zur Steigerung der Attraktivität für ausländische Investoren gezielt darauf ausgelegt, Arbeitnehmer zu niedrigen Lohn(neben)kosten arbeiten zu lassen sowie sie an der Wahrnehmung ihrer Rechte zu hindern. Dies beinhaltet auch die staatlich geförderte Beeinträchtigung von Streiks und das systematische Dulden informeller Beschäftigungsverhältnisse. Ein vom Staat nicht kontrolliertes Streikwesen steht trotz eines im Jahr 2018 gewählten Präsidenten mit kommunistischer Programmatik bis in die Gegenwart in Widerspruch zu den Interessen der mexikanischen Wirtschaftspolitik.[960]

Das mexikanische Arbeits(kampf)recht ist aus historischer Sicht stark von den Macht- und Wirtschaftsinteressen des Staates und der Arbeitgeber geprägt. Insbesondere besteht seit jeher ein Interesse des Staates an einer Kontrolle von Streikbewegungen. Gleichzeitig musste der Verfassungs- und Gesetzgeber aber auch arbeitnehmerschützende Regelungen treffen, teilweise sogar mit einem kommunistischen Sprachgebrauch, um den sozialen Frieden innerhalb der Arbeiterschaft wahren zu können.

B. Regelungskonzept des Arbeitskampfrechts

In diesem historischen Kontext sind das Regelungssystem des mexikanischen Arbeits(kampf)rechts sowie seine Reformen im 20. Jahrhundert zu sehen. Die hinter den Regelungen stehenden Motive zur Erhaltung eines sozialen Friedens (Ziff. 1) und zur Kontrolle der Streikbewegungen sowie des Gewerkschaftswesens (Ziff. 2 bis 4) werden auch nach einer inhaltlichen Analyse des mexikanischen Arbeitskampfrechtes deutlich.[961]

I. Materiellrechtlicher Gewährleistungsumfang

Der Verfassungs- und Gesetzgeber gewährleistet den Arbeitskampf als ausschließliches Mittel der Arbeitnehmer und gestaltet diesen in materiellrechtlicher Hinsicht

959 Siehe S. 35 ff., 63 ff.
960 Siehe S. 38 ff.
961 Siehe S. 181 ff.

arbeitnehmerschützend aus. Der Gesetzgeber musste seinem Verfassungsauftrag entsprechend ein umfassendes Arbeitsrecht normieren, das (auch) den Arbeitskampf abschließend regelt. Dabei folgt die mexikanische Rechtsordnung der kontinentaleuropäischen Rechtstradition und Gesetzesanwendung, sodass neben dem Gewohnheitsrecht vor allem geschriebene Gesetze Rechtsquellen sind. Für das Arbeitskampfrecht relevante Rechtsgrundlagen stellen die Verfassung mit Art. 123 A CPEUM und das Bundesarbeitsgesetz LFT dar.[962]

Die mexikanische Rechtsordnung gewährleistet den Arbeitskampf als Druckmittel gegenüber dem Arbeitgeber zur Durchsetzung von Forderungen,[963] beschränkt ihn jedoch auf Streiks in der Form der bloßen Arbeitsniederlegung.[964] Die Arbeitnehmer können gewerkschaftlich organisiert oder gewerkschaftsunabhängig als temporäre Koalition zum Streik aufrufen.[965] Das Arbeitskampfrecht ist nach dem historisch gewachsenen Verständnis ein Instrument der Arbeitnehmer zur Durchsetzung besserer Arbeitsbedingungen in einem kapitalistischen Wirtschaftssystem. Dabei ist der Arbeitskampf ausschließlich für die Arbeitnehmer ein Mittel zur Verteidigung und Durchsetzung von Forderungen und daher „Beschützer und Rammbock" gegenüber dem Arbeitgeber. Hingegen ist der arbeitgebergeführte Arbeitskampf verboten, da die mexikanische Rechtsordnung den Arbeitskampf ausschließlich als Druckmittel der Arbeitnehmer gewährleistet. Der Arbeitgeber kann sich im Arbeitskampf lediglich im förmlichen Streikverfahren verteidigen, indem er die Feststellung der Rechtswidrigkeit des Streiks gerichtlich geltend macht. Im Übrigen muss der Arbeitgeber den Streik bis zur Erfüllung der Arbeitnehmerforderungen dulden.[966]

Außerdem folgt aus dem Charakter des Streikrechts als Druckmittel gegen den Arbeitgeber, dass dieses grundsätzlich so lange zulässig ist, bis der Arbeitgeber die Forderungen der Arbeitnehmer erfüllt. Eine Verhältnismäßigkeitsprüfung findet nicht statt, sodass in materiellrechtlicher Hinsicht insbesondere keine zeitlichen Schranken bestehen.[967] Auch muss das Streikrecht bezüglich seiner Zielsetzung grundsätzlich frei von staatlicher Einflussnahme sein. Die Arbeitnehmer müssen im Rahmen des abstrakten Streikziels der mexikanischen Verfassung selbst entscheiden können, wie sie ein Gleichgewicht zwischen den Produktionsfaktoren und eine Harmonisierung des Arbeitsrechts mit dem Recht des Kapitals erreichen, das heißt bessere Arbeitsbedingungen durchsetzen oder bereits gewährte Rechte verteidigen können.[968]

---

962 Siehe S. 191 ff.
963 Siehe S. 196.
964 Siehe S. 193 ff., 220 f.
965 Siehe S. 211 ff.
966 Siehe S. 201 ff., 222.
967 Siehe S. 196.
968 Siehe S. 193 ff., 308 ff.

Der Gesetzgeber spezifiziert die Streikziele dahingehend, dass die Arbeitnehmer in Bezug auf den erstmaligen Abschluss eines (allgemein verbindlichen) Tarifvertrages mit der Vergütung als Mindestinhalt, seine Revision im Ein- oder Zweijahresturnus oder die Einhaltung der tarifvertraglichen Regelungen inklusive der Gewährleistung einer angemessenen Repräsentation durch die Gewerkschaft streiken dürfen.[969] Daneben kann ein Gleichgewicht auch durch die Einhaltung der gesetzlichen Arbeitgeberpflichten hinsichtlich der jährlichen Arbeitnehmergewinnbeteiligung[970] oder generell mit der Durchsetzung oder Verteidigung von solchen Rechten erreicht werden, deren Nichtbeachtung durch den Arbeitgeber das kollektive Interesse der Arbeitnehmer berührt.[971] Dies kann vor allem bei Massenentlassungen, der Modifikation des Tarifvertrages und arbeitgeberseitigen Gesetzesverletzungen wie der Arbeitnehmermitbestimmung und dem Arbeitsschutz der Fall sein. Im Übrigen ist auch ein Streik zur Unterstützung eines der oben genannten Ziele gesetzlich zulässig.[972]

Daher kann festgestellt werden, dass der materiellrechtliche Inhalt des Streikrechts weit geht. Insbesondere ist das Streikrecht anders als in Deutschland nicht auf die Herstellung eines Verhandlungsgleichgewichts zur Erlangung tarifvertraglicher Arbeitsbedingungen beschränkt. Auch darf hinsichtlich der Rechtmäßigkeit der Arbeitsniederlegung grundsätzlich nur eine abstrakte Prüfung von Streikzielen stattfinden.[973]

Daher ist es für die Ausübung eines rechtmäßigen Streiks unerheblich, ob die Arbeitnehmerforderungen im Einzelnen durchsetzbar oder gerechtfertigt sind, solange die Arbeitnehmer das generische Streikziel des Gleichgewichts der Produktionsfaktoren und deren gesetzgeberische Konkretisierungen verfolgen und sich hierauf unter Angabe des Ziels und des zugrunde liegenden Sachverhalts berufen. Erst mit Beendigung der Arbeitsniederlegung ist im Rahmen der Entscheidung über die Rechtfertigung des Streiks (Berechtigung der Arbeitnehmerforderung und Vergütung während der Arbeitsniederlegung) zu prüfen, ob die Forderungen im Einzelnen angemessen, durchsetzbar und rechtmäßig sind. Diese Entscheidung lässt die Rechtmäßigkeit der Arbeitsniederlegung jedoch unberührt.[974]

Gerade in dieser erheblichen Reichweite der zulässigen Streikziele zur Druckausübung auf den Arbeitgeber zeigt sich die zumindest materiellrechtliche, arbeitnehmerschützende Ausgestaltung des Arbeitskampfrechts. Allerdings gewährleistet das Arbeitsrecht das Recht zum Streik nicht schrankenlos. Vielmehr ist er ein auf das Arbeitsverhältnis beschränktes Druckmittel der Arbeitnehmer gegenüber dem Arbeitgeber mit dem Ziel, ihn zur Annahme der Forderungen oder

969 Siehe S. 226 ff.
970 Siehe S. 257 ff.
971 Siehe S. 270 ff.
972 Siehe S. 266 ff.
973 Siehe S. 308 ff., 316 ff.
974 Siehe S. 318 f.

zur Erfüllung seiner im kollektiven Interesse der Arbeitnehmer stehenden Pflichten zu zwingen. Die Arbeitnehmer können dieses Streikziel nach dem gesetzlichen Konzept auch durch die Unterstützung eines anderen Streiks verfolgen. Jedenfalls muss er aber auf das Arbeitsverhältnis und die Verfolgung eines kollektiven Arbeitnehmerinteresses beschränkt sein.[975]

Aus diesem materiellrechtlichen Umfang des Streikrechts folgt die Unzulässigkeit von politischen Streiks. Auch darf keine Durchsetzung oder Verteidigung individueller Rechte und Ansprüche einzelner Arbeitnehmer wie zum Beispiel Vergütungsansprüche, Schutz vor Arbeitgeberkündigungen oder die Verfolgung von Gewalttaten gegen Personen oder Eigentum durch die Mehrheit der Streikenden stattfinden. Hier fehlt der Bezug zu den zentralen Voraussetzungen eines kollektiven Interesses im Hinblick auf Rechte und Ansprüche aus dem Arbeitsverhältnis.[976]

Darüber hinaus bestehen aber unter Berücksichtigung der vorgenannten zulässigen Ziele für eine rechtmäßige Arbeitsniederlegung nur geringe materiellrechtliche Schranken. Hieraus folgert ein Teil der mexikanischen Wissenschaft, bei dem Streikrecht handele es sich um ein Instrument des Klassenkampfes.[977] Dem ist jedoch ablehnend gegenüberzustehen, da der Streik in Mexiko auf das Arbeitsverhältnis beschränkt ist und vor allem keine politischen Streiks zulässig sind, der Klassenkampf aber auf einen Umsturz des bestehenden kapitalistischen Systems ausgelegt ist. Allenfalls die Formulierung des Gesetzes lässt teilweise eine solche rein sprachliche Schlussfolgerung zu (zum Beispiel „Gleichgewicht der Produktionsfaktoren Arbeit und Kapital“ als Streikziel). Das mexikanische Streikrecht hat höchstens in konzeptioneller Hinsicht einen klassenkämpferischen Charakter. Kausal hierfür sind seine materiellrechtliche Reichweite, insbesondere hinsichtlich der zulässigen Druckausübung auf den Arbeitgeber bis zur Erfüllung der Arbeitnehmerforderungen, und die grundsätzliche Zulässigkeit von Streiks zur Lösung nicht nur von Regelungsstreitigkeiten, sondern auch von Rechtsstreitigkeiten.

Der Grund für die materiellrechtliche Reichweite des Streikrechts und den teilweise revolutionären Sprachgebrauch liegt in der Entstehungsgeschichte des mexikanischen Arbeits(kampf)rechts.[978]

Der mexikanische Verfassungs- und Gesetzgeber war zur Befriedung der sozialen Spannungen innerhalb der Arbeiterschaft nach der mexikanischen Revolution gezwungen, diesen ein möglichst umfassendes Streikrecht zu gewähren. Aufgrund der anarchosyndikalistischen Strömungen verwendete er teilweise auch revolutionäre Formulierungen. Außerdem erlaubte die Gewährleistung eines materiellrechtlich umfassenden Streikrechts die Regelung von zahlreichen arbeitsrechtlichen Materien, die den auch damals bestehenden ökonomischen

---

975 Siehe S. 195 f., 250 ff., 263, 280 f., 288.
976 Siehe S. 288.
977 Siehe S. 184, 197.
978 Siehe S. 55 ff., 184, 197.

Erfordernissen des mexikanischen Staates und den Interessen der Machtelite entsprechend arbeitgeberfreundlich ausgestaltet werden konnten. Hier liegt es in der Eigenverantwortung der Arbeitnehmer, mit dem Mittel des Streiks selbst bessere Arbeitsbedingungen gegenüber dem Arbeitgeber durchzusetzen.[979]

Die Regelung eines Streikrechts zur Druckausübung auf den Arbeitgeber erlaubt(e) dem Verfassungs- und Gesetzgeber, andere Regelungsbereiche des Arbeitsrechts arbeitgeberfreundlich auszugestalten und die Implementierung besserer Arbeitsbedingungen in die Verantwortung der Arbeitnehmer zu stellen.

II. Förmliches Streikverfahren

Diesem materiellrechtlich umfassenden Streikrecht steht seine Einkleidung in ein förmliches Verfahren mit formellen Beschränkungen gegenüber, deren Erfüllung für eine rechtmäßige Arbeitsniederlegung zwingend erforderlich ist.[980] Die Arbeitnehmer müssen zunächst ein Verfahren bei den bisher zuständigen Juntas de Conciliación y Arbitraje („JCAs") durch Übersendung des Forderungs- und Ankündigungsschreibens einleiten, bevor sie die Arbeit niederlegen dürfen. In Mexiko bestand bisher keine von der Justiz ausgeübte Arbeitsgerichtsbarkeit, vielmehr gab es mit den JCAs ausschließlich Güte- und Schiedsstellen ohne richterliche Beteiligung. Diese sind (bis zur Implementierung der Arbeitsgerichtsbarkeit im Jahr 2022) für alle Arbeitssachen zuständig, insbesondere auch für die Durchführung des Streikverfahrens (siehe hierzu unten S. 358 f.).

Zwischen der Zuleitung des Forderungs- und Ankündigungsschreiben durch die JCA an den Arbeitgeber und der tatsächlichen Arbeitsniederlegung müssen die Parteien ein Güteverfahren durchführen, um wirtschaftliche Schäden des Streiks durch die Erzielung einer Einigung abwenden zu können.[981] Auch hat die Einkleidung des Streikrechts in ein staatliches Verfahren zur Folge, dass die Arbeitnehmer für die rechtmäßige Arbeitsniederlegung neben der Zulässigkeit des Streikziels vor allem umfassende Formvorschriften der verfahrenseinleitenden Forderungs- und Ankündigungsschreiben wahren müssen. Insbesondere bedürfen die Arbeitnehmer einer den Streik bestätigenden Abstimmungsmehrheit.[982]

Diese Rechtmäßigkeitsvoraussetzungen prüft die JCA im Rahmen des *Existencia*-Verfahrens nach Beginn der Arbeitsniederlegung, sofern ein Beteiligter innerhalb von 72 Stunden einen diesbezüglichen Antrag stellt. Andernfalls gilt die Arbeitsniederlegung von Gesetzes wegen als rechtmäßig.[983] Eine Ausnahme stellen die Feststellung der verfassungsrechtlichen Unzulässigkeit vor allem wegen Gewalttaten[984] und die *A-priori*-Prüfung im Rahmen der Einleitung des Streikverfahrens

979 Siehe S. 181 ff.
980 Siehe S. 295 ff.
981 Siehe S. 303.
982 Siehe S. 300 f., 303 f., 307.
983 Siehe S. 305 f.
984 Siehe S. 313 f.

dar, die aber auf die Feststellung formeller Mängel des Forderungs- und Ankündigungsschreibens vor seiner Weiterleitung durch die JCA an den Arbeitgeber beschränkt ist.[985]

Befindet die JCA auf Antrag der Streikenden die Forderungen für angemessen, durchsetzbar und rechtmäßig – das heißt für gerechtfertigt –, verurteilt sie den Arbeitgeber zur Forderungserfüllung und Vergütungszahlung für die Zeiten der Arbeitsniederlegung.[986]

Im Falle einer Verurteilung des Arbeitgebers im Rahmen einer Regelungsstreitigkeit (zum Beispiel Abschluss eines Tarifvertrages zu den von den Arbeitnehmern gestellten Forderungen) steht ihm allerdings ein Weigerungsrecht zu. Sofern er hiervon Gebrauch macht, löst die JCA auf seinen Antrag hin die Arbeitsverhältnisse auf und verurteilt ihn neben der Vergütungszahlung während der Arbeitsniederlegung zu einer Entschädigungszahlung in Höhe von drei Monatsgehältern für jeden Arbeitnehmer.[987]

Stellt die JCA hingegen keine Rechtsverletzung oder die Unangemessenheit der Arbeitnehmerforderungen fest, verurteilt sie den Arbeitgeber weder zur Erfüllung der Arbeitnehmerforderungen noch zur Zahlung der Vergütung für die Zeiten der Arbeitsniederlegung. Neben der Berechtigung der Forderungen können auch Begleitumstände oder das Verhalten der Parteien für die (fehlende) Rechtfertigung des Streiks relevant sein. Eine erneute Prüfung der Rechtmäßigkeit der Arbeitsniederlegung erfolgt durch die JCA im Rahmen des Rechtfertigungsverfahrens nicht mehr. Diese steht fest und ist unabhängig von der Rechtfertigung zu beurteilen.[988]

Über die bereits dargestellte rechtmäßige Arbeitsniederlegung und Vergütungszahlung (sowie einer etwaigen Auflösung der Arbeitsverhältnisse) hinaus sind an das Streikverfahren weitere Rechtsfolgen geknüpft. So ordnet das Gesetz bei der Einleitung des Streikverfahrens an, dass der Status quo im betroffenen Betrieb erhalten werden muss, um den Parteien Zeit zur einvernehmlichen Lösung des Streits geben zu können. Der Arbeitgeber verliert, sobald ihm das Forderungs- und Ankündigungsschreiben zugeht, die Verfügungsbefugnis über die Betriebsmittel sowie das Zutrittsrecht zum Betrieb bis zum Ende des Streikverfahrens. Er ist nur noch Verwalter seines Betriebes, ohne diesem Betriebsmittel entziehen zu können.[989]

Außerdem tritt im Grundsatz ein Vollstreckungsverbot staatlicher Entscheidungen (zum Beispiel von Gerichtsurteilen) gegen den Arbeitgeber ein.[990] Im Übrigen ist es ihm verwehrt, hinsichtlich der dem Streik zugrunde liegenden Regelungsstreitigkeit einen Antrag bei der JCA zu stellen, um eine diesbezügliche Entscheidung

985 Siehe S. 300 f.
986 Siehe S. 316 ff.
987 Siehe S. 320, 337 ff.
988 Siehe S. 316 ff.
989 Siehe S. 325 f.
990 Siehe S. 327.

herbeizuführen. Da auch Regelungsstreitigkeiten in der Zuständigkeit der JCAs (künftig der Arbeitsgerichte) stehen, führt die Einleitung des Streikverfahrens zu einem Versagen dieser Rechtsschutzmöglichkeit zulasten des Arbeitgebers.[991]

Neben diesen gesetzlich geregelten Rechtsfolgen ergeben sich aber auch aus der verfahrensrechtlichen Ausgestaltung des Streikverfahrens mittelbare Folgen. So kann die Arbeitsniederlegung auch bei der Rechtswidrigkeit eines Streikes sanktionslos mehrere Tage erfolgen, da der Antrag auf ihre Feststellung wegen eines unzulässigen Streikziels oder einer fehlenden Abstimmungsmehrheit erst nach Beginn der Arbeitsniederlegung möglich ist (72 Stunden nach Beginn, siehe S. 352). So soll ein möglichst hoher Druck auf den Arbeitgeber zur Verhandlung mit den Arbeitnehmern ausgeübt werden, da er sogar bei einer rechtswidrigen Arbeitsniederlegung einen Betriebsstillstand befürchten muss. Das Streikverfahren können bereits zwei Arbeitnehmer einleiten, ohne dass tatsächlich eine Arbeitnehmermehrheit bis zur Feststellung der Rechtswidrigkeit erforderlich ist.[992] Auch darf nach der ganz herrschenden Lehre keine materiellrechtliche Prüfung der einzelnen dem Streikziel zugrunde liegenden Forderungen für die Prüfung der Streikrechtmäßigkeit stattfinden, da die Arbeitnehmer im Rahmen des abstrakten verfassungsrechtlichen Streikziels selbst entscheiden müssen, wie sie das Gleichgewicht der Produktionsfaktoren Arbeit und Kapital erreichen können.[993] Vielmehr darf nur eine Plausibilitätskontrolle vorgenommen werden, ob die Arbeitnehmer mit ihren Streikforderungen eines der abstrakten Streikziele und keine sachfremden Motive verfolgen. Die Prüfung einzelner Forderungen darf grundsätzlich nicht erfolgen (auch wenn mangels einheitlicher und fehlender Rechtsprechung die bisher zuständigen JCA in der Praxis teilweise hiervon abweichen). Die Schwelle zu einem Betriebsstillstand zumindest bis zur Feststellung der Rechtswidrigkeit durch die JCA ist daher sehr niedrig. Die verfahrensrechtliche Ausgestaltung des Streikrechts führt somit dazu, dass bereits die bloße Ankündigung eines Streikes den Arbeitgeber unter erheblichen Druck setzen kann.

Dies wird weiter verschärft, indem bereits die bloße Einleitung des Streikverfahrens negative Folgen für ihn (und die Wirtschaft) verursacht, wobei unterschiedliche Fristenregelungen zu Streikverfahren von über einem Jahr führen können. Der Verlust der Verfügungsbefugnis über seinen Betrieb sowie der Rechtsschutzmöglichkeit in Regelungsstreitigkeiten (siehe oben S. 353) können zu einem vollständigen Stillstand des Betriebs über eine erhebliche Zeitdauer von mehreren Jahren führen. Der Streik kann in Mexiko einen existenzvernichtenden Charakter für den Arbeitgeber (sowie auch für streikunwillige Arbeitnehmer) aufweisen.

Letztlich finden der zumindest konzeptionelle klassenkämpferische Charakter des mexikanischen Streikrechts und seine Natur als Druckmittel auf die Arbeitgeber teilweise auch im Streikverfahren seinen Ausdruck. Dieses führt zu weiteren

991 Siehe S. 328.
992 Siehe S. 307.
993 Siehe S. 308 ff.

über die bloße Arbeitsniederlegung hinausgehenden Rechtsfolgen, die erhebliche wirtschaftliche Schäden vor allem bei den Arbeitgebern mit sich bringen können. Diese Rechtsfolgen dienen ebenfalls dem Charakter des Streikrechts als Druckmittel der Arbeitnehmer, indem der Arbeitgeber zum einen an der Entziehung von Vermögenswerten gehindert wird und zum anderen staatliche Entscheidungen die Druckfunktion des Streikrechts durch eine präjudizierende Entscheidung nicht vereiteln.[994]

Dem Arbeitgeber ist hierdurch die Möglichkeit verwehrt, sich den Streikforderungen der Arbeitnehmer zu entziehen. Aufgrund der für den Arbeitgeber nachteiligen Folgen des Streikverfahrens ist es in der Praxis empfehlenswert, Kapitalrücklagen für die Zeiten des Betriebsstillstandes zu bilden.[995]

Dies führt allerdings zu Nachteilen bei der Investitionsfähigkeit des Unternehmens und in der Praxis – wie auch bei den übrigen Streikfolgen – dazu, dass Arbeitgeber einen erheblichen Anreiz haben, das Streikrecht der Arbeitnehmer (häufig auf rechtswidrige Weise) zu unterbinden (siehe unten S. 359 f.).

III. Beschränkung des materiellen Streikrechts durch das Streikverfahren

Ungeachtet der für die Arbeitgeber nachteiligen Folgen zeigt das Streikverfahren vor allem auch, dass die Arbeitnehmer das unter Ziffer I (siehe S. 348 ff.) zusammengefasste Streikrecht nicht vollumfänglich nach seinem materiellrechtlichen Gewährleistungsinhalt wahrnehmen können. Wesentliche Schranken sind im Zusammenhang mit dem Streikverfahren die *A-priori*-Prüfung des streikeinleitenden Schriftsatzes durch die JCA, die Ungleichbehandlung des Unterstützungsstreiks, die Zwangsschlichtung auf Antrag des Arbeitgebers und sein Weigerungsrecht.[996]

Die *A-priori*-Prüfung, in welcher die JCAs das Forderungs- und Ankündigungsschreiben der Arbeitnehmerkoalition auf die Wahrung der Formvorschriften überprüfen, eröffnet ihnen die Möglichkeit einer Prüfung der Rechtfertigung des Streiks oder der materiellen Voraussetzungen für die Arbeitsniederlegung vor dem Streikaufruf gegenüber dem Arbeitgeber.[997]

Leiten die JCAs den streikeinleitenden Schriftsatz nicht an den Arbeitgeber weiter, kann der Streik nicht in gesetzmäßiger Weise stattfinden. Auch wenn dies nach einhelliger Literaturauffassung der Streikgarantie hinsichtlich des eingeschränkten Prüfungsmaßstabs (nach Beginn der Arbeitsniederlegung, siehe S. 354) widerspricht, nutzen zahlreiche JCAs diese Möglichkeit zur rechtswidrigen Abweisung des Streikgesuches (siehe S. 358 f. zur Gesetzesanwendung durch die JCAs).[998]

---

994 Siehe S. 328.
995 Siehe S. 329.
996 Siehe S. 330 ff.
997 Siehe S. 301, 331 f.
998 Siehe S. 278 ff.

Allerdings widerspricht eine solche Prüfung vor dem Streikaufruf gegenüber dem Arbeitgeber dem Charakter des Streikrechts als Druckmittel, da bereits der bloße Aufruf zum Streik Druck auf den Arbeitgeber ausüben soll. Dieser kann aber bei der Zurückweisung des Forderungsschreibens durch die JCA nicht effektiv stattfinden, da in diesem Fall das Verfahren nicht eingeleitet wird und der Arbeitgeber unter Umständen auch keine Kenntnis von dem Streikaufruf erhält, wodurch eine Unterdrucksetzung des Arbeitgebers nicht stattfindet. Der Streik kann durch die *A-priori*-Prüfung daher seine Durchsetzungskraft verlieren.

Außerdem führt die Regelung zur *A-priori*-Prüfung im Gegensatz zu dem Gewährleistungsumfang des materiellen Streikrechts zum Ausschluss von gewerkschaftsunabhängigen Streiks.[999]

Der Grund hierfür ist, dass nur Gewerkschaften nach Nachweis ihrer Zuständigkeit für den betroffenen Betrieb antragsbefugt sind. Die JCAs legen die maßgebliche Verfahrensnorm (Art. 923 LFT) wegen der häufig am Arbeitgeberinteresse orientierten Entscheidungen in der Regel nicht dahingehend aus, dass auch gewerkschaftsunabhängige Arbeitnehmerkoalitionen im Streikverfahren beteiligungsfähig sind. Gerade dies entspräche aber dem materiellrechtlichen Gewährleistungsumfang des Streikrechts, welchen auch der Gesetzgeber ausdrücklich im Gesetzestext aufnimmt (Art. 440 LFT).[1000] An dieser Stelle widersprechen die Verfahrensnorm zum Streikverfahren und die Auslegungspraxis der JCAs sogar dem materiellrechtlichen Streikrecht im Bundesarbeitsgesetz LFT.

Auch beschränkt der Gesetzgeber mittelbar die Streikdauer, da der Arbeitgeber (seit der Arbeitsrechtsreform im Jahr 2019) nach sechzig Tagen das Rechtfertigungsverfahren und damit das Streikende herbeiführen kann.[1001]

Anders als bei Rechtslage bis vor 2019 und dem materiellrechtlichen Gewährleistungsinhalt des Streikrechts[1002] können die Arbeitnehmer nunmehr nicht mehr zeitlich unbegrenzt die Arbeit niederlegen, bis der Arbeitgeber ihre Forderungen erfüllt. Hierdurch verliert der Streik teilweise seine Durchsetzungskraft, da für den Arbeitgeber kein zeitlich unbegrenzter Zwang zur Annahme der Forderungen besteht. Dies senkt die Effektivität des Streiks als Druckmittel und steht ebenfalls zu dem Charakter des mexikanischen Streikrechts als Mittel zur Durchsetzung von Forderungen der Arbeitnehmer in Widerspruch.

Darüber hinaus hat der Arbeitgeber nach der Verurteilung durch eine JCA im Rechtfertigungsverfahren über eine Regelungsstreitigkeit ein Weigerungsrecht.[1003] Selbst dann, wenn das Streikverfahren in gesetzmäßiger Weise durchgeführt wird und die Forderungen der Arbeitnehmer berechtigt sind, kann der Arbeitgeber sich der Forderungsdurchsetzung verweigern. Gegen Zahlung einer

---

999 Siehe S. 333 ff.
1000 Siehe S. 211 ff.
1001 Siehe S. 336 ff.
1002 Siehe S. 196.
1003 Siehe S. 320, 337 f.

Entschädigung und des Lohns für die Zeiten der Arbeitsniederlegung löst die JCA auf Antrag des Arbeitgebers alle vom Streik betroffenen Arbeitsverhältnisse auf. Die Arbeitnehmerforderungen muss der Arbeitgeber in der Folge dann nicht erfüllen. Die Rechtsfolge des Arbeitsplatzverlustes schwebt über dem Streikrecht und kann Arbeitnehmer davon abhalten, Forderungen geltend zu machen oder das Streikrecht auszuüben. Auch dies beeinträchtigt das Streikrecht als Druckmittel gegenüber dem Arbeitgeber erheblich, da der mögliche Arbeitsplatzverlust die Arbeitnehmer vom Streik abhalten kann, auch wenn der Preis für die Arbeitgeber bezüglich der Vergütungs- und Entschädigungszahlung hoch ist.

Obwohl der Gesetzgeber den Unterstützungsstreik als zulässiges Ziel normiert, behandelt er diesen in den formellen Regelungen anders als die übrigen Streikziele.[1004] Die Arbeitnehmer erhalten keine Vergütung für die Zeiten der Arbeitsniederlegung. Anders als bei den übrigen Streikzielen, bei denen die Arbeitgeber im Falle der von den JCAs festgestellten Berechtigung der Arbeitnehmerforderungen die Vergütung bezahlen müssen, gilt dies nicht für den Unterstützungsstreik. Aufgrund des in der Regel niedrigen Wohlstandes der mexikanischen Arbeitnehmer können diese sich keine Unterstützungsstreiks mit der Folge von Verdienstausfällen leisten. Dies führt dazu, dass der Unterstützungsstreik ungeachtet der Kontroverse über seine bisher ungeklärte verfassungsrechtliche Legitimität nicht praxisrelevant ist.

IV. Schlussfolgerung zum mexikanischen Streikrecht

Die Analyse des Streikrechtskonzepts (siehe S. 348 ff.) erlaubt die Feststellung, dass der mexikanische Gesetzgeber den umfassenden materiellen Gewährleistungsinhalt des Streikrechts durch formale Hürden im Hinblick auf Verfahrensnormen oder durch Normen mit praktischen Unwägbarkeiten für Arbeitnehmer in Ketten legt. Die materiellrechtlich gewährleistete Streikgarantie kommt nicht in vollem Umfang zum Tragen und wird teilweise durch das Streikverfahren torpediert.

Zwar sind einzelne Bestimmungen des Streikverfahrensrechts und ihre Auslegung durch die JCAs (siehe unten S. 358 f.) nach Auffassung zahlreicher Autoren verfassungswidrig, allerdings existiert diesbezüglich aufgrund des Fehlens einer Arbeitsgerichtsbarkeit bisher keine einheitliche Rechtsprechung.[1005] Jedenfalls kommt in der Praxis der verfassungsrechtliche und materiellrechtliche Gewährleistungsumfang des LFT hinsichtlich des Streikrechts wegen der Verfahrensnormen schon wegen der Ausgestaltung des Streikverfahrens nicht vollständig zum Tragen.

Dieses Regelungssystem stimmte bisher mit der neoliberalen Wirtschaftspolitik und dem Staatskorporativismus im 20. Jahrhundert überein, die eine Kontrolle der Arbeiterbewegungen und Streiks zur Unterdrückung sozialer Unruhen und

---

1004 Siehe S. 266 f., 336.

1005 Siehe S. 108 ff., 165 ff., 176 ff., 278, 303 f.

zum Machterhalt des Regimes erforderten.[1006] Auch die häufig (noch) bestehenden staatskorporatistischen – das heißt den staatlichen Interessen untergeordneten – Gewerkschaften haben aus ökonomischen und machtpolitischen Interessen kein Interesse an Streikbestrebungen, die unabhängig von ihnen stattfinden, um die Entstehung und die Stärkung konkurrierender, authentischer Gewerkschaften zu verhindern.[1007]

Dem in Abschnitt B) beschriebenen Arbeitskampfsystem ist daher kritisch gegenüberzustehen. Auch wenn die gesetzgeberische Grundsatzentscheidung der Formalisierung des Streikrechts in Mexiko als verfassungskonform angesehen wird,[1008] zeigt sich in der mexikanischen Rechtspraxis des 20. und 21. Jahrhunderts, dass die Einkleidung des Streiks in ein Verfahren faktisch zu einem Instrument staatlicher Kontrolle führt und das materiellrechtliche Streikrecht der Arbeitnehmer verhindert. Die Regierungen nutzten das Streikverfahren bislang, um durch formelle Regelungen das materielle Streikrecht zu beschränken, ohne dass Letzteres in seinen Normen eine unmittelbare Änderung erfahren musste. Das Streikverfahren führt in der Regel dazu, dass für das Streikrecht eine formelle Hürde besteht, welche die Arbeitnehmer häufig nicht überwinden können.

C. Rechtsanwendung durch die Schieds- und Gütestellen JCAs

Neben dem Regelungskonzept des mexikanischen Arbeitsrechts ist für die Frage des Gewährleistungsumfangs vor allem auch entscheidend, wie die Gesetze in der Praxis angewendet werden.

Zuständig ist hierfür in der Regel die Arbeitsgerichtsbarkeit. In Mexiko besteht allerdings bisher keine von der Justiz ausgeübte Arbeitsgerichtsbarkeit, sondern mit den JCAs nur ein staatliches Schieds- und Gütestellensystem ohne richterliche Beteiligung. Sie sind bisher für alle Rechts- und Regelungsstreitigkeiten in Arbeitssachen zuständig, insbesondere auch für die Durchführung des Streikverfahrens, das heißt die Anwendung des mexikanischen Streikrechts in der Praxis.[1009]

Die JCAs können den Arbeitnehmern allerdings wegen zahlreicher struktureller Probleme keinen effektiven Rechtsschutz gewährleisten. Das mexikanische Streikrecht kommt in der Praxis häufig schon aus diesem Grund nicht zur (gesetzmäßigen) Anwendung.

Dies beruht unter anderem darauf, dass die auf eine gütliche Einigung unter Vermeidung einer streitigen Entscheidung angelegten Verfahrensnormen je nach zuständiger JCA teilweise zu einer Verfahrensdauer von bis zu vier Jahren führen, womit ein zügiger Rechtsschutz in der Regel nicht erreicht werden kann.

1006 Siehe S. 35 ff.
1007 Siehe S. 63 ff.
1008 Siehe S. 160, 168 ff., 300 f.
1009 Siehe zum gesamten Abschnitt C die S. 91 ff., 106 ff., 165 ff., 176 ff., 278, 310 f.

Außerdem existiert keine Rechtsmittelinstanz und die Zuständigkeit ist zwischen den lokalen JCAs in Landeszuständigkeit und den Bundes-JFCA in Bundeszuständigkeit aufgeteilt. Dies führt zur Uneinheitlichkeit in der Rechtsprechung mit der Folge einer erheblichen Rechtsunsicherheit für die Gesetzesauslegung in der Praxis.

Zusätzlich unterliegt die Rechtsanwendung häufig auch erheblichen juristischen Mängeln, da die JCAs mit je einem Arbeitnehmer- und Arbeitgebervertreter als Laienrichter sowie einem Staatsbeamten als Vorsitzenden besetzt sind, der erst seit einer Reform im Jahr 2012 überhaupt eine juristische Ausbildung vorweisen muss. Gut ausgebildete Richter wirken an den JCAs nicht mit.

Des Weiteren sind vor allem die lokalen JCAs in der Länderzuständigkeit von strukturell schwachen Bundesstaaten teilweise massiv unterausgestattet. Die schlechte juristische Qualifikation der Entscheider in den JCAs führt in Verbindung mit der Arbeitsüberlastung ungeachtet der hinzutretenden rechtsstaatsdefizitären Umstände in Mexiko (siehe unten S. 360 f.) teilweise zu einer rechtswidrigen Gesetzesanwendung durch einzelne JCAs.

Das Hauptproblem an dem mexikanischen Schieds- und Gütestellensystem stellt die fehlende Unabhängigkeit der Entscheidungsträger dar, die das Ergebnis der Besetzung mit einem Staatsbeamten und einem Arbeitgeber- und Arbeitnehmervertreter ist.

Die Gouverneure ernennen in den lokalen JCAs deren jeweiligen Präsidenten und legen das Budget für die JCAs fest (bei der JFCA in Bundeszuständigkeit entscheidet die Bundesregierung). Außerdem sind die Vorsitzenden der JCAs weisungsgebundene Staatsbeamte. Hierdurch können sich die Regierungen einen erheblichen Einfluss auf die Entscheidungen der JCAs sichern.

Da die mexikanischen Regierungen sowie die Arbeitgebervertreter in den JCAs bisher nur selten ein Interesse an der Durchsetzung von Arbeitnehmerinteressen oder an starken Streikbestrebungen der Arbeitnehmer haben, entscheiden die JCAs häufig interessengerichtet zugunsten der Arbeitgeber. Dabei profitieren die JCAs durch Korruption selbst davon, dass die Durchsetzung von Arbeitnehmerrechten verhindert wird. Aber auch die Arbeitnehmervertreter in den JCAs, in der Regel Gewerkschaftsfunktionäre, handeln regelmäßig gegen die Interessen der Arbeitnehmer. Dies beruht teilweise noch auf dem gewerkschaftlichen Korporativismus (siehe S. 364), in der Gegenwart überwiegend aber auf der Korruption in Mexiko.

Die JCAs kommen ihren Aufgaben als neutrale Rechtsprechungs- und Verwaltungsbehörden häufig nicht nach. Daher ist es für die Arbeitnehmer in der Praxis nahezu unmöglich, ihre Rechte wie zum Beispiel das Streikrecht bei den JCAs durchzusetzen oder dem gesetzlichen Konzept entsprechend wahrzunehmen.

D. Schutzvertragssystem

Als Folge der mangelhaften und teilweise rechtswidrigen Gesetzesanwendung durch die bisher zuständigen JCAs etablierte sich in Mexiko ein Schutzvertragssystem. Dieses verhinderte nahezu vollständig die Durchsetzung des Streikrechts.

Die Arbeitgeber konnten das Streikrecht der Arbeitnehmer auf diese Weise bisher unter Beihilfe der Gewerkschaften und JCAs effektiv unterbinden.[1010]

Bei einem Schutzvertrag handelt es sich um einen Tarifvertrag zwischen dem Arbeitgeber und der für den Betrieb zuständigen Gewerkschaft. Die Zuständigkeit der Gewerkschaft wird bisher allein durch die zeitlich vorrangige Registrierung an der JCA begründet, ohne dass es dabei auf den Nachweis einer Arbeitnehmerzustimmung ankommt. Der Arbeitgeber zahlt an die Gewerkschaft ein Bestechungsgeld, damit der Tarifvertrag nur die Mindestarbeitsbedingungen regelt und teilweise wegen der fehlenden Kontrolle durch die JCAs auch rechtswidrige Regelungen enthält. Gegen Zahlung einer (illegalen) Verwaltungsgebühr registriert die jeweils zuständige JCA den Schutz(tarif)vertrag, ohne diesen näher auf seinen Inhalt oder die Legitimität der Gewerkschaft zu prüfen. Die betroffenen Arbeitnehmer können sich in der Regel nicht gegen dessen Abschluss wehren. Die durch die Registrierung begründete Zuständigkeit der Gewerkschaft kann bisher nur durch ein einstimmiges Abstimmungsergebnis der im Unternehmen betroffenen Arbeitnehmer beseitigt werden, was durch Bestechung oder Gewaltandrohung verhindert werden kann (siehe zur Rechtsstaatlichkeit im folgenden Abschnitt). Außerdem verhindern die JCAs bei formellen Fehlern oder durch Verfahrensverzögerungen die Registrierung einer authentischen Gewerkschaft.

Allerdings unterbinden der Schutz(tarif)vertrag sowie das Bestehen einer gewerkschaftlichen Vertretung ohne Arbeitnehmerlegitimation das Streikrecht. Das Streikverfahren kann aufgrund der Norm zur *A-priori*-Prüfung und als Folge seiner Auslegung durch die JCAs nur durch die für den Betrieb zuständige (registrierte) Gewerkschaft eingeleitet werden (siehe S. 356). Diese Gewerkschaft sorgt als Vertragspartner des Arbeitgebers für den Schutzvertrag und durch die damit in Zusammenhang stehende Zahlung aber dafür, dass das Streikverfahren nicht eingeleitet wird. Außerdem kann ein Streik nicht um einen Tarifvertrag geführt werden, wenn ein solcher bereits besteht. In diesem Fall dürfen die JCAs das Streikverfahren im Rahmen der *A-priori*-Prüfung nicht fortsetzen. Es findet keine Weiterleitung des Forderungs- und Ankündigungsschreibens an den Arbeitgeber statt, sodass die Arbeitnehmer nicht streiken dürfen (siehe S. 352 f., 356 f.).

In der Praxis wurde das Streikrecht durch das Schutzvertragssystem daher *ad absurdum* geführt und kann bislang nur noch in Ausnahmefällen in gesetzmäßiger Weise wahrgenommen werden. Im Ergebnis führt das systematische Abschließen von Schutzverträgen dazu, dass Streiks häufig entgegen den gesetzlichen Regelungen – das heißt außerhalb der Rechtsordnung – stattfinden müssen.

E. Mangelhafte Rechtsstaatlichkeit in Mexiko

In den Ausführungen zur Rechtsanwendung durch die JCAs (siehe S. 358 f.) sowie zum Schutzvertragssystem (siehe S. 359) kommt bereits zum Ausdruck, dass diese

1010 Siehe zum gesamten Abschnitt D die S. 91 ff., 300 f.

durch ein mangelhaftes Rechtsstaatlichkeitsniveau in Mexiko begünstigt werden. Das stellt die Grundlage für die Umgehung des Streikrechts dar. Arbeitnehmer können das Streikrecht in der Regel nicht in gesetzmäßiger Weise ausüben, was vor allem auf die Schwächen des mexikanischen Rechtsstaates zurückzuführen ist. Diese sind nicht auf die Arbeitnehmer beschränkt, sondern stellen in Mexiko ein gesamtgesellschaftliches Problem dar.

Korruption,[1011] Klientelismus, Gewalt,[1012] die Ineffizienz staatlicher Stellen,[1013] die strukturelle Ungleichbehandlung von Bevölkerungsgruppen[1014] sowie die teilweise fehlende Unabhängigkeit der Judikative (vor allem der JCAs)[1015] führen zu erheblichen Problemen bei der Rechtsdurchsetzung. Trotz des Bestehens eines umfassenden normativen Rahmens erhalten die Arbeitnehmer keinen staatlichen oder gewerkschaftlichen Schutz bei der Ausübung des Streikrechts, sondern sind teilweise sogar Repressionen seitens der Arbeitgeber und Gewerkschaften – vereinzelt auch unter staatlicher Mitwirkung – ausgesetzt.[1016] Ebenso beeinträchtigen die genannten Faktoren das Vertrauen der Arbeitnehmer in den Rechtsstaat. Das Erlangen eines Rechtsschutzes bei einer staatlichen Institution wird häufig gar nicht erst versucht, selbst wenn die beeinträchtigenden Faktoren im konkreten Einzelfall nicht eintreten würden.[1017]

Das defizitäre Rechtsstaatsniveau führt dazu, dass das Streikrecht in der Regel nicht in gesetzmäßiger Weise wahrgenommen werden kann. Es gilt überwiegend die normative Kraft des Faktischen, die von mächtigen Akteuren in der Wirtschaft, Politik und der organisierten Kriminalität vorgegeben wird. Dabei widersprechen die wirtschafts- und machtpolitischen Interessen des mexikanischen Staates[1018] sowie der diesem überwiegend noch untergeordneten Gewerkschaften[1019] bisher häufig den Interessen der Arbeitnehmer. Die Arbeitnehmer haben keine Garantie, dass staatliche Institutionen wie die JCAs pflichtgemäß ihr Streikrecht durchsetzen.

Insbesondere das gesetzliche System zur Durchführung eines formellen Streikverfahrens vor der Arbeitsniederlegung setzt aber voraus, dass unabhängige Richter den Streik nach einer Prüfung der Voraussetzungen im Rahmen der gesetzlichen Vorschriften zulassen und die bisher zuständigen JCAs effizient arbeiten, um eine Erledigung des Streikgrundes oder das Schwinden eines kollektiven Zusammenhalts der Arbeitnehmer zu vermeiden. Dies ist in Mexiko aufgrund

---

1011 Siehe S. 78 ff. zu Korruption und Klientelismus.
1012 Siehe S. 97 ff.
1013 Siehe S. 113 ff.
1014 Siehe S. 116.
1015 Siehe S. 106 ff.
1016 Siehe S. 102 ff.
1017 Siehe S. 117 ff.
1018 Siehe S. 35 ff.
1019 Siehe S. 62 ff.

der mangelhaften Rechtsstaatlichkeit aber in der Regel nicht gegeben, sodass die Arbeitnehmer entweder gar nicht den Versuch eines gesetzlichen Streikverfahrens unternehmen oder aber jedenfalls von den staatlichen Stellen in der Regel auf rechtswidrige Weise zurückgewiesen werden. Dabei zeigte sich die fehlende Durchsetzbarkeit des gesetzlichen Streikrechts bisher vor allem in dem Schutzvertragssystem, der flexiblen Handhabung von Verfahrensvorschriften durch die JCAs und der damit verbundenen äußerst niedrigen offiziellen Streikanzahl.[1020] Die Arbeitnehmer sind daher gezwungen, bessere Arbeitsbedingungen sowie eine Rechtsdurchsetzung in ungesetzlicher Weise außerhalb rechtsförmlicher Verfahren und damit ohne Einleitung des gesetzlichen Streikverfahrens oder ohne Beteiligung einer (zuständigen) Gewerkschaft durchzusetzen. Faktisch finden Streiks daher grundsätzlich häufig statt, wobei diese mangels Erfüllung der gesetzlichen Voraussetzungen in keine offizielle Regierungsstatistik einfließen.[1021]

F. Notwendigkeit eines arbeitnehmerschützenden Streikrechts

Berücksichtigt man die rechtsstaatlichen Defizite und die Macht- und Wirtschaftsinteressen der Regierungen sowie der Arbeitgeber, sind anders als in den offiziellen Angaben[1022] starke Streikbestrebungen der Arbeitnehmer festzustellen. Die mexikanische Wirtschaftspolitik sowie die Interessen der Unternehmen und ausländischen Investoren sind auf die Beschäftigung der Arbeitnehmer zu niedrigen Lohnkosten angelegt. Dies führt auch für mexikanische Verhältnisse zu einem im Durchschnitt niedrigen Lohnniveau, zu einer schlechten sozialen Absicherung und zahlreichen informellen Beschäftigungsverhältnissen. Außerdem können Arbeitnehmer keinen effektiven Rechtsschutz erlangen. Faktische Umstände wie Korruption haben ein Rechtsstaatsdefizit im Hinblick auf die Durchsetzung des Arbeitsrechts zur Folge (siehe S. 360 f.). Aufgrund der Korruption sowie der teilweise bestehenden Unterordnung von Gewerkschaften unter den Staat gewährleisten auch sie häufig keine authentische Arbeitnehmervertretung.

Arbeitnehmer haben daher starke Streikbestrebungen. Streiks bieten – zumindest außerhalb des gesetzlichen Verfahrens – häufig die einzige Möglichkeit, bessere Arbeitsbedingungen zu erlangen oder bereits gewährte Arbeitnehmerrechte durchzusetzen und sich so gegen die Arbeitgeber effektiv zur Wehr zu setzen. Berücksichtigt man die vorgenannten Lebensumstände der Arbeitnehmer in Mexiko sowie die tägliche Berichterstattung in den Medien, sind im Gegensatz zu den offiziellen Statistiken sehr wohl durchgängig starke Streikbestrebungen der Arbeitnehmer festzustellen.[1023]

1020 Siehe S. 91 ff.

1021 Siehe S. 28, 125.

1022 Siehe Fn. 6.

1023 Siehe S. 126 ff., 140 ff., 149 ff.

Dabei erfordern die faktischen Umstände in Mexiko eine im Grundsatz vom Gesetzgeber bereits materiellrechtlich geregelte arbeitnehmerschützende Ausgestaltung des Arbeitskampfrechts, das den Arbeitnehmern eine gewerkschaftsunabhängige Durchsetzung besserer Arbeitsbedingungen und im Grundsatz eine Rechtsdurchsetzung ermöglicht (siehe unten S. 359 ff.). Ein Streikrecht, das zumindest gewerkschaftsunabhängig ist und eine Rechtsdurchsetzung erlaubt, kann nach dem materiellrechtlichen Konzept des mexikanischen Arbeitsrechts wegen der besonderen Lebensumstände in Mexiko ausnahmsweise sinnvoll sein.

Zwar kommen theoretisch auch andere Maßnahmen statt einer arbeitnehmerschützenden Ausgestaltung des Arbeitskampfrechts in Betracht, um die Durchsetzung von Arbeitnehmerinteressen sowie ihren Rechten angemessen zu gewährleisten.[1024]

So wäre es denkbar, den verfassungsrechtlich garantierten Mindestlohn deutlich zu erhöhen, damit dieser zumindest ein über dem Existenzminimum liegendes Leben gewährleistet (beispielsweise EUR 6,02 brutto je Arbeitsstunde statt wie bisher je Arbeitstag). Auch könnte der Abschluss von Branchentarifverträgen oder allgemein verbindlichen Tarifverträgen mit den Gewerkschaften gefördert werden. Hierdurch kämen auch solchen Arbeitnehmern bessere Arbeitsbedingungen zugute, die im Betrieb von einer arbeitnehmerfeindlichen Gewerkschaft vertreten werden oder aus sonstigen Gründen keinen kollektiven Zusammenschluss und keine ausreichende Verhandlungsstärke gegenüber dem Arbeitgeber erreichen können.

Den Arbeitnehmern wäre aber zumindest grundsätzlich auch schon dann geholfen, wenn der mexikanische Gesetzgeber sowie die Regierungen eine Stärkung des Rechtsstaates herbeiführen würden (zum Beispiel durch eine ernstgemeinte Korruptionsbekämpfung). Hierdurch könnte Arbeitnehmern zumindest eine Rechtsdurchsetzung gewährleistet und durch die Reduzierung des informellen Sektors zu ihren Gunsten eine höhere soziale Absicherung erreicht werden. Insbesondere kann nur so eine Durchsetzung des in der Theorie garantierten Streikrechts gewährleistet werden.

Allerdings setzen solche Maßnahmen eine Mitwirkung der mexikanischen Regierung und des Gesetzgebers, im Falle der Tarifverträge auch der Gewerkschaften voraus. Aufgrund der gegenwärtig in der Regel am Arbeitgeberinteresse orientierten und vor allem von Korruption geprägten Handlungen der Arbeitnehmerrepräsentanten sowie der Einflussmöglichkeiten auf die Judikative sind am Arbeitnehmerinteresse orientierte Maßnahmen von staatlichen Stellen oder den Gewerkschaften derzeit jedoch in der Praxis (noch) keine realistische Alternative.

Im Übrigen ist zu berücksichtigen, dass zahlreiche ausländische Unternehmen als Folge des niedrigen Lohnniveaus und der laschen Handhabung des Arbeitsrechts in Mexiko Fabriken bauen und Arbeitsplätze schaffen. Dabei besteht die erhebliche Gefahr, dass eine Erhöhung des Lohnkostenniveaus zu einem Wegzug

---

1024 Siehe S. 146 f.

ausländischer Unternehmen, zu zahlreichen Arbeitsplatzverlusten und zu einer Schwächung der mexikanischen Wirtschaftskraft führt. Folglich ist die ökonomische Durchsetzbarkeit der genannten Maßnahmen zumindest risikobehaftet.

Deshalb erscheint in der gegenwärtigen Situation der mexikanischen Arbeitnehmer der Streik (außerhalb des förmlichen Streikverfahrens) das einzige adäquate und verlässliche Mittel zu sein, um eigeninitiativ eine Interessendurchsetzung und so zumindest einen über dem Existenzminimum liegenden Lebensstandard zu erreichen.

Da mexikanische Arbeitnehmer bei der Erreichung von besseren Arbeitsbedingungen in der Regel nicht mit der Unterstützung des Staates (oder der Gewerkschaften) rechnen können, muss das Streikrecht grundsätzlich auch arbeitnehmerschützend ausgestaltet sein. Die Arbeitnehmer benötigen daher ein solches Streikrecht, das der Durchsetzung von besseren Arbeitsbedingungen und Arbeitnehmerrechten dient. Die in der Regel gegen Arbeitnehmer gerichtete Wirtschaftspolitik der mexikanischen Regierungen, ausländischen Staaten und Unternehmen sowie die den Rechtsstaat beeinträchtigenden Faktoren führen dazu, dass die Arbeitnehmer eine Verteilungsgerechtigkeit des mexikanischen Wohlstandes sowie eine Interessendurchsetzung häufig nur eigeninitiativ mithilfe eines Streiks außerhalb des gesetzlich vorgesehenen Verfahrens erreichen können.[1025]

Dabei benötigen die Arbeitnehmer auch ein gewerkschaftsunabhängiges Streikrecht. Dies beruht auf dem mangelhaften mexikanischen Gewerkschaftswesen,[1026] das infolge der den Rechtsstaat beeinträchtigenden Faktoren, seiner Zersplitterung und der fehlenden Durchschlagskraft gegenüber den Arbeitgebern und Regierungen in der Regel (noch) keine authentische gewerkschaftliche Vertretung der Arbeitnehmer gewährleistet. Der Großteil der mexikanischen Gewerkschaften leistete den Arbeitgebern und Regierungen bisher bei der Verhinderung von Arbeitnehmerrechten (zum Beispiel durch Schutzverträge) Beihilfe, anstatt diese zu schützen.

Anders als die Arbeitnehmer benötigen die Arbeitgeber hingegen in der Regel kein Arbeitskampfmittel zur Durchsetzung ihrer Interessen.[1027]

Neben dem in Mexiko bestehenden erheblichen strukturellen Ungleichgewicht zwischen den häufig in Armut lebenden Arbeitnehmern und den übermächtigen und reichen Arbeitgebern haben Letztere in der Regel zusätzlich den mexikanischen Staat sowie die Gewerkschaften auf ihrer Seite. Die Arbeitgeber können daher ihre Interessen auch ohne ein Arbeitskampfmittel schon allein wegen der arbeitgeberfreundlichen Wirtschaftspolitik (und durch Korruption) durchsetzen, wie vor allem das bisher bestehende Schutzvertragssystem in Mexiko zeigt.

Würde dem Arbeitgeber in Mexiko zusätzlich ein Arbeitskampfmittel zur Verfügung stehen, könnte dies das ohnehin schon bestehende erhebliche strukturelle

1025 Siehe S. 143 ff.
1026 Siehe S. 62 ff., 153.
1027 Siehe S. 149.

Ungleichgewicht weiter verschärfen und so die Effektivität des Streikrechts verhindern. Außerdem führt eine Aussperrung für die in Armut lebenden Arbeitnehmer (in der Regel ohne Sparvermögen) zu einer existenziellen Bedrohung, da diese auf Veranlassung des Arbeitgebers keine Vergütung erhalten und so Hunger und Wohnungsnot ausgesetzt sein können. Der arbeitgebergeführte Arbeitskampf hat daher in der Praxis für die Arbeitgeber bisher keine Bedeutung und ist dem gesetzlichen Konzept entsprechend nicht praxisrelevant.

G. Kritik am mexikanischen Arbeitskampfsystem

Durch die Einkleidung des Streiks in ein Verfahren kommen die rechtsstaatlichen Defizite und die gegen die Arbeitnehmer gerichtete Politik vor allem auch im Arbeitskampf voll zur Geltung. Eine gesetzeskonforme Arbeitsniederlegung setzt die Durchführung des Streikverfahrens unter Mitwirkung der JCAs und Gewerkschaften voraus. Allerdings führen gerade die rechtsstaatlichen Mängel sowie die häufig gegen die Arbeitnehmerinteressen orientierten Handlungen der Gewerkschaften dazu, dass den Arbeitnehmern die Ausübung des materiellrechtlichen Streikrechts wegen der Notwendigkeit der Durchführung des hierfür vorgesehenen Verfahrens unmöglich ist. Vor allem das mexikanische Arbeitskampfsystem des Streikverfahrens führt dazu, dass die Arbeitnehmer in der Regel ihr Streikrecht nicht in gesetzmäßiger Weise wahrnehmen können.

Aber selbst dann, wenn den Arbeitnehmern die Durchführung des Verfahrens bis zur Arbeitsniederlegung gelingt, entscheidet im Wege einer Zwangsschlichtung die JCA (künftig das Arbeitsgericht) über die Berechtigung der einzelnen Forderungen sowie das Ende der Arbeitsniederlegung. Auch die Entscheidung über den Erfolg der Arbeitsniederlegung kann daher von rechtsstaatlichen Defiziten und der gegen Arbeitnehmerinteressen gerichteten Politik maßgeblich beeinflusst sein. Außerdem kann der Staat keine neutrale Position einnehmen, da er sich im Rahmen der Entscheidung über die Berechtigung der Forderungen für einen der Beteiligten des Arbeitskampfes entscheiden muss. Dies kann bei Regelungsstreitigkeiten ein erhebliches Konfliktpotenzial zwischen dem Staat und den Arbeitskampfparteien mit sich bringen, da einer der Beteiligten stets unzufrieden mit der staatlichen Entscheidung ist. Angesichts der am Arbeitgeberinteresse orientierten Wirtschaftspolitik haben hierbei häufig die Arbeitnehmer das Nachsehen. Daher ist auch die Zwangsschlichtung zur Beendigung des Arbeitskampfes kritisch zu sehen, da die Übertragung der Regelungsstreitigkeiten zur Entscheidung auf staatliche Stellen in der Praxis wegen der häufig mangelnden staatlichen Neutralität nur selten umsetzbar ist.

Die Erfahrungen mit dem Schutzvertragsystem, der Auslegungspraxis der JCAs sowie den gesetzlichen Beschränkungen des materiellen Streikrechts im Wege der Implementierung formeller Vorschriften zeigen, dass das bisherige Arbeitskampfsystem hinsichtlich der Einkleidung des Streiks in ein formelles Verfahren ungeeignet ist, den Arbeitnehmer in Mexiko einen staatlichen Schutz in Bezug auf den

Streik zu gewährleisten. Sie müssen daher häufig außerhalb der Rechtsordnung streiken.

Unter diesem Gesichtspunkt könnte es sinnvoll sein, die verfahrensmäßige Einkleidung des Streiks sowie die Zwangsschlichtung abzuschaffen und zum Beispiel wie im deutschen Arbeitskampfrecht ein freies Spiel der Kräfte zuzulassen, das heißt, neben einer Tarifautonomie vor allem einen vom Staat unbeeinflussten Arbeitskampf zu gewährleisten.[1028] Hierdurch hätten die rechtsstaatlichen Defizite sowie die gegen Arbeitnehmerinteressen gerichtete Wirtschaftspolitik auf den Arbeitskampf in Mexiko einen geringeren Einfluss als bisher. Außerdem könnte die Unzufriedenheit der Arbeitnehmer mit dem mexikanischen Staat reduziert werden, da er sich im Wesentlichen neutral verhalten würde und so zumindest im Arbeitskampf kaum noch Entscheidungen zum Nachteil der Arbeitnehmer stattfänden.

Zwar kann dies in Mexiko zunächst zu einer Steigerung anarchosyndikalistischer Strömungen führen. Diese bestehen seit jeher[1029] und wurden lediglich durch die staatliche Kontrolle weitestgehend im Zaum gehalten. Allerdings sind auch diese Gewerkschaften an die Voraussetzungen für das Streikrecht (wie zum Beispiel die Arbeitnehmermehrheit oder das Streikziel) gebunden, was weiterhin gerichtlich überprüfbar wäre und bei ihrem Fehlen zu Unterlassungsansprüche des Arbeitgebers führen könnte. Außerdem schädigen exzessive Streiks mit kommunistischem Programm mittelfristig die Streikenden selbst, da dies zu einer erheblichen Schwächung der Wirtschaft mit der Folge von Arbeitsplatzverlusten oder eines Absinkens des Lohnniveaus führen könnte. Ein Systemwechsel hin zu einem freien Spiel der Kräfte lässt daher auch in Mexiko allein schon aufgrund des Eigeninteresses der Arbeitnehmer an einer angemessenen vergüteten Arbeit zumindest mittelfristig keine häufig auftretenden exzessiven Streiks erwarten.

Im Übrigen birgt das Beibehalten des bisherigen Arbeitskampfsystems Konfliktpotenzial für die Gesellschaft. Schließlich führt das über Jahrzehnte praktizierte Vorenthalten von Rechten zu einem Unmut in der Bevölkerung, der sich nicht nur gegen die Arbeitgeber, sondern vor allem gegen den Staat selbst richtet. Dies kann revolutionäre Tendenzen oder zumindest die Wahl von Präsidenten fördern, die extreme Positionen vertreten.

Zwar sind die ursprünglichen Ziele hinsichtlich der Übertragung aller Rechts- und Regelungsstreitigkeiten (Unterbindung willkürliche Behandlung der Arbeitnehmer, siehe S. 170) und der Einkleidung des Streiks in ein Verfahren (Interessenausgleich von Arbeitgeber und Arbeitnehmer, siehe S. 170) nachvollziehbar. Allerdings wurden sie durch die politischen und wirtschaftlichen Umstände dahingehend verkehrt, dass nur noch eine Unterbindung von Streiks stattfindet. Mexiko könnte aus dieser Entwicklung seine Schlüsse ziehen und das Streikrecht selbst über die bloße Abschaffung der Schutzverträge und Implementierung der

1028 Siehe zum bisherigen Arbeitsrechtssystem in Mexiko S. 168 ff.
1029 Siehe S. 57 ff., 62 ff., 184, 361.

Arbeitsgerichtsbarkeit reformieren. Schließlich sind auch in Deutschland die Tarifautonomie sowie die Arbeitsgerichtsbarkeit statt der vorher zuständigen Gewerbegerichte nicht schon seit jeher gegeben, sondern auf erfahrungsbedingte Entwicklungen insbesondere nach dem Ende des Ersten Weltkrieges und die nachfolgenden sozialen Unruhen zurückzuführen.

Dem in Abschnitt B) beschriebenen Arbeitskampfsystem ist daher insgesamt kritisch gegenüberzustehen. Auch wenn die gesetzgeberische Grundsatzentscheidung der Formalisierung des Streikrechts in Mexiko als verfassungskonform angesehen wird,[1030] zeigt sich in der mexikanischen Rechtspraxis des 20. und 21. Jahrhunderts, dass es weder sinnvoll noch in der Praxis durchführbar ist. Die Einkleidung des Streiks in ein Verfahren führt faktisch zu einem Instrument staatlicher Kontrolle und zur Verhinderung des materiellrechtlichen Streikrechts.

H. Arbeitsrechtsreform im Jahr 2019

Der Gesetzgeber erkennt zwischenzeitlich die strukturellen Probleme des mexikanischen Streik- und Arbeitsrechts zumindest teilweise an. Mit der jüngsten Reform aus dem Jahr 2019 schafft er die Voraussetzungen im LFT, die künftig eine Arbeitsgerichtsbarkeit zulassen[1031] und den Abschluss von Schutzverträgen verhindern sollen[1032]. Zwar ist die Reform rechtstechnisch bereits im Bundesarbeitsgesetz implementiert, allerdings finden wesentliche Regelungen in der Praxis nicht vor Ablauf der Übergangsphase im Jahr 2022 Anwendung statt. Die in Abschnitt B (siehe S. 348 ff.) dargestellte Rechtslage gilt daher grundsätzlich weiterhin.

So implementiert der Gesetzgeber mit der Reform im Jahr 2019 eine justizielle Arbeitsgerichtsbarkeit und Landesschlichtungsstellen, die spätestens nach Ablauf der Übergangsphase anstelle der bisher zuständigen JCAs für Entscheidungen in Rechts- und Regelungsstreitigkeiten zuständig sind. Vor einem streitigen Verfahren am Arbeitsgericht muss eine Güteverhandlung bei einer der Schlichtungsstellen durchgeführt werden. Erzielen die Parteien innerhalb von 45 Tagen keine Einigung, findet eine automatische Überleitung in das streitige Verfahren beim zuständigen Arbeitsgericht statt. Hierdurch soll künftig eine kürzere Verfahrensdauer als bisher bei den JCAs gewährleistet sein, die zur Erreichung einer einvernehmlichen Lösung teilweise exzessiv Güte- und Schlichtungs-verhandlungen durchführten.

Die Arbeitsgerichte sind mit einem Einzelrichter (statt wie die JCAs tripartätisch) besetzt. Insbesondere entscheiden über die arbeitsrechtlichen Sachverhalte künftig juristisch ausgebildete Richter und nicht mehr Staatsbeamte sowie

1030 Siehe S. 160, 168 ff., 295 ff.
1031 Siehe zum JCA-System und der diesbezüglichen Reform vor allem S. 106 ff.
1032 Siehe zum Schutzvertragssystem und der diesbezüglichen Reform vor allem S. 91 ff.

Arbeitnehmer- und Arbeitgebervertreter. Dies soll aufgrund der höheren Professionalität und Unabhängigkeit der Richter anders als bisher eine gesetzmäßige Rechtsanwendung gewährleisten.

Auch beinhaltet die Arbeitsgerichtsbarkeit abweichend vom JCA-System einen Instanzenzug, sodass nunmehr die Einlegung eines Rechtsmittels möglich sein wird. Der Gesetzgeber erhofft sich durch die Schaffung einer justiziellen Arbeitsgerichtsbarkeit die Herstellung einer Rechtssicherheit durch die Etablierung einer einheitlichen Arbeitsrechtsprechung, ein beschleunigtes Verfahren sowie eine (höhere) richterliche Unabhängigkeit.

Neben der Implementierung der Arbeitsgerichtsbarkeit sind vor allem aber auch eine künftige Stärkung der gewerkschaftlichen Arbeitnehmerrepräsentation sowie die Verhinderung des Schutzvertragssystems beabsichtigt.

So ist anders als bisher die Zustimmung der Arbeitnehmer zur Vertretung durch eine Gewerkschaft und zum Abschluss von Tarifverträgen gewährleistet, da sowohl für die Registrierung als zuständige Gewerkschaft (*titularidad*) als auch für die Registrierung eines Tarifvertrages nun jeweils der Nachweis einer Abstimmungsmehrheit der Arbeitnehmer zu erbringen und durch die neu geschaffene zentrale Registrierungsstelle CFCRL zu bescheinigen ist. Dies prüfen die bisher zuständigen JCAs nicht, sondern registrieren lediglich die zeitlich vorrangig antragstellende Gewerkschaft.

Außerdem können die Arbeitnehmer die zuständige Gewerkschaft jederzeit abwählen und es ist mindestens alle vier Jahre eine erneute Abstimmung zur Bestätigung der *titularidad* abzuhalten. Anders als bislang ist kein einstimmiges Abstimmungsergebnis mehr erforderlich. Der Abschluss eines Schutz(tarif)vertrags ohne Zustimmung der Arbeitnehmer ist daher künftig (zumindest in der Theorie) ausgeschlossen.

Auch müssen sich alle Gewerkschaften und ihre Funktionäre künftig bei der CFCRL registrieren und umfangreiche Nachweise über die Existenz substanzieller Gewerkschaftsstrukturen, ausreichenden Personals und geeigneter Gewerkschaftsführer erbringen. Dies soll das Bestehen von sogenannten simulierten Gewerkschaften verhindern, die nur zum Abschluss eines Schutzvertrages gegründet werden. Die Gewerkschaft kann ihre Stellung und damit auch die *titularidad* im Betrieb durch Austragung aus dem Register verlieren, wenn sie Erpressungshandlungen gegen Arbeitgeber vornimmt oder von diesen Geld- oder Sachleistungen fordert. Die Transparenz und die Einsichtnahme in Tarifverträge werden ermöglicht, da neben der verpflichtenden Gewerkschaftsregistrierung auch alle Tarifverträge in einem zentralen Register zu hinterlegen sind und in diese bei der hierfür neugeschaffenen CFCRL Einsicht genommen werden kann.

Die Kompetenzübertragung weg von der Vielzahl der lokalen und nationalen JCAs auf die CFCRL als zentrale nationale Stelle soll die Transparenz und die Effektivität eines Einsichts- und Auskunftsrechts sicherstellen. Anders als bisher sollen die Arbeitnehmer künftig Kenntnis von dem Bestehen eines Tarifvertrages sowie seines Inhalts erlangen können, um gegebenenfalls Rechtsschutz hiergegen zu erlangen.

Erste Statistiken zeigen zumindest im Hinblick auf das Schutzvertragssystem, dass die Reform im Jahr 2019 beginnt, ihre Wirkung zu entfalten. Während es in den sechs Regierungsjahren unter Präsident *Enrique Peña Nieto* kaum Streiks gab, verzeichneten die staatlichen Stellen in den Monaten nach Inkrafttreten der Reform im Jahr 2019 bereits 68 Streiks.[1033] Dies scheint darauf hinzudeuten, dass die Arbeitnehmer eine effektivere gewerkschaftliche Vertretung als vor der Reform haben und Streiks nicht stets vorab verhindert werden. Insbesondere werden sie vermehrt von Gewerkschaften repräsentiert, die in einer Abstimmung die Mehrheit der Arbeitnehmerstimmen erhalten können, da für die Registrierung nunmehr der Berechtigungsnachweis erforderlich ist. Neben einem Wettbewerb zwischen den Gewerkschaften könnte erreicht werden, dass diese zur Erlangung der Abstimmungsmehrheit tatsächlich die Arbeitnehmerinteressen und weniger als bisher eigennützige Interessen vertreten. Hiermit könnte ein Wandel im Gewerkschaftswesen einhergehen, das bisher vor allem auf die Unterstützung der Arbeitgeber und Regierungen ausgelegt ist.

Abzuwarten ist freilich, ob die rechtsstaatlichen Defizite insbesondere im Hinblick auf die Korruption die Reformen aus dem Jahr 2019 nachhaltig beeinträchtigen. Dabei muss vor allem die Gesetzesanwendung durch die Arbeitsgerichte künftig näher betrachtet werden, da erst eine rechtmäßige Gesetzesanwendung die Wirkungen der Reform und der Regelungen des LFT ermöglicht. Hierbei ist aber zu berücksichtigen, dass die rechtsstaatlichen Probleme in Mexiko vor allem auch in der Justiz bestehen.[1034] Gegenwärtig ist daher davon auszugehen, dass sich die Übertragung der Rechtsprechung von den JCAs auf die Arbeitsgerichte vor allem für die Arbeitnehmer nur geringfügig positiv auswirken wird. Dies gilt jedenfalls so lange, wie das Rechtsstaatsniveau in Mexiko (unter anderem) in der Justiz keine wesentlichen Verbesserungen erfährt und keine tatsächlich unabhängige und korruptionsfreie Rechtsprechung ermöglicht.

Allerdings kann im Hinblick auf die Arbeitsrechtsreform des Jahres 2019 zumindest vorsichtig optimistisch die Hoffnung geäußert werden, dass sich die Situation der mexikanischen Arbeitnehmer in Zukunft verbessern wird.

Mexiko befindet sich seit den 1980er-Jahren in einem politischen, ökonomischen und sozialen Wandel,[1035] der sich seit der neuesten Reform auch im Arbeitsrecht (zumindest in der Theorie) widerspiegelt.

Zwar veranlasste der mexikanische Gesetzgeber die jüngste Arbeitsrechtsreform auch auf Druck der USA und der EU als ausländische Handelspartner, die für den Ausbau der Handelsbeziehungen entsprechende Reformen zur Implementierung einer Arbeitsgerichtsbarkeit und Unterbindung des Schutzvertragssystems verlangten.[1036]

1033 Siehe Fn. 202; für das Jahr 2020 liegt noch keine offizielle Statistik vor.
1034 Siehe S. 85 ff., 106 ff., 113 ff.
1035 Siehe S. 143 ff.
1036 Siehe S. 50.

Für die mexikanischen Arbeitnehmer kann die Hoffnung geäußert werden, dass die eigene politische Klasse die Durchsetzung der Interessen und Rechte von Arbeitnehmern teilweise auch aus eigenem Antrieb heraus fördert oder zumindest für die Zukunft ein Umdenken zugunsten der Arbeitnehmer stattfindet. Hierdurch könnte eine Einflussnahme der politischen Akteure auf die zuständigen staatlichen Stellen stattfinden, die statt wie bisher zulasten der Arbeitnehmer in Zukunft teilweise auch gegen die Arbeitgeber gerichtet sein könnte.

Möglicherweise kann ein politisches Umdenken in Mexiko in Zukunft auch dazu führen, dass neben der Abschaffung des Schutzvertragssystems sowie der Implementierung der Arbeitsgerichtsbarkeit auch das Streikverfahren selbst abgeschafft oder zumindest umfassend reformiert wird. Der Systemwechsel weg von einer staatlichen Kontrolle hin zu einem freien Spiel der Kräfte ähnlich wie zum Beispiel in Deutschland würde in der mexikanischen Gegenwart eine höhere Wahrscheinlichkeit für die Möglichkeit einer gesetzeskonformen Streikrechtsausübung als die Beibehaltung des bisherigen Streikverfahrens versprechen (siehe oben S. 365 f.).

I. Fazit zum Streik im mexikanischen Arbeitsrecht

Für das mexikanische Streikrecht lässt sich das folgende Fazit ziehen:

I. Die nach offiziellen Statistiken selten stattfindenden Arbeitskämpfe sind in Mexiko – anders als von mexikanischen Regierungen behauptet[1037] – nicht das Ergebnis eines funktionierenden sozialen Dialogs zwischen Arbeitnehmern, Gewerkschaften und Arbeitgebern, sondern beruhen auf den gesellschaftlichen und rechtlichen Rahmenbedingungen, die eine gesetzeskonforme Wahrnehmung des Arbeitskampfrechts bisher verhindern. Die mangelhafte Durchsetzbarkeit des Arbeitskampfrechts liegt in Bezug auf die Arbeitnehmer nicht in seinem normativen Gewährleistungsumfang, sondern in den rechtsstaatlichen Defiziten bei der Rechtsdurchsetzung begründet.

II. Blickt man auf den normativen Inhalt des Arbeitskampfrechtes, ist die Existenz einer verfassungsrechtlich und einfachgesetzlich umfassend geregelten Streikgarantie zugunsten der Arbeitnehmer festzustellen. Die mexikanische Rechtsordnung gewährleistet den Arbeitskampf im Rahmen der gesetzlichen Vorschriften als echtes Druckmittel der Arbeitnehmer gegen den Arbeitgeber zur Durchsetzung und Verteidigung von besseren Arbeitsbedingungen, die im kollektiven Arbeitnehmerinteresse stehen. Über die Durchsetzung oder Änderung von tarifvertraglichen Forderungen oder von bereits vereinbarten Regelungen hinaus kann auch die Realisierung von im kollektiven Arbeitnehmerinteresse stehenden Rechten in Betracht kommen. Dabei dürfen die Arbeitnehmer im Grundsatz so lange streiken, bis sie ihre Forderungen gegenüber dem Arbeitgeber durchsetzen oder auf Antrag die zuständige staatliche

1037 Siehe Fn. 6.

Stelle über die Berechtigung der Forderungen entscheidet. Der Streik dient der tatsächlichen Durchsetzung von Forderungen und nicht nur der Herstellung einer Kampfparität. Den Arbeitgebern steht aufgrund ihrer gesetzlich angenommenen strukturellen Überlegenheit hingegen kein Arbeitskampfmittel zur Verfügung, wodurch sich auch die fehlenden Regierungsangaben zu Aussperrungen erklären. Das Arbeitskampfrecht ist ein ausschließliches Recht der Arbeitnehmer und kann seinem materiellrechtlichen Inhalt nach gewerkschaftsunabhängig ausgeübt werden.

III. Allerdings können die mexikanischen Arbeitnehmer in der Praxis kaum in gesetzeskonformer Weise streiken.
Dies liegt teilweise an einzelnen vom Gesetzgeber selbst aufgestellten Regelungen im Rahmen des von den Arbeitnehmern zwingend durchzuführenden Streikverfahrens. So ist zum Beispiel im Gegensatz zu dem materiellrechtlichen Gewährleistungsinhalt im Streikverfahren ein gewerkschaftsunabhängiger Streik wegen der ausschließlichen Antragsbefugnis von Gewerkschaften zur Verfahrenseinleitung grundsätzlich ausgeschlossen. Daher widersprechen sich sogar die gesetzlichen Regelungen des formellen und materiellen Streikrechts.[1038] Im Übrigen besteht bei der Anwendung einzelner Vorschriften keine Rechtssicherheit, da die bisher anstelle einer justiziellen Arbeitsgerichtsbarkeit zuständigen Schieds- und Gütestellen JCAs aufgrund struktureller und rechtsstaatlicher Defizite keine einheitliche Gesetzesanwendung herbeiführten.

IV. Wesentlich gravierender sind die faktischen gesellschaftlichen Gegebenheiten in Mexiko, die eine Rechtsdurchsetzung unter anderem im Arbeitskampfrecht bisher vollständig unterbinden. Insbesondere das erhebliche Niveau an Korruption, Klientelismus und Gewalt, die fehlende Unabhängigkeit und Ineffizienz der Justiz und Verwaltung sowie die von staatlichen Stellen teilweise vorgenommene Ungleichbehandlung verschiedener Bevölkerungsgruppen führten dazu, dass auch Arbeitnehmer in der Regel keinen effektiven Rechtsschutz erlangen können. Die Arbeitnehmer können ihre legitimen Interessen sowie ihr Streikrecht daher nicht in gesetzeskonformer Weise durchsetzen. Sie erhalten keinen staatlichen oder gewerkschaftlichen Schutz bei der Wahrnehmung ihres Streikrechts, sondern sind sogar Repressionen seitens der Arbeitgeber und Gewerkschaften – teilweise auch unter staatlicher Mitwirkung – ausgesetzt. Ebenso beeinträchtigen die oben genannten Faktoren das Vertrauen der Arbeitnehmer in den Rechtsstaat. Das Erlangen eines Rechtsschutzes und vor allem einer gesetzeskonformen Streikteilnahme wird häufig gar nicht versucht, selbst wenn die beeinträchtigenden Faktoren im Einzelfall nicht eintreten würden.

1038 Siehe zum Beispiel S. 333 f. wonach die Arbeitnehmer gemäß den materiellen Vorschriften des LFT gewerkschaftsunabhängig streiken dürfen, ein solcher Streik aber nach den Regelungen zum formellen Streikverfahren grundsätzlich ausgeschlossen ist.

V. So zeigt sich die fehlende Durchsetzbarkeit des Streikrechts bisher insbesondere bei der Gesetzesanwendung durch die anstatt von Arbeitsgerichten zuständigen Schieds- und Gütestellen JCAs und im Schutzvertragssystem.
Die in der Regel arbeitgeberfreundlichen JCAs wenden gesetzliche Vorschriften in der Praxis häufig rechtswidrig zulasten der Arbeitnehmer an, um Streiks unterbinden zu können.
Die Arbeitgeber schließen mit freundlich gesinnten Gewerkschaften unter Mitwirkung der JCAs rechtswidrige Schutzverträge ab, um die Zuständigkeit der vertragsschließenden, arbeitgeberfreundlichen Gewerkschaft und das Bestehen eines (rechtswidrigen) Tarifvertrages herbeizuführen. Hierdurch können sie das Streikrecht der Arbeitnehmer unter Mitwirkung einer authentischen Gewerkschaft und einen mit Arbeitnehmern ausgehandelten Tarifvertrag verhindern. Dabei hatten die Arbeitnehmer bisher auch keine Fürsprecher auf politischer Ebene, da die mexikanische Wirtschaftspolitik auf eine Beschäftigung der Arbeitnehmer zu niedrigen Lohn(neben)kosten sowie auf eine mangelhafte Durchsetzbarkeit ihrer Rechte angelegt war. Dies dient als Vorteil im weltweiten Vergleich als Investitionsstandort zur Anziehung ausländischer Investoren. Auch die eigenen Wirtschaftsinteressen und Einkommenssituation der nationalen Wirtschaft werden hierdurch gefördert. Der Arbeitskampf war politisch bisher kaum gewünscht, sodass die mexikanischen Regierungen die Beschränkungen des Arbeitskampfrechtes duldeten und teilweise förderten.

VI. Der Traum des mexikanischen Ex-Präsidenten im 19. Jahrhundert und Volkshelden *Benito Juárez*, Mexikos, nach dem in seiner Heimat Rechtsstaatlichkeit herrschen und damit der Grundstein für ein stabiles und prosperierendes Land gelegt werden solle, ist auch im Hinblick auf das Arbeitskampfrecht noch weit von der Realität entfernt. Häufig gilt die normative Kraft des Faktischen, sodass die Regelungen zum Arbeitskampfrecht in der Praxis kaum Beachtung finden. Die Arbeitsrealität steht in einem starken Kontrast zu dem teilweise fortschrittlichen Arbeitsrecht. Die Gesetzesanwendung durch die bisher zuständigen JCAs und Regierungsbehörden widerspricht in der Regel der Arbeitskampftheorie. Deren Normen beschränken sich in der Praxis auf ihren theoretischen Gehalt und haben daher häufig nur einen symbolischen Charakter.

VII. Allerdings führen gerade diejenigen tatsächlichen Gegebenheiten, die eine gesetzeskonforme Streikrechtsausübung verhindern, zu durchgängig starken Streikbestrebungen der Arbeitnehmer in der Praxis.
Der Streik ist außerhalb des förmlichen Streikverfahrens häufig das einzige zur Verfügung stehende Mittel der Arbeitnehmer, um sich gegen die Beschäftigung durch die Arbeitgeber zu niedrigen Löhnen und eine unangemessene soziale Absicherung sowie die rechtswidrige Behandlung auch durch staatliche Institutionen oder Dritte zur Wehr zu setzen.
Die Arbeitnehmer können wegen der erheblichen Rechtsstaatsdefizite häufig keinen effektiven Rechtsschutz erwarten, sondern versuchen selbst eine Rechtsdurchsetzung.

Auch haben sie wegen der auf ihre Beschäftigung zu geringen Lohnkosten angelegten mexikanischen Wirtschaftspolitik häufig keine Fürsprecher auf politischer Ebene, die stellvertretend angemessene Arbeitsbedingungen im Sinne der Arbeitnehmer durchsetzen. Letztere müssen bessere Arbeitsbedingungen eigenverantwortlich herbeiführen.

Die Gewerkschaften sind überwiegend ebenfalls nicht an einer Interessenvertretung der Arbeitnehmer orientiert, sondern entweder noch Bestandteil der Machtelite aufgrund des staatskorporatistischen Systems im 20. Jahrhundert oder verfolgen insbesondere als Folge von Korruption eigennützige materielle Interessen.Die Arbeitnehmer versuchen in der Praxis meist, ihre Interessen gewerkschaftsunabhängig und außerhalb des Streikverfahrens gegen die Arbeitgeber durchzusetzen. Streiks haben für die Arbeitnehmer zumindest außerhalb des gesetzlichen Verfahrens daher eine sehr hohe Bedeutung. Daher finden tatsächlich zahlreiche Streiks statt, ohne aufgrund ihrer Rechtswidrigkeit Eingang in eine offizielle Regierungsstatistik zu finden.Gerade die in der Praxis bestehende Notwendigkeit von Streiks außerhalb des gesetzlichen Verfahrens zeigt, dass das mexikanische Arbeitskampfsystem im Hinblick auf die Formalisierung des Arbeitskampfes nicht funktioniert. Eine Deregulierung, nach der im Arbeitskampf und in Regelungsstreitigkeiten ein freies Spiel der Kräfte wie in der deutschen Rechtsordnung stattfindet, könnte daher eine sinnvolle Maßnahme sein.

VIII. Für die Zukunft kann im Hinblick auf die Arbeitsrechtsreform des Jahres 2019 zugunsten der Arbeitnehmer vorsichtig optimistisch die Hoffnung geäußert werden, dass sich deren Situation im Hinblick auf die Rechtsdurchsetzung im (kollektiven) Arbeitsrecht verbessern wird.

Mexiko befindet sich seit den 1980er-Jahren in einem politischen, ökonomischen und sozialen Wandel, der sich zumindest seit der neuesten Arbeitsrechtsreform auch in der Arbeitsrechtstheorie widerspiegelt.

Erstmals werden nach der Übergangsphase im Jahr 2022 neu geschaffene justizielle Arbeitsgerichte implementiert, was nach der Vorstellung des Gesetzgebers die Schwächen des Schieds- und Gütestellensystems der JCAs im Hinblick auf den mangelhaften Rechtsschutz der Arbeitnehmer beseitigen soll. Insbesondere entscheiden erstmals juristisch ausgebildete Richter über arbeitsrechtliche Sachverhalte, was in Zukunft anders als bisher bei den JCAs zu einer unabhängigeren und professionelleren Rechtsanwendung führen könnte.

Außerdem modifiziert der Gesetzgeber den rechtlichen Rahmen hinsichtlich der Registrierung von Tarifverträgen und Gewerkschaften. Die Schwächen der bisherigen Gesetze, die zusammen mit der Korruption das Schutzvertragssystem zuließen, sind mit der Reform theoretisch behoben. Insbesondere bestehen neue Transparenzvorschriften, die eine Kontrolle der Gewerkschaften und Tarifverträge durch die Arbeitnehmer und deren authentische Vertretung durch Gewerkschaften gewährleisten. Hiermit könnte ein Wandel im Gewerkschaftswesen einhergehen, das bisher auf die Unterstützung der Arbeitgeber und Regierungen angelegt ist.

Eine Beeinträchtigung des Streikrechts durch den Abschluss von Schutzverträgen ist zumindest in der Theorie nicht mehr möglich, sofern die künftig zuständigen Arbeitsgerichte und die für die Registrierungen zuständige zentrale Stelle CFCRL anstatt der bisher zuständigen JCAs die Gesetze in gesetzmäßiger Weise anwenden.Der Gesetzgeber untersagt das über Jahrzehnte bestehende Schutzvertragssystem und erkennt – auf Druck der US-Regierung und des europäischen Parlaments – die Mängel des Rechtsschutzes durch das JCA-System an.Allerdings bleibt abzuwarten, ob das reformierte Arbeitsrecht in der Praxis wegen der faktischen Umstände in Mexiko wie vor allem der Korruption, der Gewalt und der Abhängigkeit der Justiz Anwendung finden wird. Zumindest existieren rechtliche (theoretische) Rahmenbedingungen, um einen solchen Umbruch zugunsten der Arbeitnehmer stattfinden lassen zu können.Auch wenn sich Mexiko in arbeitsrechtlicher Hinsicht gegenwärtig noch in einer Umbruchphase befindet, kam es Experten zufolge schon im Jahr 2020 zu weit mehr offiziellen – das heißt von einer Gewerkschaft im Streikverfahren eingeleiteten und daher gesetzmäßigen – Streiks als in den vergangenen Jahren zusammengerechnet. Dies könnte für eine positive Tendenz sprechen, sollte aber erst nach der Implementierung der Arbeitsgerichtsbarkeit und der damit verbundenen generellen Anwendung der reformierten Vorschriften abschließend bewertet werden.

Literaturverzeichnis

Bücher und Aufsätze:

Aguilar García, Javier, La representatividad en el sindicalismo mexicano, in: González Guerra, J./Gutiérrez Castro, A., El Sindicalismo en México. Historia, crisis y perspectivas, S. 65–89, Mexiko-Stadt 2006

[zitiert als: *Aguilar García*, La representativdad en el sindicalismo mexicano]

Alvírez Friscione, Alfonso, La Justicia Laboral, Mexiko-Stadt 1991

[zitiert als: *Alvírez Friscione*, La Justicia Laboral]

Alzaga, Oscar, Huelgas, sindicatos y luchas sociales en la historia de México, in: Alegatos, Núm. 99, México, Mayo/Agosto de 2018, S. 411–434

[zitiert als: *Alzaga*, Huelgas, sindicatos y luchas sociales en la historia de México]

Báez Silva, Carlos, "La fórmula Otero" y la declaración general de inconstitucionalidad en el Proyecto de nueva Ley de Amparo de la Suprema Corte de Justicia, in: Revista del Instituto de la Judicatura Federal Nr. 11 (2002), S. 17–51 (37).

[zitiert als: *Báez Silva*, La fórmula Otero]

Barbagelata, Héctor-Hugo, Contenido De Los Convenios Colectivos, in: Buen Lozano, N./Morgado Valenzuela, E., Instituciones de derecho del trabajo y de la seguridad social, Mexiko-Stadt 1997, S. 97–125

[zitiert als: *Barbagelata*, Contenido De Los Convenios Colectivos]

Baylós, Antonio, Derecho del trabajo: modelo para armar, Valladolid (Mexiko) 1991

[zitiert als: *Baylós*, Derecho del trabajo]

Bayón, Maria Cristina, Konturen des informellen Sektors in Mexiko und Argentinien, in: Boris, D./Gerstenlauer, T./Jenss, A./Schank, K./Schulten, J., Sozialstrukturen in Lateinamerika – Ein Überblick, Wiesbaden 2008

[zitiert als: *Bayón*, Konturen des informellen Sektors in Mexiko und Argentinien]

Birk, Rolf, Die Aussperrung in rechtsvergleichender Sicht, in: ZfA 1979, S. 231–274

[zitiert als: *Birk*, ZfA 1979]

Bouzas Ortiz, José Alfonso, Reforma laboral: analisis critico del proyecto Abascal de reforma a la Ley Federal Del Trabajo, Mexiko-Stadt 2003

[zitiert als: *Bouzas Ortiz*, Reforma laboral]

Bouzas Ortiz, José Alfonso, Contratos colectivos de trabajo de protección, in: Partida, R./Bouzas, J./Ravelo, P., Contreras, Ó., El sindicalismo en México ante el nuevo mileno: una perspectiva global, S. 193–228, Mexiko-Stadt 2001

[zitiert als: *Bouzas Ortiz*, Contratos colectivos de trabajo de protección]

Bouzas Ortiz, José Alfonso, Derecho Colectivo Y Procesal Del Trabajo, 2. Auflage, Mexiko-Stadt 2014

[zitiert als: *Bouzas Ortiz*, Derecho Colectivo Y Procesal Del Trabajo]

Bouzas Ortiz, José Alfonso, Evaluación de la Contratación Colectiva en el Distrito Federal, Mexiko-Stadt 2009

[zitiert als: *Bouzas Ortiz*, Evaluación de la Contratación Colectiva en el Distrito Federal]

Bouzas Ortiz, José Alfonso, Relaciones laborales en México, in: Pries L./Wannöffel, M., Regímenes de regulación laboral en la globalización, S. 169–195, Bochum 2002

[zitiert als: *Bouzas Ortiz*, Relaciones laborales en México]

Braig, Marianne/Müller, Markus Michael, Das politische System Mexikos, Wiesbaden 2008

[zitiert als: *Braig/Müller*, Das politische System Mexikos]

Breña Garduño, Francisco, Ley Federal del Trabajo Comentada y Concordada, 6. Auflage, Mexiko-Stadt 2010

[zitiert als: *Breña*, LFT Comentada y Concordada]

Cabanellas, Guillermo, Derecho de los conflictos laborales, Buenos Aires 1966

[zitiert als: *Cabanellas*, Derecho de los conflictos laborales]

Carmona, Fernando, El „Milagro Mexicano" Y Sus Caracteres Aparentes, in: *Carmona, F./Montaño, G./Carrion, J./Aguilar, A.*, El milagro mexicano, Mexiko-Stadt 1970

[zitiert als: *Carmona*, El „Milagro Mexicano" Y SUS Caracteres Aparentes]

Cavazos Flores, Baltasar, El Mito del Arbitraje Potestativo, Mexiko-Stadt 1978

[zitiert als: *Cavazos*, El Mitio del Arbitraje Potestativo]

Cavazos Flores, Baltasar, Ley Federal del Trabajo, 31. Auflage, Mexiko-Stadt 2002

[zitiert als: *Cavazos*, LFT]

Cavazos Flores, Baltasar, Nueva Ley Federal del Trabajo: Comentada, Tematizada y Sistematizada, 34. Auflage, Mexiko-Stadt 2016

[zitiert als: *Cavazos*, Nueva LFT]

Cavazos Flores, Baltasar, Síntesis De Derecho Laboral Comparado, Mexiko-Stadt 1991

[zitiert als: *Cavazos*, Síntesis De Derecho Laboral Comparado]

Climént Beltrán, Juan B., Derecho Procesal Del Trabajo, 6. Auflage, Naucalpan 2008

[zitiert als: *Climént Beltrán*, Derecho Procesal Del Trabajo]

Climént Beltrán, Juan B., Ley Federal Del Trabajo, 25. Auflage, Naucalpan 2004

[zitiert als: *Climént Beltrán*, LFT]

Cueva, Mario de la, Derecho mexicano del Trabajo, Band II, 5. Auflage, Mexiko-Stadt 1961

[zitiert als: *Cueva, M. de la*, Derecho del Trabajo]

Cueva, Mario de la, El Nuevo Derecho Mexicano Del Trabajo, Band I, 3. Wiederauflage der 22. Auflage, Mexiko-Stadt 2018

[zitiert als: *Cueva, M. de la*, El Nuevo Derecho, Band I]

Cueva, Mario de la, El Nuevo Derecho Mexicano Del Trabajo, Band II, 15. Auflage, Mexiko-Stadt 2008

[zitiert als: *Cueva, M. de la*, El Nuevo Derecho, Band II]

Dávalos, José, El constituyente laboral, Mexiko-Stadt 2016

[zitiert als: *Dávalos*, El constituyente laboral]

Dávalos, José, Tópicos Laborales. Derecho Individual, Colectivo y Procesal. Trabajos Específicos. Seguridad Social. Perspectivas, Mexiko-Stadt 2000

[zitiert als: *Dávalos*, Tópicos Laborales]

Davis, Diane E., Undermining the Rule of Law: Democratization and the Dark Side of Police Reform in Mexico, in: Latin American Politics and Society 48 (1), Cambridge 2006

[zitiert als: *Davis*, Undermining the Rule of Law]

De Buen Lozano, Néstor, Derecho Del Trabajo, Band I, 22. Auflage, Mexiko-Stadt 2019

[zitiert als: *De Buen L.*, Derecho Del Trabajo, Band I]

De Buen Lozano, Néstor, Derecho Del Trabajo, Band II, 25. Auflage, Mexiko-Stadt 2017

[zitiert als: *De Buen L.*, Derecho Del Trabajo, Band II]

De Buen Lozano, Néstor, Derecho Procesal Del Trabajo, 20. Auflage, Mexiko-Stadt 2015

[zitiert als: *De Buen L.*, Derecho Procesal Del Trabajo]

De Buen Lozano, Néstor, Nueva Ley Federal Del Trabajo Comentada, Mexiko-Stadt 2014

[zitiert als: *De Buen L.*, Nueva Ley Federal Del Trabajo Comentada]

De Buen Lozano, Néstor, in: *Kurczyn P./Macías Vázquez, M. C.*, Libertad sindical: cláusula de exclusion, Mexiko-Stadt 2002

[zitiert als: *De Buen L.*, Libertad sindical: cláusula de exclusion]

De Buen Lozano, Néstor, La participación de los trabajadores en las utilidades de las empresas, el contrato Colectivo de trabajo y el derecho de huelga, in: Revista de la Facultad de Derecho de México No. 53 (Januar-März 1964), S. 1–32

[zitiert als: *De Buen L.*, La participación de los trabajadores en las utilidades]

Delgado de Cantú, Gloria M., Historia de México, Band II, Pearson Educación 2002 [zitiert als: *Delgado de Cantú*, Historia de México II]

Deppe, Moritz, Länderreport Mexiko, in: RIW 2017, S. 575–580 [zitiert als: *Deppe*, RIW 2017]

Deppe, Moritz, Länderreport Mexiko, in: RIW 2019, S. 498–503 [zitiert als: *Deppe*, RIW 2019]

Diario de los debates del Congreso Constituyente 1916–1917, Band I, Mexiko-Stadt 1960

Dippel, Horst, Die Geschichte der USA, 10. Auflage, München 2015 [zitiert als: *Dippel*, Die Geschichte der USA]

Fix-Fierro, Héctor Felipe/Suárez Ávila, Alberto Abad/Corzo Sosa, Edgar, Encuesta Nacional de Justicia – Entre un buen arreglo y un mal pleito, UNAM, Mexiko-Stadt 2015

[zitiert als: *Fix-Zamudio/Suárez Ávila/Corzo*, Encuesta Nacional de Justicia]

Fix-Zamudio, Héctor, El juicio de amparo mexicano y el recurso constitucional federal alemán (breves reflexiones comparativos), in: Boletín Mexicano De Derecho Comparado Nr. 77 (1993), S. 461–488

[zitiert als: *Fix-Zamudio*, El juicio de amparo mexicano]

Fix-Zamudio, Héctor/Ferrer Mac-Gregor, Eduardo, El derecho de amparo en México, in: dies. (Hrsg.), El derecho de amparo en el mundo, Mexiko-Stadt 2006

[zitiert als: *Fix-Zamudio/Ferrer Mac-Gregor*, El derecho de amparo en México]

Franke, Uwe, Parteien und politische Transformation in Mexiko, in: Braig, M./ Müller, M., Das politische System Mexikos, Wiesbaden 2008

[zitiert als: *Franke*, Parteien und politische Transformation in Mexiko]

García Ramírez, Sergio/Uribe Vazquez, Erika, Derechos De Los Servidores Públicos, 3. Auflage, Mexiko-Stadt 2014

[zitiert als: *García Ramírez/Uribe Vazquez*, Derechos De Los Servidores Públicos]

García Sámano, Federico, Derecho Procesal Del Trabajo, Mexiko-Stadt 2002

[zitiert als: *García Sámano*, Derecho Procesal]

García Villanueva, Carlos/Wannöffel, Manfred, Die mexikanischen Gewerkschaften gegenüber dem neoliberalen Wirtschaftsmodell, in: Köhler, H./Wannöffel, M., Gewerkschaften und Neoliberalismus in Lateinamerika, S. 96–118, Münster 1993

[zitiert als: *García Villanueva/Wannöffel*, Die mexikanischen Gewerkschaften]

Garzón Valdés, Ernesto, Rechtsphilosophische Überlegungen über Verfassungsreformen in Lateinamerika, in: Ahrens, H./Nolte, D., Rechtsreformen und Demokratieentwicklungen in Lateinamerika, Frankfurt am Main 1999

[zitiert als: *Garzón Valdés*, Rechtsphilosophische Überlegungen über Verfassungsreformen in Lateinamerika]

González Blanco, Salomón, Derecho Del Trabajo, Mexiko-Stadt 2014

[zitiert als: *González Blanco*, Derecho Del Trabajo]

Guerrero, Euquerio, Manual De Derecho Del Trabajo, 23. Auflage, Mexiko-Stadt 2003

[zitiert als: *Guerrero, E.*, Manual De Derecho Del Trabajo]

Gutierrez Castro, A., Breve recorrido histórico del sindicalismo mexicano, in: Gonález Guerra, J. M. & Gutierrez Castro, A., El Sindicalismo En México. Historia, crisis y perspectivas, S. 17–42, Mexiko-Stadt 2006

[zitiert als: *Gutierrez Castro*, Breve recorrido histórico del sindicalismo mexicano]

Hofmann, Rainer, Grundzüge des Amparo-Verfahrens in Mexiko, in: JöR Nr. 53 (1993), S. 271 ff.

[zitiert als: *Hofmann*, Grundzüge des Amparo-Verfahrens in Mexiko]

Horn, Hans-Rudolf, Grundzüge und Probleme des mexikanischen Rechtssystems, in: Schröter, B., Das politische System Mexikos, S. 157–174, Wiesbaden 2015

[zitiert als: *Horn*, Grundzüge und Probleme des mexikanischen Rechtssystems]

Huber, Ernst Rudolf, Deutsche Verfassungsgeschichte Seit 1789, Band IV – Struktur und Krisen des Kaiserreichs, 2. Auflage, Stuttgart/Berlin/Köln/Mainz 1982 + Band V – Weltkrieg, Revolution und Reichserneuerung 1914–1919, 1. Auflage, Stuttgart/Berlin/Köln/Mainz 1978

[zitiert als: *Huber*, Deutsche Verfassungsgeschichte]

Huirón, Jacinto, Origines e Historia del Movimiento Obrero en México, Mexiko-Stadt 1980

[zitiert als: *Huirón*, Origines e Historia del Movimiento Obrero en México]

Jansen, Jörn-Christoph, Der Einfluss staatlicher Arbeitsmarktpolitik auf die Entwicklung der Tarifautonomie: eine rechtshistorische und verfassungspolitische Untersuchung, Aachen 2010

[zitiert als: *Jansen*, Entwicklung der Tarifautonomie]

Joebges, Heike, Transmissionsmechanismen von Währungskrisen am Beispiel der Tequilakrise (1994/1995) und der Asienkrise (1997), München 2006

[zitiert als: *Joebges*, Transmissionsmechanismen von Währungskrisen]

Kistler, Christoph B., Die Rechtmäßigkeit von Spartenstreiks, Frankfurt a.M. 2013

[zitiert als: *Kistler*, Die Rechtmäßigkeit von Spartenstreiks]

Kittner, Michael, Arbeitskampf – Geschichte/Recht/Gegenwart, München 2005

[zitiert als: *Kittner*, Arbeitskampf]

Lara Otaola, Miguel Ángel/Saavedra Herrera, Miguel Ángel, Das Bundeswahlinstitut (IFE) und der Aufbau der Demokratie in Mexiko, in: Schröter, B., Das politische System Mexikos, Wiesbaden 2015

[zitiert als: *Lara Otaola/Saavedra Herrera*, Das Bundeswahlinstitut IFE]

Lastra Lastra, José Manuel, Constitución Política de los Estados Unidos Mexicanos – Comentada, Band 2, 10. Auflage, Mexiko-Stadt 1997

[zitiert als: *Lastra Lastra*, CPEUM – Comentada]

Lastra Lastra, José Manuel, in: *Kurczyn P./Macías Vázquez, M. C.*, Libertad sindical: cláusula de exclusion, Mexiko-Stadt 2002

[zitiert als: *Lastra Lastra*, Libertad sindical: cláusula de exclusion]

Lauth, Hanso-Joachim, Gewerkschaften in Mexiko: Zwischen Partizipation und Kontrolle, in: Briesemeister, D./Zimmermann, K., Mexiko heute: Politik – Wirtschaft – Kultur, S. 64–78, Frankfurt am Main 1992

[zitiert als: *Lauth*, Gewerkschaften in Mexiko]

Lombardo, Vicente, La Libertad Sindical en México, Mexiko-Stadt 1974

[zitiert als: *Lombardo*, Libertad Sindical]

López-Ayllón, Sergio/Fix-Fierro, Héctor, "Faraway, So Close": The Rule of Law and Legal Change in Mexico, in: Friedman, L./Pérez-Perdomo, R., Legal Culture in the Age of Globalization, S. 285–318, Stanford (U.S., Cal.) 2003

[zitiert als: *López-Ayllón/Fix-Fierro*, Rule of Law and Legal Change in Mexico]

Lóyzaga, Octavio, Libertad sindical y derecho de huelga, in: *Bensunsan, G./García, C.*, Modernidad y legislación laboral, UAM-Friedrich Ebert Stiftung, Mexiko-Stadt 1989

[zitiert als: *Lóyzaga*, Libertad sindical y derecho de huelga]

Magaloni, Beatriz/Zepeda, Guillermo, Democratization, Judicial and Law Enforcement Institutions and the Rule of Law in Mexico, in: Middlebrook, K., Dilemmas of Political Change in Mexico, S. 168–197, London 2004

[zitiert als: *Magaloni/Zepeda*, Rule of Law in Mexico]

Manz, Thomas, Gewerkschaften in Mexiko – fern der Basis, nahe der Macht, in: Schröter, B., Das politische System Mexikos, S. 315–333, Wiesbaden 2015

[zitiert als: *Manz*, Gewerkschaften in Mexiko – fern der Basis, nahe der Macht]

Marichal, Carlos, Las Finanzas Y La Construcción De Las Nuevas Naciones Latinoamericanas, in: *Vázquez, J./Miño Grijalva, M.*, La construcción de las naciones latinoamericanas 1820–1870, Paris 2003

[zitiert als: *Marichal*, Las Finanzas Y La Construcción De Las Nuevas Naciones Latinoamericanas]

Marín González, Juan Carlos, Duración promedio y algunas estadísticas de los juicios en materia de responsabilidad civil extracontractual en Ciudad de Mexico, in: Revista de Derecho, Vol. XXXI No. 1, Juni 2018, S. 273–301

[zitiert als: *Marín González*, Duración promedio y algunas estadísticas]

Marquet Guerrero, Porfirio, Derecho Procesal Del Trabajo, Mexiko-Stadt 2017

[zitiert als: *Marquet Guerrero*, Derecho Procesal]

Marquet Guerrero, Porfirio, Fuentes Y Antecedentes Del Derecho Mexicano Del Trabajo, in: *Kurczyn Villalobos, P.*, Derechos humanos en el trabajo y la seguridad social. Liber amicorum: un homenaje al doctor Jorge Carpizo, Mexiko-Stadt 2014

[zitiert als: *Marquet Guerrero,* Fuentes Y Antecedentes]

Marquet Guerrero, Porfirio, La Huelga En Las Universidades Autónomas Publicas, Los Servicios Públicos, Los Servicios Esenciales Y Los Trabajadores Al Servicio Del Estado, in: *Kurczyn Villalobos, P.*, Temas Selectos De Derecho Laboral. Liber amicorum: Homenaje A Hugo ítalo Morales Saldaña, Mexiko-Stadt 2014

[zitiert als: *Marquet Guerrero,* La Huelga En Las Universidades Autónomas Publicas]

Martínez Y González, Arturo, Reflexiones Sobre La Huelga, Mexiko-Stadt 2012

[zitiert als: *Martínez Y González,* Reflexiones Sobre La Huelga]

Mayer-Serra, Carlos Elizondo, La economía política de un crecimiento mediocre, in: Ordorica, M./Prud'homme, J.-F., Los grandes problemas de México – IV Política, S. 195–198, Mexiko-Stadt 2012

[zitiert als: *Mayer-Serra,* La economía política de un crecimiento mediocre]

Mollon, Forencia E., Las Sociedades Indígenas Frente Al Nuevo Orden, in: *Vázquez, Josefina Z./Miño Grijalva, M.*, La construcción de las naciones latinoamericanas 1820–1870, Paris 2003

[zitiert als: *Mollon,* Las Sociedades Indígenas Frente Al Nuevo Orden]

Morris, Stephen D., Corrupción y política en el México contemporáneo, Mexiko-Stadt 1992

[zitiert als: *Morris,* Corrupción y política en el México]

Morris, Stephen D., Political Corruption in Mexico. The Impact of Democratization, Boulder and London 2009

[zitiert als: *Morris,* Political Corruption in Mexico]

Mozart Russomano, Victor/Bermudez Cisneros, Miguel, Derecho Del Trabajo, Mexiko-Stadt 1982

[zitiert als: *Mozart Russomano/Bermudez Cisneros,* Derecho Del Trabajo]

Muno, Wolfgang, Rechtsstaatlichkeit in Mexiko, in: Schröter, B., Das politische System Mexikos, S. 175–190, Wiesbaden 2015

[zitiert als: *Muno,* Rechtsstaatlichkeit in Mexiko]

Muñoz Ramón, Roberto, Tratado De Derecho Colectivo Del Trabajo, Mexiko-Stadt 2010

[zitiert als: *Muñoz,* Derecho Colectivo]

Pérez Botija, Eugenio, Curso de Derecho del Trabajo, 6. Auflage, Madrid 1960

[zitiert als: *Pérez Botija,* Curso de Derecho del Trabajo]

Pérez López, Gerardo Valente, La Teoría General Del Proceso En El Derecho Laboral, Mexiko-Stadt 2013

[zitiert als: *Pérez López*, La Teoría General Del Proceso]

Puig Hernández, Carlos Alberto, La Huelga En Los Servicios Públicos De México, Mexiko-Stadt 2011

[zitiert als: *Puig Hernández*, La Huelga En Los Servicios Públicos]

Puig Hernández, Carlos Alberto, La Huelga En México Y Su Entorno Jurídico Internacional, in: Kurczyn Villalobos, P., Derechos humanos en el trabajo y la seguridad social. Liber amicorum: un homenaje al doctor Jorge Carpizo, S. 125–178

[zitiert als: *Puig Hernández*, La Huelga En México Y Su Entorno Jurídico Internacional]

Puig Hernández, Carlos Alberto, Temas sobre el Procedimiento de Huelga, Mexiko-Stadt 2007

[zitiert als: *Puig Hernández*, Procedimiento de Huelga]

Puig Hernández, Carlos Alberto, Teoría Y Práctica De La Huelga en México, Mexiko-Stadt 1989

[zitiert als: *Puig Hernández*, Teoría Y Práctica De La Huelga]

Real Academia Española, Diccionario manual e ilustrado de la lengua Española, Band I, 21. Auflage, Spanien 1996

Reichenbach, Benjamin, Mexikos Wirtschaftspolitik im 21. Jahrhundert, in: Schröter, B., Das politische System Mexikos, S. 399–422, Wiesbaden 2015

[zitiert als: *Reichenbach*, Mexikos Wirtschaftspolitik im 21. Jahrhundert]

Remolina Roqueñí, Felipe, El Articulo 123 Constitucional, Mexiko-Stadt 2000

[zitiert als: *Remolina*, El Articulo 123 Constitucional]

Reyes, Miguel Santiago, Análisis Político – Los Salarios En México, Friedrich-Ebert-Stiftung, Mexiko-Stadt 2011

[zitiert als: *Reyes*, Los Salarios En México]

Reynoso Castillo, Carlos, Derecho del trabajo, panorama y tendencias, Mexiko-Stadt 2006

[zitiert als: *Reynoso Castillo*, Derecho del trabajo]

Salgado, Nayeli/Aparicio, Ricardo, Die Entwicklung der sozioökonomischen Bedingungen für die mexikanische Bevölkerung: jüngste Perspektiven, in: Schröter, B., Das politische System Mexikos, S. 101–120, Wiesbaden 2015

[zitiert als: *Salgado/Aparicio*, Die Entwicklung der sozioökonomischen Bedingungen für die mexikanische Bevölkerung]

Sánchez-Casteñada, Alfredo, La Jurisdicción Laboral: De Juntas Tripartitas A Tribunales Laborales, in: *Ibarra Palafox, F.*, Cien ensayos para el centenario, Band II, S. 393–412, Mexiko-Stadt 2017

[zitiert als: *Sánchez-Casteñada,* La Jurisdicción Laboral]

Sánchez Sánchez, Alejandro/De Las Fuentes Lacavex, Gloria Aurora, La Huelga – Un Derecho Fundamental En México, Baja California 2012

[zitiert als: *Sánchez/De Las Fuentes Lacavex,* La Huelga – Un Derecho Fundamental]

Santos Azuela, Héctor, Autonomía Colectiva y Funciones Actuales de la Huelga, in: Boletín Mexicano de Derecho Comparado Nr. 90 (1997), S. 1247–1265

[zitiert als: *Santos Azuela,* Autonomía Colectiva y Funciones Actuales de la Huelga]

Santos Azuela, Héctor, El Derecho Constitutional De Huelga Y El Moderno Derecho Sindical, in: Boletín Mexicano De Derecho Comparado Nr. 124 (2009), S. 289–313

[zitiert als: *Santos Azuela,* El Derecho Constitutional De Huelga]

Santos Azuela, Héctor, Elementos de Derecho del Trabajo, Mexiko-Stadt 1994

Santos Azuela, Héctor, Objeto Y Tipología De La Huelga Por Su Régimen Jurídico, in: Boletín Mexicano de Derecho Comparado Nr. 92 (1998), S. 477–502

[zitiert als: *Santos Azuela,* Objeto Y Tipología De La Huelga Por Su Régimen Jurídico]

Sarsfield, Rodolfo, Politische Korruption in Mexiko, in: Schröter, B., Das politische System Mexikos, S. 539–557, Wiesbaden 2015

[zitiert als: *Sarsfield,* Politische Korruption in Mexiko]

Schicker, Karl von, Die Gewerbeordnung für das Deutsche Reich, Band I, 4. Auflage, Stuttgart 1901

[zitiert als: *Schicker,* Die Gewerbeordnung für das Deutsche Reich]

Serrano Ortega, José Antonio/Vázquez, Josefina Z., El Nuevo Orden 1821–1848, in: *Velázquez Garcia, E.*, Nueva Historia general de México, 7. Auflage, Mexiko-Stadt 2017

[zitiert als: *Serrano Ortega/Vázquez,* El Nuevo Orden 1821–1848]

Schröter, Barbara, Klientelismus in der Politik Mexikos: Parteien im Vergleich, Wiesbaden 2011

[zitiert als: *Schröter,* Klientelismus in der Politik Mexikos]

Seeler, Hans Joachim, Der Arbeitskampf in der deutschen und ausländischen Gesetzgebung, Berlin 1958

[zitiert als: *Seeler,* Der Arbeitskampf in der Gesetzgebung]

Simpson, Lesley Byrd, Many Mexicos, 4. Auflage, Berkeley (U.S., Cal.) 1966
[zitiert als: *Simpson,* Many Mexicos]

Tenopala Mendizábal, José Sergio, La Huelga – Antecedentes, Naturaleza Y Manejo, Mexiko-Stadt 2012
[zitiert als: *Tenopala,* La Huelga]

Tapia, Aranda, in: *Charis, R.,* Fundamentos del Derecho Sindical, Mexiko-Stadt 2003
[zitiert als: *Tapia,* Fundamentos del Derecho Sindical]

Tello Macías, Carlos, Estado y Desarrollo Económico: México 1920–2006, 2. Auflage, Mexiko-Stadt 2010
[zitiert als: *Tello Macías,* Estado y Desarrollo Económico]

Torres, Felipe/Rojas, Agustín, Política Económica y Política Social en México: Desquilibrio y Saldos, in: Revista Problemas del Desarrollo, 182 (46), Juli-September 2015
[zitiert als: *Torres/Rojas,* Política Económica y Política Social en México]

Treviño, Adolfo, La Legislación Laboral Mexicana. Su posible revisión, análisis y propuestas, UANL, Mexiko-Stadt 1999
[zitiert als: *Treviño,* La Legislación Laboral Mexicana]

Trueba Urbina, Alberto, Nuevo Derecho del Trabajo, Mexiko-Stadt 1975
[zitiert als: *Trueba Urbina,* Nuevo Derecho del Trabajo]

Trueba Urbina, Alberto, Nuevo Derecho Procesal Del Trabajo, 2. Auflage, Mexiko-Stadt 1982
[zitiert als: *Trueba Urbina,* Nuevo Derecho Procesal Del Trabajo]

Tschentscher, Axel/Lehner, Caroline, Das Amparo-Verfahren im Verhältnis zur Individualverfassungsbeschwerde, in: *Häberle, P.,* Jahrbuch des Öffentlichen Rechts der Gegenwart, Band 62, Bayreuth 2014, S. 647–668
[zitiert als: *Tschentscher/Lehner,* Das Amparo-Verfahren im Verhältnis zur Individualverfassungsbeschwerde]

Uildriks, Niels, Mexico's Unrule of Law. Implementing Human Rights in Police and Judicial Reform under Democratization, Lexington 2010
[zitiert als: *Uildriks,* Mexico's Unrule of Law]

Wagner, Katharina, Mexikos junge Demokratie in der Krise, Würzburg 2018
[zitiert als: *Wagner,* Mexikos junge Demokratie in der Krise]

Xelhuantzi López, Maria, El Sindicalismo Mexicano Contemporáneo, in: González Nicolás, I., Los Sindicatos en la Encruijada del Siglo XXI, S. 13–38, Mexiko-Stadt 2006
[zitiert als: *Xelhuantzi López,* El Sindicalismo Mexicano]

Xelhuantzi López, María, La democracia pendiente – La libertad de asociacion sindical y los contratos de protección en México, Mexiko-Stadt 2000

[zitiert als: *Xelhuantzi López*, Libertad de asociacion sindical y los contratos de protección]

Zepeda, Roberto, Declive de la densidad sindical en México durante el periodo neoliberal, in: González, I., 40 años, 40 respuestas. Ideas para la democratización del mundo del trabajo, S. 85–89, Mexiko-Stadt 2009

[zitiert als: *Zepeda*, Declive de la densidad sindical en México]

Internetquellen:

Amnesty International, Mexico: Laws without justice: Human rights violations and impunity in the public sector and criminal justice system, Amnesty International 2007, siehe [zuletzt abgerufen am 22. Juni 2020]: https://www.amnesty.org/download/Documents/60000/amr410022007en.pdf

[zitiert als: *Amnesty International*, Mexico: Laws without justice]

Animal Político, La Estafa Maestra, siehe [zuletzt abgerufen am 7. September 2020] https://www.animalpolitico.com/estafa-maestra/

[zitiert als: *Animal Político*, La Estafa Maestra]

Anliker, Nicole, Mexikos Regierung hat ein Korruptionsproblem – Das zeigt der Fall Odebrecht, in: NZZ vom 26. Juni 2018, siehe [zuletzt abgerufen am 17. Juni 2020]: https: //www.nzz.ch/international/mexikos-regierung-vertuscht-lieber-ld.1398017

[zitiert als: *Anliker*, Mexikos Regierung hat ein Korruptionsproblem]

Arellano, Silvia, Atentado contra Omar García Harfuch: noticias de última hora, in: Milenio vom 26. Juni 2020, siehe [zuletzt abgerufen am 29. Juni 2020]: https://www.milenio.com/policia/secretario-seguridad-cdmx-sufre-atentado-sheionbaum

[zitiert als: *Arellano*, Atentado contra Omar García Harfuch]

ASF, Marco de referencia sobre la fiscalización superior, Mexiko-Stadt 2019, siehe [zuletzt abgerufen am 5. Juni 2020]: https://www.asf.gob.mx/Trans/Informes/IR2018a/documentos/informegeneral/Informe_Jun2018_CP.pdf

[zitiert als: *ASF*, Marco de referencia sobre la fiscalización superior]

Audley, John et al., NAFTA's Promise and Reality. Lessons from Mexico for the Hemisphere, in: Publikationen der Carnegie Endowment for International Peace, 2004, siehe [zuletzt abgerufen am 15. Juni 2020]: https://carnegieendowment.org/files/nafta1.pdf

[zitiert als: *Audley*, NAFTA's Promise and Reality]

Bajo Palabra, Los 20 mexicanos más corruptos en los tiempos recientes de México, Artikel vom 31. Januar 2020, siehe [zuletzt abgerufen am 17. Juni 2020]: https://bajopalabra.com.mx/los-20-politicos-mas-corruptos-en-los-tiempos-recientes-de-mexico

[zitiert als: *Bajo Palabra*, Los 20 mexicanos más corruptos]

Bensusán, Graciela/Alcalde, Arturo, La situación de justicia laboral en México – situación actual y perspectivas, Friedrich-Ebert-Stiftung, Mexiko-Stadt 2013, siehe [zuletzt gesehen am 23. Juni 2020]: http://library.fes.de/pdf-files/bueros/mexiko/10311.pdf

[zitiert als: *Bensusán/Alcalde*, La situación de justicia laboral en México]

Berberana, Elena, López Obrador – El presidente de los pobres que vive como un rico: ranchos, joyas y milliones para su clan, in: Libre Mercado vom 28. November 2019, siehe [zuletzt abgerufen am 17. Juni 2020]: https://www.libremercado.com/2019-11-28/lo pez-obrador--el-presidente-pobres-vive-como-rico-ranchos-joyas-millones-para-su-clan-fa miliar-1276648640/

[zitiert als: *Berberana*, López Obrador – El presidente de los pobres]

Blomeier, Hans-Hartwig/Beck, Ann-Kathrin/Tellez-Live, Luis, Mexikanische Wirtschaft: Zwischen Ungewissheit und Zweifel, in: Konrad-Adenauer-Stiftung, Länderbericht Oktober 2019 Länderbüro Mexiko, siehe [zuletzt abgerufen am 9. Juni 2020]: https://www.kas.de/documents/252038/4521287/Mexikanische+Wirtschaft%2C+zwischen+Ungewissheit+und+Zweifel.pdf/2d88275a-f069-9aec-a7d65e1b4399ff4f?version=1.0&t=15701767 28291

[zitiert als: *Blomeier/Beck/Tellez-Live*, Mexikanische Wirtschaft]

Botschaft der BRD in Mexiko-Stadt, Liste der Rechtsanwälte, Stand: Oktober 2019, siehe [zuletzt abgerufen am 29. Juni 2020]: https://mexiko.diplo.de/blob/870766/b3c99c736e42 2c633aab471a28fc57cd/ddatei-abogados-data.pdf

Brühwiller, Tjerk, Ein Festival der Korruption, in: FAZ vom 6. Mai 2018, siehe [zuletzt abgerufen am 17. Juni 2020]: https://www.faz.net/aktuell/politik/ausland/praesidentenwahl -in-mexiko-ein-festival-der-korruption-15572463.html

[zitiert als: *Brühwiller*, Ein Festival der Korruption]

Busch, Alexander/Ehringfeld, Klaus, Organisiertes Verbrechen in Lateinamerika stellt sich neu auf, in: Handelsblatt vom 10. April 2020, siehe [zuletzt abgerufen am 29. Juni 2020]: https://www.handelsblatt.com/politik/international/kriminalitaet-organisiertes-verbrechen-in-lateinamerika-stellt-sich-neu-auf/25732642.html

[zitiert als: *Busch/Ehringfeld*, Organisiertes Verbrechen in Lateinamerika]

Carvalho, Regina/Fortes, Paulo/Garrafa, Volnei, Reflections on public-private participation in healthcare, in: Salud pública de México (April 2014), S. 221–225, siehe [zuletzt abgerufen am 8. Juni 2020]: https://www.researchgate.net/publication/263862558_Reflections_on_public-private_participation_in_healthcare

[zitiert als: *Carvalho/Fortes/Garrafa*, Public-private participation in healthcare]

CEEY, Boletín De Movilidad Social En El Mercado De Trabajo 2, Mai 2020, siehe [zuletzt abgerufen am 9. Juni 2020]: https://drive.google.com/file/d/1bHoZBI-Liv0SRob_G-y0Nc6 BPSoK0Eqo/view

CEPAL, Panorama Social de América Latina, siehe [zuletzt abgerufen am 2. Juni 2020]: https://repositorio.cepal.org/bitstream/handle/11362/41598/4/S1700567_es.pdf

Clemente, Anabel, Protestan en AICM por falta de medicamentos para niños con cancer; Salud pide apoyo al ISMM, in: El Financiero, Artikel vom 26. August 2019, siehe [zuletzt abgerufen am 18. September 2020]: https://www.elfinanciero.com.mx/nacional/bloquean-aicm-por-falta-de-medicamento-para-ninos-con-cancer-salud-pide-apoyo-al-imss

[zitiert als: *Clemente*, Protestan por falta de medicamentos para niños con cancer]

CNU, México 2018–2024: Nueva Estrategia de Desarrollo, siehe [zuletzt abgerufen am 25. Juni 2020]: http://consejonacionaldeuniversitarios.org/mexico-2018-2024-nueva-estra tegia-de-desarrollo/

Colosio Murrieta, Luis Donaldo, Cambio con rumbo y responsabilidad, in: Fundación Colosio, Colosio vive en la transformación de México, 3. Auflage, Mexiko-Stadt 2014, siehe [zuletzt abgerufen am 29. Mai 2020]: pri.org.mx/descargas/2017/06/colosio1.pdf

[zitiert als: *Colosio Murrieta*, Cambio con rumbo y responsabilidad]

CONEVAL, Impact of the economic crisis on children and adolescents and prospects of a fair recovery are analyzed, Mitteilung vom 18. November 2010, siehe [zuletzt abgerufen am 18. September 2020]: https://www.coneval.org.mx/rw/resource/coneval/prensa/Foro_crisis_Unicef/Comunicado_foro_crisis_UNICEF_CONEVAL_IN.pdf

[zitiert als: *CONEVAL*, Impact of the economic crisis on children and adolescents]

CONEVAL, Multidimensional Measurement of poverty in Mexico, siehe [zuletzt abgerufen am 2. Juni 2020]: https://www.coneval.org.mx/informesPublicacio nes/FolletosInstitucionales/Docments/Multidi mensional-Measurement-of-poverty-in-Mexico.pdf

Contrapeso Cuidadano, Líderes Sindicales En México – Entre Exceso Y Corrupción, in: Diario Contrapeso Cuidadano vom 18. Oktober 2019, siehe [zuletzt abgerufen am 23. Juni 2020]: https://www.contrapesociudadano.com/lideres-sindicales-en-mexico-entre-excesos-y-corrupcion/

CRS, USMCA Trade Agreement, 30. Januar 2020, siehe [zuletzt abgerufen am 15. Juni 2020]: https://crsreports.congress.gov/product/pdf/IF/IF10997

CRS, U.S.-Mexico Economic Relations: Trends, Issues, and Implications, Updated March 26, 2019, siehe [zuletzt abgerufen am 15. Juni 2020]: https://fas.org/sgp/crs/row/RL32934.pdf

De Buen Lozano, Néstor, El Sistema Laboral En México, S. 125–141, siehe [zuletzt abgerufen am 23. Oktober 2020]: https://archivos.juridicas.unam.mx/www/bjv/libros/5/2458/10.pdf

[zitiert als: *De Buen L.*, El Sistema Laboral En México]

DePalma, Anthony, How a Tortilla Empire Was Built on Favoritism, in: New York Times vom 15. Februar 1996, siehe [zuletzt abgerufen am 18. Juni 2020]: https://www.nytimes.com/1996/02/15/world/how-a-tortilla-empire-was-built-on-favoritism.html

[zitiert als: *DePalma*, How a Tortilla Empire Was Built on Favoritism]

Deutsche Menschenrechtskoordination Mexiko, Rechtsstaat Mexiko? – Internationale Tagung vom 30.11.-2.12.2012, Berlin 2013, siehe [zuletzt abgerufen am 23. Juni 2020]: https://issuu.com/cencos/docs/documentacion-conferencia-mexico-estado-de-derecho

DIW, Pressemitteilung des Deutschen Instituts für Wirtschaftsforschung vom 2. Oktober 2019, siehe [zuletzt abgerufen am 3. Juni 2020]: https://www.diw.de/de/diw_01.c.679995.de/vermoegen_in_deutschland_le...rharrt_auf_hohem_niveau.html

[zitiert als: *DIW*, Pressemitteilung vom 2. Oktober 2019]

Domínguez, Pedro, En 13 años México alcanza cifra récord en lucha contra el narco, in: Milenio vom 11. August 2019, siehe [zuletzt abgerufen am 25. Juni 2020]: https://www.m ilenio.com/policia/mexico-alcanzado-cifra-record-narco-13-anos

[zitiert als: *Domínguez*, México alcanza cifra récord en lucha contra el narco]

DW, Betriebe in Mexiko ignorieren Corona-Auflagen – auch auf US-Druck, siehe [zuletzt abgerufen am 21. September 2020]: https://www.dw.com/de/betriebe-in-mexiko-ignorieren-corona-auflagen-auch-auf-us-druck/a-53276940

[zitiert als: *DW*, Betriebe in Mexiko ignorieren Corona-Auflagen]

El Financiero, Que pasa si tu empresa no paga cuota patronal de Infonavit, Artikel vom 20. August 2019, siehe [zuletzt abgerufen am 18. September 2020]: https://www.elfinanciero.com.mx/inmobiliario/que-pasa-si-tu-empresa-no-paga-la-cuota-patronal-de-infonavit

[zitiert als: *El Financiero*, Empresa no paga cuota patronal de Infonavit]

El País, Del ingenio a la imprudencia: frases célebres de presidentes mexicanos, Artikel vom 26. Oktober 2016, siehe [zuletzt abgerufen am 07. Dezember 2020]: https://www.elpais.cr/2016/10/26/del-ingenio-a-la-imprudencia-frases-celebres-de-presidentes-mexicanos/

[zitiert als: *El País*, Del ingenio a la imprudencia]

Esquivel Hernández, Gerardo, Concentración del Poder Económico y Político, siehe [zuletzt abgerufen am 2. Juni 2020]: https://www.oxfammexico.org/sites/default/files/desigualdad extrema_informe.pdf

[zitiert als: *Esquivel Hernández*, Concentración del Poder Económico y Político]

Estevez, Dolia, The 10 Most Corrupt Mexicans of 2013, in: Forbes vom 16. Dezember 2013, siehe [zuletzt abgerufen am 17. Juni 2020]: https://www.forbes.com/sites/doliaestevez/ 2013/12/16/the-10-most-corrupt-mexicans-of-2013/#324d61a15720

[zitiert als: *Estevez*, Most Corrupt Mexicans]

Fernández, Arturo, La Reforma Laboral de 1980 y sus Efectos en el Derecho Colectivo de Trabajo en México, siehe [zuletzt abgerufen am 28. April 2020]: http://www.derecho.uady.mx/tohil/rev20/La%20reforma%20laboral%20de%201980%20y%20sus%20efectos%20en%20el%20derecho%20colectivo%20de%20trabajo%20en%20mexico.pdf

[zitiert als: *Fernández*, Reforma Laboral de 1980]

Ferri, Pablo, Asesinados en México un juez federal y su esposa, in: El País vom 17. Juni 2020, siehe [zuletzt abgerufen am 29. Juni 2020]: https://elpais.com/internacional/2020-06-16/asesinados-en-mexico-un-juez-federal-y-su-esposa.html

[zitiert als: *Ferri*, Asesinados en México un juez federal y su esposa]

Forbes México, El IMSS paga jubilaciones de 80 a 100 mil pesos ... a 5 personas, Artikel vom 23. Dezember 2019, siehe [zuletzt abgerufen am 18. September 2020]: https://www.forbes.com.mx/el-imss-paga-jubilaciones-de-80-a-100-mil-pesos-a-5-personas/

[zitiert als: *Forbes*, El IMSS paga jubilaciones]

Forbes México, Millionarios 2020/Los empresarios mexicanos más ricos, Artikel vom 15. April 2020, siehe [zuletzt abgerufen am 18. September 2020]: https://www.forbes.com.mx/listas-millonarios-2020-los-mas-ricos/

[zitiert als: *Forbes*, Los empresarios mexicanos más ricos]

Forbes México, Presión, miedo y hartazgo viven los empleados de Grupo Salinas ante el Covid-19, 22. April 2020, siehe [zuletzt abgerufen am 17. Juni 2020]: https://www.forbes.com.mx/negocios-grupo-salinas-temor-casos-coronavirus/

[zitiert als: *Forbes*, Los empleados de Grupo Salinas ante el Covid-19]

Freedom House, Freedom in the World 2013, siehe [zuletzt abgerufen am 1. Juli 2020]: https://www.freedomhouse.org/sites/default/files/FIW%202013%20Booklet%20-%20for%20Web_1.pdf

Germany Trade & Invest, Lohn- und Lohnnebenkosten, siehe [zuletzt abgerufen am 15. Juli 2020]: https://www.lateinamerikaverein.de/fileadmin/_migrated/news/MEX-Lohn-_und_Lohnnebenkosten-Mexiko.pdf

González, Claudia, Protestan médicos y enfermeras en Toluca, in: El Universal, Artikel vom 28. März 2020, siehe [zuletzt abgerufen am 18. September 2020]: https://www.eluniversal.com.mx/metropoli/coronavirus-en-mexico-protestan-medicos-y-enfermeras-en-toluca

[zitiert als: *González*, Protestan médicos y enfermeras en Toluca]

González Amador, Roberto, Economía del narco genera '600' mil mdp cada año en México, in: La Jornada vom 11. November 2018, siehe [zuletzt abgerufen am 25. Juni 2020]: https://www.jornada.com.mx/ultimas/economia/2018/11/11/economia-del-narco-genera-600-mil-mdp-cada-ano-en-mexico-5650.html

[zitiert als: *González Amador,* Economía del narco]

González Amador, Roberto, La concentración de mercados en México tribplica la de otros paises, in: La Jornada vom 8.6.2012, siehe [zuletzt abgerufen am 16. Juni 2020]: https://www.jornada.com.mx/2012/06/08/economia/033n1eco

[zitiert als: *González Amador,* Concentración de mercados en México]

Gutiérrez, Elsa Martha, Alfaro presenta reforma para nombramientos en el poder judicial, in: Milenio vom 10. Mai 2019, siehe [zuletzt abgerufen am 30. Juni 2020]: https://www.milenio.com/politica/enrique-alfaro-propone-proceso-jueces-magistrados-jalisco

[zitiert als: *Gutiérrez,* Alfaro presenta reforma]

Heidelberger Institut für Internationale Konfliktforschung, Konfliktbarometer 2019, siehe [zuletzt abgerufen am 25. Juni 2020]: https://hiik.de/wp-content/uploads/2020/03/CoBa-Final-überarbeitet.pdf

Horton, Sarah/Cole, Stephanie, Medical returns – seeking healthcare, in: Mexico, Social Science & Medicine, Vol. 72 (Juni 2011), S. 1846–1852, siehe [zuletzt abgerufen am 8. Juni 2020]: https://www.sciencedirect.com/science/article/abs/pii/S0277953611002097?via%3Dihub

[zitiert als: *Horton/Cole,* Medical returns]

Hüstebeck, Momoyo, Klientelpolitik als kulturübergreifendes Phänomen. Eine Annäherung an Klientelismus-Konzepte, Universität Duisburg-Essen 2004, siehe [zuletzt abgerufen am 16. Juni 2020]: https://www.uni-due.de/~hy0382/fileadmin/publications/sonstige/Huestebeck_Klientelismus_Uni-Hildesheim-Discuss-paper_2006.pdf

[zitiert als: *Hüstebeck,* Klientelpolitik als kulturübergreifendes Phänomen]

Hulverscheidt, Claus, Der beste schlechte Vertrag aller Zeiten, Süddeutsche Zeitung, Artikel vom 11. Dezember 2019, siehe [zuletzt abgerufen am 22. September 2020]: https://www.sueddeutsche.de/wirtschaft/usmca-handelsabkommen-usa-mexiko-1.4718647

[zitiert als: *Hulverscheidt,* Der beste schlechte Vertrag aller Zeiten]

ILO, Employment Programms and Unemployment Benefits, Artikel vom 11. Juni 2015, siehe [zuletzt abgerufen am 18. September 2020]: https://www.social-protection.org/gimi/gess/ShowTheme.action?id=2667

[zitiert als: *ILO,* Employment Programms and Unemployment Benefits]

ILO, FORLAC – Notes on Formalization, Informal Employment in Mexico: Current situation, policies and challanges, 2014, siehe [zuletzt abgerufen am

15. September 2020]: https://www.ilo.org/wcmsp5/groups/public/---americas/---rolima/documents/publication n/wcms_245889.pdf

[zitiert als: *ILO*, FORLAC – Notes on Formalization]

INEGI, Comunicado De Prensa Núm. 346/18 (6. August 2018), siehe [zuletzt abgerufen am 29. Juni 2020]: https://www.inegi.org.mx/contenidos/saladeprensa/boletines/2018/estsociodemo/enadis2017_08.pdf

INEGI, Comunicado de Prensa Núm. 694/19 (16. Dezember 2019), siehe [zuletzt abgerufen am 9. Juni 2020]: https://www.inegi.org.mx/contenidos/saladeprensa/boletines/2019/OtrTemEcon/PIBEntFed2018.pdf

Infobae, Justicia por propia mano: la brutal ley no escrita de los linchamientos en México, 07. Dezember 2018, siehe [zuletzt abgerufen am 15. September 2020]: https://www.infobae.com/america/mexico/2018/12/07/justicia-por-propia-mano-la-brutal-ley-no-escrita-de-los-linchamientos-en-mexico/

[zitiert als: *Infobae*, Justicia por propia mano]

Infobae, López Obrador excluyó a Grupo Salinas de las empresas que incumplieron medidas sanitarias, a pesar de múltiples reportes en su contra, 27. April 2020, siehe [zuletzt abgerufen am 17. Juni 2020]: https://www.infobae.com/america/mexico/2020/04/27/lopez-obrador-excluyo-a-elektra-de-las-empresas-que-incumplieron-medidas-sanitarias-a-pesar-de-multiples-reportes-que-hacen-trabajar-a-sus-empleados/

[zitiert als: *Infobae*, López Obrador excluyó a Grupo Salinas]

Kitroeff, Natalie, A pesar del aumento de empleados contagiados Estados Unidos presiona a México para que permita que las plantas estadounidenses siguan abiertas, New York Times, Artikel vom 1. Mai 2020, siehe [zuletzt abgerufen am 21. September 2020]: https://www.nytimes.com/es/2020/05/01/espanol/mexico-fabricas-estados-unidos.html

[zitiert als: *Kitroeff*, Estados Unidos presiona a México]

LAPOP, Latin American Public Opinion Project, The Americas Barometer 2012 regional comparative report „The Political Culture of Democracy in the Americas, 2012: Towards Equality of Opportunity", Vanderbilt University 2013, siehe [zuletzt abgerufen am 24. Juni 2020]: https://www.vanderbilt.edu/lapop/ab2012/AB2012-comparative-Report-V7-Final-Cover-01.25.13.pdf

[zitiert als: *LAPOP*, Latin American Public Opinion Project]

Larios Díaz, Enrique/Díaz Mirón, Luis, in: Blanca Juárez, La nueva justicia laboral que no nace y las juntas de conciliación que agonizan, Artikel im El Economista vom 12. März 2019, siehe [zuletzt abgerufen am 21. August 2020]: https://factorcapitalhumano.com/leyes-y-gobierno/la-nueva-justicia-laboral-que-no-nace-y-las-juntas-de-conciliacion-que-agonizan/2018/09/

[zitiert als: *Larios Díaz/Díaz Mirón*, La nueva justicia laboral]

Latinobarómetro, Informe 2018, siehe [zuletzt abgerufen am 1. Juli 2020]: https://www.latino barometro.org/latdocs_INFORME2018

Laute, Ulrich, Zwischen Erstarrung und Erneuerung: Die Gewerkschaften im mexikanischen Demokratisierungsprozess, Mexiko-Stadt 1998, siehe [zuletzt abgerufen am 11. August 2020]: https://www.kas.de/documents/252038/253252/7_dokument_dok_pdf_963_1.pdf/11cb3687-a9be-f1d2-40d6-66e68fc85256?version=1.0&t=1539668153349

[zitiert als: *Laute*, Die Gewerkschaften im mexikanischen Demokratisierungsprozess]

Linsenmaier, Wolfgang, Die Geschichte der deutschen Arbeitsgerichtsbarkeit, siehe [zuletzt abgerufen am 24. März 2021]: https://arbeitsgerichtsbarkeit.hessen.de/themen-von-z/die-geschichte-der-deutschen-arbeitsgerichtsbarkeit

[zitiert als: *Linsenmaier*, Geschichte der deutschen Arbeitsgerichtsbarkeit]

López, Mercedes Juan/Martínez Valle, Adolfo/Aquilera, Nelly, Reforming the Mexican Health System to Achieve Effective Health Care Coverage, in: Health Systems & Reform Journal, Vol. 1 (2015), S. 181–188, siehe [zuletzt abgerufen am 8. Juni 2020]: https://www.tandfonline.com/doi/full/10.1080/23288604.2015.1058999

[zitiert als: *López/Martínez Valle/Aquilera*, Reforming the Mexican Health System]

López Castro, Elda Magdalena/Saucedo Acosta, Edgar Juan, Principales Regiones Industriales de México, Universidad Veracruzana 2009, siehe [zuletzt abgerufen am 9. Juni 2020]: https://www.uv.mx/dcadministrativas/files/2017/06/PRINCIPALES-REGIONES-Dr.Edgar-Elda.pdf

[zitiert als: *López Castro/Saucedo Acosta*, Principales Regiones Industriales]

López Hernández, Diana, Evolución de la economía mexicana en el periódo 1990–2017 y opciones de política para el crecimiento, in: Economía informa No. 413 (November-Dezember 2018), siehe [zuletzt abgerufen am 9. Juni 2020]: http://www.economia.unam.mx/assets/pdfs/econinfo/413/02Evoluciondelaeconomia.pdf

[zitiert als: *López Hernández*, Evolución de la economía mexicana]

Lozano, Luis Fernando, Mucho combate a la pobreza, pero en México 4 de cada 5 la padecen, in: Forbes México, Artikel vom 27. Dezember 2019, siehe [zuletzt abgerufen am 18. September 2020]: https://www.forbes.com.mx/mexico-un-pais-con-52-4-millones-de-pobres-y-9-3-millones-en-pobreza-extrema/

[zitiert als: *Lozano*, Mucho combate a la pobreza]

Maihold, Günther/Villamar, Zirahuén, Mexiko – ein neuer politischer Aufbruch, SWP-Aktuell Nr. 43 (August 2018), siehe [zuletzt abgerufen am 15. Juni 2020]: https://www.swp-berlin.org/fileadmin/contents/products/aktuell/2018A43_ilm_villamar.pdf

[zitiert als: *Maihold/Villamar*, Mexiko – ein politischer Aufbruch]

Martínez, León A., 7 Datos De La Corrupción En México, in: El Economista vom 14. Oktober 2017, siehe [zuletzt abgerufen am 22. Juni 2020]: https://www.eleconomista.com.mx/polit ica/7-datos-sobre-la-corrupcion-en-Mexico-segun-Transparencia-Internacional-20171014-0001.html

[zitiert als: *Martínez,* 7 Datos De La Corrupción En México]

Meltis, Mónica, Cómo frenar la violencia contra mujeres en México?, in: New York Times vom 24. Februar 2020, siehe [zuletzt abgerufen am 29. Juni 2020]: https://www.nytimes.com/es/2020/02/24/espanol/opinion/mujeres-mexico.html

[zitiert als: *Meltis,* Frenar la violencia contra mujeres]

Middlebrook, Kevin J./Quintero Ramiírez, Cirila, Las Juntas locales de concilicación y arbitraje en México: *registro* sindical y solución de conflictos en los noventos, in: Estudios Sociológicos, Mai bis August 1998, S. 283–316, siehe [zuletzt abgerufen am 14. April 2020]: https://dialnet.unirioja.es/descarga/articulo

[zitiert als: *Middlebrook/Quintero Ramiírez,* Las Juntas locales]

Milenio, México ultimo lugar en bachillerato en la oecd, Artikel vom 11. September 2018, siehe [zuletzt abgerufen am 18. September 2020]: https://www.milenio.com/politica/mexico-ultimo-lugar-en-bachillerato-de-la-ocde

[zitiert als: *Milenio,* México ultimo lugar en bachillerato]

New York Times, Mexico Could Press Bribary Charges – It Just Hasn't, Artikel vom 11. Juni 2018, siehe [zuletzt abgerufen am 17. Juni 2020]: https://www.nytimes.com/2018/06/11/world/americas/mexico-odebrecht-investigation.html

[zitiert als: *New York Times,* Mexico Could Press Bribary Charges – It Just Hasn't]

Neuvoo, Salario medio para Agricultura en México 2020, siehe [zuletzt abgerufen am 18. September 2020]: https://mx.talent.com/salary?job=Agricultura

[zitiert als: *Neuvoo,* Salario medio para Agricultura]

Notimex, Cuánto ganan los policías en México, in: El Siglo de Torreón vom 17. Dezember 2019, siehe [zuletzt abgerufen am 24. Juni 2020]: https://www.elsiglodetorreon.com.mx/noticia/1653561.cuanto-ganan-los-policias-en-mexico.html

[zitiert als: *Notimex,* Cuánto ganan los policías en México]

OECD, Education at a glance 2019: OECD Indicators, OECD Publishing, Paris, siehe [zuletzt abgerufen am 4. Juni 2020]: https://doi.org/10.1787/f8d7880d-en.

OECD, Telecommunication and Broadcasting Review of Mexico 2017, OECD Publishing Paris 2017, siehe [zuletzt abgerufen am 16. Juni 2020]: https://www.oecd-ilibrary.org/docserver/9789264278011-en.pdf?expires=1592317022&id=id&accname=guest&checksum=31744786AEC52F68AF302EBAFC62909A

Patin, Laurence, El buen juez por ser independiente empieza, in: Animal Politico vom 31. Mai 2018, siehe [zuletzt abgerufen am 30. Juni 2020]:

https://www.animalpolitico.com/lo-que-mexico-evalua/el-buen-juez-por-ser-independiente-empieza/

[zitiert als: *Patin*, El buen juez por ser independiente]

Pérez, Angélica, Moreno Deschamps: el jeque caído de la corrupción en México, in: rfi vom 18. Oktober 2019, siehe [zuletzt abgerufen am 24. Juni 2020]: http://www.rfi.fr/es/americas/20191018-uno-de-los-responsables-del-estado-deplorable-de-pemex-es-moreno-des champs

[zitiert als: *Pérez*, Moreno Deschamps]

Randall, Archibald, Powerful Leader of Mexican Teachers' Union Arrested, in: New York Times vom 27. Februar 2013, siehe [zuletzt abgerufen am 24. Juni 2020]: https://www.nytimes.com/2013/02/27/world/americas/leader-of-mexican-teachers-union-arrested.html?_r=0

[zitiert als: *Randall*, Powerful Leader of Mexican Teachers' Union Arrested]

Redacción Sipse, Jueces mexicanos con la espada de Damokles, in: Sipse vom 24. November 2016, siehe [zuletzt abgerufen am 29. Juni 2020]: https://sipse.com/mexico/jueces-federales-mexico-violencia-inseguridad-231760.html

Reporter ohne Grenzen, Jahresbilanz der Pressefreiheit 2019, siehe [zuletzt abgerufen am 1. Juni 2020]: https://www.reporter-ohne-grenzen.de/fileadmin/Redaktion/Downloads/Jahresbilanz/Jahresbilanz_der_Pressefreiheit_2019.pdf

RFG, Cuánto cuesta estudiar una carrera en México, in: Cadena Política, Artikel vom 29. April 2018, siehe [zuletzt abgerufen am 18. September 2020]: http://cadenapolitica.com/2018/0 4/29/cuanto-cuesta-estudiar-una-carrera-en-mexico/

[zitiert als: *RFG*, Cuánto cuesta estudiar una carrera en México]

Ríos, Viridiana, Los trabajadores mexicanos son los ganadores del nuevo acuerdo comercial con Estados Unidos, in: New York Times, Artikel vom 19. Dezember 2019, siehe [zuletzt abgerufen am 22. September 2020]: https://www.nytimes.com/es/2019/12/19/espanol/opinion/tmec-mexico.html

[zitiert als: *Ríos*, Los trabajadores mexicanos son los ganadores del nuevo acuerdo comercial con Estados Unidos]

Ríos, Viridiana, Por qué matar es tan barato en México, in: Este País vom 29. Juni 2020, siehe [zuletzt abgerufen am 29. Juni 2020]: https://archivo.estepais.com/site/2010/¿por-que-matar-es-tan-barato-en-mexico-primera-parte/

[zitiert als: *Ríos*, Por qué matar es tan barato en México]

Rosas, Facundo, México con suficientes policías de acuerdo con estándar de ONU, in: El Heraldo vom 15. August 2019, siehe [zuletzt abgerufen am 1. Juli 2020]: https://heraldedemexico.com.mx/opinion/mexico-con-suficientes-policias-de-acuerdo-con-estandar-de-on u-%EF%BB%BF/

[zitiert als: *Rosas*, México con suficientes policías]

Salas, Carlos et al., The Impact of NAFTA on Wages and Incomes in Mexico, in: Economic Policy Institute Briefing Paper, S. 12–20, Juni 2001, siehe [zuletzt abgerufen am 15. Juni 2020]: http://www.policyalternatives.ca/sites/default/files/uploads/publications/National_Office_Pubs/nafta_at_7.pdf

[zitiert als: *Salas*, The Impact of NAFTA]

SAT ("Servicio de Atribución Tributaria"), Manual Laboral y Fiscal sobre la participación de los trabajadores en las utilidades de las empresas 2019, Mexiko-Stadt 2019, siehe [zuletzt abgerufen am 4. Mai 2020]: http://omawww.sat.gob.mx/RepartoDeUtilidades/Paginas/old/documentos/manual_ptu2019.pdf

Secretaría de Economía, Industria Electrónica, Mexiko-Stadt 2014, siehe [zuletzt abgerufen am 11. Juni 2020]: https://www.gob.mx/cms/uploads/attachment/file/76339/141216_DS_Electronico_ES.pdf

SENER, Prospectiva de Petróleo Crudo y Petrolíferos 2016–2030, Mexiko-Stadt 2016, siehe [zuletzt abgerufen am 18. Juni 2020]: http://www.olade.org/realc/docs/doc_103522_20170501101247.pdf

Soria, Gerardo, Estafa Maestra No Nació Con Robles, El Economista vom 14. August 2019, siehe [zuletzt abgerufen am 17. Juni 2020]: https://www.eleconomista.com.mx/opinion/Estafa-Maestra-no-nacio-con-Robles-20190814-0015.html

[zitiert als: *Soria*, Estafa Maestra No Nació Con Robles]

Staulino-Rodriguez, Pietro, Amendment of Mexican Labor Law Is Finally Effective, Mexiko-Stadt 2019, siehe [zuletzt abgerufen am 21. Mai 2020]: https://ogletree.com/insights/amendment-of-mexican-labor-law-is-finally-effective/

[zitiert als: *Staulino-Rodriguez*, Amendment of Mexican Labor Law]

STPS, Boletín No. 043/2021 vom 13. April 2021, siehe [zuletzt abgerufen am 17. Juli 2020]: https://www.gob.mx/stps/prensa/comienza-fase-de-ejecucion-de-la-segunda-etapa-de-la-reforma-laboral-en-13-estados?idiom=es

STPS, Boletín No. 181/2019 vom 6. Oktober 2019, siehe [zuletzt abgerufen am 21. August 2020]: https://www.gob.mx/stps/prensa/justicia-laboral-sera-mas-rapida-con-nuevo-sistema-en-manos-del-poder-judicial?idiom=es

STPS, Boletín No. 219/2019 vom 17. Dezember 2019, siehe [zuletzt abgerufen am 12. August 2020]: https://www.gob.mx/stps/prensa/con-aumento-de-20-al-salario-minimo-para-2020-mexico-tiene-las-bases-para-crecer-afirma-presidente-lopez-obrador230226?idiom=es

STPS, Boletín No. 1065/2017 vom 20. November 2017, siehe [zuletzt abgerufen am 14. Juli 2020]: https://www.gob.mx/stps/prensa/tiene-stp-registradas-a-3-mil-347-agrupaciones-sindicales-del-fuero-federal

The Guardian, US, Mexico and Canada sign revised trade deal to replace NAFTA, Artikel vom 10. Dezember 2019, siehe [zuletzt abgerufen am

22. September 2020]: https://www.thegu ardian.com/us-news/2019/dec/10/us-mexico-canada-trade-deal-nafta

[zitiert als: *The Guardian*, US, Mexico and Canda sign revised trade deal to replace NAFTA]

Tourliere, Mathieu, Muere por Covid-19 un empleado al servicio de Grupo Salinas, in: Proceso vom 29. April 2020, siehe [zuletzt abgerufen am 17. Juni 2020]: https://www.proceso.com.mx/627886/empleado-grupo-salinas

[zitiert als: *Tourliere*, Muere por Covid-19 un empleado al Servicio de Grupo Salinas]

Transparency International, CPI 2019 und CPI 2019 Statistical Significance, siehe [Download zuletzt abgerufen am 18. Juni 2020]: https://www.transparency.org/en/cpi/2019/results

Quelle: *Transperancy International*, Las Personas Y La Corrupción – América Latina Y El Caribe, Coralie Pring 2017, siehe [zuletzt abgerufen am 22. Juni 2020]: https://images.transparencycdn.org/images/2017_GCB_AME_ES.pdf

Universidad de las Américas Puebla, IGI-MEX 2018, siehe [zuletzt abgerufen am 17. Juni 2020]: https://www.udlap.mx/igimex/resumenejecutivo.aspx

UN, 12th United Nations Congress on Crime Prevention and Criminal Justice, A/CONF.213/3, Salvador (Brazil) 12.-19. April 2010, siehe [zuletzt abgerufen am 1. Juli 2020]: https://web.archive.org/web/20140211174006/http://www.unodc.org/documents/commissions/CCPCJ_session19/ACONF213_3eV1050608.pdf

UN General Assembly – Human Rights Council, Report of the Working Group on the Universal Periodic Review Mexico, A/HRC/40/8, siehe [zuletzt abgerufen am 25. Juni 2020]: https://documents-dds-ny.un.org/doc/UNDOC/GEN/G18/446/99/PDF/G1844699.pdf?OpenElement

Viohl, Franz, Avocado: Grünes Gold, in: Frankfurter Rundschau vom 31. Januar 2020, siehe [zuletzt abgerufen am 29. Juni 2020]: https://www.fr.de/panorama/avocado-drogenkartelle-haben-gruenes-gold-entdeckt-13514434.html

[zitiert als: *Viohl*, Avocado: Grünes Gold]

Weiss, Sandra, Fabriken in Mexiko ignorieren Corona-Auflagen auf US-Druck – und gehen dafür über Leichen, Focus, Artikel vom 29. April 2020, siehe [zuletzt abgerufen am 21. September 2020]: https://www.focus.de/politik/ausland/um-lieferketten-in-die-usa-zu-erhalten-betriebe-in-mexiko-ignorieren-corona-auflagen-auch-auf-us-druck_id_11936 526.html

[zitiert als: *Weiss*, Fabriken in Mexiko ignorieren Corona-Auflagen auf US-Druck]

Winter, Jens, Verzicht auf soziale Trostpreise, in: Die Wochenzeitung der Freitag vom 30.06.2000, siehe [zuletzt abgerufen am 29. Juli 2020]: https://www.freitag.de/autoren/der-freitag/verzicht-auf-soziale-trostpreise

[zitiert als: *Winter*, Verzicht auf soziale Trostpreise]

Wissenschaftlicher Dienst des Deutschen Bundestages, Die Auswirkungen des Nordamerikanischen Freihandelsabkommens NAFTA auf die Arbeitsmärkte in den USA, Mexiko und Kanada, WD 6 – 3000 – 021/16, siehe [zuletzt abgerufen am 15. Juni 2020]: https://www.bundestag.de/resource/blob/416280/c98651f891bfcfa169153137679d7fc3/wd-6-021-16-pdf-data.pdf

Wittmütz, Kerstin, Die „Contratos de Protección“ im Gewerkschaftssystem Mexikos: Rechtliche Hintergründe und sozialpolitische Bedeutung, Mexiko-Stadt 2004, siehe [zuletzt abgerufen am 20. Mai 2020]: http://library.fes.de/pdf-files/bueros/mexiko/50242.pdf

[zitiert als: *Wittmütz*, Die „Contratos de Protección“ im Gewerkschaftssystem Mexikos]

WJP, World Justice Project Rule of Law Index 2013, Washington D.C. 2013, siehe [zuletzt abgerufen am 1. Juli 2020]: https://worldjusticeproject.org/sites/default/files/documents/WJP_Index_Report_2012.pdf

WJP, World Justice Project Rule of Law Index 2019, Washington D.C. 2019, siehe [zuletzt abgerufen am 1. Juli 2020]: https://worldjusticeproject.org/sites/default/files/documents/ROLI-2019-Reduced.pdf

Yalcin, Erdal/Karl, Joachim/Teti, Feodora/Gerns, Alvaro, Der UNCETAD World Investment Report 2016: Die Entwicklung ausländischer Direktinvestitionen, in: ifo Schnelldienst 22/2016 (69. Jahrgang), siehe [zuletzt abgerufen am 11.6.2020]: https://www.ifo.de/DocDL/sd-2016-22-yalcin-etal-world-investment-report-2016-11-24.pdf

[zitiert als: *Yalcin/Karl/Teti/Gerns*, Der UNCETAD World Investment Report 2016]

Schriften zum Arbeitsrecht und Wirtschaftsrecht

Herausgegeben von Abbo Junker

Band	1	Christoph-N. Lerche: Der Europäische Betriebsrat und der deutsche Wirtschaftsausschuß. Eine vergleichende Analyse der betrieblichen Mitwirkung der Arbeitnehmer vor dem Hintergrund der Globalisierung der Märkte. 1997.
Band	2	Christian Walter Mecke: Zur rechtlichen Verbindlichkeit kollektiver Vereinbarungen in England. 1997.
Band	3	Katja Francke: Die betriebliche Mitwirkung der Arbeitnehmer in Belgien. Unter Berücksichtigung vergleichender Aspekte zum deutschen Betriebsverfassungsrecht. 1997.
Band	4	Christian Schulze: Die Zulässigkeit einstweiliger Verfügungen gegen Betriebsänderungen. 1998.
Band	5	Stefan Miersch: Die Rechtsfolgen mitbestimmungswidriger Maßnahmen für das Arbeitsverhältnis. Eine zivilrechtsdogmatische Untersuchung. 1998.
Band	6	Heike Wegner: Internationaler Verbraucherschutz beim Abschluß von Timesharingverträgen: § 8 Teilzeitwohnrechtegesetz. 1998.
Band	7	Julia Wichmann: Dienstleistungsfreiheit und grenzüberschreitende Entsendung von Arbeitnehmern. 1998.
Band	8	Johann-Volker Peter: Société par actions simplifiée (S.A.S.). Die Vereinfachte Aktiengesellschaft in Frankreich, eine Rechtsform für die Kooperation von Unternehmen. 1999.
Band	9	Sylvia Schnelle: Der Europäische Betriebsrat in Spanien. Zugleich eine Einführung in das spanische Recht der Arbeitnehmervertretung. 1999.
Band	10	Viktoria Bornhagen: Die Zumutbarkeit als Rechtsgedanke im Arbeitsrecht. 1999.
Band	11	Thorsten Schacht: Der Übereilungsschutz beim arbeitsrechtlichen Aufhebungsvertrag. Arbeitnehmerschutz bereits de lege lata? 2000.
Band	12	Marcus Hellmann: Immobilienkauf nach spanischem Recht. 1999.
Band	13	Nicolaus Johannes Ehinger: Die juristischen Personen des öffentlichen Rechts als herrschende Unternehmen. 2000.
Band	14	Alexander Lentz: Das kollektive Arbeitsrecht der Republik Südafrika. Eine Untersuchung mit Bezügen zum deutschen Recht. 2000.
Band	15	Michaela Brunssen: Der Arbeitgeberverbandswechsel. Tarifrechtliche und arbeitskampfrechtliche Konsequenzen. 2000.
Band	16	Morten Petersenn: Das Recht des Grundstückskaufs in Südafrika. 2000.
Band	17	Stefan Krüger: Die umwandlungsrechtliche Haftungsregelung bei der Betriebsaufspaltung und ihre Analogiefähigkeit. 2001.
Band	18	Jürgen Kitzinger: Der GmbH-Geschäftsführer zwischen Arbeits- und Gesellschaftsrecht. Im Blickpunkt: Zuständigkeit der Arbeitsgerichte. 2001.

Band 19 Anja Ruge: Die Lohnersatzansprüche ehemaliger Zwangsarbeiter gegen deutsche Industrieunternehmen. 2001.

Band 20 Michael Knoll: Die Sozialauswahl im Arbeitsrecht. 2001.

Band 21 Britta Albrecht: Mediation im Arbeitsrecht. Individualarbeitsrecht und Betriebsverfassungsrecht. 2001.

Band 22 Annusch Barten: Das System der Arbeitnehmervertretung in Frankreich. 2001.

Band 23 Diane Westera: Der Wiedereinstellungsanspruch nach wirksamer Kündigung. 2001.

Band 24 Kristin Doerlich: Die Tariffähigkeit der Gewerkschaft. Eine Analyse der Mächtigkeitsrechtsprechung des Bundesarbeitsgerichts im Lichte neuerer Erfahrungen. 2002.

Band 25 Tina Witten: Vertragsgestaltung und Gesetzesbindung im Recht der Zeitarbeit. 2002.

Band 26 Martin Hellfeier: Die Leistungszeit im Arbeitsverhältnis. Eine Untersuchung zum Fixschuldcharakter der Arbeitspflicht und zu den Folgen ihrer Nichterfüllung. 2003.

Band 27 Almut Maulshagen: Betriebliche Arbeitskampfregelungen. 2003.

Band 28 Maren Band: Tarifkonkurrenz, Tarifpluralität und der Grundsatz der Tarifeinheit. 2003.

Band 29 Manuela Schulz: Der Bereitschaftsdienst in öffentlich-rechtlich organisierten Krankenhäusern. Eine rechtliche Bewertung. 2003.

Band 30 Felix Benedikt: Die Kürzung von Tariflöhnen zur Sanierung. Eine verfassungskonforme Auslegung des § 3 III TVG entsprechend § 626 BGB. 2003.

Band 31 Tim Kaden: Individuelle Bündnisse für Arbeit und Günstigkeitsprinzip. 2003.

Band 32 Simone Kreiling: Die Erstreckung betrieblicher und betriebsverfassungsrechtlicher Tarifnormen auf Außenseiter. 2004.

Band 33 Carsten Beck: Betriebliche Mitbestimmung und Kündigungsschutz. Die Funktionen betrieblicher Mitbestimmung im und deren Einfluß auf den Kündigungsschutz nach dem KSchG. 2004.

Band 34 Jost Eder: Die Regelungsabrede als Alternative zur Betriebsvereinbarung bei der Gestaltung materieller Arbeitsbedingungen. 2004.

Band 35 Christian Pfab: Wirkungsweise und Reichweite tarifvertraglicher Öffnungsklauseln. 2004.

Band 36 Julia Amlang: Die unternehmerische Entscheidungsfreiheit bei „betriebsbedingten Kündigungen" im europäischen Rechtsvergleich. Kündigung aus wirtschaftlichen Gründen in Deutschland, Frankreich, Spanien, Großbritannien und Schweden. 2005.

Band 37 Alida Milthaler: Das Fragerecht des Arbeitgebers nach den Vorstrafen des Bewerbers. 2006.

Band 38 Doreen Peter: Nebentätigkeiten von Arbeitnehmern. Interessenkollisionen von Arbeitgebern und Arbeitnehmern. 2006.

Band 39 Julia V. C. Bartlog: Das Verhältnis von Gesetz und Tarifvertrag. 2006.

Band 40 Michael Fuhlrott: Der geschädigte Arbeitnehmer. Zur Verfassungsmäßigkeit des Ausschlusses von Schmerzensgeld in der Unfallversicherung sowie zur Herleitung der Haftung bei Eigenschäden im Hinblick auf das Verschuldensprinzip. 2006.

Band 41 Femke Reinecke: Leistungsbestimmung des Arbeitnehmers. 2006.

Band 42 Maria M. Bausback: Der Bestandsschutz des Arbeitsverhältnisses auf europäischer und internationaler Ebene. Entwicklungen vom Mittelalter bis zur Gegenwart. Teil 1 / Teil 2. 2007.

Band 43 Jens Günther: AGB-Kontrolle von Arbeitsverträgen. Analyse der deutschen Rechtslage nach der Schuldrechtsreform und vergleichende Betrachtung des österreichischen Kontrollsystems. 2007.

Band 44 Claudiana Triskatis: Ethikrichtlinien im Arbeitsrecht. 2008.

Band 45 Annette Bruder: Die Weitergabe von Insiderinformationen durch Arbeitnehmervertreter. 2008.

Band 46 Ute Dietrich: Nichtraucherschutz am Arbeitsplatz. 2008.

Band 47 Markus Ebert: Übertragung und Zuordnung von Versorgungsverpflichtungen gegenüber Arbeitnehmern im Rahmen einer umwandlungsrechtlichen Spaltung. 2008.

Band 48 Susanne Schneider: Broad-based Black Economic Empowerment in der Republik Südafrika. 2008.

Band 49 Mandy Reichel: Die Einbeziehung des Außenseiter-Arbeitgebers in den Verbandsarbeitskampf. 2008.

Band 50 Abbo Junker (Hrsg.): Betriebsübergang in Europa. Symposion aus Anlass des 10-jährigen Bestehens der Schriften zum Arbeitsrecht und Wirtschaftsrecht am 10.10.2008 in München. 2009.

Band 51 Till Bender: Vorschläge zur Neuordnung des Sonderkündigungsschutzes nach MuSchG und SGB IX. 2009.

Band 52 Manuela Rauch: Die geschlechtsbezogene Diskriminierung am Arbeitsplatz nach kalifornischem Recht. 2009.

Band 53 Tina Luise Allenberg: Das französische règlement intérieur d'entreprise. Die Arbeitsordnung im französischen Arbeitsrecht. 2009.

Band 54 Bernd Haas: Anwaltliches Mandatsverhältnis zum Betriebsrat. 2009.

Band 55 Martin Fröhlich: Die erweiterte Weisungsbefugnis des Arbeitgebers im spanischen Recht. 2009.

Band 56 Stefanie Lorenzen: Inhaltskontrolle beim Betriebsübergang. Die Anpassung tariflicher Arbeitnehmerpflichten nach Privatisierungen. 2009.

Band 57 Oliver E. Aldea: Das französische Kündigungsrecht im Spannungsfeld von Abfindungen und Bestandsschutz. 2010.

Band 58 Wolfgang Stock: Die Einsetzung einer Transfergesellschaft. Unter besonderer Berücksichtigung betriebsverfassungs- und arbeitsförderungsrechtlicher Vorgaben. 2010.

Band 59 Claudia Hagedorn: Zulässigkeit und Grenzen von Tarifsozialplänen. 2010.

Band 60 Daniela Quink: Inhaltskontrolle von Freiwilligkeitsvorbehalten in Arbeitsverträgen. 2010.

Band 61 Kathrin Kentner: Arbeitskampfmittel der Arbeitgeber. 2010.

Band 62 Angela Nunes Fernandes Gil Wolf: Arbeitnehmereinsatz im Ausland. Das auf doppelte Arbeitsverhältnisse anwendbare Recht am Beispiel der Vertragsgestaltung eines internationalen Konzerns. 2010.

Band 63 Annemarie Berthold: Whistleblowing in der Rechtsprechung des Bundesarbeitsgerichts. 2010.

Band 64 Malte Koch: Die Beteiligung von Arbeitnehmervertretern an Aufsichtsrats- und Verwaltungsratsausschüssen einer Europäischen Aktiengesellschaft. 2011.

Band 65 Agnes Maria Kollerbaur: Die französische Arbeitsinspektion. Eine Untersuchung unter besonderer Berücksichtigung ihrer Rolle bei Kündigungen. 2011.

Band 66 Marcus Christian Leinenweber: Landesschlichtungsgesetze? 2011.

Band 67 Frederike Cathérine Gärtner: Die gesetzliche Regulierung von Bahnstreiks in Frankreich. Arbeitskampf vs. Kontinuität öffentlicher Dienstleistungen. 2011.

Band 68 Carolin van Straelen: Der Rollenkonflikt des Arbeitnehmervertreters zwischen Betriebsratsmitglied und Gewerkschaftsfunktionär. 2012.

Band 69 Anna Maria Jordan: Entgeltdiskriminierung in Frauenberufen? 2012.

Band 70 Dominic Köstner: Compliance-Richtlinien im Unternehmen. Arbeits- und datenschutzrechtliche Implementierungsaspekte. 2012.

Band 71 Michael Kobler: Fremdeinflüsse auf die tarifliche Willensbildung. 2012.

Band 72 Anne Kraas: Zulässigkeit und Grenzen der arbeitsvertraglichen Entgeltflexibilisierung. 2012.

Band 73 Melanie Amann: Die Belegschaftsabstimmung. 2012.

Band 74 Christina Mennemeyer: „Dritter Weg“ und rechtliche Grenzen der Flexibilisierung des Arbeitsrechts der katholischen Kirche. 2012.

Band 75 Joël Philipp Hofmann: Rechtsmissbrauch und Verwirkung bei Widerspruch gegen den Übergang des Arbeitsverhältnisses nach § 613a BGB. 2013.

Band 76 Jennifer Junker: Das Recht der Arbeitnehmerüberlassung in Japan. 2013.

Band 77 Gabriele Geiselhart: Tarifliche Regelungsmacht bei Haustarifverträgen und Unternehmerfreiheit. Dargestellt am Beispiel von Standortgarantien und Zeitarbeitsquoten. 2013.

Band 78 Lorenz Sylvester Mitterer: AGB-Korrektur in Dauer- und Langzeitschuldverhältnissen. 2013.

Band 79 Janina Morgenweck: Die Arbeitsgerichtsbarkeit in England. 2013.

Band 80 Christoph B. Kistler: Die Rechtmäßigkeit von Spartenstreiks. Alte Kriterien in neuem Licht. 2013.

Band 81 Julia Strasser: Die Haftung bei Lohnwucher im Arbeitsrecht der USA. 2014.

Band 82 Stephanie Amschler: Constructive dismissal. Fingierte Arbeitgeberkündigung im englischen Kündigungsschutzrecht. 2014.

Band 83 Felix Berding: Die Urabstimmung im britischen Arbeitskampfrecht im Licht der EMRK. 2014.

Band 84 Christine Kumpf: Multinationalität der SE-Mitbestimmungsordnung. 2014.

Band 85 Florian Schiffer: Der Leistungsmaßstab im Arbeitsverhältnis. 2014.

Band 86 Stefan Hoffmann: Unterrichtungspflicht und Widerspruchsrecht bei Betriebsübergang gemäß § 613a Abs. 5 und 6 BGB – Grenzen, weitere aktuelle Rechtsprobleme und Strategien zur Risikominimierung. 2015.

Band 87 Marie-Theres Boetzkes: Die Konzernmutter als Mitarbeitgeberin im französischen Recht. 2015.

Band 88 Ines Kranz: Landesarbeitskampfgesetze? 2015.

Band 89 Hendrik Schulte-Wrede: Die Beteiligung der Arbeitnehmer in der Europäischen Privatgesellschaft – SPE. 2015.

Band 90 Kathrin Charlotte Enke: Beteiligungsvereinbarungen nach § 21 SEBG. 2015.

Band 91 Tom Christopher Pröstler: Modelle betrieblicher Arbeitnehmerbeteiligung. Ein historisch-europäischer Rechtsvergleich zwischen Deutschland und dem Vereinigten Königreich. 2015.

Band 92 Achim Engel: Collective Governance in Tarifverbänden. 2015.

Band 93 Michaela Felisiak: Regulierungsbedarf grenzüberschreitender Betriebsübergänge. Zweifel an der grenzüberschreitenden Anwendbarkeit des § 613a BGB. (Urteil des BAG vom 26. Mai 2011). 2015.

Band 94 Robert Cornelius Richard: Inhaltliche Grenzen des Zeugnisanspruchs des Arbeitnehmers. 2015.

Band 95 Martina Reiser: Umgehung des § 613a BGB durch Aufhebungsvereinbarung und Neuvertrag. 2015.

Band 96 Peter Illes: Das betriebsverfassungsrechtliche Verbot parteipolitischer Betätigung im Betrieb. 2016.

Band 97 Marc Bohlen: Die arbeitsvertragliche Befristung mittels eines gerichtlichen Vergleichs. 2016.

Band 98 Reimo Robin Richarz: Insolvenzrechtliche Einordnung von Ansprüchen des Arbeitnehmers. 2016.

Band 99 Christine Hepp: Mutterschutz für GmbH-Geschäftsführerinnen. Rechtslage de lege lata im Lichte verfassungsrechtlicher und europäischer Vorgaben. 2016.

Band 100 Sabrina Susanna Pechtold: Anerkennung von Gewerkschaften als Tarifvertragspartner in Großbritannien. 2016.

Band 101 Charlotte Sander: Die Zerrüttung des Arbeitsverhältnisses. Die Stellung der gerichtlichen Auflösung des Arbeitsverhältnisses gemäß §§ 9, 10 KSchG im System des Kündigungsschutzrechts. 2016.

Band 102 Tilmann Restle: Betriebsvereinbarungen und das Kartellverbot des Art. 101 Abs. 1 AEUV. Zur Anwendbarkeit der Albany-Ausnahme des EuGH auf Betriebsvereinbarungen im Sinne des BetrVG. 2016.

Band 103 Antje Hirsch-Hottes: Arbeitnehmerüberlassung aus vertragsrechtlicher Perspektive. 2017.

Band 104 Florian Hertenstein: Die schuldrechtliche Regelungsbefugnis der Tarifvertragsparteien. Unter besonderer Berücksichtigung schuldrechtlicher Verpflichtungen des Arbeitgebers zu einem unternehmerischen Verhalten. 2017.

Band 105 Eva Susanne Felisa Frey: Kündigungsschutz im portugiesischen Arbeitsrecht. 2018.

Band 106 Katrin Maily: Vergütung der Arbeitnehmervertreter. Governanceprobleme bei Doppelmandaten. 2019.

Band 107 Lea Sophie Grohmann: Mitbestimmungsvereitelung nach § 43 SEBG. 2020.

Band 108 Christina Meyer: Arbeitsrechtliche Streitbeilegung in Australien. 2020.

Band 109 Sarah Schimm: Arbeitgeberfluktuation. 2020.

Band 110 Miriam Engler: Entgeltgleichheit zwischen Männern und Frauen im französischen Arbeitsrecht. 2021.

Band 111 Andreas Schöberle: Der Streik im mexikanischen Arbeitsrecht. 2022.

www.peterlang.com

www.ingramcontent.com/pod-product-compliance
Ingram Content Group UK Ltd.
Pitfield, Milton Keynes, MK11 3LW, UK
UKHW021830290926
8980IPUK00004B/354

9 783631 876961